Marco Conci
Sullivan neu entdecken

Das Anliegen der Buchreihe BIBLIOTHEK DER PSYCHOANALYSE besteht darin, ein Forum der Auseinandersetzung zu schaffen, das der Psychoanalyse als Grundlagenwissenschaft, als Human- und Kulturwissenschaft und als klinische Theorie und Praxis neue Impulse verleiht. Die verschiedenen Strömungen innerhalb der Psychoanalyse sollen zu Wort kommen, und der kritische Dialog mit den Nachbarwissenschaften soll intensiviert werden. Bislang haben sich folgende Themenschwerpunkte herauskristallisiert:

Die Wiederentdeckung lange vergriffener Klassiker der Psychoanalyse – wie beispielsweise der Werke von Otto Fenichel, Karl Abraham, W. R. D. Fairbairn und Otto Rank – soll die gemeinsamen Wurzeln der von Zersplitterung bedrohten psychoanalytischen Bewegung stärken. Einen weiteren Baustein psychoanalytischer Identität bildet die Beschäftigung mit dem Werk und der Person Sigmund Freuds und den Diskussionen und Konflikten in der Frühgeschichte der psychoanalytischen Bewegung.

Im Zuge ihrer Etablierung als medizinisch-psychologisches Heilverfahren hat die Psychoanalyse ihre geisteswissenschaftlichen, kulturanalytischen und politischen Ansätze vernachlässigt. Indem der Dialog mit den Nachbarwissenschaften wiederaufgenommen wird, soll das kultur- und gesellschaftskritische Erbe der Psychoanalyse wiederbelebt und weiterentwickelt werden.

Stärker als früher steht die Psychoanalyse in Konkurrenz zu benachbarten Psychotherapieverfahren und der biologischen Psychiatrie. Als das anspruchsvollste unter den psychotherapeutischen Verfahren sollte sich die Psychoanalyse der Überprüfung ihrer Verfahrensweisen und ihrer Therapie-Erfolge durch die empirischen Wissenschaften stellen, aber auch eigene Kriterien und Konzepte zur Erfolgskontrolle entwickeln. In diesen Zusammenhang gehört auch die Wiederaufnahme der Diskussion über den besonderen wissenschaftstheoretischen Status der Psychoanalyse.

Hundert Jahre nach ihrer Schöpfung durch Sigmund Freud sieht sich die Psychoanalyse vor neue Herausforderungen gestellt, die sie nur bewältigen kann, wenn sie sich auf ihr kritisches Potential besinnt.

BIBLIOTHEK DER PSYCHOANALYSE
HERAUSGEGEBEN VON HANS-JÜRGEN WIRTH

Marco Conci

Sullivan neu entdecken

Leben und Werk Harry Stack Sullivans und seine Bedeutung für Psychiatrie, Psychotherapie und Psychoanalyse

Mit einem Geleitwort von Gaetano Benedetti

Psychosozial-Verlag

Sullivan rivistato
La sua rilevanza per la psichiatria, la psicoterapia e la pscioanalisi

Die Übersetzung dieses Buches wurde mit Unterstützung des Segretariato Europeo per le Pubblicazioni Scientifiche erstellt

SEPS
SEGRETARIATO EUROPEO PER LE PUBBLICAZIONI SCIENTIFICHE

Via Val d'Aposa 7 – 40123 Bologna – Italy
Telefon +39.051 271992 Fax +39.051 265983
seps@alma.unibo.it – www.seps.it

Bibliografische Information Der Deutschen Bibliothek
Die Deutsche Bibliothek verzeichnet diese Publikation in der Deutschen Nationalbibliografie; detaillierte bibliografische Daten sind im Internet über <http://dnb.ddb.de> abrufbar.

Deutsche Erstveröffentlichung

Goethestr. 29, D-35390 Gießen.
Tel.: 0641/77819; Fax: 0641/77742
E-Mail: info@psychosozial-verlag.de
www.psychosozial-verlag.de

Umschlagabbildung: Harry Stack Sullivan (Norwich, N.Y. 1892 – Parigi 1949) [W.A. White, Psychiatry Foundation, Washington]
Umschlaggestaltung: Christof Röhl nach Entwürfen des Ateliers Warminski, Büdingen.
Übersetzt von Julia Rader
Lektorat: Dagmar Kühnle
Satz: Annika Schmitt
Printed in Germany
ISBN 3-89806-364-X

Inhaltsverzeichnis

Vorwort zur deutschen Ausgabe

Fünf Jahre nach der italienischen Erstausgabe freue ich mich auf das Erscheinen meiner Sullivan-Monographie unter dem Titel *Sullivan neu entdecken. Leben und Werk Harry Stack Sullivans und seine Bedeutung für Psychiatrie, Psychotherapie und Psychoanalyse*.

Als Mitglied der Deutschen Psychoanalytischen Gesellschaft und der Münchner Akademie für Psychoanalyse und Psychotherapie ist es mir ein wichtiges wissenschaftliches Anliegen, dass meine Kollegen/Innen im deutschsprachigen Raum die von H. S. Sullivan (1892–1949) begründete interpersonale Psychiatrie und Psychoanalyse neu entdecken können. Mir scheint es besonders wichtig, dass sie dadurch den wesentlichen deutschen Beitrag zur Entstehung der interpersonalen Psychoanalyse zu schätzen vermögen (siehe nicht nur Erich Fromm und Frieda Fromm-Reichmann, sondern auch den Soziologen Simmel, was seinen prägenden Einfluss über die Soziologische Schule von Chicago angeht). Wie ich in diesem Buch zeige, ging es damals eigentlich um den Entwurf einer postfreudianischen Psychoanalyse, die erst nach dem Tod von Freuds Tochter Anna (1982) wirklich möglich wurde. 1983 veröffentlichten Jay Greenberg und Steve Mitchell, zwei junge Analytiker des im Jahre 1943 von Sullivan und seinen Kollegen/Innen begründeten New Yorker William Alanson White Psychoanalytic Intitute, den (schon 1986 auf Italienisch und noch nicht auf Deutsch verlegten!) Klassiker *Object Relations in Psychoanalytic Theory*, in dem es ihnen gelang, Sullivans Werk in dem psychoanalytischen Mainstream wieder anzusiedeln. Ohne dieses Buch, ein wichtiger Wendepunkt der psychoanalytischen Geschichtsschreibung, und ohne die freundschaftliche Beziehung zu und Unterstützung von Mitchell wäre mein Buch wohl nie zustandegekommen.

Für ihre wissenschaftliche und ideelle Unterstützung bedanke ich mich bei Prof. Dr. med. Michael Ermann (in dessen Abteilung für Psychotherapie und Psychosomatische Medizin der Ludwigs-Maximilians-Universität in München ich zwischen November 1997 und Oktober 1999 als Gastprofessor tätig sein konnte), Dr. med. Dr. rer. pol. Otmar Seidl (der mir seine Bibliothek zur Verfügung stellte) und Bruno Waldvogel (der den Kontakt mit dem Verleger herstellte). Meinen Praxiskollegen/Innen (Heidi Spanl, Utz Palussek und Tobias von Geiso) gilt auch ein besonderer Dank, nicht nur wegen des anregenden intellektuellen Austausches, sondern auch wegen der stets warmherzigen Arbeitsatmosphäre. Für ihre Hilfe, mich als italienischen Psychoanalytiker in München zu integrieren, bedanke ich mich auch bei Gianni Minelli, Giulietta Tibone, Clarissa Herdeis, Wolfgang Schmidbauer, Peter Bründl, Katherina Kanther, Christa Schmidt und Ross Lazar. Ohne die finanzielle Unterstützung der Stiftung S.E.P.S. (Segretariato Europeo per le Pubblicazioni Scientifiche – mit Sitz in Bologna) und deren Sekretärin Chiara Segafredo wäre eine deutschsprachige Ausgabe sehr schwierig gewesen. Dies gilt ebenso für die herausfordernde Arbeit der Transposition eines doch so komplizierten Stoffes von einer Sprache in eine andere, ohne dass dem Werk der entsprechende Sachverhalt verlorenging, wofür ich mich eben bei Astrid Thome bedanke. Dieser Herausforderung konnte ich auch durch den regen und fruchtbaren Kontakt gerecht werden, den ich jahrelang mit den Kollegen (Psychoanalytikern und Historikern) pflegen konnte, die sich jedes Jahr an den von den Professoren Gerhard Fichtner und Albrecht Hirschmüller organisierten Tübingener Symposien beteiligen. Dabei beziehe ich mich vor allem auf Ludger Hermanns (den ich bei einer Triestiner Tagung 1989 kennenlernen konnte), Michael Schröter, Ulrike May und Regine Lockot, sowie auf das Ehepaar Kimmerle und die Zeitschrift *Luzifer-Amor.* Mein Interesse für die amerikanische Psychoanalyse konnte ich auch mit folgenden Kollegen/Innen teilen: Klaus Hoffmann, Rainer Funk, Johannes Reichmayr, Elke Mühlleitner, Ernst Falzeder, Eveline List, Luigi Grosso, Thomas Müller, Ron und Hannelore Bodansky, Naomi Silberner-Becker, Ann Herlitz, Iris Hilke, Annely Menninger, Martin Altmeyer, Axel Triebel, Herbert Will und Karin Dittrich. Dasselbe gilt für PD Dr. Thea Bauriedl und Prof. Dr. Wolfgang Mertens. Sehr hilfreich war auch die Zusammenarbeit mit den Kollegen/Innen der »Gesellschaft für Psychoanalyse an der Universität Innsbruck«. Besonders gefreut habe ich mich über das wertschätzende Geleitwort meines Lehrers Gaetano Benedetti, der schon in den 1960er Jahren Sullivans Werk in Italien eingeführt hatte. Abschließend gilt mein Dank selbstverständlich Katja Kochalski und Dagmar Kühnle für die kritische Durchsicht meines Werkes sowie meinem deutschen Verleger Hans-Jürgen Wirth.

Bei Hans-Jürgen Wirth möchte ich mich auch deswegen bedanken, weil parallel zu der Vorbereitung der deutschen Ausgabe meines Buches die letzten beiden Bücher Steve Mitchells (*Bindung und Beziehung. Auf dem Weg zu einer relationalen Psychoanalyse* und *Kann denn Liebe ewig sein? Psychoanalytische Erkundungen über Liebe, Begehren und Beständigkeit*) in seinem Verlag erschienen sind. Es gibt große Ähnlichkeiten zwischen Sullivans und Mitchells intellektuellen Ausrichtungen, wodurch mein Werk auch als Darlegung der interpersonalen Wurzeln der relationalen Psychoanalyse gelten kann – die Mitchell in seinem 1988 erschienenen *Relational concepts in psychoanalysis. An integration* entwarf. So schreibt Helmut Thomä darüber in *Forum der Psychoanalyse* (Heft 2, 2004): »Die Psychoanalyse ist auf dem Weg zu einer intersubjektiven, zu einer relationalen Theorie und Praxis, wie sie vorbildlich von Mitchell (2003) unter besonderer Berücksichtigung der Objektbeziehungstheorien von Fairbairn, Loewald und Sullivan beschrieben wurde«. Außerdem wird Ende Juni in Rom zum ersten Mal die International Association for Relational Psychoanalysis and Psychotherapy (http://iarpp.org) außerhalb den USA tagen, und es wäre eine übergroße Freude für mich, wenn auch meine Kollegen/Innen aus dem deutschsprachigen Raum sich dafür begeistern könnten.

Last but not least widme ich das Buch meiner vierzehnjährigen Tochter Anna, in motivierter Vorausschau, dass ihre Generation den internationalen Dialog und Austausch noch mehr pflegen wird als die unsere.

Marco Conci – Wolkenstein (Grödnertal), den 6. Januar 2005

Geleitwort

Marco Conci gibt uns in seinem großartigen Buch *Sullivan neu entdecken* – er hat sich bereits in Italien und im Ausland durch seine scharfsinnigen Studien über Sullivan einen Namen gemacht – ein Porträt von diesem großen Pionier der gegenwärtigen Psychotherapie, in dem er nicht nur die Grundlage dessen Theorie zusammenfasst, nämlich die interpersonale Psychiatrie, sondern auch dessen therapeutische Arbeit mit psychotischen Patienten.

Wir wussten das zwar alles, obwohl manche Gesichtspunkte dieses Werkes durch die eloquente Ausdrucksweise von Marco Conci in neuer Gestalt erscheinen. Aber wir haben nicht so viel Grundsätzliches gewusst, was uns durch jahrelange Nachforschungen Marco Concis erschlossen wird: die Geschichte von Sullivans Gedankengang, die Phasen seiner Entwicklung die sich etappenweise löst, eben dessen Durchlaufen seiner Lebensabschnitte und -krisen und dadurch die Kontakte zu den größten Persönlichkeiten der psychiatrischen Welt von damals. Den Gedanken von Sullivan im Spiegel seines Lebens zu sehen, ist wie ein Edelstein eingefasst in einem historischen Ring, welcher sich gut dem Finger auch des heutigen Psychiaters anpasst, und hierdurch wird uns die ganze Aktualität der Psychiatrie Sullivans vermittelt. Durch Marco Conci lernen wir nicht nur von Sullivan, sondern sehen wir auch die psychiatrisch-geschichtlichen und sozial-soziologischen Dimensionen seiner Zeit. Die gründliche Prüfung durch Marco Conci und dessen spirituelle Nähe zu einem von ihm so bevorzugten Pionier lassen eine ideale Biographie entstehen. Sie ist nie dogmatisch, genau deswegen, weil sie sich, anstatt nur Sullivans Standpunkt darzustellen, durch eine vergleichende Vorgehensweise auszeichnet.

Ein weiteres Verdienst des Buches ist, sich nicht nur auf die Vergangenheit zu beschränken, sondern deren Aktualität für die Gegenwart zu zeigen, die ich selbst – der ich in den 1960er Jahren Sullivans Werk mit Enthusiasmus in Italien eingeführt hatte – damals noch nicht voraussehen konnte. Wie ist Sullivans Werk von seinen Nachfolgern fortgesetzt worden? Welche Modifikationen wurden von ihnen hinzugefügt? Und welche Einflüsse hat dieses Werk auf die dynamische Psychiatrie, auf die Psychotherapie und die Psychoanalyse von heute? Es ist diese fruchtbare »Neuauslegung« von Sullivan, die uns Marco Conci anbietet. Und so stellt Marco Conci nun den deutschen Lesern ein Gesamtwerk zur Verfügung, welches als Standardwerk auf diesem Gebiet betrachtet werden muss.

Ich habe Marco Conci im Rahmen seiner psychoanalytischen Ausbildung bei der Mailänder »Associazione di Studi Psicoanalitici« (die seit 1989 der »International Federation of Psychoanalytic Societies« angehört) kennen und seitdem seine Forscherqualitäten schätzen gelernt. Er ist Mitglied des Redaktionskomitees der Zeitschriften *International Forum of Psychoanalysis* (Stockholm) und *Psychoanalysis and History* (London).

Dieses Buch stützt sich auf Marco Concis langjährige Forschungsarbeit und umfasst damit den gesamten neofreudianischen Umbruch in der Psychoanalyse.

Prof. Dr. med. Gaetano Benedetti – Basel, November 2004

Einleitung

Warum ein Buch über Harry Stack Sullivan? Man könnte mit der Tatsache beginnen, dass bis heute eine angemessene Einführung in sein Werk in monografischer Form fehlt[1], obwohl fünf der sieben von ihm verfassten Bücher ab 1961 (1961, 1962, 1965, 1967 und 1993)[2] in Italien beim Verlag Feltrinelli erschienen sind und Werke wie *Conceptions of Modern Psychiatry* und *Das psychotherapeutische Gespräch* zweifellos ein großer Publikumserfolg waren.[3]

Dem Leser ist sehr wenig, fast gar nichts, über sein Leben und das Gesamtwerk in seinen Einzelheiten bekannt[4]. Die Absicht, die ich mit diesem Buch verfolge, geht aber darüber hinaus, nur eine »Einführung in das Werk Sullivans« zu geben. Das Buch entstand auch aus dem Wunsch heraus, *seine Relevanz für die gegenwärtige Psychiatrie, Psychotherapie und Psychoanalyse* aufzuzeigen[5].

Helen Perry schlägt in ihrer Sullivan-Biografie (1982), die einen der Ausgangspunkte für meine Arbeit darstellt, einen ähnlichen Weg ein. Sie stellt dar, wie die tief greifenden Erkenntnisse eines armen Studenten aus der amerikanischen Provinz in einem abenteuerlichen, komplexen und letztendlich erfolgreichen Prozess der »konsensuellen Validierung« in ein Werk münden konnten, das »einen enormen Einfluss auf die moderne amerikanische Psychiatrie und den zeitgenössischen psychoanalytischen Gedanken ausübte« (Greenberg und Mitchell, 1983, S. 80)[6].

Und so kam es, dass ich mich der Herausforderung stellte, von der ich in diesem Buch berichten möchte: den von Sullivan entwickelten interdisziplinären Weg und seine interdisziplinäre Perspektive wieder aufzunehmen, und zwar auf ähnlich autodidaktische Weise wie er selbst.[7] Gleichzeitig denke ich, dass man die Aktualität seiner Arbeit am besten darstellt, indem man die entscheidenden Schritte nachvollzieht – von der Psychotherapie der Schizophrenie bis zu seiner Mitarbeit an der Schule von Chicago und dann zur Formulierung der interpersonalen Theorie und der in seinem Werk enthaltenen Vorwegnahme der modernen Psychotherapie. Sicher ist, dass ich selbst viel auf diesem Weg gelernt habe, dadurch, dass ich Sullivan als Orientierungspunkt für meine persönliche und professionelle Entwicklung nutzte .[8]

Natürlich hätte ich diese Herausforderung ohne die Unterstützung einer ganzen Reihe von Kollegen nicht bewältigen können, allen voran Lucio Pinkus und Pier Francesco Galli. Beide teilten sowohl meine Sympathie für

Sullivan und die interdisziplinäre Ausrichtung seines Werks als auch die Überzeugung, dass es lohnenswert sei, den wegweisenden Charakter seiner Arbeit angemessen zu beleuchten. Auf dieser Grundlage konnte ich nicht nur 1987/1988 an der Philosophischen Fakultät der Universität Venedig ein Seminar mit dem Titel »H. S. Sullivan: l'incontro tra psichiatria e scienze sociali« (H. S. Sullivan: die Begegnung von Psychiatrie und Sozialwissenschaften)[9] halten, meine dort durchgeführte Arbeit fand außerdem in der Zeitschrift *Psicoterapia e scienze umane*[10] Resonanz und zeitigte die Veröffentlichung auf Italienisch von einem weiteren Buch von Sullivan, *Schizophrenia as a Human Process*.[11]

Die 1967 von Galli gegründete Zeitschrift *Psicoterapia e scienze umane* nimmt den interdisziplinären Aufbau von *Psychiatry*, der 1938 von Sullivan initiierten und nach wie vor lebendigen Zeitschrift, wieder auf. Gallis und Gaetano Benedettis Initiative ist auch die Verbreitung der interpersonalen Tradition in Italien zu verdanken.[12]

Außerdem war Galli derjenige, der sich am meisten um das Bekanntmachen, die Erklärung und die Verbreitung von Sullivans Standpunkt[13] bemühte. Sullivans Standpunkt spielte immer eine zentrale Rolle in seinen treffenden und anregenden Beiträgen zu der italienischen Debatte über Psychiatrie, Psychotherapie und Psychoanalyse.[14]

Was kann man also an diesem Punkt über die Rezeption von Sullivans Werk in Italien sagen? Zunächst, dass die von ihm begründete interpersonale Tradition, auch wenn sie auf Texten (wie jene in einer der vorhergehenden Anmerkungen erwähnten) fußt, die schon vor vielen Jahren veröffentlicht wurden, »nie institutionelle Entwicklungen hatte, die sie verdinglichten, sondern frei davon blieb, und zwar auch frei dazu, an möglichen neuen Entwicklungen teilzuhaben«, wie ich in der gemeinsam mit den Kollegen Dazzi und Mantovani verfassten Einleitung zur Anthologie *La tradizione interpersonale* (*Die interpersonale Tradition*) schrieb.

Anders ausgedrückt: Es ist wohl wahr, dass Galli nie an die Gründung eines Instituts für interpersonale Psychoanalyse gedacht hat, sondern sich eben auf die Verbreitung der methodologischen Anforderungen, der interdisziplinären Ausrichtung also, beschränkte – und auf die Bereitschaft zum Dialog.[15] Eine ähnliche Ausrichtung hat auch die Darstellung von Sullivans Werk, die Gaetano Benedetti 1961 anlässlich der italienischen Übersetzung von *Conceptions of Modern Psychiatry*[16] dem italienischen Publikum vorstellte und die 1967 von Enzo Codignola (1930–1977) verfasste Darstellung anlässlich des Erscheinens von *Das psychotherapeutische Gespräch*.[17]

Leider fand aber die von Codignola als Reaktion auf Sullivans Werk erhoffte »neue psychiatrische Erziehung« in Italien nicht wirklich statt.

Unter diesem Gesichtspunkt ist die interpersonale Tradition wirklich »frei geblieben« (siehe oben), frei im Sinne von ungenutzt! Trotz des sehr positiven Echos,[18] das seine Bücher fanden, wurde meiner Auffassung nach die »konkrete Anwendung soziologischer Parameter in der klinischen Psychiatrie« (wie es Codignola formuliert hat), um die sein Werk kreist, nicht umgesetzt.[19]

Ich bin also davon überzeugt, dass eine vom Zeitgeist der neunziger Jahre ausgehende Neubewertung seines Werks, die die inzwischen bekannt gewordenen biografischen Daten einbezieht, die in den sechziger Jahren stattgefundene Rezeption verändern und ergänzen kann, da diese von der damaligen »Nuova Psichiatria«, oder besser gesagt ihren Grenzen, bedingt war.[20] Das im Laufe des venezianischen Seminars in mir herangereifte Bewusstsein dieses gravierenden Mangels bei der Rezeption von Sullivans Werk in Italien gab den entscheidenden Anstoß, dieses Buch zu schreiben. Anders ausgedrückt: es drehte sich nicht nur das Werk, sondern auch die konkrete Tätigkeit Sullivans um die im folgenden Zitat zusammengefasste Überzeugung, die von der »Nuova Psichiatria« (»Neue Psychiatrie«) zum größten Teil ignoriert wurde: »Der Psychiater darf nicht mehr abseits stehen, wenn er eine soziale Funktion einnehmen möchte: er muss sich hingegen mit den anderen Sozialwissenschaftlern zusammenschließen, *wobei er seine Spezialisierung beizubehalten hat«* – wie Patrick Mullay in seinem Nachwort zu *Conceptions of Modern Psychiatry* schrieb (1940; 1953, S. 294; Kursiv von mir, M. C.).

Auch Gaetano Benedetti, bei dem ich das Glück hatte, meine ersten analytischen Fälle zu supervidieren,[21] hat aktiv und konsequent eine ähnlich integrative und interdisziplinäre Linie verfolgt. Ebenso wie Sullivan ist Benedetti seiner dynamischen Identität als Psychiater, Psychotherapeut und Psychoanalytiker immer treu geblieben. Diese vielfältige Identität beruht auf der dialektischen Sicht, die sowohl seinen Umgang mit den Patienten als auch seine umfangreiche wissenschaftliche Produktion kennzeichnet.[22] Seine Orientierung spiegelt sich in einer ganzen Reihe seiner Schriften über das Wesen unserer Disziplin und über unsere berufliche Identität, wie zum Beispiel »Psicologia e società« (Psychologie und Gesellschaft) von 1970[23] und »L'identità dello psichiatra di fronte all'evoluzione culturale della psichiatria« (Die Identität des Psychiaters in Anbetracht der kulturellen Entwicklung der Psychiatrie) von 1988. In der letztgenannten Schrift betont Benedetti erst die Verdienste und die Grenzen der Anti-Psychiatrie, um dann dem Wunsch Ausdruck zu verleihen, dass die Psychiatrie endlich zu einer psychodynamischen Grundlage gelange, die von einer dialektischen Vision der Variablen Psyche, Gehirn, Konstitution und Umwelt geprägt sein wird (1988, S. 24f).[24] Dieser Linie folgten in der Tat auch die meisten Beiträge, die im Rahmen des XI. Symposiums zur Psychotherapie der Schizophrenie vorgetragen wurden, das vom 12. bis zum 16. Juni 1994 in Washington D.C. stattfand, und sich mit dem Thema »Psychotherapy and Comprehensive Treatment« beschäftigte – eine Linie, deren Vorläufer Sullivan war.[25]

Und schließlich hat mir Johannes Cremerius[26] wertvolle Hilfe dabei geleistet, mit dem internationalen psychoanalytischen Kreis in Kontakt zu kommen, woraus sich dann auch die Möglichkeit ergab, Sullivans Erbe auf dieser Ebene zu untersuchen. Ich denke dabei nicht nur an seinen Unterricht in Mailand im Rahmen der ASP und an die Möglichkeit eines regelmäßigen Gedankenaustausches, sondern auch an eine ganze Reihe von Arbeiten wie »Die Bedeutung der Dissidenten für die Psychoanalyse«, »Ferenczi: ›Sprachverwirrung zwischen dem Erwachsenen und dem Kind. Die Sprache der Zärtlichkeit und der Leidenschaft‹. 50 Jahre später wieder gelesen und neu reflektiert« und »Spurensicherung. Die ›Psychoanalytische Bewegung‹ und das Elend der psychoanalytischen Institution«.[27] Wie aus der zweiten der genannten Arbeiten hervorgeht, hat Cremerius eine wichtige Rolle bei der Wiederentdeckung des Erbes Sandor Ferenczis (1873–1933) gespielt, mit dem sich in letzter Zeit wegen seiner Verbindung zur interpersonalen Tradition auch die Kollegen vom W. A. White Institute auseinander gesetzt haben. Mit diesem Thema werden wir uns im Laufe dieses Buches immer wieder beschäftigen.

Der interpersonale Kontext, in dem meine Untersuchung von Sullivans Werk stattfand, wäre natürlich unvollständig, wenn ich nicht meine Kontakte zum W. A. White Institute in New York – von Sullivan, Clara Thompson, Erich Fromm, Frieda Fromm-Reichmann und Janet und David Rioch 1943 gegründet – und zur American Academy of Psychoanalysis erwähnte.[28] Dieses Umfeld machte es möglich, dass ich durch die Diskussionen mit einer Vielzahl von Kollegen begreifen konnte, auf welche Weise Sullivan die zeitgenössische interpersonale Psychoanalyse[29] geprägt hat. Darüber hinaus konnte ich so jenen Weg der »konsensuellen Validierung« vervollständigen, der nötig ist, um die neuen Daten, in deren Besitz ich gelangt war, in ihren reellen Bezugsrahmen einzuordnen.[30] Teil dieses komplexen Vorgehens war natürlich auch der Kontakt zur Washington School of Psychiatry und zum Chestnut Lodge Sanitarium, das berühmte amerikanische Sanatorium, das ich im Sommer 1992 auch besuchte.[31]

Im Rahmen dieser Arbeit hatte ich auch das Glück, den Kollegen Stephen Mitchell (1946–2000) kennen zu lernen, woraufhin ich mich dafür einsetzte, den relationalen Standpunkt, dessen Begründer[32] er war, in Italien zu verbreiten. Außerdem habe ich mit Sergio Dazzi und Maria Luisa Mantovani die

Anthologie *La tradizione interpersonale* (Die interpersonale Tradition) veröffentlicht, die, ebenso wie das vorliegende Buch, Zugang zu einem Ansatz liefert, der unserer Ansicht nach immernoch sehr fruchtbar ist.[33]

Wenn ich mich so lange bei den Voraussetzungen – den Bestandteilen, dem Kontext –, auf denen mein Buch beruht, aufgehalten habe, dann dient dies nicht nur dazu, zu erklären, warum ich es geschrieben habe, sondern soll gleichzeitig dem Leser ermöglichen, sich eine erste Vorstellung von Sullivans Standpunkt zu machen.

Meiner Auffassung nach gehört zum interpersonalen Standpunkt nicht nur die Notwendigkeit, die eigene Arbeit in einen bestimmten Kontext[34] zu stellen, sondern auch die Präsentation der eigenen Person, der Versuch, die interpersonalen Erfahrungen, die unsere Entwicklung beeinflusst und unseren Standpunkt geprägt haben, darzulegen. Sullivan schrieb dazu: »Jeder Mensch ist in großem Maße von der Geschichte seiner zwischenmenschlichen Beziehungen bestimmt« (BR 1947, S. 216) und »jeder stellt ein dynamisches Netzwerk dar, das reich an Verbindungen ist und aus der Vielfalt unserer Mitmenschen besteht« (*ibidem*).[35]

Nun, nachdem ich vor allem in den Fußnoten vieles »vorweggenommen« habe, und hoffentlich auf diese Weise die Fantasie des Lesers in Bezug auf den Inhalt dieses Buches anregen konnte,[36] dürfte es an diesem Punkt nicht schwierig sein, der Aufgabe einer Einleitung gerecht zu werden und ein paar Worte zum Aufbau des vorliegenden Buches zu sagen. So, wie ich es bisher getan habe, werde ich auch weiterhin versuchen, mich eng an Sullivan zu halten und im Laufe der einzelnen Kapitel seinen Weg nachzuzeichnen.

Hierauf beruht die Einteilung des Themas in zwei Teile: »Sullivans Umfeld, Leben und Werk« und »Die Aktualität von Sullivans Werk«, die jeweils vier Kapitel umfassen. »Die Psychotherapie fasst in Amerika Fuß«, »Die Psychoanalyse in der ›Neuen Welt‹«, »Norwich, N.Y. (21.02.1892) – Paris (14.01.1949)«, und »Sullivans Werk und die neofreudianische Wende« sind die vier Kapitel des ersten Teils. »Die Psychotherapie der Schizophrenie«, »Sullivan als Sozialwissenschaftler«, »Von Sullivans interpersonaler Theorie der Psychiatrie zu seiner Auffassung von Klinik und Therapie«, und »Von der ›gemeinsamen psychotherapeutischen Sprache‹ H. S. Sullivans zur relationalen Psychoanalyse S. A. Mitchells (1946–2000)«, die vier Kapitel des zweiten Teils.

In der Tat spiegeln die Titel der einzelnen Kapitel größtenteils die Gliederungspunkte des Schemas meines Vortrages wider, den ich in Turin anlässlich des IX. Symposiums zur Psychotherapie der Schizophrenie (16.09.1988) gehalten hatte. Dasselbe Schema benützte ich auch im Vorwort zur italienischen Ausgabe von *Schizophrenia as a Human Process*.

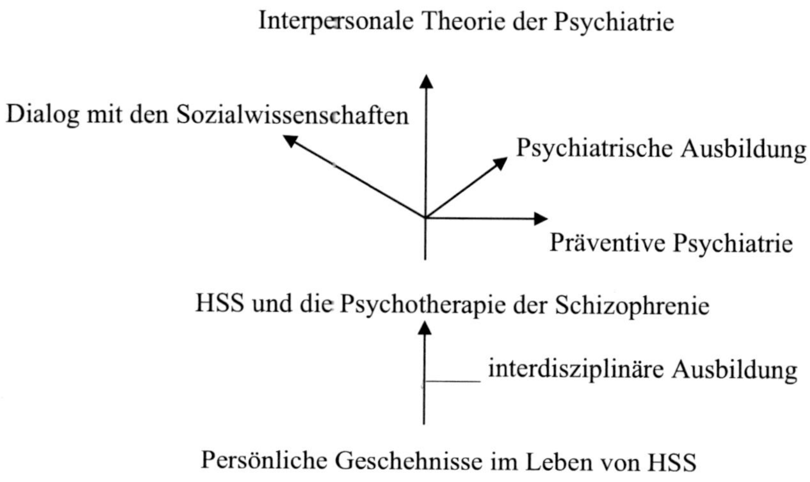

Wie sich der Leser vorstellen kann, dienen die Sorgfalt und Detailgenauigkeit, mit denen ich im ersten Teil versuche, das Umfeld, in dem Sullivan tätig war, zu rekonstruieren, dem Ziel dieses Buches: sein Werk definitiv in Italien einzuführen. Die Bedeutung Sullivans für die Psychiatrie, die Psychotherapie und die Psychoanalyse der heutigen Zeit, auf die ich auch in einigen der vorausgegangenen Fußnoten hinweise, geht aus meiner Abhandlung als Ganzem hervor und wird im zweiten Teil gesondert behandelt.

Zum Schluss noch ein Wort zum Zeitgeist, in dem dieses Buch jetzt erscheint, insbesondere was seine Auswirkungen auf die gegenwärtige Psychiatrie angeht. Wie Jean Garrabé betont hat, ist die vom DSM-III (und den folgenden Revisionen) beförderte Kultur nicht nur »a-theoretisch«, sondern auch »a-historisch«. Das zeigt sich dadurch, dass im DSM-III-Handbuch »nur wenige Autoren zitiert werden – und wenn, dann nur zufällig – und deren Konzepte nur teilweise dargestellt werden« (1992, S. 286). Dies geht so weit, dass man heute, in einer Zeit, in der eine »biologisch-reduktionistische Ideologie die umfassende und individuelle Sicht auf die Person in einem Molekularnebel auflöst« (Mondella, 1986, S. 4), von Psychiatrie als *case management*[37] spricht. Sullivan würde eher bei der psychiatrischen Arbeit vom »Dirigieren eines Orchesters« sprechen, das geprägt ist von Humanismus, Interdisziplinarität und einer integrativen Vision, wie sie für die von ihm begründete interpersonale Tradition kennzeichnend sind.[38] Es ist zu hoffen, dass eine angemessene Auseinandersetzung mit seiner Arbeit zu einer größeren Verbreitung dieses Ansatzes führen wird.

Anmerkungen

1 Das Kapitel, das Jay Greenberg und Stephen Mitchell Sullivan widmen, gehört zweifellos zu den gelungensten von *Object Relations in Psychoanalytic Theory*, dem im Jahre 1983 in den USA erschienenen Klassiker – der schon seit 1986 auf Italienisch vorliegt.

2 Außer in diesem Fall, wo ich mich auf die Situation in Italien beziehe, gilt als allgemeine Regel, dass das in Klammern angegebene Datum sich immer auf die deutsche Ausgabe, falls vorhanden, bezieht, oder sonst auf die Originalausgabe.

3 »*Das psychotherapeutische Gespräch*, diese Synthese aus ›sein können‹ und ›tun können‹ hat verschiedenen Generationen von italienischen Psychiatern viel gegeben«, hat Pier Francesco Galli in seiner Einführung zur neunten Auflage der italienischen Ausgabe geschrieben (Februar 1991).

4 Mein Vorwort zur italienischen Ausgabe von *Schizophrenia as a Human Process* sollte als Versuch verstanden werden, diese Situation zu verbessern.

5 »La rilevanza di H. S. Sullivan per la psichiatria e la psicoanalisi contemporanee« (Die Relevanz H. S. Sullivans für die gegenwärtige Psychiatrie und Psychoanalyse) lautete der Titel eines am 8. Oktober 1988 in Montecatini Terme, im Rahmen der Tagung »Da H. S. Sullivan alla medicina psicosomatica« (Von H. S. Sullivan zur psychosomatischen Medizin) gehaltenen Vortrags (Conci, 1993e), der im Kern die Gliederung dieses Buches enthält.

6 Wie fruchtbar eine analoge Lesart des existenziellen und beruflichen Weges Freuds sein kann, habe ich versucht, in der Einleitung zur italienischen Ausgabe seiner Briefe an den Studienfreund Eduard Silberstein (Conci, 1991b) darzulegen. Wir haben es hier meiner Ansicht nach mit dem Prototyp der *writing cure* (Behandlung durch das geschriebene Wort) zu tun, die dann in der Korrespondenz mit Wilhelm Fliess endgültig in die Tat umgesetzt wurde – und die das begründende Paradigma der psychoanalytischen Arbeit darstellt.

7 Wie Giovanni Jervis in seinem Buch *Fondamenti di psicologia dinamica* (*Grundlagen der dynamischen Psychologie*) belegt, wird im Rahmen sowohl der Universitäts- als auch der Facharztausbildung »das theoretische Studium der Psychoanalyse und ihrer Geschichte größtenteils dem guten Willen der einzelnen Studenten überlassen« (1993, S. 139).

8 Es ist klar, dass die – als Übertragung analysierbare – Beziehung, die sich in demjenigen entwickelt, der, so wie ich, eine »intellektuelle Biografie« schreibt, eine eigene Abhandlung wert wäre. Der Identifikationsprozess mit dem Autor, mit dem man sich beschäftigt, stellt sicherlich eine fundamentale Voraussetzung dar, und kann in meinem Fall – wie aus dem bisher Gesagten hervorgeht – im autodidaktischen Charakter von Sullivans Werdegang wieder erkannt werden.

9 Es ist mir eine besondere Freude, an dieser Stelle die Studenten zu nennen, die dieses Seminar besucht haben: Mario Coglitore, Chiara Cordaro, Nicoletta Marchiori, Fabio Ponso und Patrizia Rumor.

10 Gemeint sind die Artikel »I primi pionieristici scritti di H. S. Sullivan sulla psicoterapia della schizofrenia« (Die ersten bahnbrechenden Schriften H. S. Sullivans über die Psychotherapie der Schizophrenie; Conci und Pinkus, 1989) und »H. S. Sullivan e il training dello psichiatra« (H. S. Sullivan und die psychiatrische Ausbildung; Conci, 1991a).

11 Ich denke hier an die neuen Impulse für die Rezeption von Sullivans Werk in Italien – als deren konkretes Ergebnis *Schizophrenia as a Human Process* in der exzellenten Übersetzung von David Mezzacapa, der in den 60er Jahren schon die ersten drei von Feltrinelli herausgegebenen Bücher Sullivans übersetzt hatte, erschienen ist.

12 Außer Sullivan hat der italienische Verlag Feltrinelli seinerzeit in der von Benedetti und Galli geleiteten Reihe »Biblioteca di Psichiatria e Psicologia Clinica« (Bibliothek der Psychiatrie und Klinischen Psychologie) auch folgende Bücher verlegt: *Principles of Intensive Psychotherapy* und *Psychoanalyse und Psychotherapie* von Frieda Fromm-Reichmann, *Eßstörungen* und *Der goldene Käfig* von Hilde Bruch sowie die wertvollen Arbeiten Arietis, *Interpretation of Schizophrenia* und *Depression*, letzteres eine gemeinsame Arbeit mit seinem Cousin Jules Bemporad. Es ist bekannt, dass auch der Verlag Bollati Boringhieri einen wichtigen Beitrag geleistet hat: außer auf Clara Thompsons *Interpersonal Psychoanalysis* möchte ich besonders auf drei grundlegende Bücher Harold Searles hinweisen, und zwar *Collected Papers on Schizophrenia and Related Subjects*, *My Work with Borderline Patients* und das neuere *Countertransference and Related Subjects*. Was weitere bibliografische Informationen angeht, verweise ich auf die von mir verfasste kurze Darstellung des Lebens und Werkes der Autoren. Sie erschien in der mit Sergio Dazzi und Maria Luisa Mantovani herausgegebenen Anthologie *La tradizione interpersonale* (*Die interpersonale Tradition*).

13 Neben der schon erwähnten Einführung von 1991 möchte ich auf das Vorwort zur italienischen Ausgabe von *Die interpersonale Theorie der Psychiatrie* hinweisen und auf die Erläuterung der Position Sullivans, die im Rahmen des »Ersten Fortbildungskurses« im Dezember 1962 in Mailand von Galli vorgetragen wurde.

14 Galli schrieb im Jahre 1990 dazu: »In Anbetracht des objektiven Querverlaufs der psychotherapeutischen Funktion, ist es notwendig, dass das öffentliche Gesundheitswesen einheitlich die Verbreitung der ›interpersonalen psychiatrischen Kultur‹ sichert, um damit Raum für den Einsatz der aktuellen psychotherapeutischen Kenntnisse zu garantieren« (1990b, S. 54).

15 Diesen Ansatz von Galli kann man schon in einem Beitrag von 1964 mit dem Titel »Psicoterapia e scienza« (Psychotherapie und Wissenschaft) erkennen, der sich auf einen Aspekt bezieht, der meiner Meinung nach wesentlich für die von Sullivan eingeschlagene Forschungslinie ist, und zwar »das Problem der Psychotherapie als Wissenschaft« und folglich der Notwendigkeit »eine generelle Theorie der Psychotherapie aufzubauen«. Persönlich vertritt Galli einen Standpunkt, der an denjenigen Sullivans erinnert: »Psychotherapie bedeutet – bei bewusster Akzeptanz unserer Grenzen – das Menschliche im Leiden hervorzuheben«.

16 Dort schreibt Benedetti zum Beispiel: »Sullivan lässt vor unseren Augen etwas lebendig werden, das in anderen psychiatrischen Systemen manchmal wie ein anatomisches Präparat der Psyche wirkt. Selbst Freud scheint mir in einem rigiden und abstrakten Mechanismus gefangen, im Vergleich zur dynamischen Phänomenologie Sullivans.« (1961, S. XVIII)

17 »*Das psychotherapeutische Gespräch* ist weniger ein Psychiatriebuch«, schreibt Codignola, »als ein Buch über Psychiatrie ...« (1967, S. VII). Und: »Es ist ein Zeugnis und gleichzeitig ein technischer Text ...« (*ibidem*).

> »In der heutigen kulturellen Situation Italiens hat die Übersetzung dieses Buches zwei Bedeutungen. Auf der einen Seite wird der Sinn einer Integration der psychiatrischen Arbeit mit psychologischen Techniken aufgezeigt, die mehr in Richtung konkreter Anwendung entwickelt wurden als in Richtung ihres theoretischen Hintergrundes. Andererseits werden die positivistischen psychiatrischen Positionen angefochten und es wird auf eher praktischer denn polemischer Weise die dualistische ideologische Trennung von Psychiatrie und Psychoanalyse in Frage gestellt, die die heutige Realität schon im Begriff ist, zu überwinden.« (*ibidem*)

Dann fährt er fort:

> »Der Fokus der Beobachtung wurde folglich von einem einzigen kranken Individuum auf eine Situation verlagert, nämlich auf die Beziehung zwischen Arzt und Patient. Dies ist der Moment, in dem die soziale Dimension ganz praktisch in den Bereich der Psychiatrie eintritt. Von einem im Grunde nicht fundierten interdisziplinären Ansatz, der als Vorwand für gelehrte Ausführungen diente, geht man zur Anwendung soziologischer Parameter in der klinischen Psychiatrie über. In dieser Hinsicht ist Sullivan ein Teil der amerikanischen Kultur: von G. H. Mead bis zu Adolf Meyer, von den philosophischen bis zu den psychiatrischen Wurzeln der zeitgenössischen Ideen Amerikas bis zum heutigen Tag.« (ibidem, S. X)

Abschließend schreibt er:

> »Das psychotherapeutische Gespräch sollte auch als Beitrag zu einer neuen psychiatrischen Erziehung verstanden werden« (ibidem, S. XIV).

18 Ich spreche von einem »Echo«, denn ich habe sehr viel mehr Kollegen gefunden, die Sullivan in den 60er Jahren gelesen haben und mir mündlich bestätigten, welch wichtige Rolle für ihren Werdegang die Lektüre seiner Texte gespielt hat, als ich – von einigen wenigen Ausnahmen abgesehen – Untersuchungen oder schriftliche Zeugnisse gefunden habe.

19 Was schriftliche Zeugnisse angeht, ist ein Text von Stefano Mistura besonders erhellend in Bezug auf die Art der Rezeption von Sullivans Werk im Italien der 60er Jahre. Ich entnehme diesen Text einem von ihm verfassten bibliografischen Führer, der 1976 als Beilage von *Fogli di Informazione*, der Zeitschrift

der anti-institutionellen Bewegung, erschien. Hier wird zwar einerseits von der »Entdeckung der Interpersonalität« als »einem großen Schritt nach vorn in der Geschichte der zeitgenössischen Psychiatrie« gesprochen, andererseits erfasst der Autor die interdisziplinäre Ausrichtung von Sullivans Arbeit nicht und gelangt sogar zu der Behauptung, dass Sullivan »sich nie ernsthaft mit dem Problem der öffentlichen psychiatrischen Betreuung in den USA auseinandergesetzt hat«. Nun, jeder, der *Schizophrenia as a Human Process* (Schriften aus den 20er und 30er Jahren, die in den USA 1962 zu einem Buch zusammengestellt wurden) gelesen hat, weiß, dass dies nicht den Tatsachen entspricht.

20 In Wirklichkeit fehlten der *nuova psichiatria* die Grundlagen, das heißt die klinische und die sozio-psychologische Dimension, deren Assimilation unverzichtbar ist, um die Synthese dieser Dimensionen, für die Sullivans Arbeit steht, zu begreifen. Im Übrigen hat Michel David – mit dem strengen Tonfall des ausländischen Beobachters – Ende der 80er Jahre eine Verbindung der »theoretischen Schwäche« unserer ›Nuova Psichiatria‹ sowohl mit dem »katastrophalen materiellen Notstand in den Irrenanstalten« als auch mit dem »brutal antipsychoanalytischen Charakter« des »von Basaglia geleiteten Unternehmens« festgestellt. David führte dies auf »das Fehlen universitärer Ausbildung zu Freud, was den Meistern der Neuropsychiatrie zu eigen war«, zurück (1989, S. 614). Heute, nach der systematischen Arbeit an der Ent-Provinzialisierung unserer Kultur, die von einer ganzen Reihe Kollegen und Institutionen vorangetrieben wurde, liegen die Dinge anders.

21 Ich spreche von der Associazione di Studi Psicoanalitici (ASP) in Mailand, die auf das in den 60er Jahren von Galli ins Leben gerufene Centro Studi di Psicoterapia zurückgeht und seit 1989 der International Federation of Psychoanalytic Societies (IFPS) angehört (siehe auch Corsi Piacentini, 1990).

22 Ich hatte Gelegenheit, diesen Standpunkt ausführlich im Nachwort zu seinem letzten ins Italienische übersetzten Buch, *Psychotherapie als existentielle Herausforderung*, zu entwickeln.

23 Diese Schrift, deren Untertitel »Appunti al recente congresso internazionale di psicoterapia« (Notizen zum letzten internationalen Kongress über Psychotherapie) lautet, ist eine sehr detaillierte Ausarbeitung der wichtigsten im Laufe des VIII. Internationalen Kongresses über Psychotherapie (Mailand, 25. bis 29.08.1970) angesprochenen Punkte, die nach wie vor Geltung haben. Sie haben das nicht nur wegen der Vielseitigkeit der Standpunkte, sondern auch wegen der ausführlichen Dialektik, die sich zwischen den verschiedenen vertretenen Positionen entwickelte.

24 Ich hatte das Glück, an der Psychiatrischen Klinik der Universität Brescia diesen Standpunkt mit Augusto Ermentini teilen und entwickeln zu können, und zwar im Rahmen der didaktischen Aktivitäten für in der Ausbildung befindliche Psychiater. Im Übrigen verlief meine eigene psychiatrische Ausbildung an der von Leonardo Ancona geleiteten Psychiatrischen Klinik der Università Cattolica in Rom ganz ähnlich – wie auch seine *Introduzione alla psichiatria* (Einführung in die Psychiatrie) von 1984 bezeugt.

25 Dies war auch der Standpunkt, den ich dort vertrat (Conci 1994e) und der auch im Zentrum des vorliegenden Buches stehen wird. In der Tat stellte dieser Kongress, bei dem ich Gelegenheit hatte, von der Rolle Sullivans in Italien und in Europa zu sprechen (Conci, 1994d), die letzte Etappe auf dem Weg zur Niederschrift dieses Buchs dar, im Sinne meines Wegs der »konsensuellen Validierung« natürlich. Ich hatte anlässlich des Panels, in dessen Rahmen ich den zweiten der genannten Beiträge vortrug, eine besondere Gelegenheit, mit Robert Cohen (siehe seinen Kongressbeitrag, 1994), einem Sullivan-Schüler, und mit Clarence Schulz (siehe zum Beispiel Schulz und Kilgalen, 1969) und Donald Burnham (siehe zum Beispiel Burnham und Kollegen, 1969), die seine Forschungslinie weiterführten, über Sullivans Erbe zu diskutieren. Übrigens war es Benedetti, der 1956 zusammen mit Hans-Christian Müller das erste dieser wichtigen internationalen Symposien in Lausanne organisierte (siehe auch D'Alfonso, 1988).

26 Wenn die Meisterschaft von Benedetti und Cremerius solch einen breiten Raum in Italien eingenommen haben, liegt das wohl auch daran, dass die Società Psicoanalitica Italiana (SPI) nur sehr langsam eine Verbindung zur internationalen Psychoanalyse gefunden hat. Über Eugenio Gaddini (1916–1985), von 1978–1982 Präsident der SPI, hat Arnaldo Noveletto geschrieben, dass er »der erste in Italien war, der alles daran setzte, die psychoanalytische Institution (Reglements der Gesellschaft, Kongresse, Zeitschrift, Ausbildung) an die Standards der International Psychoanalytical Association (IPA) anzupassen« (1992, S. 201).

27 Es ist kein Zufall, dass die genannten Arbeiten, denen das Bedürfnis nach einer kritischen Auseinandersetzung mit der Geschichte der Psychoanalyse gemein ist, alle in der Zeitschrift *Psicoterapia e Scienze Umane* erschienen sind, deren wissenschaftliche Linie Galli wie folgt beschrieben hat: »Die emotionale Geschichte, die Geschichte der Konflikte, die auf dem Weg der Psychiatrie und der Psychotherapie aufgetaucht sind, ist wesentlich für deren Erkenntnis. Vom Standpunkt der Zeitschrift, die ich leite, und der kulturellen Ausrichtung dieser Zeitschrift aus gesehen, stellt die Geschichte keine Option dar, kein intellektuelles Kuriosum für Psychiatriehistoriker, sondern ein grundlegendes Kriterium für den gesamten Diskurs, einen ganz wesentlichen Bestandteil« (1990, S. 214).

28 Seit 1964 gibt das White Institute, mit dessen Ursprüngen wir uns noch befassen werden, die Zeitschrift *Contemporary Psychoanalysis* heraus, die meines Wissens in keiner öffentlichen Bibliothek Italiens zu finden ist, sieht man von einzelnen Ausgaben hier und dort ab. Die American Academy hingegen, die 1956 gegründet wurde, gibt seit 1973 das *Journal of the American Academy of Psychoanalysis* heraus, dessen erster Chefredakteur Silvano Arieti bis zu seinem Tod 1981 war (siehe auch Arieti, 1973). Die Gründung der American Academy geht – wie wir noch sehen werden – auf die Situation zurück, die als Folge der Spaltungen in der amerikanischen Psychoanalyse der 40er Jahre entstanden war; sie ist auch heute noch ein wichtiges Forum für den Austausch zwischen Kollegen, die verschiedenen Gesellschaften angehören. Übrigens erfüllt in Italien die

Opifer (Organizzazione di Psicoanalisti Italiani – Federazione e Registro) eine ähnliche Funktion. Sie wurde 1996 von Marco Bacciagaluppi in Anlehnung an die Academy gegründet – deren erstes italienisches Mitglied er zusammen mit Emilio Servadio (1904–1995) war.

29 Außer Stephen Mitchell (1946–2000), dessen Persönlichkeit und beruflichen Weg ich in der Einführung der italienischen Ausgabe von *Relational Concepts in Psychoanalysis. An Integration* beschrieben hatte, und dessen frühzeitiger Tod ein großer Verlust für unseren Beruf und unsere Wissenschaft war, möchte ich hier vor allem an Earl Witenberg erinnern. Dieser Thompson-Schüler war von 1960 bis1992 Direktor des Instituts (siehe auch Witenbeg, 1994) sowie Autor der ersten Arbeit über die interpersonale Orientierung in italienischer Sprache (sie erschien in Arietis *Manuale di Psichiatria* von 1969, dem berühmten *American Handbook of Psychiatry,* dessen Herausgeber Arieti war) und Herausgeber von zwei wichtigen Anthologien mit interpersonalen Schriften (1973, 1978). Zahlreiche interessante Hinweise erhielt ich auch von Gerald Chrzanowski, der 1977 Sullivans Arbeit in dem Buch *Interpersonal Approach to Psychoanalysis. Contemporary View on Harry Stack Sullivan* dargestellt hat, sowie von Edgar Levenson, der sich in *The Ambiguity of Change* mit Sullivan auseinander setzt und ein brillanter Vertreter von Sullivans Standpunkt ist. Weitere Kollegen, an die ich erinnern möchte und deren Ideen denen Sullivans nahe sind, sind John Fiscalini und Alan Grey, die 1992 ein Buch über die interpersonale Behandlung des narzisstischen Patienten herausgegeben haben; Arthur Feiner, der mit Lawrence Epstein 1997 ein wichtiges Buch über Gegenübertragung herausgegeben hat und mehr als 20 Jahre lang Direktor von *Contemporary Psychoanalysis* war. Und letztlich sei noch Jay Greenberg, dem neuen Direktor der Zeitschrift des White Institute, Sondra Wilk, der Sekretärin des Instituts und meines Freundes Robert Cifu gedacht. Was hingegen die vielfältige Art angeht, auf die Sullivans Werk die zeitgenössische interpersonale Psychoanalyse beeinflusst, verweise ich den Leser auf den zweiten Teil des vorliegenden Buches.

30 Zu meiner Überraschung musste ich feststellen, dass es – wahrscheinlich auch aufgrund der im Vergleich zur unseren, sehr viel spezialisierteren amerikanischen Kultur – sehr viel leichter ist, Sullivans Werk in Form einzelner Beiträge – zur Psychoanalyse (am White Institute), zur Psychotherapie (an der Washington School of Psychiatry) und zur Psychiatrie (siehe die Zeitschrift *Psychiatry*) – vertreten zu finden. Eine umfassende Darstellung seiner Botschaft in seiner interdisziplinären und integrativen Gesamtheit, wie ich sie hingegen, nach dem Beispiel Perrys, in diesem Buch anzubieten versuche, gibt es kaum. Dieses Problem habe ich auch schon in »Introduzione alla prima parte: origini e sviluppi« (Einführung in den ersten Teil: Ursprünge und Entwicklungen) in *La tradizione interpersonale* besprochen.

31 Ich verdanke Mauricio Cortina sowohl die Einladung, an der Washington School of Psychiatry einen Vortrag über dasThema »H. S. Sullivan and the Training of

the Psychiatrist« (Conci, 1993d englisch; 1993c italienisch) zu halten, als auch die Begegnung dort mit Kenneth Chatelaine (der 1981 eine wichtige Studie über den Werdegang Sullivans veröffentlicht hat) und Gloria Parloff, der ehemaligen Redaktionssekretärin von *Psychiatry*. Sandra Colombo-Finzi (Mailand-Washington D.C.) hingegen verdanke ich den ursprünglichen Kontakt zum Chestnut Lodge Hospital, der sich leicht dank der Hilfsbereitschaft David Feinsilvers in Form eines Besuches konkretisieren ließ.

32 Ich werde im achten Kapitel erläutern, auf welche Weise diese Orientierung ursprünglich von einer systematischen und kreativen Auseinandersetzung mit der Arbeit Sullivans inspiriert wurde. An dieser Stelle möchte ich nur noch erwähnen, dass die relationale Psychoanalyse seit 1991 mit der Zeitschrift *Psychoanalytic Dialogues. A Journal of Relational Perspective* über ein eigenes Sprachrohr verfügt.

33 Tatsächlich gehöre auch ich zu der großen Gruppe Italiener, die eine Schwäche für die »Neue Welt« haben. Elio Vittorini war ähnlich fasziniert, als er 1941 die Anthologie *Americana* publizierte, die, wie Umberto Eco geschrieben hat, »keine Geschichte der amerikanischen Literatur, sondern die Konstruktion einer Allegorie sein wollte« (1992, S. 23). Eine sehr interessante Vertiefung dieses Themas findet der Leser in der Anthologie *Immaginari a confronto* (*Vorstellungen im Vergleich*), deren Herausgeber Carlo Chiarenza und William Vance sind.

34 Auf institutioneller und kultureller Ebene stellten außer der schon erwähnten IFPS folgende zwei Vereinigungen wichtige Bezugspunkte dar: die International Association for the History of Psychoanalysis (IAHP), 1985 von Alain de Mijolla gegründet, und die Erich Fromm Society, die, ebenfalls im Jahr 1985, von Rainer Funk gegründet wurde. Was die internationale Fachliteratur betrifft, hat die 1990 von German Berrios und Roy Porter gegründete Zeitschrift *History of Psychiatry* den neuesten historischen Untersuchungen Impulse gegeben und gesellt sich damit zum schon seit 1964 bestehenden *Journal for the History of the Behavioral Sciences*.

35 Den Kontext, aus dem ich diesen Satz herausgenommen habe, findet der Leser im Epigraph zu Beginn des ersten Teils.

36 Freud sprach von »Erwartungsvorstellung« und meinte damit eine Technik, über die der Analytiker bei seiner Arbeit mit dem Patienten verfügt: Er löst im Patienten Erwartungen aus, die nach und nach Teil einer neuen Vorstellung, die er von sich und der Realität hat, werden. Was hingegen die formale Ebene angeht, wird der Leser schon bemerkt haben, dass die Fußnoten für das Verständnis meiner Ausführungen nicht unerlässlich sind. Dies gilt für das ganze Buch. Übrigens wandte Sullivan die beschriebene Technik häufig an, wie auch aus Lester Havens Buch *Participant Observation* (1976), das seinem psychotherapeutischen Ansatz gewidmet ist, hervorgeht.

37 Hierbei handelt es sich um diejenige Haltung, die vor allem auf eine psychopharmakologische Kontrolle und eine ganze Reihe weiterer Vorkehrungen

zurückgreift, die außerhalb einer angemessenen zwischenmenschlichen Beziehung zum Patienten stehen – und die seit einigen Jahren nicht nur in der amerikanischen Psychiatrie Fuß gefasst hat. Dass zum Beispiel eine Krankheit wie die Depression eine Situation darstellt, die nach einem sehr viel anspruchsvolleren kulturellen und technischem Ansatz verlangt, haben C. Bellantuono, E. Borgna, B. Callieri, P. Crepet, E. D'Agostino und M. Trevi in ihrem Buch *La cura dell'infelicità. Oltre il mito biologico della depressione* (*Die Behandlung des Unglücklichseins. Über den biologischen Mythos der Depression hinaus*) dargelegt.

38 »Der Psychiater ist vor allem deswegen Leiter des therapeutischen Teams, weil er am vertrautesten mit den biologischen, soziologischen und psychologischen Aspekten des menschlichen Verhaltens ist«, hat John Neill über die Art geschrieben, in der Adolf Meyer (1866–1950) seine Rolle als Psychiater lebte (1980, S. 463). Tatsächlich gehörte Meyer zusammen mit William Alanson White (1870–1937) zu den Begründern der amerikanischen Psychiatrie, die Sullivan am meisten beeinflussten.

Erster Teil –

Sullivans Umfeld, Leben und Werk

»Im Allgemeinen haben biografische Untersuchungen den Mangel, daß sie die Person, mit der sie sich beschäftigen, nicht mit jenen bedeutenden Personen in Verbindung setzen, die ihre bleibenden Beiträge zur Kulturgeschichte förderten oder behinderten und nur selten stellen sie den Zusammenhang zwischen ihren Fähigkeiten und Grenzen und den zwischenmenschlichen Beziehungen her ... Auf das Phänomen Freud, das nicht in die Wiener Gesellschaft seiner Zeit eingeordnet wurde, folgte das Phänomen seiner Evangelisten und Verleumder, das mit dem gleichen Mangel an Sensibilität für die kulturellen Unterschiede und vielfältigen Konstellationen, in denen sich die westliche Zivilisation entwickelte, verfolgt wurde ... Jeder Mensch ist in großem Maße von der Geschichte seiner zwischenmenschlichen Beziehungen bestimmt, von der direkten Gegenwart und der nächsten Zukunft, wie einfach oder schwierig es auch sein mag, sie vorauszusehen. Jeder stellt ein dynamisches Netzwerk dar, das reich an Verbindungen ist und aus der Vielfalt unserer Mitmenschen besteht, jeder mit Vergangenheit, Gegenwart und naher Zukunft, ausgeprägter Identität und Ähnlichkeiten – mehr oder minder in Übereinstimmung mit der gemeinsamen Kultur – und einigen bedeutenden Unterschieden.« (Sullivan, BR/1947, S. 217) [1]

Wie uns Henri Ellenberger (1905–1993) in *Die Entdeckung des Unbewußten. Geschichte und Entwicklung der dynamischen Psychiatrie* gezeigt hat, einem in seiner Art einzigartigen Werk, sowohl was den vom Autor eingeschlagenen Forschungsweg als auch seine Methodik betrifft, spielt neben der Persönlichkeit der Pioniere der dynamischen Psychiatrie und ihren zwischenmenschlichen Beziehungen natürlich der soziale, kulturelle und historische Kontext – der so genannte Zeitgeist[2] also – eine wichtige Rolle. Aus diesem Grund versuche ich im ersten Kapitel die gesellschaftliche Stimmung der so genannten *Progressive Era* darzustellen, wobei ich den Anfängen der modernen amerikanischen Psychotherapie um die Jahrhundertwende besondere Aufmerksamkeit widme,[3] bevor ich mich im dritten Kapitel mit dem Leben Sullivans und den Ereignissen, die seine Persönlichkeit und sein Werk beeinflussten, beschäftige. Ich werde dieses Thema besonders im Hinblick auf die Arbeit von William James (1842–1910), James J. Putnam (1846–1918) und Meyer und der Einflüsse, die sie ausübten, behandeln. Dieser Hintergrund ist nicht nur wichtig, um den Kontext, in dem Freud im September 1909 seine Fünf Vorlesungen *Über Psychoanalyse* an der Clark University (Worcester, Massachuchetts) hielt, zu erfassen, sondern auch um zu verstehen, wie die Rezeption und spätere Entwicklung seines Werks in der »Neuen Welt« verlief. Dabei gehe ich besonders auf das spezifisch amerikanische Phänomen der Verbindung von Psychoanalyse und Psychiatrie und des Versuches deren Integration ein. Der in den ersten drei Kapiteln zurückgelegte Weg wird es uns also erleichtern, im vierten Kapitel die Weggefährten Sullivans, die so genannten Neofreudianer, und die Rolle, die er selbst in der psychiatrischen und psychoanalytischen Szene Amerikas in den dreißiger und vierziger Jahren spielte, näher zu betrachten; außerdem werden wir auch das von ihm hinterlassene Gesamtwerk (das zum größten Teil posthum erschienen ist) genauer untersuchen.

An diesem Punkt angelangt, betrachten wir dann, wie sich um die Jahrhundertwende gewisse theoretische Voraussetzungen in verschiedenen Wissensbereichen entwickelten und in der amerikanischen Gesellschaft das Bedürfnis nach einer modernen Psychotherapie entstand.[4]

1. Die Psychotherapie fasst in Amerika Fuß

Die Originalität von Nathan Hale, dem Autor des Klassikers *Freud and the Americans. The Beginnings of Psychoanalysis in the United States, 1876–1917*, besteht darin, dass er sich folgende Frage stellte: »Wo sollte eine Studie über Freud in Amerika ansetzen?« (1971a, S. XIII); und darin, dass er sich – im Gegensatz zu den bis dahin durchgeführten Untersuchungen – dafür entschied, »die berufliche, soziale und moralische Ordnung, die die Rezeption der Psychoanalyse in Amerika bedingte« zu untersuchen (*ibidem*).[5] Und so schreibt Hale (*ibidem*, S. XII): »Ohne eine angemessene Analyse der vor Freud bestehenden Ordnung konnte die Art seines Einflusses nicht klar bestimmt werden«. Er folgt also nicht der von Ernest Jones in seiner Freud-Biografie eingeschlagenen Richtung, die auch die beiden in der Fußnote zitierten Werke einschlagen, sondern nimmt eine streng historische Position ein, die der Ellenbergers ähnelt. Wir verdanken Hale folgende grundlegende Erkenntnisse: Zunächst hat er aufschlussreich die Gründe für den fließenden Übergang zwischen Psychoanalyse und der vorher in Amerika bestehenden Psychotherapie aufgezeigt, deren Genesis und Entwicklung, bei Psychologie, Neurologie und Psychiatrie beginnend, er auf wunderbare Weise beschreibt. Weiterhin hat er die besondere Art der Rezeption, die das Werk Freuds in Amerika erfuhr, dargestellt und damit einen entscheidenden Beitrag zur Rezeptionsgeschichte der Psychoanalyse bzw. zu den Studien über die Aufnahme der Psychoanalyse in der westlichen Welt geleistet, die im 1989 erschienenen Werk der Soziologin Edith Kurzweil *The Freudians. A Comparative Perspective* gipfelten.[6]

Im Rahmen dieses Konzepts geht Hale ausführlich auf die so genannte »Bostoner Schule« ein. In Boston begann der Psychiater Johann Kaspar Spurzheim (1776–1832) im Jahre 1832 seine Arbeit und sorgte dort für die Verbreitung der von seinem Lehrmeister Joseph Gall (1758–1828)[7] entwickelten Phrenologie. In der Hauptstadt Neuenglands hatte auch, wie Hale rekonstruiert, in den Jahren zwischen 1885 und 1909 die moderne amerikanische Psychotherapie ihren Anfang und nahm allmählich konkrete Gestalt an. So wird 1906 »Psychotherapie« in den Index Medicus aufgenommen (Hale, 1971a, S. 146) und Morton Price gründet das *Journal of Abnormal Psychology*. Im Mai 1909 berichten Prince, Putnam und Boris Sidis (1868–1923) das erste Mal vor der American Medical Association (AMA) über den Stand der Psychotherapie, und Ernest Jones (1879–1958) unterstützt sie mit einer Pionierarbeit über die Psychoanalyse (*ibidem*, S. 147)[8]. Um es mit Hales Worten zu sagen, wurde »die Psychotherapie zwischen 1904 und 1909 von nationalem Interesse im medizinischen und sozialen Bereich und die Psychoanalyse wurde als eine der konkurrierenden neuen Behandlungsmethoden bekannt« (*ibidem*, S. 138).

Um welche Art von Psychotherapie handelte es sich dabei eigentlich? Abgesehen von der Tatsache, dass Hypnose, Suggestion und Rehabilitation die drei wichtigsten Behandlungsmethoden waren, entwickelte sich langsam die *new psychopathology*, was im Mai 1910 in Washington zur Gründung der American Psychopathological Association führte (*ibidem*, S. 280). Diese »neue Psychopathologie« bildete sich schrittweise als Antwort auf die Krise des *somatic style*, der organischen Ausrichtung der Neuropsychiatrie, heraus und war, wie Hale erklärt, »das Ergebnis der Zusammenarbeit von drei verschiedenen Fachrichtungen: Ärzte, die nervöse und geistige Störungen untersuchten; Neurologen, die neue Experimente mit Hypnose durchführten, und akademische Psychologen, die theoretische Forschung betrieben« (*ibidem*, S. 98).

Und die Bostoner Schule? Die genannten drei Strömungen waren in Neuengland aktiv und potenzierten sich gegenseitig, was auch an den glücklichen – oder zumindest sehr produktiven – Beziehungen zwischen denjenigen lag, die sie weiter entwickelten.[9] Um es mit den Worten Hales zu sagen:

> »William James, Josiah Royce und Hugo Münsterberg, die Dozenten für Psychologie und Philosophie in Harvard waren, arbeiteten mit Neurologen und Psychiatern in Boston zusammen. James Jackson Putnam, der erste Dozent für Neurologie in Harvard, war einer der fünf Männer deren ›intellektuelle Bruderschaft‹ William James dazu angeregt hatte, seine Prinzipien der Psychologie zu schreiben, und nach der Publikation dieses Werks machte die psychopathologische Schule von Boston ihre größten Fortschritte. James brachte seine Studenten zu den Vorlesungen über Psychiatrie, die Adolf Meyer am Worcester Insane Asylum hielt und die beiden Männer diskutierten über Psychiatrie und wissenschaftliche Methoden« (*ibidem*, S. 100).

In diesem Licht untersuchen wir nun die Bedeutung von James, Putnam und Meyer für die Entstehung der modernen Psychotherapie und ihren Beitrag zur Rezeption der Psychoanalyse und zur intellektuellen Entwicklung Sullivans.

1.1 William James und der Funktionalismus

Wenn über Psychotherapie zu sprechen vor allem bedeutet, über die Gegenüberstellung von gesund und krank hinauszugehen und in der auf psychischer Ebene leidenden Person nur eine quantitative Abweichung von Prozessen zu sehen, mit denen wir alle vertraut sind – das heißt also, uns die Fähigkeit der Identifikation mit dem anderen zu eigen zu machen, die wir heute normalerweise mit der Psychoanalyse verbinden –, dann war James, vor allem aufgrund seiner besonderen persönlichen Voraussetzungen, ein Musterbeispiel dieser neuen Geisteshaltung. So, dass wir gleich noch einen Schritt weiter gehen können: Das Konzept des »Konfliktes«, das die Psychoanalyse in den Mittelpunkt ihres theoretischen Systems gestellt hat (siehe zum Beispiel Brenner, 1978), bezieht sich nicht nur, wie wir bald sehen werden, auf einen psychischen Zustand, den James sehr gut in seinem eigenen Leben kennen lernte, sondern stellt auch einen Aspekt dar, der systematisch in seinem Werk behandelt wird.[10] Gehen wir noch einen Schritt weiter: Wie Hale schreibt, »formulierte James nicht nur für ein breites Publikum die Vorstellung vom Unbewussten, die sich vor Freud in Amerika entwickelt hatte« (1971a, S. 109), sondern – so Shakow und Rapaport – »er scheint unter vielen Gesichtspunkten die Ideen Freuds vorweggenommen zu haben« (1964, S. 38).

Da der Zeitgeist heute anders ist als jener, der die Arbeit von Shakow und Rapaport beeinflusste, und da ich die Bedeutung Sullivans hinsichtlich der Probleme, mit denen wir uns heute konfrontiert sehen, aufzeigen will, möchte ich behaupten, dass die dynamische Psychologie, die seit Jahrzehnten *sic et simpliciter* dem Werk Freuds einverleibt wird, schon in James' Werk eine Quelle der Inspiration und eine Basis fand. Mit anderen Worten, James entwarf eine vorfreudianische dynamische Psychologie. Tatsächlich »begann Woodworth um 1910 herum den Begriff dynamische Psychologie zu benutzen«, wie Boring schreibt (1950, S. 722), und zwar innerhalb der funktionalistischen Ausrichtung, die er bei William James und James Cattell (1860–1940) kennen gelernt hatte. Dies führte dazu, dass er 1917 seine Definition des neuen Zweigs in dem Band *Dynamic Psychology* vorstellte.[11]

Was den Beitrag James' zur Entstehung der amerikanischen Psychotherapie und den Einfluss seines Werkes auf die folgenden Generationen angeht, ist es zweifellos wahr, dass man viele seiner Themen im Werk Sullivans wieder findet. Darüber hinaus gibt es auffällige Ähnlichkeiten in ihrer individuellen Psychologie und in der Ausrichtung ihres Lebens, unabhängig von der unterschiedlichen Herkunft. Außerdem denke ich, dass man an diesem Punkt vorwegnehmen sollte, dass die Merkmale der neuen amerikanischen Psychologie, die mit den Namen von James und Stanley Hall (1844–1924) verbunden ist, das heißt ihr kosmopolitischer Charakter, eklektischer Geist und die gegen das Establishment gerichtete Orientierung[12] – die nach Dorothy Ross »sehr dabei helfen können, die zunächst positive Aufnahme Freuds in Amerika (1978, S. 45) zu verstehen« –, letztendlich die gleichen Merkmale sind, die wir in der so genannten »neofreudianischen« Bewegung wieder finden.

Wenn also Boring über James geschrieben hat, dass »seine Bücher tatsächlich so sehr Spiegel seiner Persönlichkeit sind, dass man unmöglich zwischen dem Mensch und den Schriften unterscheiden kann« (1950, S. 509), können wir uns jetzt fragen: was für ein Leben mag jemand wie James geführt haben, der schrieb, dass *»ein Mensch so viele soziale Ichs hat, wie die Anzahl der Individuen beträgt, die ihn kennen* und die sein Bild in ihrer Vorstellung tragen« (1890, S. 294; Hervorhebung im Original)?[13] Zum Glück hat Howard Feinstein die 1984 erschienene Biografie *Becoming William James*, die »eher ein Familiendrama als eine Biografie ist« (1984, S. 15), im Sinne der von Boring angeregten Lesart geschrieben.

Vor diesem Hintergrund – besonders was die starke Konditionierung durch den Vater Henry Sr. und die große Macht, die er über James ausübte, angeht – können wir verstehen, wie es möglich war, dass William seine Identität erst im Alter von 36 Jahren fand.[14] Erst im Jahr 1878 heiratet er Alice Gibbens und verlässt das Elternhaus. In beruflicher Hinsicht erlangt er endlich im selben Jahr die verdiente akademische Anerkennung und nimmt die Arbeit auf, welche die nächsten zwölf Jahre seines Lebens bestimmen wird. Er wird zum *assistant professor of psychology* in Harvard ernannt und unterschreibt mit dem Verleger John Holt den Vertrag für *Principles of Psychology*, seinem im Jahre 1890 erschienenen Hauptwerk. Wie Patrick Dooley (der 1987 vier zwischen 1981 und 1984 erschienene Bücher über James rezensierte, darunter die erwähnte Biografie und *The Pragmatic Philosophy of William James* von Ellen Suckiel) hervorhebt, wagte James erst 1878 den Schritt, seinen Namen unter einen seiner Artikel (über Spencer) zu setzen, nachdem er zehn Jahre lang seine Artikel und Rezensionen anonym veröffentlicht hatte (1987, S. 58)!

Gleichzeitig wandte James sein Interesse nach dem Erscheinen der *Principles* langsam aber unaufhaltsam wieder der Philosophie zu, während die Psychologie für ihn schlicht »einen guten Kompromiss darstellte und ihm ermöglichte, in seiner Rolle als Wissenschaftler seine medizinische Ausbildung zu nutzen und ihm darüber hinaus auch ein ›ontologisches Fenster‹ auf die philosophische Spekulation öffnete« (*ibid*em, S. 59). Dieses Interesse für die Philosophie ermöglichte es ihm, wichtige Beiträge in diesem

Bereich zu leisten, bis hin zur Ausarbeitung seiner Position des »radikalen Empirismus«, mit der sein philosophisches Werk verbunden ist.[15] In diesem sehr persönlichen intellektuellen Werdegang und seiner interdisziplinären Prägung – zwischen Medizin, Psychologie und Philosophie – erkennt Suckiel die Bedeutung von James' Werk für die heutige Zeit, die von einer »Professionalisierung der Kultur« beherrscht wird und zu exzessiver Spezialisierung neigt, was den Mangel an Austausch mit sich führt (1964, S. 64–65).

An diesem Punkt angelangt, möchte ich noch versuchen, eine letzte Frage zu beantworten: Wie kam es, dass die von James entwickelte Konzeption nicht nur für die amerikanische Psychotherapie wegbereitend war und die Rezeption der Psychoanalyse erleichterte, sondern auch deren weitere Orientierung und Entwicklung, einschließlich des Werkes Sullivans, entscheidend beeinflusste? Was den ersten Teil der Fragestellung angeht, kann ich sagen (wobei ich mich auch auf Hales Erkenntnisse stütze), dass James zusammen mit Hall, Putnam und Meyer eine ähnliche Rolle spielte wie Freud in Europa. Er griff die organisch ausgerichtete Orientierung der Neuropsychiatrie an und zeigte ihre Grenzen auf und führte gleichzeitig psychologische Anhaltspunkte ein, mit deren Hilfe man in Anlehnung an die französische Schule eine neue Psychopathologie aufbauen und damit eine neuartige und individuell ausgerichtete Annäherung an den Patienten einführen konnte (1971a, S. 115).[16] Was hingegen den von James ausgeübten Einfluss auf die in Amerika eingeschlagene Richtung der Psychoanalyse, insbesondere auf Sullivan, angeht, denke ich, dass Boring sehr gut erläutert, wie die funktionalistische Ausrichtung nicht nur den Ausgangspunkt für die dynamische Psychologie, sondern auch für den Behaviorismus von John Watson (1878–1958) darstellt (1950, S. 512) und letztendlich auch der kognitiven Psychologie, und zwar in dem Maße, in dem aus James' Werk hervorgeht, dass »*cognition a primary function of mind*« (1950, S. 515) ist – um es mit Borings Worten zu sagen.[17] Auf konzeptioneller Ebene spielte in dieser Hinsicht James' Begriff von *habit* (Gewohnheit), den wir noch behandeln werden, da er von Putnam, Prince und Meyer aufgegriffen wurde, eine entscheidende Rolle. Unter historischen Gesichtspunkten betrachtet ist es allerdings wahr, dass ein großer Teil der ersten amerikanischen Psychoanalytiker, einschließlich jener, die Freud am nächsten standen, versuchten, Freuds Doktrin auch unter behavioristischen Gesichtspunkten weiter zu entwickeln. Auch auf diesen Aspekt werden wir noch eingehen.

Anders ausgedrückt können wir das, was wie eine Jugendsünde der amerikanischen Psychoanalyse erscheinen mag, im Zuge unserer von Sullivans Werk inspirierten Suche nach einem Dialog zwischen den verschiedenen psychotherapeutischen Richtungen, der Teil des heutigen Zeitgeistes ist, als etwas Positives, als einen entscheidenden konstruktiven Punkt betrachten. Mit besonderem Bezug auf Sullivans Werk werde ich diesen Punkt im Laufe dieses Buches immer wieder aufgreifen und weiter reflektieren. Es geht also um die Möglichkeiten, die uns sowohl der theoretische Rahmen, den James entwickelt hat, als auch das Werk Sullivans bieten, unsere innere Welt und unser konkretes Verhalten simultan zu betrachten, beides als gleichwertig anzuschauen, und uns Werkzeuge an die Hand zu geben, um unsere psychologischen Probleme konzeptualisieren und uns folglich im psychotherapeutischen Bereich bewegen zu können.[18]

1.2 James Jackson Putnam: vom Neurologen zum Psychoanalytiker

Putnam[19] scheint in exemplarischer Weise Kurzweils These (die in einer der vorhergehenden Anmerkungen zitiert wird) zu bestätigen: Wenn auf der einen Seite seine professionelle Entwicklung, die ihn schrittweise von der Neurologie zur Psychotherapie und dann zur Psychoanalyse führte, der Entwicklung Freuds[20] ähnelt, kann auf der anderen Seite seine eigenständige Rezeption der Psychoanalyse nicht von den soziokulturellen Gegebenheiten, in denen diese Entwicklung stattfand, getrennt werden. Dies geht so weit, dass viele der von ihm entwickelten Konzepte eine erstaunliche Affinität zu dem zeigen, was später das theoretische Gerüst von Sullivans Werk[21] darstellen sollte, obwohl Freud Putnam, trotz seiner übermäßigen Liebe zur Philosophie, als einen der wichtigsten Vertreter seiner Bewegung betrachtete.

Was die Gemeinsamkeiten mit Freud und seinem wissenschaftlichen Werdegang angeht, ist besonders die Tatsache bedeutsam, dass Putnam, nachdem er 1869 mit 23 Jahren seinen Abschluss in Medizin in Harvard gemacht hatte, im darauf folgenden Jahr nach Europa ging, um seine Ausbildung zu vervollständigen. Er blieb zwei Jahre und hatte außer mit Virchow (1821–1902), Charcot (1825–1893) und Jackson (1835–1911) auch mit Theodor Meynert (1833–1892), in dessen Labor er den Winter 1870/1871 verbrachte, engen Kontakt.[22] So kam es, dass er, nachdem er sich intensiv mit »dem deutschen Ansatz« beschäftigt hatte, »der sich auf präzise Laborarbeit und die Suche nach nachweisbaren organischen Ursachen konzentrierte« (Hale 1971b, S. 9), nach Boston zurückkehrte, mit James im neurophysiologischen Bereich arbeitete und 1874 Gründungsmitglied der *American Neurological Society* wurde. Im Jahr 1893 wurde Putnam erster ordentlicher Professor für Neurologie an der Universität von Harvard. Erst Mitte der 90er Jahre des 19. Jahrhunderts begann er, sich der Hypnose und Psychotherapie[23] anzunähern; bis dahin hatte er das Interesse an funktionellen Störungen als unwissenschaftlich verurteilt.

Da Putnams Arbeit in dieser Richtung nur verstanden werden kann, wenn man sie in den zwischenmenschlichen Kontext der Schule von Boston einordnet, bleiben jetzt nur noch die einzelnen Schritte und die Art der Annäherung zu klären. Freud machte 1889 eine Schulung in Hypnose bei Liebault (1823–1904) und Bernheim (1840–1919) in Nancy (Freud, *G. W.*, Band 14, S. 41), während für Putnam und seine Gruppe der Einfluss von Pierre Janet (1859–1947) entscheidend war. Janet hatte die Vorlesungen, die er 1906 in Harvard hielt, sogar Putnam gewidmet (Hale, 1971b, S. 9).[24]

Aber wer war Pierre Janet? Die beste Darstellung seines Lebens und seines Werkes ist nach wie vor die von Ellenberger (1996, Kap. 6) – aus der auch das in ihm enthaltene und bis jetzt nicht erforschte Potential der Integration von behavioristischer und dynamischer Orientierung hervorgeht – weshalb ich mich an dieser Stelle darauf beschränken werde, die Beziehungen zum Werk Putnams zu beleuchten.[25]

Hale berichtet, dass Putnam besonders von Janets Konzeptualisierung beeindruckt war, wie ein psychisches Trauma das Gefüge der Erinnerung verändern und zur Entstehung »fixer Ideen« führen konnte, die, obwohl in einen »unbewussten« Bereich abgespalten, weiter wirkten und die verschiedensten Symptome entwickeln konnten, von hysterischer Lähmung bis zu Halluzinationen. Die gespaltene Persönlichkeit bewegte sich so, durch Wiederholung und Gewohnheit, auf einen *habit neurosis* zu (wie Putnam in einer Publikation von 1898 erklärte), der den Patienten der harmonischen Koordination zwischen dem bewussten und dem unbewussten Bereich, also Janets *fonction du réel*, beraubte und zu einem Verlust der Fähigkeit, in der Gegenwart effizient zu handeln, führte. Allerdings war eine Behandlung durch eine auf die *analysis of memory* konzentrierte Therapie möglich. Das heißt, über diese kathartische Vorgehensweise konnte die »pathologische Reihe« bis zum anfänglichen Trauma nachvollzogen und die Spaltung geheilt werden, so dass die Persönlichkeit auf ein Integrationsniveau gebracht wurde, das ein normales Funktionieren erlaubte (Hale, 1971b, S. 12f). So kam es, dass Putnam, dessen von Janet geprägter psychotherapeutischer Ansatz auch von der Arbeit seines Freundes Morton Price inspiriert war, noch 1906 (wie einer seiner Artikel aus diesem Jahr belegt) »die psychoanalytische Therapie in der Tradition Janets als kathartische Beichte traumatischer Erinnerungen interpretierte, eine Vorgehensweise, die Freud schon seit Jahren aufgegeben hatte« (*ibidem*, S. 17).[26] Putnam begann erst ab 1908, nach seiner Begegnung mit Jones, sein Urteil über die Psychoanalyse zu überdenken und sie bei seinen Patienten anzuwenden; schließlich schloss er sich ihr an, nachdem das Treffen mit Freud in Worcester seine endgültige Konversion auslöste.[27]

Da ich, was die wichtige Rolle Putnams für die Verbreitung von Freuds Lehre in den USA angeht, auf das folgende Kapitel verweise, möchte ich an dieser Stelle dem Leser nur noch erläutern, auf welch besondere Weise Putnam die Psychoanalyse rezipiert hat, wie originell sein Beitrag war, und worin die schon erwähnten Gemeinsamkeiten mit Sullivan bestehen. Auch wenn Putnam zwischen 1909 und 1918, seinem Todesjahr, ganze 22 Arbeiten über die Psychoanalyse veröffentlichte (die in dem 1921 posthum erschienen Band *Addresses on Psychoanalysis* zusammengestellt wurden), »kam er mit gewissen Aspekten der analytischen Therapie und vor allem der Weltanschauung Freuds überhaupt nicht zurecht«, wie Hale schreibt (*ibidem*, S. 41). Hale stellt fest:

> »Putnams Kritik und sein therapeutisches Konzept haben auf vielfache Weise den Verlauf der folgenden Entwicklung der Psychotherapie sowohl innerhalb wie außerhalb der psychoanalytischen Bewegung beeinflusst. Seine Betonung des ›Willens‹ lässt an die Arbeit Otto Ranks in den zwanziger Jahren denken. Sein Interesse für die Philosophie und menschliche Werte nimmt das Werk von Erich Fromm und das von den Neofreudianern vorweg. Sein Glaube an die Kreativität, an die Fähigkeit zu rationalen Entscheidungen und einen Aktionsbereich, der frei von Konflikten ist, nahm die Themen der Ich-Psychologie vorweg.« (*ibidem*, S. 42)

Und was die »Weltanschauung« Freuds und die philosophischen Annahmen seiner Bewegung angeht? Wie später auch Sullivan, kritisierte Putnam sowohl dessen reduktionistische Orientierung, die genau betrachtet positivistisch war, als auch dessen individualistische Ausrichtung (Putnam, 1919).[28] Und diese Kritik erfolgte nicht nur aufgrund seiner Nähe zum Vitalismus Henri Bergsons (1859–1941) – dieser Freund Janets sollte später auch White und Jelliffe beeinflussen – und der von William James entwickelten Orientierung, sondern war vor allem auch Ausdruck seines *New England character*, das heißt also des religiösen Fühlens, der sozialen Sensibilität und des Idealismus, die seinen Charakter von Kind an geprägt hatten (*ibidem*, S. 44 und 52).

Hinzu kommt, dass er ein Anhänger der Psychologie des neohegelianischen Philosophen Josiah Royce (1856–1916) war, und hier können wir sehr klar seine Affinität zu Sullivan erkennen. Royce, der sich auf die Untersuchungen James Mark Baldwins (1861–1934) stützte, vertrat noch 1894, wie Hale berichtet, die Ansicht, dass Geisteskrankheit *a disturbance in the sense of self* (eine Störung des Selbstgefühls) mit sich führt, besonders was die sexuelle Entwicklung betrifft (Hale, 1971a, S. 112); er formulierte die Entstehung des Selbstbildes neu, ausgehend von den gesellschaftlichen Kräften – das heißt den Beziehungen zu den Mitmenschen –, wobei er besonderen Wert auf den Prozess der »Imitation« legte (*ibidem*, S. 135). Und so kam es, dass es Putnam nicht schwer fiel, an seinen Patienten zu erkennen, wie eine misslungene Sozialisation, zum Beispiel durch Verinnerlichung der Kritik von außen, sowohl zur Dissoziation wie auch zu Isolierung und Ausgestoßensein führen konnte. Noch 1908 bekräftigte er, dass die Wiederaufnahme der sozialen Beziehungen ein wesentlicher Bestandteil der Therapie ist (Hale, 1971b, S. 52) und in dem Buch *Human Motives* von 1915 hob er die soziale Natur des Menschen hervor (*ibidem*, S. 56). Dies geht so weit, dass sich der Leser mit Recht fragen kann, ob die amerikanische Psychoanalyse nicht von Anfang an neofreudianisch ausgerichtet war.[29] In der Tat spekuliert Hale, ob nicht Putnam mit dazu beigetragen hat, Freud zu der »strukturellen Wende« von 1923 anzuregen.

Da wir die Voraussetzungen (siehe James) und die Natur (siehe Putnam und auch Prince) der amerikanischen Psychotherapie vor Freud, beziehungsweise ihre Wurzeln in der Psychologie und der Neurologie, geklärt haben, können wir jetzt über eine genaue Betrachtung von Meyers Arbeit versuchen zu verstehen, wie die psychologische – und damit die psychotherapeutische – Annäherung an den Patienten nach und nach in der Psychiatrie Fuß fasste. Wir wollen auch nicht vergessen, wie sehr die Arbeit Meyers und der »psychobiologische« Ansatz, mit dem sein Name verbunden ist, die Arbeit Sullivans beeinflussten.[30]

1.3 Adolf Meyer: Pionier einer mehrdimensionalen Psychiatrie

Es lohnt sich, der Person Meyers[31] angemessene Aufmerksamkeit zu schenken, nicht nur aus historiografischen Gründen, sondern auch, wie ich schon in der Einleitung angedeutet habe, weil seine Arbeit potenziell sehr wichtig für die heutige psychiatrische Debatte ist.

Da es unmöglich ist, die herausragende Rolle zu verstehen, die er innerhalb der amerikanischen Psychiatrie spielte, ohne deren wesentliche Entwicklungsphasen bis zu Meyers Ankunft 1892 in Chicago (mit 26 Jahren) zu kennen, wollen wir auf jene näher eingehen. Später werden wir uns mit der Aktualität seines Werkes und mit seiner beruflichen und wissenschaftlichen Entwicklung beschäftigen. Dabei werde ich mich auf den von George Mora 1992 zusammengestellten Überblick beziehen.

1.3.1 Ein Überblick über die Geschichte der Psychiatrie in den Vereinigten Staaten

Mora behält die 1937 von Albert Deutsch in dem Klassiker *The Mentally Ill in America* vorgeschlagene historische Unterteilung bei: Er verbindet die erste Phase der amerikanischen Psychiatriegeschichte, die koloniale Phase, mit der ursprünglichen Aufnahme der Geisteskranken im Pennsylvania Hospital in Philadelphia im Jahr 1756. Eben dort arbeitete Benjamin Rush (1745–1813), Autor des ersten von einem Amerikaner geschriebenen Textes über Geisteskrankheiten, *Mental Inquiries and Observations upon the Diseases of the Mind* (1812). Zu dieser Phase gehört auch das systematische Zurückgreifen auf die »moralische Behandlung«, das in den ersten Jahrzehnten des 19. Jahrhunderts stattfand, einem Modell folgend, nach dem der Engländer William Tuke (1732–1822) ab 1792 das York Retreat organisiert hatte.

Den Niedergang dieser Behandlungsmethode (und der folgende *cult of curability*) gegen die Jahrhundertmitte, parallel zu den Einwanderungswellen und der Durchführung des *Manifest Destiny* (oder Eroberung des Wilden Westens), lässt Mora mit dem Beginn der zweiten Phase zusammenfallen. In dieser Phase wird, auch als Folge der von Dorothea Linde Dix (1802–1887) zu Gunsten der Geisteskranken durchgeführten Kampagne, ein dichtes Netz von psychiatrischen Krankenhäusern geschaffen, die von *medical superintendents* geführt werden, die Mitglieder des AMSAII sind, des 1844 in Philadelphia gegründeten Berufsverbands (siehe auch Alexander und Selsenick, 1969, S. 477f). Das medizinische Personal dieser Institute bezieht zwar die nötige wissenschaftliche Glaubwürdigkeit aus der Phrenologie, ist aber angesichts der enormen Überbelegung dazu gezwungen, sämtliche Energie auf die Verwaltung des alltäglichen Ablaufs zu konzentrieren (Mora, 1992, S. 190). Die Ohnmacht und der schlechte wissenschaftliche Ruf dieses Berufs in der zweiten Hälfte des Jahrhunderts werden noch dadurch verstärkt, dass die Neurologie nach dem amerikanischen Bürgerkrieg (1861–65) zur eigenständigen Wissenschaft wird und sich, wie wir schon am Beispiel Putnams gesehen haben, nach und nach auch der neurotischen Patienten annimmt.

In genau diesem Umfeld beschreibt der Neurologe George Beard (1839–1883) die Neurasthenie als den »einzige(n) original amerikanische(n) Beitrag zur psychiatrischen Nosologie« (*ibidem*), und Silas Weir Mitchell (1829–1914) bietet den neurotischen Patienten, die es sich leisten können, seine *rest cure* an. Mitchell selbst, der 1894 eingeladen wurde, im Rahmen der Konferenz anlässlich des fünfzigjährigen Bestehens des AMSAII seine Meinung über den Zustand der Psychiatrie kund zu tun, musste »den Mangel an wissenschaftlichem Geist in den Irrenanstalten beklagen« (Grob, 1983, S. 62).

Dies ist auch der Kontext, in dem Meyer in Aktion tritt, zu Beginn der dritten Phase der amerikanischen Psychiatriegeschichte, die Mora der schon genannten *Progressive Era* und der mit ihr verbundenen neuen sozialen Sensibilität zuordnet, die sich im Bereich der Psychiatrie als sehr fruchtbar erweisen sollte. Auf diese Weise ist es Meyer möglich, die »Psychiatrie auf einer soliden klinischen Basis zu gründen« und eine Vorstellung der Geisteskrankheit als »Ergebnis einer Wechselwirkung von konstitutionellen, entwicklungsabhängigen und Umweltfaktoren« (Mora, 1992, S. 190–1) zu entwickeln. Anders ausgedrückt: »Die Psychobiologie, dieses eklektische System, das er ›*common sense psychiatry*‹ nannte, wurde zweifellos von dem in großem Maße akzeptierten Pragmatismus William James' beeinflusst und führte zu einer optimistischeren Sicht der Geisteskrankheit« (*ibidem*). Tatsächlich setzte Meyer folgende zwei Revolutionen in Gang: Die erste führte von der Neuroanatomie zur Klinik, die zweite von der Klinik zur Psychotherapie.

1.3.2 Die Gründe für die Aktualität Adolf Meyers

1966 gedachte sein Schüler Theodore Lidz Meyers 100. Geburtstags und betonte bei der Gelegenheit, dass es zweckmäßig wäre, sein Erbe lebendig zu erhalten. John Neill nahm diesen Ansatz 1980 wieder auf, indem er zeigte, wie dieses Erbe helfen könnte, die Krise der zeitgenössischen Psychiatrie zu bewältigen. Dieser Ansatz wurde auch in einem Artikel Michael Rutters von 1985, der die Aktualität des psychobiologischen Ansatzes hervorhob, und später von Melvin Sabshin (1990) im Rahmen des Kongresses der APA (American Psychiatric Association) 1989 aufgegriffen. Es ist also sinnvoll, dies als Ausgangspunkt zu nehmen, bevor wir die Entwicklung Meyers vor dem Hintergrund der amerikanischen Szene nachzeichnen und darlegen, wie sich die von ihm entwickelte psychobiologische Orientierung konkretisierte.

Beginnen wir mit Lidz' Aussage, dass »die amerikanische Psychiatrie, im Gegensatz zu derjenigen anderer Länder, dank Meyer und seiner Lehre schon vor der Begegnung mit der Psychoanalyse einen genetisch-dynamischen Ansatz hatte« (1966, S. 321). Nachdem er uns die Einzelheiten von Meyers Ausbildung in Europa und seiner schnellen Aufnahme des amerikanischen Pragmatismus präsentiert, erläutert Lidz, dass es »in großem Maße der Einfluss Meyers war, der aus der psychotherapeutischen Behandlung der Schizophrenie eine spezifisch amerikanische Idiosynkrasie machte« (*ibidem*, S. 327). Meyers Arbeit bereitete den Boden für die Freudrezeption in Amerika. Gleichwohl trifft auch die Tatsache zu, dass »die gegenwärtige amerikanische Psychoanalyse in einem gewissem Maß den Preis für ihre Tendenz zu vorschnellen Verallgemeinerungen zahlt, die schon Meyer kritisiert hatte« (*ibidem*, S. 330). Lidz berichtet abschließend:

»Ich wollte einfach aufzeigen, dass Meyer, indem er praktische und pluralistische Konzepte in die Psychiatrie einführte, dieser eine grundlegend wissenschaftliche Orientierung gab, die sich gut in das Spektrum der anderen Wissenschaften einfügte und gleichzeitig dazu beitrug, dass der Erfahrung und Biografie entstammende Anhaltspunkte in das biologische Denken integriert wurden. Dadurch, dass wir die vielen Vorteile, die die Psychoanalyse uns bot, nutzten, haben wir in gewisser Weise diesen praktischen Ansatz und damit die Gewissheiten, die er uns für die Durchführung rationaler Untersuchungen gab, aus den Augen verloren. Hier liegt meiner Meinung nach der Ursprung eines großen Teils der aktuellen Verwirrung auf theoretischer Ebene.« (*ibidem*, S. 331)

Wenden wir uns nun Neills Beitrag zu, dessen Ausgangspunkt folgender ist:

»Die heutigen Auseinandersetzungen darüber, welchen Platz die Psychiatrie im medizinischen Spektrum einnimmt, stellen unter vielen Gesichtspunkten eine Zusammenfassung des Kampfs um unsere berufliche Identität dar, der zu Beginn des Jahrhunderts ausgetragen wurde. Zu jener Zeit wurden die Positionen und Ansätze, die unserem Arbeitsgebiet etwa 40 Jahre lang ein Gesicht gaben, stark vom Engagement eines Mannes, Adolf Meyer, bestimmt. Es ist also merkwürdig, dass der Beitrag, den Meyer zur Lösung unserer aktuellen Krise bieten könnte, wenig genutzt oder verstanden wird.« (1980, S. 460)[32]

Der Autor des vorliegenden Buches schätzt Sullivans Beitrag zur amerikanischen Psychiatrie so ein, wie Neill den Beitrag Meyers. Dieses Buch wurde geschrieben, um diese Einschätzung zu erläutern und zu dokumentieren. Den Einfluss Meyers verdeutlicht Neill wie folgt: »Meyer wäre sehr kritisch gegenüber der heute wieder aufkommenden Diagnose, die zwar auf biochemischer oder behavioristischer Ebene gut belegt ist, aber gleichzeitig *anstelle* eines wirklichen Verständnisses des Patienten eingesetzt wird« (*ibidem*, S. 464). Abschließend stellt Neill fest:

»Meyers Epoche ist unter vielen Gesichtspunkten unserer ähnlich. Es ist kurios, dass unser berufliches Rad, nachdem es eine ganze Drehung vollendet hat, auf seine Position von 1900 zurückgekehrt ist und wir also erneut den Geist Meyers, eine ganzheitliche Auffassung, brauchen. Es wäre ein wichtiger erster Schritt auf unserer Reise in die Zukunft, wenn wir uns mit der Weisheit seiner Hinterlassenschaft vertraut machten.« (*ibidem*)

In diesem Sinne bewegt sich auch der sehr klar formulierte Beitrag Rutters: Er geht von der Annahme aus, dass die psychobiologische Annäherung an die Biografie des Patienten (*life history*) der wichtigste Beitrag Meyers war und zeigt auf, wobei er sich auf Hunderte von bibliografischen Belegen stützt, wie die spätere Forschung und die zeitgenössische theoretische Formulierung beweisen, dass Meyer Recht hatte. Meyer maß besonders dem individuellen Reaktionsvermögen großen Wert bei und war an dem Punkt angelangt, dass er der Definition des individuellen Reaktionstyps (*reaction type*) gegenüber der traditionellen Diagnose den Vorzug gab. Wie Rutter berichtet, verfügen wir heute im Bereich der Psychiatrie über die empirischen Belege der Bedeutung nicht nur der im Leben gemachten Erfahrungen (*life events*), sondern auch darüber, wie relevant das Gewicht ist, das ein jeder von uns ihnen aufgrund der eigenen Geschichte und der individuellen Charakterzüge gibt (1986, S. 1082).[33]

Kommen wir jetzt zu der von Sabshin als *medical director* der American Psychiatric Association (APA) 1989 in dem Beitrag »Turning Points in Twentieth Century American Psychiatry« im Geiste Meyers entwickelten Position: Wenn Meyer zu Beginn des 20. Jahrhunderts in der Lage war, eine klinische Psychiatrie zu entwickeln, die in den Naturwissenschaften jener Zeit verankert und gleichzeitig auf den einzelnen Patienten ausgerichtet war, da dieser ein einzigartiges psychobiologisches Wesen darstellt, bedeutet dies, dass wir zu genau diesem Paradigma zurückkehren müssen, und zwar, laut Sabshin, vor Ende des 20. Jahrhunderts – nachdem wir die *brainless psychiatry* (Psychiatrie ohne Gehirn), die eher unbemerkt von der Psychoanalyse und der sozialen Psychiatrie der fünfziger und sechziger Jahre gefördert wurde, und die *mindless psychiatry* (geistlose Psychiatrie) erprobt haben, die mehr oder weniger absichtsvoll durch die exzessive Wiedereingliederung in die Medizin, die die amerikanische Psychiatrie seit den siebziger Jahren betrieb, verbreitet wurde. Anders ausgedrückt: »Die Wiederbelebung der klinischen Psychiatrie sollte es uns auch ermöglichen, eine neue Synthese zwischen psychoanalytischer, sozialer und biologischer Psychiatrie zu finden« (1990, S. 1273).

1.3.3 Adolf Meyers beruflicher und wissenschaftlicher Weg

Ich will nun auf den Werdegang Meyers und seinen psychologischen Ansatz zu sprechen kommen. Beginnen wir mit der Ankunft des aus Zürich stammenden Adolf Meyer in Chicago im Jahr 1892. Nachdem er Schüler Auguste Forels (1848–1931) gewesen war und in persönlichem Kontakt mit den bedeutendsten Vertretern der Medizin in Deutschland, Frankreich und England gestanden hatte, hoffte er, in der »Neuen Welt« eine Universitätskarriere machen zu können, die ihm in der Heimat verwehrt schien. Gerade in der funktionalistischen Richtung, die von dem Neurologen Jackson und dem Biologen (und wichtigsten Vertreter der Theorien Darwins) Thomas Huxley (1825–1895) vertreten wurde, fand Meyer, wie uns Alfred Lief erklärt, die von ihm gesuchte Alternative zur deutschen Tradition, die in der unfruchtbaren Gegenüberstellung von Idealismus und Materialismus verharrte, mit der er nicht im Geringsten übereinstimmte (1948, S. 20).

Es ist also nicht verwunderlich, dass Meyer nicht nur sehr schnell eine Stelle als Neuropathologe am Kankakee State Hospital (bei Chicago) fand, sondern auch über Julia Lathrop und Jane Addams vom Hull House (siehe eine der vorangegangenen Fußnoten) mit John Dewey in Kontakt trat, mit dem er eine enge Freundschaft schloss, die ihr ganzes Leben lang halten sollte.[34] Am Kankakee State Hospital führte er auch die erste Revolution im Sinne von Huxleys *common sense* durch, nachdem er mit Leidenschaft den ihm geistesverwandten amerikanischen Pragmatismus aufgenommen hatte: Als er sich in der Situation wieder fand, Autopsien an Patienten durchzuführen, bei denen nicht nur das Vorhandensein einer geistigen Erkrankung zweifelhaft war, sondern auch eine geeignete klinische Dokumentation fehlte, regte er eine radikale Umorganisation des Arbeitsstils des Krankenhauses an, mit Schwerpunkt auf der klinischen Arbeit. Dies bedeutete, dass er seine Ärztekollegen (die durch ein Verhältnis Ärzte/Patienten von 1 zu 300 überlastet waren und dadurch den Sinn ihrer Existenz aus den Augen verloren hatten) mit speziellen Kursen darauf vorbereitete, genaue Daten über die Patienten zu sammeln und dabei besonders auf ihren *mental state* zu achten. Auf diese Weise sorgte Meyer dafür, dass seine Arbeit als Neuropathologe, die auf die Daten der Klinik zurückgreifen konnte, wirklich einen Sinn hatte – und nicht nur ein Aushängeschild der Klinik war![35]

Die Tatsache, dass er der Mann war, den die amerikanische Psychiatrie in genau diesem Moment brauchte, hatte bald als konkrete Folge das Angebot, die psychiatrische Arbeit des Worcester State Hospital (dem ein psychiatrischer Lehrstuhl an der Clark University angeschlossen war) zu koordinieren (1896–1901) und dann von 1902–1909 die Gesamtaufsicht über die dreizehn psychiatrischen Krankenhäuser des Staates New York zu übernehmen. In Worcester entwickelte Meyer die Grundlagen seines psychobiologischen Ansatzes, der sich vor allem auf eine genauere Definition der Beziehungen zwischen organischen und funktionalen Momenten stützte und folglich die zentrale Bedeutung der klinischen Untersuchung des Patienten hervorhob (Meyer, 1897a). Hier hatte er auch Gelegenheit, den von Emil Kraepelin (1856–1926), an dessen Seite er über einen Monat in Heidelberg gearbeitet hatte, entwickelten nosologischen Ansatz zu untersuchen und festzustellen, dass er auf dynamischer Ebene mangelhaft war (Meyer, 1897b).

Dies war das Projekt, das er mit seinen damaligen Mitarbeitern in täglichen Teambesprechungen vorwärts brachte. Er regte sie dazu an, eine Beziehung zum einzelnen Patienten aufzubauen und nicht so sehr eine Diagnose anzustreben, als eine umfassende Bilanz seines Persönlichkeitsprofils, seiner Reaktionsweise und seiner Möglichkeiten, die es auf der einen Seite möglich machte, an dem Aufbau eines neuen Gleichgewichts und einer besseren Anpassungsfähigkeit zu arbeiten und auf der anderen Seite half, Entstehung und Verlauf der geistigen Störungen besser zu erkennen (Lief, 1948, Kap. 4). Tatsache ist, dass die individuelle Behandlung des einzelnen Patienten, die letztendlich das Basisprinzip der Psychoanalyse darstellt, und das daraus folgende Interesse für seine familiäre und soziale Umgebung – sowohl als Schlüssel der Krankheit als auch als mögliche Hilfe bei der Behandlung – so anregende Leitgedanken seiner Arbeit waren, dass Meyer zu Beginn des 20. Jahrhunderts in New York eine herausragende Rolle bei der Verbreitung der Psychoanalyse und auch der so genannten *mental hygiene* spielte.[36]

Es ist kein Zufall, dass seine Frau, Mary Potter Brooks, die er 1902 geheiratet hatte, sich ebenfalls für die Patienten des von ihm geleiteten Krankenhauses (das Manhatten State Hospital auf Ward's Island) zu interessieren begann. Sie besuchte ihre Familien und beschleunigte den Heilungsprozess, indem sie die verschiedensten Aktivitäten innerhalb des Krankenhauses anbot – ihr Engagement brachte ihr den Titel der ersten psychiatrischen Sozialarbeiterin der Geschichte ein (*ibidem*, S. 149–151).[37]

Und so kam es, dass Meyer, trotz seiner (berechtigten) kritischen Haltung Freud gegenüber, »der wichtigste ursprüngliche Förderer der Psychoanalyse bei den jungen Psychiatern war« (Hale, 1971a, S. 157) und dass er es in der gleichen Zeit schaffte, die erste psychiatrische Ambulanz für externe Patienten einzurichten (1906 an der Cornell University in New York). Gleichzeitig arbeitete er ab 1907 mit dem ehemaligen Patienten Clifford Beers, dem Autor des Klassikers *A Mind that found Itself*, an der Schaffung der Bewegung für psychische Hygiene.[38]

Was hingegen die Entwicklung seiner theoretischen Ausrichtung (und seiner wissenschaftlichen Produktion) angeht, versuchte sich Meyer noch 1903 an einer ersten Definition der Konzepte von *personality type* und *habit disorganisation,* und 1906 wandte er diese Konzepte zum ersten Mal auf die Dementia praecox an. Im September 1909 stellte er in Worcester, in Anwesenheit Freuds und Jungs, seinen revolutionären Beitrag »The Dynamic Interpretation of Dementia praecox« vor, der Psychogenese und Psychotherapie einen noch größeren Raum und eine bedeutendere Rolle zuwies, als es Bleuler und seine Mitarbeiter getan hatten, ganz zu schweigen von Freud, der sehr wenig mit dieser Art Patienten gearbeitet hatte.[39]

Im darauf folgenden Monat sprach Meyer mit seinen Mitarbeitern am Manhattan State Hospital auf positive Art von der Psychoanalyse (1910b), ließ aber auch durchblicken, dass er weit davon entfernt war, ein überzeugter und unkritischer Anhänger zu werden. Er zog es vor, ihren Wert daran zu bemessen, wie sehr sie seinen Standpunkt bereichern konnte, das heißt sein Engagement bei der Untersuchung und der genetisch und dynamisch ausgerichteten Behandlung des einzelnen Patienten. Und tatsächlich scheute er nicht davor zurück, auch zur institutionellen Entwicklung der Psychoanalyse seinen Beitrag zu leisten, obwohl er die Begriffe Unbewusstes (Leaf, 1948, S. 228–9) und Übertragung (Lidz, 1966, S. 329) ablehnte, bzw. nicht dazu bereit war, sie einzusetzen. Durch seinen Schüler Abraham Brill (1874–1948) wurde Meyer 1937 zum Ehrenmitglied der New York Psychoanalytic Society (die am 12. Februar 1911 gegründet wurde) gewählt, von deren 15 Gründungsmitglieder zehn seine ehemaligen Schüler am Manhattan Hospital waren, und nahm selbst an der Gründung der American Psychoanalytic Association am 9. Mai in Baltimore teil (Hale, 1971a, S. 317–85).[40]

Gleichzeitig wusste Meyer schon zum Zeitpunkt seines Treffens mit Freud in Worcester, dass er bis Ende des Jahres seinen Lebenstraum würde verwirklichen können: an der Phipps Clinic der John Hopkins University von Baltimore (formell erst am 16.04.1913 eingeweiht; Meyer, 1913) Direktor der ersten psychiatrischen Abteilung an einer amerikanischen Universität zu werden. Er sollte dort mehr als dreißig Jahre verbringen (bis zu seiner Pensionierung 1941 und darüber hinaus), um seinen psychobiologischen Ansatz zu vervollständigen und weiterzugeben, und jenes Modell der sozial ausgerichteten dynamischen Psychiatrie zu schaffen, das den Kern seines Erbes darstellt und an dem Sullivan selbst seine interpersonale Psychiatrie ausrichtete. Ich denke, dass man zu diesen drei Aspekten seiner Arbeit an der Phipps Klinik – die definitive Formlierung der Psychobiologie, die Organisation der Ausbildung von Ärzten und Psychiatern und die soziale Psychiatrie – noch ein paar Worte sagen sollte.

Muncie fasst die Psychobiologie in den Begriffen »Integration« und »Behandlung als Verhandlung« zusammen (1969, S. 1624) und es lohnt sich, näher auf sie einzugehen und ihre Tragweite und Aktualität auf der Ebene der psychotherapeutischen Behandlung herauszustellen. Wenn man »eine Behandlung auf jeder Integrationsebene ansetzen kann, die am Ursprung der Störungen der Gesamtfunktion beteiligt ist« und damit »die verschiedensten Probleme mit vielfältigen Ansätzen behandeln kann« (*ibidem*, S. 1610), entspricht das dem Konzept der »Behandlung als Verhandlung«. Hierzu Muncie:

> »Wenn man die psychiatrischen Beiträge Meyers erneut liest, fällt auf, wie wenige detaillierte Erörterungen der therapeutischen Methoden vorkommen. Die lebhafteste Erinnerung an seine therapeutische Haltung, die ich habe, findet man nicht in seinen Schriften, sondern sie entstammt einer Aussage, die er während eines Treffens mit seinen Teammitgliedern gegen Ende seiner Zeit an der Phipps Clinic machte. Wie ich schon an anderem Ort (1956) erwähnte, sagte sie im Wesentlichen folgendes aus: »Der Patient kommt mit einer eigenen Meinung über seine Probleme, der Arzt hat eine andere. Die Behandlung besteht in einer Vereinigung der Kräfte, um jene Annäherung der beiden Standpunkte zu erreichen, die am effizientesten und am meisten befriedigend für die Situation sein wird«. Diese Haltung beeindruckte mich damals sehr«, fährt Muncie fort, »weil sie, wie ich erkannte, das beschrieb, was unsere Arbeitsweise in der Klinik war, aber nie so gut definiert wurde« (*ibidem*, S. 1611–2).

Ich bin der Meinung, dass diese Ideen Meyers im Rahmen des neuen Dialogs, der heute zwischen den verschiedenen psychotherapeutischen Ansätzen geführt wird, aktueller denn je sind und uns auch erlauben, zwei weitere Aspekte seiner Lehre zu beleuchten, und zwar ihren eklektischen und ganzheitlichen Charakter. Anders ausgedrückt: Da »die Psychobiologie sich aller Techniken bedient, die notwendig sind, das heißt bedingt von der Natur der Störungen und der kritischen Anschauung der Möglichkeit einer Änderung« (*ibidem*, S. 1618), versuchte Meyer nie, seine Lehre in eine technische Form zu bringen, wie es selbst Freud machte, sondern zog es vor, sie als »Ansatz« weiterzuentwickeln, wie es später auch Ludwig Binswanger (1881–1966) tun sollte. Um es mit den Worten Muncies zu sagen:

> »Meyer war immer an technischen Problemen interessiert, es scheint aber, als habe er die Überzeugung bewahrt, dass die großen Misserfolge in der Psychiatrie eher von Fehlern im grundsätzlichen Verhalten als von technischen Fehlern abhängen … Folglich hatten die Praktikanten Meyers den vielfältigsten technischen Hintergrund, alle aber besaßen die einfachsten fundamentalen Elemente, von denen wir gesprochen haben« (*ibidem*, S. 1612).[41]

Was hingegen Meyers Aktivität beim Training von Ärzten und Psychiatern angeht und insbesondere den Umfang dieser Tätigkeit, sei auf Lief verwiesen, der berichtet, dass bei einer im April 1937 zu seinen Ehren organisierten Feier nicht weniger als 400 ehemalige Schüler und Mitarbeiter teilnahmen, unter denen 100 Psychiatriedozenten waren, darunter ganze 79 von Universitäten der USA (1948, S. 556)! Die »sozialen Aspekte« seiner Arbeit an der Phipps Clinic stellt Lief folgendermaßen dar:

»In den Jahren, die Meyer an der Phipps Clinic verbrachte, konnten seine Aktivitäten an die seines Lehrers Forel erinnern. Er dachte viel über soziale Probleme nach und organisierte Gruppen, die sich um sie kümmerten, da seiner Meinung nach Medizin und Soziologie voneinander abhingen und die Gemeinschaft zu ihrem Untersuchungsgegenstand machen sollten. Das Krankenhaus blieb auf jeden Fall seine Basis. Ein Krankenhaus mit einer Mustergemeinschaft war seine Idealvorstellung, was Pflege, Lehre und Forschung anging. Seit langer Zeit hatte er auch darauf gedrängt, dass die Staaten in Krankenhausdistrikte eingeteilt würden, von denen jeder sein Zentrum für geistige Gesundheit mit seinen Fürsorgestellen hätte ... Diese Idee wurde dann, so weit wie möglich, in Baltimore vorangebracht« (1948, S. 450).

Da es uns die ausführliche Behandlung der Person und des Werkes von Adolf Meyer erlaubt hat, die Psychotherapie in den USA vor Freud erschöpfend zu behandeln und außerdem zu begreifen, wie die von Meyer entwickelte Orientierung die gesamte folgende amerikanische Psychotherapie beeinflusst hat – wie man noch in einer vor 15 Jahren erschienenen Abhandlung von Freedman, Kaplan und Sadock nachlesen konnte –, ist nun der Moment gekommen, uns Freud zuzuwenden.[42] Es geht mir dabei um seinen persönlichen Kontakt mit der »Neuen Welt« 1909 und um die weiteren Entwicklungen, die die Psychoanalyse auf amerikanischem Boden erfuhr, bis sich die neofreudianische Bewegung abzeichnete.

Anmerkungen

1 Aus Sullivans Besprechung des Buches *Die Chrysantheme und das Schwert* von seiner Freundin Ruth Benedict (1889–1948).

2 »Man kann die Persönlichkeit und das Werk Carl Gustav Jungs unmöglich verstehen, ohne seine schweizerische Herkunft und seine Familie zu berücksichtigen« schrieb Ellenberger in dem oben genannten Werk (1996, S. 880), welches die Redaktion der Zeitschrift *History of Psychiatry* (1993, S. 448) in dem ihm gewidmeten Nachruf als »den bis heute wichtigsten Text über die Geschichte der Psychiatrie« bezeichnet.

3 In den Zeitgeist der *Progressive Era* ist nicht nur dieses Phänomen einzuordnen, sondern auch der intellektuelle Werdegang Sullivans, so wie er zum Beispiel in der progressiven Ausrichtung von *Psychiatry* einen klaren Ausdruck findet. Was die Einzelheiten dieser ausschlaggebenden Phase der amerikanischen Geschichte betrifft, kann ich den Leser auf die kürzlich erschienene *American History* von Maldwin Jones verweisen. Man sollte nicht versäumen, an dieser Stelle schon zu erwähnen, dass das soziale Engagement sowohl von Meyer als auch von John

Dewey (1859–1952) stark von der Begegnung mit Jane Addams beeinflusst wurde, einer der Protagonistinnen der »progressiven Ära«, die 1893 das Hull House in Chicago gegründet hatte, ein Stadtteilzentrum für soziale Unterstützung, das eine Antwort auf die Slums sein sollte (Jones, 1984, S. 331). Last but not least kann man nicht nur den amerikanischen Pragmatismus in das gleiche soziale und politische Klima dieser Zeit einordnen, sondern auch die positive Aufnahme der Psychoanalyse in den Vereinigten Staaten.

4 Der Definition des Begriffs »Psychotherapie«, die Umberto Galimberti im kürzlich erschienen *Dizionario di psicologia* (Psychologisches Wörterbuch) gibt, auf das ich den Leser wegen seiner Bündigkeit und Klarheit verweise, fehlt ein Hinweis auf die historische Dimension seiner Entwicklung, die ich wie Ellenberger (1996) für grundlegend halte und meiner Arbeit zu Grunde lege. »So wird es dem Leser deutlich werden«, schrieb Ellenberger in der Einleitung, »daß das Wachstum der Psychoanalyse und der neueren dynamischen Systeme nicht so sehr eine Revolution war, als vielmehr eine allmähliche Evolution von der ersten dynamischen Psychiatrie zu den neueren Systemen« (1996, S. 14).

5 John Burnhams Buch *Psychoanalysis and American Medicine, 1894–1918: Medicine, Science and Culture* (1967) hingegen kreist vor allem um folgende Frage: »Auf welche Art gelang es schließlich den Amerikanern, die psychoanalytischen Theorien Freuds von der Psychotherapie und den anderen Theorien und Kenntnissen, die man in der medizinischen Literatur finden konnte, zu unterscheiden?« (1967, S. 83). 1964 war eine andere interessante Arbeit erschienen, *The Influence of Freud on American Psychology* von David Shakow und David Rapaport, die zu folgender negativer Schlussfolgerung gekommen waren: »Obwohl Freuds Einfluss auf die Psychologie immer größer wurde, brachte dies keine entsprechend größere Vertrautheit mit sich … Letztendlich hat Freud großen Eindruck gemacht, übte aber keinen von wirklichem Verständnis begleiteten Einfluss aus« (1964, S. 183).

6 In Übereinstimmung mit den Büchern von Hannah Decker (1977) und Sherry Turkle (1978), aus welchen die besonderen, vom jeweiligen nationalen Umfeld abhängigen Faktoren hervorgehen, die die unterschiedliche Rezeption und Entwicklung der Psychoanalyse in Deutschland und in Frankreich bedingt haben, konnte Kurzweil aufzeigen, dass »jedes Land, wenn auch unbewusst, die Psychoanalyse hervorbringt, die es braucht« (1995, S. 1)

7 Die Ankunft Spurzheims in Boston ist der Ausgangspunkt für die Untersuchung Claudio Poglianos über die *Origini delle scienze dell'uomo negli Stati Uniti* (Die Ursprünge der Humanwissenschaften in den Vereinigten Staaten; so lautet der Untertitel) in seinem Buch *Il compasso della mente* (*Der Kompass des Geistes*). In diesem zeigt er u. a. auf, wie die Phrenologie, bevor sie nach der Mitte des 19. Jahrhunderts als Pseudowissenschaft verworfen wurde, in ihrer Eigenschaft als *mental philosophy* den wissenschaftlichen Kern darstellte, um den sich die amerikanische Psychiatrie als autonome Disziplin gebildet hatte; diese Errungenschaft führte 1844 zur Gründung der Association of Medical Superintendents of

American Institution for the Insane (AMSAII) und des *American Journal of Insanity*. Übrigens waren, wie Pogliano hervorhebt, neun der 13 *medical superintendents* aus Neuengland.

8 Wie aus dem Brief hervorgeht, den Jones am 18. Mai 1909 an Freud schrieb (Paskauskas, Hg., 1993), war der aussagekräftige Titel dieses Beitrags »Psychoanalysis in Psychotherapy«. In seiner Autobiografie finden wir ebenfalls Hinweise auf ihn: »Ich erinnere mich gut an die Aufregung, die das Publikum erfasste, als ich berichtete, dass Freud manchmal einen Patienten drei Jahre lang täglich behandelte; später jedoch gestand mir ein Zuhörer, Neurosefälle zu kennen, welche er stolz gewesen wäre, in diesem relativ kurzen Zeitraum geheilt zu haben« (1959, S. 190; italienische Ausgabe 1974, S. 178).

9 »Die wissenschaftlichen Kenntnisse, wie beispielsweise die Sprache, sind das eigentliche gemeinsame Gut einer Gruppe; wäre das nicht so, sind diese wertlos«, schreibt Thomas Kuhn im Nachwort der zweiten Ausgabe (1970) von *The structure of scientific revolutions*. »Um sie zu verstehen, müssen wir die spezifischen Eigenschaften der Gruppen, die sie erschaffen und nutzen, kennen«.

10 Beiden Gesichtspunkten wird zu Recht in Patrizia Guarnieris *Introduzione a James* (*W. James. Eine Einführung*) besondere Aufmerksamkeit gewidmet; über das neunte Kapitel, »Die Gedankenrichtung«, und das zehnte Kapitel, »Das Bewusstsein des Ich«, (in dem ein Abschnitt folgenden Titel hat: »Rivalität und Konflikt der verschiedenen Persönlichkeiten«) von *Principles of Psychology* behauptet sie in der Tat: »Hier finden wir erneut *Unentschlossenheit* und *Konflikt*, zentrale Begriffe der Lehre James'« (1985, S. 27; Kursiv im Original).

11 Jervis erwähnt in dem schon zitierten Buch nicht nur Woodworth, gemeinsam mit jenen, die »die Definition dieser Disziplin nicht direkt von der Psychoanalyse herleiten wollten« (1993, S. 8), er widmet auch dem Werk James' viel Raum, denn »die moderne Psychologie verdankt William James und seinem Funktionalismus sehr viel« (*ibid.*, S. 200). Sein klassisches Handbuch von 1890 »enthält den ersten, allerdings noch nicht vollständig systematischen Entwurf einer Psychologie, die in der Lage ist, die verschiedenen Arten zu erfassen, in denen ein Individuum seine subjektive Dimension oder diejenige seiner Erfahrungen, das heißt sich selbst und die Welt als Phänomen erlebt« (*ibidem*, S. 186–7).

12 Nino Dazzi schreibt diesbezüglich in der Einleitung der von ihm 1981 in Italien herausgegebenen Anthologie der Schriften James' folgendes: »Da er der Erfahrung in all ihren Spielarten treu war, spürte James einen unwiderstehlichen Drang, sein Forschungsgebiet so weit wie möglich auszudehnen, *wobei er auch die größten akademischen Tabus in Frage stellte* (Kursiv M. C.)« (1981, S. 15).

13 Diese Aufsehen erregende Bemerkung stammt aus dem zehnten Kapitel der *Principles*, »Das Bewusstsein des Ich«, in dem er (nachdem er zwischen »empirischem und reinem Ich« unterschieden und ersterem »das materielle Ich, das soziale Ich« und »das spirituelle Ich« zugeordnet hat) sein Konzept von »persönlicher Identität« ausarbeitet. Er geht dabei über die spiritualistische, assoziative

und transzendentale – das heißt also Kants – Position hinaus und definiert die »persönliche Identität« auf der Grundlage des Konzeptes des *stream of thought* (Gedankenstroms), dem er das vorhergehende Kapitel gewidmet hatte. Wenn an diesem Punkt die Aussage, dass »der Mensch so viele Ichs hat, wie die Anzahl der Gruppen von Personen, mit denen er sich beschäftigt« das *social self* noch genauer definiert und wir neben diese Definition den von Sullivan entwickelten Begriff von »Persönlichkeit« stellen, wird klar, wie wichtig es ist, von James auszugehen, um Sullivan zu verstehen. Laut Letzterem ist nämlich »*die Persönlichkeit das relativ überdauernde Muster wiederkehrender interpersonaler Situationen, die ein menschliches Leben charakterisieren*« (1980, 136–7; Kursiv im Original).

14 Der enge Zusammenhang zwischen James' Leben und Werk, den Boring feststellt, kommt zum Beispiel klar zum Vorschein, wenn man folgende drei Phasen seines Lebens nebeneinander stellt: das Wanderleben in Europa und Amerika und die zwar reiche und vielfältige, aber auch unstete und inkonstante Erziehung des jungen James; seine große Unentschlossenheit, was seine berufliche Karriere anging, die dazu führte, dass er nacheinander Malerei, Chemie, Jura, Medizin und Naturwissenschaften ausprobierte; schließlich zeigte sich, nachdem er 1870 seinen Abschluss in Medizin gemacht hatte, in der Abfolge seiner Aufgaben und Lehrtätigkeit – von Physiologie über Psychologie bis zur Philosophie – die Vielfalt seiner Interessen.

15 Aus einer von Sullivans grundlegenden Annahmen geht ganz klar hervor, dass man ihn unmöglich ohne den amerikanischen Pragmatismus und Funktionalismus verstehen kann: »Die beste Möglichkeit, aus dem Werk von beiden (Freud und Meyer; M. C.) Nutzen zu ziehen, bietet uns White mit dem unwiderstehlichen Eifer, mit dem er uns lehrt, »den Patienten darin, was er versucht zu tun, zu verstehen« (1940; 1953, S. 177). Was den Pragmatismus angeht, verweise ich den Leser auf die Schriften von Carlo Sini (1972) und Antonio Santucci (1992); Sadi Marhaba hingegen, der den »methodologischen Eklektizismus« und die interdisziplinäre Ausrichtung des Funktionalismus hervorhebt, definiert das Wesen des Pragmatismus in Bezug auf die zentrale Rolle, die er bei der Erforschung von Motivation und Lernen gespielt hat, folgendermaßen: »Die wichtigste Fragestellung der Psychologie ist also weniger ›was gibt es für mentale Prozesse‹, sondern ›wozu dienen die mentalen Prozesse und wie funktionieren sie‹ (1980, S. 83). Der einzige Beitrag in dieser Richtung, den man in der Zeitschrift *Psychiatry* (ab 1938) findet, ist der 1974 erschienene Artikel »C. S. Peirce and H. S. Sullivan on the Human Self« von John Lincourt und Paul Olzak, der die Meinung vertritt, dass beide Autoren – allerdings von verschiedenen Blickwinkeln aus – »das Selbst als das Ergebnis eines gelernten Verhaltens und die soziale Matrix als eine der Hauptbedingungen für seine Entstehung betrachten« (1974, S. 78). In der Tat hat die gegenwärtige wissenschaftliche Forschung im Rahmen der Psychologie diesen Blickwinkel empirisch bestätigt (*ibidem*).

16 In seiner Biografie Sullivans charakterisiert Chatelaine James' Werk folgendermaßen, indem er unterstreicht, wie die Flexibilität und die Vielseitigkeit seines

Denkens im weltanschaulichen Klima des Amerika seiner Zeit verankert sind: »Das, wonach er suchte, war ein System, das die Vorteile beider Annäherungen (der wissenschaftlichen und der philosophischen; M. C.) vereinte, das heißt sowohl die Einbeziehung der wissenschaftlichen Fakten wie das Vertrauen in die menschlichen Werte; mit anderen Worten, eine empirische Vorgehensweise, der es nicht an Humanität oder Religion mangelte und eine rationalistische Vorgehensweise, die die konkreten Aspekte des Lebens nicht vernachlässigte und seine glücklichen und schmerzlichen Seiten nicht ausschloss. Da keines der philosophischen Systeme all dies bot, schuf er sich sein eigenes« (1981, S. 169–170).

17 Ganz zu schweigen von der Bedeutung, die Boring dem Zeitgeist bei der Entstehung dieser Richtung der Psychologie zumisst, und zwar: »Niemand – James, Dewey, Ladd, Baldwyn, Cattel – erfand den Funktionalismus oder schenkte ihn den Vereinigten Staaten. Er fasste aus dem einfachen Grund Fuß, weil Zeit und Ort es verlangten« (1950, S. 508); und was den Behaviorismus angeht: »Die Zeit war zweifellos reif für eine größere Objektivität im Bereich der Psychologie und Watson war der Botschafter dieser neuen Epoche« (*ibidem*, S. 642). Im Übrigen will ich auf die von Paolo Meazzini 1976 herausgegebene Anthologie von Watsons Schriften hinweisen.

18 Einen Meilenstein der Behandlung dieses Gesichtspunkts stellt der Klassiker *Psychoanalysis and Behavior Therapy. Toward an Integration* dar, den Paul Wachtel 1977 veröffentlichte. Eines der letzten Ergebnisse dieses integrativen Ansatzes ist das Buch *Interpersonal Process in Cognitive Therapy* von Jeremy Safran und Zindel Segal (1990) –, das schon seit 1993 auf italienisch vorliegt.

19 Die wichtigste Quelle für meine folgenden Betrachtungen stellt das Buch *James Jackson Putnam and Psychoanalysis. Letters between Putnam and Sigmund Freud, Ernest Jones, William James, Sandor Ferenczi and Morton Price, 1877–1917* dar, 1971 von Nathan Hale herausgegeben. Es ergänzt auf nützliche Weise die Informationen über ihn, die wir im ersten Band von Hales *Freud and the Americans* finden.

20 Erst in jüngster Zeit wurde Freuds präanalytischer Werdegang angemessen dokumentiert. Ich verweise, u. a., auf die Arbeiten Johann Reicheneders (1990) und Albrecht Hirschmüllers (1991).

21 Freud versäumte nicht, wiederholt schriftlich darauf hinzuweisen, welch wichtige Rolle Putnam für die Psychoanalyse gespielt hat. In seinem Nachruf von 1918 sprach er von ihm als der »großen Stütze der Psychoanalyse in Amerika« (*Gesammelte Werke*, Band 12, S. 315) und drei Jahre später wurde in dem Vorwort der Anthologie seiner psychoanalytischen Schriften die Charakterisierung Putnams folgendermaßen vervollständigt: Putnam »was not only the first American to interest himself in psycho-analysis, but soon became its most decided supporter and its most influential representative in America« (*G. W.*, Band 13, S. 437). Im Übrigen hatte Freud schon 1914, als er die ersten Schritte der Geschichte der psychoanalytischen Bewegung betrachtete, von Putnam als der »bedeutsamsten persönlichen Beziehung, die sich in Worcester noch ergab« gesprochen (*G. W.*, Band 10, S. 70).

22 Es ist deshalb nicht erstaunlich, dass Putnam, der mit der deutschen Sprache und Kultur vertraut war, 1909 schnell Freundschaft mit Freud schließen konnte und in der Lage war, 1911 auf dem Kongress in Weimar seinen Beitrag »Die Bedeutung der Philosophie für die Weiterentwicklung der Psychoanalyse« (»A plea for the study of philosophic methods in preparation of analytic work«) auf Deutsch vorzutragen und zu diskutieren. Dieser Beitrag hatte Freud zu folgendem ironischen Kommentar angeregt: »Putnams Philosophie kommt mir wie ein sehr dekorativer Tafelaufsatz vor, jeder bewundert ihn, aber niemand rührt ihn an« (Jones 1962, Band 2, S. 110).

23 Freud selbst erklärt in seiner »Selbstdarstellung« sehr gut einige der Gründe für diese Kursänderung in die gleiche Richtung, die bei ihm im Übrigen einige Jahre zuvor, gegen Ende der 80er Jahre, eingetreten war:

> »Wenn man von der Behandlung Nervenkranker leben wollte, musste man offenbar ihnen etwas leisten können. … Es machte sich so ganz natürlich, dass in den ersten Jahren meiner ärztlichen Tätigkeit, von den mehr zufälligen und nicht systematischen psychotherapeutischen Methoden abgesehen, die hypnotische Suggestion mein hauptsächliches Arbeitsmittel wurde. Damit war zwar der Verzicht auf die Behandlung der organischen Nervenkrankheiten gegeben, aber das war kein großer Verzicht … Sonst aber war die Arbeit mit der Hypnose wirklich verführerisch. Man hatte zum ersten Mal das Gefühl seiner Ohnmacht überwunden, der Ruf des Wundertäters war sehr schmeichelhaft.« (G. W., Band 14, S. 39ff)

24 Darüber hinaus konnte Stanley Hall auch aufgrund des Erfolgs, den Janet bei dieser Gelegenheit gehabt hatte, Freud überzeugen, 1909 an den Feierlichkeiten zum 20. Jahrestag der Gründung der Clark University teilzunehmen.

25 Wenn Janet, ohne dass wir uns dessen bewusst sind, »an der Schwelle der gesamten modernen dynamischen Psychiatrie« steht (Ellenberger, 1996, S. 555) und folglich »ein bemerkenswertes Beispiel dafür, wie ungleich Ruhm und Vergessen sich auf die Wissenschaftler verteilen«, ist (*ibidem*, S. 557), bestand sein wegbereitender Beitrag zu einer integrativen Sicht des dynamischen und des behavioristischen Standpunkts darin, dass er den Begriff »unterbewusst« schuf und sich andererseits – um es mit den Worten seines Schülers, des berühmten Psychiaters Jean Delay, zu sagen – als »Psychologe der Effizienz« hervorhob (*ibidem*, S. 555 und 550). Außerdem unterstreicht Elllenberger, dass Bleulers Auffassung von Schizophrenie »weitgehend eine Übersetzung des Janetschen Konzepts von der Psychasthenie« war (*ibidem*, S. 555) und bemerkt auch: »Besonders auffallend sind Analogien zwischen den späteren Theorien Janets und den Lehren George Herbert Meads« (*ibidem*, S. 554). Tatsächlich machte Janet zahlreiche Reisen in die USA (1904, 1906, 1921, 1925 und 1936). Außerdem, in Übereinstimmung mit dem amerikanischen Pragmatismus, »trennt er das Bewusstsein nie von der Aktivität« (*ibidem*, S. 487).

26 Der Name von Prince ist im Verlauf dieser Abhandlung schon aufgetaucht, als es um das von ihm 1906 gegründete *Journal of Abnormal Psychology* ging. An diesem Punkt wollen wir anhand der Portraits, die sowohl Hale wie Chatelaine zeichnen, kurz die Person und das Werk betrachten. Beginnen wir mit der Tatsache, dass Prince, der 1885 mit 31 Jahren eine Stelle als Neurologe im Boston City Hospital gefunden hatte, ebenso wie Freud in Nancy Hypnose studiert hatte (Hale, 1971a, S. 125). Prince war der Autor eines Klassikers der Literatur über multiple Persönlichkeiten, *The Dissociation of Personality* (1906), in dem es vor allem um die hypnotische Behandlung der ebenfalls berühmten Patientin Christine Beauchamps ging (davon liefert Ellenberger, 1996, eine detaillierte Zusammenfassung) und hatte begonnen, eine behavioristische Theorie der Neurosen aufzustellen. Das heißt: Wenn die Hysterie eine *association neurosis* war und von mentalen Assoziationen hervorgerufen wurde, die in der Lage waren, ganze neurophysiologische Sequenzen und Verhaltensweisen zu konditionieren, damit also auch eine *habit neurosis* war, eine Neurose, in der die Gewohnheit auf Reize in abnormer Weise zu reagieren sich immer weiter verfestigte, konnte sie folglich, da sie ein *learned behavior* war, über einen Prozess des *retraining* oder der *reeducation* behandelt werden. Selbst Meyer wandte James' Konzept der »Gewohnheit« auf die Schizophrenie an, wie wir noch sehen werden. An diesem Punkt möchte ich aber betonen, dass Prince wegen seines besonderen Ansatzes wenig an der Psychoanalyse interessiert war, im Gegensatz zu Putnam. Auf der anderen Seite ist das Werk von Prince wegen der ausschlaggebenden Dominanz des Freudschen Paradigmas unverdienterweise in Vergessenheit geraten, wie Otto Marx (1970) hervorhebt.

27 Die persönliche Beziehung und der Kontakt zu Freud und seinem Kreis hatten in dieser Hinsicht entscheidende Bedeutung. An dieser Stelle möchte ich nur darauf hinweisen, dass auch in Putnams Fall die Anerkennung der zentralen Rolle, die Freud der Sexualität zuwies, den letzten und entscheidenden Schritt darstellte. Nachdem er mithilfe Freuds und Jones' seinen Widerstand überwunden hatte, wurde er sogar zu einem der wichtigsten Kritiker der großen Zurückhaltung gegenüber der Sexualität, die für die amerikanische Gesellschaft jener Epoche und auch der Ärzteschaft kennzeichnend war (Hale, 1971b, S. 28–30).

28 »Die Seele kausal verstehen heißt: nur eine Hälfte davon verstehen«, schrieb Jung 1911 (in seiner Kritik, die parallel zu der Putnams lief) der wissenschaftlichen Ausrichtung der Psychoanalyse (*Gesammelte Werke von C. G. Jung*, Band 3, S. 203).

29 Außerdem hatte schon Burnham, seinem vom Klima der sechziger Jahre beeinflussten Blickwinkel folgend, bestätigt: »Da in den folgenden Jahren in Amerika sozial ausgerichtete Varianten der Psychoanalyse (wie die Harry Stack Sullivans) aufkamen, ist es sehr interessant, festzustellen, dass die sozial verstandene Deformation (*the social bias*) schon in den ersten Jahren präsent war« (1967, S. 208).

30 Da eine erschöpfende Behandlung der amerikanischen Psychotherapie vor Freud im Rahmen dieser Arbeit nicht möglich ist, beschränke ich mich darauf, auf einige

weitere interessante Gegebenheiten hinzuweisen. Da wäre zuerst die nicht zu unterschätzende Rolle, die eine Bewegung wie die Christian Science spielte, über die Burnham folgendes schreibt: »Es ist amüsant, festzustellen, dass einer der wichtigsten Gründe für die so herzliche Aufnahme von Freuds Arbeit in unserem Land die Tatsache war, dass sie den Ärzten ein Instrument in die Hände gab, das ihnen erlaubte, mit Mary Baker Eddy und der Christian Science zu konkurrieren« (1967, S. 78). Laut Ellenberger (1996, S. 133) war Eddy (1821–1910), die Gründerin dieser auch heute noch einflussreichen Bewegung, eine Patientin des Uhrmachers Quimby (1802–1866), der einer der ersten amerikanischen Anhänger von Mesmers Magnetismus war. Was hingegen die angewandten Techniken angeht, spielte neben Hypnose und Rehabilitation, die wir in den Abschnitten über Putnam und Prince kennen gelernt haben, vor allem ein Ansatz, der mit Überzeugung und Suggestion arbeitete, eine entscheidende Rolle. Er ging auf den aus Bern stammenden Paul Dubois (1866–1945) zurück, dessen 1904 erschienenes und 1906 von Smith Ely Jelliffe (1866–1945) und White übersetztes Buch *Les psychonévroses e leur traitement moral* »eine entscheidende Rolle dabei spielte, die Psychiatrie in der medizinischen Welt der Vereinigten Staaten zu verbreiten«, wie Burnham berichtet (1983, S. 48). Tatsächlich bestätigte auch Freud selbst 1905, also bevor die Psychoanalyse sich gegenüber den anderen Formen der Psychotherapie durchsetzte: »Es gibt viele Arten und Wege der Psychotherapie. Alle sind gut, die zum Ziel der Heilung führen« (*G. W.*, Band 5, S. 16).

31 Der interessierte Leser kann in klassischen, aber älteren und schwer zu findenden Texten wie *A History of Medical Psychology* von Gregory Zilboorg und der *Geschichte der Psychiatrie* von Franz Alexander und Sheldon Selesnick Informationen über die Person Meyers finden; eine ausführlichere Erörterung enthält auch *Modern Synopsis of Comprehensive Textbook of Psychiatry II* von Freedman, Kaplan und Saddock. Im Übrigen gibt es selbst in den Vereinigten Staaten wenig Literatur über Meyer: Bis heute fehlt eine angemessene Biografie und der einzige bedeutende Text ist nach wie vor *The Commonsense Psychiatry of Dr. Adolf Meyer*, 1948 von Alfred Lief herausgegeben. Der heutige Wissenschaftler kann außerdem auf die vierbändigen *Collected Papers of Adolf Meyer* zurückgreifen, die Eunice Winters 1952 herausgegeben hat. Ein guter Ausgangspunkt stellt auch der Versuch Otto Marx' dar, das Werk Meyers in einem Interview mit Theodore und Ruth Lidz (1993) neu zu bewerten.

32 Was eine detaillierte Darstellung der Entstehung eines neuen Konzeptes von Psychiatrie zu Beginn des 20. Jahrhunderts angeht, verweise ich auf Gerald *Grobs Mental Illness and American Society, 1875–1940*, besonders auf die ersten fünf Kapitel. Wenn auch um 1860 herum, als Folge der großen Fortschritte in der Medizin, die allgemeinen Krankenhäuser als wissenschaftlich fundierte Zentren der Diagnose und Behandlung zu arbeiten begannen, sahen sich die Psychiater, da sie gezwungen waren, eine ständig wachsende Zahl an Patienten zu behandeln, im Vergleich zu ihren Kollegen immer mehr an den Rand gedrängt. So kam es, dass 1892 die AMSAII, die ganz in der Hand der Anstaltsdirektoren war, einen

Versuch unternahm, den Schwerpunkt ihrer Arbeit von der »Verwaltung« des Geisteskranken auf die wissenschaftliche Untersuchung der neuropsychischen Störungen zu verschieben, sowohl Statuten wie Namen änderte, und auch Assistenzärzte aufnahm – die wahrscheinlich mehr wissenschaftliches Engagement zeigten – und zur American Medico-Psychological Association (AMPA) wurde. Edward Cowles (1837–1919) bestätigte in seiner Botschaft als Vorsitzender 1895 den Aufbau einer neuen beruflichen Identität, die sich auf eine neue Beziehung zur Allgemeinmedizin gründete (*ibidem*, S. 69). Grob (der ein so genannter revisionistischer Historiker ist) meint, dass als Folge dieser Wende die chronischen Patienten in den Instituten mehr und mehr aufgegeben wurden, da durch sie eine starke Abneigung der Nervenärzte gegenüber der Arbeit in den Anstalten entstand und sie nach Arbeit außerhalb von ihnen suchten; dies alles beeinflusste die weitere Entwicklung der amerikanischen Psychiatrie. Es steht aber außer Zweifel, dass mit der Gründung eines Zentrums für psychiatrische Forschung wie dem Pathological Institute in New York 1895 und dem Pavillon F (eine psychiatrische Abteilung) im Rahmen des Allgemeinkrankenhauses von Albany (New York) 1899, denen andere Zentren und Abteilungen dieser Art folgten, die amerikanische Psychiatrie schon zu Beginn des 20. Jahrhunderts eine weit gestreute Organisation aufbaute.

33 Zum Glück laufen in diesem Bereich die Ansichten und Daten von Psychiatrie und Psychoanalyse zusammen, besonders was die von Sandor Ferenczi (1873–1933) geschaffene Orientierung angeht, die von John Bowlby (1907–1990) empirisch belegt wurde; ihnen hat Marco Bacciagaluppi in jüngster Zeit zwei Beiträge gewidmet: »The Influence of Ferenczi on Bowlby« und »The Relevance of Attachment Research to Psychoanalysis and Analytic Social Psychology«. Die – damals umstrittene – Bedeutung von Bowlbys *attachment theory* für die Psychoanalyse geht auch sehr klar aus der Darstellung von Victoria Hamilton aus dem Jahr 1985 hervor.

34 »Vom ersten Moment an, in dem ich Adolf Meyer begegnete«, schreibt Lidz, »wunderte mich die Nähe seiner Lehre zu der James' und Deweys und ich habe mich lange gefragt, wie es geschehen konnte, dass ein Schweizer sich dem amerikanischen Pragmatismus anschließen konnte, in ihm sogar seinen ureigenen Ausdruck gefunden hatte … Glücklicherweise stellte sich auch Manfred Bleuler die gleiche Frage und … untersuchte seinen familiären Hintergrund« (1966, S. 323). Aus dieser Untersuchung, die Eugen Bleulers Sohn (1905–1994) auch deswegen durchführte, weil er nach einem Aufenthalt in den USA für interkulturelle Probleme (M. Bleuler, 1931) sensibilisiert war, ging hervor, dass Meyers Großvater Anhänger eines gewissen Jakob Gujer (genannt Kleinjogg) war, Gründer eines pragmatischen und innovativen Ansatzes für die landwirtschaftliche Arbeit und Förderer der ersten landwirtschaftlichen Genossenschaften; auch Goethe und Pestalozzi schätzten die positiven Resultate dieses Ansatzes (M. Bleuler, 1962). Gleichzeitig trifft es zu, wie George Mora 1963 hervorgehoben hat, dass es eine grundlegende Übereinstimmung zwischen dem Klima in der schweizer und der

amerikanischen Psychiatrie gab, man braucht nur an die praktische und reformerische Arbeit Forels gegen den Missbrauch von Alkohol und Dubois' Einsatz für die Psychotherapie zu denken.

35 Lidz bringt die *commonsense psychiatry* Meyers, die auf die von Huxley geprägte Definition der Wissenschaft als *organized common sense* zurückgeht, auf folgende Formel: »Er meinte damit, dass die Psychiater sich bemühen sollten, die Tatsachen, die das Leben des Patienten charakterisieren, im Sinne der Bedeutung zu benützen, die ihnen der Patient selbst gibt, anstatt sich auf die Suche nach etwas zu begeben, das hinter deren Erfahrung steht, bzw. jenseits deren Erfahrung geht« (1966, S. 326).

36 »Sowohl Meyer als auch Sullivan waren der Ansicht, dass die Möglichkeiten (*assets*) des Patienten mobilisiert werden müssten« (1982, S. 238), schreibt Perry in dem Meyer gewidmeten Kapitel ihrer Sullivan-Biografie, in dem sie erklärt, wie sehr die Übereinstimmung ihres Arbeitsstils in der Klinik sie beeindruckt hat.

37 Im neunten Kapitel des schon zitierten Buches Grobs wird die schon in einer frühen Phase bestehende Tendenz der amerikanischen Psychiatrie, viele Berufe miteinzubeziehen, sehr gut dokumentiert. Dort erfahren wir auch, dass schon 1917 die National Society For The Promotion of Educational Therapy gegründet wurde und 1926 das Gründungsjahr der American Association of Psychiatric Social Workers (AAPSW) war. Im Übrigen existierten in Massachusets 1920 schon 33 *outpatient clinics*, das heißt Aufnahmestellen für ambulante Patienten, während es im Staat New York 25 gab.

38 Zurecht widmet Grob dem Mental Hygiene Movement ein Kapitel (das sechste) seines schon erwähnten *Mental Illness and American Society, 1875–1940*, aus dem hervorgeht, wie dank des Zeitgeists der *Progressive Era* das Konzept der Vorbeugung geistiger Erkrankung, das schon in den achtziger Jahren des 19. Jahrhunderts zirkulierte, in einer Organisation wie dem National Committee on Mental Health konkrete Umsetzung erfahren konnte. Es wurde offiziell am 19.02.1909 in New York gegründet und gab schließlich die ursprüngliche Absicht (von Beers) auf, die Bedingungen der in den Anstalten untergebrachten Patienten zu verbessern, trug dafür aber dazu bei, die Tragweite der Psychiatrie im Sinne Meyers in einem sozialen Sinne auszuweiten, parallel zu den anderen Kräften, die in die gleiche Richtung vorstießen (siehe auch Meyer, 1935). Was eine soziologische Analyse der Bewegung für geistige Hygiene angeht, die als ein entscheidender Schritt in der Schaffung der »amerikanischen Industrie für geistige Gesundheit« angesehen wird, verweise ich auf einen höchst interessanten Artikel Joel Kovels (1980). Außerdem möchte ich darauf hinweisen, dass Roy Porter einen großen Teil des zehnten Kapitels seines Buchs *A Social History of Madness* Clifford Beers (1876–1943) gewidmet hat.

39 Chatelaine hat diese Forschungslinie wie folgt zusammengefasst:

> »Die von Meyer vorgeschlagene Erklärung der Schizophrenie führte diese auf eine Persönlichkeitsbildung des Patienten zurück, die auf der zunehmenden

Anhäufung einer ganzen Reihe falscher Angewohnheiten beruhte. Er stimmte mit William James überein, dass die Gewohnheit (*habit*) eine ›Beobachtungseinheit‹ darstellen sollte und dass die Behandlung in einem ›Training der Gewohnheiten‹ (*habit training*) bestehen sollte. Diese Auffassung von Schizophrenie als Ergebnis einer Verschlechterung auf der Ebene der Gewohnheiten (*habit deterioration*) beruhte auf der Tatsache, dass die falsche, oder verfrühte Entwicklung, gleich welcher psychologischen Funktion, ein zunehmendes Ungleichgewicht bei der Persönlichkeitsentwicklung provoziert. Das extrem liebe Kind, das aus übertriebener Sanftheit heraus die Gewohnheit entwickelt, jeden zwischenmenschlichen Konflikt zu vermeiden, zeigte später eine mangelhafte Koordination des Denkens und eine ungenügende Kontrollfähigkeit. Diese Tendenzen konnten gefährlich werden, wenn zu ihnen ungenügende Kritikfähigkeit und eine fehlerhafte sexuelle Entwicklung kamen (…) Laut Meyer konnte die Anwendung eines gewissen typologischen Ansatzes (*typological approach*) einen guten Beitrag zur Vorbeugung leisten. Die ersten Anzeichen der Schizophrenie konnten also erkannt und folglich mithilfe einer guten geistigen und körperlichen Hygiene behandelt werden.« (1981, S. 182)

Im vierten Kapitel der *Principles* von 1890, das dem Begriff von *habit* gewidmet ist, schreibt James, dass, »was in den ersten Jahren *appris par cœur* wurde, wie ins Hirn gemeißelt bleibt« (1890; italienische Ausgabe 1901, S. 97) und Ross hat nicht versäumt zu betonen, dass »die Veränderungen, denen der Begriff von ›Gewohnheit‹ entgegenging, von James bis zum Behaviorismus, einen Bereich darstellen, den die Historiker eingehender erforschen sollten« (1978, S. 48).

40 Was das Verhältnis Meyers zur Psychoanalyse angeht, spricht Burnham von seinen »Vorurteilen« (*bias*) (1967, S. 160) ihr gegenüber und Jones von einer »Persönlichkeit, die zu narzisstisch ist, um das Risiko einzugehen, die Psychoanalyse persönlich zu erforschen« (1959, S. 193), allerdings ist das folgende Urteil Lidz' vertrauenswürdiger: »Freuds Betonung der unbewussten Motivation und seine Bemühung, einen strikten Determinismus zu erschaffen, stieß mit Meyers instrumentalistischem Standpunkt zusammen, für den das Denken eine Anpassungstechnik ersten Ranges darstellt, die in der Lage ist, den Lauf der Dinge zu verändern« (1966, S. 329). Was schließlich die Ambivalenz Sullivans selbst gegenüber der Psychoanalyse angeht (wir werden Gelegenheit haben, darauf zurückzukommen), hatte er sich sicherlich den Standpunkt Meyers zu eigen gemacht, dass – wie Burnham schrieb – »die Psychiatrie (nach Meyer; M. C.) weit davon entfernt war, sich im Werk Freuds zu erschöpfen« (1967, S. 160). Wie wir noch sehen werden, war auch ein Pionier der amerikanischen Psychoanalyse wie W. A. White der gleichen Ansicht.

41 Von Meyers Grenzen im Hinblick auf sein theoretisches Gebäude informiert uns Lidz, auch hier wieder sehr präzise, auf folgende Weise:

> »Meyer fiel es jedenfalls schwer, Verallgemeinerungen zu erstellen. Er konnte nicht anders, als Ausnahmen zu sehen und alternative Ideen zu entwickeln Er neigte dazu, die Individualität des Patienten und seiner Entwicklung herauszustellen ... Er ging zum Beispiel nie dazu über, genaue Entwicklungsphasen und ihre kritischen Aufgaben zu umschreiben; genauso wenig erleuchtete er wichtige Themen der Entwicklung und ihre Bedeutung in unser aller Leben.« (1967, S. 329)

Lidz meint sogar, dass es Meyers Psychobiologie nicht nur an einer Entwicklungstheorie mangelt, sondern, dass sie auch in einer anderen Hinsicht unvollständig ist: er hat das menschliche Verhalten zu wenig auf der kommunikativen Ebene erforscht, nachdem er es in Bezug auf die Integration sehr gut beleuchtet hatte (*ibidem*, S. 330). Anders ausgedrückt, wenn man Sullivans interpersonale Psychiatrie als Antwort auf diese beiden Erfordernisse verstehen kann, gilt das umso mehr für die Forschungsrichtung, die in Arbeiten von Lidz wie *The Family and Human Adaptation* von 1963 und *The Person. His Development throughout the Life Cycle* von 1968 Ausdruck findet. Natürlich darf man zuletzt die Tatsache nicht vernachlässigen, dass »Meyer wünschte, dass seine Studenten ihren eigenen Kopf benutzten« (Lidz, 1967, S. 329) und folglich nicht den Anspruch hatte, ein geschlossenes Denksystem zu schaffen. Demgegenüber schreibt Ellenberger Freud zu, dass er eine »Wiederbelebung des griechisch-römischen Typus der Philosophenschule« (1996, S. 765), und damit ein geschlossenes Denksystem geschaffen hätte, was er sarkastischerweise als »Freuds augenfälligste Leistung« bezeichnet (*ibidem*).

42 Die erste Darstellung der Psychobiologie als weitgehend gegliederte Doktrin geht auf das Jahr 1922 zurück (Lief, 1948, S. 547) und schon 1937 definiert sie Franklin Ebaugh in einem Meyer gewidmeten Sonderheft der *Archives of Neurology and Psychiatry* als »Hoffnung auf eine wirksame Verbindung von widerstreitenden Theorien« (*ibidem*, S. 556). Auf der gleichen Linie befinden sich also Freedman, Kaplan und Sadock, die im Vorwort von ihrem von Meyers Werk und Erbe inspirierten Handbuch der Psychiatrie (s. Anm. 31) von Pragmatismus, Pluralismus und Eklektizismus als ihren grundsätzlichen Kriterien sprechen.

2. Die Psychoanalyse in der »Neuen Welt«

Die Tatsachen sind bekannt.

> »Die Einführung der Psychoanalyse in Nordamerika«, schrieb Freud 1914, »ging unter besonders ehrenvollen Anzeichen vor sich. Im Herbst 1909 wurden Jung und ich von Stanley Hall, dem Präsidenten der Clark University in Worcester (bei Boston) eingeladen, uns an der zwanzigjährigen Gründungsfeier des Instituts durch Abhaltung von Vorträgen in deutscher Sprache zu beteiligen. Wir fanden zu unserer großen Überraschung, daß die vorurteilslosen Männer jener kleinen, aber angesehenen pädagogisch-philosophischen Universität alle psychoanalytischen Arbeiten kannten und in den Vorträgen für ihre Schüler gewürdigt hatten. In dem so prüden Amerika konnte man wenigstens in akademischen Kreisen alles, was im Leben als anstößig galt, frei besprechen und wissenschaftlich behandeln.« (*G. W.*, Band 10, S. 70)

Ebenso berühmt ist folgende Passage der »Selbstdarstellung« von 1925:

> »Damals war ich erst 53 Jahre alt, fühlte mich jugendlich und gesund, der kurze Aufenthalt in der neuen Welt tat meinem Selbstgefühl überhaupt wohl; in Europa fühlte ich mich wie geächtet, hier sah ich mich von den Besten wie ein Gleichwertiger aufgenommen. Es war wie die Verwirklichung eines unglaubwürdigen Tagtraumes, als ich in Worcester den Katheder bestieg, um meine ›Fünf Vorlesungen über Psychoanalyse‹ abzuhalten. Die Psychoanalyse war also kein Wahngebilde mehr, sie war zu einem wertvollen Stück der Realität geworden.« (*G. W.*, Band 14, S. 78)

Freud erlebte also die amerikanische Erfahrung als »die erste offizielle Anerkennung unserer Bemühungen« (Jones 1962, Band 2, S. 77), aber erst die heutige geschichtliche Forschung war in der Lage, über die naive Sicht, die in seinen Worten zum Vorschein kommt, hinauszugehen und die Gründe für diesen unverhofften Erfolg zu Tage zu fördern. Im Übrigen versäumt Jones nicht, auf folgenden Aspekt hinzuweisen: »Trotz aller Dankbarkeit für den freundlichen Empfang, für die Anerkennung seines Werkes und die ihm erwiesenen Ehrungen hinterließ Amerika auf Freud doch keinen sehr günstigen Eindruck« (*ibidem*, S. 80).[1]

Wiederum finden wir in der Arbeit Hales die befriedigendste Antwort auf das Rätsel vom sofortigen und weiträumigen Eindringen der Psychoanalyse in das soziale Gefüge der USA zur Zeit des »Abstechers nach Amerika« von 1909 (so lautet der Titel des zwölften Kapitels von Ronald Clarks Freud-Biografie aus dem Jahre 1983).

> »Die Psychoanalyse war von Anfang an in Amerika erfolgreich, denn sie kam den tiefen Bedürfnissen, die aus der ›zivilisierten‹ Moral entstanden waren, entgegen. Ihre Einführung fiel mit der ersten Phase einer moralischen Revolution zusammen: dem Verzicht auf Zurückhaltung im Bereich der Sexualität.« (1971a, S. 480)

Um es anders auszudrücken: »Die psychoanalytische Theorie machte offenkundig, dass die Erhaltung jener Reinheit des Gedankens, die eine der Grundlagen der ›zivilen‹ Moral des 19. Jahrhunderts darstellte, tatsächlich eine heuchlerische Unmöglichkeit war« (*ibidem*, S. 273).[2]

Um Hales Darstellung des Zeitgeistes jener Epoche zu folgen, möchte ich an dieser Stelle noch folgenden Passus hinzufügen, den er an den Schluss seines Werks gestellt hat:

> »Der Erste Weltkrieg beschleunigte die Veränderungen des Sexualverhaltens und intensivierte seinerseits die Wirkung der Psychoanalyse (...). Ironischerweise beschleunigte der Krieg aber auch die Annahme einer funktionellen und dynamischen Psychiatrie von Seiten der Ärzte, und folglich einer Psychoanalyse, die teilweise weniger auf die Sexualität konzentriert war.« (*ibidem*, S. 480)

Wie soll man also diese komplexe Thematik angehen, ohne den roten Faden – also unser Ziel, den Kontext, aus dem heraus sich Sullivans Werk entwickelte, zu rekonstruieren – aus den Augen zu verlieren? Die ersten wichtigen Ausgangspunkte stellen – folgt man der neuesten Geschichtsschreibung – sowohl Freuds Strategie bei seinem ersten Besuch 1909, insbesondere die Gestaltung seiner an der Clark University gehaltenen fünf Vorlesungen, als auch die Artikulation seiner widersprüchlichen Beziehung zur »neuen Welt« dar. Im folgenden Abschnitt wird der nicht nur widersprüchliche, sondern auch paradigmatische Charakter der Rezeption der Psychoanalyse durch Stanley Hall, der Freud an die Clark University eingeladen hatte, geschildert. Danach werden wir nachvollziehen, auf welche Weise Jones sich daran machte, die Psychoanalyse zu verbreiten und wie er sie selbst im Laufe seiner Karriere interpretierte. Im vierten Abschnitt dieses Kapitels werden wir uns dann mit dem folgenden grundlegenden Dilemma auseinander setzen: Handelte es sich bei der Rezeption der Psychoanalyse in den USA um einen Erfolg, der nur um den Preis einer schlimmen Deformation errungen werden konnte, oder, gedenkt man ihrer fruchtbaren Verbindung mit der Psychiatrie, handelt es sich um ein besonderes Ereignis, das über einen ganz eigenen Wert verfügt? Diese Sichtweise werde ich im fünften und letzten Abschnitt dieses Kapitels, auf der Grundlage einer eingehenden Analyse des Lebens und Werkes von Jelliffe und White, noch konkreter darlegen, bzw. ihre persönliche Rezeption der Psychoanalyse rekonstruieren. Und so werden wir am Ende dieses gewundenen Weges in idealer Weise den Hintergrund, aus dem das Werk Sullivans entstehen konnte, dargelegt haben.

2.1 Die fünf Vorlesungen »Über Psychoanalyse« und die Beziehung Freuds zur »Neuen Welt«

Freud, Jung and Hall the King-maker, das Buch, das Saul Rosenzweig 1992, nach 50-jähriger Recherche, veröffentlicht hat, fügt sich sehr gut in das Klima der Neubewertung von Freuds Werk ein. Diese neue Bewertung hängt, was die literarischen Strategien des Vaters der Psychoanalyse angeht, mit einem Werk wie beispielsweise Patrick Mahonys *Der Schriftsteller Sigmund Freud* zusammen. Was seine interpersonale Lebensführung – und seine ungelösten Probleme[3] – betrifft, verdient es ein Buch wie *The Secret Ring. Freud's Inner Circle and the Politics of Psychoanalysis* von Phyllis Grosskurth in diesem Zusammenhang erwähnt zu werden. Rosenzweig hat entdeckt, dass die Reihenfolge, in der die fünf Vorlesungen 1910 veröffentlicht wurden, nicht genau derjenigen entspricht, in der sie gehalten wurden. Unter Zuhilfenahme der detaillierten Zeitungschroniken jener Zeit und von James' Briefwechsel stellte er fest, dass Freud das Thema, welches wahrscheinlich als das heikelste und für sein Publikum am schwersten zu akzeptierende betrachtete – nämlich seine Sexualtheorie – auf den fünften und letzten Tag (Samstag, 11. September 1909) verbannte; der Leser findet es aber im Text der vierten Vorlesung wieder.

Freud schlug James, der nur am Tag zuvor anwesend war, die Traumdeutung vor.[4] Es scheint also, als wäre es Freud daran gelegen gewesen, dass seine Doktrin in den Vereinigten Staaten populär würde, auch um den Preis, sie an das sozio-kulturelle Umfeld, das zutiefst puritanisch war, anpassen zu müssen.

Kovel schrieb über den Inhalt und die Grundhaltung dieser Vorlesungen:

> »Auf jeden Fall war die Psychoanalyse, die Freud dem Amerika von 1909 vorstellte – die er im übrigen aus persönlichen Gründen entsprechend ausgeschmückt hatte – weit entfernt von der stoischen und konservativen Doktrin der

folgenden Jahre. Sie strotzte vor therapeutischem Optimismus und trug eine ungewohnte Betonung der Rolle der Umwelt in sich – eine Betonung, die genügte um die Annahme zuzulassen, dass die emotionale Störung leicht behoben werden konnte.« (1986, S. 26f)

Einige Jahre später schrieb Kurzweil:

»Die Heterogenität und die Erwartungshaltung dieser Gruppe scheinen Freud dazu angeregt zu haben, eine ausführliche Zusammenfassung der Psychoanalyse zu geben, die für die Amerikaner besonders gut geeignet war: er vereinfachte die psychoanalytische Theorie, hob die praktische Anwendbarkeit und den Optimismus hervor und erörterte die Sublimierung.« (1995, S. 40)

Um Freuds persönlichen Beitrag zur schnellen Rezeption seines Werkes in den Vereinigten Staaten und einige der Deformationen, die sie begleiteten, zu erfassen, sei hier eine summarische Analyse der fünf Vorlesungen »Über Psychoanalyse« angeführt.

Da der Leser selbst den Text Freuds zur Hand nehmen sollte, werde ich mich hier darauf beschränken, nur jene Passagen zu zitieren, die meiner Ansicht nach für den nachfolgenden Text Gewicht haben. Mit der Absicht, die Psychoanalyse als eine wissenschaftliche Disziplin zu präsentieren, die über seine Person hinausgeht und die jeder anderen Form von Psychotherapie überlegen ist, beginnt Freud damit, dass er Breuer den Verdienst zuweist, sie geschaffen zu haben (*G. W.*, Band 8, S. 3). Freud versäumt auch nicht, alle Kollegen (in der Reihenfolge ihres Erscheinens: Charcot, Bernheim, Janet, Jung, Bleuler, Ferenczi und Ellis) zu erwähnen, mit denen seine Arbeit in Verbindung steht und beleuchtet darüber hinaus die Überlegenheit seiner Denkrichtung gegenüber der Arbeit Janets – allerdings ohne dessen Verdienste anzuerkennen.[5] Was hingegen die Psychoanalyse als relativ leicht zu erlernende medizinische Technik betrifft, die inzwischen in sich abgeschlossen war, kann ich den Leser auf die Aussage verweisen: die Psychoanalyse »darf dieselben Ansprüche erheben wie die Chirurgie« (*ibidem*, S. 57). Nicht zu vergessen: »Die psychoanalytische Arbeit stellt sich (...) in den Dienst der höchsten und wertvollsten kulturellen Strebungen« (*ibidem*). Gleichzeitig war sich Freud wohl der Tatsache bewusst, dass die Amerikaner die Psychoanalyse nicht nur als therapeutische Technik, sondern auch als allgemeine Lebensorientierung nutzen könnten und begann folgendermaßen: »Ich habe nicht ohne Befriedigung erfahren, daß die Mehrzahl meiner Zuhörer nicht dem ärztlichen Stande angehört. Denken Sie nun nicht, daß es besonderer ärztlicher Vorbildung bedarf, um meinen Mitteilungen zu folgen.« (*ibidem*, S. 4).

Und so setzt Freud an den Schluss der vierten Vorlesung, die sich um die Sexualtheorie dreht, folgende beruhigende und positive Aussage:

> »Meine Damen und Herren! Urteilen Sie nicht etwa, daß wir uns mit diesen Erörterungen über das Sexualleben und die psychosexuelle Entwicklung des Kindes allzuweit von der Psychoanalyse und von der Aufgabe der Beseitigung nervöser Störungen entfernt haben. Wenn Sie wollen, können Sie die psychoanalytische Behandlung nur als eine fortgesetzte Erziehung zur Überwindung von Kindheitsresten beschreiben« (*ibidem*, S. 51)

In der letzten Vorlesung finden wir sogar folgende Aussage: »Der energische und erfolgreiche Mensch ist der, dem es gelingt, durch Arbeit seine Wunschphantasien in Realität umzusetzen« (*ibidem*, S. 53). Sie passt perfekt zu einem Menschenbild, das für einen stark expandierenden Kapitalismus – also den amerikanischen in jener Epoche – typisch ist.

Und doch liebte Freud Amerika nicht – im Gegenteil! Um nur ein Beispiel zu nennen: Selbst Jones kommt nicht darum herum, festzustellen, dass »Amerika auf Freud doch keinen sehr günstigen Eindruck hinterließ« (Band. 2, S. 80) (siehe auch eine der vorhergehenden Fußnoten). Freud sagte *apertis verbis:* »Amerika ist ein Irrtum. Ein gigantischer Irrtum zwar – aber eben doch ein Irrtum« (*ibidem*, S. 81), mit Worten, die »seine Ungerechtigkeit ..., die eigentlich mit Amerika gar nichts zu tun hat« (*ibidem*, S. 80), zeigten. Jones' Analyse endet hier, aber 1993 nimmt Mahony in der Rezension des schon erwähnten Buchs Rosenzweigs seine These – in analytischer Lesart – wieder auf, und zwar mit folgenden Worten:

> »Persönlich bin ich sogar der Meinung, dass die Haltung Freuds den Vereinigten Staaten gegenüber eines der faszinierendsten (*intriguing*) Kapitel der Geschichte der Psychoanalyse ist, ein Kapitel, das seiner Freundschaft mit Fliess ebenbürtig ist, weil es uns einen Freud zeigt, wie wir ihn in keinem anderen Abschnitt seiner Biografie finden.« (1993, S. 884)

Und gleich darauf fragt er sich: »Welche Rolle spielte also Amerika in der tragischen Welt Freuds? Oder besser gesagt: Welche seiner unverzichtbaren inneren Bedürfnisse befriedigte Amerika, da er einen negativen Bezugspunkt für jedes Problem, das er anging, brauchte?« (*ibidem*). Die komplexe Antwort Mahonys, für den Amerika ein *negative maternal object* (*ibidem*) Freuds darstellte, lohnt der Erläuterung und Dokumentation wegen eine Konsultation des *International Journal of Psycho-Analysis* (Band 74). Einfacher nachzuvollziehen ist das ebenfalls auf der

Hypothese von Verdrängung beruhende abschließende Urteil, zu dem Peter Gay gelangt, nachdem er dem Thema acht Seiten gewidmet hat, die unterhaltsam und reich an Anekdoten sind. Ein Auszug: »Das Amerika, das Freud konstruierte, stand als gigantische kollektive Manifestation des Feindes da, auf den er, wie er sagte, nicht verzichten konnte« (1988, S. 641). Sollte dies zutreffen, handelt es sich nicht um eine Kleinigkeit; um so mehr in Bezug darauf, wie zum Beispiel Heinz Kohut (1976) bemerkt hat, dass die psychoanalytische Gemeinschaft Freud gegenüber, und damit auch seiner Weltanschauung, eine nicht gelöste Übertragung unterhält.

Auch wenn diese Analyse uns später noch nützlich sein wird, möchte ich hier nur auf die von Martin Grotjahn hervorgehobene Tatsache hinweisen, dass zur Entstehung des schismatischen Klimas, das für die psychoanalytische Gemeinschaft Amerikas der vierziger Jahre kennzeichnend war, die Art beitrug, in der die vorurteilsbelastete Haltung Freuds das Verhalten der Analytiker in der Fremde beeinflusste – und zwar so sehr, dass viele von ihnen zu »dogmatischen Freudianern« wurden (1968, S. 53). Um es mit Grotjahns Worten zu sagen:

> »Für die meisten Europäer war die Psychoanalyse ein Teil der Forschung; für die Amerikaner war sie eine Therapie, oder zumindest eine dem Patienten gewidmete Tätigkeit. Dieser Unterschied stand am Anfang von schrecklichen Verwirrungen: er brachte viele dieser Analytiker dazu, zu dogmatischen Freudianern zu werden, die den Wortlaut der Psychoanalyse, aber nicht immer ihren Geist lehrten. Für sie war die Psychoanalyse eine Verkörperung des Geistes des »Alten Kontinents«, der auf den fruchtbaren Boden der »Neuen Welt« übertragen werden musste.« (*ibidem*)

Wie wir gesehen haben, war die Haltung Meyers völlig anders; das gleiche gilt auch für Fromm (1900–1980) und Karen Horney (1895–1952) – ganz zu schweigen von Otto Rank und Franz Alexander – oder das, was wir als ihre »positive Übertragung« auf die »Neue Welt« bezeichnen könnten. Mit anderen Worten: Wenn man Freud nicht nur auf der Ebene seiner Doktrin, sondern auch auf der seiner idiosynkratischen Beziehung zur Kultur der »Neuen Welt« betrachtet,[6] ist es klar, dass die ungelöste Übertragung ihm gegenüber eine entscheidende Rolle bei der Polarisierung der amerikanischen analytischen Gemeinschaft der 40er Jahre in orthodoxe Freudianer und Neofreudianer spielte; die ungelöste Übertragung Freud gegenüber seitens natürlich der damals nach Amerika emigrierten – meistens jüdischen – Analytiker.

2.2 Stanley Hall, »the king maker«

Wer war also dieser Professor Hall? Oder besser: Was hatte ihn dazu veranlasst, Freud einzuladen und seine Arbeit mit einem Ehrendoktortitel auszuzeichnen?[7] Und wie entwickelte sich in den folgenden 15 Jahren, bis er 1924 im Alter von 80 Jahren starb, seine Beziehung zur Psychoanalyse? Rosenzweig informiert uns nicht nur über die einhellige Zustimmung, die die amerikanischen Psychologen seinen weiteren Aktivitäten immernoch entgegenbringen (1992, S. 230), sondern enthüllt uns auch den Hintergrund des Beinamens »Königsmacher«, den Freud ihm 1925 verlieh (*G. W.*, Band 14, S. 78). Obwohl Hall sehr ambivalente Beziehungen entwickelte, zum Beispiel Jones gegenüber, war der Grund dafür, dass Freud ihm den Ruf des Königsmachers gab, der folgende: ihm gefiel es, »Autoritäten ein- und wieder abzusetzen« (*ibidem*), was darin zum Ausdruck kam, dass er sich auch sehr für den Gedankengang und die Werke Adlers und Jungs interessierte. Hall trat zu Beginn der zwanziger Jahre aus der American Psychoanalytic Association aus, deren stolzes Gründungsmitglied er gewesen war, »weil ich fand, dass (ihre Mitglieder; M. C.) zu engstirnige Ansichten hatten« (Brief an Edward Kempf vom 01.10.1923, zitiert in Rosenzweig, 1992, S. 384f). Und so kam es, dass er in seinem letzten Brief an Freud (Worcester, 24.10.1923) über dessen Beziehung zu seinen »rebellischen Söhnen« sogar schrieb, dass er (Freud) aufgrund seiner Größe, die mit Darwin vergleichbar sei, leicht großherzig gegenüber Jung und Adler sein könne (*ibidem*, S. 383f). Die Tatsache, dass Freud in seiner im darauf folgenden Jahr geschriebenen »Selbstdarstellung « keinen Nutzen aus Halls Ratschlag zieht, obwohl dieser im gleichen Brief von seinem Werk als der »wichtigsten Quelle der Inspiration für meine Aktivitäten der letzten 15 Jahre« (*ibidem*) spricht, sondern ihn sogar in ein ungünstiges Licht stellt, passt zweifellos zu dem Bild, das uns in neuester Zeit Phyllis Grosskurth in ihrem Band über das »geheime Komitee«[8] vom Wiener Meister gezeichnet hat.

Nicht weniger interessant für ein tieferes Verständnis der Entwicklung der Beziehung zwischen Hall und Freud – aber auch für eine angemessene Darstellung des Zusammenhanges, in dem die Arbeit Sullivans zu sehen ist – ist der Briefwechsel zwischen ihnen. Dort ist auch von Edward Kempf (1885–1971) die Rede. Wie wir noch sehen werden, sollte dessen Pionierarbeit im Bereich der Psychotherapie der Psychosen eine entscheidende Rolle für die Entwicklung von Sullivans Standpunkt spielen. Hall sprach in seinem Empfehlungsschreiben (Worcester, 19.06.1923) anlässlich des Besuches, den Kempf im Laufe des Sommers Freud in dessen Ferienort Lavarone (Trentino) abstatten wollte, von ihm als einer jener Personen, die am meisten zur Verbreitung der Psychoanalyse in Amerika beigetragen haben und lobte dessen Werke *The Autonomic Function of the Personality* von 1918 und *Psychopathology* von 1920 (Rosenzweig 1992, S. 380). Freuds Antwort (Lavarone, 28.08.1923) enthielt einen »*sehr positiven Eindruck seiner Persönlichkeit*«, aber auch ein negatives Urteil über Kempfs wissenschaftliche Arbeit: »In Wirklichkeit ist er kein Analytiker, sondern jemand, der eine Nebenstraße eingeschlagen hat, die sich auf die Anatomie konzentriert und die ihn, meiner Meinung nach, nirgendwohin führt« (*ibidem*, S. 381). Tatsache ist, dass beide genannten Werke aufgrund ihrer interdisziplinären Ausrichtung Pionierarbeiten sind; Kempf, der ein Schüler Meyers in Baltimore war, wollte die Psychoanalyse mit der Evolutionstheorie, der Reflexologie, dem Behaviorismus und der Neurophysiologie verbinden (Nagel 1978, S. 47). Die Darstellung der Beziehung zwischen Freud und Hall und Halls Interesse für den analytischen und den behavioristischen Standpunkt finden in Borings Handbuch folgendes Echo: »Die psychoanalytische Doktrin passte nicht nur gut zur Überzeugung Halls, dass Introspektion allein als psychologische Methode nicht ausreichte, sondern auch zu einer ganzen Reihe von Überlegungen, die behavioristisch klangen, lange bevor der Behaviorismus aufkam« (1950, S. 521).

Und tatsächlich sind sowohl der »behavioristische Anklang« von Halls Arbeit, als auch die interdisziplinäre Arbeit, die Kempf in diesem Bereich leistete, Teil größerer Bestrebungen jener Epoche, die Psychoanalyse mit der Psychologie zu verbinden. Auch wenn diese Bestrebungen zu Formulierungen führten, die »nicht mit den Theorien Freuds vereinbar waren« (Shakow und Rapaport 1964, S. 141), lohnt es sich doch, wie ich schon im Abschnitt über James vorweggenommen habe, sie noch einmal im Licht der heutigen Debatte (siehe auch Jervis,1993)[9] zu betrachten. Bevor wir unsere Ausführungen über Hall beenden, lohnt es sich, einen Moment bei diesem Thema zu verweilen, auch um zu zeigen, wie die Arbeit Sullivans im Kreise der amerikanischen Psychoanalyse nicht nur auf die soziale Sensibilität Putnams, sondern auch auf die behavioristische Ausrichtung seiner Vorgänger zurückzuführen ist. Das heißt, es ist nützlich, schon jetzt aufzuzeigen, wie sich, außer Psychiater wie White und Jelliffe, auch Freud nahestehende Psychoanalytiker, wie z. B. Horace Frink (1883–1935), vor Sullivan in diesem Bereich bewegten.

Als White 1917 versuchte, eine allgemeine Lerntheorie zu erschaffen, schlug er vor, die Psychoanalyse als eine Konditionierungstheorie zu verstehen; Jelliffe versuchte im gleichen Jahr, die Symbolismustheorie mithilfe von Pawlows (1849–1936) theoretischem Rahmen zu erklären (Burnham 1967, S. 193f). Frink versuchte in den folgenden Jahren, Watson (1878–1958) folgend, sogar die Übertragung mit dem Begriff der Konditionierung zu erklären (Hale 1971a, S. 355). Wenn mir an diesem Punkt auch die Kompetenz fehlt, in den Kern dieser Untersuchungen vorzustoßen, kann ich doch darauf hinweisen, dass die von Zeitgenossen Sullivans wie Clark Hull (geboren 1884) und John Dollard (geboren 1900) angestrebte Synthese zwischen Behaviorismus und Psychoanalyse eine der Fragestellungen war, die auch die Arbeit des Psychoanalytikers Alexander (1891–1964) und seiner Schule beeinflusste.[10]

Damit wollen wir zu Hall zurückkehren, der, genauso wie James, ein Pionier – oder besser gesagt der Begründer – der amerikanischen Psychologie war. »Er war ein Begründer«, hat Boring geschrieben, »wenn es in der Psychologie je einen gab. Sein Leben zeichnete sich tatsächlich durch die Gründung von Laboratorien, Zeitschriften und Instituten aus« (1950, S. 517). Hall wuchs auf einem Bauernhof in Massachusetts auf, wo er 1844 geboren worden war. Wie uns Boring mitteilt, konnte er mithilfe der Mutter gegen den Willen seines Vaters seine Studien fortsetzten. Sein Vater war ein Landwirt, gegen den er sich schon frühzeitig aufgelehnt hatte. Bedingung war, dass er sich der Theologie widmete und in die Kongregationalistische Kirche eintrat. Wie aus seiner Autobiografie (1923) hervorgeht, verspürte er nicht nur sein ganzes Leben lang große Einsamkeit, er hatte auch enorme Schwierigkeiten, sich von der emotionalen Kälte und sexuellen Reserviertheit der puritanischen Umgebung, in der er aufgewachsen war, zu befreien (siehe Hale, 1971a, S. 101). Dies erlaubt uns, die innere Verfassung, mit der Hall voller Enthusiasmus Freuds Arbeit aufnahm, zu erahnen; ich möchte aber auch hervorheben, dass ihn, ähnlich wie Sullivan, die Probleme der Pubertät besonders interessierten und zwar so sehr, dass das 1904 in zwei Bänden erschienene Werk *Adolescence: its Psychology and its Relations to Physiology, Anthropology, Sociology, Sex, Crime, Religion and Education* sein »wichtigstes Werk darstellt« (Boring 1950, S. 522).

Da er schon bald entdeckte, dass er mehr Talent für Philosophie als für Theologie hatte, ging er 1868 vom *Union Theological Seminary* in New York nach Deutschland, wo er in drei Jahren Studium in Bonn und Berlin mit der neoaristotelischen Philosophie und dem Physiologen du Bois-Reymond (1818–1896) in Kontakt kam. Erst nach einem ereignisreichen Jahrzehnt – und nachdem er die kirchliche Karriere definitiv aufgegeben und sich von der Philosophie wegen der geringen praktischen Ausrichtung und von der reinen Wissenschaft aus mangelndem Interesse abgewandt hatte – widmete er sich dem, was Boring den »Mittelweg« der Neuen Psychologie nennt (*ibidem*, S. 519): Er vertiefte diesen zwischen 1876 und 1878 in Harvard unter der Anleitung von James, unter dem er den ersten Doktor Amerikas in diesem neuen Fach machte.

Hall besaß einen unabhängigen Charakter und Abenteuergeist; da es zu jenem Zeitpunkt sein Wunsch war, mit Wilhelm Wundt (1832–1920) zu arbeiten, kehrte er nach Deutschland zurück, zuerst nach Berlin und dann nach Leipzig. Dort war er, wie Boring erzählt, der Nachbar Fechners (1801–1887) und studierte im Labor Ludwigs (1816–1895) Physiologie. Als 1879 Wundt sein Labor eröffnete, wurde er dessen erster amerikanischer Student. Er kehrte nach Harvard zurück und wurde im darauf folgenden Jahr an die 1876 gegründete John Hopkins Universität in Baltimore berufen, an der er 1883 das erste richtige Psychologielabor der Vereinigten Staaten eröffnete. 1887 gründete er das *American Journal of Psychology*, 1888 wurde er dann zum ersten Rektor der neu gegründeten Clark University in Worcester ernannt, wo er bis zu seinem Tod blieb.[11]

Hier war es möglich, dass der »mitreißende Charakter seiner Interessen«, um es mit Boring zu sagen (*ibidem*, S. 521), zu einer ganzen Reihe von Gründungen führte: nicht nur von Zeitschriften wie *Pedagogical Seminary* (1891), *Journal of Religious Psychology* (1904) und *Journal of Applied Psychology* (1915), sondern auch von der American Psychological Association, die 1892 in seinem Büro konzipiert wurde und deren erster Präsident er war.[12] Er hatte schon bald darauf verzichtet, eine Psychologie zu praktizieren, die im Gegensatz zur »Reißbrettpsychologie« James' (diesem gegenüber er immer eine antagonistische Haltung bewahrte) »streng wissenschaftlich« (Ross 1978, S. 45) sein sollte und bezog seine psychologischen Daten weiterhin aus zahlreichen Quellen. Gleichzeitig übte Hall seine Lehrtätigkeit in zwei Bereichen aus, die ihm besonders am Herzen lagen – die genetische Psychologie und die Pädagogik – und versäumte es nicht, Freuds Theorien mit Profit einzusetzen; vor allem aber wandte er sich einem neuen Paradigma zu, das er selbst »*synthetic psychology*« nannte, das heißt eine eklektische Psychologie (*ibidem*, S. 522). Es geht also um die Orientierung, die spezifisch amerikanisch war und für die Freud sehr wenig Sympathie aufbrachte, obwohl gerade dieses intellektuelle Klima, und nichts anderes, das Gedeihen seiner Arbeit in der »Neuen Welt« ermöglicht hatte.

2.3 Ernest Jones: der treue Anhänger

Ernest Jones gebührt zweifellos ein besonderer Platz. Er gründete am 9. Mai 1911 in Baltimore die amerikanische Filiale der Internationalen Psychoanalytischen Vereinigung, die 1910 auf dem Nürnberger Kongress entstanden war. Damit trug die seit 1908 von ihm betriebene intensive Überzeugungsarbeit und Suche nach Anhängern, die mit dem Beitritt Putnams ihren größten Erfolg verbucht hatte, weitere wichtige Früchte. Ausserdem war er der erste, der das moderne Berufsbild des Psychoanalytikers, im Sinne einer exklusiven Konzentration auf die private analytische Arbeit schuf. »Wie Freud, glaubte auch Jones, niemand könne Analytiker sein, der nicht hauptberuflich praktizierte«, hat Paul Roazen geschrieben (1976, S. 339). Jones, der die Londoner Gruppe autokratisch als »meine hoffnungsvolle Gesellschaft« (*ibidem*, S. 340) leitete, gegenüber der er sich während des Ersten Weltkrieges »wie eine Wache auf Posten« (*ibidem*, aber auch Jones, 1974, S. 244) fühlte, löste nach dem Krieg die eklektische Gruppe auf, die sich ursprünglich um ihn gebildet hatte (siehe Roazen 1976, S. 338). Wenn er seine strengen Maßstäbe (nicht eklektisch und full-time-Analyse) auch in den Vereinigten Staaten angelegt hätte, dann hätte nicht einmal Brill, der Wert auf seine Tätigkeit als Berater und Lehrer im psychiatrischen Bereich und den Aufbau einer analytisch orientierten Psychiatrie legte, Mitglied der International Psycho-Analytical Association werden können.

Was aber hatte Jones, im Gegensatz zu seinen amerikanischen Kollegen, zu solch einer Radikalität geführt? Oder besser: Unter welchen Umständen und auf welche Weise hatte seine eigene Konversion zur Psychoanalyse stattgefunden?[13] Zum Glück berichtet er in seiner Autobiografie darüber; seine Begegnung mit Freuds Arbeit fand auf dem Höhepunkt eines langen wissenschaftlichen Werdegangs statt, analog zu Putnam, der in der Neurologie anfing und dann zur Psychotherapie gelangte:

> »Seine [Freuds] erste Schrift, auf die ich traf, war die Analyse von Dora (…), die mich sehr beeindruckte: Es gab einen Mann in Wien, der wirklich jedes Wort, das die Patienten ihm sagten, aufmerksam anhörte. Ich versuchte es genauso zu machen, aber ich hatte nie davon gehört, dass jemand das Gleiche tat. (…) Da gab es also zum ersten Mal einen Mann, der ein wissenschaftliches Interesse an ihnen [den geistigen Prozessen] hatte.« (1959, S. 157–158)

Aus seiner Autobiografie, *Free Associations. Memories of a Psychoanalyst*, erfahren wir aber auch folgendes: Obwohl sein unbesonnenes Verhalten in mehreren Londoner Krankenhäusern ihn zum Außenseiter in seinem Beruf gemacht hatte und er »mit dem Gedanken spielte, in einem anderen Land ganz neu anzufangen« (*ibidem*, S. 159), hatte Jones doch nicht den Ehrgeiz aufgegeben, »eine Art Pionier« zu werden (*ibidem*, S. 167).

An diesem Punkt sollte man etwas bei Jones verweilen. Im Übrigen geht aus dem Briefwechsel von Freud und Jung hervor, dass es ihnen zu Beginn nicht leicht fiel, zu einer Einschätzung Jones' und seiner Absichten zu kommen.[14] Erst der positive Ausgang der »amerikanischen Kampagne« veränderte sein Image so weit, dass Freud im Sommer 1910 an Jung schreiben konnte: »Jones war zweieinhalb Tage hier (bei ihm, auf Urlaub in Holland, zu Besuch; M. C.), persönlich sehr befriedigend, er scheint gesichert« (Freud/Jung 1974, S. 383). Nach der amerikanischen Expedition begann Freud Jones gegenüber dankbar zu sein. Rückblickend schreibt Freud 1914:

»Um die Ausbreitung dieser Bewegung erwarben sich dann Brill und Jones die größten Verdienste, indem sie in ihren Arbeiten in selbstverleugnender Emsigkeit die leicht zu beobachtenden Grundtatsachen des Alltagslebens, des Traumes und der Neurose immer wieder von neuem ihren Landsleuten vor Augen führten. Brill hat diese Einwirkung durch seine ärztliche Tätigkeit und durch die Übersetzung meiner Schriften, Jones durch lehrreiche Vorträge und schlagfertige Diskussionen auf den amerikanischen Kongressen verstärkt.« (*G. W.*, Band 10, S. 71)

In Freuds Augen war Jones' entscheidender Verdienst wahrscheinlich jene im Juli 1912 geäußerte Empfehlung, um ihn herum das berühmte »Komitee« zu bilden. Das war »eine kleine Gruppe zuverlässiger Analytiker«, eine Art »alte Garde« (Jones, Band 2, S. 186).

»Was meine Fantasie sofort in Beschlag nahm«, hatte Freud geantwortet, »war Ihre Idee eines geheimen Konzils, das sich aus den besten und zuverlässigsten unserer Leute zusammensetzen solle, deren Aufgabe es sei, für die Weiterentwicklung der Psychoanalyse zu sorgen und die Sache gegen Persönlichkeiten und Zwischenfälle zu verteidigen, wenn ich nicht mehr da bin ... Ich weiß, daß in diesem Projekt auch ein Element von knabenhafter Romantik liegt, aber es läßt sich vielleicht realitätsgerecht machen. Ich will meiner Fantasie freien Lauf lassen und Ihnen die Rolle des Zensors überlassen. Ich möchte sagen, es würde mir das Leben und das Sterben leichter machen, wenn ich wüßte, daß eine solche Gemeinschaft zum Schutz meiner Schöpfung existiert.« (*ibidem*, S. 187)[15]

Was können wir also aus all dem in Bezug auf Jones' Identität als Psychoanalytiker und seine Rolle neben Freud schließen? Roazen erkennt zwar Jones' exquisite intellektuelle Begabung an, stellt allerdings die Rolle, die er dabei spielte, die psychoanalytische Bewegung zusammenzuhalten, deren Präsident er von 1920–1924 und von 1932–1949 war, nicht nur im Licht seiner strategischen Fähigkeiten, sondern auch seines Ehrgeizes und Machtbestrebens dar (siehe Roazen 1976, S. 336–7). Jones selbst beschreibt seinen Beitrag zu Freuds Sache mit seiner besonderen Fähigkeit, »die Einsichten seiner außergewöhnlichen Entdeckungen mit der Ausgeglichenheit, die Wissenschaftlern ansteht, zu verbinden« (1959, S. 205). Eine plausiblere Lesart, die dynamisch begründet ist, formuliert er selbst folgendermaßen:

> »Ich würde sagen, dass Huxley der einzige Mann war – außer meinem Vater natürlich – der je meine geistige Entwicklung beeinflusst hat. Er hat meine Entwicklung weniger geprägt, als dass er die angeborenen Neigungen zum Vorschein brachte; in der Tat, auch wenn dies anmaßend klingen mag, habe ich mich wohl unbewusst mit ihm identifiziert. Und wirklich war in späteren Jahren meine Beziehung zu Freud, den ich zu Recht als den Darwin des Geistes bezeichnet habe, im Großen und Ganzen der Huxleys zu Darwin nicht unähnlich (…).« (*ibidem*, S. 60)

Es ist also kein Zufall, dass Vincent Brome seine Biografie von 1982 *Ernest Jones, Freud's Alter Ego* genannt hat und Jones' ehemalige Sekretärin, die Analytikerin Lilla Veszy-Wagner, in ihrem Beitrag zu *Psychoanalytic Pioneers* (1966) von ihm als dem »idealen Missionar der ›Bewegung‹« gesprochen hat. In der neuesten Abhandlung über Jones' Beziehung zu Freud, Riccardo Steiners Einführung zu ihrem Briefwechsel, weist der Autor auf folgende Passage eines Briefes von Jones an Freud vom 19.06.1910 hin:

> »The originality complex is not strong with me; my ambition is rather to know, to be ›behind the scenes‹ and ›in the know‹ rather than to find out. I realise that I have very little talent for originality; and the talent I may have lies rather in the direction of being able to see perhaps quickly what others point out: no doubt that also has its use in the world. Therefore my work will be to try to work out in detail, and to find more demonstrations for the truth of ideas that others have suggested. To me work is like a woman bearing a child: to men like you I suppose it is more like the male fertilisation. That is crudely expressed but I think you will understand what I mean.« (Steiner in Paskauskas Hg. 1993, S. XLI)[16]

Schlussendlich darf man annehmen, dass Jones nicht so sehr aufgrund seiner eigenen wissenschaftlichen Arbeit in die Geschichte der Psychoanalyse eingegangen ist, sondern wegen seiner Rolle als Biograf Freuds. Verhängnisvoll erscheint mir, dass das analytische »Vollzeitmodell« und »Reinheitsgebot«, das Jones vorantrieb, sich durchsetzte. Ich denke, dass die Rezeption von Sullivans Ansatz nicht auf eine kritische Neubewertung dieses Beitrages Jones' zur Definition der psychoanalytischen Identität verzichten kann, dem mehr oder minder unkritisch Generationen von Analytikern gefolgt sind.[17]

Wie wir noch sehen werden, war die Art der Annäherung und der folgenden Beziehung zu Freud bei Pionieren wie White und Jelliffe völlig anders, das heißt, dass Personen, die schon durch ihre eigenen Verdienste bedeutende Positionen eingenommen hatten, mit mehr Distanz und Autonomie auf

Freuds Arbeit schauen konnten. »Es war dort von allem Anfang an charakteristisch« für die Rezeption seiner Arbeit auf der anderen Seite des Ozeans, schrieb Freud selbst 1914, ohne jedoch auf die Konsequenzen davon einzugehen, »daß sich Professoren und Leiter von Irrenanstalten in gleichem Maße wie selbständige Praktiker an der Analyse beteiligt zeigten« (*G. W.*, Band 10, S. 71). Es ist kein Zufall, dass Fromm aufgrund seiner akademischen Position in der Lage war, der »psychoanalytischen Bewegung« gegenüber eine Position einzunehmen, deretwegen er der erste Psychoanalytiker wurde, der ihre Geschichte neu schrieb. Ich beziehe mich im Besonderen auf sein Buch *Sigmund Freud. Seine Persönlichkeit und seine Wirkung* (ursprünglich 1959 in Amerika unter dem Titel *Sigmund Freud's Mission. An Analysis of His Personality and Influence* erschienen), in dem wir folgende Analyse der »ersten loyalen Schüler« Freuds, der »der Inhaber der sechs Ringe« finden:

> »Es waren städtische Intellektuelle, die sich nach einer Bindung an ein Ideal, an einen Führer, an eine Bewegung sehnten, aber kein bestimmtes religiöses, politisches oder weltanschauliches Ideal oder ähnliche Überzeugungen mitbrachten; keiner von ihnen war Sozialist, Zionist, Katholik oder orthodoxer Jude ... Ihre Religion war die psychoanalytische Bewegung.« (1989, S. 212).

Damit komme ich zu der Rolle, die Jones tatsächlich bei der Verbreitung der Psychoanalyse in den USA gespielt hat. Zur Frage steht nicht nur die von ihm von seiner Basis in Toronto aus geleistete Überzeugungsarbeit (er war dort von Herbst 1908 bis Frühjahr 1912 als Psychiatriedozent tätig), sondern auch die Rolle des »unbestrittenen führenden Mannes unter den Analytikern des englischen Sprachgebiets« (*G. W.*, Band 14, S. 555), die er in den folgenden Jahren spielte. Sicherlich stellten seine Schriften – die ersten, die in englischer Sprache von einem echten Vertreter des Kreises um Freud geschrieben wurden – »eine sehr wichtige und weit verbreitete Quelle für die Amerikaner dar« (Burnham 1967, S. 135). Es handelt sich um seine *Papers on Psycnoanalysis:* unter diesem Titel wurden im Jahre 1913 seine ersten psychoanalytischen Beiträge in einer Anthologie zusammengestellt.[18] Außerdem spielte er natürlich auf institutioneller Ebene eine bedeutende Rolle: Seiner Einladung – auf Drängen Freuds – folgten sieben Kollegen, um mit ihm am 9. Mai 1911 in Baltimore die American Psychoanalytic Association zu gründen, eine Vereinigung, die »allen offenstand, die in Besitz ausreichender Kenntnisse der Psychoanalyse waren, egal ob Ärzte oder Vollzeitanalytiker« (Hale,1971a, S. 318).[19]

Aber eigentlich, und damit komme ich zum dritten Aspekt der Rolle, die Jones in Amerika spielte, stand ein solcher formeller Rahmen seiner persönlichen Einstellung, von der wir viele Spuren in seiner Korrespondenz mit Freud finden, entgegen, besonders was seine deutliche Gegnerschaft zur *Psychoanalytic Review* anging. Meiner Überzeugung nach hat Hale recht, wenn er schreibt, dass Jones, »wäre er in Amerika geblieben, wahrscheinlich den amerikanischen Eklektizismus ständig angegriffen hätte« (1971a, S. 326). Über die von Jelliffe und White 1913 gegründete Zeitschrift, die *Psychoanalytic Review,* die erste analytische Zeitschrift in englischer Sprache, schreibt Hale:

> »Viele Amerikaner fühlten sich frei, wie sie es im übrigen immer getan hatten, von den Auffassungen der einflussreichen europäischen Kollegen das auszuwählen, was ihnen am besten gefiel, wobei sie sich an die gleichen Linien hielten, die diese vereinten oder trennten. Smith Ely Jelliffe war der Ansicht, dass die europäischen ›Strömungen und Gegen-Strömungen‹ kompliziert und unangenehm waren. Er praktizierte einen Eklektizismus, den er in Übereinstimmung mit Amerika wähnte. In der ersten Nummer der *Psychoanalytic Review*, die er zusammen mit White leitete, wurden die von Jung an der Fordham University gehaltenen Konferenzen publiziert, da Freud einen Beitrag verweigert hatte. Die auf ›das Verständnis des menschlichen Verhaltens‹ ausgerichtete Zeitschrift, zielte darauf, ›allen Tendenzen offen (*catholic*) zu stehen und ein treuer Spiegel der psychoanalytischen Bewegung zu sein, ohne Untergruppen oder Schulen zu fördern, sondern ein für alle geöffnetes Forum darzustellen‹. Folglich druckten sie Beiträge jeglichen Psychoanalytikers. Es war eine lebhafte und ikonoklastische Zeitschrift, die originelle Artikel veröffentlichte, Zusammenfassungen der europäischen Literatur, Kritiken der Gegner und Diskussionen zwischen den Analytikern. So kam es, dass die New York Psychoanalytic Society sie als ihr offizielles Sprachrohr annahm, als persönlichen Gefallen an White und Jelliffe.« (1971a, S. 329)

Es ist also nicht verwunderlich, dass Jones versuchte, Öl ins Feuer zu gießen, während sein eigentliches Ziel weiterhin war, die Hegemonie des *International Journal of Psycho-Analysis*, das er 1920 gegründet hatte und bis 1939 leitete, zu sichern. »In America the ›constructive analysis‹ of Zürich seems to flourish more than here, as perhaps you see from the *Psa. Review*«, schrieb Jones am 27.03.1916 an Freud. »Jelliffe tells me«, fuhr er fort, »he still cannot see the difference between the two schools!« (Pauskauskas Hg. 1993, S. 316). Und am 31.12.1918 schreibt er: »With the many men who do not know German it will be necessary now to have a *Journal* in English. Jelliffe's *Psa. Review* is of course useless« (*ibidem*, S. 327). Und dann, am 13.06.1932, schreibt er bezüglich seiner durch die *Psychoanalytic Quarterly* bedrohten Hegemonie, wobei seine Gegnerschaft zu White und Jelliffes Zeitschrift zur Gründung dieser neuen Publikation beigetragen hatte:

»As to the *Psychoanalytic Review,* I regard its existence as superfluous as you do, but I am bold to say that (they) have always behaved quite honourably in respect to the *Journal* and have never encroached on its domain. Jelliffe and I came to understanding which has been friendly respected on both sides. If, as you think, the aggression of the *Quarterly* is meant to be directed against the *Psychoanalytic Review*, it would have been quite easy for the Americans to have cooperated with the *Journal* in extending it in America for that purpose.« (*ibidem*, S. 701)

Trotz alledem hat Jones nicht die mit Vorurteilen belastete Haltung Freuds den Vereinigten Staaten gegenüber geteilt; im Gegenteil, als er sie näher kennengelernt hatte, war er in der Lage, die positiven Aspekte zu sehen. »Die Amerikaner gefielen mir von Anfang an und die vielen Freundschaften, die ich in diesen Jahren schloss, entwickelten sich im Laufe der Jahre sehr gut«, steht zum Beispiel in seiner Autobiografie (1959, S. 193), in der man auch eine positive Bewertung der amerikanischen Psychiatrie und ihrer wichtigsten Vertreter findet, das heißt von Meyer, Hoch, Macfie, Campbell (1876–1941, ein Harvardprofessor schottischer Herkunft) und White (*ibidem*, Kapitel 10). Genauer gesagt: Während in England die Psychiatrie »praktisch nicht existent« und »vollkommen der Neurologie untergeordnet« war, »geschah in den Vereinigten Staaten das genaue Gegenteil«.

»Dort waren die Neurologen, im Vergleich zu den meisten europäischen Ländern, eine entschieden mittelmäßige Gruppierung, während die amerikanische Psychiatrie schon anfing, sich mit der Deutschlands zu messen, dem Land, in dem sie am weitesten entwickelt war. Die Psychiater hatten also die Freiheit, eine unabhängige Linie zu verfolgen und das taten sie auch« (*ibidem,* S. 230).

Eine unabhängige Linie also, wie wir gesehen haben, auch gegenüber der Psychoanalyse!

Und in der Tat versäumte es Jones nicht, in der von ihm am 4. Dezember 1929 anlässlich der Einweihung des Psychiatric Institute der Columbia University in New York gehaltenen Rede, zu bestätigen, dass mit der Psychiatrie »in Amerika in Wirklichkeit ein neuer Beruf geschaffen wurde« (1930, S. 384). Dann fuhr er fort:

»In einem gewissen, sehr wichtigen Sinne kann man fast sagen, dass der psychiatrische Beruf in keinem anderen Land der Welt existiert. Sie, und noch mehr meine europäischen Kollegen, werden angesichts einer solchen Behauptung erstaunt sein, aber ich halte an ihr fest, denn meiner Meinung nach trifft sie in einer äußerst wichtigen Hinsicht zu: Wenn wir einmal die drei großen Bereiche der Psychosen, der Psychoneurosen und der sogenannten Psychologie des Normalen betrachten, mit ihren ausgeprägten sozialen Verflechtungen, müssen wir zugeben, dass die Existenz einer Beziehung zwischen ihnen weit mehr in Amerika als in Europa wahrgenommen wird. Sie werden bemerken, dass ich ›weit mehr‹ und nicht ›viel tiefer‹ sage, denn die wissenschaftliche Erforschung dieser Beziehung wurde zweifellos in Europa sehr viel weiter getrieben, wenn auch nur im Kleinen, von einem engen Kreis von Forschern. Tatsache ist jedoch, dass in Amerika sowohl der medizinische Beruf wie auch die Gesellschaft im Allgemeinen den gemeinsamen Interessen, die zwischen diesen Fächern existieren, sehr viel mehr Anerkennung entgegen gebracht haben als es anderswo der Fall war.« (*ibidem*, S. 384f)

Und so wie Jones – wie Reuben Fine schrieb – »der Erste war, dem klar wurde, dass die Übernahme der psychoanalytischen Ideen innerhalb der amerikanischen Psychiatrie tatsächlich einen neuen Beruf geschaffen hatte« (1979, S. 98), sind wir weit entfernt von Freuds Behauptung angesichts »der deutlichen Tendenz der Amerikaner, aus der Psychoanalyse nur eine Dienstmagd der Psychiatrie zu machen« (Jones, Band 3, S. 354).[20] In diesem Beitrag, »Psychoanalyse und Psychiatrie«, findet sich folgende prophetische Bemerkung:

> »Es mag paradox klingen, aber ich wage vorauszusagen, dass in nicht allzu ferner Zukunft die Psychopathologie, insbesondere jene er Psychoneurosen, die Standarduntersuchung der Psychologie sein wird, die Basis von der aus der Forscher zur rätselhafteren und schwierigeren Untersuchung des Normalen vorgeht, außerdem wäre ich nicht erstaunt, wenn Amerika vor allen anderen Ländern dieses Ziel erreichte.« (1930, S. 387)

Mit anderen Worten: Da diese Umschreibung des psychiatrischen Arbeitsgebietes mit jener übereinstimmt, welche auch White vertrat und die, wie wir noch sehen werden, Sullivan in seiner interpersonalen Psychiatrie definitiv artikuliert (vergessen wir auch nicht Fromm und Horney, was die so gennante »Psychopathologie des Normalen« betrifft), ist nun der Zeitpunkt gekommen, eine zusammenfassende Gesamtdarstellung davon zu geben, wie die Psychoanalyse in der »Neuen Welt« rezipiert wurde – von der Deformation bis zu dem, was wir »Emanzipation« nennen können.

2.4 Die Psychoanalyse in Amerika: zwischen Deformation und Emanzipation

Was die Deformationen angeht, denen Freuds Arbeit in den Vereinigten Staaten ausgesetzt war, können wir die Schlussfolgerung, zu der Shakow und Rapaport 1964 gelangt waren (und die in einer der vorhergehenden Anmerkungen zitiert wird), als Ausgangspunkt nehmen: den Gegensatz zwischen »großer Wirkung« einerseits und Mangel an »wirklichem Verständnis« andererseits. Ich denke, es lohnt sich, angesichts des heutigen Zeitgeistes und der Absichten des vorliegenden Buches, eine komplexere Betrachtung vorzunehmen. Das heißt, zwischen folgenden Phänomenen zu unterscheiden: Kritiken, die voreingenommen schienen, die wir heute aber als gerechtfertigt betrachten; wirkliche Verzerrungen; und dann die besondere amerikanische Art der Rezeption der Psychoanalyse.

Meyer beschränkte sich darauf (siehe oben), eine ganze Reihe Vorbehalte gegen die Arbeit Freuds zu formulieren, während Prince ihn offen kritisierte, z. B. Freuds theoretischen Rahmen, der die Vielfältigkeit der Emotionen auf Triebimpulse reduzierte und seine Tendenz, einen großen Teil der zeitgenössischen psychologischen Forschung zu ignorieren (Burnham 1967, S. 121; Prince, 1916). Ebenso kritisierte er die Tendenz zur übertriebenen Vereinnahmung, die Freuds Werk in einen Kult verwandelte, anstatt eine Wissenschaft daraus zu machen (Hale 1971a, S. 291). Hale widmet diesem Problem das Kapitel »Opposition and Debate: Science and Sexuality 1909–1917« und kommt zu dem Schluss, dass »im Prinzip viele der damals vorgetragenen Einwände noch heute sowohl die Psychoanalytiker als auch ihre Kritiker beschäftigen« (*ibidem*).[21] Es ist also kein Zufall, wenn Sullivan, dessen epistemologische Sensibilität sicher durch dieses Klima verstärkt wurde, noch 1927 folgendes bemerkte:

> »Ein weiterer großer Missstand der psychiatrischen Forschung, oder sogar seine schlimmste Plage, ist die ungerechtfertigte Verallgemeinerung, das heißt, dass man von wenigen Einzelbeispielen auf das Allgemeine überträgt. Dies war eine besondere Schwierigkeit der Psychologie und ist die augenfälligste Schwäche der psychoanalytischen Doktrinen. Wird eine Behauptung erst einmal verallgemeinert, stirbt die Beobachtung der negativen Fälle eines natürlichen Todes.« (1962, S. 144f)

Tatsache ist, dass die schwere Krise, die die Psychoanalyse Freuds vor allem in den Vereinigten Staaten durchmacht, zu einem guten Teil vom verspäteten Engagement in diesem Bereich abhängt.[22]

Was hingegen die problematische Unterscheidung zwischen Deformation und Besonderheiten der Rezeption der Psychoanalyse in den USA angeht, dürfte dem Leser klargeworden sein, dass ich – wie Edith Kurzweil – der Meinung bin, dass es keine Rezeption ohne Deformation geben kann, und zwar auf zwei Ebenen: Einerseits in Bezug auf ihre Assimilation innerhalb des kulturellen Universums, in das sie nach und nach eingebunden wird und andererseits was die Begegnung mit den Instanzen, das heißt den sozialen und kulturellen Bewegungen, angeht, die am stärksten in ihren Bann geraten sind. Was die Assimilation betrifft, möchte ich den Leser daran erinnern, dass sich David noch in den sechziger Jahren über Italien wie folgt geäußert hat: »Das merkwürdigste Paradoxon ist, dass die Psychoanalyse nach dem Ersten Weltkrieg als ein teutonisches Produkt galt; als jüdisches Produkt, als sich das Regime wieder an Deutschland annäherte und als amerikanisches Produkt, als Amerika in Italien landete« (1990, S. 85). Und bezüglich der zweiten Ebene: Es ist bekannt, dass die Psychoanalyse in Frankreich erst dann populär wurde, als es Jacques Lacan gelang, sie geschickt in die französische Kultur einzubinden und ihre Bedeutung innerhalb dieser hervorzuheben (vgl. Turkle 1978). Kehrt man zu den Vereinigten Staaten zurück, kann man sagen, dass nicht die Deformation, welche die Psychoanalyse dort erfuhr, die Besonderheit der Rezeption ausmachte, sondern ihre Verbindung mit der Psychiatrie – einer eklektischen Psychiatrie wie die Meyers – und der Schaffung einer neuen Disziplin namens »dynamische Psychiatrie«, in der Sullivan, wie dieses Buch zeigen soll, ein unübertroffener Meister war.[23]

Wenn es also stimmt, dass »die Amerikaner die Psychoanalyse veränderten, um den Konflikt zwischen den radikalen Implikationen von Freuds Ansichten und den Impulsen der amerikanischen Kultur zu lösen« (Hale 1971a, S. 332), trifft ebenso zu, dass »aus den sozialen und kulturellen Bedingungen, die in Amerika vorherrschten, eine einzigartige Auslegung der Psychoanalyse hervorging« (*ibidem*, S. 331). Die Tatsache, dass Freud, wie wir noch sehen werden, alles andere als zufrieden mit solch einer Entwicklung war, hat meiner Meinung nach damit zu tun, dass er die Psychoanalyse eher als Privateigentum denn als der Allgemeinheit zugängliche und der Wissenschaft angehörende Kenntnisse betrachtete.[24]

Ebenfalls trifft es zu, dass Freuds Ideen von Seiten der Psychoanalytiker auf vielfältige Weise deformiert wurden. Hale, der diesem Thema das Kapitel »The American Interpretation of Psychoanalysis 1909–1920« widmet, sagt dazu:

> »Sie (die Amerikaner; M. C.) vereinfachten die Psychoanalyse, da sie sich wenig für Freuds System als kohärente Theorie interessierten. Sie minderten den Stellenwert von Sexualität und Aggressivität und machten beide eher anziehend. Sie legten mehr Wert auf soziale Konformität. Sie waren didaktischer, moralischer und populärer als Freud. Sie waren auch optimistischer und sensibler für ihre Umgebung.« (*ibidem*, S. 332)

Zu einer ähnlichen Aussage kommt Burnham (1967):

> »In den Vereinigten Staaten war Freud nicht so sehr der Vermittler der Psychoanalyse wie anderer Ideen, die damals en vogue waren. Die Psychoanalyse wurde als Theorie aufgefasst, welche die Rolle der Umgebung betonte, als Sexualwissenschaft und als Theorie der psychogenen Ätiologie der Neurosen. Und als seine Theorien Zuhörer und sogar Anhänger fanden, glaubten diese oft nicht so sehr an seine Arbeit als an die Evolution, die Psychotherapie und die moderne Welt.« (1967, S. 214)

Natürlich – und hier liegt die eigentliche Schwierigkeit, zwischen Deformation und Besonderheit zu unterscheiden – trug diese spezielle Sensibilität nicht wenig zu der kreativen Verbindung zwischen Psychoanalyse und Psychiatrie bei, die – und das sollte klar gestellt sein – nicht nur den Hintergrund für das Werk Sullivans darstellt, sondern auch von den Freud nahestehenden amerikanischen Psychoanalytikern, bei Brill angefangen, weitergeführt wurde, wenn auch nicht auf die gleiche Weise. Nun, ich bin der Meinung, dass der »gesunde Eklektizismus« *(healthy eclecticism)* der amerikanischen Psychiatrie, um den Ausdruck zu verwenden, den Sullivan auf das Erbe Whites bezog (1953, S. 178), eine entscheidende Rolle bei der ursprünglichen Rezeption der Psychoanalyse in den Vereinigten Staaten spielte. Darüber hinaus denke ich, dass eine Disziplin wie die dynamische Psychiatrie, die von einer solchen Basis ausging, auch heute noch einen bemerkenswerten Beitrag zum Überleben und der Vitalität der Psychoanalyse leisten kann. Und genau darin besteht die »Emanzipation« der Psychoanalyse, die in der Neuen Welt stattfand, das heißt ihre Emanzipation von der Doktrin einer kleinen Gruppe Wiener Ärzte zum wichtigen Bestandteil einer neuen Auffassung von Psychiatrie. Außerdem war dies, wie wir noch sehen werden, das eigentliche Ziel, das Freud durch Jung realisieren lassen wollte.

Dieses, für mein Buch so wichtiges Thema, will ich abschließen, indem ich dem strengen Urteil, das Freud 1930 über die Entwicklung seiner Theorien in Amerika fällte, das von Jelliffe 1939 formulierte Urteil gegenüberstelle. Freud kam 1930 nicht umhin, alle jene amerikanischen Kollegen – und Sullivan war sicherlich unter ihnen – eines *lack of judgement* zu bezichtigen, die sich seiner Meinung nach »einen Mischmasch aus Psychoanalyse und anderen Elementen« schufen und »dieses Vorgehen als Beweis ihrer *broadmindedness*« angaben (G.W. Band 14, S. 570–1; englischer Kursiv im Original).[25] Und hier haben wir die Antwort Jelliffes, die seinem Beitrag mit dem Titel »Freud and Psychiatry« entstammt, der in einer Sondernummer (die dem kurz zuvor verstorbenen Freud gewidmet war) des *American Journal of Sociology* Ende 1939 erschien:

> »Die Psychoanalyse war in Amerika von Anfang an ein vor allem medizinisches, mehr aber noch psychiatrisches Fach. Ernest Jones selbst sagte anlässlich der Eröffnung des New York Psychiatric Institute 1929 – eine in der Geschichte der Psychiatrie einzigartige Initiative – dass Amerika für die Psychiatrie ein neues und auf der Welt einzigartiges Berufsbild geschaffen habe. Bei uns sind die wichtigsten Punkte der Bewegung für geistige Hygiene von der Psychiatrie und der Psychoanalyse beeinflusst. Einige vortreffliche Geister kamen nicht umhin, die enorme Ausdehnung dieser Entwicklung als einen Ausdruck der ›amerikanischen Oberflächlichkeit‹ zu betrachten. Es braucht schon ein sehr lebhaftes Feuer, um eine große Ausbreitung in Gang zu setzen. Das trifft in der Psychiatrie nicht weniger als in der Physik zu.« (1939, S, 339)

2.5 An den Wurzeln der amerikanischen dynamischen Psychiatrie

Die Freundschaft zwischen Jelliffe und White, die vierzig Jahre anhielt, war von entscheidender Bedeutung für die Rezeption der Psychoanalyse in Amerika und für die Entstehung des theoretischen Rahmens, der den Ausgangspunkt von Sullivans Arbeit darstellen sollte. Durch sie entwickelten sich nach und nach die Wurzeln der dynamischen Psychiatrie in Amerika, deren konsequente Entwicklung das Werk Sullivans ist. Diese Freundschaft begann im Sommer 1896 am psychiatrischen Krankenhaus von Binghampton im Staat New York. White war fünf Jahre zuvor, mit 21 Jahren, dort angekommen und Jelliffe, der in New York City Neurologe war, hatte dieses Krankenhaus für jenen Sommer ausgewählt, um seine psychiatrischen Kenntnisse zu vertiefen. Ihre Beziehung spielte im Leben dieser beiden Pioniere, bis zum Tod Whites im Jahr 1937, eine wichtige Rolle und rief eine ganze Reihe von Initiativen ins Leben, die von großer wissenschaftlicher Bedeutung waren[26] – nicht nur in Bezug auf die schon erwähnte *Psychoanalytic Review,* sondern vor allem auf die bedeutende wissenschaftliche Reihe namens »Nervous and Mental Desease Monograph Series«, die im Jahre 1907 mit der Publikation von Whites *Outlines of Psychiatry* eingeweiht wurde. Dieses Handbuch war sehr erfolgreich, erreichte in Jahre 1935 die 14. Auflage (Eckburg, 1976, S. 145) und Burnham sprach ihm eine entscheidende Rolle zu, den Medizinstudenten die Psychoanalyse näher zu bringen (1967, S. 153). In dieser Reihe erschienen auch Jungs berühmte Monografie über die Dementia praecox (übersetzt von Brill und Peterson) und Freuds erster Text *Selected Papers on Hysteria and other Psychoneuroses* (übersetzt von Brill), außerdem eine ganze Reihe von Büchern aus der Feder namhafter europäischen Vertreter der Psychiatrie (Bleuler und Kraepelin) und der Psychoanalyse (zum Beispiel *Dreams and Myths* von Karl Abraham, in der Übersetzung von White, und *The Myth of the Birth of the Hero* von Otto Rank, übersetzt von Jelliffe).

Noch 1905 hatten die beiden Freunde ihre Vorreiterrolle bei der Verbreitung der medizinischen Kultur Europas ausgebaut, indem sie ihre Übersetzung des im Jahr zuvor in der Schweiz erschienenen Handbuchs der Psychotherapie von Dubois, die den Titel *The Psychic Treatments of Mental Disorders* trug, publizierten. In den »Monograph Series« erschien als Nummer 8 im Jahr 1911 auch *Mental Mechanisms* von White, das Burnham als »erstes von einem Amerikaner geschriebenen Buch über die Psychoanalyse« betrachtet (1967, S. 33). 1915 erschien schließlich das gemeinsame Werk *Diseases of the Nervous System: a Textbook of Neurology and Psychiatry*, ein Handbuch, das wegen der Neuartigkeit seiner Konzeption, seines ganzheitlichen und dynamischen Ansatzes und der Betonung der psychologischen Aspekte (Burnham 1983, S. 66) zum Leitfaden einer ganzen Generation von Ärzten wurde. Auch aus diesem Text ging klar hervor, dass sich beide darin einig waren, dass Freud der Verdienst zukam, der Psychologie und dem Verhältnis Arzt – Patient endlich die Tore der Neuropsychiatrie und der Medizin geöffnet zu haben; und dass man die Psychoanalyse am besten verwerten konnte, indem man sie ganz in die eigenen Tätigkeitsbereiche – Innere Medizin und Neurologie bei Jelliffe und Psychiatrie bei White – integrierte.

Durch die Beschäftigung mit dem persönlichen und beruflichen Werdegang von Jellife und White wollen wir also sehen, wie jeder von ihnen zu der ihm eigenen Interpretation und Weitergabe der Psychoanalyse gelangte, die so wichtig für die Arbeit Sullivans sind.

2.5.1 S. E. Jelliffe oder der Kliniker als Intellektueller

Wie John Burnham in seiner Monografie über Jelliffe nahelegt (in deren Anhang auch seine von William McGuire herausgegebene Korrespondenz mit Freud und Jung Platz findet), nähert man sich dem Werk Jelliffes am besten, indem man die vier bedeutenden Rollen, die er innehatte, betrachtet: Neurologe und Psychiater, Pionier der Psychoanalyse, herausragender Freund und Anreger der modernen psychosomatischen Medizin und große Triebkraft bedeutender wissenschaftlicher Zeitschriften (1983, S. 41).[27]

Dabei hatte Jelliffe, wie William James, am Anfang Schwierigkeiten, seinen Weg zu finden: Nachdem er zwischen 1890 und 1891 ein ganzes Jahr damit verbracht hatte, die besten medizinischen Fakultäten Europas zu besuchen, fiel ihm nach seiner Rückkehr nichts Besseres ein, als Botanik und Pharmakognosie zu unterrichten. Erst 1894, im Alter von 28 Jahren, wandte er sich der Neurologie zu; diese Neigung vertiefte sich entscheidend durch die Mitarbeit am *Journal of Nervous and Mental Disease* ab 1896. 1901 kaufte er diese Zeitschrift, die eigentlich die einzige neurologische Zeitschrift Amerikas war, und gab sie mit großem Engagement bis zu seinem Tode heraus. Durch sie wurde er nicht nur zum »Symbol und Vermittler der Kenntnisse über die Medizin anderer Länder«, sondern auch zum Förderer einer humanistischen Kulturauffassung, für die der Arzt »eher ein kultivierter Mensch als nur ein Fachman war« (Burnham 1983, S. 57).

Neben Jelliffes großer Leidenschaft für Publikationen spielte White, seit ihrer ersten Begegnung in Binghampton im Sommer 1896, eine entscheidende Rolle dabei, Jelliffes beruflichem Werdegang eine konkrete Gestalt zu verleihen. In seinem letzten Brief an Freud vom 06.03.1939 beschreibt Jelliffe die verschiedenen Schritte seiner Annäherung an die Psychoanalyse wie folgt:

> »Dr. White und ich waren seit 1896 Freunde, als ich meine Sommerferien in Binghampton verbracht hatte; ab 1903 verbrachten wir dann jeden Sommer gemeinsam in meiner Sommerresidenz, die ich in jenem Jahr erwarb. So begann ein reger Gedankenaustausch, in Briefen oder bei Treffen. 1906 entschloss ich mich mehr oder weniger blind, zu Kraepelin zu gehen, da mich die Situation der orthodoxen Medizin ermüdete. Ich habe, was die klinische Psychiatrie angeht, nichts bereut. Dr. White hatte sich seinerseits in Sidis und Prince verliebt, aber mich beeindruckte ihre Arbeit nicht so sehr (…). Die Auseinandersetzungen über hypnotische Phänomene zwischen White und mir waren wirklich episch und als ich etwas von Ihren Studien las, fühlte ich mich zum ersten Mal auf sicherem Gelände. Ich erinnere mich noch an den Moment, als ich einige seiner Ideen präsentierte und so eine lebhafte Diskussion über Hypnose beendete, bevor er meinen Sommersitz verließ, um nach Washington zu fahren. 1907 trafen wir dann Jung, Maeder und Riklin und aßen mit ihnen in Zürich zu Mittag, und ich muss gestehen, dass ich dem Enthusiasmus, den Jung zu jener Zeit gegenüber der Psychoanalyse zeigte, sehr viel verdanke. Erst sehr viel später wurde ich mir der Spannungen innerhalb eurer Gruppe bewusst. 1910 wurde dann Brill mein Assistent am *Neurological Institute* der Colombia University. Wenn wir nach der Arbeit durch den Park nach Hause gingen, diskutierten wir stundenlang und er half mir sehr dabei, klare Vorstellungen über die Psychoanalyse zu bekommen.« (Burnham 1983, S. 280f)

Tatsächlich fand die Konversion Jelliffes zur Psychoanalyse vor einem Hintergrund von europäisch geprägten Erfahrungen bei seiner Ausbildung und Fortbildung statt, die beeindruckend waren, und es ihm ermöglichten, der »amerikanische Psychiater, der bei weitem auf dem neuesten Stand war« zu werden (*ibidem*, S. 48). Zwischen 1908 und 1909 verbrachte er zum Beispiel, in Begleitung seiner Frau und seiner fünf Kinder, sechs Monate in Berlin, wo er neben so illustren Neuropsychiatern wie Ziehen (1862–1950) und Oppenheim (1858–1919) arbeitete und sechs Monate in Paris, wo er außer mit Janet auch mit Babinski (1857–1932) und Dejérine (1849–1917) Kontakt hatte. Nachdem Jelliffe 1905 schon Dubois übersetzt hatte, sollte er 1913 das von Dejérines 1911 gemeinsam mit Gauckler herausgegebene psychotherapeutische Handbuch *Les manifestations fonctionelles des psychonévroses* übersetzen. Seiner Leidenschaft für die Geschichte der Neuropsychiatrie und der Psychoanalyse, aufgrund derer er auch als der erste Psychoanalytiker galt, der versuchte, Freuds Arbeit im neurologischen Bereich zu rekonstruieren (1937), haben wir auch die wertvolle Darstellung seiner oben genannten Kollegen in der Schrift von 1933 »Glimpses of a Freudian Odissey« zu verdanken.[28]

Jelliffe unternahm auch nach dem Krieg mehrere Reisen nach Europa, wobei er 1921 in Bad Gastein Freud persönlich kennen lernte, an den psychoanalytischen Kongressen in Bad Homburg (1925), Innsbruck (1927) und Oxford (1929) teilnahm und seine Freundschaft mit einer ganzen Reihe Kollegen, sowohl Analytikern als auch Neuropsychiatern (zum Beispiel Wagner-Jauregg aus Wien), erneuerte. Wir wollen nun betrachten, wie er sich nach und nach der Psychoanalyse annäherte und, trotz seiner eklektischen Ausrichtung, solch einen Ruhm als Psychoanalytiker erlangte, dass selbst Freud seine Verdienste anerkannte. Zweimal findet sein Name als Pionier der Psychosomatik, neben den berühmteren Namen von Georg Groddeck (1866–1934) und Felix Deutsch (1884–1964), Erwähnung in Freuds Werk: in den Aufsätzen »Psychoanalyse und Libidotheorie« (1923) und »Kurzer Abriß der Psychoanalyse« (1924).

Aber wenn Jelliffes eklektische Orientierung für den Kreis um Freud annehmbar war, so war er »trotz seiner Spaziergänge mit Brill im Central Park weit von einer schnellen Konversion entfernt« (Burnham 1983, S. 71). Er weigerte sich nicht nur, an der Gründung der American Psychoanalytic Association teilzunehmen, der er dann doch im Jahr darauf (1912) beitrat; erst 1913, nachdem er weiterhin alle ihm bekannten Arten der Psychotherapie angewandt hatte (Hypnose, Suggestion, verbale Assoziation und Umerziehung), fand er, genügend Erfahrungen mit der Psychoanalyse gesammelt zu haben, um seine erste Arbeit auf diesem Gebiet zu schreiben: »Some Notes on ›Transference‹« (*ibidem*, S. 71–72).

1914 machte Jelliffe sogar eine kurze Erfahrung mit einer persönlichen Analyse bei Paul Federn (1871–1950), der zu Besuch in New York war. Er betrachtete die Psychoanalyse einfach »als eine Art, die Patienten in ihrer persönlichen Entwicklung zu unterstützen und zu helfen« und versuchte, sie auch bei Fällen von Psychose zur Anwendung zu bringen. Außerdem zog er eine ganze Reihe bei Jung und Adler entlehnte Elemente in Betracht, wie die Technik, den Patienten gegenüber von sich selbst sitzen zu lassen oder auf dem Gebiet der analytischen Arbeit mit schweren Fällen auf »Laienassistenten« zurückzugreifen (*ibidem*, S. 74–78) – wie er in einer Veröffentlichung über diese Technik 1916 berichtete.[29] Es handelt sich dabei um eine Technik, die auch Sullivan selbst seit Beginn seiner psychotherapeutischen Tätigkeit übernahm, wie wir seiner ersten Arbeit über dieses Thema entnehmen können: »Schizophrenia: Conservative and Malignant Features« (1924).[30] Allerdings war Jelliffes 1917 veröffentlichte Schrift *The Technique of Psychoanalysis* und damit sein Eintreten für die Laienanalyse für die um Brill versammelte Gruppe so inakzeptabel, dass er aus der New York Psychoanalytic Society ausgeschlossen und erst 1925 wieder aufgenommen wurde (Burnham 1983, S. 119).

Erst Mitte der zwanziger Jahre gelang es ihm, in einen freundschaftlichen und konstruktiven Briefkontakt zu Freud zu treten, der ihm am 29.12.1924 schrieb: »Lieber Dr. Jelliffe, danke für Ihren Brief, die Weihnachtskarte und die Auszüge, die heute angekommen sind und von großem medizinischem Interesse sind. Ich bin erstaunt«, fügte Freud nicht ohne Ironie hinzu, »wie Sie sich für die gesamte Neuropathologie interessieren können und auch noch Zeit für unsere Psychoanalyse finden« (*ibidem*, S. 212). So kam es, dass Jelliffe, der am 27.03.1926 noch einmal Freud kontaktiert hatte, um von ihm einen Beitrag für die *Psychanalytic Review* zu erhalten, von Freud (der sich 1914 White gegenüber über eben diese Zeitschrift so negativ geäußert hatte)[31] folgende Antwort erhielt:

> »Lieber Dr. Jelliffe, ich danke Ihnen für die vielen persönlichen Briefe. Erlauben Sie mir, diese Gelegenheit zu ergreifen, um Ihnen Dinge zu erklären, die vor langer Zeit geschehen sind. Es stimmt, daß ich anfangs Ihnen und Dr. White gegenüber sehr misstrauisch war und sich dieses Misstrauen auch auf die von Ihnen gegründete *Psychoanalytic Review* erstreckte. Der Grund dafür war, daß Jung der Erste war, der Ihren Namen erwähnte und zu mir mit Begeisterung von einem Freund sprach, zu einer Zeit, als ich überzeugt von seiner feindlichen Haltung mir gegenüber war. Später traf ich Sie in Begleitung Stekels (1921 in Gastein), was für mich wiederum keine gute Empfehlung darstellte. Sie als Außenseiter konnten natürlich von diesen persönlichen Beziehungen nichts Genaues wissen. Ich bin sehr froh, dass ich Ihre wirklichen Ansichten und

Intentionen im Laufe unserer Korrespondenz über mehrere Jahre kennenlernen konnte und habe mein anfängliches Unverständnis Ihnen und Dr. White gegenüber gerne korrigiert. Prinzipiell habe ich also nichts dagegen, zu Ihrer Zeitschrift beizutragen, aber meine Produktion ist im Moment recht mager und könnte bald ganz versiegen. Fahren Sie jedoch fort, mir zu schreiben …«. (Brief vom 11. 4. 1926; *ibidem*, S. 224)

Natürlich bedeutete die Tatsache, eine gute Beziehung zu Freud aufgebaut zu haben für Jelliffe nicht, zum »orthodoxen« Psychoanalytiker zu werden, wie Burnham wiederholt betont: »Ich nenne mich lieber ›Arzt‹ als irgendetwas anderes«, schrieb er zum Beispiel 1934 an Karl Menninger (1893–1990). ›Psychoanalytiker‹ ist jemand, der eine genau umrissene Methode einsetzt und ist ein zu einengender Titel« (*ibidem*, S. 125). Burnham fährt fort: »Obwohl er als ›orthodox‹ in der Psychoanalyse galt, war Jelliffe weiterhin gegenüber dogmatischen oder einseitigen Einstellungen ungeduldig und konnte einen Standpunkt nicht darstellen, ohne auch die Gültigkeit, auf einer gewissen Ebene, eines anderen Standpunkts zu erwähnen« (*ibidem*, S. 135). Und Menninger, dem Jelliffe geholfen hatte, sich Anfang der zwanziger Jahre mit der Psychoanalyse vertraut zu machen,[32] stellt ihn 1959 wie folgt dar:

»Jelliffe sah keine Grenzen zwischen Medizin, Neurologie, Psychiatrie und Psychoanalyse. Das erscheint heutezutage ziemlich selbstverständlich, war aber 1920 schlimmer als Ketzerei: Damals betrachtete man es als eine Art von ›Dilettantentum‹ oder ›Psychose‹. Ich habe neidische und feindliche Kritiker gehört, die Jelliffe in beide Kategorien einordneten. Nichts könnte weiter von der Wahrheit entfernt sein. Die Tiefe und Systematik von Jelliffes Forschungen traten in jedem Bereich, über den er schrieb und in Bezug auf jeden Aspekt, den er behandelte, hervor. Er war ein außergewöhnlich fähiger Neurologe, ein außergewöhnlich fähiger Psychiater und ein außergewöhnlich fähiger Internist.« (Burnham 1983, S. 136)

Und um es mit Burnham auszudrücken:

»Jelliffe war ein viel zu gut vorbereiteter Analytiker, um die psychologischen Aspekte des Lebens zu ignorieren, viel zu sehr Biologe, um zu vergessen, dass die Menschen aus Zellen und Organen zusammengesetzte Tiere sind, die zumindest zu irgendeiner Art von reduzierender Analyse fähig sind und hatte zu viel medizinische Erfahrung, um zu glauben, dass Laborbedingungen oder Theorien wirklich individuelle menschliche Erfahrung wiedergeben könnten.« (*ibidem*)

Wenn ich so sehr auf diesem Thema beharre, dann deswegen, weil es uns den besten Schlüssel zum Verständnis Sullivans und seiner Arbeit gibt. Am besten kann man seine Arbeit beurteilen und bewerten, wenn man sie in die amerikanische Tradition einordnet, die von James über Meyer zu Jelliffe und White führt. Burnham betont, dass Jelliffe wegen seiner im Grunde intellektuellen Orientierung »als Extremist oder Eklektiker isoliert wurde« (*ibidem*, S. 159) oder »als Prophet betrachtet wurde, als jemand, der nicht genau mit seiner Zeit übereinstimmte, dessen Zeit aber noch kommen würde« (*ibidem*, S. 165). Er schließt seine Biografie damit ab, dass er Jelliffes Erbe als »Ideal des Klinikers als Intellektuellen« (*ibidem*, S. 168), als gebildete Person, feiert. Und eine solche war, trotz seines autodidaktischen Werdegangs, ohne Zweifel gerade Sullivan – wie nicht zuletzt die Vielseitigkeit seiner Arbeit beweist.

2.5.2 W. A. White oder vom gesunden amerikanischen Eklektizismus

Wie der Leser sich denken kann, beruhte die Freundschaft zwischen Jelliffe und White auf ihren gemeinsamen Idealen. Die besondere Rolle, die diese Freundschaft bei der Stärkung der typisch amerikanischen Verbindung von Psychoanalyse und Psychiatrie spielte, ist das Thema, mit dem ich mich im Folgenden beschäftige. Angesichts der intellektuellen Leidenschaft, die White zur Psychoanalyse hinzog, beschrieb Jelliffe in einem Brief an Freud, der erst im Jahre 1929 geschrieben wurde, dessen Hinwendung zur gemeinsamen analytischen Sache folgendermaßen:

> »Ich bin vollkommen sicher, dass Dr. White frei von persönlichen Vorurteilen sowie Vorbehalten gegenüber der Psychoanalyse ist. Ich kann dies behaupten, weil ich ihn nicht nur sehr gut kenne, sondern auch, weil ich meine psychoanalytischen Erfahrungen vor allem mit ihm gemacht habe. Seine Position in Washington, als Vertreter der Bundesregierung, ermöglichte es ihm, ein besonderes Verständnis für die Vorgänge bei der Verbreitung von Ideen zu haben, deswegen sind ihm die Methoden, durch die neue Ideen gefördert werden, bekannt. Da seine Zeit aber vollständig von seiner offiziellen Position als Direktor unseres wichtigsten psychiatrischen Krankenhauses in Anspruch genommen wird, ist es ihm nicht möglich, individuelle analytische Arbeit zu leisten. Sein Krankenhaus ist jedoch, bei den Krankenpflegern angefangen, gänzlich analytisch ausgerichtet. Er ist unserer Sache außerdem nützlich, weil er sehr viel reist, viele wissenschaftliche Vorträge hält und für diese Aktivität sehr gefragt ist. Wo immer er hinreist, spricht White von der Psychoanalyse und ihren Prinzipien und hat sich mehr als jeder andere in unserem

Land für die Verbreitung der Psychoanalyse eingesetzt. Ich denke, dass Sie all dies wissen sollten.« (Brief vom 26.11.1929; Burnham 1983, S. 230)

Auch Obernhof erkannte Whites Verdienst an, »einer der effizientesten Förderer der Psychoanalyse in Amerika« gewesen zu sein (1953, S. 136), und Sullivan gesteht ihm eine noch bedeutendere Rolle zu:

»Whites Vision vereinigte das erste Mal die beiden wichtigsten Tendenzen der Psychiatrie: die medizinische Disziplin, die sich um die Kranken kümmert, und das Zusammenspiel der Techniken von Beobachtung, Formulierung, Hypothese und Experimenten, die Teil des Versuchs sind, soziale Situationen zu verstehen und die sozialen Probleme, die in der Geschichte des Menschen aufgetreten sind, zu behandeln.« (1953, S. 10)

Natürlich war White, so wie Jelliffe, nicht nur ein großer Intellektueller, der eklektisch ausgerichtet war und über eine ausgeprägte Fähigkeit zu Integration und Synthese verfügte, er war auch ein bedeutender Kliniker, wie auch Sullivan hervorhebt:

»Die therapeutischen Konzeptionen der modernen Psychiatrie gehen direkt auf die Arbeit Freuds, Meyers und Whites zurück. Ohne Freuds Formulierungen wären wir wahrscheinlich noch immer frustriert von der offensichtlichen Diskontinuität im Bewusstseinsstrom. Wenn Meyer nicht darauf bestanden hätte, dass man geistige Störungen als dynamische Muster betrachten müsse, als Reaktionsarten auf die Anforderungen des Lebens, stünden wir vielleicht immernoch im Labor, um neurophysiologische und endokrinologische Probleme zu untersuchen. Aber war es der unglaubliche Eifer, mit dem White uns lehrte, ›den Patienten, in dem was er zu tun versucht, zu begreifen‹, (…) der uns die beste Möglichkeit gab, von Freud und Meyer zu profitieren.« (*ibidem*, S. 177)

Außerdem besaß er auch große Führungsqualitäten sowohl in der Krankenhausverwaltung als auch in der wissenschaftlichen Forschung:

»Mit ungebrochener Energie hat er psychiatrische Forscher ausgebildet und ermutigt und eine große Weisheit und Umsicht in Fragen der Verwaltung und Direktion gezeigt, die die Entwicklung einer neuen Psychiatrie ermöglichten. Dr. White hatte die klinische Karriere früh aufgegeben, um seine Fähigkeiten der wesentlich schwierigeren Aufgabe zuzuwenden, Gesetzgeber, Erzieher und Ärzte zu leiten. Er war davon überzeugt, dass die Psychiatrie jeden Aspekt des

> Lebens beleuchten kann – und fand überall ›Patienten‹. Die Psychiatrie spielte in jeden Aspekt seines Lebens hinein.« (*ibidem*)

Sullivan fügt hinzu:

> »Während Abraham Brill kurz darauf zum Protagonisten der Psychoanalyse in Amerika werden sollte, war White unter den Vertretern der Psychiatrie von Anfang an ein Vorreiter der größtmöglichen geistigen Offenheit für die Psychoanalyse. Ihm gebührt der Verdienst als Erster jenen gesunden Eklektizismus praktiziert zu haben, der die amerikanische Psychiatrie auszeichnete, und dafür sorgte, dass sie sich sehr viel mehr entwickelte als anderswo.« (*ibidem,* S. 177–8)

Diese Worte Sullivans zeigen, welch fundamentale Rolle White für seine Entwicklung spielte und sie finden in den beiden Werken Bestätigung, mit denen ich die Stationen von Whites persönlichem und beruflichem Werdegang und die Einzigartigkeit seines Beitrags darstellen möchte. Hierbei handelt es sich um *Forty Years of Psychiatry*, das White 1933 veröffentlichte, und das zusammen mit *The Autobiography of a Purpose*, 1938 posthum erschienen, das »geistige Testament« Whites darstellt; außerdem wären da noch *William Alanson White: the Washington Years, 1903–1937*, die Mitschriften des 1973 anlässlich des siebzigsten Jahrestages der Ankunft Whites am St. Elisabeths Hospital in Washington abgehaltenen Kongresses, die einen interessanten Untertitel haben: *The Contributions to Psychiatry, Psychoanalysis and Mental Health by Dr. White while Superintendent of Saint Elisabeths Hospital.*

Wenn Hale schreibt, dass »unter allen Psychoanalytikern White und sein Freund Jelliffe diejenigen waren, die mehr als alle anderen den pragmatischen Idealismus der *Progressive Era* auf den neuen Arbeitsbereich übertrugen« (1971a, S. 380), geht es nicht nur um die Tatsache, dass White – ebenso wie Brill und Sullivan – ein wirklicher *selfmademan* war, sondern auch darum, dass ihn niemals der Glaube an den Fortschritt verließ. Dieser Glaube wurde ihm als Heranwachsenden durch Herbert Spencer (1820–1903) vermittelt, dem herausragenden Vertreter des evolutionistischen Positivismus. White selbst schreibt von »einem der wichtigsten Dinge in meinem Leben, jetzt wo ich es im Ganzen erneut betrachte« (1933, S. 2) und sagt dazu:

> »(Bei Spencer; M. C.) fand ich offenbar das, wonach ich suchte, eine Darstellung des Universums, die von den verschiedenen wissenschaftlichen Disziplinen ausging und von einer folgerichtigen und genauen Wissenschaft durchdrungen war, die auf allgemeinen und universal anwendbaren Gesetzen beruhte. Hier

hatte ich den Schlüssel, der mir alles Wissen eröffnen konnte und den ich folglich in die Hand nahm, überzeugt davon, dass mir die Gesetze der Natur offenbart worden wären. Vielleicht war die bedeutendste und nützlichste Lehre, die ich aus der Lektüre Spencers zog, die in den *First Principles* enthaltene, die ich mit meinen eigenen Worten wie folgt zusammenfassen könnte: In jedem Ding, so falsch oder absurd es auch erscheinen mag, gibt es einen Kern Wahrheit und genau dieser Kern von Wahrheit besitzt einen Wert; nichts sollte also verachtet werden, denn jedes Ding besitzt einen Wert, es liegt an uns, unsere Vorurteile zu vergessen und die Anstrengung zu unternehmen, ihn zu finden.« (*ibidem*)[33]

Diese geistige Haltung beeinflusste nicht nur Whites anfängliche Annäherung an die Psychoanalyse und sein erstes öffentliches Eintreten für sie, sondern war auch wichtiger Bestandteil seines Führungsstils im St. Elisabeths Hospital. Während des 1914 in Baltimore abgehaltenen jährlichen Kongresses der American Medical-Psychological Association antwortete White auf die ätzende Kritik der Psychiater Burr und Dercum an der Psychoanalyse folgendermaßen:

»Ich bin Psychoanalytiker; ich will die Wahrheit und bin bereit, jede Erhellung der Situation anzunehmen. Ich schätze die Psychoanalyse (…) und deswegen weiß ich, dass ein Stück Wahrheit in der ganzen Bewegung, die sie verbreitet, steckt, so viel, dass es wirklich schade wäre, sie in diesem Moment beiseite zu lassen. Unabhängig von der Kritik an der Psychoanalyse, die vorgetragen wurde: Ich zweifle nicht daran, dass sich in ein paar Jahren viele ihrer Hypothesen als falsch oder sogar lächerlich herausstellen werden, wir müssen dann ihre sofortige Korrektur verlangen; ich will mehr Licht, mehr Wahrheit; es hat überhaupt keinen Sinn, diese Hypothesen als absurd zu definieren und die ganze Sache fallen zu lassen (…). Es ist nicht wahr, dass der Psychoanalytiker beständig auf der Suche nach der verdrängten Sexualität ist. Der Psychoanalytiker behandelt den Patienten, der Schwierigkeiten hat, wie jeder andere Arzt auch, ohne sofort seine Schlüsse zu ziehen. Wir müssen dem Patienten folgen und dürfen ihm nie vorangehen (…). Ich vertraue darauf, dass unsere Gesellschaft eine offene Haltung der Psychoanalyse gegenüber beibehält.« (*ibidem*, S. 59f) Abschließend fügte White hinzu: »Nur ein Wort noch: Ich denke, dass die Schwierigkeit beim Verständnis der psychoanalytischen Bewegung vor allem von einem Mangel des Verständnisses, was als ›Unterbewusstes‹ aufgefasst wird, abhängt. Dieses Konzept ist wirklich sehr kompliziert und ich selbst habe Monate gebraucht, um es wirklich zu verstehen und ich fordere Sie auf, ebenso zu verfahren.« (*ibidem*)

Was hingegen seinen Führungsstil im St. Elisabeths Hospital angeht, möchte ich zwei Aussagen über seine Behandlung der Patienten und das Verhältnis zu den Ärzten seines Teams wiedergeben. Maurice Kleinermann schreibt:

> »Auch wenn White der Ansicht war, dass grundsätzlich ein therapeutisches Mittel erst dann angewendet werden sollte, wenn sein Einsatz durch Erfahrung gerechtfertigt und es wissenschaftlich akzeptabel und ethisch korrekt war, glauben Sie nicht, dass er der Erforschung von neuen Behandlungsmethoden keinen Raum gewährte. Das St. Elisabeths war 1922 das erste amerikanische Krankenhaus, das die Malariatherapie einsetzte. Ich erinnere mich auch an den Tag, als Manfred Sakel das Krankenhaus besuchte, um uns von der Insulintherapie bei Schizophrenie zu erzählen. Soweit ich aus Whites Gesichtsausdruck ablesen konnte, schien er einige Vorbehalte dieser Behandlungsmethode gegenüber zu haben. Jedem Zweifel zum Trotz machte er sich jedoch daran, das Krankenhaus mit dieser Behandlungsmöglichkeit zu versehen. Ich erzähle diese Gegebenheiten«, sagt Kleinermann abschließend, » um die Tatsache hervorzuheben, dass er, natürlich mit der nötigen Vorsicht, dazu bereit war, jede Behandlungsmethode, die dem Patienten zugute kommen konnte, auf die Probe zu stellen.« (1976, S. 24f)

Der Psychoanalytiker Bertram Lewin schrieb über Whites Beziehung zu den Ärzten seines Teams:

> »Die wahre Größe Whites als Führungskraft geht ganz klar aus seiner Haltung dem Team gegenüber hervor. Ein Arzt, der im St. Elisabeths arbeitete, wurde nie gezwungen, irgendein mehr oder minder populäres Denksystem oder Dogma zu unterschreiben; er empfing hingegen die ehrlichste Unterstützung und die beste Hilfe bei seiner Selbstfindung und der Arbeit an den Problemen, die ihn am meisten interessierten. Der tolerante (*catholic*) Geist Whites gewährte in seinem Krankenhaus den unterschiedlichsten Standpunkten Raum.« (zitiert in: D'Amore 1976, S. 11)

Wenn Hale darauf hinweist, dass »sein Synkretismus wohl durch seine Rolle als Krankenhausdirektor verstärkt wurde« (1971a, S. 381), sollte man auch bedenken – in Übereinstimmung mit der oben genannten Aussage Sullivans –, dass Whites Prinzipien nicht nur aus seiner philosophischen Überzeugung hervorgingen, sondern auch aus der langen klinischen Erfahrung, die er in Binghampton gesammelt hatte, wo er 1892 mit 22 angekommen und bis 1903 geblieben war, und immer in engem Kontakt mit den Patienten blieb.

White war ein *selfmademan*, der schon bald Erfolg hatte und im Alter von 15 Jahren ein Stipendium an der Cornell University in Ithaca (New York) bekam, wo er das übliche vierjährige Grundstudium absolvierte. Den abschließenden zweijährigen Kurs besuchte er an der Long Island College Hospital Medical School, gegenüber von seinem Elternhaus, und schloss 1891, im Alter von 21 Jahren, sein Studium ab (Moore, 1976, S. 13). Wie er selbst in *Forty Years of Psychiatry* erzählt, waren die besten Freunde seiner Kindheit die Söhne des Chirurgieprofessors an der medizinischen Fakultät, die er später selbst besuchen sollte. Das Krankenhaus war auch Teil seiner Entdeckungen und Spiele (1933, S. 1), woraus eine Art frühzeitiges *imprinting* entstand, das sein ganzes Leben überdauern sollte; ein Leben, das von einer ungewöhnlichen Identifikation mit allen Leuten, die mit dem Krankenhaus zu tun hatten, geprägt war.

Außerdem fand White an der Cornell University in Jacob Schurman, seinem Philosophieprofessor, ein lebendes Beispiel für Spencers Orientierung (*ibidem*, S. 4), was eine Verstärkung seines Jugendideals zur Folge hatte: »Ein gebildeter Mensch war derjenige, der von allem etwas wusste und ein bisschen von jeder Sache« (*ibidem*). So kam es, dass er bei seiner Ankunft in Binghampton, einem schlecht ausgestatteten Krankenhaus, das noch nach Maßstäben der *moral treatment* geführt wurde, nichts anderes tun konnte als »seine Entschlossenheit, seinen Enthusiasmus und seine Neugierde« (*ibidem*, S. 11) zur Geltung zu bringen, da er, wie zu jener Zeit bei den amerikanischen Medizinern üblich, keinerlei psychiatrische Ausbildung hatte. Angesichts dieser Gegebenheiten, brauchte er nicht lange, um zu entdecken, welche zwei Dinge ihn in dieser Phase der Ausbildung am meisten beeindruckten:

> »Das erste war, dass die einzige Tugend, die ich an einem staatlichen psychiatrischen Krankenhaus mit der Aufgabe, Geisteskranke zu behandeln, entdecken konnte, war, dass der Patient, der dort ankam, auf diese Weise wenigstens aus der Situation entfernt wurde, in der sich seine Psychose entwickelt hatte. Ich spürte, dass dies ein wichtiger Teil dessen war, was man als Behandlung bezeichnen konnte, und ein wichtiger Faktor für die Heilung. Ich denke das immernoch, auch wenn ich nie jemandem begegnet bin, der es erwähnte. Eine andere Sache, die ich lernte, war, dass ich nicht den Arzt fragen durfte, wenn ich wirklich etwas über einen Patienten erfahren wollte. Ich fragte den Aufseher (…), der häufige, tägliche Begegnungen mit dem Patienten hatte ab dem Zeitpunkt seiner Aufnahme und über eine angemessene Zeitspanne. Ein fähiger Aufseher wusste eine Menge über den Patienten. Er konnte mir sagen, was der Patient unter gewissen Umständen getan hätte, wieweit man ihm vertrauen konnte, ob er die Wahrheit sagte oder nicht und hundert andere Dinge, die der Arzt nicht wusste, auch wenn er in der Lage war, seiner Diskussion des Patienten einen wissenschaftlichen Anstrich zu geben.« (*ibidem*, S. 12)[34]

Es ist also nicht verwunderlich, Folgendes zu erfahren: Auf der einen Seite standen der Kontakt zum Patienten und die klinische Arbeit mit ihm stets im Mittelpunkt von Whites Interesse, und genau darauf beruhte anfänglich seine Zusammenarbeit mit Boris Sidis und dann seine Annäherung an die Psychoanalyse und sein Enthusiasmus für sie. Andererseits nahm dieses Interesse auch am St. Elisabeths Hospital nicht ab, es war sogar einer der Beweggründe, die Psychoanalyse einzuführen und zu versuchen, sie zur Grundlage der gesamten Behandlung zu machen. Versuchen wir nun, jeden einzelnen dieser fünf Punkte zu dokumentieren, einschließlich der Zusammenarbeit mit Sidis. White schreibt:

> »Auch zu jener Zeit (Ende der 90er Jahre des 19. Jahrhunderts; M. C.) war ich fasziniert von den Problemen der Patienten. Ich lebte praktisch mit ihnen in den Abteilungen (…). Ich kannte jeden einzelnen meiner Patienten und alle interessierten mich, aber ich wusste nicht, wie ich ihnen die Fragen stellen sollte, die Licht auf ihre Probleme werfen konnten.« (*ibidem*, S. 27)

In dieser Situation fand im von Ira von Gieson (dem Vorgänger Meyers) geleiteten New York Psychiatric Institute die Begegnung mit Sidis[35] statt, die White wie folgt beschreibt:

> »Wir freundeten uns sofort an und nach kurzer Zeit begann ich, seine Methoden anzuwenden und entdeckte das erste Mal, dass geistige Symptome einen Sinn haben konnten, dass also das, was der Patient sagte und tat einen Sinn hatte, einen Sinn, der jedoch nicht durch die übliche Methode von Frage und Antwort bestimmt werden konnte, sondern – sowohl für den Arzt als auch den Patienten – versteckt lag. Aus diesem Grund musste man auf besondere Methoden zurückgreifen, um ihn zu entdecken. Wir wandten damals die Hypnose an oder besser gesagt das, was Sidis als ›hypnotischen Zustand‹ bezeichnete. Wir stellten fest, dass die Patienten, die in diesen Zustand der ›Zerstreuung‹ versetzt wurden, in der Lage waren, uns von einer ganzen Reihe von Erfahrungen, die sie gemacht hatten, zu erzählen, die aufgrund einer Amnesie, die den Zugang zu ihnen verwehrte, aus ihrem normalen Bewusstseinszustand ausgeschlossen waren. Das war ein wirklich interessantes Untersuchungsgebiet! (…) Ich verbrachte einen großen Teil meiner Zeit damit, die Patienten mit dieser Methode zu behandeln. Es war eine interessante und wertvolle und ich denke auch wirklich entscheidende Erfahrung für mich. Fast ohne mir dessen bewusst zu sein, nahm ich auf diese Weise das auf, was ich später als ›Doktrin des Unbewussten‹ kennenlernen würde; ich akzeptierte bei meiner Annäherung an diese Probleme von Anfang an das Prinzip des psychologischen Determinismus.« (*ibidem*, S. 20f)

Als White sich also gemeinsam mit Jelliffe der Psychoanalyse annäherte, entpuppte sich diese nicht nur als »für meine Art zu denken absolut akzeptabel« (*ibidem*, S. 57), er war darüber hinaus auch bereit den großen Fortschritt, der die Psychoanalyse für die Psychiatrie bedeutete, aufzugreifen. 1933 schrieb er:

> »Das was die Psychoanalyse für die Psychiatrie getan hat, war eine Tür zum Verständnis des Patienten zu öffnen, die bis dahin merkwürdigerweise geschlossen war (…) der Arzt hatte nie auf das geachtet, was der Patient sagte (…). Die Psychoanalyse hat die Haltung des Arztes zum Patienten völlig verändert. Sie hat die Doktrin des psychischen Determinismus verbreitet (…) und sie hat der Möglichkeit Nachdruck verliehen, dass man Gründe für die psychischen Ereignisse finden kann (…).« (*ibidem*, S. 56f)

Also: »Im Bereich der psychologischen Dimension der Medizin fand ein großer Fortschritt statt und er wurde von der Psychoanalyse ausgelöst« (*ibidem*, S. 65).[36]

Ich komme jetzt zur Haltung Whites den Patienten gegenüber, zu einer Zeit als er sehr mit seiner Aufgabe als Direktor des St. Elisabeths Hospital beschäftigt war, das 1933 5000 Betten hatte (1933, S. 24):

> »Dr. White betrachtete seine Patienten als Freunde und kannte viele von ihnen mit Namen.«, schrieb Morris Kleinerman, der 1934 Mitarbeiter Whites wurde, »Er betonte immer wieder die Tatsache, dass das Krankenhaus zum Wohle des Patienten und niemand anderes geführt werden sollte. Um sich so sehr wie möglich mit den neuen Patienten vertraut zu machen, hatte er die Gewohnheit, jeden Montag die in der vorangegangenen Woche aufgenommenen Patienten zu besuchen. Er hatte auch eingeführt, dass jeder Brief eines Patienten beantwortet wurde. Manchmal schrieb sein Team diese Briefe und legte sie ihm zur Unterschrift vor, bevor er aber unterschrieb, konsultierte er stets die Unterlagen des Patienten.« (1976, S. 22)

Seine Philosophie im Umgang mit den Patienten geht auch aus seiner Autobiografie hervor:

> »Da ich Psychiater bin, habe ich großen Respekt vor der Tatsache, dass das Leben eines jeden von uns von Interesse ist, dass jeder einzigartig ist und folglich die auf angemessene Art erzählte Biografie des einfachsten Menschen zu einer Geschichte mit höchst dramatischem Gehalt würde.« (1938, S. VIII)[37]

Nach Aussage Kleinermans, der in seinem Beitrag eine ganze Reihe höchst interessanter Hintergrunddaten liefert, war White letztendlich der Meinung, dass

> »kein Fall hoffnungslos war und jeder Patient, der aufgenommen wurde, die bestmögliche Behandlung verdiente; auch wenn einige seiner Verwandten ihn aufgaben, hatten wir – seiner Ansicht nach – keinerlei Recht, das Gleiche zu tun (...). Die einzige Art, wie der Psychiater dem Patienten tatsächlich helfen konnte, sagte White, war ihm das Gefühl zu vermitteln, dass da wirklich jemand war, der sich für ihn interessierte.« (1976, S. 23)[38]

Es erstaunt also nicht, dass Arcangelo d'Amore in seinem Beitrag »William Alanson White Pioneer Psychoanalyst« nicht nur die Arbeit und Karriere Whites, sondern auch das, was er *character and suitability as a psychoanalyst* (Charakter und Befähigung als Psychoanalytiker) nennt, untersucht, um dann zu folgender grundlegender Beobachtung zu gelangen: »Zweifellos wurde die Tatsache, dass White aus dem St. Elisabeths ›das Burghölzli des amerikanischen Kontinents‹ machte, nicht ausreichend gewürdigt« (1976b, S. 84).[39] Folglich zieht er angesichts der von Freud 1930 in der *Medical Review of Reviews* formulierten Skepsis folgenden Schluss:

> »Ich bin der Ansicht, dass White fähig war, die Psychoanalyse in den USA auf eine Weise zu assimilieren, organisieren und populär zu machen, die Freud zwar anfänglich mit Zweifeln und Sorgen erfüllte, die wir aber im Zusammenhang mit seiner Fähigkeit zu *good judgement* und *open-mindedness* sehen können und die in den Jahren, als White sich ihrer annahm, zu einer beachtlichen Verbreitung und Entwicklung der Psychoanalyse führte.« (*ibidem*, S. 88)

Vor allem, was die Organisation seines Krankenhauses anging, war White der erste in Amerika, der diese grundsätzliche Haltung – die der Bleulers in seiner Offenheit gegenüber der Psychoanalyse und in seiner Menschlichkeit ähnelte – in die Tat umsetzte, indem er der Psychotherapie schizophrener Patienten einen besonderen Platz einräumte. Ich beziehe mich auf den Edward Kempf ab 1914 zugesicherten institutionellen Raum, sich ganz auf die psychoanalytische Psychotherapie einzelner Patienten zu konzentrieren, und auf diese Weise »sein C. G. Jung« – wie d'Amore geschrieben hat (*ibidem*, S. 71 und 84)[40] – zu werden. So kam es, dass White noch 1921, im Rahmen des Kongresses der American Psychoanalytic Association in Atlantic City (New Jersey), von den speziell auf diesem Gebiet in seinem Krankenhaus gesammelten Erfahrungen berichten konnte und auch auf die daraus folgenden, speziellen Spielarten der Übertragung hinwies (*ibidem*, S. 71). Natürlich war dies die Basis für Kempfs Buch *Psychopathology,* in dem er 1920 seine wegweisenden Erfahrungen formulierte. Sullivan setzte am Sheppard Hospital die Arbeit fort, die er in seiner Zeit am St. Elisabeths, vom Herbst 1921 bis Herbst 1922, begonnen hatte und entwickelte außerdem die grenzenlose Bewunderung für White, die ihn 1933 zur Gründung der W. A. Psychoanalytic Foundation anregte.

Was hingegen Whites Beitrag zur organisatorischen und institutionellen Entwicklung der Psychoanalyse angeht, spielte er auf lokaler und auch auf nationaler Ebene eine wichtige Rolle: 1912 wurde er Mitglied der American Psychoanalytic Association und war in den Jahren 1915–1917 (nach Putnam 1911/1913 und nach Hoch 1913/1915) und 1927–1929 zweimal deren Präsident (*ibidem*, S. 70). Auf lokaler Ebene organisierte er das, was Douglas Noble und David Burnham als erste Washington Psychoanalytic Society bezeichnen (1989, S. 539), und er gehörte 1930 zu den Gründern der Washington-Baltimore Psychoanalytic Society, deren erste Präsidentin Clara Thompson war. White als Präsident betonte am Ende der Antrittsrede, die er am 27.12.1927 in New York vor den Mitgliedern der American Psychoanalytic Association hielt, die Tatsache, dass die von der Psychoanalyse über den menschlichen Geist gesammelten Erkenntnisse »uns das Recht geben anzunehmen, dass wir auf bedeutende Weise zu den gesamten Wissenschaften, die sich mit dem Menschen befassen, beigetragen haben« (1928, S. 130–131). Und am 06.05.1931 in New York, beim Abendessen anlässlich Freuds 75. Geburtstags in New York organisierten Abendessens, bemerkte er, »dass die Maxime des griechischen Philosophen, nach der ›der Mensch das Maß aller Dinge ist‹, durch die Menge der neuen von Freud erworbenen Erkenntnisse unendlich erweitert und vertieft worden ist« (D'Amore, S. 72).

Ein letzter und ebenso wichtiger Schritt, um eine zunehmende Integration der Psychoanalyse in die Psychiatrie und in die amerikanische Kultur zu erreichen, war sein Engagement in Organisation und Leitung des ersten Internationalen Kongresses für geistige Hygiene 1930 in Washington D. C., der den gemeinsamen Anstrengungen der American Psychiatric and Psychoanalytic Association und der American Association for the Study of the Feeble Minded zu verdanken war und an dem 3.000 Delegierte aus 40 Ländern teilnahmen, unter ihnen europäische Analytiker wie Helene Deutsch (1884–1981) und Franz Alexander (D'Amore 1978, S. 133–134).[41]

Im Zusammenhang mit unserem Thema könnten wir sagen: Die Art, wie die amerikanische Medizin die Psychoanalyse rezipierte, bewegte Alexander nicht nur dazu, in der »Neuen Welt« zu bleiben, sondern auch 1965 gemeinsam mit Selesnick die negativen Auswirkungen des Bruches zwischen Freud und Bleuler auf die Integration der Psychoanalyse in die Psychiatrie in Europa zu untersuchen. Ganz im Gegensatz zu dem, was eben dank White in den USA geschah. Alexander und Selesnick schrieben dazu:

> »Bleulers Abfall von der Psychoanalyse bedeutete also die Isolierung der Psychoanalyse von der akademischen Psychiatrie und führte zur Entwicklung einer zunehmend zentralisierten hierarchischen Organisation. (...) Und so geschah es, daß ein revolutionäres neues Denken über die menschliche Persönlichkeit die ihm innewohnenden und fast unbegrenzten Möglichkeiten nicht voll verwirklichen konnte. (...). Nur in den Vereinigten Staaten, wo die Psychiater nicht in den ursprünglichen Streit zwischen Freud und der akademischen Psychiatrie verwickelt wurden, konnte die Psychoanalyse wirksam die psychiatrische Lehre und Praxis durchdringen.« (1969, S. 276)

An diesem Punkt möchte ich noch auf Whites Beitrag zur geistigen Hygiene und forensischen Psychiatrie hinweisen – auf die ich allerdings nicht näher eingehen werde –, der in Werken wie *The Principles of Mental Hygiene, The Mental Hygiene of Childhood, Insanity and the Criminal Law* und *Crime and Criminals* seinen Ausdruck fand und von Zigmond Lebensohn und Jean Jones in dem von D'Amore herausgegebenen Band behandelt werden.[42]

Im Folgenden erläutere ich, was White unter Psychiatrie verstand oder besser gesagt, wie er eine Psychiatrie konzipierte, deren essenzieller Bestandteil die Psychoanalyse werden sollte. Es ging zweifellos nicht einfach um eine Psychiatrie, die eine Gesamtheit von der Medizin zugehörigen Techniken war, sondern – in Übereinstimmung mit der humanistischen und eklektischen Einstellung Jelliffes – um eine Wissenschaft, die danach strebte, die von allen Humanwissenschaften über den Geist und das Verhalten des Menschen gesammelten Daten zu vereinen, zu integrieren und in der Praxis anwendbar zu machen. Das heißt, dass nach White die Psychoanalyse nur dann ihr Bestes geben könnte, wäre sie in die neue anthropologische Synthese integriert worden, welche die Psychiatrie des 20. Jahrhunderts endlich dem modernen Menschen zu geben vermochte.

> »Die Geschehnisse der letzten 40 Jahre«, schreibt White am Ende von *Forty Years of Psychiatry* ganz im Geiste Spencers, »die ich in diesem Buch beschrieben habe, stellen den Anfang dessen dar, was wahrscheinlich die wichtigste Sache ist, die dem Menschen im Laufe seines Lebens auf der Erde passiert ist. Sie stellen den Anfang des Verständnisses des Menschen durch sich selbst dar, seine ersten Anstrengungen, zu sich selbst zu gelangen, sich der Realität seiner

Triebimpulse zu stellen, so wie sie unter der Maske liegen, die die heutige Zivilisation uns aufzwingt.« (1923, S. 149)

Wenn man Whites abschließende Bemerkung paraphrasiert, kann man dies auch so ausdrücken: Da der Mensch endlich entdeckt hat, dass er selbst das größte Problem darstellt, mit dem er zu tun hat, kann die Psychiatrie, die als klinische Disziplin auf den Menschen und die Vielfältigkeit des menschlichen Lebens Rücksicht nehmen muss, eine wirklich wichtige Rolle für die Zukunft der Menschheit spielen! Auf dieser Basis wird auch das Engagement Whites in Richtung einer fruchtbaren Zusammenarbeit zwischen Psychiatrie und Sozialwissenschaften verständlich, das Sullivan weiterführte und mit dem wir uns noch beschäftigen werden.

Ich behaupte sogar, dass man Sullivans Definition der Psychiatrie von 1934 nur dann verstehen kann, wenn man auf Whites Arbeit zurückgreift: »Der theoretische Hintergrund der Psychiatrie bezieht all das mit ein, was über Menschen und ihre Interaktionen bekannt ist« (Nr. 38 der »Zitierten Werke Sullivans«, in der Anthologie *The Fusion of Psychiatry and Social Science*, 1964, S. 9). Oder noch besser die Definition, die man in seiner wichtigen Arbeit »The Data of Psychiatry« von 1938 findet:

»Die Psychiatrie als Wissenschaft beschäftigt sich mit den – wahren oder illusorischen – Gedanken und Handlungen der Menschen. All das, was mit Menschen zu tun hat, stellt für die Psychiatrie eine Gegebenheit dar, deren Bedeutung davon abhängt, wie persönlich sie ist. Viele Dinge des Lebens, die auf den ersten Blick scheinbar sub-persönlich oder un-persönlich sind, stellen sich schließlich als auf persönlicher Ebene so bedeutend heraus, dass die Psychiatrie für sie zuständig ist. Das gesamte Gebiet der Humanbiologie ist direkt oder indirekt psychiatrisch. Alle Reflexionen über das menschliche Denken und alle Studien über das soziale Leben sind der Psychiatrie verpflichtet. All das, was vom Menschen hergestellt und benutzt wird, all das was der Anthropologe Kultur nennt, hat persönliche Aspekte und folglich mit der Psychiatrie zu tun. Das Gebiet von psychiatrischem Interesse ist zweifellos sehr groß.« (1964, S. 32)

Er fügt dann allerdings gleich hinzu:

»Das direkte Einsatzgebiet der Psychiatrie als Wissenschaft ist jedoch recht begrenzt. Die Psychiatrie versucht, die Gesetze zu entdecken und zu formulieren, welche die menschliche Persönlichkeit beherrschen. Sie beschäftigt sich nur auf indirekte Weise mit dem Studium der Abstraktionen der verschiedenen Persönlichkeitsebenen. Ihr Einsatzgebiet ist die Untersuchung der *interpersonalen*

> *Phänomene*. Die Persönlichkeit kommt in keiner anderen Weise als den interpersonalen Situationen zum Ausdruck. Die Psychiatrie findet also in der Erklärung der interpersonalen Beziehungen ihr Anwendungsgebiet« (*ibidem*).

Auf diese Art beruht also Sullivans interpersonale Theorie der Psychiatrie auf dem theoretischen Rahmen, den er von White geerbt hatte.

Anmerkungen

1 Peter Gay, Autor der neuesten Biografie Freuds, schließt den »Das amerikanische Zwischenspiel« genannten Abschnitt mit den Worten ab, die Freud bei der Ankunft in Bremen an seine Tochter Mathilde schrieb: »Ich bin sehr froh, dass ich heraus bin und noch mehr, dass ich nicht dort leben muss« (1988, S. 243). Was hingegen die Widersprüche angeht, die Freuds Werk in den akademischen Kreisen Europas, vor allem in Deutschland, hervorgerufen hatte, verweise ich den Leser auf H. S. Decker (1977).

2 Dieses Thema behandelte auch Havelock Ellis (1859–1939), einer der Pioniere der medizinischen Sexualwissenschaft, in seinem Artikel »Freud and the Changed Attitude Toward Sex«, der 1939 in einem Freud gewidmeten Sonderheft des *American Journal of Sociology* erschien, und aus dem das folgende Zitat stammt:

> »Man kann von Freud nicht unbedingt sagen, dass er die konventionelle sexuelle Moral angriff (…). In der Art hingegen, wie Freud von Sex sprach, war seine Haltung völlig revolutionär (…). Freud beschrieb das sexuelle Verhalten seiner Patienten auf einfache, präzise und detaillierte Weise, als wäre dies ein ganz gewöhnlicher Vorgang. Niemand vor ihm hatte das je im medizinischen Bereich getan.« (1939, S. 310)

3 Übrigens ist Rosenzweig derjenige, der Freud die Pionierarbeit zukommen ließ, die er als junger Psychologe und Schüler von Henry Murray (1893–1988) über die Möglichkeit geschrieben hatte, den Begriff der Verdrängung empirisch zu überprüfen (Rosenzweig, 1933). Er erhielt am 28.02.1934 folgende Antwort:

> »Ich habe Ihre experimentellen Untersuchungen über die Überprüfung der psychoanalytischen Ideen mit Interesse gelesen. Ich kann diesen Bestätigungen keinen besonderen Wert beimessen, da die große Menge der zuverlässigen Beobachtungen, auf denen diese Ideen basieren, sie von einer empirischen Überprüfung unabhängig machen. Die aber, wohlgemerkt, keinerlei Schaden anrichten kann.« (Shakow und Rapaport 1964, S. 129)

4 Bei William James, der mit einer 1894 für den ersten Band der *Psychological Review* verfassten Zusammenfassung der »Vorläufigen Mitteilung« Breuers und

Freuds der erste Amerikaner war, der über die Psychoanalyse berichtete (Burnham 1967, S. 5), scheint die Begegnung mit Freud ein reiches Spektrum an Gefühlen, vom Enthusiasmus bis zur Verwunderung, ausgelöst zu haben.

> »William James, der das Deutsche gut verstand, folgte den Vorträgen mit großem Interesse. Er war sehr freundlich mit uns, und ich werde nie vergessen, wie er mir beim Abschied den Arm um meine Schulter legte und sagte: ›Die Zukunft der Psychologie gehört eurer Arbeit‹, ein bemerkenswerter Anspruch, wenn man an seine puritanische Herkunft denkt.« (1977, Band 2, S. 77)

Die spätere Geschichtsschreibung hat ans Licht gebracht, was James am 28.9.1909 über seinen Tag an der Clark University an seinen Genfer Kollegen Théodore Flournoy schrieb:

> »Ich hoffe, dass Freud und seine Schüler ihre Ideen bis zu den äußersten Grenzen verfolgen werden, so dass wir erfahren, welche sie sind. Sie werden unvermeidlich Licht auf die menschliche Natur werfen, aber ich gestehe, dass er auf mich persönlich den Eindruck eines Mannes machte, der von fixen Ideen besessen ist. Ich selbst kann nichts mit seinen Traumtheorien anfangen, und der ›Symbolismus‹ ist offensichtlich eine sehr gefährliche Methode.« (Clark, 1983, S. 309).

Ich möchte im Übrigen darauf hinweisen, dass diese Worte den Historiker John Kerr für den Titel seines kürzlich erschienenen Werkes, *Eine höchst gefährliche Methode. Jung, Freud und Sabina Spielrein* angeregt haben.

5 Dazu hat Kerr folgendes geschrieben: Einerseits hatte »der gar nicht anwesende Pierre Janet ironischerweise den größten Anteil am Erfolg von Freud und Jung in Amerika« (1996, S. 292). Andererseits »für die amerikanischen Zuhörer, die Janet bestens kannten, war Freud eine Offenbarung« (*ibidem*)

6 Ein anderer Autor, der sich von der Warte eines Neofreudianers mit diesem Thema beschäftigt hat, ist Silas Warner mit seinem Artikel »Freud's Antipathy to America« von 1991. Der Autor möchte zeigen, dass Freud ein menschliches Wesen war und dass er wie wir alle einer Vielzahl von Einflüssen – familiären, kulturellen und sozialen – ausgesetzt war und führt, eine ganze Reihe von Umständen und reellen Vorfällen auf, die Freuds Antipathie gegenüber Amerika erklären und die intrapsychische Ausrichtung Mahonys sehr effizient ergänzen.

7 Freud schrieb dazu 1925:

> »Hall war ein Psychologe und Pädagoge, der die Psychoanalyse schon seit Jahren in seinen Unterricht einbezogen hatte; es war etwas vom ›Königsmacher‹ in ihm, dem es gefiel, Autoritäten ein- und wieder abzusetzen« (G. W., Band 14, S. 77f).

8 Die Autorin legt in diesem Werk die These dar, dass jenes »geheime Komitee«, welches schließlich durch die teilweise von Freud selbst ausgelöste ödipale

Dynamik einer Zerreißprobe ausgesetzt war, so funktionierte, dass dieses die Psychoanalyse als private Einrichtung begründete und gleichzeitig den Raum für eine wirkliche wissenschaftliche Debatte immer weiter reduzierte. Grosskurth versäumt im Übrigen nicht, auch den möglichen psychodynamischen Hintergrund für Freuds Verhalten darzustellen. Sie analysiert seine Beziehung zur Mutter – deren negative Aspekte Freud verdrängt und auf Amerika projiziert – und stellt fest, dass er »offensichtlich von der harten Amalia Freud wenig Zärtlichkeit empfangen hatte und dadurch seine Fähigkeit zur Empathie eingefroren war. Er hatte Verständnis für Ehrgeiz und Rivalität, aber nicht für Zärtlichkeit und Liebe« (1991, S. 204).

9 Ein weiterer wichtiger Beitrag zu diesem Thema ist Jerome Wakefields Artikel »Freud and Cognitive Psychology: the Conceptual Interface«. Der Autor dokumentiert sieben Gebiete, auf denen ein fruchtbarer Kontakt zwischen Freud und der kognitiven Psychologie stattfindet, und schließt mit der Bemerkung, dass »die Psychoanalyse, wenn sie richtig interpretiert wird, als ideografischer Zweig angesehen werden kann, der auf die kognitive Wissenschaft angewendet wird und dazu dient, eine begriffliche Landkarte des menschlichen Geistes innerhalb eines kognitiven Rahmens zu erstellen« (1994, S. 59f) – und das macht Freud zu »einem Theoretiker, von dem man noch etwas lernen kann« (*ibidem*). Bekanntlich stellt Matthew Erdelys Untersuchung *Freud's Cognitive Psychology* (1985) einen Meilenstein in diesem Bereich dar.

10 Es ist kein Zufall, dass dieser Forschungsbereich ausführlich in der von Alexander und Selesnick verfassten *Geschichte der Psychiatrie* behandelt wird. Ich beziehe mich auf den Abschnitt »Lerntheorien« (vgl. die Seiten 387–397 der deutschen Ausgabe), der zum 19. Kapitel »Psychologische Entwicklungen« gehört. Nachdem die beiden Autoren einen Überblick über Lerntheorien geben (einschließlich des »Wirkungsgesetzes« von Edward Thorndike (1874–1949), demzufolge Lernen durch Versuch und Irrtum stattfindet, und das von Sullivan übernommen wurde), teilen sie uns folgende Überlegung mit:

> »Es ist klar, daß die Psychoanalyse der Lerntheorie eine Menge an Informationen über die Motivierung und die Wirkung von Motivationen auf den Lernprozess bieten kann, und daß die Lerntheorie der Psychoanalyse im Austausch dafür eine experimentelle Methode im Umgang mit dem Geist zeigen kann. Tatsächlich läßt sich der psychotherapeutische Prozess als Lernprozess beschreiben. (…). Während der Behandlung wird dem Patienten geholfen, die Neigung zu alten Verhaltensmustern, die sich nicht mehr als anpassungsgerecht erweisen, zu überwinden, und die gewonnenen Einsichten verhelfen ihm zur verstandesmäßigen Einschätzung neuer Situationen.« (1969, S. 373)

Am Ende des gleichen Absatzes lesen wir:

> »Diese Zusammenarbeit verschiedener wissenschaftlicher Disziplinen kann zur Formulierung allgemeiner Prinzipien führen, die weit über die

gegenwärtigen Grenzen der Psychoanalyse hinausgehen, nachdem diese bis vor ganz kurzer Zeit mit der Entzifferung der Bedeutung des unbewußten seelischen Inhalts beschäftigt war«. (ibidem, S. 397)

11 In der monografischen Ausgabe, die das *Journal for the History of the Behavioral Sciences* im April 1990 der »Psychology at Clark University« gewidmet hat – die Hall in kurzer Zeit in »das führende Institut bei der Ausbildung von Doktoren in Psychologie« verwandelte, wie Seymour Wapner in seinem Vorwort schreibt (1990, S. 107), und das zu seinen Dozenten Talente wie Lewis Terman, Arnold Gesell und Heinz Werner zählte – finden sich drei Artikel über Hall und seine Arbeit. Außerdem existieren eine Geschichte der Clark University (Koelsch 1987) und eine Biografie Halls (Ross 1972).

12 Über dieses Ereignis wird im italienischen Sprachraum in einem neuen Buch von Felice Perussia berichtet: *Psicologo. Storia e attualità di una professione scientifica* (Psychologe. Geschichte und Aktualität eines wissenschaftlichen Berufs). Er schreibt über Hall: »Die ersten Jahre der Vereinigung werden vom willensstarken und streitsüchtigen Charakter ihres Präsidenten G. Stanley Hall bestimmt, der sie beträchtlich wachsen lässt, aber auch endlose Konflikte, sowohl politischer wie wissenschaftlicher Natur, provoziert« (1994, S. 122).

13 Aus der Abhandlung, die sowohl Burnham als auch Hale diesem wichtigen Thema widmen, geht klar die entscheidende Rolle hervor, die in dieser Hinsicht der persönliche, oder besser gesagt zwischenmenschliche Kontakt gespielt hat. Dies bestätigt erneut die Notwendigkeit, der ich bis jetzt versucht habe, Rechnung zu tragen, nicht nur den historischen, sozialen und kulturellen Gegebenheiten Raum zu gewähren, sondern eben auch den zwischenmenschlichen. Dadurch soll dem Leser auch der Wert des konzeptuellen Modells Sullivans nahe gebracht werden. Burnham schließt das Kapitel »Agents and Agencies of Transmission of Psychoanalysis« mit den folgenden Worten ab: »Man kann zu Recht behaupten, dass die Psychoanalyse nicht zuletzt deswegen in Amerika erblühte, weil genau hier die für die Verbreitung der Lehre Freuds nötigen persönlichen Kontakte vorhanden waren« (1967, S. 179)

14 Jones hatte ursprünglich das Werk Freuds über Jung kennen gelernt, dem er im September 1907 beim Ersten Internationalen Psychiatriekongress in Amsterdam begegnet war; er besuchte ihn im Herbst des gleichen Jahres in Zürich am Burghölzli. Er nahm mit seinem Beitrag »Rationalisation in Everydaylife« am Ersten Kongress des Freud-Zirkels teil, der am 27. April 1908 in Salzburg abgehalten wurde. In der darauf folgenden Woche war er zusammen mit Brill Freuds Gast in Wien und Freud schrieb über ihn an Jung:

> »Jones ist gewiss ein sehr interessanter und wertvoller Mensch, aber ich habe gegen ihn ein Gefühl, beinahe sage ich, der Rassenfremdheit. Er ist ein Fanatiker und ißt zu wenig. ›Lass' wohlgenährte Männer um mich sein, sagte Caesar, usw.‹ Er erinnert mich fast an den hageren Cassius.« (McGuire und Sauerländer 1974, S. 161)

Jung selbst hatte Freud Jones nach dessen Besuch in Zürich so beschrieben: »ein äußerst begabter und tätiger junger Mann … eine kräftige Stütze unserer Sache« (*ibidem.* S. 112), und im Sommer darauf folgendes bemerkt:

> »Ein rätselvoller Mensch ist mir Jones. Er ist mir unheimlich, unverständlich. Steckt sehr viel oder zu wenig in ihm? Jedenfalls ist er kein einfacher Mensch, sondern ein intellektueller Lügner (womit kein moralisches Urteil gefällt sein soll), der durch vielerlei Dinge und Verhältnisse gepresst und facertiert wurde. Aber das Resultat? Zuviel Bewunderer einerseits, zuviel Opportunist andererseits?« (ibidem, S. 181–2)

15 Andrew Paskausas, der Herausgeber des Briefwechsels zwischen Freud und Jones hatte sich schon 1988 in einem Artikel mit der von Jones angewandten Strategie beschäftigt, die Jung an den Rand drängen sollte, um seinen Platz neben Freud einzunehmen. In seinem Kommentar zum vollständigen Wortlaut dieses Briefs, der am 01.08.1912 in Karlsbad entstand, gibt er an, dass Jones bei obigem, seiner Biografie entnommenen Zitat folgende Passage weggelassen hatte:

> »You say it was Ferenczi who expressed this idea, yet it may be mine own shaped in better terms, when I hoped Jung would collect such a circle around himself composed of the official headmen of the local associations« (Paskauskas, Hg., 1993, S. 147).

Im Übrigen ist die Geschichte des »geheimen Komitees« – was auch aus dem erwähnten Werk Grosskurths hervorgeht – wie sie Jones in seiner Freud-Biografie erzählt, eines der Kapitel, in denen nicht nur seine parteiische Einstellung, sondern auch die verhängnisvolle Voreingenommenheit gegenüber »ödipalen Rivalen« wie Rank und Ferenczi zum Vorschein kommt, deren Ablösung von Freud er als psychischen Zusammenbruch darstellt.

16 Es ist interessant und hilfreich, neben diese Worte Jones' die Worte der Schrift zu stellen, die Freud ihm zu seinem fünfzigsten Geburtstag widmete:

> »Jetzt, auf der Höhe des Lebens, ist er nicht nur als der unbestritten führende Mann unter den Analytikern des englischen Sprachgebiets, sondern auch als einer der hervorragendsten Vertreter der Psychoanalyse überhaupt anerkannt, eine Stütze seiner Freunde und noch immer eine Zukunftshoffnung unserer Wissenschaft.« (G. W., Band 14, S. 555)

Andererseits bezeichnete Anna Freud, wie Roazen berichtet, bezüglich der von ihr verfolgten Rolle als Hüterin des Erbes ihres Vaters, Jones als »erschreckend, wenn nicht sogar anmaßend, unabhängig« (1993; italienische Ausgabe 1997, S. 106).

17 Das hat nichts mit seinen zweifellos großen Verdiensten zu tun, die auch eine solch kritische Stimme wie die von Roazen anerkennt: Er hat nicht nur die IPA in einem Moment zusammengehalten, als das Problem der »Laienanalyse« drohte, einen nicht wieder gut zu machenden Bruch zwischen den europäischen und amerikanischen Gruppen zu provozieren (Roazen 1976, S. 345); sondern er hat

auch eine Biografie geschrieben, die trotz aller Idealisierung und trotz des Mangels an historischem Feinsinn eine unersetzliche Quelle an Daten ist (vgl., z. B., Roazen 1990, S. 192).

18 Die bisher durchgeführte historische Betrachtung legt nahe, im Rahmen der wissenschaftlichen Arbeit Jones' – die Veszy-Wagner detailliert in der erwähnten Biografie vorstellt – auf sein 1920 entstandenes Werk *Treatment of the Neuroses* hinzuweisen, welches die Psychoanalyse in Bezug zu den psychotherapeutischen Ansätzen (vgl. Janet und Prince) setzt, die zu Beginn des 20. Jahrhunderts in Mode waren.

19 Der Bericht, den man in der Freud-Biografie findet, legt ein sehr detailliertes Zeugnis der Gründung ab und spielt auf die Rivalität mit Brill an, der am 12. Februar des gleichen Jahres die New York Psychoanalytic Society gegründet hatte (Jones, Band 2, S. 112). Hale unterstreicht in dem Kapitel, das er diesem Thema widmet (das zwölfte, mit dem Titel »American Psychoanalytic Associations«), dass nur neun der 24 Mitglieder, die 1914 der APA beigetreten waren, wirklich die Psychoanalyse praktizierten (Hale, 1971a, S. 325). Die größte Gruppe unter ihnen waren Schüler Meyers; August Hoch (1868–1919), Brill, Burrow und Young hingegen waren Schüler Jungs in Zürich gewesen.

20 Diese Passage eines Briefs, den Jones am 29.09.1924 an Freud schrieb, illustriert sehr gut, dass Jones' Haltung gegenüber den Vereinigten Staaten eine andere war:

> »I understand your attitude towards Americans, and largely agree with it in so far as it relates to the general characteristics of American civilization. But I remember Pitt's saying ›One cannot indict a nation‹. They are human beings with the same potentiality as others. They vary greatly, and you have had few typical specimens to deal with. Then in fifty years they will be the arbiters of the world, so that it is impossible to ignore them. At all events, I shall persevere in my endeavours to strengthen the slight foothold psa. has there.« (Paskauskas, Hsg., 1993, S. 554).

21 Die Eigenschaften der Psychoanalyse, die von 1909 bis 1917 Diskussionsgegenstand waren und Widerstand hervorriefen und erst als Folge der aktuellen Krise, in der sich die Psychoanalyse jetzt befindet, endlich zum Diskussionsgegenstand werden, waren – in der Reihenfolge, in der sie Hale (1971a) angibt – folgende:

> »Kriterien für eine korrekte Interpretation, Art der ausgeführten Behandlungsmethode, Effizienz oder Ineffizienz der analytischen Behandlung, Anwendung oder Nicht-Anwendung einer verkürzten Behandlung, empirische Überprüfung, systematische Formulierung der psychoanalytischen Hypothesen, Beobachtungsmethoden des analytischen Vorgangs und Beeinflussung angrenzender Fachbereiche«.

22 Symptomatisch für den Stand der Dinge ist die Art, in der die Zeitschrift »Time« dieses Problem im November 1993 dargestellt hat: Im Titel wurde gefragt »Is Freud dead?« und der Journalist Paul Grey baute seinen Artikel auf

der Tatsache auf, dass » sich herausstellen könnte, dass die Psychoanalyse und all ihre Abkömmlinge letztendlich auch nicht zuverlässiger sind als die Phrenologie und der Mesmerismus«.

23 Obwohl Ellenberger nicht auf Sullivans Beitrag zur »dynamischen Psychiatrie« eingeht, versucht er wiederholt, ihre Grundkoordinaten zu definieren; dabei stellt er Mesmer an den Anfang der »ersten dynamischen Psychiatrie« und beschreibt auch die »zweite dynamische Psychiatrie«, deren Beginn er auf die Jahre zwischen 1880 und 1900 legt (1996, S. 399f). Er hebt einige mögliche Wurzeln hervor (Leibniz, Esquirol, Charcot, Brown-Séquard, etc.) und legt dem heutigen Konzept der dynamischen Psychiatrie die Arbeit Hughlings Jacksons zu Grunde. Um es mit seinen Worten zu sagen:

> »Tatsächlich umfasst das Wort ›dynamisch‹, wie Jackson es gebraucht, mehrere der früheren Bedeutungen. Jackson bezeichnete damit den physiologischen Aspekt im Gegensatz zum anatomischen, den funktionellen im Gegensatz zum organischen, den regressiven im Gegensatz zum Status quo, und das Wort drückte zugleich auch noch den energetischen Aspekt aus, manchmal sogar mit der Nebenbedeutung von Konflikt und Widerstand. Jacksons Auffassung hatte, wie man heute weiß, großen Einfluss nicht nur auf Neurologen wie Head und Goldstein, sondern auch auf manche Psychiater: wahrscheinlich auf Freud, gewiß aber auf Adolf Meyer, der 1891 in London Jacksons Lehrveranstaltungen besuchte.« (ibidem, S. 402).

24 »Wir finden unter den Begründern der modernen dynamischen Psychiatrie«, schreibt Ellenberger im abschließenden Kapitel seines mehrfach zitierten Werks, »nur einen, Janet, der der Tradition einer einheitlichen Wissenschaft treu blieb« (1996, S. 1187).

25 Um den Leser dazu anzuregen, den gesamten Passus zu lesen, zitiere ich hier die Einleitung:

> »Ich höre oft, daß die Psychoanalyse in den U. S. sehr populär ist und daß sie dort nicht auf den gleichen hartnäckigen Widerstand stößt wie in Europa. Meine Befriedigung darüber wird aber durch mehrere Umstände getrübt. Mir scheint, daß die Popularität des Namens der Psychoanalyse in Amerika weder eine freundliche Einstellung zur Sache noch eine besondere Verbreitung oder Vertiefung ihrer Kenntnis bedeutet.« (G. W., Band 14, S. 570)

26 Ihre reichhaltige Korrespondenz, die 1973 vom St.Elisabeths Hospital in das Nationalarchiv in Washington verlegt wurde (D'Amore 1976, S. 137), bietet dem Forscher, der sich damit beschäftigen möchte, eine einzigartige Einsicht in sämtliche wichtigen Angelegenheiten, in denen diese die Hauptrollen spielten.

27 »Burnhams Biografie«, schreibt Roazen, »stellt zweifellos einen wertvollen Beitrag zur Geschichte der Psychoanalyse dar. Ich hätte allerdings gewünscht, dass Burnham mehr auf Jelliffes religiöse Erziehung eingegangen wäre und es ist seltsam, dass

der Autor Horace W. Frink nicht erwähnt, einen kosmopolitischen amerikanischen Psychiater, der für Freud sehr viel wichtiger war als Jelliffe.« (1990, S. 196)

Außerdem findet Roazen den Briefwechsel mit Jung, der im ersten Jahrzehnt des Jahrhunderts sehr lebhaft war, interessanter als den mit Freud, der erst in den zwanziger Jahren intensiver wurde (*ibidem*). Da Hale in einem der zentralen Kapitel seines Werks (1971a), »American Psychoanalysis, 1909–1920«, nicht nur die Figuren von Putnam, Jelliffe, White und Brill, sondern auch diejenigen von Frink (1883–1936) und Isador Coriat (1875–1943) behandelt, halte ich es für sinnvoll, an dieser Stelle ein kurzes Portrait zu zeichnen, damit der Leser sich eine Vorstellung vom heterodoxen Charakter deren Auffassung der Psychoanalyse machen kann.

Was zum Beispiel Frink angeht, vertritt Hale die Ansicht, dass er durch seine Lesart des Freudschen Begriffs vom »Vorbewussten«, im Lichte des behavioristischen Konzepts von »Gewohnheit«, »Jelliffes und Whites Glauben an Evolution und Fortschritt durch Deweys Kult der rationalen Intelligenz ersetzte« (1971a, S. 389). Was hingegen Coriat betrifft, beschreibt Hale ihn als einen Bostoner, der ein würdiger Nachfolger Putnams war, nicht nur wegen des Wertlegens auf die religiöse und soziale Bedeutung der Psychoanalyse, sondern auch wegen des starken Einflusses, den Prince und Janet auf ihn ausgeübt hatten – was ihn nicht davon abhielt, von 1936–1937 Vizepräsident der IPA zu werden (*ibidem*, S. 377).

28 Nachdem er in dieser Schrift Dubois als »sehr intelligente Person, der ein feiner Sinn für Dialektik zu eigen ist« beschreibt, erläutert Jelliffe seine persönliche Erfahrung mit dessen psychotherapeutischer Orientierung, die darauf baute, dem Patienten zu helfen und ein »besseres intellektuelles Verständnis der Situation« zu liefern:

> »Eine Zeit lang versuchte auch ich es mit dieser Methode. Damals führte ich meine Patienten, die dabei waren einen Strom voller psychologischer Probleme zu durchwandern, von einem Stein zum anderen und dann zum nächsten, bis es mir gelang, ihnen dabei zu helfen, ans andere Ufer zu gelangen. Ich fand aber, dass es nicht so gut funktionierte, wie es sollte. Die intellektuelle Komponente dieser Vorgehensweise war zu gewichtig, auf Kosten der emotiven.« (1933, S. 323)

In dieser Schrift liefert Jelliffe übrigens auch ein interessantes Portrait Dejérines, dessen menschliche Wärme ihn zu »einem nachsichtigen und toleranten Vater« machte, und er hebt dessen besondere Rolle als Pionier der psychosomatischen Medizin hervor (*ibidem*, S. 324).

29 Burnham ist der Meinung, dass der von Jelliffe vor dem Krieg angewandte analytische Stil größtenteils mit dem Jungs übereinstimmt und vermutet, dass dafür auch der Einsatz der »Laienassistenten« spricht (1983, S. 78f). Auf diese Weise versäumt er aber, dem eventuellen Einfluss durch Federn nachzugehen, einem Pionier dieser Arbeitsweise, wie aus den Aussagen Gertrud Schwings (1940)

hervorgeht, jener Krankenschwester, die ihm in den dreißiger Jahren in Wien bei der Behandlung schwerer Fälle zur Seite stand. Allerdings erwähnt Burnham, dass diese Technik in Amerika sehr bald von Kempf übernommen wurde, wie aus einer seiner Schriften von 1919 zu entnehmen ist.

30 Sullivan schreibt dazu:

> »Es scheint zwei Arten der Therapie dieser geistigen Störung zu geben. Bei einigen beginnenden oder seit kurzem begonnenen Fällen ist natürlich die direkte Analyse, wie Hoch vor einigen Jahren bewiesen hat, möglich. Aber in den akuten oder subakuten Stadien ist es nötig, dass die Anwendung der Erkenntnisse der Psychoanalyse von der üblichen Form der Methode der freien Assoziation getrennt wird. Die vorsichtige Anwendung von an den Patienten und einen gut vorbereiteten Assistenten, der dem Gespräch beiwohnt, gerichteten Fragen hat sich als wirksam erwiesen, um die Wahrnehmung, die Analyse und die erneute Synthese der psychotischen Inhalte anzuregen.« (1962, S. 21)

31 Die interessantesten Stellen des Briefs, den Freud an White als Antwort auf seine Anfrage um einen Beitrag für die *Psychoanalytic Review* schrieb, sind folgende:

> »Mir fällt es schwer, Ihre Zeitschrift als etwas anderes zu betrachten als eine Zeitschrift, die nur zu kommerziellen Zwecken gegründet wurde und der *Int. Zeit. f. ärztl. Psychoanalyse* Konkurrenz machen soll. Unserer Sache wäre besser gedient gewesen, wenn man der psychoanalytischen Literatur erlaubt hätte, längere Zeit zentralisiert zu bleiben, bis zu dem Moment, in dem die Erfahrung in Amerika dem Interesse für die Sache gleich gewesen wäre. Mein Urteil über die *Review* wird auch durch die Vertrautheit, die Jelliffe mit Jung pflegt, gerechtfertigt, der, obwohl er ihr Präsident ist, nie einen Finger für die International Association und ihre Organe gehoben hat, sondern nur seine eigenen Interessen verfolgt hat.« (Brief vom 17.04.1914; Burnham 1983, S. 195f)

32 Lawrence Friedman schreibt in seiner Biografie über die Brüder Menninger folgendes zum Thema:

> »Anfangs fiel es Karl schwer zu verstehen, wie er seinen Patienten helfen sollte, indem er ihnen einfach nur zuhörte. Die Freudschen Handbücher gaben nur wenige Antworten. Aber Jelliffe empfahl ihm, die Patienten weiter sprechen zu lassen. Mit der Zeit, als es einigen Patienten besser ging, wurde Karl ein selbstsicherer Analytiker.« (1990, S. 47)

Wie bekannt, war Karl Menninger, der 1990 im Alter von 97 Jahren starb, eine zentrale Figur der amerikanischen Psychiatrie und Psychoanalyse (siehe auch der 1994 von Philip Holzman verfasste Nachruf); auch Perry beschäftigt sich in ihrer Sullivan-Biografie mit ihm, aus der zum Beispiel hervorgeht, dass Menninger versuchte im Namen der »psychoanalytischen Orthodoxie« der von Sullivan mit der Zeitschrift *Psychiatry* eingeschlagenen Richtung entgegenzusteuern. (1982, S. 380ff).

33 Dieses Buch, Spencers *First Principles*, das die Inschrift »Wm. A. White, from mother, Christmas 1888« trägt, befindet sich heute in der William Alanson White Memorial Library, die 1939 von der Witwe Lola White dem St. Elisabeths Hospital geschenkt wurde. Sie umfasst 1800 Bände, die in die Health Sciences Library des Krankenhauses aufgenommen wurden, eine Bibliothek mit ca. 35.000 Bänden. Zur Memorial Library gehören nicht nur die umfangreiche wissenschaftliche Produktion Whites, das heißt 250 bis 300 Artikel, 19 Bücher und 379 Rezensionen (Eckburg 1976, S. 144), sondern auch 253 von ihm besprochene Bücher (Moore 1976, S. 154). Zu guter Letzt steht dem Forscher auch die gesammte Korrespondenz Whites zur Verfügung, die in den National Archives in Washington aufbewahrt wird, in 73 Behältern, die 32 Fuß Regale einnehmen (D'Amore 1976d, S. 137–38).

34 Es ist offensichtlich, dass nur eine solche Haltung die Möglichkeit wahrer Teamarbeit in der Psychiatrie garantiert; eine Arbeit im Team, die selbst heute, aufgrund des Mangels an Ärzten mit der entsprechenden Sensibilität, nicht wirklich praktiziert wird. Das ist um so schlimmer, wenn man bedenkt, dass das Ziel, dem Patienten bei der Wiedererlangung der Dialogfähigkeit, die ihm die Krankheit geraubt hat, zu helfen, nur dann erreicht werden kann, wenn auch innerhalb des behandelnden Teams die von White beschriebene Art der Zusammenarbeit existiert. Wie wir im nächsten Kapitel sehen werden, war dies genau das Klima, das Sullivan am Sheppard Hospital schuf, und das erklärt auch zu einem guten Teil den beachtlichen Erfolg, den er bei der Arbeit mit seinen Patienten hatte.

35 Sidis hatte 1898 die anerkannte Monografie *The Psychology of Suggestion: a Research into the Subconscious Nature of Man and Society* verfasst. Er war ein Arzt russischer Herkunft, James' Schüler in Harvard und zeigte – ähnlich wie Prince – nicht nur eine kritische Haltung gegenüber der Psychoanalyse, sondern war sogar grundsätzlich unempfänglich für sie, wie auch aus seinem 1914 erschienenen Werk *The Foundations of Normal and Abnormal Psychology* hervorgeht. 1909 ging er als Direktor einer Privatklinik nach New Hampshire und entwickelte seine an Janet ausgerichtete psychotherapeutische Orientierung weiter (Hale, 1971a, S. 141).

36 Jung, der fünf Jahre jünger war als White, erzählt auf ähnliche Weise von seiner Lehrzeit am Burghölzli, der psychiatrischen Klinik der Universität Zürich, auch wenn seiner Erzählung die Untugend anzulasten ist, dass er die Pionierarbeit des Direktors Eugen Bleuler bei der Annäherung an das psychische Leben der Patienten mit keinem Wort erwähnt. Im vierten Kapitel seiner Autobiografie *Erinnerungen, Träume, Gedanken von C. G. Jung*, 1962 von Aniela Jaffé herausgegeben, lesen wir:

> »Die Jahre am Burghölzli, der Psychiatrischen Universitätsklinik von Zürich, waren meine Lehrjahre. Im Vordergrund meines Interesses und

meines Forschens stand die brennende Frage: was geht in den Geisteskranken vor? Das verstand ich damals noch nicht, und unter meinen Kollegen befand sich niemand, der sich um dieses Problem gekümmert hätte. Der Psychiatrie-Unterricht war darauf angelegt, von der kranken Persönlichkeit sozusagen zu abstrahieren und sich mit Diagnosen, mit Symptombeschreibungen und Statistik zu begnügen. Vom sogenannten klinischen Standpunkt aus, der damals vorherrschte, ging es den Ärzten nicht um den Geisteskranken als Menschen, als Individualität, sondern man hatte den Patienten Nr. X mit einer langen Liste von Diagnosen und Symptomen zu behandeln. Man ›etikettierte‹ ihn, stempelte ihn ab mit einer Diagnose, und damit war der Fall zum größten Teil erledigt. Die Psychologie des Geisteskranken spielte überhaupt keine Rolle. In dieser Situation wurde Freud wesentlich für mich, und zwar vor allem durch seine grundlegenden Untersuchungen über die Psychologie der Hysterie und des Traumes. Seine Auffassungen zeigten mir einen Weg zu weiteren Untersuchungen und zum Verständnis der individuellen Fälle. Freud brachte die psychologische Frage in die Psychiatrie, obwohl er kein Psychiater, sondern Neurologe war.« (Jaffé, Hg., 1962, S. 121)

37 Auch hier, um auf Sullivan zurückzukommen, ist es nicht schwierig, in Whites Worten die Wurzeln für das zu finden, was in der interpersonalen Theorie der Psychiatrie unter dem Namen »Ein-Genus-Postulat« verstanden wird – jene Hypothese also, die folgendes besagt: »jeder Mensch ist in sehr viel stärkerem Maße einfach Mensch als irgend etwas anders (1980, S. 55–6).

38 Was weitere Details seines Führungsstils angeht, berichtet Kleinerman zum Beispiel von den durch White angeregten täglichen Zusammenkünften des Teams:

»An jedem Arbeitstag gab es um elf Uhr ein Treffen des gesamten Teams, das im Versammlungssaal des Verwaltungsgebäudes stattfand. Normalerweise wurde es von einem clinical director oder einem first assistant physician geleitet. Alle Rechte, über die die Patienten verfügten, einschließlich der Besuche von Verwandten und der eventuellen Entlassung, wurden bei dieser Gelegenheit besprochen. Jedes Mitglied des Teams, das am Treffen teilnahm, konnte seine Meinung ausdrücken, die von einer Sekretärin festgehalten wurde. Wenn alle das Wort ergriffen hatten, fasste der vorsitzende Arzt das Gesagte zusammen und formulierte auf dieser Basis die definitive Position der Klinik, die folglich auf der Meinung aller beruhte.« (1976, S. 23)

Whites Führungsstil wirkte sich auch auf die Entwicklung der Karriere seiner Ärzte folgendermaßen aus:

»White hatte als Regel eingeführt, dass ein Arzt, bevor er für eine Beförderung in Betracht kam, eine Abhandlung über ein psychiatrisches Thema schreiben musste, um zu zeigen, dass sein Interesse für die Psychiatrie über die Behandlung der Patienten hinausging. Dr. White las diese Arbeit und wenn er dachte, dass der Kandidat es besser machen könnte, rief er ihn zu sich und sagte ihm, was korrigiert und verbessert werden sollte. Niemand wurde befördert, bevor White nicht mit dieser Arbeit zufrieden war. Ich denke, dass Whites Methode den heute gängigen Vorgehensweisen überlegen ist, bei der eine Beförderung vor allem vom Dienstalter abhängt.« (ibidem, S. 24)

39 In Douglas Nobles Kommentar zu D'Amores Beitrag können wir folgendes zu diesem Thema lesen:

»In Forty Years of Psychiatry (1933, S. 27) erzählt Dr. White wie er am Binghampton State Hospital, wo es viele Patienten und wenig Ärzte gab, die Gewohnheit angenommen hatte, seine Patienten zwei oder dreimal am Tag zu besuchen, um sie persönlich kennenzulernen und besser zu verstehen. Von Dr. Manfred Bleuler erfuhr ich, dass sein Vater am Burghölzli das gleiche Ziel verfolgte und morgens vor dem Frühstück seine Patienten zur Arbeit auf den Gutshöfen des Krankenhauses begleitete. Ich bin mir sicher, dass er auf diese Art viel über Schizophrenie lernte.« (1976, S. 96).

Manfred Bleuler fasst in dem Beitrag von 1931, auf den wir schon zurückgegriffen haben, den speziellen Zugang seines Vaters zur Schizophrenie wie folgt zusammen:

»Wenn ich die Auffassung meines Vaters von der Schizophrenie (...) kurz zusammenfassen sollte, würde ich folgendes sagen: Er neigt sehr dazu, den schizophrenen Patienten Mitgefühl entgegenzubringen und an ihren Ängsten und Sorgen Anteil zu nehmen. Er ist glücklich, wenn er spürt, daß etwas im Geist des schizophrenen Patienten auf seine Aufmerksamkeit reagiert. Ich glaube, daß alle seine Vorstellungen über Schizophrenie das direkte Ergebnis dieser Haltung sind. Die Grundlage und ebenso die Folge seiner Arbeit mit schizophrenen Patienten war die Überzeugung, daß es sich lohnt, ihnen individuelles Interesse und persönliche Sympathie entgegenzubringen.« (1931, S 627)

40 Weitere Details der von White vorangetriebenen Neuorganisation des Krankenhauses sind zum Beispiel folgende: 1907 wurde das Psychologielabor eröffnet, mit dem die Namen Boring und Lashley verbunden sind; 1920 versah White es mit der ersten Abteilung für Innere Medizin in einem psychiatrischen Krankenhaus in Amerika und 1923 fand der erste dreijährige Kurs für die Ausbildung des medizinischen Personals statt (Kleinerman 1976, S. 21). Auch Ross McClure Chapman geht in seinem 1938, in der ersten Nummer von *Psychiatry,* erschienenen Nachruf auf die enorme Wirkung von Whites Leistung auf die allgemeine Organisation des St. Elisabeths ein. White hatte 1903 von seinem Vorgänger ein Krankenhaus übernommen, das 2300 Betten hatte und in

vieler Hinsicht veraltet war; 1937 hinterließ er eine Klinik mit fast 6000 Betten, die zur Avantgarde auf psychiatrischem Gebiet gehörte.

41 Helene Deutsch schrieb in ihrer Autobiografie dazu:

> »Meine Beziehungen zu Amerika begannen 1930, als der amerikanische Philanthrop Clifford W. Beers neun namhafte europäische Psychiater einlud, als seine Gäste am Ersten Internationalen Kongress für Psychohygiene in Washington D.C. teilzunehmen. Die Gäste sollten eine Reihe von Seminaren und Vorträgen halten, die Teil eines speziellen Ausbildungsprogrammes für Sozialarbeiter, Ärzte und Pädagogen waren. Meine Vorbereitungen kosteten mich mehere Wochen, denn ich sprach damals noch nicht fliessend Englisch.« (1973, S. 155)

Die *New Herald Tribune* empfing sie am Tag nach ihrer Ankunft in New York herzlichst als »der erste akkreditierte Botschafter ihres Geschlechts, der vom König der Psychoanalyse hierher entsandt wurde« (*ibidem*).

42 Im schon erwähnten Nachruf schreibt Chapman zu diesem Thema:

> »Er stellte die Prinzipien der mentalen Hygiene dem großen Publikum mit großer Klarheit dar. Er war einer der Ersten, der die Beiträge erkannte und verfasste, die in beide Richtungen zwischen Psychiatrie und Sozialwissenschaften zirkulieren sollten. Auf effizientere Weise als irgendein anderer, versuchte White die Psychiatrie mit der Rechtswissenschaft zusammenzubringen, zugunsten des Geisteskranken.« (1938, S. 3f)

Gleichzeitig – laut Chapman – »beeinflusste White mehr als jeder andere die Aufnahme der Psychiatrie in die Allgemeinmedizin« (*ibidem*). Chapman beschreibt auch Whites Charakter und sein Privatleben und erwähnt die Hochzeit mit der Witwe Lola Thursten, 1918, im Alter von 48 Jahren. Er fügt hinzu:

> »Er war schüchtern, auch wenn es ihm gelang, dies zu verbergen. Er war bescheiden, nachdenklich und zurückhaltend (...). Ich habe selten einen Menschen getroffen, der so sensibel für das Unglück und die Probleme der anderen war. Ferien interessierten ihn nicht. Seine große Leidenschaft war die Arbeit (...). Er hatte einen feinen Sinn für Humor und im Gespräch war er auf gutartige Weise scharfzüngig. Er war ein guter Freund und seinen Freunden gegenüber immer sehr großzügig.« (ibidem, S. 4f)

3. Norwich, N.Y. (21.02.1892) – Paris (14.01.1949)

Helen Perry, die von 1946 bis 1949 Sullivans persönliche Sekretärin war und später Koordinatorin des Komitees, das sein Werk posthum herausgab, ist es zu verdanken, dass wir seit 1982 über eine detaillierte und höchst interessante Biografie Sullivans verfügen: *Psychiatrist of America. The Life of Harry Stack Sullivan*. Sie erlaubt uns, sein Gesamtwerk endlich vor dem Hintergrund seiner Lebensgeschichte zu betrachten und direkt mit seiner interpersonalen Theorie in Kontakt zu treten, da diese den theoretischen Rahmen darstellt, in den Perry ihre Daten einordnet.

Perry nahm die diesem Werk zu Grunde liegenden Forschungen 1961 auf, weil das Herausgeberkomitee des posthum erschienenen Werkes Druck auf sie ausübte, die von Sullivan persönlich erfahrene Tatsache, er wäre in seiner Jugend wegen einer schizophrenen Krise stationär psychiatrisch behandelt worden, aus ihrer Einführung zu *Schizophrenia as a Human Process* zu streichen. Es handelt sich dabei um ein Ereignis, das die Autorin nach zwanzigjährigen Nachforschungen für höchst wahrscheinlich hält und das von äußerster Wichtigkeit ist, will man die Verbindung zwischen Leben und Werk Sullivans verstehen. Gleichzeitig kann sie dadurch den autobiografischen Charakter einiger der wichtigsten Kapitel seiner interpersonalen Theorie aufzeigen. Das trifft insofern zu, was seinen heute noch aktuellen Beitrag zum Verständnis der Ereignisse und Schwierigkeiten angeht, mit denen wir alle uns in der Präadoleszenz und der Adoleszenz konfrontiert sehen – und die Freud bekanntlich nicht untersucht hat.[1]

Es handelt sich um »ein wunderbares Buch«, hat Roazen über Perrys Werk geschrieben, »das die Geschichtsschreibung der amerikanischen Psychiatrie des 20. Jahrhunderts auf ein höheres Niveau bringt« (1990, S. 191). Die relative Vergessenheit, in die das Werk Sullivans gefallen ist, fährt Roazan fort, kann teilweise darauf zurückgeführt werden, dass er »ein Außenseiter, ein eklektischer Reformator war, der keine vorgefertigte Rolle annahm« (*ibidem*).

Fine (1984) erkennt zwar die Bemühungen der Autorin an, die Pionierarbeit Sullivans innerhalb der amerikanischen Psychiatrie zu rekonstruieren, kritisiert aber ihre mangelhafte Kenntnis von Geschichte und Entwicklung der Psychoanalyse in Amerika. Fine zieht den Schluss: »Obwohl es ihm nicht gelang, das Trauma einer tragischen Kindheit zu überwinden, überleben viele der Ideen Sullivans und haben auch heute noch der Psychoanalyse Anregungen zu bieten.« (*ibidem*, S. 234).

Die detaillierte Buchbesprechung des Literaturkritikers Steven Marcus mit dem aussagekräftigen Titel »Harry Stack Sullivan: a Non-Freudian Biography of a Post-Freudian, Pre-Freudian and Anti-Freudian Psychiatrist« ist in dieser Hinsicht hingegen sehr kritisch. Marcus kritisiert die Autorin insofern, als sie über Sullivans Homosexualität hinweggeht und Chapmans Buch *Harry Stack Sullivan. His Life and his Work* nicht erwähnt. Es geht um das einzige Werk, das vor ihrem Buch Sullivans Leben beleuchtete und außerdem auf offenere und entschiedenere Art das Problem seiner sexuellen Orientierung anging.[2] Marcus ist im Übrigen auch der Ansicht, dass Perry dem Werk Sullivans als Ganzes mehr Raum hätte gewähren sollen – ein Mangel, den ich in diesem Buch überwinden werde.

Natürlich hat die in *Psychiatry* erschienene Rezension von Roger Kvarnes einen anderen Tonfall: »Die detaillierte Darstellung der Entwicklung einer schizoiden Persönlichkeit«, welche das Werk Perrys darstellt, »müsste nicht nur im psychiatrischen, sondern auch im literarischen Bereich ein Klassiker werden«. Es handelt sich tatsächlich um ein Buch, das sehr angenehm zu lesen ist.

Dies vorweg! Es folgt nun eine Zusammenfassung der wichtigsten Daten aus Sullivans Leben; sie stellt die Grundlage für die darauf folgende Abhandlung dar, die ich frei von Perry übernommen habe.

Chronologie des Lebens von Harry Stack Sullivan (1892–1949)

21.02.1892: Harry S. Sullivan wird in Norwich (Chenango County), einem kleinen Dorf etwa 200 Meilen nordöstlich von New York City, geboren; der Vater Timothy und die Mutter Ella Stack haben schon zwei Neugeborene aufgrund von Krankheiten verloren; Harry bleibt also Einzelkind

Herbst 1894: Der Vater, ein Arbeiter, verliert seine Anstellung und die Mutter hat eine schwere depressive Krise; die Familie kehrt auf den Hof der Großmutter Stack zurück, wo Sullivan bis zum Alter von 16 Jahren bleibt; der Vater führt den Hof bis zu seinem Tod 1931

Herbst 1898: Harry geht in dem kleinen Dorf Smyrna, das mehr als zwei Meilen vom väterlichen Hof entfernt liegt, zur Schule

1900–1906: Freundschaft mit dem Nachbarsjungen Clarence Bellinger, der ebenfalls Psychiater werden sollte (»das stille Wunder der Präadoleszenz« der interpersonalen Theorie)

Juni 1898: Harry schließt die Highschool von Smyrna mit Bestnoten ab und bekommt ein Stipendium für die Cornell University (Ithaca, N.Y.), an der er im Herbst sein Studium beginnt

Frühling 1909: Aufgrund des plötzlichen Ausbruchs der Adoleszenz in einer zarten und introvertierten Persönlichkeit mit begrenzten interpersonalen Ressourcen beginnen beim jungen Harry psychische Störungen dissoziativer Art, die ihn nicht nur dazu zwingen, die Universität zu verlassen, sondern auch für zwei Jahre zu verschwinden; vermutlicher Aufenthalt in einem psychiatrischen Krankenhaus

Herbst 1911: Beginn des Medizinstudiums in Chicago

Sommer 1917: Studienabschluss in Medizin in Chicago

Herbst 1921: Ankunft am St. Elisabeths Hospital in Washington D.C., dem von W. A. White geführten Krankenhaus

Dezember 1922–Juni 1930: Arbeit am Sheppard and Enoch Pratt Hospital in Towson, Maryland (bei Washington D.C.), wo er seine Pionierarbeit in der Psychotherapie der Schizophrenie durchführt

1923: Beginn der Zusammenarbeit und Freundschaft mit C. Thompson

1924: Veröffentlichung seiner ersten Arbeit über Schizophrenie, »Schizophrenia: its Conservative and Malignant Features«, die sehr kritisch gegenüber Kraepelins Konzept der »Dementia praecox« ist und einen neuen Ansatz zu formulieren sucht

Herbst 1926: Sullivan lernt den Anthropologen Edward Sapir kennen, mit dem er bis 1939 eng zusammenarbeiten wird

1926: Tod der Mutter Ella Stack

1927: Sullivan nimmt den jungen James zu sich, den er dann adoptiert

1928 und 1929: In New York City finden die beiden Colloquia on Personality Investigation statt

Herbst 1930–Sommer 1939: Sullivan lebt und arbeitet in New York, wo aus der Zusammenarbeit mit Karen Horney, Erich Fromm und anderen Kollegen die »neofreudianische Bewegung« hervorgeht

04.12.1933: Gründung der W. A. White Psychoanalytic Foundation

1936: Gründung der Washington School of Psychiatry

1938: Die erste Nummer von *Psychiatry* erscheint: die erste interdisziplinäre psychiatrische Zeitschrift

04.02.1939: Sapir stirbt im Alter von 57 Jahren

Sommer 1939: Sullivan verlässt New York und zieht nach Bethesda in der Nähe von Washington

Herbst 1939: Sullivan hält die fünf Vorlesungen, die als *Conceptions of Modern Psychiatry* im darauf folgenden Jahr veröffentlicht werden. Es ist das einzige seiner sieben Bücher, das zu Lebzeiten erscheint

1940: Zusammenarbeit mit dem amerikanischen Militär; er beschäftigt sich damit, eine schnelle und effiziente Befragungsmethode zu entwickeln, um bei Rekruten latente psychische Erkrankungen auszuschließen

1942: Dexter Bullard Jr. ruft ihn an das Chestnut Lodge Sanatorium in Rockville (Maryland, nicht weit von Washington D.C.), dass er dort theoretische und klinische Seminare halte; am Ende hat er 246 Sitzungen gehalten, aus denen nach seinem Tod seine drei berühmtesten Werke hervorgehen: *Die interpersonale Theorie der Psychiatrie, Das psychotherapeutische Gespräch* und *Clinical Studies in Psychiatry*; die Gruppe um Frieda Fromm-Reichmann und Alfred Stanton führt seine Arbeit weiter

1943: Sullivan gründet in New York zusammen mit C. Thompson, F. Fromm-Reichmann, E. Fromm und D. und J. Rioch das William Alanson White Institute

Sommer 1945: Beginn der Zusammenarbeit mit Dr. Chisholm, einem der Gründer der World Health Organisation (WHO)

Sommer 1948: Sullivan nimmt in London an der Gründung der World Federation for Mental Health (WFMH) teil, nachdem er jahrelang für eine neue präventive Psychiatrie gearbeitet hatte

14.01.1949: Sullivan stirbt in einem Pariser Hotelzimmer als Folge eines Schlaganfalles – erschöpft von den Verpflichtungen in Europa

3.1 Vom Chenango County, N.Y., zur Krise an der Cornell University

Sullivan wird am 21. Februar 1892 im irischen Viertel von Norwich geboren, der etwa 5000 Einwohner zählenden Hauptstadt des Chenango County, circa 250 Meilen nordöstlich von New York City. Sein Vater Timothy Sullivan ist 35 Jahre alt und seine Mutter Ella Stack Sullivan 39. Beide sind Kinder armer irischer Bauern, die um ca. 1840 in die Vereinigten Staaten eingewandert waren, und hatten schon zwei Neugeborene durch Krankheiten verloren. Harry wird also Einzelkind bleiben. Mit etwa drei Jahren kehrt er gemeinsam mit dem Vater auf die Farm der Familie seiner Mutter zurück, die am Rand des Dorfes Smyrna liegt, einem Ort mit 300 Einwohnern zwölf Meilen nördlich von Norwich, wo er die ersten 16 Jahre seines Lebens verbringen wird.

Sullivan bezog die Energie und den Ehrgeiz, eine anspruchsvolle Karriere einzuschlagen, aus der Familie der Mutter, die sich noch ihres legendären normannisch-irischen Hintergrunds, der auf das Mittelalter zurückging, erinnerte, genauer gesagt von seiner Großmutter, seiner Mutter und seiner Tante Margaret. Seine Mutter Ellen (Ella) wurde 1853 als erstes der vier Kinder Michaels, der 1849 in die Vereinigten Staaten eingewandert war, und Mary Whites geboren. Der Großvater, ein wohlhabender Bauer, hatte versucht, seinen Kindern eine gute Erziehung zu ermöglichen, mit dem Ergebnis, dass Tante Margaret (geboren 1864) ihr ganzes Leben als Lehrerin an einer Highschool arbeitete; nur Ellen, die der Mutter bei den häuslichen Arbeiten helfen musste, blieb davon ausgeschlossen. 1885 heiratete sie dann Timothy Sullivan, um endlich das Elternhaus verlassen zu können. Er war ein Tagelöhner des Vaters, mit dem sie zehn Jahre später auf die väterliche Farm zurückkehrte.

Was die Familie Timothys (geboren 1857) angeht, hat Perry folgende Fakten zusammengetragen: Nachdem der Vater, ein 1848 in die USA emigrierter irischer Bauer, 1874 gestorben war, musste Timothy arbeiten, um seiner Mutter und den sieben Geschwistern zu helfen. Tatsächlich gelang es keinem Mitglied dieser Familie, in Amerika mehr Glück als in Irland zu finden, mit Ausnahme des Cousins William, der Anwalt in Norwich wurde. Aus diesem Grund hielten Ella und ihre Familie Harry von seinem Vater fern, so dass er ihn erst nach dem Tod der Mutter 1926 etwas besser kennen lernen konnte.

Das erste Trauma, das er erlebte, wurde durch die depressive Krise der Mutter ausgelöst, die jene zwang, ab Herbst 1894 mehr als ein Jahr von zu Hause fern zu bleiben; sie verbrachte diese Zeit bei Verwandten oder in einem Krankenhaus. Dadurch lernte Harry von der Großmutter sprechen und eignete sich einen irischen Akzent an, der altertümlicher als der seiner Mutter war und ihm in den ersten Schuljahren nicht wenige Probleme bereitete. Als der Großvater Ende 1894 starb, erwarb sein Vater die »Stack Farm«, die er bis zu seinem Tod führte. Nicht ohne Grund spricht Perry also von »Niederlage und Kompromiss« (1982, S. 40) als den wichtigsten Bestandteilen des Lebens von Sullivans Eltern.

Aber im ganzen Chenango County war das emotionale Klima in diesen Jahren auch nicht besser: Da seine orografische Achse von Nord nach Süd verlief, war Chenango von der Entwicklung der Eisenbahn und der Schifffahrtswege ausgeschlossen, die in der Zwischenzeit in den nahe gelegenen Distrikten entstanden waren und deren Achse von Osten nach Westen verlief. Die Einwohner fanden sich also in wachsender Isolation und Armut wieder und waren noch dazu in einer ganzen Reihe von kollektiven Verteidigungsmechanismen gefangen, wie zum Beispiel dem, der reichen Außenwelt gegenüber Vorurteile zu haben. Eigentlich kann man aber die Isolation und die Einsamkeit, die Sullivans Jugend prägten, als Glück betrachten – wie seine Biografin meint, die gleichzeitig auf die enge Verbindung zwischen sozialem Klima und psychologischer Entwicklung hinweist, die in der interpersonalen Theorie aufgezeigt wird – da sie ihn von jeglichem Gefühl der Verbundenheit mit seinem Land befreiten. Es ist kein Zufall, dass Theodore Dreisers berühmter Roman *Eine amerikanische Tragödie* genau in dieser Gegend spielt.

Da gibt es aber noch mehr: Zu den interessanten Entdeckungen, die Perry beim Sammeln des Materials für ihre Biografie gemacht hat, gehört die Tatsache, dass auch Ruth Benedict, die Autorin von *Urformen der Kultur*, im Chenango County aufgewachsen war und dass ihr familiäres Klima dem Sullivans ähnelte. Nicht zufällig also »geschah es, dass sie als Erwachsene gemeinsam nach den verborgenen Mustern suchten, die den konfliktbeladenen und verwirrenden Werten und Botschaften, die den Kindern von den wichtigen Erwachsenen vermittelt wurden, einen Sinn verleihen konnten« (*ibidem*, S. 56). Auch Ruth Benedict, die ihren Vater, einen fähigen Chirurgen, im Alter von zwei Jahren verloren hatte, und die wie der kleine Harry von der Großmutter aufgezogen wurde, befand sich im Konflikt zwischen mütterlicher und großmütterlicher Autorität. Sullivan beschrieb diese Situation später, wie Perry hervorhebt, mit folgenden Worten in *Die interpersonale Theorie der Psychiatrie:*

> »Sofern die Autoritätspersonen für das Kind jedoch verwirrend sind und die autoritären Situationen von Mal zu Mal nicht miteinander in Einklang zu bringen sind, so daß sich das Kind entsprechend seiner reifungsbedingten Fähigkeiten und Erfahrungen keinen Reim darauf zu machen weiß, kann es dazu kommen, und zwar sogar bereits etwa vor Beendigung des dreißigsten Lebensmonats, daß das Kind unter hochgradigen Störungen der Entwicklung des Vorhersagevermögens zu leiden beginnt.« (1980, S. 234)

Wir wollen auch die Tatsache nicht übersehen, dass beide aufgrund der Isolation, in der sie lebten, sich eine eigene Fantasiewelt schufen und einer schizoidartigen Störung entgegengingen.

Mit sechs Jahren ging Harry endlich zur Schule – nach Jahren, in denen er mit den Eltern und der Großmutter auf der abgelegenen Farm gelebt hatte, mit wenig Kontakt zu seinen Verwandten und inmitten einer feindseligen Außenwelt; die zwei Meilen nach Smyrna legte er täglich zu Fuß zurück. Aber das war es wert. Hier ist, was Sullivan in *Die interpersonale Theorie der Psychiatrie* dazu schreiben wird: »In diesem Stadium geschieht eine enorme Anzahl eminent wichtiger Dinge. Es ist das erste Entwicklungsstadium, in dem die Grenzen und Eigenheiten des familiären Erziehungseinflusses ein Gegengewicht finden können« (*ibidem*, S. 257). Tatsache ist, dass er durch den Besuch der Schule zwar gezwungen war, eine für die anderen verständliche Sprache zu lernen (auch wenn es ihm nicht gelang, den von der Großmutter gelernten irischen Akzent zu verlieren), dafür aber in Direktor Butts, im Gegensatz zum Vater, eine männliche Identifikationsfigur fand, die ihn auf schulischer Ebene ermutigte. Es dauerte allerdings nicht lange, bis der kleine Harry einmütig als »zu intelligent für Smyrna« (siehe Perry, 1982, S. 74) betrachtet wurde, was eine gewisse Isolierung durch seine Schulkameraden mit sich brachte, die anfingen, ihn »stereotyp« (als Streber) zu sehen.[3] Wenn, wie Sullivan in seiner Theorie feststellt, Kompromiss und Kooperation die Fähigkeiten sind, die man im Schulalter lernen kann, dann hatte er in dieser Hinsicht noch einen langen Weg vor sich. Es war ihm allerdings gelungen, durch die Schule soviel Selbstbewusstsein zu erlangen, dass er sich weiterentwickeln konnte.

Perry hebt die enge Verbindung von Sullivans Leben und seiner interpersonalen Theorie so klar hervor, dass wir ihre Biografie als Ausgangspunkt nehmen können, um ein Ereignis zu erörtern, das für seine Entwicklung ausschlaggebend war, nämlich seine Freundschaft mit Clarence Bellinger – von der er nur seiner Sekretärin gegenüber offen gesprochen hatte. Sullivan selbst gehörte zu den Kindern, die wegen ihrer sehr guten schulischen Leistungen »bei anderen Jugendlichen ... wenig erfolgreich und allgemein unbeliebt sind« (1980, S. 288). Auch für diese Kinder bewirkt aber die Präadoleszenz (wie er sie in seiner interpersonalen Theorie beschrieben hat) eine heilende Wende: »der Drang eines Intimitätsbedürfnisses« kann sie dazu bringen, »mit anderen (Kindern; A. d. Ü.) umzugehen und zurechtzukommen« (*ibidem*). Ab Herbst 1900 – Harry war achteinhalb Jahre alt – ging er jeden Morgen gemeinsam mit Clarence zur Schule, das heißt, sie fuhren auf einem Pferdewagen, den die Familie des Freundes zur Verfügung stellte. So ging es fünf Jahre lang und die beiden wurden unzertrennliche Freunde. Entsprechend heißt es in *Die interpersonale Theorie*:

> »Weil man im Entwicklungsstadium der Präadoleszenz so nahe aneinanderrückt und weil man neuerdings fähig ist, sich selbst durch die Augen des anderen zu sehen, ist dieses Entwicklungsstadium ganz besonders wichtig für die Korrektur autistischer, fantastischer Vorstellungen über sich selbst und andere. Auch auf die Gefahr hin, Superlative zu bringen, die bisweilen recht ermüdend sein können, möchte ich betonen, dass die Entwicklung in dieser Phase der Persönlichkeitsentwicklung insofern von geradezu unglaublicher Wichtigkeit ist, als hier eine ganze Reihe ziemlich schwerwiegend behinderter Menschen vor sonst unvermeidlichen ernsten mentalen Störungen gerettet werden können.« (*ibidem*, S. 281)

Wie wir noch sehen werden, hatte diese Erfahrung keinen geringen Anteil an Sullivans Annäherung an die Therapie der Schizophrenie – die als Identitätskrise derjenigen aufgefasst wird, die nicht in den Genuss der Wohltaten des »stillen Wunders der Präadoleszenz« (1940; 1953, S. 41) kamen.[4]

In Übereinstimmung mit der interpersonalen Theorie, widmet Perry das 13. Kapitel ihrer Biografie der Tatsache, dass er »diese Beziehung sogar als alles andere als ideal für sich selbst und schädlich für Clarence betrachtete« (1982, S. 93),[5] zumal das stille Wunder der Präadoleszenz äußerst wichtig dafür war, dass Sullivan sein Leben nicht in einer Irrenanstalt verbrachte. Sullivan war bei seiner Ankunft an der Cornell University, wie wir in Kürze sehen werden, nicht im geringsten auf die Herausforderungen (und neuen Möglichkeiten) durch das andere Geschlecht und das Gruppenleben vorbereitet, während Clarence, der ebenfalls Psychiater wurde, niemals heiratete und sein ganzes Leben lang, auch als Psychiater an einem Krankenhaus, mit seiner Mutter verbrachte. Perry schreibt, dass beide Mütter in der Tat »die sexuelle Entwicklung ihrer Söhne hemmten« (1982, S. 96). Im Fall Sullivans bedeutete dies, dass er nach dem Tod der Großmutter 1903 ganz der Sorge seiner Mutter und seiner Tante Maggie ausgeliefert war, die ihren ganzen Ehrgeiz auf ihn projizierten, ohne dass er in seinem Vater eine starke Identifikationsfigur hatte, die ihm half, sich dem psychologischen Joch der beiden Frauen zu entziehen. Noch dazu war er Einzelkind.[6]

Als Clarence 1906 die Oberschule abschloss und auf die Universität wechselte, blieb Harry für weitere zwei Jahre allein. Zwischen Juni und Juli 1908 kam aber endlich der verdiente und langersehnte Moment des Ruhms: Er schloss die Schule mit Bestnoten ab und erhielt ein Stipendium, das die Cornell University dem vielversprechendsten Schüler des Chenango County zur Verfügung stellte. Seine »Befreiung« rückte jetzt näher – und mit ihr der dramatische Kontakt mit der Außenwelt. Dramatisch vor allem deswegen, weil Harry erst im Herbst/Winter 1908/1909, mit fast 17 Jahren, endlich in die Pubertät kam und mit den großen Veränderungen, die diese vor allem in Bezug auf eine neue sexuelle Orientierung mit sich brachte, konfrontiert wurde. Das dürfte der psychologische Hintergrund für die Krise an der Cornell University sein. Des Weiteren stehen folgende Tatsachen fest: Aus den Unterlagen der Universität (der berühmten Cornell University in Ithaca, N.Y.) geht hervor, dass er das zweite Semester nicht abschloss und auch nicht an die Universität zurückkehrte. Erst zwei Jahre später sehen wir ihn wieder, bzw. können sein Leben weiter aus der Nähe betrachten, und zwar im Herbst 1911, als er sein Medizinstudium in Chicago aufnahm. Konkret geht sowohl aus den Schriften Sullivans als auch aus den Nachforschungen Perrys die Annahme hervor, dass er eine dissoziative Krise hatte, die von der Pubertät bei einem vor allem so zarten Jugendlichen ausgelöst wurde – diese Annahme konnte von Perry mit den neuen Fakten, die wir noch untersuchen werden, unterstützt werden.[7] Was allerdings den psychologischen Hintergrund angeht, können wir mit Perry annehmen, dass sich der junge Harry in einem Zustand der »Fantastischen Liebeserfahrung« (siehe Perry, 1982, S. 140) befand, die er auf einzigartige und eloquente Weise in *Conceptions of Modern Psychiatry* folgendermaßen beschreibt:

> »Um den Unterschied zwischen »Liebe« und Liebe besser zu illustrieren, will ich Ihnen einen Grenzfall erzählen, der in der Gruppe der Schizophrenen aufgetreten ist. Eines Abends geht ein junger Mann, wie üblich, allein ins Kino; er macht das oft, wenn er sich nicht auf das Lernen ›konzentrieren‹ kann – bei dem er immer weniger befriedigende Ergebnisse erzielt. Er schläft oft über den Büchern ein, aber selbst wenn er neun oder zehn Stunden am Tag schläft, ist er beim Erwachen nicht ausgeruht. Schlafen wird zu seiner Hauptbeschäftigung;

es scheint, als schlafe er nie genug. Er kann jedoch nicht einfach die Bücher beiseite legen und ins Bett gehen, denn er weiß, dass er keine guten Ergebnisse erzielt – und da er sehr ehrgeizig ist, möchte er Erfolg haben. Ins Kino gehen ist auf jeden Fall besser, als die Bücher wegzulegen, und tatsächlich weiß er abends nichts Besseres zu tun, als gelegentliche einsame Spaziergänge zu machen. Schon seit geraumer Zeit versucht er nicht mehr, mit den anderen zusammen zu sein, zu plaudern oder zu spielen. Es scheint, dass die anderen ihn uninteressant finden; einige haben sich sogar ziemlich offen über ihn lustig gemacht. Er zumindest ist sich dessen sicher und auch, dass ihn niemand sehr respektiert – wenn er kann, denkt er aber lieber nicht daran.
Eines Abends also, als die platinblonde Heldin sich ihrem ekstatischen Publikum in unschuldiger Hilflosigkeit zeigt, geschieht etwas mit unserem Jungen. Ihn durchfährt ein ›elektrisches‹ Gefühl, das ihn aus seiner üblichen, gleichgültigen Ruhe reißt; ihm wird klar, dass er die Perfekte Frau vor sich hat – er ist ›verliebt‹.
Er sieht den Film ein zweites Mal, mit entflammtem Geist und steigender Erregung. Er geht aus dem Kino, läuft durch die Straßen – und findet sich plötzlich auf dem Land wieder, weit draußen. Bei Sonnenaufgang schreibt er der Geliebten einen Brief. Vielleicht wird er ihn abschicken, vielleicht nicht. Sollte er ihn in den Briefkasten werfen, ist es wahrscheinlich, dass er irgendwann ein Photo mit Widmung direkt aus Hollywood erhält. Auf jeden Fall hat sich sein Leben verändert. Der Trübsinn ist verschwunden. Ein inneres Feuer erwärmt ihn. Er verbringt viele Stunden damit, von der Geliebten zu träumen. Lernen interessiert ihn überhaupt nicht mehr. Und die Mitschüler, die ihn einst demütigten, haben keine Bedeutung mehr. Er bemerkt sie nicht einmal mehr, und sie verstehen nicht, was mit ihm passiert ist. Diese ›Liebe‹ kann Monate dauern und in der Zwischenzeit geht unser Junge einer schizophrenen Krise entgegen. Die ganze Realität dieser Liebe stellt lediglich eine Photografie dar. Er braucht nicht einmal die süßlichen Details aus dem Leben der Geliebten zu kennen, die von den Illustrierten verbreitet werden. Darum kümmern sich seine Fantasien; die Meinung der anderen würden die Perfektion seines Geheimnisses nur zerstören. Dieses Thema der fantastischen Liebesbeziehung hat viele mögliche Variationen. Manchmal ist eine Mitschülerin das unwissende Objekt der Begierde. Manchmal kann es geschehen, dass der Unglückliche, entflammt von seinen Fantasien, sich entschließt, sich dem Mädchen zu eröffnen, was bei dieser aber Verwunderung, Empörung und manchmal auch Entsetzen hervorrufen kann. Dadurch geschehen Dinge, die sicherlich nicht dazu dienen, das sowieso schon geringe Selbstwertgefühl des Jungen zu stärken. Oft kommt die Psychose, die geistige Störung, sofort nach diesem Trauma des Unverstandenseins zum Vorschein.« (1940; 1953, S. 100f)

Vor diesem psychologischen Hintergrund lassen sich die neuen, in jahrelanger Arbeit von Perry zusammengetragenen Anhaltspunkte folgendermaßen einordnen: Harry, der von der dargestellten schrecklichen Verwirrung heimgesucht wurde, die vielleicht wirklich von der problematischen und unglücklichen Verliebtheit in eine Schulkameradin ausgelöst wurde, versuchte sich einer Gruppe von Studenten anzuschließen. Er hatte jedoch großes Pech und wurde für einen kriminellen Plan missbraucht, der darin bestand, die Postsendungen mit Geld für die Studenten zu stehlen. Das war aber nicht alles: Da er als Einziger zur Tat schritt, gehörte er zu den wenigen, die von der Polizei festgenommen wurden. Deswegen wurde er von der Universität verwiesen und kehrte nicht mehr zurück. Der junge Harry war wohl in einem Zustand tiefer Verzweiflung – und einer beginnenden geistigen Krankheit.[8]

Was schließlich sein Verschwinden, das mehr als zweieinhalb Jahre dauerte, angeht, kommt Perry zu folgendem Schluss:

> »Wie immer auch die rechtliche Definition der Geschehnisse an der Cornell University lautet, betrachtete Sullivan sie als seine erste Begegnung mit ›schizophrenen Zuständen‹. Außerdem bekam sein Leben einen neuen Verlauf, unabhängig davon, wohin er in den folgenden zwei Jahren ging (…), und sein Lebenswerk nahm andere Züge an. All dies kann durch seine persönlichen Mitteilungen und Anspielungen oder Hinweise, die in seinen veröffentlichten oder unveröffentlichten Schriften enthalten sind, belegt werden.« (1982, S. 151)[9]

3.2 1911–1930: vom Medizinstudenten in Chicago zum Pionier der Psychotherapie der Psychosen

Chapman beschäftigt sich mit Sullivans Medizinstudium mit mehr Realismus und größerer Objektivität als Perry. Er legt dar, dass das 1901 gegründete Chicago College of Medicine and Surgery zu der großen Gruppe medizinischer Fakultäten von geringer wissenschaftlicher Bedeutung gehörte. 1917, dem Jahr, in dem Sullivan sein Studium abschloss, wurde das Chicago College zusammen mit vier weiteren Colleges in die Loyola University integriert, da alle unbedeutenden medizinischen Fakultäten aufgelöst wurden.

Chapman verweilt auch bei den Vor- und Nachteilen der lückenhaften Ausbildung Sullivans, einschließlich der Tatsache, dass er ab 1921 in der Psychiatrie arbeitete ohne jemals ein *residency program*, eine Fachausbildung in Psychiatrie also, absolviert zu haben. Dazu schreibt Chapman:

»Sullivan lernte nie, in einem einfachen und verständlichen Englisch zu schreiben (…). Er machte auch keine Erfahrungen in Laborarbeit (…). Seine Terminologie und ebenso sein Schreibstil spiegelten die für die jahrelange autodidaktische Arbeit typische Verlegenheit wieder (…). Sullivan verbrachte die folgenden 35 Jahre seines Lebens damit, diese Bildungsmängel zu beheben und nur in den Schriften und Vorlesungen, die er nach seinem 50. Lebensjahr verfasst hat, finden wir manchmal eine gewisse Leichtigkeit beim Ausdruck und der Organisation seiner Gedanken.« (1976, S. 27–28)

Greenberg und Mitchell haben zu diesem Thema geschrieben: »Sullivan zu lesen, ist ein Vergnügen, das man sich verdienen muss, es verlangt ein kritisches und sehr aktives Engagement, sich im Strom seiner Ideen zurechtzufinden« (1983, S. 81). Perry meint dazu: »Sullivan war weit davon entfernt, ein Mörder der englischen Sprache zu sein, er war in vieler Hinsicht ein Erneuerer der wissenschaftlichen Prosa« (1962, S. XXX). Was hingegen die Vorteile eines so ungenügenden universitären Hintergrundes angeht, bemerkt Chapman: »Wenn Sullivan eine Standardausbildung gehabt hätte, wäre er wahrscheinlich ein ausgezeichneter Psychiater geworden, aber es ist zweifelhaft, ob er einen so originellen und revolutionären Beitrag zur Psychiatrie hätte leisten können« (1976, S. 29).[10]

Die beste Rekonstruktion von Sullivans intellektuellem Werdegang bietet Bruce Kuklick, der zuerst seine Position innerhalb des kulturellen Klimas seiner Zeit darlegt und dann die autodidaktischen Züge seiner Arbeit als *»anti-professional professionalism«* (1980, S. 319) beschreibt. Das heißt:

»Sullivan war Autodidakt und die Aufnahme seiner Kenntnisse ist oft unvollständig; häufig lässt er erkennen, dass er das Gelesene nicht ganz verstanden hat; oft bezieht er sich auf Literatur, die nicht ganz auf dem neuesten Stand ist; ganz zu schweigen von der Tatsache, dass er manchmal nicht in der Lage ist, seine Ideen kohärent wiederzugeben. Dem zum Trotz ist es genau dieser Mangel an jeglichem professionellen Vorurteil, der ihn einer Vielzahl von wissenschaftlichen Anregungen gegenüber offen sein lässt und ihn inspiriert, nicht ein akademisches Ziel, sondern ein ganz praktisches Problem, und zwar: Wie kann ich meine Patienten verstehen?« (*ibidem*, S. 317)

Wie ist also eine solche Situation – die wir zum großen Teil auf die persönlichen Lebensumstände Sullivans zurückführen können – in das intellektuelle Klima seiner Zeit einzuordnen? Kublick ist der Ansicht, dass Sullivan, wie James, in der Lage war, der üblichen Professionalisierung zu entgehen, die im Guten wie im Schlechten das intellektuelle

Leben Amerikas charakterisierte und dazu führte, dass die Spezialisierung, zum Nachteil weit gefächerter Kenntnisse, überhand nahm.[11] Außerdem ist sein intellektueller Werdegang in den Bereich einzuordnen, den Kublick als »Einbürgerung der idealistischen Ethik der Selbstverwirklichung« bezeichnet, in das kulturelle Klima also, das von Darwins Evolutionismus eingeleitet wurde. Die Auswirkungen auf die Philosophie hat Dewey 1909 in seinem Artikel »The Influence of Darwinism on Philosophy« dargelegt. Kublick ist der Ansicht, dass die drei Bereiche der Theoriebildung, die dieser neuen Sichtweise innewohnten – also die Entstehung des Selbst und des Anderen, die Evolution des ethischen Denkens und die fortschreitende Evolution von Persönlichkeitstypen, die sich kulturell immer weiter entwickeln – das Werk einer ganzen Reihe von Pionieren der modernen amerikanischen Kultur, wie Royce und Dewey in der Philosophie, Baldwin und Hall in der Psychologie und Small, Thomas und Park in der Soziologie und auch das Werk Sullivans beeinflussten (*ibidem*, S. 309 und 314).

Und was machte Sullivan in den vier Jahren zwischen seinem Studienabschluss in Medizin und seiner Ankunft am von White geleiteten St. Elisabeths Hospital im November 1921? Perry spricht von sehr schweren Jahren, in denen er verschiedene Anstellungen hatte und öfter umzog, obwohl er immer in der Gegend von Chicago blieb. Es sieht außerdem so aus, als habe er auch zu jener Zeit wiederholt mit Episoden starken seelischen Leidens zu tun gehabt. Chapman schreibt darüber:

> »Die uns zur Verfügung stehenden Unterlagen über seine Anstellung als Arbeitsmediziner in Chicago, seinen Wehrdienst während des Ersten Weltkrieges und die verschiedenen Aktivitäten nach dem Krieg, die er als Militärarzt, der mit Kriegsversehrten zu tun hatte, ausübte, enthalten eine ganze Reihe widersprüchlicher Angaben, was Orte, Daten und Aktivitäten angeht; selbst eine so elementare Tatsache wie sein Geburtsdatum verändert sich von einem Dokument zum anderen um sechs Jahre; wir wollen auch nicht vergessen, dass die von Sullivan selbst später angegebenen biografischen Daten über seine Tätigkeit zu jenem Zeitpunkt alles andere als kohärent sind.« (1976, S. 32)[12]

Rätselhaft ist zum Beispiel seine Erklärung von 1934, dass er sich 1916–17 »so ungefähr 75 Stunden Psychoanalyse« (1934; 1962, S. 312) unterzogen habe, wobei doch eine solche Möglichkeit im Chicago jener Zeit noch nicht existierte. Auf jeden Fall empfand Sullivan gegenüber dem amerikanischen Militär, in dem er als Truppenarzt arbeitete, Dankbarkeit, was dazu führte, dass er sich während des Zweiten Weltkriegs für eine Verbesserung der

Rekrutenauswahl einsetzte. Dazu gehört auch sein späterer Wunsch, mit militärischen Ehren beigesetzt zu werden.[13]

Sullivan kam als Truppenarzt, als *liaison officer* der Veteran Administration, ans St. Elisabeths Hospital. Dort begann er, im Alter von fast 30 Jahren, seine Karriere als Psychiater und sein Leben begann endlich, einen kohärenten – und befriedigenden – Lauf zu nehmen. Chapman spricht von »einem Wendepunkt in Sullivans Karriere« (1976, S. 34) und Perry sieht sogar eine so große Veränderung, dass Sullivan von jenem Zeitpunkt an »sich selbst dabei beobachten konnte, wie er mit jeder neuen Begegnung einen Gang zulegte« (1982, S. 180). So war es ihm durch die Begegnung mit White gegangen, den Perry als »den wichtigsten Therapeuten, den Sullivan je hatte« bezeichnet (*ibidem*, S. 184).[14]

Ohne Zweifel konnte Sullivan unter seiner Führung und in der anregenden Atmosphäre des von ihm geleiteten Krankenhauses endlich in eine tiefere Beziehung mit seiner eigenen Problematik treten – durch seine Begegnung mit den psychiatrischen Patienten und der intensiven Beschäftigung mit ihnen. Sullivan hatte keinerlei psychiatrisches Training absolviert, wie Chapman anmerkt, und konnte die Psychiatrie hauptsächlich von denjenigen lernen, die eigentlich die zuverlässigsten Lehrer sind – den Patienten! (1976, S. 37) Auf diese Art also, indem er die Beschäftigung mit den Patienten mit einer Selbstanalyse verband (in dieser Hinsicht Freud nicht unähnlich), verbrachte er die folgenden zwanzig Jahre damit, seinen eigenen psychiatrischen Ansatz zu entwickeln.

Durch ein Empfehlungsschreiben, das White an Ross McClure Chapman, einen ehemaligen Mitarbeiter und Direktor des Sheppard and Enoch Pratt Hospitals in Towson (Maryland), geschickt hatte, begann Sullivan im Dezember 1922 dort zu arbeiten. In dem Schreiben sprach White, der Sullivan mit so viel Freundlichkeit und Respekt behandelte, wie ihm noch niemand entgegengebracht hatte, und die er mit einer Bewunderung und Verehrung erwiderte, wie er sie für keinen anderen mehr empfinden sollte (*ibidem*, S. 39), von ihm als »einer munteren und angenehmen Person, die ich zweifellos an meinem Krankenhaus angestellt hätte, wenn ich Assistenten bräuchte« (Perry 1982, S. 187). Perry schreibt dazu:

> »In Towson hat Sullivan, in weniger als acht Jahren, den wichtigsten Teil seiner klinischen Arbeit gemacht. Er kam am Sheppard-Hospital als Psychiater an, der gerade seine ersten Erfahrungen machte, und als er ging, war er zu einer Legende geworden, sowohl im klinischen Bereich als auch in den Sozialwissenschaften. All dies wurde vor allem durch Ross McClure Chapman, dem Direktor, ermöglicht, der Sullivan in diesen wichtigen Jahren auf außerordentliche Weise entgegen kam. Ähnlich wie White hatte auch Chapman die seltene

Qualität, dass er nicht mit seinem Team konkurrierte, aus diesem Grund begeisterte ihn der experimentelle Ansatz Sullivans. Chapman teilte außerdem mit Sullivan das Interesse für neue Ansätze in der Arbeit mit den psychotischen Patienten. Gegen Ende seines Aufenthalts am Sheppard führten die ihm von Chapman gewährten Privilegien zu starken negativen Gefühlen seitens des Teams und Chapman war gezwungen, ihm seine Unterstützung zu entziehen. Es steht aber außer Zweifel, dass er in all diesen Jahren Sullivan dazu ermunterte, wirklich kreativ und aufregend zu arbeiten.« (*ibidem*, S. 190f)

Chapman zieht in seiner wiederholt zitierten Arbeit über Sullivan folgende Bilanz:

»Einmal in der Welt der Psychiatrie angekommen, wurde Sullivan schnell berühmt. Die Energie und das Engagement, mit denen er mit den Patienten arbeitete und von seiner Arbeit schrieb, sorgten dafür, dass er bald an exponierter Stelle der amerikanischen Psychiatrie stand. Er stellte 1924 seine erste Arbeit auf nationaler Ebene vor und bis Ende der 20er Jahre veröffentlichte er zwei oder drei Arbeiten jährlich. Er beschäftigte sich in seinen Beiträgen fast ausschließlich mit Schizophrenie (...). 1926 wurde er *associate editor* des *American Journal of Psychiatry*, diese Position behielt er bis 1939 bei (...) Während der 20er Jahre veröffentlichte er dort 27 Rezensionen, die er mit Sorgfalt verfasste, und die zwar ein bisschen weitschweifig waren, aber besser als der Durchschnitt der Rezensionen der Zeitschrift. In den 20er Jahren war er außerdem aktives Mitglied verschiedener psychiatrischer Vereinigungen in der Gegend von Washington und Baltimore.« (1976, S. 42f)

Auch wenn Fine meint, dass die Tatsache, Sullivan sei zur »Legende« geworden, »eine große Übertreibung« darstelle (1984, S. 222)[15], spricht Bliss Forbush in seiner Darstellung des Sheppard Hospitals (1971) von ihm als »einem der beiden berühmtesten Psychiater, die je mit der Klinik zu tun hatten« (1971, S. 80). Aus Forbushs Arbeit erfahren wir auch, dass die Entstehung dieses Krankenhauses, das in seiner achtzigjährigen Geschichte seit 1891 etwa 18.000 Patienten behandelt hat, einen wichtigen Beitrag wiederspiegelt, den die private Philanthropie zur Entwicklung der amerikanischen Psychiatrie geleistet hat. Moses Sheppard und Enoch Pratt waren Geschäftsmänner, die so sensibel für die Notwendigkeit der Verbesserung des Standards bei der Behandlung von Geistskrankheiten waren, dass sie die nötigen Mittel zur Verfügung stellten, um das Krankenhaus eröffnen zu können. Das heißt, der Führungsstil Chapmans und die experimentelle Arbeit Sullivans hatten einen ähnlichen Hintergrund wie das berühmte

York Retreat, das William Tuke Ende des 18. Jahrhunderts gegründet hatte, und das zum Vorbild einer ganzen Reihe von amerikanischen Privatinstituten wurde (siehe Zilboorg, 1941; italienische Ausgabe 1963, S. 278)[16].

Bevor wir uns nun der von Sullivan am Sheppard Hospital geleisteten Arbeit und der Beschreibung des berühmten Pilotprojektes, das er dort 1929 starten konnte (und das Perry in ihrer Einleitung zu *Schizophrenia as a Human Process* darstellt), zuwenden, lohnt es sich, ein paar Worte zu seinen Schriften über die Psychotherapie der Schizophrenie aus den zwanziger Jahren zu sagen – und damit der im 5. Kapitel folgenden, detaillierteren Abhandlung vorgreifen. Neben den vielen Themen, die wir bei der Untersuchung dieser kreativen Phase von Sullivans Leben behandeln werden, stellt seine wissenschaftliche Entwicklung jener Jahre eines der wichtigsten dar.[17] Schon in der oben erwähnten ersten Schrift von 1924 »Schizophrenia: Conservative and Malignant Features« hatte er eine kritische und alternative Haltung zu Kraepelins Konzept von Dementia Praecox eingenommen und beschrieb Schizophrenie als »eine Reihe von äußerst wichtigen geistigen Ereignissen, die von grundlegenden Veränderungen der Persönlichkeit begleitet werden, an und für sich aber weder Verschlechterung noch Demenz mit sich führen« (1924; 1962, S. 12). Und 1926 führte er vor einer großen Gruppe von Kollegen, die sich in New York versammelt hatten, den Begriff »interpersonal« ein. Die Rede ist hier von der Schrift »The Onset of Schizophrenia«, in der wir zu Beginn lesen können: »Die aktiven Elemente in der Psychiatrie der Schizophrenie scheinen folglich die interpersonalen Faktoren zu sein« (1927; 1962, S. 104).

Zu jener Zeit kam er auch das erste Mal mit Edward Sapir (1884–1939) und der Schule von Chicago in Kontakt. Die interdisziplinäre Ausrichtung seiner Arbeit sowie die Vertiefung der Psychodynamik von schizophrenen Krisen und die Ausarbeitung der besten Behandlung für seine jungen Patienten fanden in seinem Beitrag zum zweiten der beiden Colloquia on Personality Investigation Ausdruck; dieser Beitrag, der im Rahmen des in New York 1929 abgehaltenen Kongresses von Sullivan vorgetragen wurde, hatte den bezeichnenden Titel »Schizophrenic Individuals as a Source of Data for Comparative Investigation of Personality«. Am Anfang schreibt er: »Wenn wir einmal von der vielleicht bedeutendsten meiner Aktivitäten – das wäre die Teilnahme an Versammlungen mit Sozialwissenschaftlern – absehen, nehmen meine Versuche, Daten über die menschliche Persönlichkeit zu sammeln, meist die Form des *Zusammenlebens* mit schizophrenen Menschen an« (kursiv von mir, M.C.; 1930; 1962, S. 218). Nachdem er dann feststellt, dass das Konzept von Dementia Praecox »ein schreckliches Hindernis für den Fortschritt der Psychiatrie« und »ein Todesurteil für viele

Schizophrene« (*ibidem*, S. 219) darstellt, erläutert er seine Annäherung an die Patienten wie folgt:

> »Vor einiger Zeit kam mir die Idee, dass wenn wir bei der Aufnahme dieser Patienten angefangen hätten, sie als Personen zu achten und zu entdecken, welche Dinge sie noch interessieren könnten, wenn wir versucht hätten, ihre neue Umgebung so zu gestalten, dass sie in einem harmonischen Verhältnis mit diesen bestimmten Dingen stünde – hätten wir vielleicht, wenn ich mich so ausdrücken darf, einen außergewöhnlichen Anstieg der Heilungen festgestellt.« (*ibidem*, S. 222)

So kam es, dass er im darauf folgendem Jahr anlässlich der Präsentation der Kasuistik des Sheppard Hospitals ausführen konnte, dass die »Wahrscheinlichkeit einer Heilung oder Besserung der Dementia praecox bei den jüngeren Patienten bei eins zu vier oder eins zu fünf« liege (1931; 1962, S. 241). In einer anderen Schrift aus dem Jahre 1931 bestätigt er, dass »die Arbeit im Team für alle, die mit akut schizophrenen Patienten arbeiten, grundlegend ist« (1931; 1962, S. 253). Die Synthese seiner langjährigen revolutionären Arbeit am Sheppard Hospital formulierte er in der berühmten Schrift »The Modified Psychoanalytic Treatment of Schizophrenia« wie folgt: »Die einzigen therapeutischen Mittel, die Ergebnisse erzielt haben, welche im Bereich der Schizophrenie einen gewissen Optimismus rechtfertigen, sind *psychoanalytische* Verfahren und das *soziopsychiatrische* Programm, das ich von diesen Verfahren ausgehend entwickelt habe«! (1931; 1962, S. 283).

Wenn der entscheidende Schlüssel zur Arbeit Sullivans mit seinen Patienten in seinen persönlichen Erlebnissen und seiner Fähigkeit zur Identifikation mit den Patienten zu finden ist, hat Perry dieses Thema zwischen 1962 (als sie die Einführung zu seinen Schriften zur Schizophrenie verfasst hat) und 1982 (das Erscheinungsjahr ihrer Biografie) präzise untersucht: »Entsprechend der späteren Theorie Sullivans über die Entwicklungsphasen«, schrieb sie 1962, »war die Umgebung in der Abteilung ganz auf eine *präadoleszente* Gesellschaft ausgerichtet, um dem schizophrenen Patienten die Art von Erfahrung zu ermöglichen, die Sullivan als grundlegend für die Heilung ansah« (1962; S. XXI). Und 1982 schreibt sie:

> »Die von Sullivan am Sheppard ins Leben gerufene Pilotabteilung kann man direkt auf Sullivans Erlebnisse als Jugendlicher zurückführen. Besonders Clarence Bellinger hatte für ihn den Unterschied zwischen irgendeiner Art Leben und der vollkommenen Verneinung des Lebens selbst dargestellt. In der

Tat war diese Beziehung, auch wenn sie zeitlich beschränkt und in gewisser Hinsicht unbefriedigend war, von entscheidender Bedeutung: Sie hatte dem jungen Harry eine Erfahrung ermöglicht, auf die er später aufbauen konnte. (…) Auf der Basis dieser Erfahrung ging Sullivan nun von der Vermutung aus, dass die jungen männlichen Patienten seiner Abteilung in der präadoleszenten Phase keine Gelegenheit gehabt hatten, eine Vertrauensbeziehung zu jemandem aufzubauen. Folglich versuchte er, diese Erfahrung herzustellen und setzte bei der seiner Meinung nach wichtigsten Quelle für dieses gegenseitige Vertrauen an, und zwar dem präadoleszenten Freund.« (1982, S. 194f)

Wenn wir nun dieses Thema von der interpersonalen Ebene auf eine technische Ebene verlagern, können wir verstehen, wie Sullivan durch diese Arbeitsweise, mit der er mehr oder weniger absichtlich an die Tradition der »moralischen Behandlung« anknüpfte, etwas ins Leben rief, das man heute *milieu therapy* nennt. »Diese Art zu denken«, schreibt Perry, »bewirkte, dass Sullivan seinen Assistenten vermittelte, dass das Leben des Patienten in der Abteilung zu seinen Fortschritten sehr viel mehr beiträgt als die Stunde, die er täglich mit dem Arzt verbringt« (1962, S. XXf).[18] Natürlich brachte dieser Arbeitsstil – auch bevor er sein Pilotprojekt startete – mit sich, dass Sullivan viel Zeit mit seinen *assistants*, dem Pflegepersonal also, verbrachte, sowohl um diese systematisch auszubilden als auch um über die einzelnen Patienten zu diskutieren. Dieser Teil der Arbeit fand, wie Perry erzählt, in seinem in der Nähe des Krankenhauses gelegenen Privathaus statt, das »immer offen stand, auch um dort zu essen« (*ibidem*, S. XVI). Sie fügt hinzu, dass

»Sullivan bei der Beförderung des normalen Krankenpflegers auf diese wichtige Stelle innerhalb des Sozialsystems des Krankenhauses nach dem Prinzip von *similis similibus curantur* vorging. Das heißt, seiner Meinung nach wurden schizophrene Patienten mit Erfolg von Personen betreut, die selbst potenzielle Schizophreniepatienten mit guter Prognose waren.« (*ibidem*, S. XVII)

In genau diesen theoretischen Rahmen ist die Pilotabteilung für junge männliche Schizophrene einzuordnen, die Sullivan Ende der zwanziger Jahre am Sheppard Hospital einrichten konnte, wobei ihm das Recht, weibliches Pflegepersonal auszuschließen, zugestanden wurde. In Perrys Darstellung bestand diese Abteilung aus »sechs Betten (zwei Zimmer mit je drei Betten, zwischen denen sich miteinander verbundene Wohnräume und ein Flur befanden) und befand sich in einem relativ neuen Gebäude, das in einiger Entfernung von den anderen Gebäuden des Krankenhauses lag« (*ibidem*, S. XV). Was das Personal anging, gab es »sechs Helfer oder normale

Krankenpfleger, Männer (und eine gewisse Anzahl an Ersatzkräften), die in zwei Schichten von je zwölf Stunden arbeiteten. Tagsüber arbeiteten vier Helfer und nachts zwei« (*ibidem*, S. XVI). Dadurch konnte nicht nur die oben beschriebene »therapeutische Philosophie« verwirklicht werden; diese Art der Organisation bot darüber hinaus die Möglichkeit, dem Patienten den Schock, der immer mit einer Einweisung verbunden ist, zu ersparen und ihm die Ruhe zu bieten, die er brauchte. In der Praxis handelte es sich um eine Abteilung, in der man – mit guten Ergebnissen, das heißt einer Verbesserung des Krankheitsbildes – z. B. auf folgende therapeutische Methode zurückgreifen konnte: »zwei Krankenpfleger wurden angewiesen, über gewisse Erfahrungen, die sie als Heranwachsende gemacht hatten und welche mit jenen des Patienten übereinstimmen könnten, zu diskutieren« (*ibidem*, S. XXII). Man sollte auch die Vorteile nicht vergessen, die durch die Möglichkeit der persönlichen Beziehung zum Patienten, vor allem aber durch die Behandlung einer homogenen Gruppe von Patienten gegeben war, in welcher Diagnose, Alter (bei Auftreten der Krankheit), Prognose und Geschlecht übereinstimmten (männliche Jugendliche bei ihrer ersten Krise).[19]

Wer nie eine heutige Abteilung der Psychiatrie (nicht nur in Italien) gesehen hat, wird natürlich kaum verstehen, wie innovativ eine solche Organisation war, die zeitgenössische Avantgardeprojekte beeinflusst hat wie zum Beispiel die therapeutischen Gemeinschaften von Loren Mosher in den Vereinigten Staaten oder Luc Ciompi in der Schweiz, nicht zu vergessen Bruno Bettelheims Arbeit in Chicago. Es geht darum, dass die beste Art, diesen Patienten zu helfen, darin besteht, ihnen entgegenzukommen und ihnen den Raum und die Zeit zu gewähren, die sie brauchen; dies steht aber in einem solchen Kontrast zur so genannten normalen Organisation von Zeit und Raum, dass es fast unmöglich ist, die Bedürfnisse der Patienten zu befriedigen, das heißt, sich auf angemessene Weise um sie zu kümmern. Vergessen wir auch nicht die auf den ersten Blick banalere Schwierigkeit, die Patienten in homogenen Gruppen zusammenzufassen oder ihre erste Krise auf angemessene Weise, zum Beispiel innerhalb einer persönlichen Beziehung, behandeln zu können. Sei es wegen der anormalen privilegierten Stellung, die Sullivans Abteilung innerhalb des Krankenhauses einnahm oder wegen der hohen Ausgaben (es ist die Zeit kurz nach der Wirtschaftkrise von 1929) – nach etwas mehr als einem Jahr wurde sein Experiment gestoppt, was ihn dazu bewog, im Juni 1930 zu kündigen und nach New York zu gehen.[20]

Auch wenn Sullivans wichtigste Beschäftigung in den 20er Jahren die sich über sieben Jahre hinziehende Arbeit am Sheppard war, engagierte er sich auch in anderen Bereichen, und es lohnt sich, diese Aktivitäten näher zu betrachten. Ich beziehe mich hier vor allem auf seine Mitgliedschaft bei der

American Psychoanalytic Association, seine Arbeit innerhalb der Sektion Washington-Baltimore, aber auch die 1926 aufgenommene Beziehung zu Sapir nebst den beiden Colloquia on Personality Investigation 1928 und 1929. Außerdem wurde Sullivan 1924, wie sich Chapman erinnert, *instructor* und lehrte zwischen 1925 und 1930 als *associate professor* für Psychiatrie an der University of Maryland Medical School von Baltimore (1976, S. 43). Seine wesentliche Arbeit spiegelt sich jedoch in seiner Antwort auf die Frage wider, wie man die Psychoanalyse in der Psychiatrie am besten einsetzen könne – ein Problem, das schon Jelliffe und White beschäftigte. Dies bedeutet, dass seine gesamten Aktivitäten jener Jahre in Bezug auf die Ausarbeitung seines Beitrags zum Aufbau der dynamischen Psychiatrie gesehen werden können. So fasst also Chapman Sullivans Arbeit jener Jahre zusammen und bewertet sie innerhalb seines Gesamtwerks:

> »... Sullivan hatte ein neues Konzept der psychiatrischen Behandlung im Krankenhaus entwickelt, in die Praxis umgesetzt und gezeigt, dass es den Patienten deutlich half. Das Besondere an dieser Behandlung war nicht, dass sie durch tief gehende Gespräche die Vergangenheit des Patienten erforschte, wie dies bei Freuds Psychoanalyse der Fall war, sondern den Patienten vor allem eine gesunde interpersonale Umgebung bot, in der eine angemessene Interaktion mit dem Personal nach und nach pathologische emotionale und intellektuelle Schemata korrigieren konnte. Die theoretischen und praktischen Implikationen dieser Art von Behandlung hatten große Wirkung auf die amerikanische Psychiatrie. Und tatsächlich hatte er die Formulierung folgender Frage bewirkt: Sollte die Psychotherapie als Freuds Methode der freien Assoziation weitergeführt werden, oder sollte sie nicht eher in einem sehr viel flexibleren Dialog zwischen einem Psychiater, als Experten der interpersonalen Beziehungen und der psychologischen Probleme, und einem Patienten, der unfähig zu einer angemessenen Beziehung mit den anderen ist, bestehen? Die Antwort Sullivans auf dieses Problem ist in seinen Schriften aus den vierziger Jahren enthalten und stellt die Basis seiner Interpersonalen Theorie dar.« (1976, S. 48/49)

An diesem Punkt wollen wir sehen, wie seine Beziehungen zur psychoanalytischen Welt und der Soziologischen Schule von Chicago waren, wobei wir nicht vergessen wollen, dass er sich zu jener Zeit, mehr oder minder bewusst, in Richtung einer Formulierung seiner interpersonalen Theorie bewegte.

»Sullivan war der American Psychoanalytic Association über viele Jahre tief verbunden *(for many years closely identified)*«, schreibt Fine in seiner angesehenen *A History of Psychoanalysis* (1979, S. 101). Aus der historischen Rekonstruktion von Douglas Noble und Donald Burnham geht in erster

Linie hervor, dass er, anlässlich des am 3. Juni 1924 in Atlantic City abgehaltenen Treffens, Mitglied der American Psychoanalytic Society wurde, und zwar mit dem Beitrag »The Oral Complex« (Noble und Burnham 1989, S. 556f). Fine berichtet (*ibidem*), dass er bis zu seinem Tode Mitglied der American Psychoanalytic Society blieb, doch ab Mitte der 30er Jahre begann er, sich immer weiter von ihr zu entfernen, um seinen eigenen Standpunkt freier zu entwickeln und seine Initiativen (vor allem die Washington School of Psychiatry (1936) und die Zeitschrift *Psychiatry* (1938)) weiterführen zu können. Allerdings leistete er zwischen Ende der 20er und Anfang der 30er einen wichtigen Beitrag zum Leben der Vereinigung. Er führte zum Beispiel, in seiner Eigenschaft als Vizepräsident der American Psychoanalytic Association, den Vorsitz der Gründungsveranstaltung der Washington-Baltimore Psychoanalytic Society, deren erster Präsident Clara Thompson wurde (Noble und Burnham, 1989, S. 546). Noble und Burnham berichten weiter, dass Sullivan 1932 dem Komitee zur Änderung der Statuten vorstand und so konnte die APA ein Verband von lokalen Gesellschaften werden. Im darauf folgenden Jahr gelang es ihm, gemeinsam mit Brill und Clarence Oberndorf, innerhalb der American Psychiatric Association eine Abteilung für Psychoanalyse einzurichten (*ibidem*, S. 557).

Ich stelle dies so ausführlich dar, um dem weit verbreiteten Vorurteil zu begegnen, Sullivan sei kein Psychoanalytiker gewesen. Ich habe mich mit diesem Problem in meiner Einführung zu der Anthologie *La tradizione interpersonale* (Die interpersonale Tradition) befasst und denke, dass im Moment das folgende Urteil Fines dieses Problem am Besten definiert:

> »In den letzten Jahren seines Lebens, wurde Sullivan der Sprecher eines neuen ›interpersonalen‹ Ansatzes, der zu unrecht von der Psychoanalyse unterschieden wurde. Außerdem idealisierten viele seiner Anhänger Sullivan nach seinem Tode, während die orthodoxen Analytiker ihn erbarmungslos kritisierten (Jacobson, 1955). Beide Positionen sind verfehlt und bedenken nicht, wie eng Sullivan der Psychoanalyse verbunden war und welch bedeutende Beiträge er zur Theorie geleistet hat. Die beiden wichtigsten sind: Die Entdeckung, dass Schizophrenie heilbar ist und dass das Selbst-System ein wichtiger Aspekt der Persönlichkeit ist, dem bis dahin zu wenig Gewicht verliehen worden war.« (1979, S. 101)

Und weiter: »Die Arbeiten Sullivans, Kleins und anderer führten zu einer Revision der Psychoanalyse, um die schwersten geistigen Störungen, die wir kennen, in sie einzubeziehen« (*ibidem*).

Auf das Problem der Beziehungen Sullivans und seiner Arbeit zur Psychoanalyse werden wir noch mehrmals zurückkommen. An dieser Stelle ist es sinnvoll, ein weiteres Kriterium einzuführen, durch welches wir dieses Problem betrachten können, und zwar die Beziehung zu Thompson und damit zur Arbeit Ferenczis. Perry bestätigt, dass diese Beziehung ab der ersten Begegnung 1923 eine entscheidende Rolle bei der Entstehung der neofreudianischen Bewegung spielte und spricht sogar von einer »Fast-Heirat«. Sullivans Biografin schreibt dazu:

> »In jeglicher Hinsicht, außer wohl sexueller Hinsicht wurde die Beziehung zu Clara Thompson eine der wichtigsten seines Lebens, und ihr ging es ebenso. Auch als Kollegin spielte sie eine entscheidende Rolle. Durch sie lernte er zum Beispiel die Ideen Meyers sehr gut kennen, denn Thompson hatte vier Jahre an der von ihm geleiteten Phipps Clinic gearbeitet. Außerdem überzeugte Sullivan sie Ende der 20er Jahre, nach Budapest zu gehen, um sich dort von Sandor Ferenczi analysieren zu lassen, so dass sie ihn nach ihrer Rückkehr das lehren konnte, was sie gelernt hatte, was zu jener Zeit üblich war. In dieser Hinsicht sprach Sullivan von Thompson als seiner ›didaktischen Analytikerin‹ (...). Und als Freundin konnte sie seine Exzentrizität ertragen, blieb ihm darüber hinaus ihr ganzes Leben lang öffentlich treu, so wie er ihr; gleichzeitig waren sie frei genug, sich im Privaten gegenseitig zu kritisieren.« (1982, S. 201)

Was das Leben von Clara Thompson angeht, möchte ich den Leser auf die biografische Darstellung Maurice Greens im Anhang der von ihm herausgegebenen Schriften Thompsons mit dem Titel *Interpersonal Psychoanalysis* verweisen. Wenn wir uns hingegen dem Privatleben Sullivans zuwenden, ist zu bemerken, dass er 1927 einen fünfzehnjährigen ehemaligen Patienten namens James bei sich aufnahm, den er dann adoptierte (als James Sullivan) und der bis zu seinem Tode bei ihm blieb, als Privatsekretär und »Hausmann«.[21]

Die Beziehung zu Thompson stellte den ursprünglichen Kern der so genannten »Zodiac-Gruppe« dar, zu der auch Erich Fromm und Karen Horney gehörten, und die der fruchtbare Boden war, auf dem die neofreudianische Bewegung gedeihen sollte. An dieser Stelle möchte ich auch auf Sullivans durch Thompson hergestellte Beziehung zu Ferenczi hinweisen, auch in Bezug auf die Neubewertung dieser Verbindung durch die neuesten Untersuchungen des Werdeganges Sullivans und seiner Gruppe (vgl. z. B. Wolstein 1989; Aron, Harris (Hg.) 1993). Da wir auf diesen Aspekt noch weiter eingehen werden, soll an dieser Stelle der historische Rahmen festgestellt werden. Im Herbst 1926 und Frühjahr 1927 hatte Sullivan die Gelegenheit, Ferenczi persönlich kennen zu lernen, als dieser anlässlich einer Vorlesungsreihe New York und Washington besuchte; Ferenczi blieb fast ein

Jahr in der »Neuen Welt«, was Freud etwas beunruhigte. Eine Übereinstimmung der Standpunkte der beiden Männer belegt zum Beispiel ein 1926 in der Zeitschrift *Mental Hygiene* erschienener Artikel Ferenczis mit dem Titel »Die Bedeutung Freuds für die Bewegung für geistige Hygiene«, in dem er den Wunsch formuliert, dass die Psychoanalyse bald die den Psychosen zu Grunde liegenden psychischen Mechanismen klären möge – womit sie der Arbeit Sullivans dienen würde. Perry wiederum hebt im Kapitel »Der Einfluss Ferenczis« hervor, dass eine weitere Gemeinsamkeit ihres Standpunkts und ihrer Arbeit in der Fähigkeit lag, sich auch der verzweifeltsten Fälle anzunehmen (1982, S. 228).

Genau diese Fähigkeit ermöglichte es, dass Sullivan auf der gleichen Wellenlänge mit Edward Sapir lag, mit dem er eine sehr fruchtbare Zusammenarbeit begann. Sapir hatte im Herbst 1926 in Chicago den Kontakt zu ihm gesucht, um mit ihm über eine Familientragödie zu sprechen, und zwar die schwere Depression und den frühen Tod seiner Frau – wie uns Perry in dem Kapitel erzählt, das sie der ersten Begegnung und der darauf folgenden Zusammenarbeit widmet. Trotz ihres unterschiedlichen Hintergrundes (Sapir wurde als Kind jüdischer Eltern in Deutschland geboren und emigrierte mit fünf Jahren in die USA), waren »die Gemeinsamkeiten größer als die Unterschiede«, wie Perry schreibt (*ibidem*, S. 246). Und so fährt sie fort:

> »Beiden war die Erfahrung vertraut, ein einsamer Außenseiter zu sein. Der Druck, das einzige überlebende Kind zu sein, war ähnlich groß gewesen; gemeinsam war ihnen auch die Belastung der Unzulänglichkeit der Vaterfigur – und das, obwohl Jakob Sapir, im Gegensatz zu Timothy Sullivan, ein intellektuelles Modell für den Sohn dargestellt hatte.« (*ibidem*)[22]

Perry beschreibt auch, wie sich auf der Basis ihrer Lebenserfahrungen und ihrer Beziehung ihr gemeinsamer interdisziplinärer Ansatz entwickeln konnte:

> »Durch die lange introspektive Arbeit, was sein eigenes Leben anging und die genaue Beobachtung der psychotischen Patienten hatte Sullivan verstanden, dass die Unterschiede zwischen den Menschen im Vergleich zur allgemeinen Menschlichkeit, die sie vereint, nur oberflächlich waren. Und Sapir, der durch seine intensiven Untersuchungen der Indianer Nordamerikas diese Theorie anthropologisch unterstützen konnte, kam durch die Tragödie seiner ersten Frau dazu, die Unterschiede zwischen den Personen innerhalb der gleichen Kultur mit anderen Augen zu sehen … All das, was einer Person widerfährt – die Position seiner Familie in der Gesellschaft, seine Stellung in der

Geschwisterfolge, die Erfahrung mit den Lehrern in der Schule und alle anderen Gegebenheiten – bedingt ihre Beziehungen zu den anderen für den Rest ihres Lebens; gleichzeitig kann jede wichtige Begegnung mit neuen Personen die vorherigen Erfahrungen auf positive oder andere Weise verändern (…). Für beide, Sullivan und Sapir, wurde diese Denkweise zu weit mehr als einem einfachen intellektuellen Standpunkt.« (*ibidem*, S. 246f)

Was eine genauere Beschreibung von Sapirs Ideen und ihrer fruchtbaren Zusammenarbeit angeht, die unter anderem zur Gründung von *Psychiatry* führte, verweise ich den Leser auf das Kapitel »Sullivan als Sozialwissenschaftler« in diesem Buch. Darnell hingegen schreibt in ihrer Sapir-Biografie über dieses Thema:

»Harry Stack Sullivan war der beste Freund, den Sapir in seiner letzten Lebensphase hatte. Ihre Zusammenarbeit veränderte sowohl ihren Wortschatz als auch ihre Forschungsrichtung. Beide gelangten aus eigener Kraft zu einer reiferen intellektuellen Position und wurden gleichzeitig durch ihre intellektuelle Affinität inspiriert. Sullivans Konzept der ›interpersonalen Beziehungen‹ ermöglichte es Sapir, Individuum und Gesellschaft wieder zu vereinigen und gab ihm eine Sprache, um mit den Kollegen in Chicago und Yale zu kommunizieren, die sich mit interdisziplinärer Arbeit beschäftigten. Sullivan übernahm Sapirs Arbeitsmethode vor Ort, mit den Varianten der Persönlichkeit je nach kulturellem Umfeld (…). Für beide stellte die gegenseitige Bereicherung ein Modell für interdisziplinäre Arbeit dar.« (1990, S. 289)

Da die fruchtbare Beziehung, die Sullivan durch Sapir zur Soziologischen Schule von Chicago aufnahm, später eingehend erörtert wird, beschränke ich mich an dieser Stelle darauf, den Faden der Biografie Sullivans wieder aufzunehmen. Besonders möchte ich auf die Bedeutung der Begegnung mit William Thomas (1863–1947) hinweisen – der gemeinsam mit Florian Znaniecki Autor des Klassikers *The Polish Peasant in Europe and America* ist. Sullivans Leben wurde dadurch verändert, was ihn dazu brachte, Ende 1930 nach New York zu gehen und dort eine Praxis zu eröffnen. Perry schreibt dazu:

»Thomas' Karriere in New York wurde von Sullivan als Vorbild genommen und beeinflusste seine Entscheidung dorthin zu gehen, nachdem er das Sheppard Hospital verlassen hatte. Für Sullivan war Thomas das Beispiel einer Person mit Kompetenz und Erfahrung, für die Prestige keine Bedeutung hatte. Dies stellte ein Modell dar, das Sullivan sein restliches Leben zu verfolgen versuchte.« (1982, S. 256)

Nachdem er gezwungen worden war, die Universität von Chicago gegen Ende des Ersten Weltkriegs zu verlassen, war es Thomas gelungen, in New York erfolgreich als freiberuflicher Intellektueller zu leben – so wie es Sullivan dann in den 30er Jahren tun wird. Was hingegen das persönliche Interesse Sullivans an der Arbeit der Schule von Chicago angeht, die nicht wenig dazu beitrug, dass er intensiv mit ihr zusammenarbeitete, liefert Perry folgende Darstellung:

> »Es sieht nicht so aus, als habe Sullivan die bemerkenswerte Entwicklung der Sozialwissenschaften in Chicago wahrgenommen, als er dort lebte. Er war dort als 19-jähriger armer und einsamer junger Mann angekommen, der eher bäuerlich als urban und sozial nicht sehr viel mehr integriert war als seine irischen Großeltern. So kam es, dass die in Chicago tätigen Soziologen, die er in den 20er Jahren persönlich kennenlernte, ihm die Möglichkeit gaben, die von ihm in dieser Stadt schon gemachten Erfahrungen zu verarbeiten und ihm damit auch erlaubten, sich selbst als Teil einer amerikanischen Erfahrung zu sehen. Die Angst des 19jährigen, vielleicht nicht auf der geistigen Höhe zu sein, die ihn in jenen Jahren heimsuchte, die konfuse Faszination, die Chicagos merkwürdige Vergnügungen und Frivolitäten auf ihn ausübten und die Einsamkeit, die ihn zu überwältigen drohte, waren also Dinge, die Chicagos Soziologen seit mehr als 20 Jahren untersuchten.« (*ibidem*, S. 252f)

Was Sullivans Gesamtwerk angeht, kann ich an dieser Stelle vorwegnehmen, dass die Definition seines Werkes, die Perry Dorothy Blitstens *The Social Theories of Harry Stack Sullivan* entlehnt, und zwar, dass er »ein Sozialwissenschaftler, dessen Spezialität die Psychiatrie war« ist (*ibidem*, S. 258; Blitsten 1953, S. 11), mit der neuen Identität zu tun hatte, die er durch den Kontakt mit dieser wichtigen Forschergruppe entwickelte. Um es mit den Worten Perrys zu sagen, hatte Sullivan dort »endlich eine intellektuelle Umgebung gefunden, die mit seinen Bedürfnissen übereinstimmte« (Perry 1982, S. 260).[23]

Bevor wir uns nun mit der folgenden Phase seines Lebens, den Jahren in New York (1930–1939) und Washington (1939–1949) beschäftigen, sollten wir auf ein weiteres Element seiner Lebensführung eingehen, das sich gegen Ende der 20er Jahre herauskristallisierte: Sullivan steckte immer in finanziellen Schwierigkeiten. Weder die Colloquia on Personality Investigation (die Perry als »Meilensteine für die Wissenschaftler, die sich mit der Geschichte des Zusammenwirkens von Psychiatrie und Sozialwissenschaften in Amerika beschäftigen« definiert; *ibidem*, S. 276), noch die Arbeit, die er innerhalb der American Psychiatric Association leistete, um die psychiatrische Forschung zu stärken, brachten die von Sullivan erwarteten Gelder zur Finanzierung seiner interdisziplinären Projekte.

Im Bereich der Psychiatrie hatte er vor allem auf eine Erneuerung und Verbesserung der psychiatrischen Ausbildung hingearbeitet, wobei er auf seine Erfahrungen am Sheppard Hospital und auf die neue interdisziplinäre Ausrichtung, die sich durch den Kontakt mit der Schule von Chicago entwickelt hatte, zurückgriff – wie wir im Kapitel »Sullivan als Sozialwissenschaftler« noch genauer sehen werden. Die Bemerkung Sullivans im Mai 1930 (an White) »… die Axt ist auf meine Hoffnung, dass es sofort Fortschritte im Bereich der psychiatrischen Ausbildung geben werde, nieder gegangen« (*ibidem*, S. 289), gibt Perry Anlass, Sullivans Neuorientierung der folgenden Jahre wie folgt zu beschreiben:

> »Von jenem Zeitpunkt an begann Sullivan an eine eigene Einrichtung und eine eigene Zeitschrift zu denken, um die Forschungsarbeit, das Trainingssystem und die nötige Theorie entwickeln zu können, damit die Psychiatrie aus dem heuchlerischen Zustand, in dem sie sich befand, herauskam.« (*ibidem*, S. 299)[24]

Und tatsächlich versuchte er Ende der 30er Jahre das erste Mal, seine interpersonale Theorie zu formulieren, in einem Buch mit dem Titel *Personal Psychopathology*, das er aber nicht veröffentlichte – davon aber später.

3.3 Die Jahre in New York (1930–1939) und in Washington (1939–1949)

Sullivan kam Mitte Dezember 1930, auf dem Höhepunkt der schweren Wirtschaftskrise, in New York an und blieb dort bis 1939, dem Jahr in dem er nach Bethesda (Maryland), einem bekannten Vorort Washingtons, wo sich das National Institute for Mental Health (NIMH) befindet, umzog. In jenen Jahren war es natürlich nicht einfach, erfolgreich eine Privatpraxis zu eröffnen. Außerdem war er kein guter Finanzverwalter. Obwohl die Entbehrungen, die er erleiden musste, ihn zu einem »Sozialisten« gemacht hatten, neigte er gleichzeitig zu einem üppigen Lebensstil. So kam es, dass er, nachdem er eine Wohnung an der berühmten Park Avenue genommen hatte, 1932 Bankrott erklären musste. Außerdem widmete er, wie uns Perry mitteilt, jedem, der seine Hilfe suchte, seine Zeit so großzügig, dass er viel arbeitete und relativ wenig verdiente. Gleichzeitig war seine klinische Arbeit stets von großem Forschergeist geprägt, der ihn in den New Yorker Jahren vor allem in Kontakt mit Zwangsneurotikern brachte. Sein Interesse galt einerseits dem besseren Verständnis des Zusammenhanges dieser

Krankheit mit der Schizophrenie und andererseits einer Darlegung der interpersonalen Beziehungen in der Familie des Patienten, in der die zwanghafte Pathologie ihren Ursprung hatte.

Außer der klinischen Arbeit in seiner Privatpraxis standen im Zentrum der Aktivitäten Sullivans zu jener Zeit seine Teilnahme am sozialen Zirkel in New York – aus dem die neofreudianische Bewegung hervorgehen sollte – und die Schaffung der Institutionen, mit deren Entwicklung sein Name für immer verbunden sein wird. Die Rede ist hier natürlich von der Washington School of Psychiatry (1936) und der Zeitschrift *Psychiatry* (1938). Eigentlich waren es diese Aktivitäten, denen er – abgesehen von Supervision und Lehrtätigkeit am Chestnut Lodge Hospital – in den 40er Jahren die meiste Zeit widmete und die ihn dazu bewogen, in die Gegend von Washington zu ziehen. Da die Themen, die die Zeit in New York und Washington bestimmten, kontinuierlich weiterverfolgt wurden, werde ich diese beiden Zeiträume gemeinsam behandeln.

Am 4. Dezember 1933 gründete Sullivan, gemeinsam mit den Psychoanalytikern und Schülern Whites Ernest Hadley (1894–1954) und Lucille Dooley, die William Alanson White Psychoanalytic Foundation, aus der 1936 die Psychiatrische Schule von Washington hervorgehen sollte. Gleichzeitig waren Sapir und Harold Lasswell (geb. 1902) die Bezugspersonen für seine umfangreiche interdisziplinäre Arbeit, die nun begann, Früchte zu tragen. Einige Kapitel von *Personal Psychopathology* wurden zum Beispiel als weiterführende Lektüre im Rahmen des von Sapir in Yale über »Kultur und Persönlichkeit« gehaltenen Seminars verwendet, mit dem Sapir dazu beitrug, die Psychoanalyse in die amerikanische Anthropologie einzuführen; und Sullivan arbeitete zusammen mit Sapir bei der Supervision der ersten anthropologischen Studie über eine zeitgenössische Gemeinschaft, die von einer Schülerin Sapirs, Hortense Powdermaker, durchgeführt wurde.

Einige Jahre später arbeitete Sullivan noch enger mit dem afro-amerikanischen Soziologen Charles Johnson (ein Schüler Robert Parks in Chicago), der im tiefen Süden Feldstudien durchführte, und diese mündeten in das Buch *Growing-up in the Black Belt*. Gleichzeitig führte sein steigendes Engagement im Bereich der Sozialwissenschaften zu Konflikten mit Hadely und Dooley, die aufgrund ihres größeren Interesses an der Psychoanalyse Freuds Distanz zu Sullivan einnahmen und die White Foundation verließen, wie wir noch sehen werden.[25]

Da die White Foundation eine zentrale Rolle in Sullivans Entwicklung spielte, wollen wir sie anhand der Darstellung ihrer Vergangenheit und ihrer Gegenwart genauer untersuchen. Das entnehmen wir einer Veröffentlichung von Roger Kvarnes, der 1976 Sekretär der Stiftung war. Es ist schon ein beachtliches Ergebnis, dass sowohl die Washington School of Psychiatry (in der *postgraduate teaching for mental health professionals*, also Kurse in Gruppentherapie, Familientherapie, Gemeindepsychiatrie etc. für in diesem Bereich Beschäftigte durchgeführt werden), als auch die Zeitschrift *Psychiatry* bis heute bestehen und mehr denn je ein beträchtliches wissenschaftliches und professionelles Ansehen genießen. Kvarnes erinnert auch daran, dass zu den Zielen der White Foundation auch die W. A. White Memorial Lectures gehörten. Sullivan selbst eröffnete diese mit den Vorlesungen, aus denen dann das Buch *Conceptions of Modern Psychiatry* hervorging, und schließlich die Arbeit des Komitees, das aus Helen Perry, Gloria Parloff und Mary Ladd bestand; letzteres betreute auch die posthume Veröffentlichung von Sullivans Schriften und zwar von 1953 bis 1972 insgesamt sechs Bände.[26]

Was hingegen den Ursprung der White Foundation angeht, hebt Kvarnes hervor, dass man sie auf das von White geleitete und von Sullivan koordinierte Komitee zurückführen kann, das von der American Psychiatric Association 1927 mit dem Ziel gegründet wurde, »das Gebiet gegenseitigen Interesses, welches zwischen Psychiatrie und Sozialwissenschaften existiert, zu ergründen, um zu einer besseren Zusammenarbeit zwischen den Wissenschaftlern, die an einer Erforschung der Natur und des Einflusses der Kultur auf die Entwicklung des Individuums interessiert sind, zu gelangen« (1976, S. 125); von diesem Komitee war auch die Initiative ausgegangen, die zwei Colloquia on Personality Investigation zu organisieren. Wie Donald Burnham in seiner Besprechung von Kvarnes Beitrag hervorhebt, teilte Sullivan mit White die Überzeugung (die ihn auch zur Gründung eines Instituts in Whites Namen bewog), dass die Psychiatrie sich als eine Methodologie entwickeln sollte, die in der Lage war, über den klinischen Bereich hinaus zu gehen und damit eine »Verbesserung jedes Problems, das man auf interpersonale Beziehungen zurückführen konnte«, (1976, S. 133) erzielte. Wenn wir uns nun Sullivans großes Interesse an der Reformation der psychiatrischen Ausbildung sowie Whites im Grunde genommen neofreudianische Einstellung der Psychoanalyse gegenüber vor Augen führen, können wir besser verstehen, warum 1937, vor Whites Tod, der Name der Stiftung von *Psychoanalytic* zu *Psychiatric* geändert wurde; eine Änderung, die, wie Kvarnes hervorhebt, dazu führte, dass Brill den Vorstand der Stiftung verließ.

Folglich konnte das interdisziplinäre Trainingsprogramm, das Sullivan gemeinsam mit Sapir und Lasswell für die Washington School of Psychiatry ausgearbeitet hatte, erst einige Jahre nach ihrer Gründung (1936) nach und nach umgesetzt werden. Kvarnes schreibt darüber:

»Es sollte ausreichen zu diesem Thema zu sagen, dass die aufregende neue Schule drei Hauptabteilungen hatte: Biologische Wissenschaften, von Hadley geleitet; Sozialwissenschaften, mit dem Leiter Sapir; Psychiatrie, geleitet von Sullivan. Wie die Gründungserklärung mitteilte, sollte das Programm drei Jahre dauern, mit 40 Wochen jährlich für didaktische Arbeit und Supervision und zehn Wochen praktischer Arbeit im Sommer. Die Dozenten, die von den Universitäten und aus den Krankenhäusern kommen sollten, sollten ihre Beiträge in fünfwöchigen Zyklen organisieren, die sie durchgehend mit den Studenten verbrachten, mit Vorlesungen, Supervisionen und Einzelgesprächen. Im Laufe des ersten Jahres sollte der Student intensiv an seiner eigenen Psychoanalyse arbeiten und Kurse und Seminare besuchen. Im Laufe des zweiten Jahres musste der Student seine Analyse abschließen und anfangen, klinisch zu arbeiten, mit ausgesuchten Personen und unter Aufsicht. Während des dritten Jahres musste der Student 20 bis 30 Wochen an Feldstudien in einem Bereich teilnehmen, der eng mit dem Thema ›Kultur und Persönlichkeit‹ zu tun hatte. Um sein Diplom zu erhalten, musste er schließlich eine Arbeit schreiben, die den Ansprüchen einer aus allen drei Bereichen zusammengesetzten Kommission gerecht wurde.« (1976, S. 127)

Dieser noble Traum wurde zwar wegen des Todes Whites 1937 und Sapirs 1939 sowie aufgrund des Kriegsausbruches nie in der beschriebenen Form verwirklicht, aber die große Nachfrage nach Training, die nach dem Krieg aufkam, ermöglichte die Schaffung einer Ausbildungsstruktur, die nach dem oben beschriebenen Modell ausgerichtet war. Wie wir noch sehen werden, ergab sich allerdings ein weiteres Hindernis bei der Verwirklichung dieser Ausbildung, weil die indessen zunehmende Abkehr Sullivans von Freuds Linie Spannungen in der analytischen Gemeinschaft hervorrief; diese Spannungen führten in den 40er Jahren zu einer Reihe von Spaltungen, auf die wir noch zu sprechen kommen werden.

Zur Zeitschrift *Psychiatry* wäre folgendes zu sagen: Burnham erinnert in seiner Besprechung von Kvarnes Beitrag daran, dass der Vorstand der White Foundation, bevor er sich an die Gründung einer neuen Zeitschrift machte, bei Jelliffe angefragt hatte, die *Psychoanalytic Review* zu erwerben, die er nach dem frühen Tod Whites (mit 67 Jahren) dann allein leitete. Jung hatte 1913 Jelliffe und White dazu beglückwünscht, wie Burnham hinzufügt, dass ihre Zeitschrift »die Beiträge von Spezialisten aus vielen Bereichen zusammenbringt« (1976, S. 132) und *Psychiatry* lag eben genau auf dieser Linie. Der Stil des Leitartikels der ersten Nummer, der zweifellos von Sullivan verfasst, aber nicht von ihm gezeichnet wurde, bringt diese Linie folgendermaßen zum Ausdruck:

> »Die Psychiatrie, als Basisdisziplin für alle wichtigen Phasen des menschlichen Lebens, seine Probleme und alle menschlichen Beziehungen, braucht an diesem Punkt ein Ausdrucksmittel, das ihr wachsendes Wissen einem breiten Publikum übermittelt, welches aus all jenen besteht, die in der Lage sind, wertvolle Angaben beizusteuern und ihre Formulierungen korrekt zu verwenden. *Psychiatry. Journal of the Biology and the Pathology of Interpersonal Relations* wendet sich an den Experten, der sich für viele verschiedene Gebiete interessiert und hat das Ziel, fundierte, allerdings nur bedingt fachsprachliche Beiträge, Aufsätze, Untersuchungen, Rezensionen und Besprechungen zu bieten. Ein großer Teil der Ratlosigkeit, die heutzutage diejenigen befallen hat, welche für das Verständnis und die Verbesserung der Situation des Individuums oder der Gemeinschaft kämpfen, scheint auf der traditionellen Art der Formulierung ihrer Probleme zu beruhen. Die kritische Neubewertung allzu vertrauter Doktrinen, die Formulierung neuer Hypothesen, die geduldige Erkundung von Möglichkeiten der Zusammenarbeit über die formalen Grenzen der einzelnen Disziplinen hinaus: man muss all diese und viele andere Arten der Annäherung an die menschlichen Probleme ermutigen. Die Herausgeber dieser Zeitschrift versuchen mit den begrenzten Mitteln, die ihnen zur Verfügung stehen, alles zu tun, was die Verwirklichung dieser Ziele möglich macht.« (1938; Nr. 47, S. 141f)

Und so kommt es, dass wir in dieser Nummer von *Psychiatry* nicht nur so grundlegende Beiträge wie Sapirs »Why Cultural Anthropology needs the Psychiatrist« und Lasswells »What Psychiatrists and Political Scientists can learn from each other« finden – auf die wir noch näher eingehen werden –, sondern auch den Artikel mit dem Titel »Introduction to the Study of Interpersonal Relations«, beziehungsweise »The Data of Psychiatry«,[27] in dem Sullivan seine Definition von Psychiatrie vorstellt, die ich an den Abschluss des Abschnitts über White gesetzt habe.[28]

Tatsächlich teilte Sullivan seine Offenheit und sein Interesse an einem wirklichen interdisziplinären Dialog nicht nur mit den Freunden von der Schule von Chicago, sondern auch mit Kollegen wie Thompson, Fromm und Horney. Dies war sogar eine der grundlegenden Voraussetzungen für das, was später als »neofreudianische Bewegung« bezeichnet werden sollte. Anders ausgedrückt: Die Beziehung, die sie zur Psychoanalyse hatten, war ganz anders als die Freuds oder Jones', die, wie wir gesehen haben, ausschließlich als Psychoanalytiker tätig waren.

Sullivan hingegen hatte seine Identität als Psychiater nicht zugunsten derjenigen des Psychoanalytikers aufgegeben, und Fromm war seiner Identität als Soziologe treu geblieben, obwohl er als Analytiker arbeitete. Karen Horney, die eine medizinische Ausbildung hatte, war innerhalb der Berliner

Gruppe eine der eifrigsten Befürworterinnen der Notwendigkeit, von der Psychoanalyse ausgehende psychotherapeutische Techniken zu entwickeln, die weiten Teilen der Bevölkerung zugänglich waren. Und genau dieses Vorhaben konnte sie in der »Neuen Welt« in die Tat umsetzen. Mit anderen Worten: Einerseits war Freud zwar ein sehr neugieriger Mensch und den nicht medizinischen Disziplinen gegenüber aufgeschlossen, andererseits aber war sein Verhältnis zu ihnen im Grunde einseitig, das heißt, es diente dem Beweis, dass die Psychoanalyse sie erobern konnte, um dann ihre Grundlagen im Licht des neuen Wissens um das Unbewusste, dessen Verkünderin sie war, zu verändern.[29] Meiner Ansicht nach müssen es genau diese Themen gewesen sein – und erst dann spezifische Inhalte – über die sich Sullivan im Laufe der 30er Jahre mit den oben genannten Kollegen in der *Zodiac Group* – der »Tierkreisgruppe« – regelmäßig und systematisch auseinander setzte. Perry schreibt dazu Folgendes:

»Im Laufe des Jahres 1931 begannen drei Freunde aus der Zeit in Baltimore – Billy Silverberg, Clara Thompson und Sullivan – sich regelmäßig Montag abends zum Essen, Trinken und Reden in entspannter Atmosphäre zu treffen. Die Gruppe war von ihrer Zusammensetzung und ihren Ideen her nicht viel anders als jene, die sich gewöhnlich in Baltimore im Haus der Clara Thompson traf und die gelegentlich der ›Club der Wunder‹ genannt wurde, da die Patienten, die besprochen wurden, oft einer wundersamen Besserung entgegengingen. Die neue ›Tierkreisgruppe‹ in New York verdankte ihren Namen einer Laune Sullivans: Jedes Mitglied musste sich ein Tier als Symbol seiner selbst aussuchen. Sullivan war natürlich ein Pferd, Thompson, die Katzen liebte, ein Puma, Silverberg war eine Gazelle und Karen Horney wurde ein Wasserbüffel, als sie sich 1934 der Gruppe anschloss. Erich Fromm, der ebenfalls der Gruppe angehörte, scheint nie an diesem Spiel teilgenommen zu haben. Jimmie, der Sullivan manchmal begleitete, wurde ein Seepferdchen.« (1982, S. 354)

Zum Inhalt dieser Treffen:

»Jedes Mitglied der Gruppe war eklektisch und stark und jeder leistete seinen Beitrag. Thompson und Horney konnten ihre Erfahrungen mit weiblichen Patienten beisteuern, mit denen sie in zwei verschiedenen Gesellschaften in Kontakt gekommen waren, wovon beide profitierten, wie ihre Schriften belegen; Fromm, der einzige Sozialwissenschaftler der Gruppe, konnte interessante Analysen der politischen Situation in Deutschland und ihrer psychologischen Bedeutung liefern; Billy Silverberg, der ein Jahr lang Sullivans Abteilung an der Sheppard Klinik geleitet hatte, nachdem dieser weggegangen war, konnte seine

Erfahrungen mit denen Sullivans vergleichen und gleichzeitig als Brücke zwischen den europäischen Analytikern und ihren amerikanischen Kollegen dienen; und Sullivan schließlich brachte seine wissenschaftliche Beobachtungsgabe und die Fähigkeit, die besprochenen Themen in eine anspruchsvolle wissenschaftliche Form zu bringen, ein.« (*ibidem*, S. 354f)

Was die Bedeutung dieser Treffen, die ursprünglich eher einen sozialen als einen wissenschaftlichen Charakter hatten, angeht, weiß Perry Folgendes zu berichten:

»Obwohl diese Gruppe ursprünglich nur als eine Freundesgruppe betrachtet wurde, hatte – und hat sie – große Bedeutung für die psychoanalytische Theorie in Amerika. Es ist bemerkenswert, dass drei Mitglieder der Gruppe – Horney, Fromm und Sullivan – zu jener Zeit Bücher schrieben, die immernoch auf dem Markt sind.« *(ibidem)*

Dies ist also der zwischenmenschliche Hintergrund, vor dem die neofreudianische Bewegung ihre ersten Schritte tat; mit der biografischen und wissenschaftlichen Entwicklung Fromms und Horneys und den Geschehnissen, die sie verbanden und die dazu beitrugen, dass sie sich vom Mainstream der amerikanischen Psychoanalyse abwandten, werden wir uns noch beschäftigen. Insbesondere halfen sowohl die Persönlichkeit als auch der europäische Hintergrund von Fromm und Horney (einschließlich bestimmter Gegebenheiten am Berliner Institut, in dessen Umfeld sie sich entwickelt hatten und von dem ausgehend auch die ketzerische Position Melanie Kleins entstand) zu der unabhängigen Position, die sie einnahmen; allerdings löste die Ankunft der aus Europa geflohenen Analytiker in der »Neuen Welt« in den 30er Jahren eine Krise in der an und für sich eklektischen amerikanischen Psychoanalyse aus, in der auch Sullivans professionelle Entwicklung stattgefunden hatte. Dies hatte die Polarisierung von »Orthodoxen« und »Häretikern« zur Folge, in deren Umfeld die neofreudianische Bewegung entstand. Diese Polarisierung war also historisch bedingt, und heute gibt es keinen Grund mehr, dass diese weiterhin besteht – deswegen hat das White Institute mehrmals über eine Wiederaufnahme in die International Psychoanalytic Association verhandelt. Auf dieser Basis werden wir uns die Frage stellen, ob die »neofreudianische Bewegung« (abgesehen davon, dass dieser Begriff ein Phänomen bezeichnet, das zweifellos stattgefunden hat) noch eine gültige Definition darstellen kann, oder ob wir es nicht mit Themen zu tun haben – wie das der analytischen Beziehung als Zwei-Personen-Feld, das man schon im Werk Sullivans findet – die heute gängige Währungen innerhalb des psychoanalytischen Mainstreams sind.

Wenn wir nun den geschichtlichen Faden wieder aufnehmen, stellen wir fest, dass Sullivan mit den fünf Vorlesungen, die er 1939 im Rahmen der erwähnten W. A. White Memorial Lectures hielt, offen auf Distanz zur Psychoanalyse ging und die erste Fassung seiner interpersonalen Theorie vorstellte. Nun, was die Psychoanalyse angeht, können wir darin zum Beispiel erfahren, dass nach der Lektüre von Freuds Untersuchungen zum Fall Schreber »es mir so vorkommt, als habe in der Folge die Lektüre der rein psychoanalytischen Arbeiten angefangen, dem Gesetz der stetigen Verringerung des Nutzens zu gehorchen« (1940; 1953, S. 178). Andererseits wird der Beitrag der Psychoanalyse nicht nur auf neue Weise dargestellt; im Mittelpunkt dieser Vorlesungen steht auch die Entstehung des neuen Gebietes der »dynamischen Psychiatrie«, auf die auch der Titel, unter dem sie zusammengestellt werden, anspielt: *Conceptions of Modern Psychiatry*. Im Absatz, der auf den oben zitierten folgt, finden wir diese Aussage: »Im Zentrum meines Interesses standen schon vor dem Medizinstudium die schizophrenen Zustände und 1921 verschaffte mir die Arbeit am St. Elisabeths endlich Gelegenheit, im Kontext dieser sehr guten psychiatrischen Klinik zahlreiche Beobachtungen zu machen« (*ibidem*, S. 179) – wie wir schon feststellen konnten. Auf die Bedeutung dieser Vorlesungen zum Aufbau der »dynamischen Psychiatrie« wird näher weiter unten eingegangen. An dieser Stelle möchte ich einen Passus aus eben diesen Vorlesungen vorstellen, aus dem Sullivans kritische Haltung der Psychoanalyse gegenüber hervorgeht, die meiner Meinung nach leicht von einem heutigen Psychoanalytiker geteilt werden kann – mit der schon angesprochenen Möglichkeit, sein Werk innerhalb des Mainstreams anzusiedeln. Es geht hier um seine Polemik gegen den ungeschickten und exzessiven Gebrauch von Deutungen, der von einem unerfahrenen Analytiker der damaligen Zeit gemacht werden konnte:

> »Es gibt sehr viel Verwirrung, was Deutungen und Schlussfolgerungen angeht. Einige Psychiater, vor allem Psychoanalytiker, neigen dazu, das von den Patienten stammende Material ausführlich zu deuten. Ich habe mit Patienten gearbeitet, die vorher diese Art von Behandlung erfahren hatten. Ich erinnere mich an eine Patientin, die mir erzählte, dass ihr Analytiker ihr Komplimente wegen der klassischen Natur ihrer freien Assoziationen gemacht hatte. Die Patientin erzählte mir dieses schmeichelhafte Detail, weil ich gesagt hatte, dass ihre Äußerungen keinerlei kommunikativen Wert besaßen und darauf verharrte, dass sie zwar zweifellos ein Ziel und eine Bedeutung hatten, aber weder der Patientin noch mir irgendwelche Informationen über ihre allgemeinen Schwierigkeiten

oder ihre aktuelle interpersonale Situation vermittelten. (...) Mit den Deutungen ist es wie mit den Ratschlägen: ihre Menge geht weit über ihren Nutzen hinaus.« (*ibidem*, S. 186f)

Zum Abschluss noch eine klinische Darstellung, die zwei Seiten weiter geboten wird und die ausgeprägte therapeutische Sensibilität Sullivans illustriert sowie die systematische Abhandlung über die Beziehung Arzt-Patient vorwegnimmt, der *Das psychiatrische Gespräch* gewidmet ist:

»Auch wenn man in einem Gespräch zu einem Einvernehmen kommt, kann es sein, dass es nicht lange anhält. Es ist nicht gesagt, dass die Faktoren, die es hervorgerufen haben, die interpersonale Situation, in der es entstanden ist, überleben. Etwas scheinbar schrecklich Widersprüchliches kann dem Patienten in den Sinn kommen, kaum hat er sich vom Arzt getrennt. Auch kann sich gegen Ende des Gesprächs ein Prozess der Desintegration bemerkbar machen. Es gibt zum Beispiel Patienten, die merklich ihre Haltung ändern, wenn sie dabei sind zu gehen, und fragen, als schauten sie aus verändertem Blickwinkel: ›Haben wir heute etwas zu Stande gebracht, Doktor?‹. Durch diese Geste wird das Resultat des Gesprächs heruntergespielt und nur der Meinung des Arztes Gewicht verliehen.« (*ibidem*, S. 189)

Wie wir noch sehen werden, wird Sullivan in den 40er Jahren mithilfe von Frieda Fromm-Reichmann am Chestnut Lodge versuchen, ein theoretisches System auszuarbeiten, das seine Entwicklungstheorie in die Psychotherapie integriert. Unter diesem Gesichtspunkt wird gerade das Konzept von der »konsensuellen Validierung« eine zentrale Rolle spielen, jenes Konzept also, das in der oben zitierten Textstelle als »Einvernehmen« bezeichnet wird – das heißt, die »konsensuelle Validierung« ist ein entscheidender Moment sowohl der Entwicklung des Individuums als auch des therapeutischen Prozesses.

An diesem Punkt angelangt, können wir Sullivan jetzt nach Washington folgen, wo die fünf Vorlesungen von 1939 stattfanden und wohin er zog, nachdem durch den Tod Sapirs im Februar 1939 eines der wenigen Motive, die ihn noch in New York hielten, weggefallen war. Zu jener Zeit konzentrierte sich schon der Großteil seiner Aktivitäten, jene also, die mit der White Foundation zu tun hatten, auf die Hauptstadt der USA.[30] Aus Perrys Rekonstruktion geht allerdings hervor, dass auch das durch das Aufeinandertreffen der europäischen Flüchtlinge mit der analytischen Tradition Amerikas hervorgerufene angespannte Klima einiges zum Umzug Sullivans beitrug:

»Der Rückzug Sullivans aus New York 1939 war teilweise auch von dem Bedürfnis bestimmt, sich von einigen der Spaltungen zu befreien, die sich dort zwischen Psychiatrie und Psychoanalyse und – was noch bedeutsamer war – Psychoanalytikern verschiedener Richtungen entwickelten. Als er in Washington eingetroffen war und daran gearbeitet hatte, ein Lehr- und Forschungsinstitut eklektischer Prägung aufzubauen, wurde ihm immer bewusster, dass einige der ›wahren‹ Gefolgsleute Freuds all diejenigen, die an freier Forschungsarbeit interessiert waren, in den Würgegriff nahmen.« (1982, S. 377)

Was die Rekonstruktion der Spaltungen betrifft, die die analytische Gemeinschaft Amerikas in den 40er Jahren bestimmten, verweise ich den Leser auf das folgende Kapitel und beschränke mich an dieser Stelle darauf zu erwähnen, dass Sullivan in genau diesem Klima 1943 zusammen mit Thompson, Fromm, Fromm-Reichmann, Janet und David Rioch die New York Branch der Washington School of Psychiatry ins Leben rief, das heutige W. A. White Institute.

In der Zwischenzeit hatte die Washington School of Psychiatry endlich ihre Aktivitäten begonnen und zwar in einem Moment, als »der mit den Erfordernissen des Zweiten Weltkriegs verbundene Bedarf nach adäquatem Training unterschiedlichsten Personals die Schule von einem psychoanalytischen Institut zu einem wichtigen Ausbildungszentrum umwandelte« (*ibidem*). Unter anderem begann Sullivan auf Einladung Dexter Bullards im Oktober 1942, seinen Zyklus von Konferenzen im Chestnut Lodge Hospital zu halten, der am Ende 246 Sitzungen umfasste und aus dessen Aufzeichnungen ein wichtiger Teil des posthumen Werkes hervorging. »Ohne die ständige finanzielle und professionelle Unterstützung Bullards«, schreibt Perry, »hätte Sullivan weder die Zeit noch die Motivation gefunden, die Entwicklung seiner Theorie und seiner Technik zu verfolgen« (*ibidem*, S. 393).

An diesem Punkt angelangt, sollte man einige Worte zum Chestnut Lodge Hospital sagen, das ich im September 1992 und im Juni 1994 besuchen konnte, als es den schwierigsten Moment seiner Geschichte durchlebte: Zu jenem Zeitpunkt wurde eine interne Umstrukturierung durchgeführt, als Folge der Notwendigkeit einer Erweiterung der den Patienten zur Verfügung stehenden Therapieangebote – das bedeutete eine geringere Betonung der intensiven Psychotherapie – und des Todes von Dr. Dexter Bullard Junior, dem Besitzer und Enkel des Klinikgründers. Chestnut Lodge in Rockville, Maryland, war 1910 von Dr. Ernest Bullard als private psychiatrische Klinik eröffnet worden.

Bullard, der aus Wisconsin stammte, wo er ein staatliches psychiatrisches Krankenhaus leitete, wollte Geld investieren und dachte, dass die Gegend um die Bundeshauptstadt die besten Garantien für ein solches Unternehmen bot. Er kaufte also das bankrott gegangene Woodlawn Hotel in Rockville und baute es zu einer psychiatrischen Privatklinik um, der er den Namen Chestnut Lodge gab, da sie inmitten von Kastanienbäumen lag. Er führte sie mithilfe seiner Frau, die sich um die Verwaltung kümmerte. Nach seinem Tod 1931 übernahm sein Sohn Dexter die Leitung des Krankenhauses und bestimmte dessen Geschicke mit der Einstellung Frieda Fromm-Reichmanns und Sullivans, der die therapeutischen Aktivitäten leitete.

> »Das war eine denkwürdige Epoche«, sagt Robert Cohen in dem Interview mit der Journalistin Sandra Boodman, nachdem er als Arzt an die Klinik gekommen war. »Wir dachten, die Avantgarde in unserem Gebiet zu sein und waren sicher, dass wir viele der Geheimnisse des menschlichen Geistes enthüllen würden« (Boodman 1989, S. 23).

An der Chestnut Lodge Klinik arbeitete von 1949 bis 1964 auch Harold Searles, ein Analytiker, der die Psychoanalyse auf besonders ernsthafte und systematische Weise bei psychiatrisch schwer erkrankten Patienten einsetzte und dabei oft auch den Gebrauch psychotroper Medikamente ablehnte. An der Chestnut Lodge Klinik behandelte er auch den größten Teil der Fälle, die er in seinen Büchern beschreibt (ich habe in der Einleitung bereits auf sie hingewiesen). Andere ebenso gute Bücher, die auf der Arbeit mit den Patienten dieser Klinik beruhen und in viele Sprachen übersetzt wurden, sind: *Schizophrenic Disorders* von Ping-Nie Pao, *Towards a Comprehensive Model for Schizophrenic Disorders*, herausgegeben von David Feinsilver und *Schizophrenia* von McGlashan und Keats.

Die Krise, die letztendlich vor ein Paar Jahren zur Auflösung der Krankenhauses führte, begann in Wirklichkeit vor etwas mehr als 20 Jahren (ungefähr zu der Zeit des Todes von Dexter Sr., der 1981 im Alter von 83 Jahren starb) mit dem berühmten »Fall Osherhoff«. Es handelte sich dabei um den Arzt, der die Klinik verklagte, weil er dort sechs Monate ohne jegliche Besserung verbracht hatte; erst durch die pharmakologische Behandlung, der er sich sofort danach in einer anderen Privatklinik unterzog, konnte er innerhalb von zwei Monaten die schwere depressive Krise, unter der er eben litt, überwinden. Wegen der langen Zeit jedoch, die er in Chestnut Lodge verbrachte, hatte er, als er nach Hause zurückkehrte, seine Arbeit und seine Familie verloren – seine Patienten waren inzwischen bei anderen Kollegen in Behandlung und seine Frau hatte die Scheidung eingereicht. Aus diesem Grund brachte er die Chestnut Lodge Klinik wegen *malpractice,* bzw. mangelnder psychopharmakologischer Behandlung, vor Gericht und die

Klinik musste ihm Entschädigung zahlen. So kam es, dass der Fall Osherhoff eine breite wissenschaftliche Diskussion auslöste, die sich besonders auf die Beziehung zwischen Psychotherapie und Pharmakotherapie konzentrierte, sich also um das Recht des Patienten drehte, die wissenschaftlich wirkungsvollste Therapie zu erhalten. Mit diesen Aspekten – und dem Fall im Ganzen – haben sich in Italien die Kollegen Melega und Fioritti beschäftigt (1991). Diese Krise verhinderte aber nicht, dass Dr. Feinsilver im Juni 1994 mit Unterstützung der Chestnut Lodge Klinik das Symposium über die Psychotherapie der Schizophrenie organisieren konnte, von dem ich in der Einleitung berichtet habe.

Ich möchte an dieser Stelle zitieren, was Bullard (Dexter Sr.) in seinem Vorwort zu *Clinical Studies* geschrieben hat, weil genau seine Worte das Klima und die Art von Sullivans Engagement and der Neuformulierung seiner Theorien illustrieren können:

> »Es sind mehr als zehn Jahre vergangen, seit ich in Chestnut Lodge H. S. Sullivans Vorlesungen gehört habe, die diesem Buch zugrunde liegen. Jetzt lese ich sie zum ersten Mal in einem Buch und stelle fest, dass ich immernoch voller Enthusiasmus für die anhaltende Relevanz seiner Ideen bin. An einigen Stellen habe ich die Szene wieder vor Augen und fühle das Klima, das Sullivan und seine Gruppe schufen: Mabel Cohen, Edna Dyar, Frieda Fromm-Reichmann, Douglas Noble, Robert Morse, David Rioch, Alfred Stanton, Edith Weigert, Ben Weininger und Mabel Wilkin. Wir befanden uns in meinem Wohnzimmer in der Chestnut Lodge. Die Gruppe versammelte sich im Winter nach dem Mittagessen vor dem Kamin, die Dogge rollte sich auf dem Teppich zusammen und Sullivan begann mit der Vorlesung. In der warmen Jahreszeit drang manchmal das Geräusch des Rasenmähers durch die geöffneten Fenster und Sullivans Irritation wuchs, wenn er gezwungen war zu warten, um den Satz fortzusetzen. Manchmal benutzte er den Hund, um etwas zu demonstrieren und bei diesen Gelegenheiten machte Sullivan eine Pause, um den Kopf des Hundes zu streicheln, als fragte er ihn um seine Meinung. Es braucht nicht erwähnt zu werden, dass es Momente gab, in denen die Diskussion ebenso lebhaft wie gehoben wurde. Die Laune Sullivans wechselte häufig, und allen anderen erging es ebenso. Manchmal versetzte uns eine besonders brillante Tour de Force Sullivans in Erstaunen; andere Male protestierten wir energisch wegen irgendeiner scheinbaren Unstimmigkeit in seiner Argumentation. Es ist aber eine Tatsache, dass niemals jemand eingeschlafen ist. Niemand schlief ein, wenn Sullivan sprach.« (1965, S. XI)

Die Darstellung der letzten Lebensjahre Sullivans wäre nicht vollständig, wenn ich nicht auf sein Engagement auf sozialem Gebiet einginge: im

Laufe des Jahres 1941, als er die Vorbereitungen Amerikas auf den Kriegseintritt durch seinen Beitrag bei der psychiatrischen Auswahl der Rekruten unterstützte, sowie nach dem Krieg, als er seinen theoretischen und praktischen Beitrag bei der Formulierung der Prinzipien zur präventiven Psychiatrie leistete.

> »Sullivan war Patriot«, schrieb Chapman. »Er gab seine lukrative Tätigkeit als Therapeut und Supervisor auf und arbeitete zwischen 1940 und 1941 über ein Jahr lang für wenig Geld mit dem Selective Service System zusammen. Er schrieb Weisungen und Berichte und stellte sein Auswahlsystem in einer ganzen Reihe von kleineren Zentren auf die Probe und reiste, meist auf eigene Kosten, durch das ganze Land, um Seminare für die Psychiater und Ärzte zu halten, die sich um die Auswahl der Rekruten kümmerten.« (1976, S. 64)

Auf die Art seines Beitrages werden wir noch eingehen, größere Aufmerksamkeit verdienen allerdings die von ihm zum großen Teil auch mittels seiner Zeitschrift betriebenen Aktivitäten zur Unterstützung des amerikanischen Kriegseinsatzes und, nach dem Krieg, im Sinne der Schaffung einer präventiven Psychiatrie auf internationaler Ebene. 1941 erscheint seine Schrift »Psychiatry and the National Defense«, die sich um das Ziel dreht, die Moral des amerikanischen Volkes im Laufe des Krieges hochzuhalten, ein Ziel, das auch im Zentrum des Beitrages von 1942 »Completing our Mobilization« steht (er wurde in der Anthologie *The Fusion of Pschiatry and Social Science* mit dem Titel »Leadership, Mobilization and Postwar Change« erneut gedruckt). 1947 publiziert *Psychiatry* den Artikel »Remobilisation for Enduring Peace and Social Progress«, den Sullivan als Vorbereitung auf die Gründungskonferenz der World Federation of Mental Health, die im Juli 1948 in London stattfinden sollte, geschrieben hatte. In ihm hob Sullivan die Notwendigkeit hervor, geeignete Arbeitsmethoden innerhalb der verschiedenen Disziplinen und zwischen diesen zu entwickeln, um nicht nur eine konstruktive Kommunikationsebene für die Experten der verschiedenen Länder, sondern auch eine gemeinsame Plattform für die Prävention geistiger Erkrankungen auf internationaler Ebene zu schaffen. Zwischen den Zeilen dieser Schrift spielt also das Problem, das ihn sein ganzes Leben lang beschäftigt hat, wieder eine besondere Rolle: Nur eine Psychiatrie, die über wissenschaftlich kohärente Kenntnisse verfügt, die folglich leicht mitzuteilen sind, ist problemlos für einen interdisziplinären Dialog geeignet – und das alles stellt natürlich eine entscheidende Herausforderung dar.

In Wirklichkeit spürte er diese Notwendigkeit, die ihn in Richtung einer möglichst effizienten Formulierung der Prinzipien einer präventiven

Psychiatrie bewegte, so sehr, dass er im Sommer 1948 mit großem Engagement am Londoner Kongress und an zwei weiteren großen internationalen Begegnungen ebenfalls in Europa teilnahm: dem UNESCO Tensions Project, das in Paris stattfand und dessen Berichte 1950 von Harvey Cantril herausgegeben wurden, und einem weiteren Seminar der UNESCO, das in der Tschechoslowakei abgehalten wurde, zum Thema Erziehung der Jugend und Frieden in der Welt, in welchem auch seine Freundin Ruth Benedict sprach.

> »Sullivan kehrte voller Ideen und Pläne, aber auch erschöpft von diesen drei Konferenzen nach Hause zurück«, schreibt Perry. »Am 17. September des gleichen Jahres starb Ruth Benedict und Sullivan schrieb für die Zeitschrift einen Nachruf. (…) Am 24. September starb sein alter Freund und geliebter ›Chef‹ Ross McClure Chapman; Sullivan schrieb darüber in der Zeitschrift nur wenige Worte und versprach ›eine angemessene Würdigung in der nächsten Nummer‹ – der Tod überraschte ihn aber, bevor er dieses Versprechen einlösen konnte. Im Dezember gab es im Büro der Stiftung eine Weihnachtsfeier und auch Sullivan nahm an ihr teil: Er war gut gelaunt, aber der mit seiner nächsten Reise nach Europa (um an einem Treffen der World Federation for Mental Health teilzunehmen) verbundene Stress beunruhigte ihn ziemlich. Dies war das letzte Mal, an dem die meisten von uns ihn sahen«, schließt Perry ihren Bericht ab. (1982, S. 413)

Am 14. Januar 1949 setzte in Paris eine Gehirnblutung seinem Leben brutal ein Ende, sie überraschte ihn, wie ein Journalist schrieb, »mit den Stiefeln an den Füssen« (Perry, *ibidem*, S. 420). Am 21. Februar wäre er 57 Jahre alt geworden.

> »Seine Aktivitäten waren so weitgestreut und vielseitig«, schreibt Perry, »dass es eine Weile dauerte, bis seinen Kollegen die unglaubliche Bürde an Aufgaben bewusst wurde, die sein Tod ihnen hinterlassen hatte. Einige von ihnen waren so dringlich, dass sie sofort jemandem zugewiesen werden mussten. Natürlich litten vor allem die Patienten darunter. Frieda Fromm-Reichmann schätzte, dass er sich in jenem Moment um ca. 150 Fälle kümmerte. (…) Außerdem hielt er einen monografischen Kurs und verschiedene Seminare an der Schule. Darüber hinaus diente er in einer ganzen Reihe von Forschungsprojekten als Berater (…). Da war dann auch noch die Zeitschrift, die vor allem auf mir lastete. (…) Der größte Teil der gemeinsamen Pläne musste aufgegeben werden. Aber die Folgen seines Todes«, sagt seine Biografin abschließend, »gingen natürlich über diese Probleme hinaus. (…) Die psychiatrische Gemeinschaft und die der Sozialwissenschaften, sogar die Allgemeinwelt, wurden von einem Gefühl der Leere erfasst.« (*ibidem*, S. 419f)

Die Beerdigung, die erst am 11. Februar stattfinden konnte, war ein denkwürdiges Ereignis. Nach dem katholischen Begräbnisritual sprachen nacheinander Clara Thompson, Alfred Stanton und Charles Johnson, der seine Rede mit folgenden bewegenden Worten abschloss:

> »Es ist eines der merkwürdigsten Paradoxa unserer Kultur, dass die einfachsten menschlichen Tugenden, die uns das Recht verleihen, uns als zivilisierte Menschen zu bezeichnen, genau jene sind, die den größten Mut erfordern, um sie im Leben zu verwirklichen und in ehrliche soziale Taten umzusetzen.« (Johnson 1964, S. XXXV)

Seitdem ruht seine Asche auf dem Militärfriedhof von Arlington – wie es sein ausdrücklicher Wunsch war.

Anmerkungen

1 Unter den zahlreichen in den letzten Jahren erschienenen Biografien wird die Verbindung zwischen persönlichem Leben und dem jeweiligen Beitrag zur Psychoanalyse in der des Schotten Ronald Fairbairn (1889–1965), die sein Schüler John Sutherland geschrieben hat, besonders deutlich. Was diesen Aspekt der psychoanalytischen Geschichtsschreibung angeht, hat Roazen 1990 einen nützlichen Überblick geboten.

2 Im Übrigen ist es in neuerer Zeit erst einem homosexuellen Analytiker des White Institute gelungen, dieses Problem offen zu behandeln:

> »H. S. Sullivan heiratete nie. Er ›adoptierte‹ Jimmy Sullivan, eine jüngeren Mann aus einer anderen sozialen Schicht, und lebte mit ihm zusammen (Perry 1982). Obwohl seine Biografin auf ihre sexuelle Beziehung anspielt, definiert sie diese nie. Um das Thema noch weiter zu verwischen, besteht sie darauf, dass Jimmy ein katatonischer Jugendlicher war, der Sullivan von einem Freund anvertraut worden war, der ihn auf der Straße gefunden hatte. In diesem Sinne spiegelt sie die Haltung des von Sullivan mitgegründeten Instituts wider, für das seine Homosexualität ein größeres Problem als seine Psychose in der Jugend darstellt.« (Drescher, 1996, S. 20)

3 Sullivan definiert dieses Konzept in *Die interpersonale Theorie der Psychiatrie* wie folgt:

> »Eine der in den jugendlichen Entwicklungsphasen fast unvermeidlichen Ergänzungen beim Vertrautwerden mit der sozialen Realität ist die vermehrte Herausbildung von Mustern der vermeintlichen Persönlichkeiten anderer, die in vielen Fällen auf reine Stereotypen hinauslaufen. Es ist

offensichtlich, dass viele von uns praktisch von einem Stereotyp Gebrauch machen, wenn wir sagen: ›Er benimmt sich wie ein Bauer‹.« (1980, S. 267f)

Und was die Situation eines Jungen angeht:

»In den Beziehungen zwischen Jugendlichen und Lehrern gibt es sehr oft Stereotypien. Man braucht zum Beispiel nur der Lieblingsschüler eines Lehrers zu sein oder dem Lehrer aus irgendeinem Grund besonders zu gefallen, und schon muss man sich entsprechend dem jugendlichen Stereotyp des Lieblingsschülers verhalten und kann deshalb kaum Gewinn aus einer Situation ziehen, die eigentlich ein glücklicher Zufall hätte sein können.« (ibidem, S. 269f)

4 Im ersten Kapitel des zitierten Werkes Chapmans, das den Titel »The Life and Emotional Problems of Harry Stack Sullivan« trägt, weist der Autor, in Anlehnung an das, was Sullivan selbst in *Personal Psychopathology* feststellt, darauf hin, dass die Freundschaft zu Clarence letztendlich auch eine genitale homosexuelle Komponente hatte.

5 Ich verweise auf das, was wir im Abschnitt »Störungen im zeitlichen Ablauf der Entwicklungsstadien« des Kapitels über die Präadoleszenz nachlesen können; Sullivan spricht hier von der »möglichen Gefahr«, die in Clarences Fall eintrat, »über die Präadoleszenz nicht hinauszugelangen« (Sullivan 1980, S. 292).

6 Dieser Umstand wird in *Personal Psychopathology* folgendermaßen beschrieben:

»Ein Einzelkind, vor allem, wenn es das einzige überlebende oder eine lange Zeit ersehntes Kind ist, wird fast immer so verzärtelt und behütet, dass es bei der Entwicklung eines realistischen Selbstbildes so sehr behindert wird, dass es im Alter der außerfamiliären Sozialisation Eigenschaften aufzeigt, die seine Akzeptanz durch die anderen Kinder erschweren. Auf diese Art stellt das Leben als Einzelkind – auch nur für wenige Jahre – ein wirkliches Unglück dar.« (1972, S. 114)

7 Chapman kommt aufgrund der ihm zur Verfügung stehenden Daten und seiner klinischen Erfahrung als Psychiater zu dem Schluss, dass es sich nicht um eine schizophrene Krise, sondern um eine »pubertäre emotionale Störung minderer Schwere« handelte (1976, S. 26).

8 Perry schreibt Folgendes, um ihre Hypothese zu untermauern:

»In den Schriften Sullivans finden sich unzählige Hinweise darauf, wie komplex die Situation ist, in der sich der isolierte Junge bei seinem Weg in die Adoleszenz befindet und welch großen Risiken seine geistige Gesundheit ausgesetzt ist, je mehr er sich im Konflikt zwischen seinem Bedürfnis nach Selbstachtung, der Notwendigkeit, Freunde zu finden und seine sexuellen Wünsche zu befriedigen, befindet.« (1982, S. 147f)

9 Perry verzichtet jedoch nicht darauf, eine genaue Hypothese darüber aufzustellen, wo der junge Harry, zumindest einen Teil der Zeit, in der er verschwunden

war, verbrachte. Es handelt sich dabei um das Bellevue Hospital in New York, an dem zu jenem Zeitpunkt sowohl Flavius Packer, Sohn des Bezirksarztes des Chenango County, als auch Dr. Brill arbeiteten – mit dem Sullivan als Psychiater eine sehr kameradschaftliche Freundschaft pflegen sollte und von dessen großer Vertrautheit mit schizophrenen Zuständen er öffentlich und voller Überzeugung sprach.

10 Im Übrigen hat Sullivan 1929 über die Schwierigkeiten der psychiatrischen Ausbildung von Ärzten gesagt: »Zu mir kommen Ärzte, die über mentale Probleme aufgeklärt werden wollen. Sie kommen als gut ausgebildete Ärzte; aber gerade durch ihre Ausbildung haben sie sich eine völlige Unfähigkeit angeeignet, irgendetwas zu verstehen, das ich ihnen sagen könnte.« (zitiert in Perry, 1962, S. XVIII)

11 Dies gilt auch für meine Arbeit, die versucht, der Logik der Spezialisierung unserer Zeit zu entgehen – um sich in Richtung einer Integration von Kenntnissen zu bewegen, die immer nötiger wird, um das Phänomen Mensch in seiner ganzen Komplexität zu begreifen – und folglich im Bereich der geistigen Gesundheit in angemessener Weise tätig zu werden.

12 Selbst eine so akkurate Darstellung wie die von Chatelaine im fünften Kapitel des genannten Werks (1981) lässt Lücken offen, die der Autor nicht hat schließen können.

13 Wenn im Falle Freuds der Versuch, die Spuren des eigenen Lebens vor den Biografen zu verbergen, dem Bedürfnis entsprungen sein mag, der Psychoanalyse mehr Glaubhaftigkeit zu verleihen, sie als unabhängig von seinem Leben darzustellen, dürfte bei Sullivan die große Schwierigkeit bei seiner Selbstfindung eine entscheidende Rolle gespielt haben, das heißt, seine traumatische Kindheit und Adoleszenz zu überwinden – Entwicklungsjahre, die auch für Freud nicht einfach gewesen sein dürften.

14 Auf der einen Seite beweist eine solche Behauptung, wie wenig vertraut Sullivans Biografin mit der Psychoanalyse war, auf der anderen Seite belegt sie, dass sie eine Anhängerin seiner interpersonalen Theorie war, da sie die entscheidende Bedeutung der zwischenmenschlichen Situation, in der wir uns befinden, für unsere persönliche Entwicklung aufzeigt.

15 »In Wirklichkeit«, schreibt Fine, »hat sich sein Ruhm weit mehr nach seinem Tod als zu seinen Lebzeiten entwickelt« (*ibidem*). Diese Bemerkung unterstützt der Autor mit seinen persönlichen Erinnerungen:

> »Ich erinnere mich, als ich in der Psychiatrie anfing, dass nur einige ikonoklastische Kollegen ihn als Genie betrachteten, während die meisten ihn einfach als Exzentriker oder sogar Schizophrenen sahen. Seine Idee, dass Schizophrene mithilfe der Psychotherapie behandelt, verbessert oder sogar geheilt werden könnten, wurde fast einhellig vom Berufsstand verlacht, so wie es auch heute noch ist. Was hingegen die Sozialwissenschaften angeht, war Sullivan nur eine von vielen Stimmen.« (ibidem)

16 Chatelaine rekonstruiert die Karriere von Dr. McClure Chapman, der 1881 im Staat New York geboren wurde, 1902 sein Studium an der Universität Michigan abschloss, dann bis 1916 am Binghampton State Hospital und bis 1920 am St. Elisabeths Hospital arbeitete und vermutet aufgrund der Tatsache, dass die Patienten aus dem Chenango County in das Binghampton State Hospital kamen, dass Sullivan ihm begegnet sein könnte, als er wegen seiner Krise 1909–1911 dort Patient war; einer Suche nach Belegen für diese Hypothese war allerdings ein negatives Ergebnis beschieden (1981, S. 405–411).

17 Genau diesem Thema habe ich 1989, zusammen mit Pinkus, die Schrift »I primi pionieristici scritti di H. S. Sullivan sulla psicoterapia della schizofrenia« (»Die ersten wegbereitenden Schriften H. S. Sullivans über die Psychotherapie der Schizophrenie«) gewidmet.

18 Wie Perry hinzufügt, legte Sullivan natürlich auch auf die von ihm mit den Patienten geführten Gespräche großen Wert und war auch ein (verkannter) Pionier der Gesprächsaufzeichnung.

19 Aus den Gesprächen, die Chatelaine (1981) mit zwei ehemaligen Mitarbeitern Sullivans geführt hat, geht deren Enthusiasmus für die Arbeit der Pilotabteilung hervor, gleichzeitig aber auch, dass gewisse Bereiche des Krankenhauses, vor allem das weibliche Pflegepersonal, seiner Arbeit feindlich gegenüberstanden.

20 Chatelaine stellt in seiner Untersuchung dieser Frage fest, dass die geringe finanzielle Zuverlässigkeit für den Verwaltungsrat des Krankenhauses schließlich ein größeres Gewicht gewann als der wachsende Ruhm, den sein therapeutisches Genie ihm einbrachte (1981, S. 359–361).

21 Am Ende des Kapitels, in dem sich Perry mit dem Tod von Sullivans Mutter beschäftigt, die 1926 starb, finden wir folgenden Kommentar, der auch seine Beziehung zu Frauen beleuchtet:

> »Es kann gut sein, dass die extreme Identifikation mit Ella und Margaret ihn einschränkte, aber er hatte ein intuitives Gefühl für Frauen, das ihn nie verließ. Nach seinem Tod lobten ihn die Frauen, die Teil seiner Welt waren, am uneingeschränktesten; dieses Lob konzentrierte sich auf seine Fähigkeit, sie als Personen zu ermutigen.« (1982, S. 224)

22 »Sullivan, der geniale Ire, und Sapir, der traurige jüdische Intellektuelle, schienen sehr unterschiedlich zu sein«, schreibt Sapirs Biografin Regina Darnell. »Beide fühlten sich jedoch zutiefst unwohl in der amerikanischen Gesellschaft und waren ihr gegenüber sehr kritisch« (1990, S. 289f).

23 Was Sullivans Identität im Verhältnis zu seinen Beziehungen mit der Ärztegemeinschaft auf der einen und der Chicagoer Gruppe auf der anderen Seite angeht, stellt Perry fest, dass die Ärzte seine Exzentrik wegen seiner überlegenen klinischen Fähigkeiten tolerierten, während ihm die Sozialwissenschaftler »ehrliche Bewunderung, Respekt und echte Kameradschaftlichkeit« entgegenbrachten (1982, S. 256f).

24 Sullivan setzte sich sehr für eine Reform der Ausbildung ein. 1930 schrieb er in seinem Artikel »The Training of the General Medical Student in Psychiatry«:

> »Wie ein Rufer in der Wüste vertrete ich die Ansicht, dass ich heute kein Dutzend Personen finden würde, die ich guten Gewissens als Dozenten oder Direktoren von psychiatrischen Abteilungen empfehlen würde. Ich kenne sehr viele Psychiater, die sehr viel mehr als ich über viele Aspekte der Psychiatrie wissen. Viele von ihnen haben mich aber hinsichtlich einer Empfehlung entmutigt, da sie mir höchstpersönlich Tatsachen präsentiert haben, von denen ich weiß, dass sie keine Tatsachen sind. Anders ausgedrückt, sie wissen zu viel, oder sie sind zu schlau, und auf diese Weise verbreiten sie Fehler, Aberglauben oder Religion. Und nun, man beachte, schließe ich dieser Feststellung die folgende an: Bis heute verfügen wir über keine geeignete Technik, Persönlichkeitsveränderungen zu beheben, über eine mehr oder weniger intensive psychoanalytische Beziehung hinaus, die aber manchmal, selbst in den ›didaktischen Analysen‹ nicht die gewünschten Ergebnisse zeitigt.« (1930, S. 378)

25 Christopher Bever hat sich 1993 mit der fruchtbaren Beziehung von Sullivan und Hadley (dem Analytiker von Harold Searles) und dem schmerzhaften Konflikt, der 1945 zum Bruch führte, beschäftigt.

26 Die Memorial Lectures gingen folgendermaßen weiter: Die zweite Serie wurde von dem kanadischen Psychiater Brock Chisholm über das Thema »The Psychiatry of Enduring Peace and Social Progress« gehalten, also über präventive Psychiatrie; nach dem Krieg arbeitete Sullivan mit ihm im Rahmen der Weltgesundheitsorganisation, deren Mitinitiator Chisholm war, in diesem Bereich zusammen. 1951 war die Reihe an Julian Huxley, der sich mit dem Thema »Knowledge, Morality and Destiny« beschäftigte, während Leslie Farber, der damals Direktor der Washington School of Psychiatry war, 1957 den Philosophen Martin Buber für die Vortragsreihe zum Gedenken Whites gewinnen konnte. Buber sprach über das Thema »Psychiatry and Philosophical Anthropolgy«. Kvarnes berichtet in seinem Beitrag, dass die fünfte Serie an Konferenzen 1973 stattfand und von Eric Heller über das Thema »Man Guilty and Man Ashamed« berichtet wurde.

27 Unter diesem Titel hat ihn Perry in die Anthologie *The Fusion of Psychiatry and Social Science* aufgenommen; mit diesem Titel wurde die Schrift berühmt und ich erwähne ihn, neben dem Originaltitel, auch in der Bibliografie.

28 Meiner Meinung nach könnte man über diese Definition ein ganzes Seminar abhalten. An dieser Stelle möchte ich mich darauf beschränken, ihren anti-reduktionistischen und dialektischen Charakter zu unterstreichen, der auch in Sullivans Unterscheidung zwischen dem »Bereich der psychiatrischen Relevanz«, den er als »sehr weitreichend« definiert, und dem »primären Aufgabengebiet der Psychiatrie«, das nach seiner Definition »relativ begrenzt« ist, innewohnt.

Bekanntermaßen hat ein großer Teil der heutigen Psychiatrie diesen dialektischen und intellektuell anspruchsvollen Charakter verloren.

29 Es wäre natürlich sehr interessant, dieses Thema zu diskutieren. Zum Beispiel trifft zu, dass sich diese Ambition Freuds in gewisser Hinsicht tatsächlich verwirklichte, insofern die Psychoanalyse ein radikal neues Erkenntnis-Paradigma in die Humanwissenschaften eingeführt hat.

30 Perry berichtet auch, dass 1930 Sullivans letzte nähere Verwandte – außer dem Vater, der bis 1931 lebte – nämlich seine Tante Maggie Stack, die in Brooklyn Heights lebte, starb. Sullivans Mutter war schon 1926 verstorben.

4. Das Werk Sullivans und die neofreudiansche Wende

Mit *Schizophrenia as a Human Process*, der bereits erwähnten Sammlung von Beiträgen aus den 20er Jahren, nahm die interdisziplinäre Orientierung von Sullivans Arbeit nach und nach Gestalt an, und schließlich erfuhr der ursprüngliche Charakter von seinem Werk in dessen Niederschrift von *Personal Psychopathology* seine Vollendung. Einerseits geht es um Sullivans deutliche Loslösung von Freud, andererseits um die Gestaltung des psychogenetischen Gesichtspunktes, der *Die Interpersonale Theorie der Psychiatrie* bestimmt und den er in den 40er Jahren definitiv herausarbeitete. Eine wichtige Etappe auf diesem Weg und ein entscheidender Wendepunkt in seiner beruflichen Karriere stellen folglich die fünf Vorträge dar, die er 1939 hielt und denen die *Conceptions of Modern Psychiatry* zu Grunde liegen. Durch diese beiden Werke wird auch sein Beitrag zur Konsolidierung der neofreudianischen Orientierung deutlicher, die in der »Zodiac-Gruppe« ihren informellen Ausgangspunkt hatte und dann in Werken wie *Der neurotische Mensch unserer Zeit* (1937) und *Neue Wege in der Psychoanalyse* (1939) von Karen Horney und *Die Furcht vor der Freiheit* (1941) von Erich Fromm konkreten Ausdruck fanden.

Angesichts der Tatsache, dass die Neofreudianer eine ganze Reihe von Themen entwickelten, die im Laufe der Jahre auch vom psychoanalytischen Mainstream aufgenommen und weiterentwickelt wurden, stellt sich die Frage, ob der Begriff »neofreudianische Bewegung« nicht einfach ein historisches Artefakt darstellt, das heißt eine – tendenziöse – Bezeichnung, die an eine bestimmte besonders konfliktgeladene Epoche in der Entwicklung der Psychoanalyse gebunden ist (siehe unten). Tatsache ist, dass über die oben erwähnten wissenschaftlichen Publikationen (von Sullivan, Horney und Fromm) hinaus das entscheidende Ereignis für das Herauskristallisieren dieser neuen Orientierung ohne Zweifel der erzwungene Austritt von Horney und Thompson aus der New York Psychoanalytic Society war. Damit kam es zur Gründung (gemeinsam mit anderen, darunter Fromm-Reichmann) einer Reihe autonomer Gruppen außerhalb der American Psychoanalytic Association. Mit diesem Thema werde ich mich im dritten Abschnitt dieses Kapitels beschäftigen.

Im letzten Abschnitt werde ich mich schließlich mit dem posthumen Werk Sullivans befassen und die Anerkennung, die sein Gesamtwerk erfahren hat, darstellen – dessen genaue Darstellung dann Thema des zweiten Teiles dieses Buches sein wird. Außerdem sollen hier auch die wichtigsten Beiträge der Nachfolger Sullivans erläutert werden – was uns dann im zweiten Teil nützlich sein kann.

Im Folgenden untersuchen wir Themen und Stil, die Sullivan von *Personal Psychopathology* speziell kennzeichnen – ein Werk, auf dessen Veröffentlichung Sullivan zu Lebzeiten verzichtete und das dem Publikum erst 1972 zugänglich gemacht wurde.[1]

4.1 Das Buch *Personal Psychopathology*

Perry legte in der Einleitung zur amerikanischen Ausgabe dieses Buches, das 40 Jahre nach der Fertigstellung durch Sullivan publiziert wurde, gleich zu Anfang Wert darauf, zu erläutern, dass es nicht autobiografischer ist als die anderen Bücher seines Verfassers. Dies dürfte also nicht der Grund dafür gewesen sein, dass die Arbeit zu Sullivans Lebzeiten nicht veröffentlicht wurde. Der Titel hat eigentlich mit dem schon erwähnten *one-genus postulate* zu tun, nach dem der Unterschied zwischen jedem von uns und dem schwierigsten Schizophreniepatienten ein gradueller und kein prinzipieller ist (siehe Sullivan 1980, S. 55–6, für die Definition des »Ein-Genus-Postulat«).

Außerdem, stellte Perry fest, war der Begriff *psychopathology* im Amerika der 20er und en 30er Jahre bei all jenen Psychiatern und Sozialwissenschaftlern *en vogue*, die begonnen hatten, sich mit der Lehre Freuds zu identifizieren. Nach Brills Übersetzung von *Zur Psychopathologie des Alltagslebens* (*The Psychopathology of Everyday Life*, 1917) wandte sich eine ganze Reihe von Autoren in diese Richtung, unter ihnen Kempf mit *Psychopathology* von 1921 und Lasswell mit *Psychopathology and Politics* von 1930. Auf der gleichen Linie wie diese Autoren verstand auch Sullivan zu jener Zeit seinen Standpunkt als den eines Psychopathologen, um dann Anfang der 40er Jahre die Bezeichnungen »Psychiater« und in den letzten Jahren seines Lebens »Sozialpsychologe« zu bevorzugen. Mit der Zeit ging er von der *Personal Psychopathology* (um den Titel des Buches zu benützen) zur *interpersonal psychopathology* über und schließlich einfach zu *interpersonal relations*. Im Übrigen ist diese Entwicklung in dem 1932 vollendeten Werk schon im Ansatz enthalten, indem die Annahme vertreten ist, die individuelle Psychopathologie sei wirklich nur in Bezug auf das familiäre Klima, in dem der Patient aufwächst, zu verstehen. Diese Annahme sollte später in *Die interpersonale Theorie* ausführlich dargelegt werden.

Perry hebt in ihrer Einleitung des Buches den Einfluss auf Sullivans Ideen durch Kemps *Psychopathology* hervor. Kempf gebührt vor allem der

Verdienst, dass er in seiner Rolle als Mitarbeiter am St. Elisabeths Hospital eine dynamische Annäherung an den schizophrenen Patienten suchte, ungefähr zehn Jahre bevor Sullivan selbst damit anfing. Perry zeigt auf, dass »Kempfs Umsetzung seiner Theorie 1921 unter vielen Gesichtspunkten die Basis darstellt, auf der Sullivan seine klinische Arbeit aufbaute« (1972, S. XVII) und zitiert als Beleg zum Beispiel die in *Psychopathology* enthaltene Aussage, dass es »in einer Psychose keinen unbestimmten, absurden oder sinnlosen Ausdruck« gibt – einer der zentralen Gedanken des Werkes Sullivans. Wir wollen auch nicht den Begriff der »Präadoleszenz«, dem Sullivan das sechste der zwölf Kapitel seines ersten Buches widmet, und des »Nicht-Ich«, das erst in den 40er Jahren bei Sullivan auftauchen wird, vergessen – den Kempf schon 1921 behandelt hatte.

Hinzu kommt, dass Sullivan in *Personal Psychopathology* eine bemerkenswerte Vertrautheit mit dem Werk einer ganzen Reihe von Autoren beweist, unter ihnen Malinowski, Piaget und Bridgman, die erst in späteren Jahren die ihnen zustehende Anerkennung erfuhren. Nicht zu vergessen ist auch seine innovative Neubewertung von Meyers Ideen, die sich zum Beispiel in der Neuformulierung der »Typen und typischen Situationen«, denen er das zehnte Kapitel widmet, widerspiegelt.

Schließlich kommt in diesem Buch auch die ausgeprägte soziale Sensibilität Sullivans zum Ausdruck und zwar nicht nur in der einzigartigen Weise, in der es ihm gelingt, den Zusammenhang zwischen Psychopathologie und Gesellschaft zu erfassen, sondern auch in der Überzeugung, dass die sozialen Institutionen einer Reform bedurften, die im Einklang mit den Ansprüchen auf Entwicklung und Reifung des einzelnen Individuums stand. Diesbezüglich betont Perry den politischen Radikalismus, der dieses Buch auszeichnet (*ibidem*, S. XXIII). Ich werde nun die einzelnen Kapitel und die wichtigsten Stellen davon darlegen.

Schon auf der zweiten Seite des ersten Kapitels, »Der Organismus in der Gesamtheit seiner Situation«, stoßen wir auf die für Sullivan typische Definition von geistiger Gesundheit, die sich um den Begriff Selbstwertgefühl dreht, und auf die Formulierung des Gebiets der Psychopathologie, das daraus hervor geht: »Wir können sagen, dass für den Fall, in dem die Erhaltung des Selbstwertgefühles als Ziel an sich und nicht als Folge unseres Lebens zu betrachten ist, das betreffende Individuum geistig krank ist und folglich zum psychopathologischen Studienobjekt werden muss, gleich dem ›Neurotiker‹ und dem ›Verrückten‹« (1980, S. 2).[2]

Gleichzeitig aber ist es so – und hier treffen wir auf einen weiteren für Sullivan typischen Gedanken – dass »niemand hoffen darf, einen anderen ganz zu *verstehen*« (*ibidem*, S. 5); und das um so mehr, als das Individuum einer ganzen Reihe von Rationalisierungen und Vorurteilen, die von den gesellschaftlichen Normen vorgegeben werden, ausgesetzt ist. Und genau diese, fährt Sullivan fort, stellen sich jeglichem Veränderungsprozess entgegen – der aber unvermeidbar ist. In diesem Zusammenhang rekurriert Sullivan auf die These vom *cultural lag*, die William Ogburn in dem Klassiker *Social Change* von 1922 formulierte, und die besagt, dass sich in der amerikanischen Gesellschaft die Kluft zwischen technologischem und kulturellem Fortschritt immer weiter vergrößert.

In der Tat stellt genau dies den Ausgangspunkt für die genetische Psychologie Sullivans dar, das heißt die Primärgruppe, in der sich das Neugeborene entwickelt, besonders was die Prozesse empathischer Kommunikation, die zwischen dem Neugeborenen und der Mutter ablaufen und später den Identifikationsprozess zwischen dem Kind und dessen Eltern betrifft. Insbesondere – und hier treffen wir erneut auf eine der tragenden Ideen seiner späteren interpersonalen Theorie – da diese Prozesse auf der einen Seite die Basis der Identität des Individuums darstellen, auf der anderen aber auch auf drastische Weise das Potential bestimmen, mit dem das Neugeborene ursprünglich in bemerkenswertem Maß ausgestattet ist, und das in seinem Erwachsenenleben zum Ausdruck kommen wird. Diese bestimmen auch den Spielraum für Veränderungen, die das Individuum in seinem Leben als Erwachsener durchläuft.[3]

Wir finden schon im Umfeld dieser Überlegungen zur Entwicklung, deren Entfaltung das ganze Buch gewidmet ist, viele andere Ideen, die auf »Den Organismus in der Gesamtheit seiner Situation« bezogen sind. Im Lichte der »gemeinschaftlichen Existenz« (*communal existence*) gibt es »keinen Organismus, der *außerhalb* seiner Umgebung lebt« (*ibidem*, S. 12).[4] An diesem Punkt definiert Sullivan das Konzept von »der funktionellen Aktivität innerhalb des Komplexes Organismus-Umgebung« als »das, was die Lebensprozesse darstellt« (*ibidem*, S. 13) und formalisiert dann den Begriff »Person« folgendermaßen:

> »Die Person ist also ein höchst kompliziertes Netz aus Prozessen und den Beziehungen zwischen ihnen, die aus Einheiten mit physikalisch-chemischen, sozialen und kulturellen Dimensionen organisiert werden, in Form gemeinschaftlicher Existenz und funktioneller Aktivität, die innerhalb von und zwischen diesen drei Dimensionen stattfinden.« (*ibidem*)

Angesichts einer solchen Definition sollte folglich die vor allem anthropologische und dann erst psychoanalytische (oder psychiatrische) Dimension, in der sich Sullivan bewegt, sowie die Tatsache hervorgehoben werden (auf die wir im ersten Kapitel wiederholt hingewiesen haben), dass die heutige Psychiatrie genau diese Definition von »Person« braucht. Nun stellt Sullivan ausgehend von dieser Definition sein Konzept über »Integration« vor – das wiederum eine wesentliche Rolle in seinem Denkgebäude spielt – im Sinne eines zentralen Prozesses, der innerhalb der Situation Organismus-Umgebung stattfindet und darüber entscheidet, ob die Situationen gut oder schlecht sind – was er »Anpassung, schlechte Anpassung und Nicht-Anpassung« nennt (*ibidem*, S. 20f). Wie wir sehen werden, behandelt Sullivan im dritten Kapitel das, was er als »Dynamismen der Schwierigkeiten« bezeichnet, im Sinne dieses konzeptuellen Rahmens.

Im zweiten Kapitel, »Das Wachstum der Persönlichkeit«, finden wir die erste rudimentäre Beschreibung von Säuglingsalter, Kindheit, Schulalter, Präadoleszenz und Adoleszenz, deren definitive Darlegung Gegenstand der interpersonalen Theorie sein wird, die im siebten Kapitel des vorliegenden Buches behandelt wird. Wir wollen uns nun aber mit dem dritten Kapitel von *Personal Psychopathology* befassen, da es eine schematische Darstellung der »Dynamismen der Schwierigkeiten« (so lautet der Titel dieses Kapitels) enthält, auf die Sullivan im Laufe seines Werkes nie mehr so detailliert eingegangen ist. »Ein gelungenes Leben oder der *Zustand der geistigen Gesundheit*«, erklärt er dort einleitend, »besteht, wie man sagen kann, in der fortlaufenden Bewältigung umfassender Situationen; daraus folgt, dass das Wachstum der Persönlichkeit weder unterbrochen noch materiell umgelenkt werden kann« (1972, S. 46).

Von dieser Basis ausgehend stellt er dann das Schema der »menschlichen Dynamik« vor und kommentiert es detailliert. Die Rede ist vom »Klassifizierungsschema der Anpassungsprozesse auf der Basis des erreichten Maßes an Bewältigung in der Konfiguration Organismus-Lebensraum« (Sullivan 1962, S. 195). Von diesem Klassifizierungsschema ausgehend, trifft der Autor folgende Unterscheidungen: »Anpassung« heißt »völlige Mobilität; vollständige Bewältigung der Konfiguration, ohne irgendeine Spur von Stress«; »teilweise Anpassung« heißt: »der Stress ist in der Konfiguration Organismus-Umgebung mehr oder minder reduziert, aber die Konfiguration wird nicht vollständig bewältigt«; und schließlich »Prozesse schlechter Anpassung«, in deren Umfeld »der Stress in der Situation Organismus-Umgebung nicht reduziert wird; es gibt keinerlei Bewältigung der Situation« (*ibidem*, S. 195 und 197). Während zur Kategorie der »teilweisen Anpassung« Kompensation und Sublimierung und eine ganze Reihe anderer Abwehrmechanismen (vom Vergessen, der Verdrängung und Rationalisierung über die Verschiebung bis zum Negativismus) sowie Dissoziation und Regression gehören, fallen unter »Prozesse schlechter Anpassung« Panik, Angst und Depression.

Was können wir nun aus dieser Klassifizierung schließen? Dort wird der von Freud formulierte dynamische Standpunkt im Sinne von Sullivans interpersonaler Theorie interpretiert, und zwar auf ähnliche Weise wie White den Blickwinkel von Freud seiner persönlichen anthropologischen Sicht untergeordnet hatte. Des Weiteren ist bemerkenswert, dass Sullivan den adaptiven Standpunkt lange vor Heinz Hartmann und den Ich-Psychologen vertrat, ganz zu schweigen von der Tatsache, dass wir in diesem Kapitel auch eine systematische Aufstellung einer ganzen Reihe von Abwehrmechanismen finden, einige Jahre bevor 1936 Anna Freuds Klassiker zu diesem Thema erschien.

Man kann also sagen, dass wir es diesbezüglich – wie wir noch sehen werden – weniger mit einem neofreudianischen Standpunkt zu tun haben als mit der Vorwegnahme einer künftigen Entwicklung innerhalb des psychoanalytischen Mainstreams. Um das Bild, das ich von Sullivan zu entwickeln versuche, zu vervollständigen, sollte auch erwähnt werden, dass die Definition von »Konflikt«, die Sullivan im gleichen Kapitel vornimmt, weit entfernt ist vom so genannten intrapsychischen Blickwinkel Freuds, oder: »conflict is *a total situation so integrated that two or more disparate resolutions tend synchronously to occur*« (*ibidem*, S. 61; Kursiv im Original).

Wenn wir nun zum nächsten Kapitel, »Die Chronologie der Schwierigkeiten«, übergehen, stoßen wir sehr bald auf das große Interesse, das Sullivan für die ersten 15 Lebensmonate des Babys hatte und auf die Aussage (welche die enge Verbindung zwischen seiner Arbeit an der Sheppard Klinik und der späteren interpersonalen Theorie belegt), dass seine Arbeit mit schizophrenen Patienten ihn dazu geführt habe, »für mich selbst eine ganze Reihe von Annahmen zu konstruieren, die die kindliche Persönlichkeit betreffen – und das mit beachtlichem Vorsprung, was jegliche empirische Beobachtung angeht« (*ibidem*, S. 90). Eine Aussage, die uns unweigerlich an den ähnlichen Geist denken lässt, mit dem Freud die *Drei Abhandlungen zur Sexualtheorie* geschrieben hatte – und an die moderne Säuglingsforschung. Daniel Sterns Buch *The Interpersonal World of the Infant* (1985, die amerikanische Originalausgabe) bezieht sich ausdrücklich auf Sullivans interpersonale Theorie. Bemerkenswerterweise kommt im deutschen Titel, *Die Lebenserfahrung des Säuglings* (1992) das Wort *interpersonal* nicht vor. Sullivan beschreibt uns hier die Art und Weise, in der das Kind von einer Situation der *universal participation* – dem Gegenteil der von Freud angenommenen autistischen Phase also – zur Wahrnehmung seiner selbst übergeht, die es nach und nach in Beziehung zur mütterlichen Brust entwickelt Da wir im siebten Kapitel ausführlicher darauf eingehen werden, kommen wir jetzt auf die mit dem Thema dieses Kapitels verbundene so genannte »primäre genitale Phobie« zu sprechen.

Darunter ist der reaktive Zustand des kleinen Kindes auf das erschreckte Erstarren der Mutter zu verstehen, angesichts seines Spiels mit den Genitalien. In einer solchen Situation kann man einen Ursprung des so genannten »Nicht-Ich« erkennen. Nachdem der Autor nun auf die Bedeutung von Schlaf- und Essstörungen des Kleinkindes eingeht, legt er das Konzept der »Chronologie der Schwierigkeiten« dar und erklärt, dass es nicht nur wichtig ist zu verstehen, in welcher Entwicklungsphase eine bestimmte Störung auftaucht, noch wichtiger sei es aber zu klären, welche Auswirkungen sie auf die Persönlichkeitsentwicklung hat (*ibidem*, S. 101).

Entscheidend hierfür ist das Konzept vom *sentiment of self* (*ibidem;* Kursiv im Original), dessen Ursprung, wie der Autor erklärt, »in den mit der oralen Aktivität verbundenen Erfahrungen« (*ibidem*, S. 103) zu suchen ist. Sullivans Konzept von »oraler, analer und urethraler Persönlichkeit« wird nicht mehr in Abhängigkeit von der Libidoentwicklung gesehen, sondern als Resultat interpersonalen Geschehens. Die Affekte und Gefühle, die das Kind in der Beziehung zur Mutter in den oralen, analen und urethralen Interaktionszonen erlebt, wirken sich auf seine Persönlichkeitsentwicklung aus.

Mit dem fortschreitenden Wachstum des Kindes kommt die Rolle, welche die interpersonale Umgebung spielt, in einem Maße zum Tragen, dass Sullivan die zentrale Idee dieses Kapitels wie folgt formuliert: »Es ist unvermeidlich, dass jedes Individuum, das gewöhnlich oder häufig zur familiären Gruppe gehört, eine Rolle bei der Persönlichkeitsentwicklung des Kindes spielt« (*ibidem*, S. 113). Genau an dieser Stelle seiner Abhandlung findet man den Passus über die Entwicklung des Einzelkindes und seine Schwierigkeiten, eine realistische Selbsteinschätzung zu entwickeln, über den ich im dritten Kapitel berichtet habe. Schließlich wird die oben genannte Annahme ausführlich dargelegt, indem die interpersonale Umgebung anhand des Aufwachsens des psychopathischen bzw. zwangsneurotischen Kindes erklärt wird und für jedes ein psychologisches Profil erstellt wird (siehe unten, Kapitel 7).

Ähnliche Annahmen und Beschreibungen finden sich in den folgenden drei Kapiteln, in denen Sullivan das Schulalter, die Präadoleszenz und die Adoleszenz behandelt. Es folgt ein Kapitel über die weibliche Adoleszenz, als deren Verfasserin Clara Thompson gilt. Bei den nächsten vier Kapiteln (»Schlaf, Träume und Schizophrenie«, »Typen und typische Situationen«, »Die Erforschung der Persönlichkeit« und »Die Wohlstandsgesellschaft«) handelt es sich um Kapitel von jeweils klinischem, psychopathologischem, methodologischem und soziologischem Zuschnitt, die sehr gut die interdisziplinäre Ausrichtung von Sullivans Denkweise dokumentieren. Das trifft besonders auf das Kapitel zu, mit dem wir uns hier beschäftigen wollen, da es Licht auf die Art wirft, mit der Sullivan sich der Psychoanalyse Freuds anschließt, sie aber – von seinem eigenständigen theoretischen Rahmen ausgehend – auch neu interpretiert: »Die Erforschung der Persönlichkeit«, das wiederum einige der Themen von *Das psychotherapeutische Gespräch* vorwegnimmt.

Es ist typisch für Sullivan, dass er, bevor er Freuds Begriffe von Übertragung und Gegenübertragung erwähnt, das Problem von einem sozialwissenschaftlichen Blickwinkel aus betrachtet. Bei der Erforschung der individuellen Persönlichkeit als Form der sozialen Interaktion »sollte das Erkennen der in einer interpersonalen Situation auftretenden Faktoren das zentrale Problem darstellen« (*ibidem,* S. 329). Von dieser Perspektive aus betrachtet, fährt der Autor fort, muss man zwar Freud den Verdienst zugestehen, dass er die bekannte Tatsache »›entdeckt‹ hat, dass Persönlichkeiten, wenn sie die Möglichkeit haben, interagieren« (*ibidem*). Es ist allerdings auch so, dass seine Begriffe von Übertragung und Gegenübertragung keine »*wholly unmixed blessing*«, also »keinen reinen Segen« darstellen. »Die noch immer weitgehend akzeptierte Unterteilung der Menschheit in diejenigen, die *fähig sind* und diejenigen, *die unfähig sind,* eine ›Übertragung zu entwickeln‹«, fährt Sullivan fort, »ist eher bewundernswert als im Gebiet der Erforschung der Persönlichkeit wirklich nützlich« (*ibidem*).[5] Im Gegenteil, die Technik des Gesprächs »beruht auf der Annahme, dass die Person mehr oder minder danach verlangt, eine engere Beziehung mit dem Interviewer einzugehen« (*ibidem*, S. 330). Und dies umso mehr, als Isolation und Einsamkeit den Kern psychischer Störungen darstellen (*ibidem*, S. 229). Danach zählt Sullivan die möglichen Hindernisse auf, welche die Aufgabe des Interviewers erschweren, »der anderen Person dabei zu helfen, so viel wie möglich von seiner Lebensgeschichte in Worte zu fassen und eine Darstellung seiner jetzigen Persönlichkeit zu geben« (*ibidem*, S. 333). Und hier kehrt Sullivan zu Freud zurück, indem er bestätigt, dass die Technik der freien Assoziation »das einzige uns zur Verfügung stehende Instrument darstellt, um die Persönlichkeit systematisch zu erforschen und dass dadurch unsere Eingebungen in rationale Hypothesen übersetzt werden können« (*ibidem*, S. 334).

Da an diesem Punkt der Gebrauch, den Sullivan von Freud macht, klar sein dürfte und das psychotherapeutische Gespräch Gegenstand des achten Kapitels sein wird, möchte ich die abschließenden Worte dieses Kapitels von *Personal Psychopathology* wiedergeben:

> »Die Erforschung der Persönlichkeit hängt folglich von der Kenntnisnahme der Tendenzsysteme, die das Individuum ausmachen, ab. Dies erlaubt, viele Daten über Störungen der Persönlichkeit und Psychopathologie zu erfassen, von

> denen ausgehend wir jene Arten von Störungen, die in den vorangegangenen Kapiteln vorgestellt wurden, herausgearbeitet haben. Wir haben es mit einer hohen Fehlerwahrscheinlichkeit zu tun, können aber auch Experten darin werden, aus einer gewissen Verhaltensweise und aus ein paar historischen Daten die möglichen Abweichungen abzulesen, die zu einer bestimmten krankhaften Persönlichkeit gehören. Der Wissenschaftler kann nie wissen, ob er die richtige Diagnose der Persönlichkeit gestellt hat oder nicht, bis er sie nicht gründlich untersucht hat – bis zu dem Punkt, wo die Störungen verschwinden. Mit wachsender Erfahrung verbessern sich seine diagnostischen Eingebungen. Er kann darüber hinaus die »persönliche Gleichung« seiner interpersonalen Reaktionen erheblich vermindern. Es ist allerdings noch nicht bewiesen, dass dies zu einem Präzisionsinstrument werden kann. Es scheint mir nicht völlig außerhalb unserer Möglichkeiten zu liegen, zu einer ausgedehnten Erkundung dieses Gebietes entlang der von mir angegebenen Linien vorzudringen, ohne die wir uns keinerlei Verbesserung bei der Erforschung der Persönlichkeit erwarten dürfen. Sollten einst entsprechend ausgebildete Leute – im Moment sind es sehr wenige – eine breit angelegte Untersuchung über die verschiedenen Persönlichkeitstypen, die in einer ganzen Reihe von sozialen und kulturellen Realitäten existieren, durchführen, werden wir unserem Ziel ein ganzes Stück näher gekommen sein.« (*ibidem*, S. 353f)

Damit bleibt nur noch zu sehen, welche Fortschritte in diese Richtung die 1939 unter diesem Titel vorgestellten Vorträge darstellten, und welche Position Sullivan bezüglich des sich allmählich abzeichnenden neofreudianischen Paradigmas dann Freud gegenüber einnahm.

4.2 Die Vorträge »Conceptions of Modern Psychiatry«

Schon die komplexe und zweifellos erfolgreiche Geschichte dieses Buches, von der Dexter Bullard in seinem Vorwort zur zweiten Auflage von 1953 spricht (die erste beim New Yorker Verlag Norton erschienene Auflage; dieser hat das Buch auch in weiterer Folge verlegt), lässt die Schlussfolgerung zu, dass nicht so sehr die Suche nach einem alternativen Blickwinkel zu Freud das Hauptziel von Sullivan ist, sondern – und das suggeriert im Übrigen auch der Titel – die Darstellung einer neuen Disziplin: der dynamischen Psychiatrie. Die 1940, kurz nach ihrer Präsentation im Herbst 1939, zum ersten Mal in der Zeitschrift *Psychiatry* publizierten Vorträge wurden mehrmals von der White Foundation wieder aufgelegt, bis Sullivan 1947 einer Buchveröffentlichung zustimmte, allerdings widerwillig, da er wegen der Unvollkommenheit der ersten drei Vorträge unzufrieden war.

Zu den Tausenden von Exemplaren, die bis dahin verkauft worden waren, kamen dann weitere 13.000 in den folgenden fünf Jahren, was die außergewöhnliche Bedeutung und die Kraft der in diesem Buch enthaltenen Ideen beweist. So hat also der große Erfolg, den diese Hefte hatten (im Gegensatz zu dem, was mit *Personal Psychopathology* geschehen war), diese in ein Buch verwandelt – übrigens das einzige, das der Verfasser zu Lebzeiten veröffentlichte.[6]

Sullivan skizziert in seiner Einleitung zur zweiten Auflage erst die Themen, die er in den Vorträgen der 40er Jahre sehr viel ausführlicher behandelte: die Angsttheorie, der Dynamismus des Ich und die Geschichte der Entwicklung der interpersonalen Beziehungen. Dann spricht er davon, dass seine größte Sorge und sein intensives Engagement der Psychiatrie gelten, vor allem aber der Notwendigkeit, diese im dynamischen Sinne neu zu begründen.

> »Die Psychiatrie, so wie sie heute ist (das heißt das Arbeitsgebiet der psychiatrischen Ärzte), ist weder Wissenschaft noch Kunst, sondern nur Verwirrung«, erklärt Sullivan entschieden. »Indem ich sie als ›Erforschung der interpersonalen Beziehungen‹ bezeichne, versuche ich das Gebiet dieser Disziplin einzugrenzen, damit man mit Gewinn gewisse Arbeitsmethoden auf sie anwenden kann. Dies macht aus der Psychiatrie den wahrscheinlichsten Schnittpunkt mit einer anderen in Entwicklung begriffenen Disziplin, die zu den Sozialwissenschaften gehört: der Sozialpsychologie. Beide sind auf der Suche nach einer zufriedenstellenden Definition des Lebens, die alle Fälle von relativem Erfolg oder Niederlage umfasst, die für eine teilnehmende Beobachtung empfänglich sind. Der Psychiater mit wissenschaftlicher Einstellung wird wissen, wo und warum sein Patient scheitert, und er weiß auch, welche vernünftigen Hoffnungen auf ein besseres Leben man sich von seinen therapeutischen Anstrengungen erwarten kann.« (Sullivan, 1940; 1953, S. X)[7]

Nun wollen wir *Conceptions of Modern Psychiatry* untersuchen und dabei besonders beim vierten und fünften Kapitel verweilen, also »Klinische Konzepte« und »Therapeutische Konzepte«, da die ersten drei Kapitel – »Grundlegende Konzepte«, »Der menschliche Organismus und die Umgebung, die er braucht« und »Entwicklungssyndrome« – Themen enthalten, die wir schon behandelt haben oder noch behandeln werden.

Am Anfang des vierten Kapitels befasst sich Sullivan mit den Veränderungen der Muskelspannung, also Anspannung und Entspannung, die die Suche nach Befriedigung widerspiegeln und zum biologischen Teil des menschlichen Lebens gehören, so wie die Bewahrung von Sicherheit, die zum interpersonalen Bereich gehört. Er zeigt im Besonderen auf, wie Billigung und Missbilligung von Seiten der Elternfiguren sich auf die Muskelspannung auswirken, bis sie mit der Zeit wahre Krankheitssyndrome hervorrufen können. Hier handelt es sich nicht nur um einen Ausschnitt seiner interpersonalen Theorie (der im gleichnamigen Werk ausführlicher behandelt wird), sondern auch um einen der wichtigsten semiologischen Aspekte des klinischen Gesprächs. In diesem Zusammenhang bietet Sullivan folgende Formel und präzisiert dabei das, was er in *Personal Psychopathology* dargestellt hat:

> »Der Patient ist zu jemandem gekommen, von dem man annimmt, dass er ein Experte *für die Prozesse, die in den Beziehungen, die der Patient mit den anderen hat, zum Tragen kommen,* ist (*in uncovering the processes at work in the patient's relations with others* – lautet der Originaltext) und nicht Experte in Allwissenheit, Allmacht, in der magischen Fähigkeit zu beruhigen, zu überzeugen und zu ermuntern.« (1940; 1953, S. 94; Kursiv im Original)

Nachdem er dann sechs weitere Voraussetzungen für das klinische Gespräch vorstellt (siehe das siebente Kapitel, in dem es um *Das psychotherapeutische Gespräch* geht), äußert sich Sullivan über seine Grundhaltung in dieser Hinsicht folgendermaßen:

> »Das Konzept, zu dem ich gelangen möchte, ist folgendes: Die Persönlichkeit neigt stets zu jenem Zustand, den wir als geistige Gesundheit oder gute interpersonale Anpassung bezeichnen, trotz der durch die kulturelle Konditionierung erlittenen Schäden. Die Grundrichtung des Organismus ist dem Fortschritt zugeneigt. Unabhängig von den Abweichungen, die das Ich vielleicht verinnerlicht hat, kann der Psychiater, wenn er über genügend Intuition und Befähigung verfügt, stets positive Veränderungen durch seine Untersuchung der Situation des Patienten erwarten.« (*ibidem*, S. 97)

Nun erinnert Sullivan daran, wie die familiäre und kulturelle Umgebung sich auf die Entwicklung der Persönlichkeit auswirken und dass Persönlichkeitsstörungen meist in einer Krisensituation zutage treten; dann stellt er einige klinische Syndrome vor, angefangen bei dem der »Liebe«, über das ich im dritten Kapitel gesprochen habe. Da Sullivans Fähigkeit, die Psychodynamik der klinischen Syndrome zu bestimmen, einen der wichtigsten Bestandteile seiner dynamischen Psychiatrie darstellt, werde ich jetzt einige von ihnen skizzieren, um sie dann in dem Kapitel über sein Buch *Clinical Studies* eingehender zu behandeln. Es geht hier um die Aufgabe, »alle diagnostischen Syndrome im Sinne von interpersonalen Prozessen neu zu formulieren« (*ibidem*, S. 104f); er führt dieses Unternehmen durch und versieht es mit einer Reihe von klinischen Beispielen, die nicht nur erhellend und effizient, sondern oft auch ziemlich amüsant sind.

So behandelt er erst die Hysterie und auf welche Art Verdrängung bei diesen Patienten die Ausübung von Macht über andere dient (sehr eloquent im Beispiel auf Seite 109f beschrieben), um sich dann zwangsneurotischen Zuständen zuzuwenden, über die er folgendes sagt:

> »Die Störung geht auf einen Zustand tiefer Unsicherheit zurück, der sehr weit zurückreicht und das ganze Leben anhalten kann; er wird durch das Fortleben und die Verfeinerung einer persönlichen Magie, die in direkter Linie zu den Entwicklungsstadien der Persönlichkeit in frühester Kindheit steht. Diese Personen zweifeln stets an ihrem persönlichen Wert und sind sich nie sicher, ob die anderen ihnen wohlgesonnen sind: Sich selbst gegenüber zeigen sie durchgehend Verachtung, die aber sehr viel klarer als Verachtung der anderen zum Ausdruck kommt, die womöglich nicht offensichtlich ist, aber auch sehr deutlich werden kann. Um das niedrige Niveau ihres Selbstwertgefühls zu verbergen, nehmen diese Patienten, oft sehr erfolgreich, die Rolle des mächtigen und schlauen Magiers ein.« (*ibidem*, S. 113)

Der ausgeprägte klinische Scharfsinn Sullivans sowie die Stichhaltigkeit der interpersonalen Auffassung, die er entwickelt hat, ermöglichen, dass wir uns schnell eine recht klare Vorstellung von einem so komplexen Krankheitsbild wie dem der Zwangsneurose machen können; folgender Passus zeigt sehr schön, auf welche Art Sullivan beides mit der von Freud begonnenen therapeutischen Tradition zu verbinden wusste:

> »Wenn die Störung jedoch schwer ist, kann man einem zwangsneurotischen Patienten nichts mehr sagen. Man kann ihm aber Anhaltspunkte liefern, durch die ihm die Sache, die man mitteilen will, unversehens ins Auge springt. Ich sage in einem besonders geeigneten Moment zu diesen Patienten: ›Oft, wenn eine Person viele Erfahrungen dieser Art macht, gibt es diesen und jenen Grund dafür‹. Ich habe diese Erklärung sehr bescheiden angeboten und folglich wird sie normalerweise mit kalter Höflichkeit aufgenommen und sofort wieder vergessen. Derweil fährt man fort über wichtige Dinge zu sprechen. Nach Tagen oder Monaten beginnt der Patient zu vermuten, dass diese Verbindung vielleicht doch existiert. Und das ist ein Erfolg. Wenn der Patient sofort versucht hätte, mit mir übereinzustimmen, wäre mein Satz im Diskussionsprozess verändert oder sogar im Wortnebel aufgelöst worden. Dahingegen muss *er* (Kursiv im

Original) derjenige sein, der entdeckt, versteht, die Konsequenzen zieht. Sein Ideal ist, dass meine Rolle diejenige von jemanden ist, der ›einfach wartet‹, eine Art bewundernder Sklave, der aber kein klares Zeichen weder von Dienstbarkeit noch von Unabhängigkeit geben darf.« (*ibidem*, S. 114)

Nun, ich denke, dass es angesichts einer solchen Passage, das heißt des hohen Niveaus an technischer Feinheit, nicht schwierig ist, sich Sullivan auch als einen Psychoanalytiker mit bemerkenswertem Scharfsinn und viel Erfahrung vorzustellen, dem es noch dazu gelingt, Formulierungen zu finden, die auch für den heutigen Analytiker noch Gültigkeit haben.

Von aber noch größerem Interesse und gleichzeitig einer der grundlegenden Aspekte seiner dynamischen Psychiatrie ist die Tatsache, dass Sullivan, nachdem er auch den hypochondrischen, den algolagnischen[8] und den paranoiden Patienten beschrieben hat, von ihnen im Sinne von »vielen verschiedenen Formen eines Prozesses der Fehlanpassung, der im Grunde der gleiche ist« (*ibidem*, S. 122) spricht, da diese Zustände oft gleichzeitig auftauchen oder ineinander übergehen. Darum schlägt er folgende interpersonale Ätiopathogenese vor:

»Die in diese vier Erscheinungstypen eingewobenen Prozesse können zusammenfassend folgendermaßen beschrieben werden: Die ersten Erfahrungen haben ein überwiegend negatives Ich hervorgebracht, weil es nicht genug Anerkennung gab. Diese negative Haltung hat sich auf die Möglichkeit, interpersonale Erfolge zu erlangen, ausgewirkt. Die auf die geeigneten Personen projizierte Geringschätzung hat jegliche Möglichkeit von Erfolgen auf ein Minimum reduziert. Das Gefühl von Unterlegenheit und persönlicher Unwürdigkeit – das man verstecken muss, wodurch es sicherlich nicht besser wird – ist trotz des Vergleiches mit den anderen, die so sehr verachtet werden, das gleiche geblieben. Dieser Zustand von Unzufriedenheit, der auch mehr oder weniger deutlich im Bewusstsein erscheint – oft in Form von Einsamkeit – ist manchmal unerträglich. Die Niederlagen vernichten nacheinander die verbliebenen Fragmente von Sicherheit, die aus fantastischen Prozessen, Fantasien über die Zukunft, stammen. Diese verlieren ihren Zweck und man gerät in einen Zustand, der an Verzweiflung grenzt.« (*ibidem*)

Nach Sullivan findet dann eine Regression statt, »am Verlauf der eigenen Entwicklung entlang, auf der Suche nach einem Moment, in dem das Leben befriedigend war« (*ibidem*, S. 123), eine Regression, die von der Illusion begleitet wird, von vorne anfangen zu können, wobei die Regression nicht mehr rückläufig wird. Die Lebensform, in der das Individuum angelangt ist, ist eine Art Geisteskrankheit, das heißt eine Situation, die durch eine große Fehlanpassung an die interpersonalen Beziehungen charakterisiert ist (siehe *ibidem*). Daraus kommt Sullivan zu folgendem Schluss: »... von einer Regression, zu der Zuflucht gesucht wurde, um der Verzweiflung zu entgehen, geht man also zu einer Progression entlang des Verlaufs eines unserer Syndrome über« (*ibidem*).

Natürlich vollbringt Sullivan die größte Leistung bei der Anwendung der Psychoanalyse auf die Psychiatrie bezüglich der Erklärung schizophrener Zustände. Mit ihnen beschäftigt er sich, nachdem er sich lange beim Prozess der »Sublimierung« aufgehalten hatte, den er als Rückgriff auf eine sozial anerkannte Art und Weise beschreibt, einen Konflikt neu zu definieren, das heißt, ihn in neue Symbole zu fassen (*ibidem*, S. 126). Anders ausgedrückt: Während das Verhalten des Zwangsneurotikers, des Algolagnikers und des Paranoiden »als Ausdruck der Art von Lösung, die man in der Sublimierung findet« oder »parataxische Integrationsprozesse, die einen schmerzhaften Gewissenskonflikt vermeiden, zugunsten einer Resymbolisierung von Impulszielen, die zuvor missbilligt wurden, da sie die Selbstachtung und die Sicherheit beeinträchtigen« (*ibidem*, S. 129) verständlich wird, liegen die Dinge bei schizophrenen Zuständen völlig anders. Bei ihnen ist diese relativ bequeme Lösung eines Konfliktes durch Resymbolisierung und Substitution nicht gelungen, mit dem Ergebnis, dass »dem Dynamismus des Ich keine andere Sicherheitsoperation übrig bleibt, als die Verleugnung dieser Symptome, die inzwischen fast zuviel Bedeutung haben« (*ibidem*, S. 141).

Es geht also um »eine Dissoziation unter der Kontrolle des Bewusstseins« (*ibidem*, S. 142), das heißt, »einen verallgemeinerten Konfliktzustand«, da »den Tendenzsystemen, die Konflikte provozieren, eine unabhängige Persönlichkeit zugewiesen wird, die mehr Macht als das Ich hat« (*ibidem*). Und so kommt es, dass man anstatt Angst, Furcht oder Entsetzen empfindet.[9] Um die dynamische Definition der Schizophrenie, die aus der von Sullivan geschaffenen Verbindung von Psychoanalyse und Psychiatrie hervorgeht, neu zu bestimmen, will ich hier eine der prägnantesten und effizientesten Formulierungen, zu denen er gelangt, zitieren: »Ein Individuum ist deutlich schizophren, wenn die Regression seiner Sicherheitsoperationen, die von parataxischen interpersonalen Beziehungen bestimmt wird, reell sein Überleben bedroht« (*ibidem*, S. 150).

Sullivan widmet das restliche Kapitel weiteren Erläuterungen der komplexen Phänomenologie schizophrener Zustände. Ihr dynamisches Verständnis war immer einer der wichtigsten Gründe für die Übernahme und Anwendung der Psychoanalyse durch diejenigen Protagonisten, wie White und Kempf, auf deren Linie das Werk Sullivans anzusiedeln ist. Die große Sensibilität Sullivans im Verstehen dynamischer Zusammenhänge kommt auch im Bild, das er vom hebephrenen Patienten zeichnet, deutlich zum Ausdruck:

> »Den Schlüssel zum Verständnis der Situation findet man, wenn man die hebephrene Lebensweise aus der Nähe studiert. Der Patient bemüht sich normalerweise vor allem darum, die Aufmerksamkeit der anderen zu vermeiden. Seine Isolierung beruht nicht nur auf der Furcht, enttäuscht oder erniedrigt zu werden oder unsympathisch zu sein. Er vermeidet die geringste Intimität mit irgendeiner Person, weil sein innerer Frieden schon von der geringsten Beziehung zu einer realen Person gestört wird. Die Personen, mit denen er seine amorphen interpersonalen Beziehungen pflegt, sind animistische Naturgegenstände und andere Geister, die einer sehr großen Regression der persönlichen Entwicklung entsprungen sind. Die Regression kann so tief sein, dass fast nichts mehr im Bewusstsein vorhanden ist, außer die Verarbeitung der mit den physiologischen Prozessen verbundenen Gefühle. Alles was von Erziehung und integrativen Tendenzen übrig geblieben ist, die einst einen hohen Grad an Befriedigung vermittelten, befindet sich jetzt in Auflösung und kommt, wenn überhaupt, in Manierismen zum Vorschein. Reale Personen bringen einen solchen Zustand in Gefahr, da sie unerwünschte integrative Aktivitäten erzeugen und die Aktivität stören aufgrund derer das hebephrene Ich in bescheidenem Maße sicher ist.« (*ibidem*, S. 164f)

Angesichts des oben zitierten Passus möchte ich die folgenden Worte Benedettis (die ich teilweise schon in der Einleitung zitiert habe) wieder aufnehmen:

> »Die Fähigkeit Sullivans, die Dynamik der geistigen Zustände zu unterscheiden«, schrieb Benedetti in seinem Vorwort zur italienischen Ausgabe von *Conceptions of Modern Psychiatry*, »wurde selten von anderen Wissenschaftlern erreicht; hier überragt der Kliniker Sullivan den Theoretiker Freud, der eine relativ kleine Anzahl von geisteskranken Patienten untersucht hat. Auch der Eindruck von Wahrhaftigkeit, den die klinischen Beobachtungen von Sullivan hervorrufen, und der uns das Gefühl vermittelt, als sei ihm jede rein doktrinäre Konstruktion fremd, bewegen uns. Sullivan lässt vor unseren Augen das entstehen, was in anderen psychiatrischen Systemen manchmal wie ein Präparat psychischer Anatomie erscheint. Selbst Freud scheint uns in einem rigiden und abstrakten Mechanismus gefangen zu sein, wenn man ihn mit der dynamischen Phänomenologie Sullivans vergleicht.« (1961, S. XVIII)

Damit kann ich nun zum nächsten Kapitel von *Conceptions of Modern Psychiatry* übergehen, das den »Therapeutischen Konzepten« gewidmet ist.

Bei dieser Gelegenheit stellt Sullivan ausdrücklich seine Arbeit als Kontinuum der Arbeit Whites dar, der »sofort zum Verfechter der größtmöglichen geistigen Offenheit gegenüber der Psychoanalyse (*the champion of open-mindedness toward psychoanalysis*, lautet der amerikanische Originaltext) unter den großen Vertretern der Psychiatrie wurde« (*ibidem*, S. 177).[10] Obwohl die nächsten Seiten seines Buches einer Neubewertung der Gesprächssituation im Lichte der »teilnehmenden Beobachtung« gewidmet sind und Sullivan die stereotype Arbeitsweise mancher Psychoanalytiker kritisiert, steht seine tiefe Zustimmung zur Methode Freuds außer Zweifel.

In Bezug auf »das, was der Psychiater vernünftigerweise von seinem Patienten erwarten kann« (*ibidem*, S. 200), spricht er zum Beispiel von folgenden drei Operationen: »*die Veränderungen im eigenen Körper wahrnehmen*: Veränderungen der Stimme, (…), steigende oder fallende Spannung« (*ibidem*); als zweite Operation: »*nebensächliche Gedanken bemerken*« (*ibidem*); und, als »dritte Möglichkeit der Mitarbeit«, »die *sofortige Schilderung dessen, was in den Sinn kommt*« (*ibidem*, S. 202; Kursiv im Original). Unser Autor versäumt auch nicht, die negative Übertragung zu behandeln, die er im Sinne der spezifischen Schwierigkeiten, die die verschiedenen von ihm bestimmten Persönlichkeitsstrukturen dieser besonderen Form der Mitarbeit entgegensetzen, eben neu formuliert:

> »Die nicht-integrative oder psychopathische Person versucht selten, eine therapeutische Beziehung aufzunehmen und ist nicht einmal in der Lage, anzufangen, sich um Mitarbeit zu bemühen. Für den in sich selbst versunkenen Patienten hingegen wird alles zum Sport: Veränderungen der Spannung, marginale Gedanken, verblüffende Mitteilungen. Der Drang zur geistigen Gesundheit fehlt nicht, aber man muss die Äußerungen inmitten zahlreicher theatralischer hysteroider Erscheinungen suchen« (*ibidem*, S. 203).

Sullivan hat also – wie der folgende Abschnitt, in dem es um den Begriff der »therapeutischen Veränderung« geht, noch deutlicher macht – zweifellos die »Lektion Freuds« gründlich gelernt. Er macht diese sogar noch einleuchtender und leichter verständlich, ähnlich wie Ferenczi, der sie in seinen frühen Aufsätzen auf eine Art formulierte, die unserer Erfahrung näher ist. Sullivan schreibt:

> »Dem Patienten muss es gelingen, anhand eines konkreten Beispiels, klar und eindeutig zu sehen, wie die nicht gelösten Situationen seiner fernen Vergangenheit auf die Wahrnehmung der gegenwärtigen Situationen wirken und ihren Ablauf erschweren. Bis das nicht geschieht, kann man keinerlei greifbare Reorganisation

seiner Persönlichkeit haben, keine therapeutisch befriedigende Erweiterung des Ich, keine bedeutende Einsicht in die Komplexität der eigenen Taten oder die oft unerwarteten und verwirrenden Verhaltensweisen anderer beteiligter Personen. Bis zu dem Moment, wo dies geschieht, hat nichts in der therapeutischen Situation wirklich Bedeutung; von jenem Moment an wird jedoch die Integration mit dem Psychiater zu einer niemals zuvor gekannten Situation des freien Ausdruckes der eigenen konstruktiven Impulse. Das ist das indirekte Resultat der Veränderungen, die im Selbst-System stattgefunden haben. Der Patient hat endlich verstanden, dass er durch das *Aufgeben* eines komplexen Prozesses der Suche nach Sicherheit, soviel Sicherheit erlangen kann, wie er *durch ihn* nie bekommen hat. Diese Erkenntnis an sich stellt eine Quelle der Sicherheit dar und ermutigt andere mit Angst behaftete Situationen anzugehen, um in ihnen die Faktoren aufzudecken, die als Bedrohung empfunden werden. Die vom Psychiater wiederholten Sätze über den Weg zu geistiger Gesundheit bekommen jetzt den Sinn, den er mitzuteilen versuchte.« (*ibidem*, S. 205f)

Wir finden dann folgende Neuformulierung des Begriffs »geistige Gesundheit«, die implizit in Freuds Werk schon seit *Studien über Hysterie* vorhanden ist: »*One achieves mental health to the extent that one becomes aware of one's interpersonal relations« (ibidem,* S. 207; Kursiv im original). Auf Deutsch: »*Man gelangt in dem Maß zu geistiger Gesundheit, in dem man sich der eigenen interpersonalen Beziehungen bewußt wird*«.

Im Übrigen versäumt Sullivan nicht, auf den folgenden Seiten zu erläutern, dass ihm nicht die Entwicklung der Psychoanalyse entlang der von Freud vorgegebenen Linie am meisten am Herzen liege, sondern ihre Anwendung auf eine möglichst große Zahl von Patienten einerseits und auf die schwerstkranken Patienten andererseits. Sein Hauptziel ist die »therapeutische Veränderung« generell. Die Psychoanalyse stellt zwar »die effizienteste Form der Therapie« (*ibidem*, S. 212) dar, aber es gibt viele Situationen, psychiatrische und nicht-psychiatrische, in denen sie nicht indiziert ist und in denen man dennoch etwas Nützliches tun muss. In diesem Sinne erläutert Sullivan dann die stationäre psychiatrische Behandlung: »Ich werde mich jetzt mit jenen Patienten beschäftigen, deren Schwierigkeiten im Wesentlichen dadurch behandelt werden, dass man ihre kulturelle Umgebung verändert: genauer gesagt mit denen, die von ihrer normalen Lebensweise in den besonderen kulturellen Komplex des psychiatrischen Krankenhauses transportiert werden« (*ibidem*, S. 225) – von dem er auch sagt, dass es ein »soziales Gefüge ist, das weniger Flexibilität bei der Anpassung verlangt« (*ibidem*). Da es keine vertikale Mobilität gibt, ist im psychiatrischen Krankenhaus der Anteil sozial verursachter persönlicher Unsicherheit ausgeschaltet, die fragile Personen ansonsten daran hindern, im Leben zurechtzukommen. Und so ist das psychiatrische Krankenhaus »der einzige Ort, an dem ein Mensch in Ruhe verrückt spielen kann« (*ibidem*, S. 227).

Diese Beobachtungen sind bis heute gültig, auch wenn Sullivan White zitiert, der gesagt haben soll, »es sei ein Glück, dass in der Krankenhauspsychiatrie die Zwangssysteme abgeschafft wurden, denn so müssen die Psychiater ihr Hirn benutzen« (*ibidem*, S. 230). Diese Ausführungen dokumentieren, wie sehr der psychiatrische Patient im Krankenhaus immer im Zentrum von Sullivans Interesse stand – in Übereinstimmung mit der Lehre Whites und im Gegensatz zu der beruflichen Orientierung Freuds.

4.3 Von der »Zodiac-Gruppe« zu den Spaltungen der 40er Jahre

Mithilfe der beiden Werke, die wir in den vorangegangenen Abschnitten[11] untersucht haben, konnten wir feststellen, wie Sullivan durch die Entwicklung seiner dynamischen Psychiatrie die – nach unserer Definition – wichtigste eigenständige Art der Rezeption der Psychoanalyse in der »Neuen Welt« vollbrachte, das heißt, ihre Verbindung mit der Psychoanalyse herstellte. Nun wollen wir, auch anhand der im dritten Kapitel hinsichtlich seiner professionellen Entwicklung vorgestellten Daten, das Klima beleuchten, welches in der amerikanischen analytischen Gemeinschaft durch die Ankunft der aus Europa geflohenen Analytiker entstand. Das heißt, wir wollen darlegen, wie es durch das Zusammenwirken verschiedener Faktoren zu den Spaltungen der 40er Jahre kam.

Diese Perspektive erlaubt es uns auch, den nächsten Abschnitt vorzubereiten, damit wir die Frage beantworten können, ob die neofreudianische Entwicklung ein historisches Artefakt, also das zufällige Resultat eines bestimmten Klimas, ist, und in welchem Maße die von den so genannten »Neofreudianern« behandelten Themen inzwischen Teil des psychoanalytischen Mainstreams geworden sind. Am Schluss wird die Beschäftigung mit diesem komplexen Thema auch dazu führen, dass wir uns erneut der institutionellen Entwicklung zuwenden, der die Psychoanalyse in den Vereinigten Staaten entgegengegangen ist, und von der wir schon im zweiten Kapitel gesprochen haben.

Von zentraler Bedeutung für dieses Thema[12] ist ein im Jahre 1978 erschienener Artikel von Nathan Hale, »From Berggasse XIX to Central Park West: the Americanization of Psychoanalysis«. Er beschäftigt sich mit den Veränderungen, die die Psychoanalyse in den 20er und 30er Jahren betrafen, als diese sich von der Wohnung Freuds in Wien in das Viertel von New York verlagerte, in dem sich die meisten Analytiker niedergelassen hatten.

Im ersten Band von *Freud and the Americans* hatte Hale geschrieben, dass man bis zu Beginn der 20er Jahre die amerikanischen Analytiker in zwei große Kategorien einteilen konnte: Orthodoxe und Eklektiker (1971a, S. 134). Aus dem 1978[13] erschienenen Artikel geht hervor, wie das Panorama sich in den darauf folgenden Jahren drastisch veränderte: Der Drang zur Orthodoxie, der die jungen amerikanischen Analytiker nach dem Krieg erfasste, bewegte diese dazu, sich in Europa ausbilden zu lassen; nun kehrten sie nach Amerika zurück, zusammen mit den vielen Analytikern, die in den 30er Jahren aus Europa flohen, und spielten eine entscheidende Rolle bei der Verschiebung des bis dahin bestehenden Gleichgewichts, das heißt sie schufen das schismatische Klima, aus dem auch der Begriff »neofreudianisch« hervorging – diesen erfanden allerdings die Gegner der Gruppe und nicht ihre Mitglieder selbst. Hale spricht 1978 sogar davon, dass durch junge amerikanische Analytiker und Immigranten »die Institute rigider wurden« und »nicht mehr offen, wie sie in Europa gewesen waren, sondern ein hierarchisches System bekamen« (1978, S. 305), mit dem Ergebnis, dass »andere Meinungen isoliert« wurden und »mit Beginn der 40er Jahre einige der kreativsten Stimmen der amerikanischen Psychoanalyse wie Sullivan oder Karen Horney begannen, sich außerhalb der Institute zu betätigen« (*ibidem,* S. 306). Um das in den Ausführungen über Ernest Jones behandelte Thema wieder aufzugreifen, das heißt das Modell des »Vollzeitanalytikers«, welches er vertrat, kann man wohl sagen, dass sich die amerikanische Psychoanalyse seit Anfang der 30er definitiv in eben diese Richtung zu bewegen begann.[14]

Der von der zweiten Generation von Psychoanalytikern initiierte »psychoanalytische Bürgerkrieg« wird im sechsten Kapitel von Hales *The Rise and the Crisis of Psychoanalysis in the United States. Freud and the Americans 1917–1985* (erschienen 1995) behandelt, das den Titel trägt: »Psychoanalytic Training: Young Americans Abroad«. Dieses bezieht sich auf die Erzählungen Abraham Kardiners (1977) und Smiley Blantons (1971) und auf die Briefe von Ives Hendrick, der auf Anraten Sullivans bei Franz Alexander in Berlin in Analyse war. »Kein Mitglied der zweiten Generation«, schreibt Hale, »scheint auf eine Weise zur Psychoanalyse konvertiert zu sein, wie sie für die Pioniere typisch war. Ihre Annäherung war kaltblütiger und vorsichtiger. Oft reifte ihre Überzeugung erst im Laufe des systematischen Trainings heran und brachte eine neue professionelle Identität mit sich sowie eine besondere Bindung an diejenigen, die diesen Initiationsritus mit ihnen geteilt hatten« (1995, S. 106).[15] In Anbetracht der Ausbildung und des Ehrgeizes dieser »jungen Löwen« überrascht es folglich nicht, dass nicht nur Brill es vorzog, sich aus dem Zentrum der psychoanalytischen Politik zurückzuziehen, sondern sogar ein

Pionier der Psychoanalyse wie der Wiener Paul Schilder (1886–1940), der 1932 nach New York gegangen war, aber ab 1935 seiner Funktion als Lehranalytiker enthoben wurde, weil er keine reguläre Ausbildung absolviert hatte (Hale, 1995, S. 121).

Was hingegen die aus Europa geflohenen Analytiker angeht, verschob der größte Teil von ihnen das Kräftegleichgewicht in der amerikanischen Psychoanalyse zugunsten der Orthodoxie, während andere in Gruppen mitwirkten, die sich in Richtung einer Emanzipation der Psychoanalyse und weg von einem zu rigiden Festhalten an Freud bewegten. Dazu schreibt Hale:

> »Ihre Haltung Amerika gegenüber war ebenso anders wie die, die sie zur Psychoanalyse hatten. Einige von ihnen, wie Sandor Rado, zeigten Geringschätzung für das, was sie als Mangel an gründlichen Studien und Originalität von Seiten der meisten amerikanischen Analytiker ansahen. Andere, wie Franz Alexander, schauten vertrauensvoll auf die vom amerikanischen Umfeld gebotene Möglichkeit, die Assimilierung der Psychoanalyse durch die Psychiatrie, die Medizin und die Universitäten zustandezubringen. Diejenigen, die Freud am nächsten standen und lange zu seinem Wiener Kreis gehörten, waren die Orthodoxesten auf theoretischer Ebene. Auf der anderen Seite wünschten die Berliner Analytiker, das heißt besonders Karen Horney, und in geringerem Maß die beiden Ungarn Rado und Alexander, alternative Auffassungen zum psychoanalytischen Mainstream entwickeln zu können.« (*ibidem*, S. 124)

Wenn wir an Analytiker wie Horney, Alexander und Rado, aber auch an Melanie Klein denken, ist es interessant, dass sie alle vom Berliner Institut kamen. 1920 wurde dieses Institut als erstes gegründet und stellte das am besten organisierte Ausbildungszentrum dar (von dem zum Beispiel auch Otto Fenichel kam). Nach dem Tod Karl Abrahams 1925 fiel die fundamentale Kontroll- und Integrationsfunktion weg, die dieser ausübte, mit der Folge, dass einige Mitglieder des Instituts Berlin in Richtung England und Amerika verließen und eine ganze Reihe von Konflikten mit sich nahmen, die sie in Berlin nicht hatten lösen können – oder neue Ideen, die sie dort nicht hatten umsetzen können. Wenn dies zutrifft, was von mehreren Autoren behauptet wird,[16] können wir die Hypothese wagen, dass man eine der Wurzeln der neofreudianischen Bewegung dort suchen muss – nämlich im alten Europa. Im Übrigen gehen auch die Ausführungen Horneys über die weibliche Psychologie (s. u.), die eine Alternative zu Freuds Standpunkt darstellen, auf die 20er Jahre zurück.

Zwischen 1938 und 1943 erreichten 149 Flüchtlinge mithilfe des Emergency Committee on Immigration der American Psychoanalytic Association, die auf die eine oder andere Art zur analytischen Gemeinschaft gehörten, die »Neue Welt« (Hale, 1995, S. 126). 1931 stellten die amerikanischen Analytiker 22% aller Analytiker, 1950 machten sie fast die Hälfte der analytischen Gemeinschaft weltweit aus (May, 1976, S. 506f).[17] Auf institutioneller Ebene war es die von Brill am 12. Februar 1911 mit 20 Mitgliedern gegründete New York Psychoanalytic Society (Jones, Band 2, S. 112), die sich als erste 20 Jahre später (am 24. September 1931) ein eigenes Ausbildungsinstitut zulegen konnte, an dessen Spitze man Sandor Rado (1890–1972), direkt aus Berlin, rief (Atkin, 1978, S. 82).[18] Vier Jahre später wurde die Psychoanalytische Gesellschaft von New York, gemeinsam mit der von Boston (1930), Washington-Baltimore (1930) und Chicago (1931) zur *constituent society* der American Psychoanalytic Association; diese von Jones mit acht Mitgliedern am 9. Mai 1911 in Baltimore gegründete Vereinigung wurde Ende 1935 ein Verbund lokaler Gesellschaften, deren erster Präsident Clarence Oberndorf wurde, einer der Gründer der New Yorker Gruppe (vgl. auch Oberndorf, 1953, S. 197f). Dieser Expansions- und Erneuerungsprozess, infolge der Gründung einer ganzen Reihe von Trainingsinstituten, mündete schließlich in einen Verband, der nicht mehr aus *constituent societies*, sondern aus einzelnen Analytikern bestand, und in die Unabhängigkeit der APA von der International Association. Donald Burnham berichtet über die Washington-Gruppe:

> »Nicht lange nach der Gründung der neuen Gesellschaft begann ein reguläres Trainingsprogramm; 1932, um genau zu sein, das heißt ein Jahr nach der Eröffnung des Instituts von New York und im Jahr der Eröffnung der Institute in Boston und Chicago. Diese Initiative war Hadley, Hill und Silverberg zu verdanken. Vielleicht sollte man bemerken, dass sie nicht aus Wien, Berlin oder Budapest stammten, sondern aus Kansas, Virginia und New York City – auch wenn Silverberg seine Einzelanalyse in Berlin gemacht hatte und Hill zur Supervision bei Ferenczi in Budapest war.« (1978, S. 98)

Bevor wir unsere Aufmerksamkeit den Spaltungen zuwenden, die die analytische Gemeinschaft der 40er Jahre kennzeichnen, und die einsetzten, nachdem Horney und Thompson 1941 die New Yorker Gruppe verlassen hatten, sollten wir uns kurz mit den, wenn man so will, europäischen Ingredienzen beschäftigen, die mit der Entstehung der neofreudianischen Bewegung zu tun haben. Wie aus dem Band *Psychoanalyse in Frankfurt am Main* (1996 von Thomas Plänkers und Mitarbeitern herausgegeben) hervorgeht, hatte die Ende der 20er Jahre in Frankfurt am Main von Fromm, Fromm-Reichmann und dem Pionier der Gruppenanalyse Heinrich Fuchs (der seinen Namen später in London in Foulkes änderte) gegründete psychoanalytische Gruppe von Anfang an aus verschiedenen Gründen eine heterodoxe Ausrichtung. Fromm verzichtete zum Beispiel niemals auf seine Identität als Soziologe und Frieda Fromm-Reichmann war nicht nur Schülerin des eklektischen Neurologen Kurt Goldstein (1978–1965), sie hatte auch eine lange und engagierte Karriere als Neuropsychiaterin hinter sich. Um Freuds Worte aufzugreifen, könnten wir sagen, dass auch Fromm-Reichmann (über Goldstein) so wie Sullivan (über White) auf den Spuren von »Professoren und Irrenhausdirektoren« in Kontakt mit der Psychoanalyse getreten war, wie Freud über Amerika geschrieben hatte (*G. W.*, Band 10, S. 71).[19]

Die »Zodiac-Gruppe« war ein Ort des Austausches zwischen amerikanischen und europäischen Kollegen. Die maßgebliche Rolle dieser Gruppe bei der Verquickung eigenständiger, heterodoxer Standpunkte unterschiedlicher Herkunft und der Entstehung von Freundschaften, die die Protagonisten dieser Ereignisse ihr ganzes Leben lang begleiten sollten, wird von mehreren Autoren wie Burnham (1978, S. 100), bekräftigt. Die Tochter Horneys, Marianne, schreibt zu diesem Thema:

> »Ihr wechselseitiger Einfluss war tiefgreifend und schuf eine Atmosphäre der freien Forschung, regte ihr kreatives Denken an, konfrontierte sie mit neuen Ideen und bestätigte sie in jenem, was sie als unbefriedigend empfanden. Es war eine wundervolle Gruppe von Personen, die in verschiedenen Disziplinen tätig waren. Das Interesse Sullivans für Sapir und Cooley ist wohlbekannt. Fromm war sowohl mit der Soziologie als mit der Psychoanalyse vertraut; alle hatten außerdem Kontakt mit Ralph Linton, Ruth Benedict und anderen Anthropologen (…). Deswegen ist es logisch anzunehmen, dass all das, was dort diskutiert wurde, im Denksystem der Gruppenmitglieder nach und nach Form annahm, allerdings bei jedem auf seine Art.« (1978, S. 146)

In diesem bis jetzt dargestellten schismatischen Klima fand also auch die erste Spaltung statt.

> »Bei einer Sitzung der New Yorker Psychoanalytischen Gesellschaft am 29. April 1941 wurde Karen Horney als Dozentin und Lehranalytikerin mit 24 zu 7 Stimmen bei 29 Enthaltungen mit der Begründung disqualifiziert, sie trage Unruhe unter die Studenten« schreibt ihre Tochter Marianne. »Nach der Abstimmung verließen Horney und vier Kollegen, darunter Clara Thompson, schweigend den Ort des Geschehens. Clara Thompson beschreibt die Triumphstimmung, in der sie sich befanden, und die sie veranlaßte, auf der Straße das

Lied ›Go down, Moses, let my people go‹« anzustimmen, jenes Lied das die Befreiung der Juden von der Tyrannei des Pharao feiert.« (*ibidem*, S. 144)

Edith Kurzweil weist darauf hin, dass der Konflikt bereits jahrelang latent vorhanden war, und dass Horney (ebenso wie Sullivan, Thompson und Silverberg) sowohl Lawrence Kubie und Bertram Lewin (in Europa ausgebildete junge Löwen) als auch Rado und Fritz Wittels als zu orthodox und autokratisch betrachteten:

»Horney (…) vertrat die Ansicht, dass es 1. oft produktiver war, mit der Gegenwart des Patienten zu arbeiten, um seine Vergangenheit zu verstehen – als umgekehrt – und 2. die Essenz dessen, was den Kandidaten beigebracht wurde keine universale Gültigkeit hatte, sondern kulturell bedingt war. Ihre Gegner meinten hingegen, dass Horney der Lehre ihrer eigenen Theorien den Vorzug gab und dass die Kandidaten folglich von ihr nicht in die klassische Lehre Freuds, die sie als grundlegend ansahen, eingeführt wurden.« (1995, S. 204f)

Was hingegen das narzisstische Verhalten der Horney angeht, die den schon lodernden wissenschaftlich-ideologischen Streit noch weiter entfachte, erfahren wir von Judd Marmor, einem der Kandidaten der Horney-Thompson-Gruppe, die sich aus der New York Society zurückzogen, Folgendes:

»Das Erscheinen von Horneys Buch *New Ways in Psychoanalysis* im Jahre 1939 sorgte in den konservativen psychoanalytischen Kreisen für beträchtliche Irritation. Was Horney schrieb, erscheint heute nicht mehr so revolutionär wie damals. In der Rückschau habe ich den deutlichen Eindruck, daß es nicht so sehr der Inhalt als vielmehr der Ton des Buches war, der für so viel Unmut sorgte. Horney schrieb so, als gäbe es in der psychoanalytischen Bewegung überhaupt nur zwei Protagonisten, nämlich Freud und sie selbst, und sie machte sich nicht die Mühe, ihre Ansichten in einen historischen Kontext zu bringen, der die vorausgegangenen Überlegungen, die den Boden für ihre eigenen Ideen bereitet hatten, gebührend gewürdigt hätte. Ich denke zum Beispiel an Freuds *Hemmung, Symptom und Angst,* an Anna Freuds *Das Ich und die Abwehrmechanismen,* an Wilhelm Reichs *Charakteranalyse*, gar nicht zu reden von den Beiträgen Sullivans, Rados, Kardiners, Fromms und anderer.« (zitiert aus M. Horney, 1978, S. 147)[20]

Die zweite Spaltung, die bezeichnend für die Situation war, die wir hier skizzieren, und innerhalb des American Institute of Psychoanalysis geschah, welches von der Gruppe, die aus der New York Society ausgetreten war, gegründet wurde, hatte einen Ursprung in der etwas eigenartigen Beziehung Horneys zu Fromm, obwohl die beiden Mitte der 30er Jahre viele Jahre lang ein Liebespaar bildeten.

> »Am 7. April 1943 trat Fromm zurück, nachdem man ihm seine Privilegien als Lehranalytiker genommen hatte. Die Begründung lautete, daß das American Institute of Psychoanalysis nicht gewillt sei, seine Beziehungen zum New York Medical Center (wahrscheinlich der zukünftige Sponsor; M.C.) wegen der Frage der Laienanalyse aufs Spiel zu setzen. Die Argumente, die Horney, Robbins und Silverberg in diesem Zusammenhang vortrugen«, schreibt Marianne Horney, deren Lehranalytiker Fromm gewesen war, »können auch bei erneuter Lektüre nicht davon überzeugen, daß es hier allein um das Problem der Laienanalyse ging.« (*ibidem*, S. 148)

Lässt man die Besonderheiten der Horney beiseite,[21] so entstanden nach dem Ausschluss Fromms die Bedingungen, die es Sullivan, der diese Ereignisse aufmerksam verfolgte, erlaubten, 1943 die New York Branch der Washington School of Psychiatry, das heißt, das zukünftige W. A. White Institute zu gründen.[22] Wie wir in Kürze sehen werden, führte unter anderem die Tatsache, dass dieses Institut ebenso wie das von Horney nicht von der American Psychoanalytic Association akkreditiert wurde, im Jahre 1956 zur Gründung der American Academy of Psychoanalysis, deren erste Präsidentin Janet Rioch war.

Aufgrund von Sullivans bemerkenswertem wissenschaftlich-professionellen Formats kam es erst nach seinem Tod zu einer Abspaltung der Washington School of Psychiatry von der Washington-Baltimore Psychoanalytic Society.[23] In einem persönlichen Bericht schreibt D'Amore dazu:

> »Als ich aus Europa (d. h. aus Italien; M. C.) in Washington ankam, nahm ich Kontakt mit der dortigen analytischen Gemeinschaft auf. Ich hatte vor meiner Ankunft dort noch nie etwas von Sullivan gehört und die Stadt interessierte mich wegen ihrer Schönheit, der Möglichkeit am St. Elisabeths zu arbeiten und meine Ausbildung zu vervollständigen. Ich schrieb mich an der Washington School of Psychiatry und am Washington-Baltimore Psychoanalytic Institute ein. Zu jener Zeit war es schwierig zu bestimmen, was sie unterschied, da einige Kurse im Namen beider Einrichtungen gehalten wurden. Ich hatte die Gelegenheit, Sullivan durch seine Kurse ziemlich gut kennenzulernen, bevor er 1949 starb. Erst dann wurde der Unterschied zwischen der Schule und dem Institut deutlicher. Die Washington School of Psychiatry, so wie ich sie erlebt habe, war

in Wirklichkeit keine Splittergruppe der Psychoanalyse. Sie war in den 30er Jahren auf der Basis der autochthonen amerikanischen Tradition als Ergebnis der Ambitionen Hadleys, Sullivans und anderer entstanden und war von den weitgestreuten Interessen Whites beeinflusst, nach welchem die Mutterstiftung benannt war. Ich bin sicher, hätten Hadley und Sullivan die Art der finanziellen Unterstützung erhalten, wie sie dem Chicagoer Institut in den 30er Jahren zuteil wurde, wäre die Washington School erheblich gewachsen und hätte seine typisch amerikanische Kreativität ganz entfalten können im Gegensatz zu anderen Instituten, deren Direktoren aus Europa importiert wurden und die geprägt waren von aus Europa importierten Rivalitäten« (1978, S. 137)

Natürlich versäumt auch Perry nicht, diesen Aspekt zu unterstreichen, Sullivans Fähigkeit, seine Einrichtungen vorwärts zu bringen, ohne auf Kollisionskurs mit der American Psychoanalytic Association zu geraten. Sie erklärt dies auch mit dem großen Interesse, das seine Arbeit sowohl bei Dexter Bullard als auch bei Frieda Fromm-Reichmann hervorrief – die in Kreisen der APA sehr geschätzt wurden.

Im Übrigen erfahren wir aus Donald Burnhams gründlicher Untersuchung über die Art und Weise, in der die Dialektik zwischen Eklektizismus und Orthodoxie die Entwicklung der Psychoanalyse in der Gegend von Washington beeinflusste, dass der Eklektizismus seit jeher das dominierende Element war, und einmal mehr werden wir mit der entscheidenden Rolle konfrontiert, die White und Meyer dabei spielten, in der »neuen Welt« eine Psychoanalyse im Zeichen der autochthonen amerikanischen Kultur zu entwickeln. Deswegen konnte Sullivan bis zu seinem Tod erfolgreich in eine Richtung arbeiten, die genau seinem Wesen entsprach.[24]

Allerdings veränderte sich die psychoanalytische Politik nach Sullivans Tod drastisch. Aus dem prägnanten Bericht Burnhams erfahren wir, dass die New York Branch der Washington School of Psychiatry am Anfang, das heißt kurz nach ihrer Gründung 1943, über die Washington School in so guter Verbindung mit der Washington-Baltimore Psychoanalytic Society stand, dass neben Thompson auch Janet Rioch und Ralph Crowley als Lehranalytiker dorthin berufen wurden; eine Reihe von Faktoren – vor allem der Tod Sullivans – bewirkten jedoch, dass diese Verbindung mit der Zeit schwächer wurde und schließlich zerriss.

1950 wurde den drei oben genannten Analytikern die Lehranalytikerrolle entzogen. Der Antrag auf Anerkennung durch die American Psychoanalytic Association, den Thompson im Namen des New Yorker White Institute mehrmals gestellt hatte, wurde immer wieder abgelehnt, so dass sie gezwungen war, ihn zurückzuziehen, was im November 1952 geschah (D.

L. Burnham 1978, S. 101). Im Jahre 1946 war das New Yorker White Institute von der Washington School of Psychiatry unabhängig geworden. Hier, an diesem Punkt, beginnt die Geschichte der American Academy of Psychoanalysis, die 1956 unter Vorsitz von Janet Rioch gegründet wurde – als wissenschaftlicher Kreis und nicht als neue Institution didaktischen Charakters. Sie sollte dem freien Austausch von Ideen dienen und allen Analytikern, die außerhalb und innerhalb der American Psychoanalytic Association waren, offen stehen (M. Horney 1978, S. 157).[25]

4.4 Neofreudianer: ist diese Definition noch zutreffend?

In seiner klugen Neubewertung von Sullivans Werk vertritt Donald Burnham folgende Ansicht:

> »Betrachtet man sie aus der Perspektive der Ideengeschichte, so wurde Sullivans ›interpersonale Psychiatrie‹ von verschiedenen parallelen Entwicklungen innerhalb der orthodoxen Psychoanalyse begleitet. Dazu zählen der Übergang von der Psychologie des Es zur Psychologie des Ich (A. Freud, Hartmann, Kris und Loewenstein), die Erkenntnis der entscheidenden Bedeutung der Mutter-Kind-Beziehung und der prädipalen Phase (Spitz, Bowlby, Mahler, Benedek und Winnicott), der Gedanke von der Anpassung an die Umgebung (Hartmann), die Entdeckung spezifischer psychosozialer Entwicklungsstufen (Erikson), die Theorie der Objektbeziehungen (M. Klein, Fairbairn, Balint und Jacobson) und die Behandlung narzisstischer Störungen (Kohut und Kernberg).« (1978, S. 104)

Burnham kommt sogar zu dem Schluss, dass Sullivans Werk in eine direkte Linie mit der Arbeit Ferenczis gestellt werden kann, da der ungarische Analytiker viele dieser Entwicklungen vorwegnahm. Um so mehr, da Sullivan, wie wir im dritten Kapitel gesehen haben, einen positiven Eindruck von den Vorträgen hatte, die Ferenczi während seines Aufenthaltes in den USA 1926/27 in New York und Washington hielt. Burnham erwähnt auch die Tatsache, dass es Sullivan war, der Thompson geraten hatte, sich bei Ferenczi in Analyse zu begeben, bei der schließlich auch er selbst ein weiteres Stück seiner Analyse absolvierte (*ibidem*).

Wenn Burnham 1978 eine Realität erfasste, wie z. B. die Verbindung zwischen dem Werk Ferenczis und dem Sullivans, die erst Jahre später angemessen von Seiten der Kliniker untersucht wurde (siehe Aron und Harris Hg., 1993), so haben wir es der 1983 erschienenen Arbeit *Object Relations in Psychoanalytic Theory* von Jay Greenberg und Stephen Mitchell zu verdanken, dass der interpersonale Standpunkt definitiv aus dem Schatten befreit wurde und der Bruch zwischen ihm und der freudianischen und postfreudianischen Psychoanalyse aufgehoben wurde. Denn, wenn die Psychoanalyse ein Theoriengefüge mit einer inneren Logik, ein *work in progress*, und nicht einfach eine Sammlung lokaler Dialekte ist, dann kann sie an diesem Punkt ihrer Geschichte dahin gelangen, erneut in ihrem Inneren eine ganze Reihe von Ansätzen, deren Träger die Neofreudianer waren, aufzunehmen bzw. konstruktiv zu nutzen, die diese damals außerhalb des psychoanalytischen Mainstreams entwickeln mussten. Im Übrigen liegen auch die neuesten Arbeiten Mitchells auf der gleichen Wellenlänge, angefangen bei dem im Jahre 1988 erschienen Klassiker *Relational Concepts in Psychoanalysis* (bisher leider noch nicht auf Deutsch vorhanden!), in welchem er versucht, durch die Integration der Standpunkte der interpersonalen Psychoanalyse, der Objektbeziehungstheorien und der Selbstpsychologie, einen neuen Beziehungsbegriff aufzubauen, d. h. er versucht zu verbinden, was bis dahin nicht viel mehr als eine Reihe lokaler Dialekte der britischen und nordamerikanischen Analytikergemeinschaft war. Auf diese Weise ist es Mitchell – den ich als echten Schüler Sullivans betrachte – gelungen, auf der gleichen Linie wie Sullivan ein kohärentes postfreudianisches Paradigma zu entwickeln und damit die Aufmerksamkeit einer analytischen Gemeinschaft zu wecken, in der ein Klima herrscht, das sich sehr von dem der 40er Jahre unterscheidet.[26]

Das Anliegen meiner Darstellung ist es, Sullivans Werk für die momentan in der Psychiatrie, Psychotherapie und Psychoanalyse laufende Debatte wiederzugewinnen. Um Sullivans Aktualität aufzuzeigen, musste und muss der Kontext, insbesondere der Zusammenhang mit der eigenständigen Rezeption der Psychoanalyse durch Meyer und White, dokumentiert werden, ohne den seine Forschungsrichtung nicht denkbar ist. Nur so können wir die Spreu vom Weizen trennen, uns seines wegweisenden und heute noch aktuellen Beitrages bewusst werden – über alle Konditionierungen hinaus, seien es die von ihm aufgenommenen oder die von außen auferlegten, die schließlich sein Werk an den Rand der Psychoanalyse drängten.[27]

Um die Aktualität Sullivans aufzuzeigen, ist es notwenig sich des Werdegangs Fromms und Horneys eingehend anzunehmen. Zuvor sei aber eine der wichtigsten Beiträge, die eine kritische Neubewertung der Geschichte der Psychoanalyse vornehmen, nämlich der Ansatz von Morris Eagle, erörtert. Schon in einem Text von 1984, der im Jahre 1988 mit dem deutschen Titel *Neuere Entwicklungen in der Psychoanalyse. Eine kritische Würdigung* erschien, wies Eagle wiederholt auf die Arbeit Sullivans hin und gelangte – im Rahmen seiner Abhandlung über den Beitrag des Amerikaners und Rappaport-Schülers George Kleins – zu dem Schluss, dass er der Versuchung nicht widerstehen könne, »beiläufig zu bemerken, dass Sullivan in neueren

Arbeiten über Objektbeziehungen und Selbst keinerlei Erwähnung findet« (1988, S. 119). In einem Vortrag, den er im Juni 1991 in Bologna hielt, gelangte seine Neubewertung des interpersonalen Standpunktes zu einer differenzierten und ausgefeilten Formulierung. Zunächst geht aus der einleitenden Abhandlung über die Ich-Psychologie und die Theorie der Objektbeziehungen, mit der sein Vortrag (»Das Wesen der theoretischen Veränderungen in der Psychoanalyse«) beginnt, klar hervor, dass die interpersonale Theorie von Sullivan als Antwort auf die selben Probleme entwickelt wurde, d. h. also Mängel in der Theorie Freuds, die auch die Ich-Psychologie und die Objektbeziehungstheorien zu lösen versuchten. Da war auf der einen Seite, was die Ich-Psychologie angeht, »die relative Autonomie der kognitiven Funktionen«, die auch eine der Grundlagen von Sullivans interpersonaler Theorie darstellt, und auf der anderen »die Autonomie der Objektbeziehungen« (1992, S. 10). Eagle würdigt den Umstand, dass die amerikanische Psychoanalyse damals die Vorwegnahme der Objektbeziehungstheorien durch Sullivan verwarf, um sie erst viel später (erst ab den 1970er Jahren), nach der Einführung der aus England kommenden Objektbeziehungstheorien, neu zu entdecken.

Nachdem Eagle festgestellt hatte, dass in der heutigen Psychoanalyse wenig von der so genannten »klassischen« Psychoanalyse enthalten ist, fragt er sich, wie sich all diese theoretischen Wandlungen vollziehen konnten, ob eben auf der Basis von Beweisen oder auch anderer Erwägungen. An diesem Punkt lesen wir folgendes:

> »Dies sind sehr wichtige Fragen, da viele der Ideen, Formulierungen, Kritiken und Abwandlungen der freudianischen Theorie, die heute aktuelle Fragestellungen geworden sind, schon in den 30er, 40er und 50er Jahren von den Neofreudianern (vor allem Fromm, Horney und Sullivan) entwickelt worden waren und sich damals dem Vorwurf aussetzten, oberflächlich zu sein und einen defensiven Schritt zurück, in Bezug auf das Primat der Sexualität und Aggressivität darzustellen, an dem die treuesten Anhänger Freuds festhielten. Außerdem erschienen die neofreudianischen Schriften ungefähr gleichzeitig mit denen der wichtigsten Theoretiker der Objektbeziehungen, Fairbairn und Winnicott. Es ist also nicht die Theorie der Objektbeziehungen, sondern eher ihr *Einfluss* auf die nordamerikanische Psychoanalyse, der verspätet war. Aber wie kommt es«, fragt sich Eagle, »dass die Ideen, die in den 30er, 40er und 50er Jahren abgelehnt wurden, in den 70er und 80er Jahren so *en vogue* waren?« (*ibidem*)

Auf diese Frage schlägt Eagle gleich fünf Antworten vor, die ich versuche zusammenzufassen. Erstens ist es klar, dass die Theoretiker der Objektbeziehungen und der Ich-Psychologie, die innerhalb des traditionellen institutionellen Rahmens der Psychoanalyse blieben, sehr viel leichter aufgenommen werden konnten als die Neofreudianer. Zweitens wurde es erst im Laufe der 60er Jahre offensichtlich, dass die zentralen Konzepte der psychoanalytischen Theorie, die die Neofreudianer angegriffen hatten, nicht mehr zu halten waren. Zur gleichen Zeit gelangten die Objektbeziehungstheorien in die Vereinigten Staaten. Drittens erklärt sich der Erfolg, den zum Beispiel die Theorien Kohuts hatten, zum größten Teil damit, dass sie ursprünglich in Bezug auf eine spezifische Krankheit (den Narzissmus) entwickelt wurden – und eine bifaktorielle Perspektive einnahmen, in der die klassische Psychoanalyse als Methode der Wahl bei der Behandlung von Neurosen nicht angefochten wurde. Viertens muss man in Betracht ziehen, dass sich die Objektbeziehungstheorien und die psychoanalytische Selbstpsychologie in Einklang mit der Phänomenologie der Erfahrungen der heutigen Patienten befinden. Und schließlich erklärt Eagle, dass er überzeugt davon ist, dass der Erfolg von Kohuts Selbstpsychologie auch daran lag, dass jene ein Korrektiv gegen eine zu starre Anwendung der so genannten *basic model technique* bot, ohne dass die Empathie-Theorie eine wirkliche theoretische Innovation dargestellt hätte.

Bevor wir uns eingehend dem Leben und Werk Fromms zuwenden, seien Greenberg und Mitchell zur Aktualität des Beitrages von Fromm und die mit dessen Rezeption verbundenen Probleme zitiert:

> »Fromm beschäftigte sich schon Jahrzehnte lang mit vielen Problemen der zeitgenössischen Psychologie, bevor sie durch andere Wissenschaftler populär gemacht wurden. Er unterstrich die Bedeutung des ›Narzissmus‹, der momentan die Literatur in diesem Bereich dominiert, schon vor über 40 Jahren (1941); er führte den Begriff der ›Symbiose‹ einige Jahre vor Mahler ein (1941); er untersuchte die Rolle von Tat und Verantwortung, die Schafer und Shapiro kürzlich in die Hauptströmung der Psychoanalyse eingeführt haben; er beschrieb den Gebrauch von Sexualität und Perversionen, um ein zerbrechliches Selbstgefühl aufrecht zu erhalten, ein Ansatz, der kürzlich von den Anhängern von Kohuts Selbstpsychologie weiterentwickelt wurde (Kohut 1977). Trotzdem wurde Fromms Beitrag zur Psychoanalyse in vielen Kreisen nicht anerkannt, gerade weil er auf der wechselseitigen Durchdringung der Psychoanalyse und einer umfassenderen soziopolitischen Anschauung der Geschichte beharrte. Dadurch«, schließen unsere Autoren, »fällt es seinen Kritikern leicht, ihn abzutun und eher als Sozialphilosophen denn als Theoretiker der Psychoanalyse zu bezeichnen.« (1983, S. 106)

Tatsächlich war genau dies Fromms wichtigste Eigenschaft, die er mit Sullivan und Horney gemeinsam hatte und die in meinen Augen das darstellt, was die Neofreudianer auszeichnet: Ihr Versuch, Freuds Disziplin in eine Anthropologie zu integrieren – in eine neue anthropologische Weltanschauung – die Sullivan von White übernommen hatte. Greenberg und Mitchell schreiben zu diesem Thema: »Fromm spürte wie Sullivan und Horney, dass der größte Schwachpunkt von Freuds psychoanalytischer Theorie darin lag, dass er seine Beobachtungen nicht in eine umfassendere Vision der historischen und kulturellen Entwicklung eingeordnet hatte« (*ibidem*).

Sieht man von diesem gemeinsamen Nenner ab, der durch die Aufgabe der Libidotheorie gegeben war, ist es nicht leicht zu verstehen, was die Neofreudianer auf theoretischer Ebene über die von ihren Gegnern geprägte Bezeichnung hinaus verband. »Neofreudianer« stand (und steht) für die kritische Haltung, die sie alle gegenüber der Psychoanalyse als Institution einnahmen und für das sie vereinende Bedürfnis, die Psychoanalyse über Freud hinauszuführen und sie den sozialen und klinischen Bedürfnissen ihrer Epoche gemäß in neue Konzepte zu fassen.[28]

Fromm selbst, der bis 1980 lebte und deswegen zu diesem Thema befragt werden konnte, hatte sehr wenig Sympathie für die Bezeichnung »Neofreudianer«. Richard Evans stellte ihm in den 60er Jahren folgende Frage:

> »Halten Sie in diesem Zusammenhang die Definition ›neofreudianisch‹, die des öfteren für ihre Ideen benutzt wurde, für geeignet, Ihre Position zu beschreiben?« (Evans, 1966, S. 58).

Fromms Antwort:

> »Dieses Etikett hat mir eigentlich noch nie sehr gefallen. Mit Kardiner habe ich nie eine wirkliche Arbeitsbeziehung gehabt. Mit Sullivan und Horney hingegen schon und von ihnen habe ich sicher gelernt. Wir haben uns wechselseitig beeinflusst, auch wenn meine grundsätzlichen Ideen sich sehr von den ihren unterscheiden. Die einzige Gemeinsamkeit, die wir haben, liegt, wie Sie schon angedeutet haben, in der Bedeutung, die wir alle der Kultur zumessen; aber auch da existieren Unterschiede zwischen uns. Ich persönlich würde dieses Konzept nicht allzu sehr ausdehnen. Ich würde hingegen die Sozial- und Klassenstruktur und die wirtschaftliche Struktur betonen und wie sich diese Elemente auf die Entwicklung des Individuums und seine Lebensweise auswirken. Von dieser Gemeinsamkeit abgesehen, unterscheidet sich mein Denken nicht wenig von dem Sullivans und Horneys. Vielleicht liegt der Unterschied darin, dass ich mich Freud sehr viel näher fühle, als dies Horney und Sullivan taten und meine Arbeit in all diesen Jahren war ein Versuch, Freud in gewisse philosophische und soziologische Kategorien zu übersetzen, die meiner Ansicht nach eher den

> neuesten Modellen der Philosophie und Soziologie entsprechen. Aus diesem Grund fühle ich mich ein bisschen wie ein Schüler Freuds, der versucht, seine Sprache zu übersetzen und seine wichtigsten Werke in klarere Begriffe zu fassen, und sie von der zu begrenzten Libidotheorie zu befreien, um sie reicher und tiefgründiger zu machen. Wenn ich sage, dass mir das Etikett ›Neofreudianer‹ nicht gefällt«, schließt Fromm, »heißt das sicher nicht, dass ich die Arbeit von Horney und Sullivan nicht schätze, ich schätze sie im Gegenteil sehr: Ich möchte damit nur sagen, dass ich eine etwas andere Entwicklung als sie hatte und dass mein Denken von anderen Faktoren beeinflusst wurde.« (*ibidem*, S. 58f)

Auf dieser Basis hat Daniel Burston in seiner Biografie von 1991 Fromms Position neu bewertet, und ihn in »Freuds loyale Opposition« eingereiht, wozu er Ludwig Binswanger, Georg Groddeck und Sandor Ferenczi rechnet (1991, S. 2). Greenberg und Mitchell arbeiten in ihrem Vergleich der Modelle von Sullivan und Fromm eine Komplementarität beider Standpunkte heraus, eine fruchtbare Verknüpfung zwischen der sozialkritischen Perspektive Fromms und der entwicklungspsychologischen Perspektive Sullivans (1983, S. 112f).[29]

An diesem Punkt sollen noch ein paar Worte zu Fromm und seinem Werk gesagt werden.[30] 1900 in Frankfurt am Main als einziges Kind einer Familie des jüdischen Kleinbürgertums geboren, waren für seinen Werdegang sowohl der Geist der jüdischen Tradition, in dem er aufwuchs, als auch der frühe Kontakt mit dem Werk Marx' entscheidend; hierauf beruhte die Entscheidung, Philosophie zu studieren; er schloss sein Studium 1924 in Heidelberg mit einer Arbeit über die Diaspora ab, die von Max Webers Bruder Alfred betreut wurde. 1924 lernte er in Frankfurt über gemeinsame Freunde seine erste Analytikerin, Frieda Reichmann, kennen, die er 1926 heiratete. Danach begann er eine analytische Ausbildung, wurde 1930 Mitglied der Deutschen Psychoanalytischen Gesellschaft, nachdem er seine vierte Analyse bei Hans Sachs (1881–1947) abgeschlossen hatte. Zu jenem Zeitpunkt begann auch seine Freundschaft mit Wilhelm Reich (1897–1957) und Karen Horney, die ihn 1933 einlud, mit ihr in Chicago zusammenzuarbeiten. Vor seiner Auswanderung arbeitete er erfolgreich mit der Frankfurter Schule zusammen, die Max Horkheimer leitete (mit dem er auch bis 1938 im amerikanischen Exil arbeitete) und gründete mit seiner Frau, Karl Landauer und Heinrich Meng das erste psychoanalytische Institut in Frankfurt, das in den Räumen von Horkheimers Institut Aufnahme fand. In jene Zeit fällt auch das posthum veröffentlichte Buch *Arbeiter und Angestellte am Vorabend des Dritten Reiches*, eine sozio-psychologische Untersuchung, aus dem die konservativen Tendenzen der deutschen Arbeiterklasse klar hervorgingen – und auch die düstere Zukunft, die Deutschland bevorstand.

Eine der ersten Arbeiten, die er im amerikanischen Exil schrieb, ist der Artikel »Die gesellschaftliche Bedingtheit der psychoanalytischen Therapie« (1935), in dem sich seine spätere kritische Einstellung der institutionellen Psychoanalyse gegenüber bereits abzeichnet. Es war die Zeit der »Zodiac-Gruppe«. Die Mitarbeit an der Niederschrift von *Studien über Autorität und Familie* stellte den letzten Akt seiner Arbeit mit der Gruppe um Horkheimer dar; mit Letzterem geriet er aufgrund der neofreudianischen Perspektive in Konflikt. Die Übereinstimmung seiner Ideen mit denen Horneys und Sullivans gab ihm die Kraft, 1939 in *Psychiatry* seine radikale Kritik des Narzissmusbegriffs Freuds in dem Artikel »Selfishness and Self-love« zu veröffentlichen. 1941 folgte dann sein wahrscheinlich berühmtestes Werk: *Die Furcht vor der Freiheit.*

Nachdem Fromm das White Institute in New York mitbegründet hatte, war er dort fast 30 Jahre lang als Lehranalytiker und Supervisor tätig. Von dieser intensiven Arbeit legt auch das Buch Zeugnis ab, das ihm seine Schüler Bernard Landis und Edward Tauber 1971 gewidmet haben. An diesem Punkt möchte ich aus dem großen Oeuvre Fromms nur noch *Psychoanalyse und Ethik. Bausteine zu einer humanistischen Charakterologie* von 1947 herausgreifen. Aus diesem Werk geht am deutlichsten hervor, dass Fromm auf der Grundlage der Psychoanalyse und über sie hinausgehend eine neue Anthropologie aufbauen wollte, eine wirkliche und echte Wissenschaft vom Menschen. Was seine Biografie angeht, sollte noch erwähnt werden, dass er 1949 nach Mexiko City ging, wo er fast 20 Jahre lang lebte und einen entscheidenden Beitrag zur Verbreitung der Psychoanalyse in Mexiko leistete.

Im Folgenden komme ich auf Karen Horney (1885–1952) zu sprechen, um darzulegen, welche Faktoren ihre Arbeit beeinflussten[31] und um dem Leser zu zeigen, wie unterschiedlich die Protagonisten der neofreudianischen Bewegung waren. Horney gehörte wie Frieda Fromm-Reichmann (s. u.), zur ersten Frauengeneration Europas, die nicht nur studieren, sondern sogar ihren Abschluss in Medizin machen konnte (1911 in Berlin). Sie wurde darin von der Mutter, die holländischer Herkunft war, unterstützt. Die unabhängige Persönlichkeit des Vaters, eines Kapitäns der norwegischen Marine, diente ihr zudem als Vorbild. Mit ihm hatte sie während ihrer in Hamburg verbrachten Kindheit einige Reisen auf dem Meer gemacht, was die Emigration nach Amerika wahrscheinlich erleichterte. Sie hatte sich der Psychoanalyse schon während ihres Medizinstudiums angenähert, hatte ihre persönliche Analyse bei Karl Abraham (1877–1925) gemacht und gehörte zu den ersten Mitgliedern der in Berlin entstandenen Deutschen Psychoanalytischen Gesellschaft; ab 1920 war sie Dozentin am dazugehörigen Institut. Mit 24 Jahren heiratete sie 1909 den

Anwalt Horney, von dem sie drei Töchter bekam (die zweitgeborene, Marianne, wurde ebenfalls Psychoanalytikerin), aber 1926 trennte sie sich von ihm. 1932 kam sie auf Einladung Franz Alexanders (1891–1964) nach Chicago, sehr wahrscheinlich aus ähnlichen Beweggründen, deretwegen einige Jahre zuvor Melanie Klein von Berlin nach London ging.

> »Alexander kannte Horney in Berlin gut. Er war besonders von der Klarheit ihrer Ideen beeindruckt«, schreibt Harold Kelman, »und von der für sie typischen Vorgehensweise, die theoretischen Ansätze immer von den klinischen Beobachtungen ausgehen zu lassen. Sie war, sagte er, eine der unabhängigsten, skeptischsten und kritischsten Denkerinnen der Berliner Gruppe; zu jener Zeit war sie jedoch eine überzeugte Freudianerin.« (zitiert in Garofalo 1979, S. 29)

Die Hälfte der Abhandlungen über weibliche Psychologie, die in einer posthum erschienenen Anthologie enthalten sind, und in der Horney eine alternative Position zu Freud entwickelte, entstanden bereits in der Berliner Zeit. Da Horney nicht zufrieden mit der Arbeit mit Alexander war, ging sie 1934 nach New York, wo sie Teil der »Zodiac-Gruppe« wurde und eine der zentralen Personen, die die institutionellen Veränderungen antrieben, die hier schon in unterschiedlichen Zusammenhängen erörtert wurden. Horney leitete das American Institute of Psychoanalysis von seiner Gründung 1941 – bis sie 1952 starb. Ihr Nachfolger war Harold Kelman, der bis 1967 in dieser Funktion tätig war. Sie war fortan intensiv klinisch und wissenschaftlich tätig, was ihre letzten drei Bücher dokumentieren.

> »Anfang der 40er Jahre«, schreibt Garofalo, »begann sie sich für Malerei zu interessieren und nahm sogar bei berühmten Meistern Unterricht; obwohl sie bescheiden ihre begrenzte Begabung erkannte, machte es ihr Spaß und entspannte sie. Sie las sehr viel, von den Klassikern bis zur Moderne, vor allem über Religion, Anthropologie, Soziologie und Philosophie. Sie hatte viele Freunde, mit den verschiedensten Interessen. (…) Die letzten beiden Jahre ihres Lebens waren von dem verzweifelten Versuch bestimmt, einen realen Selbstbegriff, der ein zentraler Gegenstand ihres letzten Buchs war (1950), zu entwickeln, ein Konzept, das so alt und so vage wie die Menschheit selbst ist: Sie ging bis nach Japan dafür, um eine Zeit in Zen-Klostern zu verbringen.« (1979, S. 34)

Welchen Beitrag leistete also eine so unabhängige Person, die gleichzeitig – wie Paris in seiner Biografie (1994) aufzeigt – ihr ganzes Leben lang hartnäckig an ihren persönlichen Problemen arbeitete, welche sie mit den begrenzten Mitteln, die die erste Analytikergeneration zur Verfügung hatte, nicht hatte lösen können? Mit Fromm und Sullivan hatte sie sicher das große Engagement in Richtung einer Befreiung des Menschen von der Sklaverei und dem geistigen Leiden gemeinsam; mit Fromm verband sie außerdem die Begabung zum Schreiben, d. h. die Fähigkeit, ihre klinische Erfahrung einem Laienpublikum zur Verfügung zu stellen, und mit Sullivan die entscheidende Rolle, die beide der Angst als Motor des psychischen Lebens zuwiesen. Gemeinsam war allen drei auch die Betonung der Rolle, welche die Kultur bei einem psychischen Leiden spielt, und die Vertiefung dessen, was man heute als »narzisstische Dimension« bezeichnet, das heißt, die mit unserer Selbstachtung und Selbstverwirklichung verbundene Problematik. Als Frau und Psychoanalytikerin war Horney darüber hinaus zweifellos eine Wegbereiterin und korrigierte die einseitig männliche Ausrichtung Freuds und der frühen Psychoanalyse.

Wir können also angesichts Horneys Werk, also der vielen Themen, mit denen sie sich auseinander setzte und die erst in der postfreudianischen Psychoanalyse eine angemessene Würdigung erfuhren, folgende Behauptung aufstellen: Der gemeinsame Nenner der Neofreudianer – oder ihre Sünde – stellte den Versuch dar, eine postfreudianische Psychoanalyse zu einer Zeit ins Leben zu rufen, als Freud, der sich als Vater und Herr der Psychoanalyse betrachtete, noch am Leben war. Wenn dieses Urteil übereilt klingt, sollte man sich daran erinnern, dass sich erst nach Freuds Tod (1939) und dem seiner Tochter Anna (1982) der in der postfreudianischen Psychoanalyse vorhandene Reichtum an Standpunkten frei entfalten konnte; und erst damit konnte sich die Psychoanalyse in Richtung einer »normalen Wissenschaft« bewegen – einer Disziplin also, die zumindest eine breite und freie Debatte der verschiedenen Standpunkte auszeichnet.

4.5 Das posthume Werk

Dieser Abschnitt soll einen Überblick über Sullivans posthumes Werk geben und das Schicksal des Gesamtwerkes nachzeichnen. Des Weiteren soll der Leser eine Übersicht der Arbeiten der Sullivan-Rezeption erhalten, die eine Neubewertung seines Werkes vornehmen.

Schizophrenia as a Human Process wurde 1962 von Helen Perry herausgegeben und mit einer Einführung versehen. Diese posthume Anthologie enthält die wichtigsten Schriften Sullivans über Schizophrenie aus den Jahren 1924 bis 1935. Der Text nimmt einen wichtigen Platz im Werk Sullivans ein, insofern er schrittweise die Ausarbeitung seines bahnbrechenden Ansatzes in der Psychotherapie der Schizophrenie dokumentiert und die Basis für seine interpersonale Theorie darstellt (s. u.).[32]

Der zweite posthum erschienene Band, ebenfalls eine aus verschiedenen Artikeln zusammengestellte Anthologie, ist *The Fusion of Psychiatry and Social Science*, 1964 von Perry herausgegeben. Es handelt sich hier um Arbeiten, die sich besonders auf die Schnittstelle von Psychiatrie und Sozialwissenschaften beziehen und von Sullivan ab 1937 bis zu seinem Tod publiziert wurden; aus diesem Grund bezeichnet Perry sie in ihrer Einführung als die ideale Fortsetzung von *Schizophrenia as a Human Process* und ergänzt sie durch die Arbeiten Sullivans aus seinen letzten Lebensabschnitten in New York und Washington. In den Band wurde auch der Text aufgenommen, den der Soziologe Charles Johnson bei der Beerdigung Sullivans vorlas: »Harry Stack Sullivan, Social Scientist« (s. o.); in ihm berichtet er über Sullivans Bereitschaft, an seinen Studien über die enormen Probleme afroamerikanischer Jugendlicher in den Südstaaten mitzuarbeiten. So entstand auch das Nachwort zu Johnsons *Growing up in the Black Belt: Negro Youth in the Rural South*, das in die Anthologie aufgenommen wurde. In dem oben genannten Text schreibt Johnson auch Folgendes:

> »Die Anwendung der fruchtbaren Eingebungen der Psychiatrie auf die tatsächlichen Beziehungen zwischen den Leuten – zwischen den Personen – hat die Entwicklung eines neuen gemeinsamen Arbeitsgebiets von Psychiatrie und Sozialwissenschaften möglich gemacht. Dieses hat den Sozialwissenschaftlern neue Instrumente und Materialien zur Verfügung gestellt, die wahrscheinlich das erste Mal eine reale Hoffnung darauf geben, die sozialen Spannungen und internationalen Konflikte verstehen und kontrollieren zu können, die unsere Zivilisation heute gefährden.« (1964, S. XXXIV)

Johnson und Sullivan verbrachten drei Wochen gemeinsam im Tiefen Süden und Johnson hat dabei von Sullivan und seinem Arbeitsstil viel gelernt. Er schreibt:

> »Für ihn war das Ziel der Psychiatrie, das Leben zu verstehen, um es erleichtern zu können. Er war weder Defätist noch Mystiker. Seiner Ansicht nach gab es durchaus eine Möglichkeit und die Hoffnung, dass die von uns inspirierten sozialen Kräfte die unpersönlichen Kräfte der Natur in Schach halten konnten und den größeren Einfluss auf die Bildung der Persönlichkeit nahmen. Diese Überzeugung, die durch die Kriegsstimmung akut geworden war, erlaubte es ihm, den Virus der rassistischen und religiösen Vorurteile und der internationalen Konflikte in seine Überlegungen mit einzubeziehen. Die Wurzeln sind tief in den Ängsten und Illusionen verwachsen, aufgrund derer die Menschen unserer Gesellschaft in ihrer Isolation und ihrem gegenseitigen Misstrauen verharren – was uns mit

immer größerer Ratlosigkeit erfüllt. Es sind die gleichen Wurzeln, die den Schwarzen auf den Plantagen des Black Belt in seiner Isolation halten, in dem was Dr. Sullivan als ›den Schnittpunkt vieler feindseliger Gebiete‹ bezeichnet hat.« (*ibidem*, S. XXXIV–XXXV)

Ich habe dem Soziologen Johnson so viel Platz eingeräumt, damit sich der Leser eine Vorstellung von der Art der Beiträge machen kann, die man in diesem Buch findet, mit dem ich mich im sechsten Kapitel, »Sullivan als Sozialwissenschaftler«, noch eingehender beschäftigen werde. An dieser Stelle möchte ich hinzufügen, dass außer dem grundlegenden Beitrag »The Data of Psychiatry« (1938) in dieser zweiten Anthologie der Schriften Sullivans auch zwei klassische Beiträge seiner interpersonalen Theorie enthalten sind, und zwar »The Meaning of Anxiety in Psychiatry and Life« (1948) und »The Illusion of Personal Individuality« (1950). Zuletzt sei auf die Äußerung des bekannten Sozialwissenschaftlers Gordon Allport anlässlich der internationalen Konferenz *Tensions that Cause Wars* verwiesen: »Sullivan hat wahrscheinlich mehr als jeder andere in Richtung einer *Fusion von Psychiatrie und Sozialwissenschaften* gearbeitet«.[33]

Von den drei Büchern, die aus Vorträgen, Vorlesungen und Seminaren Sullivans der 40er Jahre zusammengestellt wurden, ist *Die interpersonale Theorie der Psychiatrie* sicherlich das wichtigste, *Das psychotherapeutische Gespräch* mit Abstand das meistgelesene und *Clinical Studies* das am wenigsten untersuchte.[34] Wie die Herausgeber des erstgenannten Buches, Helen Perry und Mary Ladd Gawel, im Vorwort schreiben, beruht es fast vollständig auf einem Seminar, das Sullivan im Winter 1946/47 an der Washington School of Psychiatry hielt und stellt die letzte vollständige Formulierung seiner Konzeptionen dar (1980, S. 3). Was hingegen seine Vorgehensweise, von Vorlesung zu Vorlesung, angeht, erfahren wir Folgendes:

»Sullivans Konzept war alles andere als statisch; seine Vorlesungen änderten sich von Jahr zu Jahr, so wie sich auch seine Vorstellungen und Formulierungen fortlaufend entfalteten und weiterentwickelten. Und doch war jeder seiner Vorlesungszyklen eine sorgfältig aufgebaute Darstellung seiner entwicklungsgeschichtlich orientierten psychiatrischen Methode – das heißt, er verfolgte die Persönlichkeitsentwicklung vom frühesten Säuglingsalter bis zum Erwachsenenalter und gelangte über diese Vorgehensweise dann zu bestimmten Schlussfolgerungen hinsichtlich psychischer Störungen im späteren Leben. So blieb zwar der Rahmen seines Denkens immer der gleiche, doch in jedem neuen Zyklus wurden bestimmte Gedanken und Vorstellungen verworfen und statt dessen wieder neue Gedanken und Vorstellungen mit einbezogen. Aus eben diesem Grund erschien es uns angebracht, seine letzte, vollständige Fassung zur Grundlage dieses Buches zu machen.« (*ibidem*, S. 11)[35]

Da *Die interpersonale Theorie der Psychiatrie* mit einer Einleitung von Mabel Blake Cohen (1908–1972)[36] versehen ist, wollen wir uns diese einmal ansehen, vor allem, was die Bilanz betrifft, die Blake Cohen in Bezug auf das Schicksal von Sullivans Gesamtwerk zieht. Zunächst unterstreicht die Autorin die zentrale Rolle, die das Konzept »Kommunikation« in seinem Werk spielt:

»Es basiert auf den Annahmen, daß (1) ein Großteil psychischer Störungen durch unangemessene Kommunikation hervorgerufen und aufrechterhalten wird, wobei die Kommunikationsprozesse durch Angst gestört werden, und (2) jeder Mensch in jeder beliebigen Zweierbeziehung Teil eines interpersonalen Feldes ist, und nicht eine losgelöste alleinstehende Größe, und dabei in Prozesse einbezogen wird, die das Feld sowohl beeinflussen als auch durch das Feld beeinflusst werden.« (1980, S. 16)

Da Blake Cohen die Kontroverse, ob Sullivans psychiatrische Theorie psychoanalytisch ist oder nicht, als überflüssig ansieht, betrachtet sie Sullivans Arbeit als wertvolle Ergänzung Freuds, zum Beispiel in Hinblick auf sein Konzept der Interaktion und seine Entwicklungstheorie. Blake Cohen,[37] die Sullivan gut kannte, charakterisiert die Person Sullivans und seine wissenschaftliche und therapeutische Arbeit wie folgt:

»Eine kurze Zusammenfassung Sullivans entscheidender Beiträge zur Psychiatrie wäre nicht vollständig, wenn man seine klinische Arbeit selbst ausließe. Seine Theorie ist ja aus der unmittelbaren Behandlung von Patienten erwachsen, und das gab Sullivan Gelegenheit, immer wieder zur therapeutischen Situation zurückzukehren, um seine Theorie zu verifizieren. Im Grunde ist es für jemanden, der Sullivan kannte und mit ihm zusammengearbeitet hat, ganz natürlich, an ihn in erster Linie als Kliniker zu denken, denn das Unterrichten in der Kunst der Wissenschaft der Psychotherapie war eine seiner größten Stärken. Bei der Supervision der Arbeit eines Psychiatriestudenten – fährt Blake Cohen fort – pflegte er, nachdem er sich geduldig eine gute Stunde oder gar länger den holprigen Bericht des Studenten über einen Patienten angehört hatte, den Patienten in seiner Persönlichkeit auf eine Art und Weise zu erfassen, die einfach erstaunlich und ungemein lehrreich war.« (*ibidem*, S. 21)

Auf der gleichen Linie bewegt sich auch das von Pier Francesco Galli verfasste Vorwort zur italienischen Ausgabe (1962), in dem er von Sullivan als »einem der wenigen Theoretiker der Psychiatrie, der auch im therapeutischen Bereich eine große Persönlichkeit hatte« spricht und Sullivans Schriften mehr als »posthumes Zeugnis persönlichen Einsatzes, denn als ein Mittel, Ideen zu verbreiten« definiert.

Ich komme nun zu *Das psychotherapeutische Gespräch*. Im Vorwort der Originalausgabe berichten Perry und Gawell, dass es sich bei diesem Buch um die Übertragung der durch die ausführlichen Notizen Sullivans ergänzten Mitschnitte zweier Seminare handelt, die Sullivan unter diesem Titel an der Washington School of Psychiatry 1944 und 1945 gehalten hatte. Da wir vom Vorwort der italienischen Ausgabe, dessen Verfasser Enzo Codignola ist, ausführlich in der Einleitung dieses Buches gesprochen haben, wollen wir jetzt die Einführung Otto A. Wills (1911–1993) zur Hand nehmen – die in die deutsche Erstausgabe von 1976 leider nicht aufgenommen wurde. Will war der Schüler Sullivans, der seinen klinischen Beitrag am meisten hervorgehoben hat – wie zum Beispiel aus seinem Artikel von 1959 »Human relatedness and the schizophrenic reaction« hervorgeht, der in *La tradizione interpersonale* aufgenommen wurde. Will legt den konzeptuellen Hintergrund des Buches anhand einer Darstellung der Arbeit Sullivans mit einem schizophrenen Patienten am Sheppard Hospital dar:

> »Bei seinen Untersuchungen von Schizophrenen bemerkte Sullivan, dass sie Worte oft eher zur Verteidigung als zur Kommunikation einsetzen; ihr Reden dient dazu, andere auf Distanz zu halten und so ihre Selbstachtung zu schützen, die schon ziemlich gering ist. Wer bei den Kontakten mit den anderen große Angst erfahren hat, neigt dazu, von ihnen fern zu bleiben und kann dieses Ziel erreichen, indem er die anderen entweder physisch meidet, ›seine Gedanken für sich behält‹ oder auf eine Art redet, dass die Zuhörer sich langweilen, sich ärgern, sich wundern, ihn ›verrückt‹ nennen und ihm ihrerseits fern bleiben. All dies geschieht nicht ›bewusst‹ oder geplant, sondern ist eine komplizierte Reaktion auf die Angst; und das Endergebnis ist eine perfekt gelungene Isolierung.« (1954, S. XIV)

Als die wichtigsten Parameter der Untersuchung muss der Kliniker die Angst und die Selbstachtung des Patienten im Auge haben. Darauf beruht sein Konzept des Gesprächs als prozesshaftes Geschehen. Es sei hier auf die Genauigkeit hingewiesen, mit der Otto Will Sullivans geistige Einstellung zu seiner Arbeit zu erfassen sucht: »Dieses Buch wurde nicht als praktischer Führer verfasst, sondern eher als Anregung, die eine Vielzahl von Ideen hervorrufen soll und denjenigen, der das Gespräch führt, zur Besinnung einlädt« (*ibidem*, S. XVII). Dies ist auch der Blickwinkel, aus dem Galli in seiner Einleitung (auf die ich schon in der Einleitung zu diesem

Buch eingegangen bin) zur neunten Ausgabe 1991 Folgendes schreibt: »*Das psychotherapeutische Gespräch* hat mit seiner gelungenen Synthese von ›sein können‹ und ›tun können‹ einigen Generationen von italienischen Psychiatern viel gegeben«; auf diesen Passus folgen die Worte: »Die Jüngeren unter den Kollegen werden noch bestimmen können, wie viel dieses Buch zu ihrer professionellen Entwicklung und Identität beigetragen hat, an einem Punkt der psychiatrischen Geschichte, den die Kultur des DSM III und der Verbreitung des psychoanalytischen Diagnostizismus negativ auszeichnen«.

Was Sullivans veröffentlichte Bücher angeht, bleibt mir an diesem Punkt nur noch etwas über *Clinical Studies* zu sagen. Wie wir von der Herausgeberin Perry erfahren, beruht es auf Vorlesungen mit klinischen Inhalten, die Sullivan am Chestnut Lodge Sanatorium zwischen Oktober 1942 und April 1946 gehalten hat. Es handelt sich um 246 Vorlesungen und Seminare mit einem Umfang von 1.000.000 Wörtern, die im Buch auf 13.000 reduziert wurden, und vor allem aus Vorlesungen stammen, die er zwischen April und November 1943 hielt. Was hingegen den Inhalt dieses Buches und seinen Erfolg angeht, hat Dexter Bullard in seinem Vorwort, auf das wir schon im dritten Kapitel eingegangen sind, Folgendes geschrieben:

> »Als Kliniker sind wir alle nach wie vor der Meinung, dass Sullivans Ideen für die Therapie der schwersten Störungen sehr nützlich sind und ein sehr anregendes Bezugssystem für die ständigen Überprüfungen neuer Hypothesen darstellen. Dies gilt besonders für seine Darstellung obsessiver, paranoider und schizophrener Prozesse. Obwohl das Buch keine dogmatischen Regeln aufstellt, wird seine Lektüre dem Psychiater Mittel in die Hand geben, um eine allgemeine psychiatrische Strategie zu entwickeln und die Probleme bei der Behandlung von Psychosen zu untersuchen.«

Aus der vollständigen Bibliografie seines Werkes, die Ralph Crowley zusammengestellt hat (und auf die ich für die Bibliografie im Anhang dieses Buches zurückgegriffen habe), geht hervor, dass viele Artikel von Sullivan und 43 Rezensionen existieren, die in keiner posthumen Anthologie je erschienen sind. Von den 43 Rezensionen erschienen 34 im *American Journal of Psychiatry* und neun in *Psychiatry*.[38] Die meisten der nicht in Anthologien enthaltenen Artikel erschienen in *Psychiatry*, daher werden wir uns mit den wichtigsten im sechsten Kapitel befassen. Dort werde ich unter anderem auf die Beiträge, die er zum Thema der psychiatrischen Ausbildung verfasste und die im *American Journal of Psychiatry* und im *American Journal of Orthopsychiatry* erschienen, eingehen.

4.5.1 Das Schicksal von Sullivans Werk

Wie wir auf den vorangegangenen Seiten gesehen haben, war das Werk Sullivans bis jetzt Gegenstand eines großen Missverständnisses. Wie Greenberg und Mitchell betonen, hat er zwar auf der einen Seite »einen Großteil der modernen klinischen Psychiatrie in den Vereinigten Staaten ›insgeheim dominiert‹ (Havens und Frank 1971)« (1983, S. 90), doch wurde sein Beitrag zur Psychoanalyse lange Zeit belächelt und ignoriert (*ibidem*). Noch weniger Beachtung fand sein Werk in seiner Gesamtheit, in seinem interdisziplinären und mehrdimensionalen Charakter.

Drei Institutionen verwalten in den Vereinigten Staaten Sullivans Erbe: das W. A. White Institute in New York, die Washington School of Psychiatry und die Zeitschrift *Psychiatry*, die ihrerseits offenkundig den umfassenden Charakter von Sullivans Werk aus den Augen verloren haben. Das White Institute beschäftigt sich mit Psychoanalyse, die Washington School mit Psychotherapie und die von Sullivan 1938 gegründete Zeitschrift mit Psychiatrie. Eine ähnliche Zersplitterung erfuhr auch das Werk Freuds: heute wird mehr Wert auf die von ihm geschaffene Technik gelegt als z. B. auf seine sozialkritischen Schriften.

An dieser Stelle ist es sinnvoll, auf einen Aspekt zurückzukommen, den ich schon im Hinblick auf James behandelt habe, und zwar wie sein Werk und folglich das Werk Sullivans ein bedeutendes Korrektiv gegenüber der reduktionistischen und hyperspezialisierten Tendenz der heutigen Zeit darstellen könnte. Besonders was die Psychiatrie betrifft, in deren Gebiet das Paradigma des technischen Know-how vorherrscht und nicht das einer komplexen und feingeistigen, anspruchsvollen Disziplin.

Was das Schicksal seines Werkes angeht, die Würdigung Sullivans Beitrages zur Psychiatrie und Psychotherapie, finden sich wenig umfassende Stellungnahmen, wie die Calvin Halls und Gardner Lindzeys: »Sullivan war sehr viel mehr als ein Erneuerer; er war ein sehr origineller Denker, der eine große Schar ergebener Anhänger anzog und zur Entwicklung dessen beitrug, was manchmal als eine neue Schule der Psychiatrie bezeichnet wird« (1978, S. 117). Und: »Sullivan war gleichzeitig Wortführer der Psychiatrie, Initiator einer wichtigen Schule für die Ausbildung von Psychiatern, ein bemerkenswerter Therapeut und schöpferischer Wissenschaftler« (*ibidem*, S. 139). Enttäuschend ist die Darstellung von Sullivans Werk durch Ellenberger, der ihn als »Neo-Adlerianer« abtut (1996, S. 863–4) und durch Dieter Wyss, der sich auf eine allgemeine Darstellung seiner interpersonalen Theorie beschränkt (1972, S. 196–200).[39]

Da dieses Buch eine Neubewertung Sullivans anstrebt, will ich mich im Folgenden dem spezifischen Gesichtspunkt der Fachliteratur nach Sullivan annehmen.

4.5.2 Das Werk Sullivans in der Fachliteratur nach seinem Tod

Auf den folgenden Seiten verfolge ich das Ziel, eine Übersicht darüber zu geben, wie Sullivans Werk, ab seinem Tod 1949 bis in die heutige Zeit, zum Gegenstand einer Neubewertung und Aktualisierung in einer ganzen Reihe von Büchern und Artikeln, die fast ausschließlich in *Contemporary Psychoanalysis* erschienen, wurde und deren Verfasser größtenteils seine Kollegen vom New Yorker *White Institute* waren. Diese Übersicht, in die auch Beiträge von Wissenschaftlern wie Chapman, Chatelaine, Havens und Mullahy, die nicht dem White Institute angehörten bzw. angehören, aufgenommen wurden, wird es uns erleichtern, im zweiten Teil einige der behandelten Beiträge einer genaueren Prüfung zu unterziehen. Gleichzeitig wird uns diese Vorgehensweise auch erlauben zu begreifen, auf welche Art Sullivans Werk im Laufe der Zeit neubewertet wurde und auf einige der wichtigsten Versuche einzugehen, sie zu ergänzen und zu aktualisieren.[40] Natürlich gehören auch die Einführungen in die posthum veröffentlichten Bücher Sullivans zu diesem Thema, die Cohen, Will und Bullard verfasst haben und die wir in den vorangegangenen Seiten schon untersucht haben.

Unmittelbar nach dem Tod Sullivans erschien die Anthologie *A Study of Interpersonal Relations. New Contributions to Psychiatry*, die ihm gewidmet und mit einer Einführung vom 1. Januar 1949, also zwei Wochen vor seinem Tod, versehen war. Der Herausgeber und Verfasser der Einführung, Patrick Mullahy, stellt in dieser Anthologie die besten in *Psychiatry* erschienenen Artikel zusammen, denen die Annahme gemeinsam ist, dass »die soziale Ordnung der eigentliche Auslöser der geistigen Störungen funktionaler Natur ist« (1949, S. XXXI). Es entstand ein Buch, das in der Vielfalt seiner Autoren (Kliniker, Sozialpsychologen, Soziologen und Anthropologen) sehr gut den interdisziplinären Charakter von Sullivans Werk widerspiegelt.[41] Ähnlich, wenn auch weniger vielfältig, ist die ebenfalls von Mullahy herausgegebene Anthologie *The Contributions of Harry Stack Sullivan. A Symposium on Interpersonal Theory in Psychiatry and Social Sciences*, die auf den Berichten eines Symposiums basiert, das die W. A. White Association im Oktober 1951 in New York abgehalten hatte. In diesem Symposium fand eine erste Würdigung Sullivans als Kliniker und Sozialwissenschaftler statt, einige der Beiträge greifen wir im zweiten Teil des vorliegenden Buches auf. In ihrem Beitrag »Sullivan and Treatment« beschreibt Mary White detailliert die Strategien und den therapeutischen Stil Sullivans, den sie bei den regelmäßigen Supervisionen mit ihm kennen gelernt hat; »Sullivan and Field Theory« von Gardner Murphy und Elisabeth Cattell ist Sullivans Beitrag zu den Sozialwissenschaften gewidmet; ebenso »Sullivan's Contribution to Social Psychology« von Leonard Cottrell und

Nelson Foote und »Sullivan's Contribution to Sociology« von Charles Johnson. Bezeichnend für den Ton dieser Beiträge vom Beginn der 50er Jahre ist zum Beispiel folgende Feststellung Cottrells und Footes:

> »Wenn Sullivan länger gelebt hätte, hätte er sich sicherlich der Gruppentherapie gewidmet (...). Uns erscheint es in der Tat nicht übertrieben, zu behaupten, dass noch heute seine Schriften die beste uns zur Verfügung stehende theoretische Grundlage für die Gruppentheorie darstellen.« (1952, S. 193)

Das gleiche könnte man auch für die Familientherapie sagen.

Wir müssen bis 1963 warten, um die erste systematische Darstellung und Bewertung der interpersonalen Theorie Sullivans, seiner klinischen Annäherung an den Patienten und seines therapeutischen Stils in monografischer Form zu erhalten. Es ist *The Conditions of Human Growth* von Jane Pearce und Saul Newton, zwei Analytikern, die ihre Ausbildung bei Sullivan und Fromm-Reichmann absolviert und im Umfeld des White Instituts gearbeitet hatten, um dann ein eigenes Institut zu gründen, das sie nach Sullivan benannten. Ihr Buch ist in fünf Abschnitte unterteilt, von denen der fünfte, der sich mit der therapeutischen Technik befasst, besonders aufschlussreich ist. Pearce und Newton bewerten den Ansatz Sullivans auf innovative Weise und betonen unter anderem die Gegenseitigkeit der Therapie-Erfahrung, d. h.: Sie hat nur dann Bedeutung, »wenn das Ergebnis eine Erweiterung der Fähigkeiten und Erfahrungen beider Beteiligten ist« (1963, S. 438).[42]

Erst 1970 erscheint die umfangreiche Monografie Mullahys, *Psychoanalysis and Interpersonal Psychiatry. The Contributions of Harry Stack Sullivan*, auf deren 761 Seiten das Ziel verfolgt wird, den originären Ansatz Sullivans und seine Unabhängigkeit von Freud aufzuzeigen:

> »Es scheint klar zu sein, dass Sullivan zumindest die ersten zehn Jahre seines Berufslebens innerhalb der psychoanalytischen Bewegung arbeiten und sie von Freuds spekulativsten Ideen bereinigen wollte. Darin hatte er aber sehr wenig Erfolg, bis einige unabhängige Psychiater und Psychologen das von Freud errichtete Gebäude so angriffen, dass es bis in seine Grundfesten erschüttert wurde. Auf jeden Fall erreichte Sullivan dann einen Punkt, an dem er entschied, die freudianische Psychoanalyse ihren Weg gehen zu lassen. Ich brauche nicht hinzuzufügen, dass ich damit die realen und dauerhaften Errungenschaften Freuds, denen Sullivan sicher viel verdankte, nicht herabsetzen will.« (1970, S. VII)

Bedenkt man, dass Mullahy kein Kliniker war, sondern einen philosophischen Hintergrund hatte, ist der größte Verdienst dieses Buches zu zeigen, auf welche Weise Sullivans Werk im nordamerikanischen Kulturkreis verwurzelt ist, besonders in Bezug auf die Philosophie John Deweys.[43]

Innerhalb der Psychoanalyse hingegen ist die von Earl Witenberg 1973 herausgegebene Anthologie *Interpersonal Explorations in Psychoanalysis. New Directions in Theory and Practice* angesiedelt. Die Verbindung zum Werk Sullivans äußert sich in ihr nur in der Vielzahl der in ihr enthaltenen Themen und der Bewertung einiger seiner Schlüsselbegriffe oder in einem Versuch der Aktualisierung seiner Grundgedanken. Was Letzteres angeht, möchte ich auf die Beiträge von Ernest Schachtel über selektive Unachtsamkeit und von Arieti über die Interaktion zwischen der interpersonalen und der intrapsychischen Dimension hinweisen.[44]

Ähnlich bzw. noch deutlicher postsullivanianisch ist das Buch *Interpersonal Psychoanalysis. New Directions*, das fünf Jahre später ebenfalls von Witenberg herausgegeben wurde. Beispielhaft wegen seiner engen Verbindung zu Sullivans Werk ist Edgar Levensons Beitrag »Psychoanalysis – Cure or Persuasion?«, in dem der Autor seinen interaktiven Ansatz im Lichte des Strukturalismus überarbeitet. Levenson hat viele Jahre an der Aktualisierung von Sullivans Konzepten gearbeitet; die wichtigsten Ergebnisse sind in dem 1991 erschienenen Band *The Purloined Self. Interpersonal Perspectives on Psychoanalysis* aufgenommen worden.[45]

Eine Monografie über Sullivan aus der Feder eines der herausragendsten Analytiker des White Institutes war ein Jahr zuvor erschienen. Es handelt sich um *Interpersonal Approach to Psychoanalysis. Contemporary View of Harry Stack Sullivan* von Gerard Chrzanowski. Der Autor bietet nicht nur eine schematische Übersicht über Sullivans Werk, sondern beschreibt auch seinen persönlichen interpersonalen klinischen Ansatz, den er, ein Schüler von Thompson und Fromm-Reichmann, um den Begriff *interpersonal self* aufgebaut hat, das heißt um die Art, in der ein Mensch »in einem Beziehungsnetz mit Seinesgleichen und nicht in einer apriorischen Struktur verwurzelt ist« (1977, S. IX). Leider kann ich an dieser Stelle nicht weiter auf den persönlichen Ansatz Chrzanowskis eingehen und weise darauf hin, dass dieser Band den Verdienst hat, von seinem neuen Blickwinkel aus das breite Spektrum der klinischen Syndrome zu prüfen, mit denen der Psychiater und der Psychoanalytiker konfrontiert werden; er wurde auch mit einer ausführlichen Kasuistik versehen.[46]

Von dem Ziel, eine wirkliche Neubewertung und Rekonstruktion von Sullivans Arbeitsstil zu bieten, ist hingegen *Participant Observation* beseelt; ein Buch, das 1976 von Leston Havens, einem Dozenten für Psychiatrie an der Harvard Medical School, veröffentlicht wurde. Dieser Autor ist der Meinung, dass »all dem, was an seiner Arbeitsweise einzigartig war, leider niemals das Glück widerfuhr, so systematisch dargestellt zu werden, wie es ihm gebührt hätte« (1976, S. 5). Anders ausgedrückt: »(...) Sullivan hat keine technischen Erklärungen gegeben. Man muss seine technischen Hinweise zusammenstellen, den theoretischen Standpunkt, der sie bestimmte, beleuchten und dann – dies ist noch wichtiger – aus ihnen die Grundprinzipien ableiten« (*ibidem*, S. 6). Es handelt sich um ein sehr anregendes Buch, auf das wir im zweiten Teil noch zurückkommen werden.[47]

Das gleiche Ziel verfolgt – auf ganz andere Weise – *A Harry Stack Sullivan Case Seminar. Treatment of a Young Male Schizophrenic*, 1979 von Robert Kvarnes und Gloria Parloff herausgegeben. Dieses Buch basiert auf dem mitgeschnittenen Text von fünf Gruppensupervisionssitzungen, die Sullivan zwischen November 1946 und Mai 1947 abgehalten hat, und den Kommentaren, die vier der Gruppenteilnehmer 25 Jahre später verfasst haben. Die Gruppe, die sich am Sonntagmorgen mit Sullivan in Chestnut Lodge traf, diskutierte den Fall eines jungen Schizophrenen und die therapeutische Arbeit, die man mit ihm machen konnte. Auf diese Weise ermöglicht es uns dieses Buch, Sullivan tatsächlich in Aktion zu sehen, eine Aktion, die von dem Prinzip bestimmt war, dass (mit seinen Worten) »das Gelingen einer nützlichen Arbeit, egal mit welchem Patienten, davon abhängt, ob es uns gelingt, mit ihm eine echte kommunikative Situation aufzubauen« (Kvarnes und Parloff Hg. 1976, S. 201).

An das gleiche Thema wagte sich übrigens auch Chapman – Autor von *Harry Stack Sullivan. His Life and his Work*, erschienen 1976 – in seinem Buch von 1978, *The Treatment Techniques of Harry Stack Sullivan*, in dem er sorgfältig die wichtigsten Eigenheiten des therapeutischen Ansatzes des »wichtigsten amerikanischstämmigen Psychiaters« (1978, S. VII) beleuchtet, mit folgendem Ziel:

> »Wenn wir unvoreingenommen darauf schauen, wie man heutzutage in Amerika Psychotherapie praktiziert, wird deutlich, dass der größte Teil der Therapeuten die meiste Zeit, auf die eine oder andere Art, eine Therapieform Sullivans einsetzen, obwohl sich viele von ihnen dessen kaum bewusst sind. Ziel dieses Buches ist es, ihnen dabei zu helfen, es besser zu machen.« (*ibidem*, S. 7)

Eine ähnlich didaktische Ausrichtung hat *Harry Stack Sullivan's Concepts of Personality Development and Psychiatric Illness*, das Chapman zusammen mit seiner Tochter geschrieben hat und das 1980 veröffentlicht wurde. Verdienst dieses Buches ist es, ausdrücklich Sullivans interpersonale Theorie mit seinem therapeutischen Ansatz zu verbinden, was zum Beispiel hinsichtlich des Konzeptes *consensual validation* wichtig ist, das gleichzeitig eine wesentliche Etappe der Entwicklung des Individuums und eines der wichtigsten Therapieziele darstellt.[48]

Harry Stack Sullivan. The Formative Years, der Text Kenneth Chatelaines, auf den wir im dritten Kapitel wiederholt zurückgegriffen haben, stammt von 1981 und erschien ein Jahr früher als Perrys Biografie. Ralph Crowley bezeichnet ihn in seiner in *Psychiatry* erschienenen Rezension als »eine Quelle, die reich an Material für den an Sullivan und der Geschichte der Psychiatrie interessierten Wissenschaftler ist« (1981, S. 380), obwohl er nicht über die 30er Jahre hinausgeht. Um ein breiteres Publikum zu erreichen, hat Chatelaine, zusammen mit Norman Levine, 1992 *Good Me, Bad Me, Not Me. Harry Stack Sullivan: an Introduction to his Thought* veröffentlicht, einen gut lesbaren und übersichtlichen Leitfaden über sein Leben und sein Werk.

Bevor ich mich nun *Contemporary Psychoanalysis* zuwende, in dem Sullivans Werk eine Neubewertung erfährt, möchte ich das umfangreiche *Handbook of Interpersonal Psychoanalysis* erwähnen. Dieses 914 Seiten umfassende Handbuch wurde1995 von Marylou Lionells (der derzeitigen Direktorin des White Institute), John Fiscalini, Carola Mann und Donnel Stern herausgegeben. Es beabsichtigt zum ersten Mal, eine Summa des therapeutischen Ansatzes zu bieten, den die interpersonale Bewegung ab Sullivan entwickelt hat, bis sich eine wahre »interpersonale Psychoanalyse« entwickelte, reduziert aber ihren Gründer auf einen einfachen Psychoanalytiker. Es ist kein Zufall, dass im Zentrum des Sullivan-Portraits von Dale Ortmeyer gerade die klinische Untersuchung, die *clinical inquiry*, steht; dieses Portrait findet sich im Kapitel über die Begründer der interpersonalen Psychoanalyse, unter ihnen Ferenczi, Thompson, Fromm, Fromm-Reichmann und Horney. Innovativ hingegen ist es, Sullivan in die Nähe von Ferenczi zu rücken: Gemeinsam ist ihnen die Aufmerksamkeit, die sie auf das Maß der Angst in ihren Patienten richteten, die Kritik an jeglicher stereotyper analytischer Einstellung und das Bewusstsein, welch wichtige Rolle sozioökonomische Faktoren bei geistigen Erkrankungen spielen (Ortmeyer, 1995, S. 16).

Wenn wir uns jetzt der Bewertung zuwenden, die Sullivan in der Zeitschrift *Contemporary Psychoanalysis* seit ihrer Gründung 1964 erfuhr, wird es das beste sein, uns auf einige monografische Hefte und/oder monothematische Symposien zu konzentrieren, die ihm im Laufe der Jahre gewidmet wurden, ohne auf weitere dreißig im Index der Zeitschrift genannte Artikel einzugehen, die seinen Namen im Titel führen. Man muss bis 1977 warten, bis die interpersonale Psychoanalyse nach Sullivan ein gewisses Konsolidierungsniveau erreicht hatte, um in der Zeitschrift des White-Instituts die Berichte eines Symposiums zu Sullivans Konzept der »teilnehmenden Beobachtung« zu finden; diesen Berichten ging die Neuauflage des oben erwähnten Beitrags Mary Whites aus dem Jahr 1952 voraus. Unter den vielen Autoren (in der Reihenfolge: H. Bruch, G. Chrzanowski, R. Crowley, M. Green, L. Havens, E. Kasin, H. Searles, R. Spiegel, A. Szalita und B. Wolstein) weisen wir besonders auf den Beitrag von Searles hin, den wir in die Anthologie *La tradizione interpersonale* aufgenommen haben.

Im darauf folgenden Jahr hingegen wird in *Contemporary Psychoanalysis* Sullivans Konzept von *individuality* behandelt, das heißt, wir finden eine Neubewertung des Umstandes, dass Sullivan, beeinflusst vom Pragmatismus Bridgmans, die Individualität des einzelnen Patienten an den Rand seiner Theorie verbannt hatte. Andererseits – und das ist der Ausgangspunkt für Irena Klenborts Einführung in dieses Symposium – stellte die Individualität des einzelnen Patienten das Ziel der Therapie dar. Nach der Meinung Crowleys (1973) war Sullivans Position in dieser Hinsicht paradox und beschränkte sich auf die Theorie. 1980 dann werden die wichtigsten Beiträge eines Symposiums, das anlässlich Sullivans 30. Todestages im Januar des gleichen Jahres in New York abgehalten wurde, veröffentlicht. Witenberg würdigte Sullivan in seinen einführenden Worten »wegen des neuen Ansatzes, den er für die Patienten, die heute als Borderline oder Narzissten bezeichnet werden, entwickelte« (1980, S. 269). Im Zentrum dieses Symposiums stand die klinische Dimension, dies geht aus Beiträgen wie »Harry Stack Sullivan and Obsessional Disorders« von Leon Salzmann und »Manic Depressive Syndromes in the Light of Sullivan's Theory« von Rose Spiegel hervor.[49]

Eine weiterer interessanter Versuch, Sullivans Werk zu würdigen, den wir in *Contemporary Psychoanalysis* finden, ist Levensons Beitrag »Harry Stack Sullivan: the Web and the Spider« und die anschließende Diskussion mit Merton Gill, Myer Mendelson und Benjamin Wolstein. Es handelt sich hierbei um ein Symposium, in dessen Rahmen wir, so kann man sagen, Spuren jenes Prozesses finden, in welchem sich die interpersonale Psychoanalyse dem psychoanalytischen Mainstream wieder annähert.

Anmerkungen

1 In ihrer Einleitung zu diesem Buch schreibt Perry, dass ihrer Meinung nach die Entscheidung Sullivans, das Werk nicht zu veröffentlichen ›sein erster großer Misserfolg‹ war (1972, S. XIV), da ihn dies später davon abhielt, seine reiferen Ideen in einem Buch darzulegen – sei es wegen des Misserfolges, den die Veröffentlichung von *Personal Psychopathology* hatte, oder sei es, weil er nicht in den Genuss der Anregungen und des Feedbacks kam, die der Publikation hätten

folgen können und so auch nicht daraus lernen konnte. Was hingegen die Gründe für diesen Verzicht angeht, vertritt Perry glaubhaft den Standpunkt, dass die Haltung Freud gegenüber, die klar aus diesem Buch hervorgeht, der angestrebten Verbindung der Psychoanalyse mit der Psychiatrie hätte schaden und der biologisch ausgerichteten Psychiatrie zum Vorteil gereichen können. »In einem gewissen Maße waren einige der Formulierungen Sullivans ihrer Zeit voraus«, schließt Perry, »und es schien, als könnten sie den positiven Einfluß von Freuds Ideen behindern, bevor diese die Zeit hatten, Wurzeln zu schlagen« (*ibidem*). Sullivans Widerstand gegen eine Veröffentlichung seines ersten Buches hing allerdings auch damit zusammen, dass er mit der ungenügenden Artikulation seiner Theorie nicht zufrieden war.

2 »Die kranken Persönlichkeiten, die weder als neurotisch noch als psychotisch zu definieren sind«, erklärt Sullivan in der Fußnote, »sind numerisch und sozial sehr viel wichtiger als diejenigen, die normalerweise zu uns geschickt werden, um eine geistige Störung zu behandeln« (*ibidem*) – womit er das heutige Konzept der »Persönlichkeitsstörung« vorwegnimmt.

3 Im Übrigen wird dieser Standpunkt, dem Sullivan immer treu bleiben wird, durch den Fromms ergänzt, der in der Familie die Vermittlerin einer ganzen Reihe von sozialen Werten – und Vorurteilen – sieht.

4 Wie bekannt ist, wird Donald Winnicott viele Jahre später feststellen, dass der Säugling ohne die Mutter nicht existiert, womit er sich, ohne es zu wissen, die interpersonale Situation zu eigen macht, von der Sullivans interpersonale Theorie ausgeht.

5 Tatsache ist, dass Sullivan in der Fußnote, die diesen Satz kommentiert, feststellt (zu Recht und wirklich wegweisend!), dass eine solche Unterscheidung auf der gleichen Linie liegt wie diejenigen, die vom »nicht psychologischen Charakter« des schizophrenen Denkens sprechen.

6 Tatsächlich war für den Erfolg des Buches die Besprechung Lloyd Frankenbergs in der *New York Times Book Review* im Sommer 1947 ausschlaggebend, welcher es, laut Bullard, »gelang, dem Leser die Kraft dieses Buches und der Persönlichkeit Sullivans zu vermitteln«. Nicht zu vergessen, dass in die Ausgabe von 1947 auch die Abhandlung Patrick Mullahys mit dem Titel »A Theory of Interpersonal Relations and the Evolution of Personality« aufgenommen wurde, die ursprünglich 1945 in *Psychiatry* erschienen war und viel dazu beitrug, seine Ideen zu beleuchten.

7 Die Ausdrucksweise Sullivans zeigt sehr gut den Weg, den er seit der Zeit von *Personal Psychopathology* zurückgelegt hat. Eine aus der gleichen Zeit stammende Definition seines speziellen Arbeitsgebietes, aus der noch klarer die methodologische Theorie der »teilnehmenden Beobachtung« als Ausgangspunkt für die dynamische Psychiatrie hervorgeht, finden wir in *Die interpersonale Theorie der Psychiatrie* unter dem Titel »Psychiatrie als interpersonale Theorie«:

> »Ich glaube, es gibt keinen anderen Wissenschaftsbereich, in dem die Vorurteile desjenigen, der darin arbeitet, so hinderlich sind wie in der

Psychiatrie. Um das zu veranschaulichen, will ich drei Definitionen für Psychiatrie geben. Die erste und weitgefaßteste Definition läuft etwa auf folgendes hinaus: Psychiatrie ist die Beschäftigung von Psychiatern; sie ist das ganze verworrene Konglomerat von Vorstellungen und Eindrücken, von Magie, Mystik und Informationen, von Einfällen und Fantastereien, von Konzepten und Fehlkonzepten und von leeren Wortklaubereien. Das ist, wie gesagt, die äußerst weitgefaßteste Definition von Psychiatrie, und soviel ich weiß, betreibt eine ganz beachtliche Anzahl von Menschen entsprechend dieser Definition ziemlich umfangreiche Studien. Dann gibt es eine zweite Definition, zu der ich vor vielen Jahren gelangte, als ich herauszufinden versuchte, was ich selbst mir unter Psychiatrie vorstellte, wenn ich mir überhaupt etwas Genaues darunter vorstellen konnte, und dabei ist eine wohlwollende Definition für Psychiatrie der präwissenschaftlichen Ära herausgekommen. Diese zweite Definition stellt Psychiatrie als Kunst dar, nämlich als Kunst, mentale Störungen zu beobachten und deren Verlauf vielleicht zu beeinflussen. Die dritte Definition ist hier wirklich von Bedeutung. Man kommt ihr am ehesten nahe, indem die Psychiatrie als expandierende Wissenschaft betrachtet wird, die sich mit jenen Ereignissen oder Prozessen befaßt, an denen der Psychiater partizipiert und gleichzeitig beobachtender Psychiater ist. Das in der Psychiatrie als Wissenschaft zusammengefaßte Wissen ist nicht von irgendwelchen Besonderheiten jener Daten abgeleitet, mit denen der Psychiater sich befaßt. Es entstammt auch nicht irgendwelchen Daten besonderer Art, sondern Aktionen oder Operationen, an denen der Psychiater partizipiert. Die Aktionen oder Operationen, aus denen die psychiatrischen Informationen abgeleitet werden, sind Ereignisse in interpersonalen Feldern, die den Psychiater mit einbeziehen.« (1980, S. 35f)

8 Es geht hier um den Ersatzzustand, bei dem »nicht der Körper, sondern die Welt als krank behandelt wird« (*ibidem*, S. 120), ein Phänomen, das mit Ausnahme von Sullivan bisher wenig beachtet wurde.

9 Nachdem er diese dynamische Definition festgelegt hat, hebt Sullivan die Tatsache hervor, dass »im Gebrauch, den ich von dem Begriff ›Schizophrenie‹ mache, die *Dementia praecox* nicht enthalten ist« (*ibidem*, S. 147, Kursiv im Original). Seiner Ansicht nach ist es nicht nur so, dass »der Schizophrene durch seine Umgebung und mehr oder minder plötzlich zum solchen wird« (*ibidem*), sondern auch, dass »das Anhalten oder Nicht-Anhalten eines typischen schizophrenen Krankheitsbildes völlig (…) von Situationsvariablen abhängt« (*ibidem*, S. 149). Mit anderen Worten, Sullivan ist der Meinung, dass »es keine verschiedenen Arten von Schizophrenie gibt, sondern nur einige typische Entwicklungen« (*ibidem,* S. 150) – im Gegensatz zum ursprünglichen Ansatz Kraepelins, der noch immer die meisten Anhänger hat.

10 Auf der nächsten Seite finden wir auch die Beschreibung des Verhältnisses von Sullivan zu Freud und zur Psychoanalyse, die ich schon einmal erwähnt habe: »Abgesehen von Freuds Erforschung des Falles Schreber und Groddecks *Buch vom Es* (…), scheint es mir, dass in der Folge die Lektüre der streng psychoanalytischen Arbeiten angefangen hat, dem Gesetz der progressiven Verminderung des Gewinns zu gehorchen« (1953, S. 178).

11 An dieser Stelle sollte daran erinnert werden, dass *Personal Psychopathology* zwar erst 1972 veröffentlicht wurde, Sullivan es aber zweifellos für die mit Sapir in Yale gehaltenen Seminare benutzte und es auch unter den so genannten Neofreudianern kursieren ließ.

12 Es handelt sich hierbei um ein Thema, das ich ursprünglich in meinem Beitrag zum V. Internationalen Kongress der IAHP in Berlin 1994 entwickeln konnte, der dann vollständig in *Luzifer-Amor* abgedruckt wurde (1995).

13 Der lange Weg Hales, auf dem dieser Artikel von 1978 eine entscheidende Etappe darstellt, führte erst 1995 zum Ziel, mit der Veröffentlichung des zweiten Bands seiner systematischen Rekonstruktion der Geschichte der Psychoanalyse in Amerika.

14 Was Hales Artikel »The Americanization of Psychoanalysis« angeht, thematisiert er ihr medizinisches Monopol, das zum großen Teil von den in Europa ausgebildeten Analytikern geschaffen wurde und den Verlust an sozialkritischem Potential – als Folge der starken Assimilierung durch eine moderne kapitalistische Gesellschaft, der die Psychoanalyse nützlich war – dem die Neofreudianer versuchten, Abhilfe zu schaffen. Was diesen Aspekt angeht, verweise ich auf den Artikel von Joel Kovel (1986).

15 Eine Ausnahme stellt die Psychologin Esther Menaker dar, die die Enttäuschungen, die sie im Wien der 30er Jahre und bei ihrer Analyse mit Anna Freud erlebte, in dem 1989 in Amerika erschienen Buch *Schwierige Loyalitäten. Psychoanalytische Lehrjahre in Wien 1930–1936* beschreibt.

16 Diese Hypothese findet sich in mehr als einem der Beiträge in *Psychoanalyse heute und vor 70 Jahren*, ein 1996 von Heinz Weiss und Hermann Lang herausgegebenes Buch, das sich mit dem ersten Treffen der deutschen Psychoanalytiker in Würzburg 1924 beschäftigt.

17 Eine herausragende Rolle bei dieser wichtigen politisch-kulturellen Kampagne spielte Karl Menninger, der erste Schüler Alexanders in Chicago, der die väterliche Klinik in Topeka, im fernen Kansas, zu einem der wichtigsten Zentren für die Entwicklung und die Verbreitung der Psychoanalyse machte; dorthin kamen unter anderem David Rapaport, Edoardo Weiss und in den 50er Jahren auch Otto Kernberg (Friedmann 1990).

18 Sehr informativ sind die Memoiren Rados, die 1995 von Paul Roazen und Bluma Swerdloff herausgegeben wurden, sowohl was seine europäische Ausbildung als auch seine vielseitigen Aktivitäten in der Neuen Welt angeht. Wie Crai Tomlison in jüngster Zeit festgestellt hat, beruhte seine Häresie, die ihn dazu brachte,

die New Yorker Gruppe zu verlassen und eine neue Gruppe an der Colombia University zu gründen, auch auf seiner Beziehung zu Meyer.

19 Bemerkenswert ist zum Beispiel auch die Tatsache, dass Fritz Perls, der Begründer der Gestalttherapie, seinerseits nicht nur ein Mitarbeiter Goldsteins war, sondern seine erste Analyse 1925 bei Horney in Berlin gemacht hatte.

20 Der Spaltung widmet Susan Quinn (1987), die zweite Biografin Horneys, ein ganzes Kapitel, aus dem vor allem die Konflikte und Ideosynkrasien hervorgehen, die viel zu dieser beigetragen haben.

21 In Wirklichkeit war sie sogar die Protagonistin einer dritten Spaltung im Jahr 1944 und zwar jener, die Judd Marmor und seine Gruppe dazu bewog, das Projekt eines eigenen psychoanalytischen Instituts innerhalb des New York Medical College zu verwirklichen.

22 Janet Rioch, die mit ihrem Bruder David und Frieda Fromm-Reichmann zu den Gründern des New York Branch gehörte, hat sich in diesem Zusammenhang 1969 offen über Sullivans Rolle in diesem Zusammenhang geäußert, vor allem darüber, dass er den Weggang Thompsons und Fromms aus der Gruppe um Horney unterstützte. Sullivan trat zwar der neuen Vereinigung Horneys sofort bei, dann aber wieder aus, »als die APA im Dezember 1941 beschlossen hatte, dass die Mitgliedschaft in beiden Gruppen, die rivalisierten, inkompatibel mit dem Geist und den Bestimmungen der APA war« (D. L. Burnham 1978, S. 100)

23 Übrigens sorgte das hitzige Klima in New York für eine vierte Spaltung, die vielleicht die bedeutendste war: Sie wurde von einer Gruppe Analytiker der New York Society um Rado, Kardiner, Millet und Binger, die wie Horney das Klima dort als kontraproduktiv empfanden, geschickt realisiert und führte zur Gründung des Columbia- Institute. Nach langen Verhandlungen, unter anderem über die Abschaffung der *geographic rule*, welche bestimmte, dass es pro Ort nur ein APA-Institut geben konnte, wurde das Columbia-Institute von der American Psychoanalytic Association anerkannt. (May, 1976, S. 504)

24 »Meyer und White stellten ein wahres Paradoxon dar«, schreibt Burnham, »was bestätigt, dass man von deren Arbeit ausgehen muss, um Sullivans Arbeit zu verstehen. Obwohl sie die Kräfte waren, die mehr als alle anderen dazu beitrugen, ein für die Psychoanalyse empfängliches Klima zu schaffen, wurde keiner von ihnen jemals ein orthodoxer Anhänger Freuds.« (1978, S. 88)

25 Marianne Horney hat die Gründung so zusammengefasst:

> »Die Geburt der American Academy of Psychoanalysis am 29. April 1956 in Chicago gehört zum gleichen Bereich der Geschichte (d. h. die der Spaltungen, von denen ihr Artikel handelt; M.C.), wie im übrigen auch die Auflistung einiger ihrer Präsidenten verrät: Janet Rioch, Jules Masserman, William Silverberg, John Millet, Frances Arkin, Roy Grinker, Sandor Rado, Franz Alexander und Judd Marmor. Auch diese Geschichte wurde von Erfolg gekrönt (wie die des Columbia Institute; M. C.) – aufgrund ihrer Entstehungsweise. Der

Wunsch nach einer neuen nationalen psychoanalytischen Organisation wuchs ab 1951 gleichzeitig in vielen verschiedenen Städten. Clara Thompson, die diesen Traum schon lange hegte, war eine Schlüsselfigur bei der Planung eines zukünftigen Zirkels für den freien wissenschaftlichen Austausch. Rado, Massermann, Alexander, Kardiner und viele andere waren offen für eine solche Idee. Clara organisierte ein Treffen im Croyden Hotel im Oktober 1955, bei dem man eine vorbereitende Konferenz beschloss, die gleichzeitig mit dem winter meeting der American Psychoanalytic Association abgehalten werden sollte. Im Auditorium des New York Medical College, in der sie stattfand, saßen zahlreiche enthusiastische Kollegen. Janet Rioch definierte das Ziel der neuen Organisation und unterstrich die Tatsache, dass die Academy nicht beabsichtigte, mit der APA zu rivalisieren. Die neue Organisation sollte dank des Rufs, den sie sich als wissenschaftlicher Kreis erwerben würde, bestehen.« (1978, S. 156f)

26 Nebenbei bemerkt, hatte das vorausschauende Vorgehen Mitchells einen solchen Erfolg, dass sein Name in der Nummer 1/1997 des *International Journal of Psycho-Analysis* unter den Mitgliedern des North American Editorial Board der Zeitschrift zu finden ist – obwohl er seine Ausbildung am White Institute abschloss, wo er Lehranalytiker und Supervisor war und folglich nicht Mitglied der IPA.

27 Sullivans Position wird von Greenberg und Mitchell 1983 folgendermaßen beschrieben:

»Sullivan war einer der einflussreichsten, ehrgeizig radikalsten und am häufigsten missverstandenen Figuren in der psychoanalytischen Ideengeschichte. Seine Rolle war ausweichend und paradox. Sein Werk, obwohl es nur selten gründlich und im Original gelesen wurde, hatte einen enormen Einfluss auf die moderne amerikanische Psychiatrie und die zeitgenössischen psychoanalytischen Ideen. Man hat gesagt, dass Sullivan einen großen Teil der modernen klinischen Psychiatrie in den Vereinigten Staaten ›insgeheim dominiert‹ hat (Havens und Frank 1971), und dass er die ›wichtigsten und einzigen Beiträge Amerikas zur dynamischen Psychiatrie‹ geleistet hat (Michels, zitiert in Havens 1976). Die Themen und Formulierungen Sullivans, die von den klassischen Autoren belächelt (Jacobson 1955) oder auch ignoriert wurden, so lange er lebte, sind in den Arbeiten der wichtigsten freudianischen Autoren des letzten Jahrzehnts wieder aufgetaucht, bisweilen erstaunlich unverändert. Aber nur sehr selten wird ihm die Urheberschaft dieser Ideen und Ansätze zuerkannt« (1983, S. 80f).

28 Beispielhaft in dieser Hinsicht ist die zentrale Rolle, die der Begriff von »Kommunikation« bei Sullivan spielt (wie im Übrigen auch bei der zeitgenössischen Psychoanalyse), ein Begriff, der in Freuds Werk nicht auftaucht; dafür erscheint bei ihm umgekehrt der Begriff »Energie«. Selbstverständlich hat dies

mit den unterschiedlichen epistemologischen Universen zu tun, in denen ihr Werk zuhause ist.

29 Was die Schnittstelle Individuum/Gesellschaft im Besonderen angeht, fassen die genannten Autoren die unterschiedlichen Blickwinkel der beiden Neofreudianer wie folgt zusammen: »Der Kontrast zwischen Sullivans Überzeugung, dass es unmöglich ist, seiner sozialen Umgebung zu entfliehen, und Fromms Glauben an die Notwendigkeit, genau dies zu tun, liegt vielen Divergenzen bei ihren Darstellungen der Beziehungswelt zu Grunde. Sullivan hebt die Notwendigkeit hervor, Beziehungen mit den anderen einzugehen und zu erhalten, trotz der unvermeidlichen Kosten für die eigene Integrität. (...). Er setzt bei der Entwicklung an (...). Fromm hingegen sieht das kindliche Herstellen und Beibehalten von Beziehungen nicht als entwicklungsbedingte Notwendigkeit, sondern als einen regressiven Schutz. (...). In diesem Sinne bezieht sich sein Ansatz ganz und gar nicht auf die Entwicklung« (1983, S. 112).

30 Das Folgende habe ich größtenteils »Einführung in den ersten Teil. Ursprünge und Entwicklungen« und »Bibliografisches Profil der Autoren« entnommen, die in dem von mir mit Sergio Dazzi und Maria Luisa Mantovani herausgegebenen Buch *La teoria interpersonale in psichiatria, psicoterapia e psicoanalisi* (Die interpersonale Theorie in Psychiatrie, Psychotherapie und Psychoanalyse) enthalten sind, auf das ich den Leser vor allem wegen der umfassenden bibliografischen Angaben verweise. Außerdem möchte ich mich für die Hilfe bei der Annäherung an Fromm besonders bei Marco Bacciagaluppi und Rainer Funk bedanken und auch an die wertvolle und anregende Monografie Funks zum Thema erinnern.

31 Der ersten Biografie Horneys, *Karen Horney – Sanfte Rebellin der Psychoanalyse*, die Jack Rubins 1978 veröffentlichte, folgte im gleichen Jahr *A Mind of Her Own. The Life of Karen Horney* von Susan Quinn. Seit 1994 gibt es noch eine dritte Biografie, in der Bernard Paris mithilfe der Tagebücher Horneys die Beziehung zwischen ihrem Leben und ihrem Werk untersucht.

32 Im Übrigen wurde *Schizophrenia as a Human Process* bei seinem Erscheinen von Ronald Laing im *International Journal of Psycho-Analysis* besprochen; da wir auf diese Rezension im nächsten Kapitel zu sprechen kommen, möchte ich an dieser Stelle nur sein Fazit wiedergeben: »Das Lesen der von Sullivan 30 oder 40 Jahre zuvor geschriebenen Artikel ist eine etwas deprimierende Erfahrung, da ihre Aktualität noch immer sehr viel größer ist, als sie es eigentlich sein dürfte«.

33 Völlig anders – das heißt sehr einschränkend – ist die Ansicht Sidney Axelrads, der diesen Band für die *Psychoanalytic Quarterly* zusammenfasste: Er ist der Ansicht, dass die Erforschung der Person in Interaktion mit den anderen der Soziologie und nicht der Psychiatrie angehöre (*sic*).

34 Auf Französisch liegt nur Sullivans *Schizophrenia as a human process* vor.

35 Bemerkenswert ist auch der vielstimmige Charakter der Arbeit, die der Veröffentlichung des Buches zu Grunde liegt, und den die Herausgeberinnen

unterstreichen – ein sichtbares Zeichen dafür, wie sehr Sullivans Lehre und seine Person geschätzt wurden.

36 Ihre Biografie findet der Leser in *La tradizione interpersonale*.

37 Blake Cohen folgte Sullivan in der Leitung von *Psychiatry*, die sie bis 1961 beibehielt; in der Zwischenzeit verfolgte sie auch die Veröffentlichung seines posthumen Werkes ganz aus der Nähe. Sie gehörte im Übrigen auch zu jenen, die Mitglieder der American Psychoanalytic Association blieben und dort didaktische Funktionen innehatten.

38 Wenn wir zu diesen noch die drei von Crowley genannten Rezensionen zählen – der Bücher von Adler in *Mental Hygiene* und von Lorand und Campbell im *International Journal of Psycho-Analysis* – kommen wir auf 45. Da es sich um eine beachtliche Menge handelt, wäre es interessant, welche Themen Sullivan in diesen Rezensionen ansprach – darauf werde ich aber in diesem Buch nicht eingehen.

39 In dieser Hinsicht haben die Einführungen in Sullivans Werk von Benedetti (1961) und Codignola (1967), auf die ich in meiner Einführung schon hingewiesen habe, eine sehr viel größere Reichweite. In seiner Einführung zur italienischen Ausgabe von *Conceptions of Modern Psychiatry* bezeichnet Benedetti die Position Sullivans als eine Mischung aus Freud und Adler und stellt fest: »uns Nachgeborenen erscheint er als eine gelungene Synthese aus dem, was in den Kontrasten zwischen den ersten Schulen verlorenging« (1961, S. XXVII).

40 Auf diese Weise werden wir uns auch mit der interpersonalen Psychoanalyse nach Sullivan beschäftigen, ein Thema, das wir im letzten Kapitel wieder aufgreifen werden.

41 Außerdem schreibt Mullahy in seiner Einführung auch: »Der ›gesunde Eklektizismus‹ Whites wurde von der nach ihm benannten Stiftung nicht als Gemisch verschiedener Theorien und Methoden, sondern im Sinne einer geistigen Offenheit und der empathischen Aufnahme von verschiedenen Autoren weitergeführt, die in vielen verschiedenen Gebieten tätig waren« (*ibidem*, S. XVII).

42 Wie wir noch sehen werden, wurde Sullivans Konzept von der »teilhabenden Beobachtung« von der Literatur nach Sullivan hinsichtlich des Umfanges der Teilnahme des Analytikers unterschiedlich interpretiert, wobei einige Analytiker, die sich auf ihn berufen, sie auf ein möglichst geringes Maß reduzieren und andere wiederum, die versuchten diesen Aspekt zu aktualisieren, sie auf den höchsten Grad steigern. Irwin Hirsch verdanken wir eine prägnante und erhellende Untersuchung dieser Debatte (1987). Allerdings gebührt Merton Gill (1995) der Verdienst, dieses Problem erschöpfend – und höchst interessant – dargestellt zu haben.

43 »*Das Ich* der deutschen Philosophie unterscheidet sich zum Beispiel sehr vom *empirical self* von William James, das Sullivan zusammen mit der kreativen Neuauslegung des daraus entwickelten Konzepts von Cooley und Mead erbte«, schreibt Mullahy (1970, S. 669) und bestätigt damit die von mir in diesem Buch eingeschlagene Richtung.

44 1959 hatte Schachtel *Metamorphosis. On the Development of Affect, Perception, Attention and Memory* veröffentlicht. Es ist ein anregender Versuch, eine Entwicklungspsychologie auf der Basis des interpersonalen Ansatzes von Fromm zu schaffen, mit dem der Autor, der Mitglied des White Institute war, und mit dem er schon in den 30er Jahren in Frankfurt zusammengearbeitet hatte. Was hingegen Arieti angeht, schließt sein Werk eher an das von Fromm-Reichmann als an jenes Sullivans an.

45 Hirsch schließt seine detaillierte Besprechung dieser Anthologie, die in *Contemporary Psychoanalysis* mit dem Titel »Extending Sullivans Interpersonalism« erschienen ist, damit, dass der Autor tatsächlich »ganz anders als Sullivan ist« und »mit Harold Searles und Benjamin Wolstein zu den ersten zeitgenössischen Analytikern gehörte, die die Implikationen der wechselseitigen Anteilnahme und der Unvermeidlichkeit, zur Tat zu schreiten (*enactment*), ausformulierten« (1992, S. 746).

46 Über seine umfangreiche wissenschaftliche Produktion hinaus gebührt Chrzanowski (1914–2000) – einem aus Polen stammenden Arzt, der in Zürich studiert hatte, bevor er nach Amerika auswanderte – der Verdienst, seit ihrer Gründung in Amsterdam 1962 eine der größten Triebkräfte der International Federation of Psychoanalytic Societies (IFPS) gewesen zu sein (siehe auch Chrzanowski 1975).

Der IFPS (www.ifp-s.org) gehören (Dezember 2004) 26 *member societies* aus 15 Ländern (insgesamt circa 2.350 Mitglieder) an, darunter das White-Institut und die Deutsche Psychoanalytische Gesellschaft. Die IFPS gibt seit 1992 die Zeitschrift *International Forum of Psychoanalysis* heraus – die von dem Verlag Taylor and Francis publiziert wird und die in die nächste Ausgabe der PEP-disk aufgenommen wird.

47 »Sullivan hat in die Psychiatrie auch das eingeführt, was ich als die imaginäre Haltung (*the fictive attitude*) bezeichne, für die alles, was ihm auf klinischer Ebene begegnete, Fantasie war, so lange man nicht die reale Existenz beweisen konnte«, schreibt Havens in der Einleitung (1976, S. 7). Auf dieser Basis wendete Sullivan also das an, was Havens als *counterprojective technique* bezeichnet hat – darüber werden wir zu gegebener Zeit sprechen.

48 In seiner Besprechung des ersten der drei Bücher Chapmans bemerkt Alan Grey, dass dieses trotz seines Schematismus »eine Eingangstür zur interpersonalen Theorie« (1977, S. 539) darstellen konnte.

49 Nebenbei gesagt, wurde in die gleiche Nummer (Nr. 3, 1980) auch der Artikel Kuklicks, auf den ich im dritten Kapitel eingehe, aufgenommen.

Zweiter Teil –

Die Aktualität von Sullivans Werk

»Diese Artikel zu lesen, die Sullivan vor 30 bis 40 Jahren geschrieben hat, ist eine ziemlich deprimierende Erfahrung«, schrieb Ronald Laing in seiner Rezension von *Schizophrenia as a Human Process* im *International Journal of Psychoanalysis*. »Sie sind insgesamt aktueller, als sie es sein dürften. Was einst den Klang mutiger, wenn nicht sogar kühner Behauptungen hatte, hätte dann zur Hypothese werden müssen, um schon seit längerer Zeit bestätigt oder widerlegt zu werden. Jedoch sind viele der Probleme, um die es sich handelt, noch ungelöst und der größte Teil der Arbeit, die Sullivans Perspektive eröffnet hat, ist noch zu tun. Hoffen wir, dass uns die Zeit bleibt, dies zu tun« (1963).

»Wenn wir über Sullivans Rolle in der amerikanischen Psychoanalyse und insbesonders über seinen Einfluss auf die Entwicklungen einer Objektbeziehungstheorie sprechen, müssen wir uns zunächst vor Augen führen, daß seine entscheidenden Beiträge vor nahezu 50 Jahren entstanden sind,« haben die Selbst-Psychologen Howard Bacal und Kenneth Newman festgestellt. »Vieles, was uns heute selbstverständlich erscheint, ist aus Überlegungen und Fragen hervorgegangen, die Sullivan als erster formuliert hat.« (1994, S. 47)

Diese Worte Laings – des berühmten englischen Psychiaters, Autor von *Das geteilte Selbst* – sind immernoch aktuell, nicht nur was die Arbeit Sullivans im Bereich der Schizophrenie betrifft, sondern auch in Bezug auf seine Zusammenarbeit mit den Sozialwissenschaftlern. Wie wir in den nächsten beiden Kapiteln sehen werden, sind sowohl sein integriertes Modell zur Behandlung der Schizophrenie als auch der von ihm vorgeschlagene präventive Ansatz weit von der Umsetzung auf breiter Ebene, die zu wünschen wäre, entfernt. Fordert eine Krankheit wie die Schizophrenie sehr viel mehr Opfer, als man angesichts der theoretisch zur Verfügung stehenden Mittel meinen könnte, so sind die Kenntnisse, die die Psychiatrie hinsichtlich der interpersonalen Konflikte und ihrer möglichen Lösungen entwickelt hat, noch weit davon entfernt, eine Anwendung zu finden, die einer ganzen Reihe von Tragödien, Traumata und – warum nicht? – bewaffneten Konflikten Einhalt gebieten könnte. Nicht zu vergessen, wie weit Sullivans Konzept der psychiatrischen Ausbildung, das heißt, die Verwirklichung einer wirklich interdisziplinären Ausbildung, von einer kohärenten Anwendung entfernt ist.

Das Bild verändert sich, was Sullivans interpersonale Theorie angeht. Viele seiner Forderungen, von der Notwendigkeit einer genauen Beobachtung der Interaktion zwischen Mutter und Säugling bis zum Raum, den er den interpersonalen Beziehungen bei der Entwicklung des Individuums zuwies, sind grundlegende Bestandteile der Forschung und der Theorien der gegenwärtigen Entwicklungspsychologie geworden. Ähnliches gilt für die Psychoanalyse und die Psychotherapie. Es gilt für die Art und Weise, in der die zeitgenössische Psychoanalyse die von ihm gestellten Forderungen aufgenommen hat und in der auf dem Gebiet der Psychotherapie eine Vielzahl von Ansätzen entwickelt worden ist, von der Gruppen- und Familien- bis zur kognitiven Therapie, die in seinem Werk immernoch einen der bedeutendsten Bezugsrahmen finden, die uns zur Verfügung stehen.

Natürlich wurde der Rolle, die Sullivan in diesen drei Bereichen gespielt hat, bei weitem nicht die Anerkennung zuteil, die ihm zustehen würde, wie auch die Zitate Bacals und Newmans belegen. Deswegen ist es nötig, Sullivans Bedeutung auf diesen Ebenen aufzuzeigen, was ich in den letzten beiden Kapiteln tun werde. Das letzte Kapitel greift die neuesten Entwicklungen in der interpersonalen Psychoanalyse auf und die »relationale Wende«, die durch Stephen Mitchell und seine Zeitschrift *Psychoanalytic Dialogues* eingeleitet wurde.

5. Die Psychotherapie der Schizophrenie

Bevor wir nun zu *Schizophrenia as a Human Process* kommen, das im Zentrum des zweiten Abschnittes dieses Kapitels steht, wollen wir uns mit der Rolle beschäftigen, welche die Züricher Schule spielte. Es geht nicht nur darum, dass viele Kollegen Sullivans durch diese in Kontakt mit der Psychoanalyse traten, dort also die Inspiration fanden, um in Amerika die Verbindung von Psychoanalyse und Psychiatrie zu entwickeln, in deren Umfeld Sullivans Arbeit einzuordnen ist. Ebenso wichtig ist der Anteil von Jung an der Sichtweise Sullivans, in dessen Werk eine interpersonale Orientierung vorgegeben ist. Abraham Brill, der über Bleuler und Jung zur Psychoanalyse kam, unterstützte Sullivan bei der Ausarbeitung seines einzigartigen Ansatzes.

Im dritten Abschnitt diese Kapitels will ich anhand anhand einer Reihe von Beiträgen und Vorträgen, die nur zum Teil in sein posthumes Werk aufgenommen wurden, darlegen, wie Sullivan sein Lieblingsthema, die Psychotherapie der Schizophrenie, in den 1940er Jahren weiterentwickelte. Im vierten Abschnitt werden wir den Beitrag Frieda Fromm-Reichmanns zur Psychotherapie der Schizophrenie untersuchen und besonders dessen Zusammenhang mit Sullivans Werk. Gegenstand des letzten Abschnittes wird schließlich Sullivans synthetisches Modell der praktischen therapeutischen Arbeit sein, wie es sich aus seinem Werk erschließt.

5.1 Die Züricher Schule

Da auch John Burnham (1967) und Nathan Hale (1971a) Jungs entscheidende Rolle für die besondere Form betonen, die die Psychoanalyse in Amerika annahm, wird man ihm auch eine Vorreiterrolle für die interpersonale Orientierung zuweisen können. Außerdem, wie Kerr ausführlich im erwähnten Buch *Eine höchst gefährliche Methode. Jung, Freud und Sabina Spielrein* dokumentiert hat, kann »die Geschichte der psychoanalytischen Bewegung … ohne Jung nicht angemessen erzählt werden« (1996, S. 22). Im Gegenteil:

> »Er spielte sogar so eine zentrale Rolle, daß man Jung, wollte man die Geschichte in die Form eines Dramas bringen, zwangsläufig zur Hauptfigur machen müßte: Dramatisch gesprochen war er der Motor der Geschichte, die treibende Kraft, welche die Dinge ins Rollen brachte.« (*ibidem*)

Im Burghölzli, der psychiatrischen Klinik der Universität Zürich, fand unter Bleuler und Jung die Psychoanalyse Eingang in die Behandlung psychiatrisch schwer erkrankter Menschen. Jung hatte viele amerikanische Schüler,[1] die ihrerseits einen großen Einfluss auf die Entwicklung der Psychoanalyse und der Psychiatrie in Amerika nahmen. So wollen wir uns mit dem Burghölzli befassen und damit, wie Bleuler es zu einem Modellkrankenhaus machte. Wir werden auch sehen, wie Jung einerseits und Zürich andererseits als Verbindungsglieder zwischen Wien und New York fungierten. Eine ähnliche Rolle, zwischen Freud und Sullivan, kann Brill zugeschrieben werden.

Quelle für die Daten, auf die ich zurückgreifen werde, ist die Geschichte des berühmten Krankenhauses, die Manfred Bleuler geschrieben hat (1951). Er war von 1942 bis 1969 dort Direktor und Nachfolger von Hans Maier, der die Geschicke des Burghölzli von 1927, als Eugen Bleuler in Pension ging, bis 1941 geleitet hatte. Das Burghölzli wurde 1870 aufgrund eines Projekts eröffnet, an dessen Ausarbeitung auch Wilhelm Griesinger (1817–1869; zu jener Zeit Dozent für innere Medizin in Zürich), mitgewirkt hatte; der erste Direktor war Bernhard von Gudden, der diese Position aber nur zwei Jahre lang innehatte. Erst 1879, als Auguste Forel (1848–1941) der vierte Direktor des Krankenhauses wurde, begann dieses dann wirklich, Bedeutung zu gewinnen. Die ersten drei Direktoren, die alle aus Deutschland kamen, waren berühmte Anhänger der Hirnanatomie und weder mit dem lokalen Dialekt vertraut, noch an der Leitung des Krankenhauses interessiert, die mit ihrem Psychiatrie-Lehrstuhl verbunden war. »Im Burghölzli griff Forel energisch durch«, schrieb Kerr. »Er vertrieb Eindringlinge notfalls mit den Fäusten … und er hypnotisierte die Mitarbeiter, die Nachtdienst machten, so daß sie die ganze Nacht durchschlafen konnten, aber bei einem Notfall sofort aufwachten« (1996, S. 55).

Es durfte kaum ein Zufall sein, dass Forel, berühmt für seine Forschungen im Bereich der Gehirnanatomie, der erste Ordinarius für Psychiatrie war, der über die Hypnose zur Psychotherapie gelangte. Er hatte ein ausgeprägtes soziales Gewissen, das ihn zu einem Pionier der systematischen Bekämpfung des Alkoholismus machte. Nach Ellenberger brachte dieses Anliegen ihn der Psychotherapie nahe:

»Er fragte sich z. B., warum Psychiater nicht fähig waren, Alkoholiker zu heilen, während dies manchen Laien schon gelang. Einmal fragte er einen dieser Laien, den Schuster Bosshardt, was sein Geheimnis sei. Darauf lächelte Herr Bosshardt verständnisvoll und antwortete ›Es ist sehr einfach, Herr Direktor, ich bin abstinent und Sie sind es nicht‹. Diese Antwort machte Forel

> so großen Eindruck, daß er selbst eine Verpflichtung zur Abstinenz unterschrieb – und von da an war er in der Lage, Alkoholiker mit Erfolg zu behandeln. Dies war Forels erster Schritt zu der Erkenntnis, daß das Geheimnis der erfolgreichenTherapie in der persönlichen Einstellung des Psychotherapeuten liegt.« (1996, S. 394)

Ähnlich eklektisch ging auch Bleuler als Leiter des Krankenhauses Rheinau vor, weswegen Forel ihn zu seinem Nachfolger bestimmte. »Die entscheidende Wende kam, als im Laufe der 1880er Jahre Forel am Burghölzli und Bleuler am Rheinau« – so schrieb Bleulers Sohn Manfred – »das menschliche und tierische Gehirn als Studienobjekt hinter sich ließen und ihr Interesse dem kranken Menschen zuwandten« (1951, S. 401). Bleuler wurde 1857 in Zollikon, einem Vorort Zürichs, geboren, der damals noch Bauerndorf war. Seine Herkunftsfamilie hatte ein ausgeprägtes Klassenbewusstsein und nahm an den politischen Kämpfen teil, die dazu führten, dass die Bauern 1831 rechtlich gleichgestellt wurden und 1833 die Universität Zürich gegründet wurde. Ellenberger schreibt über Bleulers Erfahrungen in Rheinau, wohin er nach der Arbeit mit Forel am Burghölzli und nach Studienaufenthalten in Paris, London und München gekommen war:

> »Bleuler nahm die Aufgabe der Rehabilitation dieser Anstalt (eine der rückständigsten der Schweiz; M. C.) auf sich und versorgte seine Patienten mit ungewöhnlicher Selbstlosigkeit. Er war Junggeselle und wohnte im Krankenhaus; all seine Zeit, vom frühen Morgen bis zum späten Abend, verbrachte er mit seinen Patienten; er nahm an ihrer körperlichen Behandlung teil, organisierte eine Arbeitstherapie und stellte zu jedem seiner Patienten einen engen emotionalen Kontakt her. Auf diese Weise erwarb er ein einzigartiges Verständnis für geisteskranke Patienten und erfuhr die intimsten Einzelheiten ihres Seelenlebens. Dies war die Erfahrung, die ihm den Stoff für sein künftiges Buch über die Schizophrenie und sein Lehrbuch der Psychiatrie lieferte.« (*ibidem*, S. 396)

Genau dies war – wie wir gesehen haben – wiederum der Arbeitsstil von White am St. Elisabeths und von Sullivan am Sheppard. Mit anderen Worten, nur wenn man diese grundlegenden Anhaltspunkte in Betracht zieht, kann man verstehen, wie sich nicht nur Meyers (und Whites), sondern auch Sullivans theoretische Position hinsichtlich der Schizophrenie in die Perspektive Bleulers einfügte. Diese Sichtweise, die sich sehr von der Emil Kraepelins (1856–1926) unterschied, das heißt sehr viel optimistischer war, machte die 1911 veröffentlichte Monografie Bleulers zum Thema. Ellenberger schreibt dazu:

»Bleuler führte die optimistische Vorstellung ein, die Schizophrenie könne in jeder Phase ihrer Entwicklung stehen bleiben oder rückläufig werden. Zu einer Zeit, als physiologische und pharmakologische Behandlungsmethoden noch nicht existierten, wandte er eine Reihe von Methoden an, die nach dem Zeugnis all jener, die damals am Burghölzli gearbeitet haben, manchmal ans Wunderbare grenzende Wirkungen hervorbrachten. Er pflegte z. B. scheinbar schwerkranke Patienten frühzeitig zu entlassen oder sie plötzlich und unerwartet auf eine andere Station zu verlegen oder einem Patienten die Verantwortung für etwas Bestimmtes aufzuerlegen. Er organisierte auch eine systematische Arbeitstherapie, traf Anordnungen für die Freizeit der Patienten und sorgte für das Funktionieren einer menschlichen Gemeinschaft in der Heilanstalt.« (*ibidem*, S. 398)

Es ist also nicht verwunderlich, dass Bleuler einer der ersten deutschsprachigen Psychiater war, der sich Freuds Arbeit näherte und sehr zufrieden damit war, dass es ihm gelang, Carl Gustav Jung (1875–1961) mit der Aufgabe zu betreuen, die Untersuchung seiner Patienten unter psychologischen und psychoanalytischen Gesichtspunkten zu vertiefen. Außerdem kamen viele junge Psychiater, unter ihnen zahlreiche Amerikaner, zu ihm, um die neue Psychiatrie, welche dort mit Leidenschaft betrieben wurde, kennen zu lernen. Eine solche Leidenschaft, dass Kerr von »einem psychiatrischen Kloster« sprach, in dem – wie am St. Elisabeths, als White dort Direktor war – der Patient im Mittelpunkt stand (1996, S. 53). Arbeit und Alltag der Ärzte waren streng geregelt:

»Der zuständige Assistenzarzt musste alle seine Patienten zweimal täglich aufsuchen und alles niederschreiben, was sie sagten, gleichgültig, ob er es verstand oder nicht. Dreimal in der Woche trafen sich alle Mitarbeiter zu einer morgendlichen Besprechung. Dabei wurden meist Behandlungsfragen erörtert, zudem mussten die Assistenten auch über neue Entwicklungen in der Fachliteratur berichten. Außerdem mussten alle Assistenzärzte im Hause wohnen, die vollkommene Abstinenz von allen alkoholischen Getränken war unumstößliches Gebot, und wer abends länger als bis zehn Uhr ausbleiben wollte«, fügt Kerr nicht ohne Ironie hinzu, »musste Bleuler oder dessen ersten Assistenten um Erlaubnis fragen und um einen Schlüssel bitten.« (*ibidem*, S. 58f)

An diesem Punkt können wir sehen, welche Ergebnisse der Aufenthalt der an der Psychoanalyse interessierten jungen Amerikaner in der von Bleuler und Jung dominierten Umgebung brachte, und auf welche Weise sie dann dazu beitrugen, das Klima engagierter Anwendung der Psychoanalyse bei der Psychotherapie schwerkranker Patienten zu schaffen, in welches die Pionierarbeit Sullivans einzuordnen ist.

5.1.1 Amerikaner am Burghölzli

Der erste Amerikaner, der nach Zürich kam, war Frederick Peterson (1859–1938), ein überzeugter Anhänger der Psychogenese der Geisteskrankheiten und Dozent für Psychiatrie an der Columbia University von New York. Er war im Laufe des Jahres 1907 lang genug in Zürich geblieben, um Jung beim Verfassen einer Arbeit in experimenteller Psychologie zur Seite zu stehen (Jung, Peterson 1907). Obwohl er die Psychoanalyse nicht praktizierte, ist es trotzdem sein Verdienst, Brill zum Burghölzli geschickt zu haben; außerdem hatte er mit ihm gemeinsam 1908 Jungs *Über die Psychologie der Dementia praecox* (1906) ins Englische übersetzt. Brills Bericht von 1939 über seine Ankunft am Burghölzli und das dortige Arbeitsklima ist so eloquent, dass ich ihn hier vollständig zitiere:

> »Nachdem ich etwa fünf Jahre am Central Islip State Hospital gearbeitet hatte, kam ich im Frühling 1907 nach Paris um mit Dr. Pierre Marie am Hospice de Bicêtre zu arbeiten. Gleichzeitig besuchte ich alle anderen Krankenhäuser, wo ich hoffte, etwas über psychiatrische Grenzfälle, also Psychoneurosen, zu lernen. Ich entdeckte sehr bald, dass es dort sehr wenig Neues gab, was ich über dieses Thema lernen konnte. Während ich noch unter dieser Enttäuschung litt, bekam ich einen Brief von demjenigen, der mich in die Psychiatrie eingeführt hatte, Dr. Frederick Peterson, der mir riet, an die psychiatrische Klinik von Zürich zu gehen. ›Dort arbeiten sie im Einvernehmen mit Freud‹, schrieb er mir, ›und ich denke, dass es Ihnen gefallen wird.‹ Ich hörte Freuds Namen zum dritten Mal in meinem Leben, aber ich wusste nichts über ihn; obwohl mich Petersons Aussage ›ich denke, dass es Ihnen gefallen wird‹ etwas erstaunte, entschloss ich mich, seinem Rat zu folgen. Ich beendete meine Arbeit am Bicêtre und Mitte August begab ich mich nach Zürich. Kaum hatte ich einen Fuß ins Burghölzli gesetzt, wurde mein Interesse für die Psychiatrie wieder erweckt. Die Atmosphäre, die dort herrschte, schien genau dafür gemacht, einen jungen Psychiater aufleben zu lassen, der an die trockene beschreibende Psychiatrie deutscher Schule gewöhnt war. Unter der klugen Führung Bleulers, unterstützt von Jungs mitreißender Art, arbeiteten alle eifrig, um die Theorien Freuds zu erproben. Da ich das Glück hatte, als Assistenzarzt angestellt zu werden, war ich mit Herz und Seele bei der wegbereitenden Tätigkeit, Freuds Mechanismen auf die Probe zu stellen und auf die Psychiatrie anzuwenden. Die *interpretative psychiatry*, die heute die Welt der Psychiatrie bestimmt und so viel zu den angrenzenden

> Disziplinen beigetragen hat, verdankt ihren Ursprung und ihre Entwicklung diesem bewundernswerten Kreis.« (1939, S. 318f)

Es ist also nicht verwunderlich, wenn Brills erste Arbeit als Psychoanalytiker (1908) sich mit dem Beitrag der Psychoanalyse zur Erklärung der Psychogenese eines Falles von Dementia praecox, den er am Burghölzli verfolgt hatte, beschäftigte; das gleiche gilt für die Tatsache, dass er noch 1944, vier Jahre vor seinem Tod, ein Buch mit dem Titel *Freud's Contribution to Psychiatry* veröffentlichte, das die Synthese seiner Arbeit darstellte. Es ist auch nicht erstaunlich, dass Brill, wie wir noch sehen werden, fortfuhr, behandelbare schizophrene Patienten mithilfe der Psychoanalyse in seiner Privatpraxis zu behandeln; darüber hinaus war er auch ein guter Freund Sullivans – und das, obwohl er von Anfang an Freud so nahe stand, dass er als dessen offizieller Vertreter in den USA galt.

Natürlich kamen nach der Amerikareise Freuds im Jahre 1909 noch mehr Amerikaner nach Zürich, darunter auch Psychiater, die den Wunsch hatten, ihre psychoanalytische Ausbildung mit Jung zu absolvieren. Unter ihnen waren Trigant Burrow (1875–1950) und August Hoch (1868–1919), beide Schüler und Mitarbeiter von Adolf Meyer; sie hielten sich zwischen 1909 und 1910 in Zürich auf.[2] Burrow schrieb mit dem Enthusiasmus des Neulings nach Hause: »Dr. Jung *ist mein Mann*. Ich bin wirklich zufrieden mit der Arbeit, die ich mit ihm mache. Er ist nicht nur ein brillanter Psychologe, er hat auch einen sehr interessanten Charakter« (1958, S. 25; Kursiv im Original). Jung hingegen berichtete in einem Brief an Freud vom 25.12.1909 über Hoch:

> »Professor Hoch, der bedeutendste unter meinen Amerikanern, ist jetzt bei mir durch die eigene Psychoanalyse gegangen und ein tapferer Anhänger geworden. Da er eine der bedeutendsten psychiatrischen Stellungen in [den] USA einnimmt (Nachfolger von Meyer), ist sein Fall besonders wichtig. Damit ist wieder ein Fundament gelegt.« (McGuire, Sauerländer, Hg., 1974, S. 308f)

Was Burrow angeht, wirkte sich seine Initiation durch Jung auf seine weitere, unorthodoxe Entwicklung aus, die ihn zu einem Pionier der Gruppentherapie werden ließ. Hoch hingegen gelang es, das Züricher Modell der psychoanalytischen Psychiatrie in New York so originalgetreu umzusetzen, dass er die bereits von Meyer in diese Richtung iniziierte Arbeit noch weiter ausbaute. Oberndorf stellte 1953 fest: »Zwischen 1908 und 1913 erblühte am Psychiatrischen Institut von Ward's Island das überzeugendste Ausbildungsprogramm für psychoanalytische Psychiatrie weltweit« (1953, S. 113).[3]

So kam es, dass die Psychoanalyse in den USA von der durch die Züricher Schule gestalteten Beziehung zwischen Psychoanalyse und Psychiatrie geprägt war, vor allem was den analytischen Ansatz bei der Schizophrenie betrifft. Das war der Ausgangspunkt Sullivans, in dessen Werk diese Prägung den vollendeten Ausdruck findet.

Was Freud betrifft, so sei noch einmal betont, dass er selbst die von Bleuler und Jung betriebene Rezeption und Verbreitung der Psychoanalyse unterstützte. Denkt man an die äußerst feindliche Haltung der akademischen Welt in Deutschland, brauchte Freud ihre Mitarbeit sogar dringend, um die Psychoanalyse in die Psychiatrie zu integrieren – wie auch aus seinem Briefwechsel mit Jung hervorgeht. Freud schrieb am 13.08.1908 an Jung:

> »Die egoistische Absicht, die ich verfolge und natürlich offen eingestehe, ist, Sie zum Fortsetzer und Vollender meiner Arbeit einzusetzen, indem Sie auf die Psychosen anwenden, was ich bei den Neurosen begonnen habe, wozu Sie als starke, unabhängige Persönlichkeit, als Germane, der leichter die Sympathien der Mitwelt kommandiert, mir besser zu taugen scheinen als irgendein anderer, den ich kenne.« (vgl. McGuire, Sauerländer, Hg., 1974, S. 186)

Und am 17.01.1909 schreibt er: »So kommen wir doch unzweifelhaft vorwärts, und Sie werden als Joshua, wenn ich der Moses bin, das gelobte Land der Psychiatrie, das ich nur aus der Ferne erschauen darf, in Besitz nehmen« (*ibidem*, S. 218).

Wäre es vielleicht angebracht zu sagen, dass die Antipathie Freuds gegenüber Amerika so stark war, dass er die gleichen Entwicklungen, die er zwar in Zürich begrüßte, dort aber in einem schlechten Licht sah? Oder müssen wir uns sogar fragen, ob Zürich nichts anderes war als eine Art trojanisches Pferd, um seine Doktrin über Wien hinaus zu verbreiten? Die Entwicklung der Dinge spricht für letztere Annahme.[4]

5.1.2 Jung und Sullivan

Obwohl Sullivan in *Schizophrenia as a Human Process* von Jung als dem Pionier der Psychotherapie der Psychosen spricht, finden wir in seinen Schriften keine klare Aussage über die Rolle, die er für seine Entwicklung gespielt haben mag. Im Rahmen der historischen Rekonstruktion, der ein guter Teil dieses Buches gewidmet ist, ist es uns heute möglich, den Einfluss Jungs auf Sullivan auf drei Ebenen anzusetzen: erstens, die interpersonale Orientierung seiner Ideen; zweitens, seine Ablehnung von Freuds Libidotheorie und das daraus folgende neue Verständnis für die Fähigkeit psychotischer Patienten, in eine psychotherapeutische Beziehung zu treten; und drittens, in Bezug auf die Möglichkeit, einen zu Freud alternativen psychoanalytischen Standpunkt zu entwickeln, wie ihn Jung bei seinen 1912 an der Fordham University gehaltenen Vorträgen vertrat. Letztlich nicht zu vergessen ist die enge Beziehung zwischen theoretischem System und Persönlichkeit des einzelnen Autors im Bereich der dynamischen Psychologie, einem Thema, mit dem sich Jung nach seinem Bruch mit Freud in *Psychologische Typen* (1921) explizit auseinander setzte.

Dies kann als Hinweis gelten, dass Jung zu einer interpersonalen Perspektive tendierte, die Sullivan später entwickeln sollte; und schließlich teilte Jung nicht nur die funktionalistische Einstellung, die in Amerika dominierte – er war auf ähnliche Weise wie Jelliffe und White in Kontakt mit Freud getreten – als eine Person, die schon berühmt war.

Was den ersten Punkt betrifft, kann ich den Leser auf die Schrift aus dem Jahre 1909 verweisen: »Die Bedeutung des Vaters für das Schicksal des Einzelnen«. Aus dieser geht ganz klar hervor, welche Bedeutung Jung schon zu jenem Zeitpunkt den interpersonalen Beziehungen beimaß. Insbesondere erfahren wir, dass schon aus den mit Emma Fürst durchgeführten Untersuchungen über Wortassoziationen eine Analogie zwischen dem Reaktionstyp der Kinder und dem der Eltern hervorging (Gesammelte Werke von C. G. Jung, Band 4, S. 352). Die vier klinischen Fälle, die diese Schrift begleiteten, erlaubten es, dies nicht nur auf erbliche Faktoren, sondern auch auf psychologische und von der Umgebung abhängende Faktoren zurückzuführen. Sehr viel entschiedener war die Position, die er drei Jahre später einnahm, als er im September 1912 auf Einladung Jelliffes die neun Vorträge an der Fordham University in New York hielt, mit dem Titel »The Theory of Psychoanalysis«. Sie wurden in die ersten beiden Ausgaben der *Psychoanalytic Review* aufgenommen. Sullivan hätte sicherlich folgendem Satz Jungs zugestimmt – er kann sogar als zentraler Punkt seines eigenen Denkens aufgefasst werden: »Es gibt tatsächlich Eltern, die durch ihr eigenes widerspruchsvolles Gebaren ihre Kinder dermaßen unsinnig behandeln, daß die Erkrankung der Kinder unvermeidlich erscheint.« (*G. W.* von C. G. Jung, Band 4, S. 162).

Jung konnte zu diesem Zeitpunkt – im Gegensatz zu 1909 – zu solch einer Formulierung gelangen, die völlig von Freuds Libidotheorie gelöst war, weil er an der Fordham University, in der »neuen Welt«, nach vielen Jahren des Nachdenkens, den Mut aufbringen konnte, sich von der dogmatischen Art, in der Freud seine Sexualtheorie vertrat (siehe Jaffé, Hg., 1962, S. 154–5), zu befreien.[5] Besonders die eingehende Untersuchung der Dementia praecox mithilfe eines psychoanalytischen Interpretationsschlüssels, zu der Freud ihn angespornt hatte, brachte ihn zu der Überzeugung, dass es unmöglich war, »die Freudsche

Libidotheorie auf die Dementia praecox zu übertragen« (*G. W.* von C. G. Jung, S. 147) und den Libidobegriff im Sinne von »Energie der Lebenstätigkeit überhaupt« (*ibidem, S.* 152) neu zu formulieren. Jung formuliert das so:

»Die bloße Übersetzung der Libidotheorie auf die Dementia praecox scheint mir unmöglich, weil diese Krankheit einen Verlust aufweist, der durch den Mangel an erotischem Interesse allein nicht erklärt werden kann« (*ibidem*, S. 147). Umgekehrt: nur wenn man die Definition von »aus erotischen Quellen kommendes Interesse« in »Interesse überhaupt« (*ibidem,* S. 145) umwandelt, sagt Jung, »können wir ohne Schwierigkeiten sagen, daß der Geisteskranke seine Libido aus der äußeren Welt zurückzieht und infolgedessen einen Wirklichkeitsverlust erleidet, dessen Äquivalent die Vermehrung der Fantasietätigkeit ist« (*ibidem,* S. 151–2).

Gerade durch die Aufgabe der Libidotheorie – mit der Sullivan, der von dem gleichen klinischen Hintergrund ausging und damit übereinstimmte – wurde es möglich, zu erklären, warum Schizophrenie-Patienten die Fähigkeit zu einer (Übertragungs-) Beziehung hatten und haben, eine Möglichkeit, die Freuds Konzeption eben ausschloss. Jung zeigte durch sein eigenes Verständnis und durch Abwandlungen der Psychoanalyse, dass nicht nur eine Psychoanalyse, nämlich diejenige von Freud, alleine existierte. In seinen amerikanischen Vorträgen stellte Jung sogar öffentlich fest, was er wiederholt auch an Freud geschrieben hatte, nämlich wie sehr ihre unterschiedliche Entwicklung und Persönlichkeit ihre verschiedenen psychoanalytischen Ansätze erklären konnten. Nach seinem ersten Besuch bei Freud schrieb Jung an ihn: »… denn es ist mir, als könne man Ihre Wissenschaft niemals ganz verstehen, wenn man Ihre Person nicht ganz kennt« (McGuire, Sauerländer, Hg., 1974, S. 32). In einem Brief vom 14.11.1911 können wir über Freuds Exkursion, durch *Totem und Tabu*, in Jungs Gebiet lesen: »Es ist dafür gesorgt durch unsere persönliche Verschiedenheit, dass auch unsere Arbeit sehr verschieden sein wird« (*ibidem*, S. 509). Jung konnte das amerikanische Publikum mit den Grundlagen von Freuds Arbeit vertraut machen, indem er zum Beispiel feststellte: »Im Gegensatz zu der Meinung fast aller Kritiker ist Freud nichts weniger als ein Theoretiker. Er ist Empiriker« (*G. W.* von C. G. Jung, Band. 4, S. 168). Dies weiterführend kam Jung später zur Niederschrift von *Psychologische Typen* und auf therapeutischer Ebene zu Feststellungen, denen Sullivan beigepflichtet hätte, wie zum Beispiel der folgenden: »Die Psychotherapie und die Analysen sind so verschieden wie die menschlichen Individuen. Ich behandle jeden Patienten so individuell wie möglich, denn die Lösung des Problems ist stets eine individuelle« (Jaffé, Hg., 1962, S. 137). Dann, 1929, stellte er fest: »Die Einsicht in den subjektiven Charakter jeder Psychologie, die von einem einzelnen erzeugt ist, dürfte das Merkmal sein, welches mich von Freud am strengsten absondert« (*G. W.* von C. G. Jung, Bd. 4, S. 388).

Die gegenwärtige freudianische Psychoanalyse hat nicht nur die Vielfältigkeit, sondern auch die Intersubjektivität der analytischen Begegnung entdeckt, aber wir sollten in Bezug auf Jungs Vorträge von 1912 daran denken, dass Freud sich im Jahre 1914 »berechtigt« fühlte, »den Standpunkt zu vertreten, dass auch heute noch ... niemand besser als ich wissen kann, was die Psychoanalyse ist« (*G. W.* von S. Freud, Band 10, S. 44). Noch 1934, um nicht darüber hinauszugehen, wurde in einer klassischen technischen Arbeit wie »The Fate of Ego in Psychoanalytic Therapy« von Richard Sterba keineswegs die Persönlichkeit des Analytikers mitreflektiert. Tatsächlich gab Jung Anfang 1912 Freud, der ihm geschrieben hatte: »Der Aufsatz über die Gegenübertragung, der mir notwendig scheint, dürfte allerdings nicht gedruckt werden, sondern müsste unter uns in Abschriften zirkulieren« (McGuire, Sauerländer, Hg., 1974, S. 527), folgende Antwort:

> »Ich stelle *für mich* die Forderung auf, dass der Analytiker selber die Freiheit besitzen müsse, die der Patient sich zu erwerben hat, sonst muss sich der Arzt tot stellen, oder er wird, wie Sie sagen, auch ›verrückt‹ gemacht. Ich glaube, es handelt sich hierbei weit mehr um die Verschiedenheit unserer Lebensart als um prinzipielle Unstimmigkeit. Ich reklamiere daher für meine Ansichten keineswegs Allgemeingültigkeit a priori, so dass kein Grund zu irgendeiner ›Verstimmung‹ vorliegt.« (*ibidem*, S. 530; Kursiv im Original)[6]

Damit komme ich zum letzten, aber ebenso bezeichnenden Berührungspunkt zwischen Jung einerseits und Jelliffe, White und Sullivan andererseits. Jung war wegen seines eigenen Prozesses der Individuation gezwungen, den Kreis um Freud zu verlassen, aber bereits die erste Begegnung mit Freud lief auf der Ebene der Gleichberechtigung: Jung schickte Freud seine Monografie über Wortassoziation zu. Jung nahm in seiner Beziehung zu Freud immer eine Position geistiger Unabhängigkeit ein, zweifellos mit der »der Professoren und Leiter« amerikanischer Irrenanstalten zu vergleichen (*G. W.* von S. Freud, Band. 10, S. 71), zu denen sicher auch White und Jelliffe gehören. Jung besaß eine besondere, kulturelle Affinität zu den amerikanischen Kollegen (vgl. George Mora 1963) und knüpfte mit Leichtigkeit Beziehungen an. Neben seiner schon angesprochenen pluralistischen Orientierung neigte er auch zu einer sowohl von Pragmatismus als auch Funktionalismus geprägten Sicht. Im Briefwechsel mit seinem Kollegen R. Loy dreht sich Jungs Position zum Beispiel darum, »dass ich auf dem Standpunkt stehe, ein jedes Verfahren sei gut, wenn es nützt« (*G. W.* von C. G. Jung, Band 4, S. 293); der Nutzen des

Konzepts von Funktion und des neuen epistemologischen Horizonts, das es eröffnet, ist ihm völlig klar. 1917 schreibt Jung:

> »Wenn wir aber wirklich psychologisch arbeiten wollen, so wollen wir vom *Sinn* der psychischen Phänomene wissen. Wenn wir von einer Lokomotive wissen, aus welchen Stahlqualitäten ihre Teile bestehen und aus welchen Fabriken und Bergwerken sie herstammen, so wissen wir damit doch nichts über die *Funktion*, das heißt den Sinn der Lokomotive. Der Funktionsbegriff der neueren Wissenschaft ist aber schlechterdings kein rein kausaler Begriff, sondern ein vorwiegend finaler oder ›teleologischer‹. Es ist nämlich ganz unmöglich, die Seele nur *kausal* zu betrachten, wir müssen sie auch *final* betrachten.« (*ibidem*, S. 342; Kursiv im Original).[7]

5.1.3 Brill zwischen Freud und Sullivan

Ganz anders als die Beziehung Jungs war hingegen die, welche Abraham Arden Brill zu Freud hatte, nicht nur aufgrund seiner österreichisch-ungarischen Herkunft, sondern auch aus persönlicheren Gründen, nicht zuletzt wegen der den beiden gemeinsamen jüdischen Identität. Brill war ein galizischer Jude, der mit 15 Jahren alleine nach New York gekommen war, um sein Glück zu suchen, und ein erdrückendes familiäres Umfeld hinter sich gelassen hatte. Durch enorme Opfer war es ihm gelungen, 1903, mit 29 Jahren, seinen Abschluss in Medizin zu machen. Hale beschreibt ihn als »Beispiel eines klassischen amerikanischen Erfolgs« (1971a, S. 392), weil er den amerikanischen Traum eines jeden Einwanderers verwirklicht hatte, der aber auf der anderen Seite, da er sein Vaterland und seine Familie verlassen hatte, »ein tiefes Bedürfnis nach einer neuen Identität« hatte, das ihn nach jahrelanger Suche dahin brachte, »in der Psychoanalyse eine wirkliche Aufgabe und in Freud einen Vater zu finden« (*ibidem*, S. 391).[8] Im Lichte dieser beiden Tatsachen – die Anpassung an den *American way of life* und die Treue zu Freud – können wir die ungewöhnliche Persönlichkeit des Mannes erklären, der für die Psychoanalyse in Amerika »weit mehr Dienste als irgend jemand sonst« (Jones, Band 3, S. 137) geleistet hatte; eine Besonderheit, die Hale zusammenfasst, indem er Brill den Verdienst zuspricht, »wahrscheinlich ohne sich dessen bewusst zu sein, den Eifer von Putnams neuenglischer Tradition mit der tragischen Vision Freuds verschmolzen zu haben« (Hale 1971a, S. 389).

So gelang es Brill, einen genuin amerikanischen Kollegen wie Jelliffe zur Psychoanalyse zu bekehren. Außerdem war er ein guter Freund Sullivans. Machte es ihm seine jüdische Identität möglich, die *via crucis* der Emigration zu überstehen und mit Freud das zu teilen, wozu kein Amerikaner in der Lage war, nämlich das Konzept von der wesentlichen Rolle der Entbehrung, des Triebverzichts für Kultur und Zivilisation. So erlaubte ihm sein leidensvoller, aber gleichzeitig glücklicher Lebensweg, »große Sympathie für das Leben Sullivans und seine Arbeit zu haben« (Perry 1982, S. 153). Brill und Sullivan gemeinsam waren die große Sensibilität für schizophrene Patienten und der wichtige therapeutische Optimismus in Bezug auf ihre Behandelbarkeit auf Basis der Psychoanalyse. Brill wurde ja gerade dadurch, dass Jung und Bleuler die Psychoanalyse gerade in diesem Bereich einsetzten, zu Freud bekehrt.

Ohne näher auf Brills weiteren Werdegang als Psychoanalytiker eingehen zu wollen, und bevor ich seine Beziehung zu Sullivan genauer erläutere, möchte ich eine grundlegende Betrachtung einschieben. Mein Bemühen darum, eine ganze Reihe von Personen zu zeichnen, mit denen Sullivan in Kontakt war oder die ihn mehr oder minder direkt inspiriert haben, hat nicht nur das Ziel, den Kontext, in den sein Werk einzuordnen ist, bestmöglich zu beleuchten, sondern soll – in Übereinstimmung mit seiner theoretischen Orientierung – auch den Nutzen seines interpersonalen Blickwinkels zeigen. In anderen Worten ausgedrückt, scheint mir dies der beste Schlüssel zu sein, um die Rolle darzustellen, die Brill wirklich in der amerikanischen Psychoanalyse spielte. Die Definition des interpersonalen Ansatzes, die wir daraus ableiten können, ist die eines Blickwinkels, der das interpersonale Umfeld, in dem sich das Individuum entwickelt, erhellen soll und die Art und Weise, in der seine Persönlichkeit mit anderen ihm wichtigen Personen interagiert – diese vor dem Hintergrund der historischen, sozialen und kulturellen Koordinaten, die diese Interaktion prägen. Im Übrigen hat Perry in ihrer Biografie eine ähnliche Richtung eingeschlagen; auf ihre Arbeit möchte ich jetzt erneut zurückgreifen.

Tatsächlich wurde die Person Brills von den Historikern der Psychoanalyse noch nicht ausreichend untersucht (Roazen 1976, S. 369). Perry dagegen ist jeder geringsten Spur nachgegangen, um die Beziehung zwischen Brill und Sullivan zu klären. Ihrer Meinung nach geht aus den zur Verfügung stehenden Dokumenten sogar hervor, dass sie eine einzigartige Kameradschaft verband (1982, S. 154). Darüber hinaus bestätigten sie die Hypothese, dass Brill Sullivan das erste Mal begegnete, als er Berater am Bellevue Hospital (heute die Westchester Division des Cornell Medical Center) war und Sullivan dort, von 1909 bis 1911 Patient war – wie Perry annimmt, wegen des dissoziativen Syndroms, von dem wir schon ausführlich gesprochen haben. Dokumentiert sind drei der vielen Gelegenheiten, bei denen Brill und Sullivan über ihre Arbeit diskutierten; eines dieser Treffen (Toronto 05.06.1931) wurde in *Schizophrenia as a Human Process* aufgenommen.

Bei dem in zeitlicher Abfolge also ersten Dokument handelt es sich um den Kommentar Sullivans zu Brills Vortrag »Schizophrenia and Psychotherapy«, den er am 16. Mai 1929 bei einem Treffen von American Psychiatric und American Psychoanalytic Association in Atlanta hielt. Auch aus diesem leitete Perry ihre Hypothese von Sullivans Aufenthalt in einem psychiatrischen Krankenhaus ab. Sullivan ist besonders Brills These zur entscheidenden Rolle wichtig, die das medizinische Personal für den schizophrenen Patienten in der akuten Phase spielt. Er bestätigt sie:

> »21 Jahre Beobachtung haben mich zu der Überzeugung gebracht, dass in dieser These eine der größten Wahrheiten über die institutionelle Pflege enthalten ist. Was dem Krankenhauspersonal erlaubt ist, mit dem Patienten zu machen, geht über die Fantasie aller hinaus.« (Sullivan, in Brill 1929, S. 540)

Was die Arbeit der beiden als Pioniere der Psychotherapie der Schizophrenie angeht, schreibt Sullivan im selben Bericht:

> »Ich finde es jedenfalls sehr ermutigend, dass an den Pionieren der amerikanischen Psychiatrie – Dr. White, Dr. Brill, Dr. Meyer und ein paar anderen – Prof. Freuds Einstellung bezüglich der Schizophrenie vorbeigegangen ist, ohne allzu viel Schaden anzurichten. Denn, wenn auch wir die Doktrin von der narzisstischen Neurose akzeptiert hätten, hätten wir ebenso wie die Europäer den Faden des Diskurses verloren« (*ibidem*, S. 539).

Worauf Brill erwiderte, dass er einerseits völlig mit den »Betrachtungen und Anregungen« Sullivans übereinstimme und andererseits Freuds Einstellung so verstehe:

> »Prof. Freud versucht, eine Meinung diesbezüglich zu entwickeln, das heißt, eine Therapie für diese Fälle zu finden, obwohl er nach wie vor der Ansicht ist, dass der schizophrene Prozess eine Form der Anpassung darstellt und als solcher nicht gestört werden sollte.« (1929, S. 542)

Folgende Feststellung Brills, die am Anfang seines Kommentars zu Sullivans Beitrag »Environmental Factors in Etiology and Course under Treatment of Schizophrenia« (1931; 1962, S. 246–255) zu finden ist, ist sehr schmeichelhaft für Sullivan, darüber hinaus legt sie die Annahme nahe, dass die beiden sehr miteinander vertraut waren.

> »Dr. Sullivan besitzt die Fähigkeit, ich könnte auch sagen die schizoide Fähigkeit, scharfsinnig und lehrreich über die Natur und die Bedeutung der Schizophrenie zu sprechen … Ich kann Ihnen versichern, dass alles, was er uns darüber gesagt hat,

> absolut glaubwürdig ist. In diesem Land gibt es nur sehr wenige Kollegen, die so viel Zeit damit verbracht haben, schizophrene Patienten zu beobachten, und genau darauf beruht die Autorität seiner Feststellungen.« (1931, S. 49)

Auch in seinem Kommentar zu Sullivans bedeutendem Beitrag »The Modified Psychoanalytic Treatment of Schizophrenia« (1931) drückt Brill seine Wertschätzung der Arbeit Sullivans aus: »Das was mich an Dr. Sullivans Beitrag beeindruckt hat, ist die Hoffnung, die er weckt … Die therapeutische Zukunft der Schizophrenie erscheint ziemlich hoffnungsvoll« (Brill 1931, in Sullivan 1962, S. 293).

An diesem Punkt wollen wir die Schriften Sullivans, die in *Schizophrenia as a Human Process* (1962) vereint sind, näher untersuchen; über die wichtigsten von ihnen und die Umgebung, in der sie entstanden – das Sheppard Hospital – haben wir schon im dritten Kapitel gesprochen. In Italien waren Lucio Pinkus und ich die ersten, die sie vorgestellt haben, in der Zeitschrift *Psicoterapia e scienze umane* (1989), und sie erregten so viel Interesse, dass sie 1993 bei dem großen Verlag Feltrinelli erschienen. Diese Arbeit stellt die Basis für den nächsten Abschnitt dar.

5.2 Die Anthologie *Schizophrenia as a Human Process*

Sullivans erste Arbeit über Schizophrenie – die gleichzeitig die erste der 1975 von Crowley zusammengestellten Bibliografie ist, auf der auch die Liste der zitierten Werke Sullivans im Anhang dieses Buches basiert – ist »Schizophrenia: Conservative and Malignant Features«. Es handelt sich dabei um eine sehr interessante und prägnante Schrift, die eine sorgfältige Untersuchung lohnt. Arieti (1974) betrachtet sie als einen guten Auftakt zu den großen Arbeiten, die dann folgten, während Ping-Nie Pao (1979, S. 81) auf die »äußerst optimistische Konzeption« der Schizophrenie hinweist, die aus ihr hervorgeht. Mit anderen Worten: schon hier lässt sich klar Sullivans Versuch erkennen (der sich in Richtung Bleulers und konträr zu Kraepelin bewegt), die ungewisse Position der Schizophrenie als klinisches Syndrom (1962, S. 7), auf theoretischer wie auf klinischer Ebene, im Licht der Theorien Freuds und seiner eigenen professionellen und persönlichen Erfahrungen, neu zu konzeptualisieren. In der kenntnisreichen epistemologischen Vorrede erscheinen folgende drei grundlegende Postulate: das freudianische Unbewusste, die von White und William McDougall (1871–1938) entliehene vitalistisch-teleologische Vision und die »genetische Hypothese über Struktur und Funktionen des Geistes« (*ibidem*, S. 9), derzufolge »das gesamte Spektrum des Verhaltens und des Denkens, gewöhnlich oder ungewöhnlich, ›normal‹ oder psychotisch, sich zum großen Teil aus der Erfahrung des Individuums erklären lässt« (*ibidem*, S. 11). Am Ende dieser Vorrede, die sicher eine genauere Analyse lohnen würde,[9] finden wir folgende mutige Feststellung:

> »Die Untersuchungen, die dieser Arbeit zugrunde liegen, zeigen Schizophrenie als eine Reihe bedeutender geistiger Ereignisse, die stets von grundlegenden Veränderungen der Persönlichkeit begleitet werden, aber weder Verschlechterung noch Demenz bedeuten. Es handelt sich um eine Verwirrung, bei der die gesamte Erfahrung des Individuums reorganisiert wird. Es gibt ein plötzliches und imposantes Auftreten primitiver Funktionen …« (*ibidem*, S. 12)

Und etwas weiter: »Wir können aus unserer Arbeit den provisorischen Schluss ziehen, dass die primäre Störung bei diesem Leiden eine Störung der geistigen Struktur ist (…)« (*ibidem*, S. 13). Wie Arieti (1974) schrieb, war Sullivan der erste, der in diesem Sinne von Schizophrenie sprach!

Es ist folglich diese Perspektive, fährt Sullivan fort, die es uns ermöglicht, vom »konservativen Charakter« der Schizophrenie zu sprechen, das heißt von den »guten Vorzeichen« (1962, S. 15), unter denen dieser oft zerstörerische Prozess steht. Er erläutert diese Tatsache anhand der Entwicklungen des paranoiden und des katatonen Typs. Am Ende dieses Beitrags kommt Sullivan zu folgender neuen Definition des Problems Schizophrenie:

> »Am Ende dieses einleitenden und notgedrungen unvollständigen Berichts schließen wir, dass man die konservativen Aspekte der katatonen Zustände im Besonderen und der Anfangsphasen der Schizophrenie im Allgemeinen, als *Versuche durch Regression* zu genetisch älteren Gedankenprozessen – zu kindlichen oder sogar pränatalen Geistesfunktionen – zu *einer erfolgreichen Reintegration einer Masse von Lebenserfahrungen zu gelangen* betrachten muss. Es handelt sich hierbei um Lebenserfahrungen, die sich nicht zu einer funktionellen Einheit strukturieren konnten und die schließlich – eben wegen dieser mangelnden Strukturierung – zu multiplen Dissoziationen im Bereich der Beziehungen führen, die das Individuum zur äußeren Realität, einschließlich des sozialen Umfelds, und zu seiner persönlichen Realität hat.« (*ibidem*, S. 20)

Die zweite Schrift, »Pecularity of Thought in Schizophrenia« (Nr. 4 der Bibliografie Crowleys), ist aus zwei Gründen wichtig: auf theoretischer Ebene wegen der Feststellung, dass die Gedanken des schizophrenen Patienten, wenn sie aufmerksam studiert werden, sicher nicht als »Wortsalat« bezeichnet werden können, sondern zahlreiche Verbindungen zu den

Erfahrungen des Patienten aufweisen, auch wenn diese nicht leicht zu entschlüsseln sind. An zweiter Stelle gebührt dieser Schrift der große Verdienst, eine sehr detaillierte Untersuchung von sechs klinischen Fällen wiederzugeben und auch das gesamte Material, das während der Gespräche mit den Patienten aufgenommen wurde. Hinzu kommt, dass sie große Bedeutung auf methodologischer Ebene hat: Wir erfahren, auf welche Weise Sullivan die Krankengeschichte seiner Patienten rekonstruierte und welche Bedeutung er ihr beimaß; er nahm nicht nur die Gespräche auf und machte Tests mit Verbalassoziationen, sondern suchte auch die Mitarbeit des Pflegepersonals und der Angehörigen sowie aller, die »nützliche Informationen« besaßen. Zuletzt sollte noch gesagt werden, dass Sullivan in dieser Schrift seiner Überzeugung Ausdruck verleiht, dass die Prognose sehr viel mehr von der Lebenssituation des Patienten als von der nosologischen Diagnose abhängt – womit er ein Problem anspricht, über das wir heute immernoch diskutieren.

In der dritten Schrift, »The Onset of Schizophrenia« (siehe Crowley Nr. 9) von 1926, kommt Sullivan das erste Mal ausdrücklich auf sein Konzept von »interpersonal« zu sprechen, das am Ende des ersten Absatzes vorkommt, und zwar:

> »Die Untersuchungen über das Auftreten der Störungen an den männlichen Patienten unseres Krankenhauses scheinen auf zwei Faktoren hinzuweisen, die schizophrenen Prozessen vorangehen. Erstens, das Auftreten der Störung ist nur der letzte in einer langen Reihe von subjektiv schwierigen Anpassungsversuchen. Zweitens, scheint die Störung denjenigen nicht zu treffen, dem es gelungen ist, auch nur für kurze Zeit eine entschieden befriedigende Anpassung an ein Sexualobjekt zu finden. Die Anstrengungen, die wir unternommen haben, um jene Faktoren exakt zu ermitteln, die den Übergang von leichteren Formen der Fehlanpassung zur Schizophrenie auslösen, waren erfolglos. Ebenso wenig glauben wir, dass die bis jetzt gesammelten Fakten es erlauben, dem sexuellen Faktor ausschließliche Bedeutung beizumessen. Wir brauchen also viele weitere Daten über den Beginn des Leidens; aber schon in dieser Phase scheint es kaum Gründe zu geben, anzuzweifeln, dass die kulturellen Verzerrungen, die durch die Familie ausgelöst werden, besondere Bedeutung haben. Wir haben niemals Fehlanpassungen beobachtet, deren Grund nicht in falschen Verhaltensweisen gefunden werden konnte, die das Kind von den Eltern oder Erziehungsberechtigten erfuhr. Wir haben in der Geschichte der Patienten, die unter dieser schweren Psychose leiden, alle Arten von Fehlanpassung gefunden; aber was es auch für Einflüsse in der Folgezeit gab, und waren sie noch so unselig, die Tendenz zur Krankheit wurde in der Familiensituation erworben. *Die*

> *aktiven Elemente in der Psychiatrie der Schizophrenie scheinen also die interpersonalen Faktoren zu sein.*« (kursiv von mir, M. C.; 1962, S. 104)

Sullivan wird noch deutlicher: »Die große Mehrheit unserer Patienten hat schon lange Jahre vor dem Bruch mit der Realität klare Zeichen des kommenden Desasters gezeigt« (*ibidem*, S. 105). Oder: »Der Psychiater sieht zu viele Patienten, die schon im Endstadium sind, und so kommt es, dass er mit zu wenigen arbeiten kann, die sich in einem präpsychotischen Zustand befinden« (*ibidem*). Und schließlich: »Ich aber bin überzeugt, dass vielen beginnenden Fällen Einhalt geboten werden könnte, bevor der normale Kontakt zur Realität völlig unterbrochen wird und damit ein langer Krankenhausaufenthalt nötig wird« (*ibidem*, S. 106).

Diesen Erklärungen – die ich wegen der enormen Aktualität, die sie noch heute haben, wörtlich wiedergegeben habe – folgt ein Versuch Sullivans, ein genaues Bild sowohl der Arten von Fehlanpassung, die am häufigsten zu einer schizophrenen Episode führen, als auch des typischen prodromalen Symptomenkomplexes, zum Beispiel gewisse depressive Zustände oder Zustände von »Ratlosigkeit«, zu zeichnen. Diesen Betrachtungen folgt dann eine ausführliche und höchst interessante Darstellung von vier Krankheitsfällen.

Der vierte Beitrag dieser Anthologie, »The Common Field of Research and Clinical Psychiatry«, ist paradigmatisch für die mehrdimensionale Orientierung Sullivans und für seine kritische Originalität, die leider immernoch sehr aktuell ist – obwohl dieser schon 1927 veröffentlicht wurde! Wie uns Perry in ihrer Einführung zu diesem Beitrag (1962, S. 137ff) erklärt, wurde er von einem Forschungsprojekt Sullivans angeregt, das ein zu jener Zeit weit verbreitetes Konzept widerlegen sollte, demzufolge der schizophrene Patient unter einer affektiven Störung litt, das heißt einem Zustand der so genannten »Apathie« als grundlegende Störung – was im Übrigen auch Freud postulierte. Um seinen Standpunkt zu belegen, hatte Sullivan sich eine Filmkamera und ein Aufnahmegerät besorgt – diese Vorgehensweise ähnelt dem Einsatz dieser Technologie, der die Entwicklung der Familientherapie begleitete – und konnte in der Schrift »Affective Experience in Early Schizophrenia« (Nr. 15) von 1928 zu folgendem Schluss gelangen:

> »Sowohl die einfache Beobachtung als auch die genaue Untersuchung des Gesichtsausdrucks weisen darauf hin, dass es sich bei der angeblichen Gleichgültigkeit, Apathie und affektiven Disharmonie des schizophrenen Patienten mehr um einen Eindruck als um eine korrekte Einschätzung der inneren Erfahrungen des Patienten handelt.« (Perry 1962, S. 138; Sullivan 1928; Nr. 15, S. 153)

Insbesondere in dieser Arbeit ist es ihm gelungen, die klinische Arbeit mit der Forschungstätigkeit zu verbinden (zwei Gebiete, die noch heute zu selten zusammenkommen) und er konnte zeigen, wie die Forschung der guten Therapie zur Hilfe kommen kann.

Das vierte Kapitel von *Schizophrenia as a Human Process* (Nr. 12 von Crowleys Bibliografie) beschäftigt sich mit dem Handwerkszeug, das sich der klinische Psychiater aneignen muss, um in diesem Sinne arbeiten zu können – und trägt den Titel »The common field of research and clinical psychiatry«. Ausgehend vom Problem, wie der Psychiater sein Bestes geben und mit seiner Arbeit zufrieden sein kann, was wir dem deontologischen Feld zuordnen können, stößt Sullivan hier in alle Dimensionen vor, die unsere Arbeit berühren, also die epistemologische, methodologische, klinische und theoretische Dimension, um sie auf eine kontextuelle, originelle und kreative Art neu zu bewerten. Dies ist sicher die Schrift, in der seine Kritik an der Psychoanalyse, vom epistemologischen Standpunkt aus betrachtet, am hellsichtigsten und schärfsten ist:

> »Viele andere Konzeptionen, unter ihnen die von Freud und anderer Psychoanalytiker«, schreibt Sullivan, »können nicht unabhängig von ihrem Nutzen für die therapeutische Arbeit derjenigen als wissenschaftliche Hypothesen angesehen werden, die sie aufgestellt haben, und der Analytiker im Allgemeinen. Wir können sagen, dass der Nutzen einer Konzeption von seiner Funktion als Basis für eine korrekte Voraussage der Ereignisse und den Aufbau grundlegender Experimente abhängt. Die Möglichkeit, auf Ereignisse schon verfügbare Beobachtungen anzuwenden, ist kein Kriterium für Wissenschaftlichkeit, wenn die Hypothese nicht *überprüft* werden kann. Dass der therapeutische ›Test‹ keinen gültigen Test darstellt« – schließt Sullivan, womit er um viele Jahre den Standpunkt Adolf Grünbaums vorwegnimmt – »bezeigen die Chiropraktik und die Bewegung der *Christian Science*.« (1962, S. 141)

Nicht weniger kritisch und ebenso aktuell ist Sullivans Haltung gegenüber seinen Psychiaterkollegen:

> »Noch unglücklicher ist jedoch die Situation vieler Psychiater. Einige sind ›Seelenärzte‹, bedauernswert fern von jeglicher biologischer Einstellung; andere widmen all ihre Energie der Bekämpfung von ›Fokalinfektionen‹, ›Kortexdegenerationen‹, ›endokrinen Störungen‹, etc. Vielleicht ist es die Betrachtung dieser extremen Positionen, und zusätzlich ihr konventioneller Aberglaube, die einige Ärzte dazu bringt, zu sagen, dass ›der Psychiater ein gescheiterter Inter-

nist ist‹, anstatt, dass ihnen klar würde, dass ein guter Internist auch ein guter Psychiater ist.« (*ibidem*, S. 142)

Und so kommt es, folgert Sullivan, dass »es ist nicht erstaunlich ist, dass die Kunst der Psychiatrie mit vielen Unsicherheiten fortschreitet und eine gesunde Entwicklung ihrer wissenschaftlichen Grundlagen ein recht seltenes Phänomen ist« (*ibidem*, S. 143).[10]

Wie kann man hier Abhilfe schaffen? Als methodologische Hilfe schlägt Sullivan die Beobachtung des Patienten vor: »Beobachtung: Das ist die sicherste Garantie, über welche die psychiatrische Forschung verfügt« (*ibidem*, S. 145), das heißt: »(…) das gemeinsame Feld der klinischen Psychiatrie und der Forschung ist die Beobachtung der Patienten« (*ibidem*, S. 146), und zwar dort , wie Sullivan anfügt, »wo die wissenschaftliche Forschung sich oft als sehr effizientes therapeutisches Mittel erweist« (*ibidem*, S. 147). Zur Erklärung, was »Beobachtung der psychiatrischen Patienten« bedeutet, geht Sullivan vom epistemologischen zum methodologischen Gesichtspunkt über, das heißt, er gelangt zu einer seiner ersten Formulierungen des Konzepts der »teilhabenden Beobachtung«. Sullivan sieht die Verlässlichkeit des Beobachters in Abhängigkeit von seinem eigenen Selbstgefühl (*ibidem*, S. 148). Da sich aber das Konzept der teilnehmenden Beobachtung noch in der Entstehungsphase befindet, geht Sullivan zur klinischen Dimension über und stellt einen Abschnitt aus einem Gespräch mit einem hebephrenen Patienten vor, von dem ausgehend er folgende These aufstellen kann: Das ideale Gespräch ist nicht dieses, bei dem seine Vorurteile und seine geringe Selbstachtung den Arzt dazu bringen, dem Patienten so genannte Leitfragen zu stellen, sondern jenes, bei dem sich der Arzt sich auf »Orientierungsfragen« beschränkt (*ibidem*, S. 151).

Seiner Erfahrung nach »ist es auch mit den unzugänglichsten Schizophrenen oft möglich, auf 2000 oder 3000 Wörter in einem einstündigen Gespräch zu kommen, ohne dem Patienten jemals etwas anzubieten, was einer ›Erklärung‹ oder ›Interpretation‹ ähnelt« (*ibidem*). Mit anderen Worten gesagt, handelt es sich hier um die Notwendigkeit, »der klinischen Arbeit die Ausübung der wissenschaftlichen Kritik hinzuzufügen«, das heißt, »die konstante Aufmerksamkeit auf das, was man vom und über den Patienten erfahren kann, wobei stets eine übereilte Interpretation oder Erklärung zu vermeiden ist«. Es geht also um eine Haltung, welche »die Schwierigkeiten der Psychotherapie vergrößert. Aber sie vergrößert auch die Chancen eines Erfolgs« (*ibidem*, S. 152).

Dem Leser dürfte klar sein, dass sich Sullivan damit auch dem problematischen Gebiet der Gegenübertragung annähert, welche erst ab den 50er Jahren nach und nach in die Psychoanalyse aufgenommen wurde. Wir können dem schizophrenen Patienten umso besser gegenübertreten, je mehr wir seine grundlegenden Probleme verstehen, sonst würden wir von der Angst geleitet, die uns dazu bringt, diesen mit unseren Vorurteilen zu überschütten. So werden wir mit folgender Feststellung konfrontiert, deren wissenschaftlichen Wert inzwischen niemand mehr anzweifelt: »Wir glauben, dass schizophrene Störungen nur jene Individuen betreffen, die nie, außer nur für kurze Zeit, eine völlig befriedigende Anpassung einem Sexualobjekt gegenüber erreicht haben« (*ibidem*, S. 152f). Dies ist eines der Ergebnisse seiner Methode, klinische Arbeit und Forschung miteinander zu verbinden. Welche Schlüsse zieht Sullivan nun in dieser Schrift?

> »Ich kann nur mit einer Empfehlung schließen: Von den traditionellen Ideen, den Spekulationen und Theorien, die im Bereich der anormalen Psychologie und der Psychiatrie wuchern, sollte man nur sehr wenig ohne Vorbehalte akzeptieren und stattdessen, wann immer es möglich ist, exakte und umfassende Daten suchen – Daten einschließlich ihrer Geschichte und ihres Kontextes also, sodass sie, innerhalb der Grenzen der menschlichen Möglichkeiten, als Tatsachen angesehen werden können.« (*ibidem*, S. 156)

Wie wir sehen werden, war genau dies der Bezugsrahmen nicht nur für Sullivans interpersonale Theorie, sondern auch für die Zeitschrift *Psychiatry*, die mit dem Ziel gegründet wurde, eine neue Psychiatrie zu schaffen.

Auf der bisherigen epistemologischen und methodologischen Basis wenden wir uns der nächsten Arbeit zu, »Tentative Criteria of Malignancy in Schizophrenia« (Nr. 16 in Crowleys Bibliografie), in deren Mittelpunkt das Problem der Prognose steht, das Sullivan anhand der interpersonalen Anschauung angeht, die damals in ihrer Anfangsphase war:

> »Die psychiatrische Prognose kann am besten als eine spezialisierte Technik der Sozialpsychologie betrachtet werden. Das Problem ist, eine Voraussage über die zukünftige Anpassungsfähigkeit eines Individuums an eine mehr oder weniger klar definierte Umgebung zu treffen, die aber vor allem aus Personen besteht. Um zu einer prognostischen Entscheidung zu kommen, werden Fakten gesammelt über: (a) die Persönlichkeit des Patienten, (b) den Krankheitsprozess, den er erleidet und die Auswirkungen desselben auf seine Persönlichkeit, und schließlich (c) die signifikanten Faktoren des kulturellen Umfeldes, in das der Patient vielleicht bald wieder eingefügt wird.« (*ibidem*, S. 158)

Diese äußerst originelle und innovative Formulierung wird ein paar Zeilen weiter von folgender Erklärung ergänzt:

»Wir beginnen erst jetzt, uns von vielen falschen Ideen zu befreien, die mit dem Konzept der ›Dementia praecox‹ verbunden sind, und die Mehrheit neigt noch immer dazu, die Diagnose zu ändern, wenn der Patient geheilt wird. Dieses Erbe Kraepelins – die vom Ergebnis abhängige Diagnose – hat ein großes Hindernis dargestellt, denn es hat nicht die aufmerksame induktive Beobachtung angeregt, sondern die nachträgliche Verfälschung der Daten.« (*ibidem*, S. 158f)

Mit anderen Worten, Sullivan beginnt hier, den interpersonalen Rahmen, der sich noch in der Entwicklung befindet, und die interdisziplinäre Ausrichtung, die durch den Kontakt mit der Chicagoer Schule in ihm reifte, anzuwenden und dadurch eine völlig neue Dimension in die Psychiatrie einzuführen – die gleiche neue Dimension, in der sich auch heute noch die ernsthaftere Forschung bewegt. Nachdem er Kraepelins und auch Bleulers Standpunkt kritisiert hat und ein neues Konzept von *social experience* einbezieht, gelangt er zu folgendem, revolutionären Konzept von Schizophrenie:

»Schizophrenie wird bei uns vorläufig als eine Entwicklung des Lebensprozesses betrachtet, bei dem einige Motivationen besondere Bedeutung erhalten, zum Schaden der Anpassungsbemühungen des besagten Individuums. Diese Störung der Anpassungsbemühungen greift in die Sphäre der sozialen Erfahrungen ein. Mit dem Ausdruck ›soziale Erfahrungen‹ meinen wir alles, was in Kontakt – sei er angepasst oder fehl angepasst – mit mindestens einer anderen Person gelebt wird.« (*ibidem*, S. 160f)

Auf dieser neuen Basis wird auch die kindliche Entwicklung in seinen Diskurs aufgenommen und in der nächsten Schrift mit großer Klarsicht abgehandelt; prinzipiell untersucht Sullivan Kindheit und Jugend und kommt zu der allgemeinen Feststellung: »In den die Persönlichkeit formenden Phasen der Präadoleszenz und Adoleszenz haben alle schizophrenen Prozesse ihren Ursprung« (*ibidem*, S. 165). Die Prognose, bezogen auf das Alter zum Zeitpunkt der Ersterkrankung, schätzt er wie folgt ein:

»In der Altersgruppe von 17 bis 35 Jahren ist die Prognose um so besser je jünger der Patient ist; in der darunter liegenden Altersgruppe ist die Prognose um so schlechter je jünger der Patient ist, denn es ist unwahrscheinlicher, dass seine Ideale und die Einschätzungen der anderen Personen solcherart sind, dass man mit ihm eine gute therapeutische Beziehung aufbauen könnte.« (*ibidem*, S. 167)

»Research in Schizophrenia« (Nr. 22) von 1929 ist zweifellos eine der interessantesten Schriften in der von Perry herausgegebenen Anthologie. Sie stammt aus einer Zeit, in der der Dialog mit den Sozialwissenschaften so weit fortgeschritten ist, dass Sullivan explizit der Überzeugung Ausdruck verleihen kann, dass es einer Theorie bedarf, die der Entwicklung des Individuums unter interpersonalen Gesichtspunkten Rechnung trägt. Die von ihm in den 20er Jahren durchgeführte Forschung über Schizophrenie stellt den Ausgangspunkt für seine interpersonale Theorie dar. Dies war auch einer der zentralen Punkte, auf denen ich mein Vorwort zur italienischen Ausgabe von *Schizophrenia as a Human Process* aufgebaut habe; dort habe ich außerdem festgestellt, dass diese Schriften »nicht nur den Ursprung und die erste Ausarbeitung des gesamten späteren Werkes darstellen, sondern meiner Ansicht nach auch den treuesten Spiegel der vielfältigen Bedeutungen, die seine Ideen beinhalten. Dieses ist demnach das erste Buch Sullivans, das jedermann lesen sollte« (1993b, S. VIII). Nun, um zu diesem Text aus dem Jahr 1929 zurückzukommen: nachdem Sullivan alle die Schizophrenie betreffenden Formulierungen als »irreführend« (Sullivan 1962, S. 186) bezeichnet, die unvermeidliche Beziehung zwischen Schizophrenie und individueller Entwicklung darlegt und ein Schema der »menschlichen Dynamik« präsentiert hat, das wir im Abschnitt über *Personal Psychopathology* erläutert haben, stellt er fest:

> »Die Forschung im Bereich der Schizophrenie muss sich in zwei Richtungen bewegen. Die erste ist die, in der das Interesse für den oben gezeichneten Verlauf der Entwicklung dominiert. Die Daten, die der Wissenschaftler bei seiner Anstrengung, die wichtigen diesbezüglichen Faktoren zu organisieren und zu klassifizieren, braucht, sind jene, die aus den Instituten, welche die Kindheit untersuchen, den Ambulanzen der *child guidance* und soziologischen Forschungen, wie der zur Zeit in New York unter Führung von Trasher durchgeführten, stammen. Die zweite Richtung ist jene, die die minuziöse Untersuchung der einerseits bei den Adoleszenten und andererseits bei den schizophrenen Patienten zu beobachtenden existenziellen Prozesse, Indizien und Negativfälle zu Verfügung stellen kann, die der Ansammlung von Wissen über die menschliche Natur dienen und gleichzeitig die Mängel der mithilfe anderer Methoden gesammelten Daten aufzeigen … Es ist nicht nur notwendig, dass an jedem Punkt der beiden Universen, dem der Adoleszenz und dem der Schizophrenie, mindestens zwei verschiedene Methoden angewandt werden: Das Studium der Persönlichkeit (das heißt die Rekonstruktion individueller Existenzen) und objektivere Untersuchungen; darüber hinaus muss man sich auch die enorme Bedeutung einiger Faktoren vor Augen halten, die normalerweise von den Wissenschaftlern vernachlässigt werden. In der psychiatrischen Tradition hat sich eine große Menge an falschen Glaubenssätzen

angesammelt. Die Wissenschaftler waren sich der Existenz eines generellen Faktors nicht ausreichend bewusst: der interpersonalen Interaktion. Sie haben ihre Beobachtungen aufgezeichnet und ihre Ideen organisiert, während sie sich in einem merkwürdigen hypothetischen und distanzierten Reich bewegten, als wäre ihr Kontakt zum Patienten für diesen bedeutungslos.« (*ibidem*, S. 197f)

Das ist aber nicht alles: Sullivan hebt hervor, dass er in der Vorgeschichte eines jeden Falles von Schizophrenie, den er untersucht hat, »einen Punkt, an dem etwas passiert ist, was wir als subjektive Katastrophe für die Selbstachtung bezeichnen könnten ... und der von einem Zustand, den wir mit dem Ausdruck ›Panik‹ belegen, begleitet wurde« (*ibidem*, S. 198) gefunden hat und fordert:

> »Um eine Lösung für das Problem der Schizophrenie zu finden und gleichzeitig viele unserer sozialen Schwierigkeiten zu beleuchten, ist es absolut notwendig, dass wir zwei Dinge verstehen: (a) Natur und Entwicklung der Selbstachtung und (b) die Arten oder Wechselbeziehungen von Ereignissen, die in eine Desintegration des Sicherheitsgefühls münden können. Die gesamte ›Psychologie‹ der Panik wäre noch zu schreiben.« (*ibidem*, S. 199)

Von hier aus braucht es natürlich nur einen kleinen Schritt, um zu verstehen, warum das Konzept vom *self-system* im Zentrum seiner gesamten interpersonalen Theorie steht. Allerdings bestätigt auch die folgende Absichtserklärung am Ende dieser Schrift, dass seine Arbeit sich inzwischen in diese Richtung bewegt: »Unsere Perspektiven müssen ein extensives und intensives Studium des Gebiets der interpersonalen Beziehungen einbeziehen« (*ibidem*, S. 201). Wie wir gesehen haben, verfolgte er genau dieses Ziel auch bei der Niederschrift von *Personal Psychopathology*.

Der nächste Beitrag, den Perry in ihre Anthologie aufgenommen hat, den Pinkus und ich aber in der zitierten Publikation von 1989 beiseite ließen, trägt den Titel »Archaic Sexual Culture and Schizophrenia« (Nr. 26) und geht auf einen Vortrag zurück, den Sullivan 1926 auf dem dritten Kongress der World League for Sexual Reform in London gehalten hatte. Er dreht sich um seine These von der Existenz einer »›normalen‹ homosexuellen Phase« zumindest bei Jungen und um die Notwendigkeit einer Liberalisierung der Sexualität, um das Auftreten von Geisteskrankheiten zu vermindern. Sullivan formuliert hier Freuds Standpunkt neu:

> »Ohne in das unendliche Feld der Psychopathologie der anomalen sexuellen Anpassungen vorzudringen und ohne der vereinfachenden Formel, derzufolge

›die Perversion das Gegenteil der Neurose ist‹ zuzustimmen – eine Formel, die auf Professor Freud zurückgeht – beschränkt sich der Schreibende darauf zu beobachten, dass jede sexuelle Anpassung, die einen hohen Grad an Befriedigung erreicht (und damit nur einen geringen Teil Unzufriedenheit, Konflikte, Reue oder Schuldgefühle), das Individuum vor der Möglichkeit schwerer geistiger Störungen zu bewahren scheint.« (*ibidem*, S. 212)

Dieser Beitrag beruht nicht nur auf der therapeutischen Erfahrung Sullivans, sondern auch, wie wir gesehen haben, auf seinen eigenen Erlebnissen, und man sollte Sullivans großes Interesse für die Beziehung zwischen Psychopathologie, Kultur und Gesellschaft sowie sein Engagement, das wir noch eingehender behandeln werden, in Richtung einer präventiven Psychiatrie hervorheben. Hierauf beruht dann auch seine Schlussbemerkung:

»Es gibt heute nur sehr wenige Jugendliche, die wissen, dass es in der Entwicklung jeder menschlichen Persönlichkeit eine homosexuelle Phase gibt. Es gibt noch weniger Jugendliche, die in der Lage sind zu verstehen, dass die offen homosexuellen Aktivitäten, denen sie sich in der Entwicklungsphase, in der diese Dinge wahrscheinlich geschehen, hingeben, Erfahrungen sind, die der Entstehung ihrer Persönlichkeit dienen und keine Sünden oder Verbrechen. Wenn es wahr ist, dass die Abschaffung der Desinformation und der Kampf gegen die unglaubliche Dummheit gewisser Theorien über die Masturbation – die selbst in der ärztlichen Gemeinschaft noch lebendig sind – einen großen Schritt nach vorn hin zur geistigen Gesundheit darstellen, können wir mit der gleichen Hoffnung auf eine beachtliche Verminderung der schrecklichen Jugendpsychosen schauen, und zwar durch die Verbreitung gesunder Ideen über die Vielfältigkeit sexueller Erscheinungen, über die Entwicklung der sexuellen Impulse und die wahren Ursprünge der Abweichungen im sexuellen Leben des Menschen.« (*ibidem*, S. 215)

Einen wichtigen Schlüssel zum Verständnis, wie Sullivan sein Engagement nicht nur im sozialen Bereich auffasste und der sozialwissenschaftlichen Gemeinde gegenübertrat, bietet uns der nächste Beitrag: »Schizophrenic Individuals as a Source of Data for Comparative Investigation of Personality«. Dies ist der eloquente Titel, unter dem Perry diesen Vortrag Sullivans, den er im Rahmen des zweiten der beiden Colloquia on Personality Investigation gehalten hatte, in die Anthologie aufnahm. Wir werden uns im nächsten Kapitel noch näher mit diesem befassen; an dieser Stelle möchte ich sofort zu den einführenden Worten übergehen, aus denen der mehrdimensionale Charakter von Sullivans Arbeit und seine originäre Sichtweise hervorgehen:

»Wenn wir einmal von der vielleicht bedeutendsten meiner Aktivitäten absehen – der Teilnahme an Versammlungen mit Sozialwissenschaftlern – nehmen meine Versuche, Daten über die Persönlichkeit zu sammeln, meist die Form des Zusammenlebens mit schizophrenen Menschen an. Vom Präsidium wurde uns gesagt, dass bei dieser Konferenz eine allgemeine Vertrautheit mit der Arbeit aller vorausgesetzt wird. Da jedoch nicht einmal unter meinen Psychiaterkollegen großes Einvernehmen darüber herrscht, welche Bedeutung man dem Begriff ›Schizophrenie‹ geben soll«, fügte Sullivan nicht ohne Ironie hinzu, »könnte es im Interesse der Konferenz sein, dass ich es mit ein paar Worten erkläre.« (*ibidem*, S. 218)

Und so kommt es, dass Sullivan bei diesem Vortrag vor einem exklusiven Kreis von Leuten, mit denen er offensichtlich meinte, mehr Gemeinsamkeiten als mit seinen Psychiaterkollegen zu haben, von seinen Patienten auf eine – äußerst humane – Art spricht, die wir in seinen wissenschaftlichen Publikationen nicht finden; am Schluss kehrt er allerdings zu einer wissenschaftlichen Anschauung zurück, auch wenn sie sich Begriffen bedient, die nicht der Psychiatrie entstammen. So zum Beispiel folgender Passus:

»Vor einigen Jahren beeindruckten mich einige Schizophrene, die mir besonders interessant erschienen, da sie, unter anderem, einige meiner wertvollsten persönlichen Eigenschaften in wirklich eindrucksvoller Weise besaßen. Ich spreche hier natürlich von meinem eigenen Urteil über diese Eigenschaften. Daher begann ich, mich sehr aufmerksam um sie zu kümmern und bekam so viel zurück und eine solche Stärkung meiner Selbstachtung und meines Wohlgefühls, dass ich nicht mehr aufgehört habe, dies zu tun und diese Aktivität fast nur mit meiner wissenschaftlichen Aktivität abwechselte. Ich finde, dass viele dieser Individuen in Wirklichkeit sehr human sind«, fährt Sullivan in etwas wissenschaftlicherem Ton fort, »besonders, wenn sie nicht über zu lange Zeit eine ›gute‹ psychiatrische Kur über sich ergehen lassen mussten. Ich habe immer den Eindruck gehabt, dass man in diesen Schizophrenen die Erscheinungen gewisser Prozesse mit fast laborhafter Klarheit sehen kann, die bei den Glücklicheren unter uns in einer solchen Komplexität miteinander verbunden sind, dass es fast unmöglich ist, sie zu erfassen und etwas zu unterziehen, was auch nur entfernt an eine wissenschaftliche Kritik erinnert.« (*ibidem*, S. 220)

Anhand dieser Worte verstehen wir auch, warum sich Perry, als sie nach einem Titel suchte, für *Schizophrenia as a human process* entschied; aus ihnen geht aber auch die Gefühlslage Sullivans hervor, als er sich über die Vorgehensweise äußerte, durch die »eine ungewöhnlich hohe Zahl von

Heilungen« zu erreichen war, und zwar indem man anfängt, diese Patienten als Personen zu betrachten (*ibidem*, S. 222). Danach legt er ausführlich dar, auf welche Weise seiner Meinung nach seine klinische Arbeit mit schizophrenen Patienten das Wissen der Sozialwissenschaften – und umgekehrt – bereichern kann.[11] Auch hier setzte er auf unkonventionelle Art an: »Es bleibt die Tatsache bestehen, dass diese Patienten weiterhin sehr sensible Menschen sind. Was diese Feststellung angeht, müssen Sie meinen Worten vertrauen, denn auch in den bekanntesten Büchern findet sich davon keine Spur« (*ibidem*, S. 223). Von hier aus ist es nur ein kleiner Schritt bis zu folgender Feststellung, mit der er, wie die folgende Diskussion zeigt, die Sozialwissenschaftler überzeugen konnte: »Diese Patienten scheinen in der Lage zu sein, auf soziale Techniken zu reagieren … bis sie wieder Mitglied einer menschlichen Gruppe sind« (*ibidem*, S. 224).

Die darauf folgende Diskussion (die in die Anthologie *Schizophrenia as a Human Process* aufgenommen wurde), die auf einem hohen Niveau interdisziplinären Austausches geführt wurde, dreht sich um die »kleine Gruppe« als psychosoziale Einheit mit therapeutischem Potential, so wie sie Sullivan erprobt hatte, und um ihre Struktur, die Sapir und Thomas erforscht hatten (bei den nordamerikanischen Indianern und in den Slums von Chicago). Mit anderen Worten: »Ihr, die ihr kleine Gruppen erforscht«, fragte Sullivan seine Kollegen die Sozialwissenschaftler, »was sagt Euch meine wiederholt gemachte Beobachtung, dass je stärker der Zusammenhalt in der Gruppe ist, desto besser die Prognose für den Patienten ausfällt?« Dem Leser bleibt nun nichts anderes mehr zu tun, als *Schizophrenia as a Human Process* zur Hand zu nehmen.[12]

Verdienst der nächsten Schrift – »The Relation of Onset to Outcome in Schizophrenia « (Nr. 30) – ist es, die wichtigsten Zahlen der von Sullivan vom Herbst 1923 bis Sommer 1930 an der Sheppard Klinik durchgeführten Arbeit zu präsentieren. Reuben Fine spricht von Zahlen, die »heute noch bemerkenswert sind, und in den 20er Jahren sicher außergewöhnlich waren« (1979, S. 101). Bevor Sullivan diese Zahlen aufführt, erklärt er, dass man Schizophrenie nicht als unvermeidlich chronisch auffassen sollte und dass man von ihr, seiner Erfahrung nach, auch geheilt werden kann. Nun liegen die Dinge wie folgt: Nachdem er angibt, an der Sheppard Klinik circa 250 schizophrene Patienten sehr eingehend untersucht zu haben, wobei er auf die in »Peculiarity of Thought in Schizophrenia« beschriebene Methode zurückgreift, konzentriert er seine Aufmerksamkeit auf eine Auswahl von 100 Patienten von den ersten 155, die aufgenommen wurden; 55 werden aus verschiedenen Gründen – ungenügenden Informationen, schwierigen Beziehungen und diagnostischen Zweifeln – ausgeschlossen. Über die 100 ausgewählten

Patienten liegen folgende Daten vor: bei 22 von ihnen war der Beginn der Krankheit heimtückisch und langsam, während er bei den verbleibenden 78 akut war; was hingegen die Heilung anbelangt, so betraf diese 32% oder sieben Patienten in der ersten Gruppe und 61 % oder 48 Patienten in der zweiten Gruppe. Nun berichtet Sullivan vom Schicksal der Patienten, bei denen keine Besserung eintrat und zieht folgenden Schluss daraus:

> »Man vermutet, dass die Wahrscheinlichkeit einer ›Heilung oder Remission der Dementia praecox‹ bei den jüngeren Patienten etwa eins zu vier, eins zu fünf steht. Dem kann man hinzufügen, dass die Patienten mit einem akuten Ausbruch eine doppelt so hohe Heilungschance haben als die, bei denen die Abspaltung von der Realität schleppend erfolgt ist.« (*ibidem*, S. 241)

Danach treffen wir auf zwei Arbeiten – »Environmental Factors in Etiology and Course under Treatment of Schizophrenia« (Nr. 31) und »Sociopsychiatric Research: its Implications for the Schizophrenia Problem and for Mental Hygiene« (Nr. 32) – die Perry empfiehlt, als Einheit zu betrachten, da Sullivan

> »in beiden, in der zweiten allerdings sehr nachdrücklich und mit seinem typischen sarkastischen Humor, die im Wesentlichen sozialpsychologische oder interpersonale Natur sowohl der Schizophrenie als auch ihrer Therapie darlegt. In beiden Arbeiten schlägt Sullivan die Einrichtung von Rekonvaleszenz-Instituten vor, in denen der Patient die Übergangszeit zwischen dem Krankenhaus und der Gemeinschaft verbringen kann und die von Anfang an als zukünftige Alternative zur psychiatrischen Klinik konzipiert werden sollten, insbesondere was die Behandlung der jüngeren Patienten anbelangt.« (Perry 1962, S. 245)

Nachdem Sullivan nun die Entstehung der Schizophrenie in Verbindung mit dem Scheitern gewisser Entwicklungsschritte bringt, wie dem Erwerb eines ausreichenden Niveaus der Selbstachtung und der Erreichung eines hohen Niveaus an sexueller Integration, weiters die wichtige Beziehung zwischen Ausgang der Krankheit und psychologischer Behandlung betont, kommt er auf die Aufgaben und Charakteristiken des behandelnden Teams zu sprechen. Er stellt nun fest, dass »Teamarbeit für alle, die mit akut schizophrenen Patienten arbeiten, wesentlich ist« (*ibidem*, S. 253) und geht dann auch ein wesentliches Problem an, das noch heute in der Mehrzahl unserer Einrichtungen weit von einer adäquaten Lösung entfernt ist, und zwar die Auswahl des Personals. Sullivan schreibt darüber: »Als erstes muss die Persönlichkeit all jener, mit denen der akut schizophrene Patient in Kontakt tritt, erwogen werden, wenn man versucht mit einer Therapie positive Resultate zu erlangen: Zu dieser Überzeugung bin ich gekommen« (*ibidem*). Mit anderen Worten:

> »Die *conditio sine qua non* für den Erfolg der stationären Abteilung eines psychiatrischen Krankenhauses ist folglich nicht nur die von der Bedeutung persönlicher Faktoren für den Verlauf dieser Krankheit inspirierte Teamarbeit, sondern auch eine sorgfältige Auswahl des qualifizierten Personals, wobei ungeeignete Personen ausgeschlossen werden müssen, auch wenn ihre Intentionen noch so gut sind.« (*ibidem*)

Es ist also kein Zufall, wenn Sullivan in der nächsten Schrift »Socio-Psychiatric Research« seine Persönlichkeitskriterien für die Auswahl des Personals darlegt, im Sinne einer Umsetzung der therapeutischen Philosophie des *similia similibus curantur*, und darüber hinaus von der Organisation der speziellen stationären Abteilung berichtet, die er in der Sheppard Klinik eingerichtet hatte, einer Abteilung, in der das interpersonale Klima so war, dass die Patienten einer positiven Neuorganisation ihrer Persönlichkeit entgegengehen konnten.

In den beiden vorangegangenen Schriften kann der Leser die allmähliche Artikulation seiner Ideen über die Schizophrenie erkennen, welche die von Perry 1962 zu einer Anthologie zusammengestellten Schriften auszeichnet. In der auf diese folgenden Schrift »The Modified Psychoanalytic Treatment of Schizophrenia« (Nr. 34) – die er im Juni 1931 beim jährlichen Treffen der *American Psychiatric Association* präsentierte – stellt er dann die definitive Synthese des von ihm in einem Jahrzehnt zurückgelegten Weg vor. Er gelangt hier zu folgendem Schluss: »Die einzigen therapeutischen Mittel, die Resultate erzielt haben, welche einen gewissen Optimismus hinsichtlich der Behandlung von Schizophrenie rechtfertigen, sind *psychoanalytische* Verfahren und das *sozialpsychiatrische* Programm, das der Autor aus diesen Verfahren entwickelt hat« (*ibidem*, S. 283). Besonders interessant an dieser Schrift ist die kritische Neubewertung der Freud'schen Doktrin und ihre Neufassung, die Sullivan von seiner Arbeit ausgehend vornimmt. Mit anderen Worten, einerseits entfernt sich Sullivan von Freud und andererseits beweist er, dass er dessen Lektion so gut aufgenommen hat, dass er in der Lage ist, eine fruchtbare Neuformulierung vorzustellen – und damit stehen wir dem schon im vorigen Kapitel aufgezeigten Paradox gegenüber sowie der Möglichkeit, dass seine Position von 1931 heute Teil des psychoanalytischen Mainstreams werden kann.

Mit seiner besonderen epistemologischen Sensibilität kritisiert Sullivan sowohl den Scholastizismus der von Schilder angewandten Unterscheidung zwischen Schizophrenie und Pseudo-Schizophrenie (*ibidem*, S. 274), als auch den extremen Individualismus der psychoanalytischen Formulierungen, die zu sehr von den persönlichen Auffassungen Freuds abhingen (*ibidem*, S. 276). Dann schlägt er vor: »Die psychoanalytischen Termina, die von jetzt an gebraucht werden, sollen nur solche sein, die nach Meinung des Autors die Zustimmung kompetenter Beobachter erlangen« (*ibidem*). Seine Neuinterpretation der analytischen Technik stimmt zweifellos mit der heutigen Auffassung von Psychoanalyse überein:

> »Beobachtung lehrt uns, dass die psychoanalytische Therapie aus zwei grundlegenden Prozessen besteht, deren Kombination zu einem Wachsen und einer besseren Integration der Persönlichkeit führt. Es sind: erstens, dem Individuum eine zurückblickende Prüfung der erfahrungsbedingten Grundlagen zu erlauben, die sich im Konflikt mit der einfachen Anpassung der Person an andere Personen befinden, mit dem Resultat des Wachsens in Richtung eines erwachseneren Charakters; zweitens, ihm eine Erfahrung zu bieten, die die Neuorganisation der noch nicht entwickelten oder abweichenden Tendenzen erleichtert, mit dem Resultat einer besseren und nützlicheren Anpassung. Damit dieser Prozess erfolgreich abgeschlossen wird, muss sich zwischen Arzt und Patient jene Situation einstellen, die Freud ›Übertragung‹ genannt hat.« (*ibidem*, S. 283)

Nachdem er nun seine Philospophie und die von ihm an der Sheppard Klinik erprobte Behandlungsmethode vorgestellt hat, also die von ihm durchgeführte Synthese aus psychoanalytischem und sozialpsychiatrischem Ansatz, kehrt Sullivan zum Problem der Auswahl des Personals zurück, mit besonderem Blick auf die Ärzte – die vor allem gleichen Geschlechts wie die Patienten sein müssen.[13] Am Ende dieses Beitrages, der zum Klassiker geworden ist, stellt Sullivan fest:

> »Abschließend möchte ich wiederholen, dass zumindest bei ziemlich jungen männlichen Schizophrenen, deren Ablösung von konventionellen Verhaltensweisen und Ideen plötzlich erfolgt ist und die eine adäquate Behandlung im Krankenhaus erfahren, bevor sie zu einer hebephrenischen Verschlechterung oder anhaltenden paranoiden Fehlanpassungen fortschreiten, die Perspektiven für eine Heilung und eine Verbesserung der Persönlichkeit als gut zu betrachten sind, wenn sie eine direkte Therapie erhalten, die vor allem auf ihre Sozialisation und dann auf eine grundlegende Neuorganisation ihrer Persönlichkeit ausgerichtet ist.« (*ibidem*, S. 290)

An diesem Punkt unserer Abhandlung soll noch kurz auf die letzten drei Beiträge in *Schizophrenia as a Human Process* hingewiesen werden. Mit dem Beitrag »Psychiatric Training as a Prerequisite to Psychoanalytic Practice« werden wir uns im zweiten Abschnitt des nächsten Kapitels befassen, im Rahmen von Sullivans Beitrag zur Thematisierung des Problems der psychiatrischen Ausbildung. In »Mental Disorders« (Nr. 36) hingegen, einem Artikel, der 1933 als Eintragung in der *Encyclopedia of the Social Sciences* erschien, findet der Leser die Darstellung des von ihm durch die Psychiatrie seiner Zeit zurückgelegten Weges – mit ausdrücklichen Hinweisen auf die europäische und die amerikanische Schule – bis hin zur Ausarbeitung seines eigenen interpersonalen Ansatzes, den er auch »sozio-psychiatrisch« nennt.

»Cultural Stress and Adolescent Crisis«, das 14. und letzte Kapitel des Buches schließlich, ist eigentlich ein von Perry selbst angefertigter Beitrag, das heißt ein Teil des siebenten Kapitels von *Personal Psychopathology*, das der männlichen Adoleszenz gewidmet ist. Es handelt sich hierbei um einen besonders interessanten Beitrag, nicht nur wegen des klinischen Materials, das er enthält, sondern auch aufgrund der Aktualität der Problematik, die er behandelt. Es ist die des Adoleszenten, der, unfähig, die für sein Alter typischen Entwicklungsaufgaben anzugehen, langsam in Richtung eines Zustandes der immer stärkeren geistigen Beschwerden rutscht, ohne dass die Angehörigen oder Institutionen verstehen, was ihm passiert und ohne, dass sie ihm helfen können. Es geht also – wie wir im dritten Kapitel gesehen haben – um die Situation, in die Sullivan selbst an der Cornell University geraten war, die er später glücklicherweise verarbeiten konnte und die folglich den Ausgangspunkt für seine in *Schizophrenia as a Human Process* dokumentierte Pionierarbeit darstellte – und auch der Grund für seine unveränderte Aktualität ist.[14]

5.3 Sullivans Schriften über die Natur und die Psychotherapie der Schizophrenie der 40er Jahre

Wie wir nun wissen, beruht die interpersonale Theorie der Psychiatrie auf den Arbeiten Sullivans der 20er Jahre, in denen er sich mit der Schizophrenie befasst. Ein wirkliches Verständnis dieser Theorie ist also nur möglich, wenn man sie in Zusammenhang mit *Schizophrenia as a Human Process* auffasst. Im Umfeld der Ausarbeitung, die die interpersonale Theorie in den darauf folgenden Jahren erfuhr, konnte die dynamische Auffassung von »Schizophrenie« dann zu einem definitiven Konzept heranreifen. Aus den Schriften, die im Mittelpunkt des vorhergehenden Abschnittes stehen, geht insbesonders nach und nach hervor, welch entscheidende Rolle bei dieser

Krankheit die niedrige Selbstachtung des Patienten spielt; allerdings gelang es Sullivan erst in den darauf folgenden Jahren, die Angst, nämlich die dynamische Gegenspielerin der Selbstachtung, zu fokussieren und ihr eine entscheidende Rolle zuzuordnen. Da die interpersonale Theorie Gegenstand des siebenten Kapitels sein wird, sollen an dieser Stelle nur die allgemeine Orientierung und einige Schlüsselkonzepte vorweggenommen werden, das heißt jene, auf denen die definitive Ausarbeitung von Sullivans Konzept der Schizophrenie beruht.

Außer in den posthumen Schriften, in denen wir neben der interpersonalen Theorie auch die Neuauslegung der Schizophrenie, um die es hier geht, finden, und auf die wir später eingehen werden, hat sich Sullivan in den 40er Jahren in folgenden drei Beiträgen, mit denen wir uns im zweiten Teil dieses Abschnittes beschäftigen werden, besonders diesem Thema gewidmet: »The Language of Schizophrenia« (1944), »Therapeutic Investigations in Schizophrenia« und »Notes of Investigation, Therapy and Education in Psychiatry and their Relation to Schizophrenia« (beide 1947). In diesem Rahmen werden wir uns auch mit der Supervision der Behandlung eines jungen Schizophrenen beschäftigen, die Sullivan 1946/47 durchgeführt hat und auf der das erwähnte *A Harry Stack Sullivan Case Seminar* beruht, in dem die Herausgeber die Aufzeichnungen der fünf Gruppensitzungen der Supervision und die Kommentare zu jeder Sitzung, die vier der Teilnehmer 25 Jahre später abgaben, zusammengestellt haben. Im Übrigen sind wir auch bei der Erörterung von *Conceptions of Modern Psychiatry* im vierten Kapitel auf die Schizophrenie eingegangen, allerdings in einem Zusammenhang, in dem Sullivan erst den halben Weg zu seiner Neufassung des Problems zurückgelegt hatte.

Die interpersonale Theorie bewegt sich am Horizont des Selbst in Beziehung zu anderen, angefangen bei dem Paar Mutter-Kind; die Entwicklung, welcher der Mensch entgegengeht, spielt sich im Bereich der dynamischen Interaktion zwischen Angst und Selbstachtung ab, die, um es mit Sullivan zu sagen, vom *self-system* geleitet wird, dem Selbst-System also. Wie wir im siebenten Kapitel noch eingehender betrachten werden, nahm Sullivan folglich an, dass das Kind, vom emotionellen Klima in der Mutter-Kind-Beziehung ausgehend, folgende drei Personifizierungen des Ichs entwickelt: das »Gute-Ich«, das »Schlechte-Ich« und das »Nicht-Ich«. So wie in den ersten Lebensphasen, in denen die von Sullivan als »Prototaxis« bezeichnete Erfahrung vorherrscht, der Gradient von Angst, den die Mutter dem Kind weitergibt, entscheidend für diese drei Personifizierungen ist, kommt in den darauf folgenden Phasen auch die offene Missbilligung des kindlichen Verhaltens von Seiten der Mutter dazu, die sich zur Angst gesellt. An diesem Punkt kann uns das Konzept von der »primären genitalen Phobie« helfen, auf das wir schon im Rahmen der Behandlung von *Personal Psychopathology* hingewiesen hatten. Denn sowohl dieses Konzept als auch das Nicht-Ich haben mit Dissoziationen zu tun, die im Laufe einer missglückten Entwicklung im Kind entstehen. Gleichzeitig hat das Selbst-System in eben diesen Abläufen der Entwicklung und der Interaktion seinen Ursprung; sein Ziel ist es nämlich, den Menschen vor exzessiver Angst zu schützen, wobei es auch auf »Sicherheitsoperationen« – wie Sullivan sie nennt –, beispielsweise die Dissoziation, zurückgreift.

Natürlich stört der Rückgriff auf einen so massiven Schutzmechanismus die Entwicklung der Persönlichkeit; er bringt im Übrigen nicht nur immer höhere ökonomische Kosten mit sich, sondern auch das Risiko – wenn vor allem der sexuelle Bereich, also die Fähigkeit, eine intime Beziehung mit einer anderen Person einzugehen, dissoziiert wird – dass die Dissoziation nicht mehr ausreicht, dass es also über das Durchbrechen der geheimen-irrealen Gefühle ins Bewusstsein, die an die Erfahrung des Nicht-Ich gebunden sind, zum Ausbruch einer akuten schizophrenen Krise kommt. Wenn man diese Dynamik betrachtet, wird klar, dass die schizophrene Krise typisch für die Adoleszenz ist, jener Lebensphase also, in der Intimität und Sexualität grundlegende menschliche Bedürfnisse werden, denen einige von uns leider völlig unvorbereitet gegenüberstehen.[15]

Wenn wir uns jetzt erneut dem posthumen Werk Sullivans zuwenden, finden wir eine Neufassung des Konzepts von Schizophrenie im Sinne der interpersonalen Theorie zum Beispiel im Kapitel 19 von *Die interpersonale Theorie der Psychiatrie*, das den Titel trägt: »Die frühen Manifestationen mentaler Störungen: schizoid und schizophren«. Dieses Kapitel möchte ich jetzt detailliert untersuchen, um dem Leser seine originäre Vorgehensweise und die klare und präzise Sprache näher bringen zu können. Nachdem Sullivan klarstellt, dass sich sein Interesse auf die »Lebensschwierigkeiten (…) richtet, die weit mehr aus ungünstigen Bedingungen in der Entwicklungsgeschichte erwachsen, als aus irgendwelchen angeborenen Faktoren« (1980, S. 352), geht er dazu über, von der »Entstehungsgeschichte« des Nicht-Ich zu sprechen (*ibidem*), das er folgendermaßen definiert:

> »Das Nicht-Ich ist buchstäblich die Erfahrungsbildung aus Erfahrungen mit wichtigen Bezugspersonen, die Gegenstand so intensiver und so plötzlich einsetzender Angst waren, dass es dem zu jenem Zeitpunkt noch relativ rudimentären Menschen unmöglich war, die besonderen Umstände, die die Erfahrung dieser intensiven Angst bestimmten, in irgendeiner Weise zu begreifen, zu erfassen und zu verarbeiten.« (*ibidem*)

Nachdem Sullivan das Beispiel der primären genitalen Phobie genannt hat, verweilt er bei den mit der Erfahrung des Nicht-Ich verbundenen Gefühlen Ehrfurcht, Schrecken, Ekel und Grauen, die im Laufe des Wachstums in die Dunkelheit der Dissoziation verbannt werden, ein Mechanismus, den Sullivan wie folgt definiert:

»Das Besondere bei der Dissoziation besteht darin, dass man in Bewusstseinsprozessen verharrt, die es praktisch unmöglich machen, im Wachzustand unheimlichen Gefühlen zu begegnen. Dissoziation kann also leicht als wirklich recht magische Angelegenheit missverstanden werden, bei der man etwas von sich in die äußere Dunkelheit hinausschleudert, wo es dann jahrelang friedlich ruht. Das ist eine sehr übertriebene Vereinfachung. Dissoziation arbeitet tatsächlich sehr reibungslos, solange sie funktioniert, aber es geht dabei nicht darum, einen schlafenden Hund unter Narkose zu halten. Sie funktioniert dank kontinuierlicher Alarmbereitschaft oder Wachsamkeit der Bewusstheit und geht mit supplementären Prozessen einher, die es verhindern, dass man jemals die normalerweise recht eindeutigen Beweise dafür entdeckt, dass ein Teil des eigenen Lebens ohne jegliche Bewusstheit abläuft.« (*ibidem*, S. 356)

Sullivan beschreibt an diesem Punkt zwanghafte Ersatzprozesse und selektive Unaufmerksamkeit als leichtere Formen der Dissoziation, dann führt er ein interessantes Beispiel für selektive Unaufmerksamkeit an, um daraufhin zu den *Automatismen* überzugehen, die die Dissoziation begleiten, das heißt die Situationen, in denen man sich, bei schweren Fällen, »zu seiner eigenen, nicht unerheblichen Verwirrung in sehr unangenehmen Situationen (›wiederfindet‹), in die man offenbar gleichsam mit geschlossenen Augen hineingeraten ist« (*ibidem*, S. 360). Er beschreibt eine solche Situation:

»Ein anschauliches Beispiel lässt sich häufiger in dichter besiedelten Gegenden wie etwa Manhattan beobachten. Die Männer unter Ihnen haben vielleicht bemerkt, dass ihnen, wenn sie die Straßen entlanggehen, andere Männer des öfteren auf den Hosenschlitz sehen und dann eilig wegschauen. Viele dieser Männer blicken anschließend wieder auf und schauen Ihnen in die Augen, um zu sehen, ob Sie das bemerkt haben. Mir geht es hier darum, dass einige dieser Männer, wenn Sie Ihrem Blick begegnen, so gleichgültig und unempfindlich sind, als sei nichts geschehen, während andere erröten und offensichtlich sehr verwirrt sind. Bei den letzteren hat es sich nicht um einen Automatismus gehandelt, denn wenn dieser Akt demjenigen, der ihn begangen hat, äußerst peinlich ist, dann hat der Akt für ihn etwas bedeutet. Wenn aber ein solcher Akt automatisch abläuft – als Manifestation dissoziierter Motivationen – dann ist es nicht

> peinlich, wenn er entdeckt wird. Selbst wenn er der Aufmerksamkeit desjenigen, der ihn begangen hat, ausdrücklich nahe gelegt würde, ginge seine natürliche Neigung immer dahin zu leugnen, dass das tatsächlich geschehen ist. Wenn Sie vielleicht mit einem Foto nachweisen könnten, dass das tatsächlich geschehen ist, dann würde der Betreffende bei der Frage, was um alles in der Welt dahinter stehe, was das bedeuten könne, noch immer völlig im Dunkeln tappen.« (*ibidem*, S. 359f)

Wie der Leser aus dieser Passage ersehen kann, ist keine zusammenfassende Darstellung in der Lage, den Reiz einer Lektüre von Sullivans Texten selbst zu ersetzen – auch aus diesem Grund nutze ich die Gelegenheit, dem Leser einige von ihnen vorzustellen. Kehren wir zu Sullivans Überlegungen zurück: er stellt fest, dass im Verlauf der Präadoleszenz und der Adoleszenz die größte Wahrscheinlichkeit einer spontanen Reintegration der dissoziierten Systeme besteht, was allerdings nicht auf die wichtigsten zutrifft (*ibidem*, S. 360). Dann geht Sullivan auf den schizophrenen Zustand ein, die Situation also, in der die Dissoziation des Bewusstseins angesichts von Dynamismen, wie dem Bedürfnis nach Intimität mit einer anderen Person, nicht mehr aufrecht erhalten werden kann und

> »… bei klarem Bewusstsein sehr frühe innergedankliche Prozesse (auftreten), und zwar zur tiefsten Verwirrung des betreffenden Menschen selbst. Und da diese innergedanklichen Prozesse zum großen Teil entstehungsgeschichtlich identisch sind mit der Zusammensetzung der Nicht-Ich-Komponenten in der Persönlichkeit, geht ihre Anwesenheit mit manchmal sehr bedrückend stark ausgeprägten unheimlichen Gefühlen einher. Diese innergedanklichen Prozesse machen auf andere Menschen, die sie nicht aus eigener Erfahrung kennen, oft einen so absonderlichen Eindruck, dass die schizophrene Lebensweise oft als im Grunde nicht psychisch und jenseits allen Verständnisvermögens beschrieben wird. Die Rechtfertigung für eine derart leichtfertige Redeweise ließe sich am ehesten in der Tatsache finden, dass jene schizophrenen Prozesse, denen wir begegnen, seitens des Leidenden der Versuch sind, Prozesse einer Art zu vermitteln, die die meisten Menschen bei klarer Bewusstheit nicht mehr kennen, seit sie etwa zweieinhalb Jahre alt waren.« (*ibidem*, S. 365f)

An diesem Punkt, gleich nach obiger Passage, geht Sullivan – ohne dass dies bei einer ersten Lektüre klar wird – zur Entstehung des Symptoms in zwei Phasen über, das heißt: Die paranoide Fehlanpassung und das, was Sullivan als hebephrenen Persönlichkeitsverfall bezeichnet, entstehen nicht direkt aus dem Bruch mit der Realität als Folge des Eindringens des Nicht-Ichs, der schizophrenen Panik also, sondern sind eine Konsequenz des Eingreifens des Selbst-Systems, das weiterhin tätig ist – und verhindert, dass die dissoziierte Dimension einen Weg findet, sich in den Rest der Persönlichkeit zu integrieren. »Diese Krankheiten sind in meinen Augen nicht als Schizophrenie selbst zu betrachten«, stellt Sullivan ausdrücklich fest, »sondern als sehr ungünstige Folgeerscheinungen schizophrener Episoden« (*ibidem*, S. 367).[16]

Wenn wir uns jetzt *Clinical Studies* zuwenden, finden wir im neunten Kapitel, »The Schizophrenic Dynamism: a tripartite View«, nicht nur eine noch genauere Definition des Gegenstandes, den wir behandeln, sondern auch eine präzise Durchleuchtung des Zustandes geistiger Verwirrung des Schizophrenen. Sullivan spricht von der Essenz der Schizophrenie als einer Unfähigkeit, die Inhalte des Bewusstseins auf die höheren Bezugsprozesse, die einvernehmlich validiert werden können, zu beschränken (1956, S. 182), und fügt dieser Definition folgende genauere Bestimmung hinzu:

> »Der Grund für meine Feststellung, dass die Essenz der Schizophrenie auf dem Verlust der Kontrolle über die Inhalte des Bewusstseins und nicht auf dem Eindringen anderer Dinge ins Bewusstsein beruht, ist der, dass mich die Anstrengung, mit der die Leute den Inhalt des Bewusstseins kontrollieren, beeindruckt.« (*ibidem*, S. 183)

Und ein Stück weiter finden wir folgende Feststellung: »Ich bin deswegen davon überzeugt, dass die schizophrene Entwicklung im allgemeinen auf einer Unfähigkeit, die Dissoziation aufrechtzuerhalten, beruht« (*ibidem*, S. 187). Von hier ist es nur ein kleiner Schritt zu der Darstellung, wie sich der Patient selbst erlebt: Es handelt sich bei ihm

> »um eine Person, die viele recht sinnvolle Dinge tut, dann aber Ihren Eindruck, deren Sinn gut verstanden zu haben mit der außergewöhnlichen Unangemessenheit des gesamten Kontexts zerstört. Anders ausgedrückt: Zuerst macht die Person etwas, das Ihrer Meinung nach einen bestimmten Sinn hat, aber dann macht sie andere Dinge, die Ihre Schlussfolgerungen von vor einigen Minuten völlig zu widerlegen scheinen. Vielleicht ist diese Person auf den ersten Blick Ihren schizophrenen Patienten nicht sehr ähnlich. Sie ähnelt aber dem sehr stark, was der Schizophrene von sich selbst wahrnimmt.« (*ibidem*, S. 188)

Also: Der Schizophrene »hat diese bewusste Verwirrung, dieses Gefühl, etwas zu tun, was er nicht verstehen kann« (*ibidem*, S. 189).

Clinical Studies ist zweifellos das posthume Werk, das am meisten Material zum Gegenstand, den wir gerade behandeln, enthält. Das achte Kapitel, »Dissociative Processes«, beruht zum Beispiel auf einer ganzen Reihe von klinischen Beispielen und auch das siebente Kapitel, »The Paranoid Dynamism«, ist sehr klar und markant. Das ihnen zu Grunde liegende Konzept wird aus folgender Feststellung ersichtlich: »Wenn ich nicht völlig falsch liege, ist es eben dieses Bedürfnis nach Intimität, in Verbindung mit der bewussten und unvermeidlichen Überzeugung, völlig unfähig zu sein, was die so traurige paranoide Dynamik in Gang setzt« (*ibidem*, S. 158). Diese Dynamik steht im Mittelpunkt des vorletzten Kapitels, »Schizophrenia, Paranoid States, and related Conditions«. Da ich es als meine Aufgabe ansehe, die Essenz und die Aktualität von Sullivans Arbeit zu erhellen, halte ich am besten hier inne, was die Analyse des posthumen Werkes zum Thema Schizophrenie angeht – in der Hoffnung, den Leser motiviert zu haben, sich mit Sullivans Texten selbst zu beschäftigen, in denen vor allem diejenigen, die klinisch arbeiten, sicherlich viele Anregungen und Inspirationen finden, die sie direkt für ihre tägliche Arbeit nutzen können.[17]

Ich möchte nun zu der ersten der oben erwähnten Schriften kommen, »The Language of Schizophrenia, zu jener also, die sich mit Sprache und Schizophrenie beschäftigt (der Crowley, in seiner Bibliografie sämtlicher Schriften Sullivans von 1975, die Nummer 92 gegeben hat). Es handelt sich um einen Beitrag aus dem Jahr 1939, den er auf dem jährlichen Treffen der American Psychiatric Association in Chicago vorgestellt und 1944 in *Language and Thought in Schizophrenia. Collected Papers* veröffentlicht hat, einer von J. S. Kasanin herausgegebenen und von Nolan D. C. Lewis mit einem Vorwort versehenen Anthologie. Die Sprache, deren Erwerb im Laufe der Entwicklung und deren Deformation durch Schizophrenie sind Themen, die auch im Mittelpunkt von Sullivans interpersonaler Theorie stehen – auf die wir im siebenten Kapitel eingehen werden – und die hier sehr klar und bündig dargestellt werden.

Der Ausgangspunkt ist die Unterscheidung zwischen der Suche nach Sicherheit und nach Befriedigung, die – wie wir noch sehen werden – der interpersonalen Theorie zu Grunde liegt. Der schizophrene Patient hat die Hoffnung aufgegeben, im Leben Befriedigung zu finden und bedient sich der Sprache nur mit dem Ziel, seine Sicherheit zu bewahren, also nicht zur Kommunikation, sondern nur zur Verteidigung. Es handelt sich hierbei um eine autistische Sprache, die typisch für die ersten Entwicklungsphasen ist, das heißt eine Sprache, die undurchlässig für die konsensuelle Validierung ist, welche mit einer erfolgreichen Kommunikation, die eine Quelle der Befriedigung darstellt, einhergeht.

Und genau diesen Aspekt – also den Mangel an einvernehmlicher Validierung bei Schizophrenen – hebt Kasanin (1944, S. 128) als den bedeutendsten Beitrag Sullivans zu der von ihm herausgegebenen Anthologie hervor, in der auch die Standpunkte von Autoren wie Goldstein, Cameron, von Domarus und Angyal vertreten sind. Kasanin ist sogar der Ansicht, dass die zukünftige Forschung sich bei den Untersuchungen der Entwicklungsphasen des Ichs an den zentralen Punkten der interpersonalen Theorie ausrichten sollte (*ibidem*, S. 133).[18]

Der nächste Beitrag hingegen – »Therapeutic Investigations in Schizophrenia« (Nr. 98) von 1947 – ist überwiegend klinisch ausgerichtet und wurde von Sullivan als Einführung zu dem Bericht über eine von seinen Schülern Herbert Staveren, Sarah Tower und Robert Cohen mit schizophrenen Patienten durchgeführten Therapie verfasst. Sie wurde zuerst in *Psychiatry* veröffentlicht und dann in die zitierte Anthologie *A Study of Interpersonal Relations* (1949 von Mullahy herausgegeben) aufgenommen.[19] In seiner Einführung zu den drei oben genannten Beiträgen schreibt Sullivan:

> »Die klinische Forschung ist *teilhabende Beobachtung*, die darauf ausgerichtet ist, das Leben des ›Patienten‹ zu verbessern; sie muss jedoch genauso sorgfältig durchgeführt wie dokumentiert werden, damit es möglich ist, dass sie annähernd genauso von Kollegen, die sich in signifikant *ähnlichen* interpersonalen Situationen befinden, wiederholt werden kann.« (Nr. 98, S. 446)

Das für Sullivan charakteristische Denken wird hier mit den aktuellen Ergebnissen seiner klinischen und didaktischen Erfahrungen in Verbindung gebracht. Sehr bedeutungsvoll ist unter diesem Gesichtspunkt der Bericht über seine persönliche Erfahrung, die ihn zur Ausarbeitung des Konzepts der *malevolent transformation* führte – mit der er sich ausführlich in seiner interpersonalen Theorie beschäftigt.

Es geht hier um die katatone Krise des Neffen eines seiner Freunde, der in die Phipps Psychiatric Clinic in Philadelphia eingeliefert wurde und der nur Sullivan erlaubte, ihm dabei zu helfen, sich mit einer Nasensonde zu ernähren. Die »maligne Umwandlung« des Patienten, die mit der Entwicklung eines chronischen psychotischen, unbehandelbaren Zustandes einherging, geschah – wie Sullivan im Nachhinein konstatiert – nachdem es ihm nicht mehr möglich war, ihn weiter zu behandeln.

> »... ein Psychiater, der mit einem Patienten zusammen eine sehr herzliche Beziehung entwickelt, lädt ein Gewicht auf sich, das er nicht tragen kann und das gleichzeitig eine wirkliche Katastrophe auslöst – unglücklicherweise nur beim

> Patienten – da dieser eine Erwartung entwickelt, die mit Sicherheit enttäuscht wird.« (*ibidem*, S. 452)

Nachdem er mithilfe dieses persönlichen Falles die Beziehung zwischen klinischer Arbeit und theoretischer Auswertung dargestellt hat, fasst Sullivan die theoretische Tragweite der von seinen oben genannten Schülern durchgeführten klinischen Arbeit in sechs Punkten zusammen. Folgende drei dieser Punkte lohnen wegen ihrer anhaltenden Aktualität eine ausführlichere Wiedergabe:

> »1. Der chronische Charakter des schizophrenen Lebensstils schließt eine Zusammenarbeit mit dem Patienten nicht aus, so dass sie nicht nur für die Psychiatrie als klinische Forschung wichtig ist, sondern auch dem Patienten selbst zugute kommt … 5. Den Patienten dieser Gruppe wurden viele Entwicklungsmöglichkeiten genommen und die daraus resultierende Benachteiligung muss zumindest am Anfang durch eine *aktive* Beteiligung seitens des Arztes behandelt werden … 6. Der Erfolg von Therapie und Forschung hängt *entscheidend* von der Fähigkeit des Therapeuten ab, die Angstbewegungen des Patienten zu verspüren.« (*ibidem*, S. 453; Kursiv im Original)

Wie sich der Leser vorstellen kann, handelt es sich um Schlussfolgerungen, die noch immer aktuell sind und wiederholt von den fähigsten Therapeuten, die sich mit Schizophrenie beschäftigen, bestätigt wurden; auch heute noch sollten sie unsere Annäherung an den Patienten leiten.

Die nächste Schrift, »Notes on Investigation, Therapy and Education in Psychiatry and their Relation to Schizophrenia« (Nr. 100) von 1947, beschäftigt sich mit der Beziehung zwischen Therapie der Schizophrenie und Ausbildung des Psychiaters. Aus ihr geht klar die zentrale Bedeutung der Therapie von Schizophrenie nicht nur für die klinische Theorie, sondern auch für das Konzept und das Programm der von Sullivan im Rahmen der *Washington School of Psychiatry* entwickelten Ausbildung hervor. Da wir uns mit dem Problem der Ausbildung im nächsten Kapitel beschäftigen werden, wollen wir an dieser Stelle nur darauf hinweisen, dass Sullivan der in der Psychiatrie gemachten Erfahrung einen beträchtlichen Wert für den zukünftigen Therapeuten beimaß. In diesem Artikel versäumt er auch nicht, den beiden Eckpfeilern der traditionellen psychoanalytischen Ausbildung – der persönlichen Analyse und der klinischen Arbeit unter Supervision – eine unersetzliche Rolle zuzuweisen und dies wegen des Umstandes, dass »(…) der schizophrene Lebensstil Prozesse miteinschließt, mit denen wir alle *gezwungenermaßen* nicht mehr vertraut sind, und die wir in jenen Teil unseres Lebens verbannen mussten, der sich *außerhalb* unseres Bewusstseins abspielt und meist nur im Traum erscheint« (Nr. 100, S. 272). Es ist klar, dass die heutigen Analytiker – vor allem solche mit kleinianischer Orientierung – dieser Sicht zustimmen werden!

Das gleiche Thema – die Nützlichkeit der Arbeit mit schizophrenen Patienten für die psychotherapeutische Ausbildung – steht im Mittelpunkt der Supervision, die Sullivan 1946/47 durchführte und die von Roger Kvarnes und Gloria Parloff unter dem Titel *A Harry Stack Sullivan Case Seminar. Treatment of a Young Male Schizophrenic* veröffentlicht wurde. Die fünf Supervisionssitzungen zum Fall eines jungen Schizophrenen, denen der 25 Jahre später verfasste Kommentar von vier der Teilnehmer folgt, wurden am Sonntagmorgen an der Chestnut Lodge Klinik abgehalten, im Rahmen einer Gruppe, zu der sowohl junge Ärzte als auch Mitarbeiter des Krankenhauses gehörten. Wie die Herausgeber im Vorwort feststellen, gehen aus diesem einzigartigen Dokument sowohl Sullivans ausgeprägte Gabe, zu verstehen und in die Welt und die Dynamik des schizophrenen Patienten einzutreten, klar hervor, als auch seine Fähigkeiten als Lehrer (1976, S. IX und X). Sie sind davon überzeugt, dass man Sullivans Arbeit als Weiterentwicklung von Freuds Ich-Psychologie interpretieren kann und betonen die Geschicklichkeit, mit der er dem Therapeuten half, die Angstbewegungen und Verteidigungsmechanismen, das heißt Sicherheitsoperationen, zu bewältigen, die nach und nach im Patienten wirken. In Wirklichkeit findet hier – wie wir bald sehen werden – der in *Das psychotherapeutische Gespräch* systematisch dargestellte Therapiestil die ausführlichste Darstellung, die uns bekannt ist, bei der es sich lohnt ausführlich zu verweilen und damit eines der Themen des letzten Kapitels – Sullivans Technik – vorwegzunehmen.

Es ist kein Zufall, wenn wir, nachdem wir Kvarnes' detaillierte Darstellung der Anamnese und der psychischen Verfassung des betreffenden Patienten gelesen haben, die sich über mehr als zehn Seiten erstreckt, auf diese lapidare Aussage Sullivans stoßen: »All das, was ich gerne über jemanden wissen würde, fehlt im Wesentlichen in Ihrer Darlegung« (*ibidem*, S. 12). An was denkt Sullivan denn? Wie aus dem nach 25 Jahren geschriebenen Kommentar zu diesen ersten Sitzungen hervorgeht, verfolgte Sullivan eine zweigeteilte Linie: Auf der einen Seite ging es um die, wenn wir so wollen, methodologische oder sogar epistemologische Notwendigkeit, so viele präzise Daten wie möglich über den Patienten zu erhalten; auf der anderen Seite ging es um folgende therapeutische Strategie: nur wenn es gelang zu verstehen, wie der Patient einige der für sein Leben entscheidenden Erfahrungen gelebt hatte, war – und ist – es möglich, einen wirklichen Kontakt zu ihm aufzubauen. Dies bestätigen Kommentare, die Sullivan im Verlauf dieser ersten Supervision eingestreut hat und die folgende Haltung ausdrücken: »Lasst mich sagen, dass man durch Schlussfolgerungen kein wirkliches Wissen, sondern nur Spekulation erwirbt« (*ibidem*, S. 16); oder: »Was waren seine wahren Gefühle (auf die Frau bezogen, mit der der Patient ein Verhältnis hatte; M. C.)?« (*ibidem*, S. 17); und schließlich:

> »Es gibt eine Annäherung an jedes Problem, auf das wir in der Psychiatrie treffen und sie ist so wichtig, dass ich wünschte, sie würde sich gut in Ihren Geist prägen, damit Sie sie bei allen Ihren Patienten sofort einsetzen können. Jegliche Sache und jedes Problem, das sie betrifft, hat einen genauen Anfang … Ich versuche nicht, einfach eine präzise Chronologie aus den Ereignissen abzulesen, aber ich weiß, wenn es mir gelingt, den Patienten dazu zu bringen, sich an den genauen Anfang irgendeiner bedeutenden Veränderung zu erinnern, dann werde ich in der Lage sein, die Sache auf wirklich zufriedenstellende Weise zu vertiefen … so dass ich mir zum Beispiel ein Bild von dem Druck und den Konditionierungen machen kann, denen der Patient zu jenem Zeitpunkt ausgesetzt war.« (*ibidem*, S. 28f)

Und das zweite Seminar? »Welche Daten haben Sie«, fragt Sullivan zu Beginn der Begegnung Dr. Novey, einen der Teilnehmer, »die die These belegen, dass der Patient dem Vater nacheifern musste?« (*ibidem*, S. 60). Und gegen Ende des Seminars:

> »Bei allem, was wir sagen, müssen wir denken – was hat das für eine Auswirkung auf den Patienten? Wenn das, was wir sagen, gut durchdacht ist, so sehr, dass es sich spontan anhört, kann es gar nicht anders als gut funktionieren. Die Patienten wollen uns nicht zu besorgt sehen, sonst müssen sie denken, dass sie sich in einer verzweifelten Lage befinden.« (*ibidem*, S. 80)

Wir haben es hier also mit der Überarbeitung eines Punktes zu tun, den Sullivan schon im vorhergehenden Seminar ausführlich dargelegt hatte, und zwar der Sorgfältigkeit bei der Erfassung von Daten, so wie es Dr. Dillingham 25 Jahre später beschreibt und zwar als »Sullivans Interesse für die bei der Durchführung des Gesprächs angewandte Strategie … das heißt, was für eine Art von Fragen sollte man stellen, oder warum sollte man vermeiden, sie auf eine bestimmte Art zu stellen« (*ibidem*, S. 81). Ein paar Seiten weiter fasst Dillingham dann Sullivans Ansatz wie folgt zusammen: »… wenn wir nicht in der Lage sind, dem Patienten die Dinge in zwei kurzen Sätzen darzulegen, dann haben wir keine klaren Vorstellungen« (*ibidem*, S. 86). Kvarnes geht in seiner Antwort auf Dr. Jacobsens Frage ein, inwieweit für Sullivan der Gebrauch der normalen Sprache natürlich war:

»Ich weiß nicht, ob ich in der Lage bin, dir zu antworten, aber sowohl von meiner eigenen Arbeitserfahrung mit ihm, als auch von der Lektüre seiner Schriften ausgehend, kenne ich niemanden, der eine so große Sensibilität für Worte hätte wie er – das heißt, das Bedürfnis die geeignetsten Worte für jede Situation zu finden und jede Art von Unklarheit und Tautologie zu vermeiden. Es ist merkwürdig, dass viele Leute finden, Sullivan sei schwierig zu lesen .... Meiner Meinung nach geht es eher um seine, offensichtliche etwas zu große Anstrengung, die richtigen Worte für die Dinge zu finden. Während meiner Supervisionsarbeit mit Sullivan habe ich immer gedacht, dass Sullivan sehr gut darin war, eine sehr einfache Sprache zu benutzen, so dass ich jeden einzelnen Schritt klar erkennen konnte ... .« (*ibidem*, S. 89)

Und was geschieht beim dritten Treffen? Gegen Ende stoßen wir auf eine Formulierung, in der folgende Themen angesprochen werden, auf die ich oben schon hingewiesen habe: Die Wichtigkeit, die Dinge vom Blickwinkel des Patienten aus zu sehen, das heißt, ihm die Möglichkeit zu geben, seine Sicht zu schildern; die Nützlichkeit seitens des Therapeuten, die geeignetsten Worte zu finden, um dem Patienten die Möglichkeit zum Dialog zu bieten; und schließlich, die Notwendigkeit, zusammen mit dem Patienten festzustellen, in welcher Situation seine Probleme und/oder Störungen auftraten.

»Wenn wir entdecken, in welcher Situation der Patient anfing, sich bedroht zu fühlen, und was er in jenem Moment zu fühlen begann«, stellt Sullivan fest, »können wir sehr viel leichter mit ihm seine tiefsten Unsicherheiten formulieren, im Sinne seines persönlichen Wertes und seiner Fähigkeit, sich in die menschliche Gemeinschaft einzufügen.« (*ibidem*, S. 123)

Dr. Ryckoff kommentiert bei dem Treffen im Februar 1972 die von Sullivan eingeschlagene Richtung wie folgt:

»Die andere Sache, die klar aus seiner Denkrichtung hervorgeht (neben dem Konzept der *indirect reassurance*, mit dem sich kurz zuvor Dr. Kavrnes beschäftigt hatte; M. C.) besteht darin, dass ein Ansatz, der dazu dienen soll, die Lebenserfahrung des Patienten aufzunehmen, und der auf einem theoretischen Rahmen wie seiner interpersonalen Theorie beruht, oder besser noch, die Tatsache selbst, den Patienten ganz kennenzulernen, es dem Therapeuten erlaubt, dem Patienten das Gefühl zu vermitteln, dass es ihm gelingen kann, auf seine Erfahrungen und Lebensgeschichte auf eine Art und Weise zu schauen, die es möglich macht, ihnen eine Struktur zu verleihen; *The Medium Becomes the Message*«, stellt Ryckoff schließlich noch fest, in einer Epoche, in der Marshall McLuhans Buches so bekannt war. (*ibidem*, S. 127)

Wenn der Therapeut sich also bemüht, dem Leben des Patienten eine sinnvolle Form zu geben, kann der Patient nicht nur Erleichterung und Hoffnung empfinden, sondern ihm eröffnet sich auch die Möglichkeit, ein neues Leben zu beginnen. Unter diesem Aspekt besteht die Technik der »indirekten Beruhigung«, die Sullivan so oft einsetzt, darin, den Patienten zu beruhigen, insofern, als man mit ihm gemeinsam arbeitet und ihn nicht nur beruhigt.[20]

Aus dem vierten und letzten Treffen geht sowohl der vom Therapeuten des Patienten, der zur Supervision gebracht wurde, als auch der von der Gruppe im Ganzen registrierte Fortschritt in Bezug auf die Dynamik und die therapeutische Perspektive des Falles hervor. Wenn wir uns fragen, welche Rolle Sullivan bei diesem Treffen spielte, stoßen wir auf Äußerungen zum Wesen der therapeutischen Interaktion wie dieser: »*I wish you would follow patients with extraordinary alertness of what it means to them and how it can be used*« (*ibidem*, S. 165). Es geht hier um die Notwendigkeit, sich mit intensiver Aufmerksamkeit um den Patienten zu kümmern, sich vor allem zu fragen, was diese für den Patienten bedeutet und wie man auf dieser Basis gemeinsam mit ihm etwas aufbauen kann. Wenn Sullivan also dem Aufbau einer guten »therapeutischen Allianz« mit dem Patienten besondere Bedeutung beimisst, verwundert es nicht, dass die Mitglieder der Gruppe in ihren 25 Jahre später verfassten abschließenden Betrachtungen sich über folgende Tatsache einig sind, die Dr. Jacobson wie folgt formuliert:

> »Ich glaube, dass Sullivan der Meinung war, dass die wichtigste Lernerfahrung in der Psychiatrie diejenige ist, die aus dem Austausch mit Kollegen hervorgeht (*peer experience* im Original; M. C.), dass diese Lernmöglichkeit nicht genug genutzt wurde und dass sie zu jener Zeit sogar durch das psychoanalytische Modell gefährdet war … Patient und Analytiker bewahren tatsächlich eine gewisse Verschwiegenheit, was ihre Arbeit angeht, so dass es unmöglich ist, einen freien Austausch über die Art wie sich diese Arbeit zur psychiatrischen Arbeit verhält, zu verwirklichen. Ich denke, dass er dies im Sinn hatte. Und ich denke, dass die Zeit ihm Recht gegeben hat … Es ist tatsächlich nur durch den Austausch unserer persönlichen Erfahrungen möglich, unserer Arbeit eine immer solidere Basis zu verleihen.« (*ibidem*, S. 177f)

Tatsächlich geht die Entscheidung, diese von Sullivan geleitete Supervision und die vier 25 Jahre später organisierten Sitzungen zu veröffentlichen in die gleiche Richtung.

Kommen wir nun zum fünften und letzten Treffen der Supervisions-Gruppe, das im Mai 1947 stattfand. Da der supervidierte Patient überraschend in ein anderes Krankenhaus verlegt wurde (durch die Angehörigen, deren Eingreifen den therapeutischen Anstrengungen zuwiderlief), dreht sich das Treffen um die Probleme, die hierdurch entstanden und um eine Reihe von Fragen, die man Sullivan einige Tage vor dem Treffen schriftlich gestellt hatte. Was den ersten Aspekt angeht, stellt Sullivan fest, dass leider so häufig ein Zusammenhang zwischen der Besserung des Patienten und der Verlegung in ein anderes Krankenhaus durch die Angehörigen festzustellen ist, dass es gerechtfertigt erscheint, dass »sich misanthropische Psychiater fragen, ob die Besserung des Patienten seiner Familie nicht Sorgen bereitet« (*ibidem*, S. 193). Auf die erste der 15 Fragen, über die unterschiedlichen Vorgehensweisen bei schizophrenen oder neurotischen Patienten, antwortet er: »Die Behandlung aller Patienten, oder genauer gesagt, die erfolgreiche Behandlung aller Patienten, hängt davon ab, ob wir fähig sind, irgendeine wirklich kommunikative Situation herzustellen« (*ibidem*, S. 201). Dies ist wiederum abhängig davon, inwieweit der Therapeut in der Lage ist, seine eigene Angst in Schach zu halten, was mit schizophrenen Patienten sehr viel schwieriger zu realisieren ist als mit neurotischen.

Da die weiteren Fragen alle mit Themen zu tun haben, die wir bei *Das psychotherapeutische Gespräch* behandeln werden, möchte ich mich hier nur noch einmal dem Basiskonzept zuwenden, das Sullivans Technik zu Grunde liegt. Bedienen wir uns der abschließenden Worte Dr. Ryckoffs:

> »In vielen seiner Beiträge scheint Sullivan gleichzeitig mehr als eine Diskursebene zu verfolgen. Eine davon ist die Notwendigkeit, Fakten zu erhalten, also die Geschichte des Patienten. Ich habe aber das Gefühl, dass er zu dieser Maßnahme nur greift, um die wichtigste Voraussetzung der Therapie zu verwirklichen, und zwar mit dem Patienten zusammen das nötige Klima von Kommunikation und Verständnis zu schaffen.« (*ibidem*, S. 235)

Mit anderen Worten: in Wirklichkeit beruht es auf einem Missverständnis, wenn viele Psychoanalytiker Sullivans Konzept der *detailed inquiry*, der »detaillierten Befragung«, als nicht analytisch abtun.

5.4 Der Beitrag Frieda Fromm-Reichmanns (1889–1957)

Es war kein Zufall, dass Frieda Fromm-Reichmann ihre *Principles of Intensive Psychotherapy*, ihren1950 veröffentlichten Klassiker, »Meinen Meistern: Sigmund Freud, Kurt Goldstein, Georg Groddeck, Harry Stack Sullivan« widmete; und laut ihrer Schülerin Alberta Szalita gebührt ihr »der bahnbrechende Verdienst, auf bedeutsame und funktionelle Weise die

Lehren Freuds und Sullivans integriert zu haben«, ein Verdienst, mit dem sie »ihrer Zeit ein Vierteljahrhundert voraus« war (1976, S. 144). Szalita fügt hinzu: »... die negative Haltung, die das psychoanalytische Establishment ihren ebenso mutigen Bemühungen entgegenbrachte, die klassische Technik auf die therapeutischen Bedürfnisse von Schizophrenen anzuwenden, schmerzte sie sehr« *(ibidem)*.

»Sie und ihre Kollegen von der Washington-Baltimore-Gruppe hatten den größten Teil der theoretischen und praktischen Probleme der Psychotherapie, die heute diskutiert werden, schon in den 30er und 40er Jahren behandelt«, berichtet Crowley (1982, S. 107). Dies ist der Rahmen, in den die Darstellung von Fromm-Reichmanns Beitrag einzuordnen ist. So werde ich auf folgende Weise vorgehen: Durch die Darlegung des Verlaufs ihrer Ausbildung und ihres professionellen Werdegangs werde ich die Beweggründe herausarbeiten, die sie dazu brachten, mit Sullivan und den Neofreudianern zusammenzuarbeiten, um dann zu sehen – mithilfe einer Vielzahl von Arbeiten, die in der posthum erschienenen Anthologie *Psychoanalyse und Psychotherapie* veröffentlicht wurden – wie sie versuchte, Sullivans Arbeit in den psychoanalytischen Mainstream zu integrieren.[21]

Frieda wurde 1889 als erste von drei Töchtern von Klara und Adolf Reichmann, die der jüdischen Mittelschicht angehörten, in Karlsruhe geboren. Sie war der Liebling der Mutter, einer energischen und progressiven Frau. In der Familie, in der ein politisch liberales, aber in Religionsangelegenheiten konservatives Klima herrschte, nahm sie bald in psychologischer Hinsicht eine Schlüsselrolle ein, sodass sie später sagte, schon ab dem Alter von drei Jahren Psychiaterin gewesen zu sein (Hoff 1982, S. 115–7).

Sie lernte bei Privatlehrern (Frauen hatten keinen Zugang zu Gymnasien) und machte 1907 ihr Abitur; von der Mutter ermutigt, schrieb sie sich an der Universität von Königsberg ein, Kants Stadt in Ostpreußen, wo die Familie seit 1895 lebte, und wählte – mit Unterstützung des Vaters – die medizinische Fakultät (*ibidem*, S. 120). Eigentlich interessierte sie sich für Geburtshilfe, für die ihre geringe Körpergröße (knappe 1,50 m) aber ein unüberwindliches Handicap darstellte, entdeckte dann nach und nach, unter anderem dank eines Studiensemesters an der Psychiatrischen Klinik in München, dass sie Begabung für Neuropsychiatrie hatte (ihre Eltern unterstützten dieses Interesse), die sie dann unter der Leitung des bekannten Neurologen Kurt Goldstein (1878–1965) studieren konnte.[22] In einem Interview von 1956 erklärte Fromm Reichmann:

> »Als ich in der Psychiatrischen Klinik der Universität von Königsberg arbeitete, wusste noch niemand, was Psychotherapie war. Aber ich wusste, worum es

> dabei ging. Ich tat folgendes: ich setzte mich neben die Psychotiker. Tag und Nacht und Nacht und Tag saß ich bei ihnen und hörte zu und beschränkte mich darauf, wenige nette Dinge zu sagen, damit sie fortfuhren, zu sprechen.« (Fromm-Reichmann 1989, S. 474)

Sie schloss ihr Studium 1913 mit einer Arbeit über Pupillenstörungen bei Dementia praecox ab. Für sie stellte, ebenso wie für Helene Deutsch in Wien, der Erste Weltkrieg in professioneller und wissenschaftlicher Hinsicht eine einzigartige Erfahrung dar; dies bezeugen nicht nur die zahlreichen Veröffentlichungen aus jenem Zeitraum (was diese betrifft, verweise ich auf die »Bibliografie der in deutscher Sprache geschriebenen Arbeiten Frieda Fromm-Reichmanns« im Anhang von *Psychoanalyse und Psychotherapie*), sondern auch die immer engere Zusammenarbeit mit Goldstein, der sie 1918 mit nach Frankfurt nahm, wohin er gerufen wurde, um die Leitung des Institut(s) für das Studium der Folgen von Gehirntraumata zu übernehmen (Gunst 1982, S. 110f).

1920 führte sie ihr wachsendes Interesse für Psychiatrie und Psychotherapie nach Dresden, an die Klinik »Weißer Hirsch«, die von J. J. Schulz, dem Erfinder des autogenen Trainings, geleitet wurde, an den sich Fromm-Reichmann als »wahrscheinlich einzigen Kollegen in Deutschland, der sich zu jener Zeit ernsthaft mit Psychotherapie beschäftigte«, erinnert (oben zitiertes Interview, 1989, S. 478). Sie blieb bis 1924 in Dresden, veröffentlichte in dieser Zeit Artikel wie »Psychopathologie des Bronchialasthmas« (1922) und »Soziale Faktoren bei Neurosen« (1923) und kam durch Schulz auch in Kontakt mit der Psychoanalyse, das heißt, sie begann, Freud zu lesen und machte ihre erste Analyse in den Jahren 1922/23 bei Dr. Wittenberg in München, wie wir aus Gunsts Darstellung von 1982 erfahren (S. 111).

1924 finden wir sie in Heidelberg wieder, wo sie zusammen mit Erich Fromm (den sie als Patienten kennen gelernt hatte und später heiratete) mit der ihr eigenen Courage und Tatkraft eine kleine Privatklinik eröffnete, die »Thorapeutikum« genannt wurde, da das Leben der etwa 15 Patienten sich um Psychoanalyse und orthodoxen jüdischen Glauben drehte; eine Kombination, die sich allerdings als inkompatibel herausstellte und, zusammen mit wirtschaftlichen Schwierigkeiten, 1928 zur Schließung der Klinik führte.[23] Im Jahr 1926 gründeten Fromm-Reichmann, Fromm, Karl Landauer und Heinrich Meng dann die »Südwestdeutsche Arbeitsgemeinschaft für Psychoanalyse«, jene Arbeitsgruppe also, die1929 das Psychoanalytische Institut in Frankfurt ins Leben rief, mit dem auch Georg Groddeck (1866–1934), der Pionier der Psychosomatik, den Fromm-Reichmann zu ihren vier Meistern zählt, zusammenarbeitete.[24] Was im

Übrigen Fromm-Reichmanns analytische Ausbildung angeht, hatte sie diese in München begonnen, in Berlin bei H. Sachs fortgesetzt und dort 1927 abgeschlossen. Wegen der Machtergreifung Hitlers hatte die wegweisende Frankfurter Institution natürlich nur ein kurzes Leben. Fromm-Reichmann ging erst nach Palästina und dann 1935 nach Amerika. Durch die Vermittlung Erich Fromms stellte Dexter Bullard Sr. (1898–1981) sie für einen Sommer an der Chestnut Lodge Klinik an, wo sich innerhalb kürzester Zeit zwischen ihnen eine kongeniale Beziehung entwickelte, sodass »was ursprünglich als eine zweimonatige Verbindung mit der Lodge gedacht war, sich auf 22 Jahre ausdehnte« (Bullard, in Fromm-Reichmann 1978, S. 15) – das heißt bis sie im Jahr 1957 starb, in dem Haus, das die Familie Bullard für sie auf dem Klinikgelände hatte bauen lassen.

Eine bekannte deutsche Neuropsychiaterin und Psychoanalytikerin, die Schülerin Goldsteins gewesen war, eine genau definierte berufliche Identität hatte und sich für die Psychotherapie der Schizophrenie interessierte, bekam also an der Chestnut Lodge Klinik die glückliche Gelegenheit, mit Sullivan an der Formalisierung seines Standpunktes arbeiten zu können. Diese Zusammenarbeit schloss auch den Versuch mit ein, die neue Orientierung im Bereich der orthodoxen Lehre Freuds voranzubringen, mit der Fromm-Reichmann bis zu ihrem Tode arbeitete. Wir wollen uns nun mit diesem zweiten Aspekt beschäftigen.

In der Tat erschien der Artikel »Probleme der Übertragung in der Schizophrenie« 1939 im orthodoxen *Psychoanalytic Quarterly;* in ihm versuchte Fromm-Reichmann der neuen Sicht des Problems, die von ihr und Sullivan und ihrer Gruppe entwickelt wurde, erstmalig Ausdruck zu verleihen, wobei sie sich der damals kanonischen Terminologie bediente. Dort können wir folgende Feststellungen nachlesen:

> »Wenn die Reaktionen des Schizophrenen stürmischer und scheinbar weniger voraussehbar sind, als die des Psychoneurotikers, so glaube ich, daß dies an den unvermeidbaren Fehlern des Analytikers gegenüber dem Schizophrenen liegt, die er selbst nicht bemerkt, und nicht so sehr an der Unzuverlässigkeit der emotionalen Reaktionen des Patienten.« (1978, S. 145)

Und etwas weiter vorn: »Außerdem glaube ich, *daß der Schizophrene Übertragungsreaktionen im engeren Sinne* entwickelt, die er von der tatsächlichen zwischenmenschlichen Beziehung unterscheiden kann« (*ibidem*, S. 147, Kursiv im Original). Das heißt: »Es ist sicherlich nicht ein intellektuelles Verstehen des Schizophrenen, sondern das mitfühlende Verständnis und die geschickte Handhabung der gegenseitigen Beziehungen zwischen Arzt und

Patient, das therapeutisch entscheidend ist« (*ibidem*, S. 152); und schließlich: »*Der Schizophrene muss vor allem von seinen Wunden und Frustrationen geheilt werden, bevor wir erwarten können, daß er gesund wird*« (*ibidem*, S. 153; Kursiv im Original).

Auf diese Weise versuchte Fromm-Reichmann ihre Analytiker-Kollegen, die eben Schizophrene für nicht analysierbar hielten, zu sensibilisieren; sie zeigte ihnen, dass es vor allem der Analytiker selbst ist, der sich schizophrenen Patienten gegenüber anders verhält, das heißt, ihnen aktiv entgegen kommen muss, um eine Beziehung zu ihnen aufzubauen, die erst zu einem späteren Zeitpunkt derjenigen zu neurotischen Patienten ähneln konnte. Im Vordergrund steht also auf der einen Seite das Konzept von der Arbeit an der eigenen Gegenübertragung als Voraussetzung für die therapeutische Beziehung, und auf der anderen das Konzept einer Pathologie wie der Schizophrenie, die sich nicht so sehr auf der Ebene des »Konfliktes«, sondern auf der des »Defektes« entwickelt. Wie diese Konzepte im Verlauf ihrer Arbeit zu einer genaueren Definition gelangten, werden wir jetzt untersuchen.[25]

Einen interessanten und wegweisenden Versuch, die klassische analytische Technik für die Arbeit mit schizophrenen Patienten neu zu interpretieren und abzuwandeln, stellt zum Beispiel der Vortrag »Psychoanalytische Psychotherapie bei Psychotikern« dar, den Fromm-Reichmann im Mai 1943 auf einem Treffen der American Psychoanalytic Association in Detroit gehalten und im gleichen Jahr in *Psychiatry* veröffentlicht hat. Hier geht es um die Veränderung von folgenden sieben Voraussetzungen: der Couch, der Haltung des Therapeuten, der freien Assoziationen, der Interpretation, der verdrängten Inhalte, des *acting-out* und der Werte des Psychoanalytikers – und um ihre mögliche Verwendung bei der Arbeit mit nicht psychotischen Patienten. Über den zweiten Punkt dieser Aufzählung schreibt Fromm-Reichmann:

> »Die klassische Zuhörmethode erfüllt nicht die therapeutischen Erfordernisse des psychotischen Patienten. Seine Einstellung … erfordert die Aufmerksamkeit des Psychiaters, der darauf achtgeben muß zu zeigen, daß er wirklich an dem Wohlergehen des Patienten interessiert ist und methodisch versucht, die verlorengegangene Spontaneität des Patienten in der aktiven Interaktion im Rahmen der Arzt-Patient-Beziehung wiederherzustellen. Dies kann wohl kaum ohne die Aufmerksamkeit und Spontaneität des Arztes bewerkstelligt werden. Mangel an Spontaneität gibt es auch bei nicht-psychotischen Patienten. Niemals soll man diesem mit der entsprechenden Haltung von seiten des Analytikers entgegentreten. In der Tat mag die ›Tonaufnahmemethode‹ nur eine Maske für die Schüchternheit des Psychiaters sein.« (1978, S. 160)

Wie man erkennen kann, handelt es sich hier um eine selbstkritische Feststellung – die heutzutage von einem großen Teil der analytischen Gemeinschaft geteilt wird – die das Ziel Fromm-Reichmanns veranschaulicht: Sullivans interpersonalen Standpunkt in den Mainstream zu integrieren.

Die 1948 entstandene Schrift »Bemerkungen über die Entwicklung der Behandlung von Schizophrenen mit psychoanalytischer Psychotherapie« artikuliert Fromm-Reichmanns Standpunkt noch genauer und belegt ihre Übereinstimmung mit Sullivan; darin stellt sie auch das in *A Harry Stack Sullivan Case Seminar* behandelte Konzept Sullivans vor:

> »Und nun zu den Veränderungen, die auf diesem Gebiet versucht worden sind, nachdem die Methode der Überbetonung des Inhalts aufgegeben worden war. Hauptsächlich durch Sullivan ist diese in den letzten Jahren durch eine Technik ersetzt worden, die die therapeutische Aufmerksamkeit auf die Genese und die Dynamik konzentriert, die den Inhalt der schizophrenen Mitteilungen bestimmen. Um das zu erreichen, wurde besondere Aufmerksamkeit auf folgende Aspekte gerichtet: Zeit und Umstände, der ursprüngliche Rahmen, auslösende Faktoren und körperliche und emotionale Symptome, die den psychotischen Manifestationen vorausgegangen sind oder mit ihnen einhergehen. Falls Kontakt mit ihm hergestellt werden kann, wird der Patient angewiesen, mit dem Psychiater zusammen diese Verbindungen aufzuspüren. Es war für uns eine Genugtuung zu sehen, wie psychotische Erscheinungen nach einer konsequenten, wiederholten genetischen und dynamischen Untersuchung verschwanden.« (1978, S. 198f)

In dem Beitrag »Einige Aspekte der psychoanalytischen Psychotherapie bei Schizophrenen« von 1952 gelangt Fromm-Reichmann zu folgender Formulierung: »In der Tat wurde … die Untersuchung der Gegenübertragungsreaktionen des Psychiaters als der entscheidende Faktor in jeder psychoanalytischen Psychotherapie von Schizophrenen festgestellt« (*ibidem*, S. 212). Dann stellt sie fest:

> »Dies trifft um so mehr zu, als die Angst des Psychiaters ein konstruktives Hilfsmittel der psychoanalytischen Psychotherapie bei Schizophrenen werden kann, wenn er imstande ist, sie zu erkennen und zu akzeptieren, ohne den Patienten mit seinen unangebrachten Sicherheitsmaßnahmen zu belasten.« (*ibidem*)

Damit gelingt es ihr, Sullivans Konzeption in der Sprache des Mainstreams Ausdruck zu verleihen, wobei Sullivan den Ausdruck »Gegenübertragung« vermied, der übrigens erst nach seinem Tod nach und nach mehr in Gebrauch kam. Sie verband auch die neofreudianische Orientierung mit der zur gleichen Zeit aufkommenden Ich-Psychologie, da beide die Betonung der entwicklungsgeschichtlichen und dynamischen Untersuchung der Sicherheitsmechanismen verband, die der Patient in der analytischen Beziehung entwickelt (*ibidem*, S. 219). Darüber hinaus stellte sie fest, dass die bei der Arbeit mit Schizophrenen entwickelte Technik auch bei neurotischen Patienten erfolgreich eingesetzt werden kann.

Fromm-Reichmann schloss ihren Beitrag (den Otto Will an ihrer Stelle auf dem im September 1957, kurz nach ihrem Tod, in Zürich abgehaltenen Zweiten Internationalen Kongress für Psychiatrie vorlas), der sich vor allem mit der Psychodynamik der Schizophrenie und dem Problem der Gegenübertragung beschäftigte, das heißt mit den »Grundprobleme(n) der Psychotherapie bei Schizophrenen«, mit folgenden Worten ab:

> »Es bleibt noch viel, was über die Psychotherapie der Schizophrenen gelernt werden muß. Außer der dauernden psychiatrischen Forschung sind weitere soziologische Untersuchungen über die Bedeutung der wichtigsten Umweltfaktoren nötig. Weiters sollten Analysen der niedergeschriebenen Interviews und Tonfilme mit der Hilfe von Linguisten und Kinotechnikern unternommen werden, was an manchen Orten schon geschieht. Semantische Theorien und Kommunikationstheorien haben vielleicht auch einiges zu bieten. Die wachsende klinische Erfahrung mit der Psychotherapie der Psychosen ist in bezug auf das Verständnis des menschlichen Verhaltens und den einen Aspekt davon, der als Schizophrenie bekannt ist, vielversprechend.« (*ibidem*, S. 256)

Diese Aussage vereinigt auf ideale Weise die verschiedenen Lehren und Standpunkte, die Sullivan in diesem Bereich seit den 20er Jahren anwandte und deren wechselseitige Artikulation und Integration auch heute noch unsere Arbeit leiten sollte.[26]

Bevor wir nun zum letzten Abschnitt dieses Kapitels kommen, sollte daran erinnert werden, dass Fromm-Reichmann versuchte, Sullivans Ansatz auch innerhalb der lebhaften Diskussion über Psychoanalyse und Psychotherapie im Rahmen des psychoanalytischen Mainstreams zu vertreten, die Anfang der 50er Jahre das Leben der American Psychoanalytic Association bestimmte.

Wie Paolo Migone in seinem 1991 erschienenen Artikel »La differenza tra psicoanalisi e psicoterapia: panorama storico del dibattito e recente posizione di Merton M. Gill« (Der Unterschied zwischen Psychoanalyse und Psychotherapie: Die Geschichte einer Debatte und die zeitgenössische Position von Merton M. Gill) berichtet, vertrat Fromm-Reichmann die Ansicht, dass es keinen Unterschied zwischen Psychoanalyse und Psychotherapie gab, sondern eine völlige Überlagerung. In ihrem Beitrag zu dieser Diskussion von 1954 suggerierte sie

> »außerdem eine theoretische Umwandlung der Psychoanalyse in eine ›dynamisch orientierte psychiatrische Theorie‹, die auf den Konzeptionen Sullivans beruht und an Freud anknüpft, der 1914 gesagt hat, dass man jede Psychotherapie, die auf den Konzepten von Übertragung und Widerstand beruht, als Psychoanalyse verstehen kann.« (1991, S. 42)

Mit diesem Thema, das in jüngster Zeit wieder sehr aktuell wurde, werden wir uns noch im letzten Kapitel beschäftigen.

5.5 Schizophrenie: von der Integration zur Synthese

Worauf beruht nun die Aktualität von Sullivans Arbeit zur Schizophrenie? Er war einer der ersten Psychiater des 20. Jahrhunderts, der die dringende Notwendigkeit vertreten hat, sich dem Patienten menschlich anzunähern und die Psychodynamik seines Zustandes zu erfassen, um einen sinnvollen therapeutischen Weg einschlagen zu können. Andererseits war ihm auch die epistemologische Herausforderung klar, die diese besondere Krankheit darstellte. Die interpersonale Theorie selbst, die ursprünglich als Antwort auf die Probleme der Schizophrenie gedacht war, stellt mit ihrem Versuch, die dynamische Interaktion zwischen Individuum, Familie und Gesellschaft zu erfassen, seine Antwort auf diese epistemologische Herausforderung dar. Seine Arbeit unternimmt den notwendigen Versuch, das Problem der Schizophrenie unter zahlreichen Aspekten zu betrachten und die Aspekte miteinander in Verbindung zu bringen, anstatt sie einfach nebeneinander zu stellen, wie es verschiedene Autoren tun, auch wenn sie sich darum bemühen, ihre Erkenntnisse zu integrieren.

Dies ist es, was ich unter »synthetischem Modell« verstehe, für das Sullivan, trotz seines scheinbaren Desinteresses am neurobiologischen Standpunkt, ein Wegbereiter war. Auf diese Weise ging er selbst über die heutigen Versuche einer einfachen Integration der Kenntnisse in diesem Gebiet hinaus, da sein Werk die klinischen, psychologischen, sozialen und politischen Aspekte zusammenfügt, die zu geistigen Krankheiten und der Schizophrenie im besonderen gehören. Diese Sichtweise nenne ich also »synthetisch«, um sie von der einfachen »integrativen« zu unterscheiden, das heißt, dem heutigen Versuch, verschiedene spezialistische Ansätze, die von einer Reihe unterschiedlicher Experten entwickelt wurden, einfach nebeneinander zu stellen.

Dies deswegen, weil bei diesen üblichen Integrationsversuchen keine wirkliche Synthese stattfindet, wie ich auf vielen nationalen und internationalen Kongressen feststellen konnte.[27]

Dieser synthetische Ansatz stellt meiner Ansicht nach den Kern der Aktualität von Sullivan für die heutige Psychiatrie dar, d. h. seine konsequente Weiterführung des Denkens, das er von Meyer, Jelliffe und White übernommen hatte – deren Leben und Werk ich aus diesem Grund im ersten Teil dieses Buches so detailliert dargestellt habe. Natürlich könnte die Rezeption eines solchen Standpunktes größere Auswirkungen auf verschiedenen Ebenen haben, zum Beispiel auf die Ausbildung zukünftiger Psychiater.[28]Unter den zahlreichen jüngeren Schriften über Schizophrenie, die sich mit der Notwendigkeit befassen, eine Integration der vielschichtigen Kenntnisse zu erreichen, nähert sich dem von mir Sullivan zugeschriebenen synthetischen Ansatz am meisten folgendes Werk an: *Experiences of Schizophrenia. An Integration of the Personal, Scientific and Therapeutic*[29] von 1994. In ihm beleuchtet der amerikanische Psychiater und Psychoanalytiker Michael Robbins die Schizophrenie in einem theoretischen Bezugsrahmen, den er als *hierarchical systems model* bezeichnet, vom neurobiologischen, psychologischen, interpersonalen, familiären und soziokulturellem Blickwinkel aus und gelangt zu einer Aktualisierung von Sullivans synthetischer Vision, wie wir sie für unsere Arbeit brauchen. Um es noch einmal zu sagen: Unter synthetischer Vision verstehe ich – um sie von der nur integrativen zu unterscheiden – den Versuch des einzelnen Wissenschaftlers, sich der epistemologischen Herausforderung zu stellen, welche die Schizophrenie wirklich darstellt. Und Robbins' Buch zeigt, dass dies auch in der heutigen Zeit möglich ist – anstatt einfach die verschiedenen Standpunkte nebeneinander zu stellen, ohne dass die Synthese zustande kommt, die wir brauchen. Also: Wenn Spaltung einen psychodynamischen Kern der Schizophrenie ausmacht, dann bedeutet die epistemologische Herausforderung, die sie darstellt, gerade eine Überwindung der Zersplitterung und des Mangels an Dialog, unter denen die Humanwissenschaften in der heutigen Zeit leiden. Genau diese Überwindung aber ist Sullivan – und auch Robbins mit seinem Buch – gelungen.

Im letzten Kapitel stellt Robbins das Bemühen um Synthese, das im Mittelpunkt seines Buches steht, folgendermaßen dar:

> »Ich vertrete den Standpunkt, dass die Krankheit, die wir Schizophrenie nennen, die gleichzeitige Manifestation einer gewissen Anzahl von hierarchischen Systemen darstellt, die unabhängig voneinander, aber miteinander verbunden sind: das psychologische System, das mit dem menschlichen Geist

> und seiner Persönlichkeit zu tun hat und seinerseits als eine wandelbare, epigenetische Hierarchie aufgefasst werden kann; das familiäre System, das soziale und das kulturelle System, und, natürlich, die Organisation des Gehirns, also des zentralen Nervensystems. Auch wenn es nötig ist, Schizophrenie als organischen Prozess zu betrachten, ist diese Sicht unzureichend ... Unsere Reise hat bei dem Beweis ihren Anfang genommen, dass man Schizophrenie untersuchen und in einigen Fällen auch effizient behandeln kann, indem man vor allem die psychische Ebene der Person fokussiert und dabei die Hilfe der Disziplinen in Anspruch nimmt, die sich um die organische, familiäre und sozio-kulturelle Ebene kümmern, was besondere Vorteile mit sich bringt. Ein hohes Niveau von integrierten Kenntnissen und tiefschürfender Analyse, das aus der Untersuchung des einzelnen Falles hervorgeht und sich auf eine Systemtheorie stützt, die psychologisch ausgerichtet ist, kann auf keine andere Weise erreicht werden.« (1994, S. 465)

Nun, genau das ist die Forschungsrichtung, die Sullivan eingeschlagen hat und die meiner Meinung nach heute noch den besten Weg zum Verständnis des Rätsels Schizophrenie darstellt – und gleichzeitig die besten Möglichkeiten zu einer Behandlung dieser Patienten bietet.

Anmerkungen

1 Was das Burghölzli als Ort angeht, von dem aus die Psychoanalyse sich verbreitete, braucht man nur an Karl Abraham (1877–1925) zu denken, der dort drei Jahre lang arbeitete, vom Herbst 1904 bis zum Herbst 1907, um dann nach Berlin zurückzukehren, wo er mithilfe Freuds anfing, als Analytiker zu arbeiten und im Sommer 1908 die dortige psychoanalytische Gruppe gründete. Das gleiche gilt für Max Eitingon (1881–1943), der 1920 mit Abraham das Berliner Institut gründete: Als er ein Praktikum am Burghölzli machte, schickte ihn Bleuler nach Wien, wo er als erster Ausländer in Kontakt mit Freud trat, der ihn einlud, an der Versammlung seiner Gruppe am 23.01.1907 teilzunehmen (siehe Nunberg und Federn, Hg., 1976). Und schließlich nahm der erste ernsthaft an Psychoanalyse interessierte Italiener, Roberto Assagioli (1888–1974), über Jung im Juli 1909 Kontakt mit dem Kreis um Freud auf (siehe McGuire, Sauerländer, Hg., 1974, S. 266).

2 Burrow haben wir eine wichtige, sozial orientierte Variante der Psychoanalyse zu verdanken, die Sullivan nicht wenig beeinflusste – aus diesem Grund beschäftigt sich auch Chatelaine mit diesem Thema (1981). Burrow war etwa ein Jahr lang Schüler und Mitarbeiter Jungs (den er an der Clark University kennen gelernt hatte) und eröffnete nach seiner Rückkehr in die Vereinigten Staaten

sofort – als zweiter nach Brill – eine Privatpraxis als Psychoanalytiker (Ruitenbeek 1966, S. 58f). Schon 1911 stellt er fest, dass Neurosen einen wichtigen sozialen Aspekt haben (siehe Burnham 1967, S. 209) und verbrachte die nächsten Jahre damit, diesen Standpunkt weiter zu entwickeln (siehe, in der Bibliografie, Burrow, 1912 und 1914); er wandte ihn auch im klinischen Bereich an und wurde damit ein Pionier der Gruppenanalyse, die er ab 1923 einsetzte (siehe Pines 1995, S. 22). Burrow wurde 1925 zum Präsidenten der American Psychoanalytic Association gewählt, versuchte Freud brieflich für die sozialen Aspekte der Neurosen zu interessieren und wurde 1933 (angeblich auch aus diesem Grund) aus der APA ausgeschlossen (siehe Pines 1995, S. 23). Was hingegen seinen Einfluss auf Sullivan angeht, sei auf folgende Bemerkung Burrows verwiesen, die Ruitenbeek zitiert: »Harry Stack Sullivan hat viel auf meine Arbeit zurückgegriffen. Ich hatte ihn an der John Hopkins kennen gelernt und im Laufe der Jahre hat er von mir alle meine Exzerpte erhalten« (1966, S. 59).

3 Das für den heutigen Leser interessanteste Kapitel der ersten historischen Bestandsaufnahme *A History of Psychoanalysis in America* ist das fünfte, in dem Oberndorf sich mit seiner Initiation in die Psychoanalyse beschäftigt, die am Psychiatric Institute des Ward Island stattfand, von dem er ein ähnliches Bild zeichnet wie Brill vom Burghölzli. Er bestätigt darin die zentrale Rolle, die sowohl Meyer als auch Hoch bei der Verbreitung der Psychoanalyse spielten und auch das neue Licht, das durch wegbereitende Anwendung von Freuds Theorien auf die Schizophrenie fiel, wird ersichtlich. Hoch hatte schon 1907 eine Arbeit mit dem Titel »The psychogenetic factors in the development of psychoses« veröffentlicht. »Das Studium des schizophrenen Patienten«, stellt Oberndorf fest, »ist wahrscheinlich das beste Mittel, um den jungen Psychiater von der Wahrheit der Mechanismen, die die Psychoanalyse postuliert, zu überzeugen« (1953, S. 87). Oberndorf behandelte, im Gegensatz zu dem, was in Wien üblich war, schizophrene Patienten auch in seiner Privatpraxis (*ibidem*, S. 106 und Oberndorf 1912). Seine Arbeit auf diesem Gebiet stellt sogar einen wichtigen Schritt in Richtung einer Definition der Borderline-Störung (siehe, in der Bibliografie, Oberndorf 1935) dar, einer der Bereiche in denen sich die Verbindung zwischen Psychoanalyse und Psychiatrie als besonders fruchtbar erwies – und auch immernoch erweist.

4 Dafür spricht die Tatsache, dass von der Wiener Gruppe nur der schon genannte Schilder die von der Züricher Schule begonnene Integration der Psychoanalyse in den Bereich der Psychiatrie vorantrieb. Sein *Entwurf einer Psychiatrie auf psychoanalytischer Grundlage* hatte sogar ein solches Echo in den USA, dass Meyer ihn 1928 einlud, mit ihm in Baltimore zu arbeiten und ihm später eine Stelle am Bellevue Hospital von New York anbot, wo er die Gelegenheit hatte, eine Arbeitsgruppe auf diesem Gebiet zu leiten (siehe Mühlleitner 1992, S. 287).

5 Diese intensive innere Arbeit wird in Jungs Autobiografie sehr gut beschrieben: Jung versuchte lange, Freuds Libidotheorie im Lichte seiner klinischen Arbeit zu überprüfen, fand aber immer mehr Mängel und fand außerdem, dass sie im

Bereich der Psychosen nicht anwendbar sei – und fragte sich schließlich, welch tiefes Bedürfnis Freud dazu brachte, sie mit Zähnen und Klauen zu verteidigen wie eine ›res religiosa observanda‹ (siehe Jaffé, Hg., 1962, S. 155). Schließlich kam er auf folgende Antwort: Freuds Bitterkeit, die ihm schon bei der ersten Begegnung aufgefallen war, könnte mit der Tatsache in Verbindung gebracht werden, dass er Sexualität nur vom biologischen Gesichtspunkt aus betrachtete, was in Wirklichkeit dazu diente, sie von sich fern zu halten (*ibidem*, S. 156–7).

6 In der Tat könnte man die gesamte Geschichte der Psychoanalyse neu schreiben – wie das vorliegende Buch zeigt – angesichts des komplexen Prozesses, durch den eine Vielzahl an heterodoxen Konzepten nach und nach vom so genannten Mainstream aufgenommen wurde, ohne jedoch in einen angemessenen historischen Rahmen eingeordnet zu werden. Sullivans Beispiel ist bezeichnend und neben Jung ist auch der Fall Adlers bedeutend, der als Pionier der Ich-Psychologie neu bewertet werden sollte. Nur auf diese Weise könnte man anfangen, von der Psychoanalyse als einem wirklichen wissenschaftlichen Korpus zu sprechen und nicht nur – im besten Fall – von einer komplexen interpersonalen (und geografischen, usw.) Angelegenheit. Was dies betrifft, stellt die Reform der analytischen Ausbildung in diesem Sinne einen ersten wichtigen Schritt dar. Dazu hat Roazen folgendes geschrieben:

> »Es ist extrem schwierig, sich Wissen über die Geschichte der Psychoanalyse anzueignen und das liegt vor allem am Sektierertum, das die Analytiker jahrelang blind gemacht hat ... Da wir inzwischen auf ein Jahrhundert psychoanalytischer Literatur zurückblicken können, müsste es doch eine größere Übereinstimmung dabei geben, welche Bücher und Artikel als Klassiker aufzufassen sind. Man muss kein Anhänger Sullivans sein, um seinen wegweisenden Beitrag zur Behandlung von Psychosen anzuerkennen und kein Anhänger Kleins, um Studenten die Lektüre von Kleins Arbeiten über Depression zu empfehlen. Wenn nur neuere Werke zur Lektüre empfohlen werden, während man anerkannte Hauptwerke der Vergangenheit ignoriert, kommt der Verdacht auf, dass unser Ausbildungssystem vom Weg abgekommen ist.« (1990, S. 52f)

7 Was eine genauere Dokumentation der Gemeinsamkeiten zwischen schweizerischer und amerikanischer Kultur angeht, unter besonderer Berücksichtigung des interpersonalen Kontextes, in den Jungs Entwicklung einzuordnen ist, möchte ich den Leser auf Patrizia Guarnieris Artikel (1990) über den Briefwechsel von James und Théodore Flournoy (1854–1920) verweisen.

8 Was die psychologische Phänomenologie angeht, die mit der Konversion zur Psychoanalyse einhergehen kann, ist ein solches Übertragungs-Motiv zur Zeit der Pioniere nicht selten anzutreffen. Der bedeutendste Fall war der Otto Ranks (1884–1939), der keine gute Beziehung zu seiner Familie und vor allem ein schlechtes Verhältnis zum Vater hatte, und nach der Begegnung mit Freud 1905

sogar auf seinen Nachnamen, Rosenfeld, verzichtete (siehe James Liebermanns Rank-Biografie, 1997).

9 Sullivan zitiert eine ganze Reihe von Autoren, darunter Henri Bergson, Bertrand Russell und die Deutschen Gruhle, Jaspers und Wilmanns – es wäre sicher interessant den Beitrag jedes Einzelnen von ihnen näher zu untersuchen –, die zur Entwicklung seiner Betrachtungsweise des Problems beigetragen haben.

10 Der folgende Passus zum Thema der epistemologischen Misere im Bereich der Schizophrenie-Forschung, der dem Anfang der pars construens seines Beitrags vorausgeht, enthält nicht nur ätzende Kritik, sondern ist auch höchst aktuell:

> »Viele Themen werden extrem oberflächlich behandelt und gelangen so zu aufregenden Ergebnissen und ›Entdeckungen‹; das alles ohne irgendeinen bleibenden Nutzen für die psychiatrische Kunst. Ein so weites Feld wie die Schizophrenie wird von unseren Enthusiasten in alle Richtungen abgelaufen und sie ›entdecken‹ dort ätiologische Märchen wie ›das Refugium des Narzissmus‹, ›die Regression in das archaische Unbewusste‹, ›die Zersetzung der Gonaden‹, ›Störung der Basalganglien‹, und so fort. Hat er die Entdeckung einmal gemacht, sieht der Enthusiast nur noch das, was einen weiteren Beweis darstellt. Seine Schüler bestätigen sein Genie immerfort, indem sie weitere ›Beweise‹ für seine Theorie anhäufen. Wenn man dieses ganze Material aber einmal genau anschaut, findet man nichts. Man müsste ganz von vorn anfangen; der elementarste wissenschaftliche Kanon wurde missachtet und die Daten sind gänzlich subjektiv oder so sehr von Vorurteilen verzerrt, dass sie unbrauchbar sind.« (ibidem, S. 144)

11 Bevor ich die Neugierde des Lesers befriedige, möchte ich darauf hinweisen, dass wir im Absatz, der dem, welchem ich dieses Zitat entnommen habe, vorausgeht, auch folgenden Satz finden, der zeigt, wie bewusst Sullivan schon damals das war, was in den 60er Jahren als Hospitalismus bekannt wurde: »Die Zahl derjenigen, denen eine Wiederannäherung an eine einvernehmliche Realität gelingt, schwankt sehr, je nach Art der institutionellen Behandlung« (*ibidem*, S. 251).

12 In Perrys Kommentar, der diesem Beitrag vorausgeht, findet der Leser auch folgende wichtige Information: Während dieses Kolloquiums von 1929 entstand aus der Zusammenarbeit von Sullivan, Thomas und Sapir das Projekt einer institutionellen Untersuchung interdisziplinärer Ausrichtung, das nach dem Krieg – da es in den 30er Jahren keine ausreichenden Mittel gab – den Psychiater Alfred Stanton und den Soziologen Morris Schwartz dazu anregte, die Arbeit in Angriff zu nehmen, die 1954 zur Publikation des Klassikers *The Mental Hospital* führte, der sich mit der Arbeitsweise des Chestnut Lodge Sanitarium beschäftigte.

13 Da die Überlegungen zu diesem Thema, die Sullivan in dieser Schrift von 1931 zum Ausdruck bringt, nicht nur sehr originell, sondern auch aktuell sind, möchte ich sie an dieser Stelle zitieren:

»Zweitens, sollte man für diese Art von Arbeit weder nicht analysierte Psychiater, noch Psychiater, die noch in den heiligen Nimbus einer frischen Analyse gehüllt sind, in Betracht ziehen. Erstere besitzen im allgemeinen ein starres System von Tabus und Kompromissen, die der Intuition des Schizophrenen nicht entgehen, sodass es bald zu einer Situation kommt, in der der Patient den Arzt therapiert und ihn fürchtet. Und was zweitere angeht, wissen sie in ihrem Eifer des Neulings so viele unwahre Dinge, dass die Therapie nicht einmal richtig anfangen kann. Drittens: Ein weiterer Kandidat, der zum Misserfolg als Therapeut Schizophrener verdammt ist, ist der Typ Philosoph. Auch die Schizophrenen lieben es nämlich, zu philosophieren: Es ist sehr viel einfacher und ungefährlicher, zu ›denken‹, als zu beobachten und die Dinge zu verstehen (...) Ein vierter Typ von Person, der wenig für die Therapie Schizophrener geeignet ist, ist der, den wir an anderer Stelle als ›Typ resistenter Homosexueller‹ definiert haben und der zu sehr damit beschäftigt ist, ›homosexuelle Komponenten‹ in allen zu finden, um all die anderen Dinge, die sich vor seinen Augen abspielen, wahrzunehmen. Der fünfte Typ ist der Reformator, der ›weiß‹, wie man das Leben leben müsste und, was gut oder schlecht ist. Wenn er in der Psychiatrie arbeitet, müsste er den Schizophrenen fern bleiben: Vielleicht könnten die manisch-depressiven Psychosen sein ideales Arbeitsgebiet sein. Der sechste und wahrscheinlich am wenigsten für diese Art Arbeit geeignete ist derjenige, der den Beruf des Psychiaters gewählt hat, weil er ihm Macht verleiht und ihm die Möglichkeit gibt, seinesgleichen zu dominieren. An ihn müssten sich die Zwangsneurotiker wenden.« (ibidem, S. 289f)

Es ist bekannt, dass man in der Psychoanalyse erst seit wenigen Jahren über dieses Problem reflektiert, das heißt, mit welcher Art von Patienten ein Therapeut aufgrund seiner Persönlichkeitsstruktur besser/schlechter arbeitet – während man in der Psychiatrie noch nicht einmal damit angefangen hat!

14 In seiner Besprechung der italienischen Ausgabe von *Schizophrenia as a Human Process* weist Sergio Dazzi beredt auf eine weitere grundlegende Qualität dieser Anthologie hin – auf den mehrdimensionalen Charakter von Sullivans Ideen. Er sagt dazu Folgendes:

»Die Schriften über Schizophrenie sind ein Klassiker, deren Lektüre für jeden nützlich sein kann, der sich für die Klinik interessiert. Ich spreche so allgemein, weil mir nur das eindeutig erscheint; tatsächlich wüsste ich nicht, ob ich dieses Buch als die Arbeit eines klinischen Psychiaters, eines Sozialpsychologen, eines Psychoanalytikers oder eines Theoretikers der menschlichen Kommunikation definieren sollte. Vielleicht ist es all dies und es wäre ein grober Fehler, es auf nur eine dieser vielen ›Seelen‹ zu reduzieren.« (1993, S. 140)

Auf den zweiten Aspekt kommen wir im letzten Paragraphen zurück.

15 Pao behandelt dieses Thema in einem Sullivan gewidmeten Kapitel von *Schizophrenic Disorders*; im Abschnitt »Die Schizophrenie im Lichte der interpersonalen Theorie« stellt er fest:

»Nachdem ich die wichtigsten Punkte der interpersonalen Theorie behandelt habe, werde ich jetzt versuchen darzustellen, wie Sullivan sie in seine Konzeption der Schizophrenie integriert hat. Er nahm an, dass die mütterliche Figur des zukünftigen Schizophrenen mehr als die ›durchschnittliche Mutter‹ unter Angst litt. Ihre Angst ist so intensiv, dass sie dem Kind eine exzessive Erfahrung des Nicht-Ich vermittelt und damit eine besondere Verletzlichkeit der Erfahrung des Nicht-Ich. Wenn nun die Fähigkeit zu sprechen erworben wird, bildet sich das Selbst-System heraus. Sobald dies geschieht, geht es darum, um die Erfahrung des Nicht-Ich zu vermeiden, was mit einem übertriebenen Einsatz der speziellen Sicherheitsoperation der Dissoziation einhergeht. Während der Persönlichkeitsentwicklung (…) ist der Dynamismus des Selbst stark gefährdet. Dann, während der Adolezenz, behindert der starke sexuelle Dynamismus die Funktion des Selbst-Systems. Als Folge misslingt der dissoziative Prozess. Mit der Rückkehr der Erfahrung des Nicht-Ich, tritt ›ein Zustand, der so desintegrierend ist, daß er sich mit gewissen Vorbehalten als Panik bezeichnen läßt‹, ein (1953, S. 365). Während dieses Zustandes der Panik verschwindet die Grundlage für die Struktur der eigenen Sicherheit und Überzeugungen in Hinblick auf die Sicherheitsgarantien und die Verlässlichkeit des Universums in dem man lebt.« (1979, S. 89)

16 Was die Zweiphasen-Theorie der Entstehung der Symptome betrifft, schreibt Pao, dass »die interpersonale Theorie der Schizophrenie die Konzeption Freuds von der Entstehung des Symptoms in zwei Phasen bestätigt. Dank Sullivans außergewöhnlicher Erfahrung mit Schizophrenen ist diese Feststellung äußerst wertvoll« (1979; italienische Ausgabe 1984, S. 93). Nebenbei gesagt bemerkt Pao zum gleichen Thema in einer Fußnote: »Sieht man einmal von den sprachlichen Unterschieden ab, sind sich Sullivans und Fenichels Formulierungen außergewöhnlich ähnlich« (*ibidem*).

17 Für den Kliniker ist auch die Tatsache interessant, dass Sullivan die katatonische Form der Schizophrenie als eine Art gemeinsamen Nenner schizophrener Zustände auffasst, die sowohl die hebephrenische wie auch die paranoide Form durchlaufen, welche folglich im Sinne einer speziellen Entwicklung, die von der Geschichte und der Persönlichkeitsstruktur des einzelnen Patienten abhängt, neu konzeptualisiert werden müssten. Sehr aufschlussreich ist auch die Erklärung, welche Sullivan vom Dringlichkeitsgefühl des Katatonikers gibt, deren Schlussfolgerung hier zitiert werden soll:

»Ich denke, wenn zwei oder drei unserer intelligentesten Schizophrenen jetzt hier anwesend wären und ich mich an sie wenden und fragen würde:

›Was ist das Ziel dieser Dringlichkeit?‹, könnte es sein, dass einer von ihnen antwortete: ›Nun, eigentlich haben wir ein gewisses Interesse daran, wieder zu menschlichen Wesen zu werden. Es erscheint uns sogar sehr wichtig. Das ist es wohl, worüber Sie gerade reden.‹« (ibidem, S. 320)

Wir wollen auch die folgende, wesentliche Beobachtung nicht vergessen, die viele Kollegen bestätigen werden können:

»Es gibt etwas, das meiner Ansicht nach nur die Eltern oder Psychiater machen können, um den Zustand eines Schizophrenen zu verschlechtern: und zwar, zu erlauben, dass die schizophrenen Prozesse zu einem Teil ihrer Aktivitäten mit dem Patienten werden. Die anderen, die Kontakt zu dem Patienten haben, sind durch den Einbruch der sowieso schon schwachen Kommunikationsbrücke so verstört … dass sie alles daran setzen, aus dieser Situation herauszukommen. Die Eltern hingegen, und manchmal auch die Psychiater, haben ein solches Interesse für den Patienten und an ihrer Rolle ihm gegenüber, dass sie manchmal versuchen, ihm in seinen schizophrenen Prozessen zu folgen: die Eltern, weil der Patient ein Mitglied der Familie ist … und der Psychiater, weil er seine Rolle als eine Mischung aus Jesus Christus und dem Orakel von Delphi auffasst.« (ibidem, S. 325f)

18 In seinem monumentalen Werk *The Psychology of Schizophrenia* zitiert John Cutting nicht nur die oben wiedergegebene Meinung Sullivans (1985, S. 298), sondern kommt immer wieder auf die Forschungsarbeit Kasanins zurück, dem er den Verdienst zuspricht, zusammen mit Knight und Sage 1934 der erste gewesen zu sein, der die Anomalie der Beziehung Eltern/Kinder empirisch nachgewiesen hat (*ibidem*, S. 131).

19 Den Beitrag Cohens, »The Treatment of Anxiety in a Case of Paranoid Schizophrenia« haben wir auch in der schon erwähnten Anthologie *La tradizione interpersonale in psichiatria, psicoterapia e psicoanalisi* (Die interpersonale Tradition in Psychiatrie, Psychotherapie und Psychoanalyse) veröffentlicht.

20 In der Tat sehe ich diesen Standpunkt Sullivans ganz in der Nähe von Wilfred Bions (1897–1979) Konzept des Vorranges, der dem *vertex K* (*Knowledge*) als Träger der therapeutischen Aktion der Psychoanalyse eingeräumt werden sollte und zwar über die Art von Kontakt und Beziehung, die sich durch diese Perspektive mit dem Patienten einstellt. Ich verdanke die Erkenntnis dieser Affinität Dr. Ross A. Lazar (München).

21 Ausgangspunkt (und Bezugspunkt) für die Ausarbeitung dieses Absatzes stellt die von mir für die Anthologie *La tradizione interpersonale* zusammengestellte Biografie dieser Autorin dar.

22 Die nicht unerhebliche Rolle, welche die von Goldstein 1939 in *The Organism: a Holistic Approach to Biology* artikulierte holistische Anschauung bei der Verbreitung der neofreudianischen Orientierung spielte, wird durch die Neubewertung

seiner Person und seines Werkes in der Zeitschrift *Contemporary Psychoanalysis* im Jahre 1990 bezeugt. Unter den verschiedenen Beiträgen, die die Neuauflage einiger der signifikantesten Auszüge des Buches, mit dem Goldsteins Name verbunden ist, begleiten, ist auch »Goldstein: an Appreciation« von Stephen Mitchell; dieser hebt vor allem die nicht-reduktionistische Anschauung, die eine Alternative zu Freuds Trieb-Anschauung darstellt, hervor, die Fromm-Reichmanns erster Lehrer vertrat. Goldstein, der 1878 geboren wurde, verbrachte die letzten 30 Jahre seines Lebens in New York (von seiner Emigration 1935 bis zu seinem Tod 1965), was es ihm auf der einen Seite ermöglichte, den sozialen Charakter der Sprache und des Menschen in den Vordergrund zu stellen und auf der anderen seinem Diskurs eine wahrhaft interdisziplinäre Ausrichtung zu geben (Meiers 1990).

23 Dieses weniger bekannten Aspektes der Aktivitäten Fromm-Reichmanns vor der Auswanderung haben sich in jüngster Zeit Ursula Engel (1990) und Reinhard Blomert (1992) im Zuge der in den letzten Jahren in Deutschland angestrengten Bemühungen, Fromm-Reichmanns wissenschaftliches und professionelles Erbe neu zu bewerten, angenommen.

24 Auch dieses Kapitel der Geschichte der Psychoanalyse in Deutschland war in letzter Zeit Gegenstand einer gründlichen Neubewertung, wie das zitierte Werk bezeugt, das von Thomas Plänkers herausgegeben wurde. In Bezug auf unser Thema sollte man erwähnen, dass das Frankfurter Institut, auch wegen seiner Beziehungen zum Institut für Sozialforschung, dem Max Horkheimer vorstand, eine ähnlich interdisziplinäre Ausrichtung hatte wie später die neofreudianische Gruppe in den Vereinigten Staaten.

25 Tatsächlich waren auch unter den Freud nahe stehenden Analytikern einige, die sich schon länger in eine ähnliche Richtung bewegten: Vor allem Paul Federn (1871–1950), dem nicht nur bewusst war, dass bei der Arbeit mit Schizophrenen eine Veränderung der Technik vorzunehmen war, sondern auch, dass man mit ihnen außerhalb der klassischen Auffassung Freuds, die sich auf den intrapsychischen Konflikt konzentrierte, arbeiten musste. Indes war sein tief empfundenes Bedürfnis, sich nicht zu sehr vom konzeptuellen Rahmen Freuds zu entfernen, bei der Formulierung seiner Ideen nicht hilfreich – wie auch aus der Anthologie seiner Schriften, (*Psychosen und Ich-Psychologie*) hervorgeht, die 1952 von seinem Schüler Edoardo Weiss herausgegeben wurde.

26 Als Beleg für die bemerkenswerte Sensibilität Fromm-Reichmanns (auf den Spuren Goldsteins und Sullivans) für den empirischen und interdisziplinären Ansatz, der seit einigen Jahren auch den psychoanalytischen Mainstream beeinflusst, steht die Tatsache, dass ihr letztes Forschungsprojekt darin bestand, ein Sabbatjahr (1956/57) in Palo Alto als Gast Gregory Batesons zu verbringen, um die verbale und nonverbale Dimension der Psychotherapie zu untersuchen. Das heißt, sie wollte jene Dimension der therapeutischen Beziehung, in der sie selbst hervorragend war, besser konzeptualisieren – ein Projekt, über das Bateson in einem kurzen Artikel zu ihrem Gedächtnis, der 1958 in *Psychiatry* erschien, berichtete.

27 Diesen Standpunkt habe ich erstmalig in dem Beitrag »Dall'integrazione alla sintesi: il modello di H. S. Sullivan« (Von der Integration zur Synthese: Das Modell von H. S. Sullivan) formuliert, den ich auf der Konferenz »Therapeutische Maßnahmen bei Psychosen: individuelle, familiäre und soziale Gesichtspunkte«, im November 1992 von der Associazione Ricerca Schizofrenia in Mailand veranstaltet, vorgetragen habe.

28 Eine wichtige Folge dieses Gesichtspunktes, die man bei der Facharztausbildung zum Psychiater anwenden könnte, bestünde zum Beispiel darin, dass man diesen die Möglichkeit gibt, die verschiedenen Einrichtungen, aus denen heute ein *Dipartimento di Salute Mentale* (Zentrum für psychische Gesundheit) besteht, zu durchlaufen, um wirklich die vielgestaltigen Kompetenzen – klinische, psychotherapeutische und sozio-psychiatrische – zu erwerben, die der Beruf verlangt. Aus verschiedenen Gründen, die hier nicht untersucht werden können, ist dies noch nicht die Regel.

29 Einseitig dem psychodynamischen Standpunkt verpflichtet ist zum Beispiel das Buch *Towards a Comprehensive Model for Schizophrenic Disorders*, das auf einem am Chestnut Lodge zur Erinnerung an Ping-Nie Pao gehaltenen Symposium beruht und 1986 von David Feinsilver herausgegeben wurde. Es handelt von dem Versuch, vom psychodynamischen Blickwinkel ausgehend, eine umfassende, also integrative Anschauung der Probleme von Diagnose, Theorie, Psychopathologie des Entwicklungsalters und Behandlung, welche von der Schizophrenie aufgeworfen werden, auszuarbeiten.

6. Sullivan als Sozialwissenschaftler

Der interdisziplinäre Charakter von Sullivans Werk, über den wir im letzten Abschnitt des fünften Kapitels gesprochen haben, wird auch in diesem Kapitel deutlich werden. Wie wir immer wieder feststellen konnten, ist es vor allem dieser weit gefächerte Charakter, der Sullivans Arbeit so interessant und faszinierend macht – die Tatsache also, dass man ihn in kein definiertes Gebiet einordnen kann, sei es Psychiatrie, Psychoanalyse oder Sozialpsychologie – um nur die nahe liegendsten Zuordnungen zu nennen. Im Übrigen leitete eine überzeugte Bewunderin seiner Arbeit, die Soziologin Dorothy Blitsten, ihr Buch *The Social Theories of Harry Stack Sullivan* damit ein, dass sie ihn als »Sozialwissenschaftler«, charakterisierte, »dessen Spezialität die Psychiatrie war« (1953, S. 11). Mit anderen Worten, sie nahm in ihrer Arbeit von 1953 einiges von dem vorweg, was Perry später in ihrer Biografie detailliert ausarbeiten sollte.

Wir werden in diesem Kapitel nicht nur die intellektuelle Nähe der Arbeit Sullivans zu Vorläufern wie James, Meyer und White herausarbeiten, sondern auch zu herausragenden Vertretern der Soziologischen Schule von Chicago – wie William Thomas, Robert Park (1864–1944) und George Herbert Mead (1863–1931), und zu einem Anthropologen wie Edward Sapir (1884–1939). Es findet auch Berücksichtigung, dass Sullivan seine Zeitschrift *Psychiatry* zu einem Werkzeug seines sozialen und politischen Engagements machte.

Wenn man sich mit Sullivans Leben beschäftigt, kann man sehen, wie ihm der Kontakt zur Chicagoer Schule ermöglichte, viele existenzielle Begebenheiten, die sein Leben geprägt hatten, wie zum Beispiel der Umzug vom Land in die Stadt, in einen soziologischen Rahmen einzuordnen und damit besser zu verstehen. Auf den folgenden Seiten sollen nun in groben Zügen der intellektuelle Hintergrund und der wissenschaftliche Charakter seiner Forschungsrichtung dargestellt werden. Gerade die großen sozialen Probleme, welche die enorme und chaotische Entwicklung Chicagos mit sich brachte, in einem von einem fortschrittlichen Pragmatismus dominierten intellektuellen Klima, das höchst innovativ auf theoretischer Ebene war, regten die Entwicklung des spezifisch soziologischen Ansatzes, der später als »symbolischer Interaktionismus« bezeichnet wurde, an. Dieser Begriff entstammt eigentlich der Theoriebildung Meads, wurde allerdings – mehr oder minder ausdrücklich – von den Chicagoer Soziologen gebilligt, da ihr gemeinsamer methodologischer Nenner das Individuum war, der soziale Akteur, seine innere Welt, das heißt die subjektive Dimension der Wirklichkeit und der sozialen Aktion – und damit die Suche nach Methoden, diese besser zu definieren und zu dokumentieren. Wie wir bei einer näheren Betrachtung Meads und Sapirs feststellen werden, kommt dazu die Tatsache, dass es genaue Übereinstimmungen zwischen Sullivan und der Sozialpsychologie Meads' gibt. Darüber hinaus wollen wir die gemeinsame Arbeit von Sullivan und Sapir, nämlich den Einklang, der sie kennzeichnet, thematisieren.

Die beiden 1928 und 1929 in New York abgehaltenen Colloquia on Personality Investigation dokumentieren sehr gut den Einklang und die Übereinstimmung, welche die intellektuelle Zusammenarbeit zwischen Sullivan und der Chicagoer Schule kennzeichneten. Bei dieser Gelegenheit sagte Sullivan auch, wie schon erwähnt wurde, dass »die Teilnahme an Versammlungen mit Sozialwissenschaftlern ... vielleicht die bedeutendste meiner Aktivitäten ist« (1962, S. 218) und definierte seine psychiatrische Arbeit als »Versuche, Daten über die Persönlichkeit zusammenzutragen« (*ibidem*). In diesem Zusammenhang kristallisierte sich auch das erste Mal in einem seiner Beiträge das Projekt einer alternativen Ausbildung für Psychiater heraus, das später im Rahmen der Washington School of Psychiatry umgesetzt wurde. Bei unserer Untersuchung der beiden Colloquia wollen wir uns, neben methodologischen Aspekten, vor allem auf die psychiatrische Ausbildung konzentrieren, um schließlich Sullivans Haltung zu diesem Problem genauer zu untersuchen.

Mit der Gründung der Zeitschrift *Psychiatry* im Jahre 1938 wurde ein definitives Ausdrucksmittel für die interdisziplinäre Ausrichtung von Sullivans Arbeit geschaffen. Im dritten Abschnitt dieses Kapitels wird es eine detaillierte Darstellung geben, wie Sullivan selbst mit seinen Beiträgen die Linie der Zeitschrift bestimmte und wie die bedeutenden, wegbereitenden Beiträge von Freunden und Kollegen dem Standpunkt Gestalt verliehen, dessen Sprachrohr die Zeitschrift sein sollte. Es stellt keine Übertreibung dar zu behaupten, dass in den ersten 15 Jahrgängen von *Psychiatry* mit Klarsicht und anhaltender Aktualität einige der Grundlinien der gegenwärtigen Psychiatrie und Psychoanalyse gezeichnet wurden.

1964 versammelte Perry eine ganze Reihe von Sullivans Beiträgen über seine Beziehung zu den Sozialwissenschaften in der bereits angesprochenen Anthologie *The Fusion of Psychiatry and Social Science* (Kap. 4 Abschnitt 5); wir werden uns mit ihnen im vierten Abschnitt dieses Kapitels beschäftigen. Am Ende dieses Kapitels soll der Versuch unternommen werden, die wichtigsten Merkmale von Sullivans Engagement für die Schaffung einer wirklich präventiven Psychiatrie herauszustreichen, um dann ihre Aktualität zu überprüfen und ihre Grenzen aufzuzeigen.

6.1 Die Soziologische Schule von Chicago

Da die Literatur über die Chicagoer Schule sehr umfangreich ist, werde ich für die folgende Abhandlung auf jene Texte zurückgreifen, die uns dabei helfen können, einen Gesamteindruck zu bekommen und die wichtigsten Vertreter darzustellen, wobei ich Mead und Sapir gesondert behandeln werde. In der neuesten italienischen Monografie zu diesem Thema – *La scuola sociologica di Chicago. 1. La teoria implicita* (Die Soziologische Schule von Chiacgo. 1. Die implizite Theorie) – beschäftigt sich der Soziologe Luigi Tomasi vor allem damit, den Zusammenhang zwischen der Gründung der Universität von Chicago im Jahre 1892 mit dem breiten Raum aufzuzeigen, den man ihr in den Sozialwissenschaften gewährte, und den tief greifenden sozialen Veränderungen, denen die Stadt in der zweiten Hälfte des 19. Jahrhunderts entgegenging. Es ist bekannt, dass die Vereinigten Staaten das erste Land waren, in dem zu jener Zeit der Übergang von einer ländlichen in eine urbane Gesellschaft stattfand und Chicago stand im Zentrum dieser Entwicklung. Dazu kamen Industrialisierung und Einwanderung sowie die tief greifende Veränderung der Familienstruktur und der Einkommensverteilung, die daraus folgten. Nicht zu vergessen ein Phänomen, das Tomasi als »moralische Auflösung der Stadt« bezeichnet, das heißt, einerseits bildeten sich ethnische Ghettos und andererseits bestand das Bedürfnis, die Neuankömmlinge in die schon bestehende Gesellschaft zu integrieren und zu assimilieren – wobei diese ursprüngliche Gesellschaft unter dem Gewicht der definitiven Durchsetzung der kapitalistischen Organisation der Arbeit und der Einwanderungswellen, die sie nährten, zerbrach.

Da drei Viertel der Einwohner Chicagos, der Metropole des Westens im 19. Jahrhundert, Immigranten waren, entstanden komplexe soziale Probleme, die tief greifende soziale Reformen nötig machten. Vor diesem Hintergrund, zu dem auch die Ideale der *Progressive Era* gehörten, entstanden Bewegungen wie das Social Science Movement, der Vorläufer eines künftigen Einsatzes der Sozialwissenschaften in diese Richtung, als die Universität gegründet wurde. Im Mittelwesten der Vereinigten Staaten, in dem sich diese komplexe Entwicklung abspielte, entstand also die amerikanische Soziologie, deren kulturelle und soziale Voraussetzungen Edward Shils wie folgt beschrieben hat:

> »Die intellektuellen Anführer der Universitäten des mittleren Westens rivalisierten mit der Hegemonie der alten Universitäten der Ostküste; sie hatten eine kritische Haltung gegenüber dem ihrer Meinung nach übertriebenen Respekt, welcher der Vergangenheit von diesen Universitäten gezollt wurde. Sie fanden,

dass die Suche nach Erkenntnis nicht an Gewicht verlieren würde, wenn man sich mit praktischen Problemen beschäftigte, die unmittelbaren Nutzen hatten. Kurz gesagt, ihnen fehlte diese dicke Schicht aus raffinierter, traditioneller, humanistischer, bürgerlicher, christlicher Kultur, die an den Universitäten der Ostküste vorherrschte. Im mittleren Westen war die hierarchische Struktur schwächer, es gab mehr Gleichheit und mehr Sympathie für den gemeinen Menschen, mehr Verständnis für die Probleme der kleinen Leute und folglich mehr Bereitschaft, sich auf intellektueller und sozialer Ebene mit ihnen auseinanderzusetzen.« (zitiert in Tomasi 1997, S. 47).

Tomasi sagt dazu:

»Das neue Fach, die Soziologie, hat ihren Ursprung also in einer ›neuen Universität‹, in der ›neuesten‹ und größten Stadt der Welt, und ihr Ziel ist es, die konkreten sozialen Probleme zu erforschen und eine eigene Sozialtheorie aufzustellen, um sie zu lösen.« (*ibidem*, S. 47f)

Nicht weniger bedeutend dafür, dass Chicago die Wiege der entstehenden amerikanischen Soziologie wurde, waren Werdegang und Persönlichkeit ihrer intellektuellen Väter und darüber hinaus das besondere politische Klima, das hier herrschte – durch das es zur Schaffung besonderer Agenturen und dem Einsatz von »Sozialarbeitern« kam, die, wie Tomasi berichtet, »die kranke Stadt ›heilen‹ sollten« (*ibidem*, S. 49). Hierauf ist die enge Beziehung zwischen theoretischem Ansatz und angewandter Forschung zurückzuführen, welche die Chicagoer Schule auszeichnet. Diese Besonderheit zeichnet auch die Orientierung Sullivans aus, wie wir gesehen haben. Tomasi schreibt dazu:

»In einer Zeit, in der die Probleme fast nur auf individueller psychischer Ebene offensichtlich werden, führen diese Soziologen klar vor Augen, wie die lokalen Gemeinschaften einen tiefen Einfluss auf den Einzelnen ausüben. In ihren Forschungen werden die lokalen Probleme direkt mit dem lokalen Kontext in Zusammenhang gebracht, der die Entwicklung der Person behindert und damit die der Gemeinschaft. Bedeutend ist in dieser Hinsicht folgende Aussage Robert E. Parks: ›*Delinquency is, in fact, in some sense the measure of the failure of our community organisations to function*‹. Aus diesem Grund«, fährt Tomasi fort, »wehren sich sowohl William I. Thomas als später auch Robert E. Park gegen die Amerikanisierungsprogramme, die ein völliges Verschwinden der Kultur der Einwanderer zugunsten der angelsächsischen Kultur fordern. Die Soziologen, um die es hier geht, entwickeln angesichts dem Vorurteil, nach dem die

> gesellschaftlichen Übel ihren Ursprung im Zusammentreffen der Einwanderer mit den Werten der amerikanischen Gesellschaft haben, alternative Theorien die zum Teil auf die Lektüre der Werke der europäischen Soziologen zurückgehen.« (*ibidem*, S. 51f)

Der Leser kann hieraus gut ersehen, dass wir es hier nicht nur mit einer sozialen Sensibilität und einem wissenschaftlichen Standpunkt zu tun haben, die an Sullivan sehr erinnern, sondern sogar mit einem analogen intellektuellen Werdegang, der in der amerikanischen Überarbeitung einer ganzen Reihe europäischer Einflüsse besteht. Was Sullivan angeht, können wir an Freud und die Psychoanalyse denken und hinsichtlich der Soziologen von Chicago an das Werk Georg Simmels (1858–1918).

Wir wollen jetzt Tomasi folgen und uns die Entwicklung der Schule von Chicago als Institution und deren Besonderheiten aus der Nähe ansehen.

> »William R. Harper, der neue Präsident der Universität von Chicago«, schreibt Tomasi, »rekrutiert qualifizierte Dozenten, die gleichzeitig ›Gelehrte‹ und ›Verwalter‹ sind; man braucht nur daran zu denken, dass zehn von ihnen die Position des Präsidenten eines Colleges oder einer Universität einnehmen. Sie haben in Europa klassische Bildung empfangen, besitzen gleichzeitig aber auch Business-Fähigkeiten. Obwohl die meisten religiös sind, glauben sie fest an die experimentellen Wissenschaften. Harper vertraut Albion W. Small (der zuvor Präsident des Colby Colleges war) 1892 die Gründung des Fachbereichs Soziologie und Anthropologie der neuen Universität an. Man sollte hinzufügen, dass Harper in die Gründung des neuen Fachbereichs unter der Bedingung einwilligt, dass es dort auch Anthropologie geben wird, welche inzwischen eine anerkannte Wissenschaft geworden ist. Die amerikanische Soziologie wird schnell erfolgreich und 1907, 15 Jahre nach der Gründung, sind 1000 Studenten eingeschrieben, die von den Colleges des mittleren Westen kommen. Von Anfang an ist offensichtlich, dass hier eine *science of society* entstehen soll. Aus diesem Grund gehen sowohl Small als auch Park über die reine Beschreibung der Fakten hinaus, die typisch für die progressiven Reformer ist, und entwickeln eine parallele Theorie. Thomas und Park sind diejenigen, die das Ethos der Wissenschaft am besten verkörpern; beide wollen das Gesamte kennen und in seinen Grundzügen verstehen .... Indem sie eine Methode einsetzen, die aus der direkten Beteiligung an der Forschung hervorgeht ... gelingt diesen Soziologen der Übergang vom *social survey* zum *sociological survey*.« (*ibidem*, S. 54f)

Wie sieht also diese neue Methode aus und welches sind die wichtigsten Werke, in denen sie verwirklicht wird?

Martin Bulmer gibt in seinem Buch *The Chicago School of Sociology. Institutionalisation, Diversity and the Rise of Sociological Research* (1984) eine überzeugende Antwort auf die erste dieser beiden Fragen:

> »Der anhaltende Einfluss der Forschungsmethoden der Chicagoer Schule drückt sich auf folgenden drei Ebenen aus: Der Gebrauch von dokumentarischen Quellen aller Art wurde zum Beispiel durch die Heranziehung von Tageszeitungen als Mittel zum Studium von bestimmten Arten öffentlichen Verhaltens angeregt. Die teilhabende Beobachtung konnte sich als Standardmethode der soziologischen Forschung durchsetzen, entsprechend Parks Gebot, dass es keine *wahre* Forschung geben konnte, ohne dass sich der Forscher die Hosenbeine schmutzig machte. Drittens kennzeichnete die Chicagoer Orientierung ein Ansatz, der offen war und methodologisch vielfältig. Den verschiedenen Forschungsprojekten war tatsächlich gemein, dass sie sich eine Kombination von Forschungsmethoden zu eigen machten, um ein möglichst genaues Bild des untersuchten Problems zu liefern. Es ging um den unverzichtbaren Gebrauch ökologischer Pläne; das Vertrauen in die persönliche Beobachtung und das Gespräch; die Bedeutung der Lebensgeschichte und persönlicher Dokumente; und schließlich der untergeordnete, aber nicht unbedeutende Raum, welcher der Statistik zugestanden wurde. Die zutreffendste Metapher«, schließt Bulmer, »scheint wirklich die des Mosaiks zu sein und das sowohl hinsichtlich der Weise, in der die verschiedenen Forschungstechniken zusammengesetzt werden sollten, als auch der Rolle, die jedem Forschungsprojekt in der Gesamtökonomie des Studiums der Stadt zustand. Genau darin konkretisierte sich schließlich der besondere Beitrag der Chicagoer Schule, das heißt eine empirische soziologische Forschung zu schaffen, die einen präzisen theoretischen Rahmen hat.« (1984, S. 108)

Natürlich findet sich die größte Übereinstimmung mit Sullivans Orientierung in der Rolle, welche die Chicagoer Schule den Feldstudien mithilfe teilhabender Beobachtung beimisst. An dieser Stelle sollte man auch hervorheben, wie sein integrativer Ansatz gegenüber der Schizophrenie dieselbe Linie verfolgt, was bedeutet, dass eben eine Vielzahl von Ansätzen für nötig gehalten wird. Nicht zu vergessen die Tatsache, dass die interpersonale Theorie der Psychiatrie, wie wir gesehen haben, einen Versuch Sullivans darstellte, den von ihm *the data of psychiatry* genannten Daten der Vorgeschichte des Patienten einen möglichst passenden theoretischen Rahmen zu geben.[1]

Kommen wir nun zu der zweiten Frage, die wir uns gestellt haben: Zweifellos ist *The Polish Peasant in Europe and America* (1918–1920) der berühmteste Text, der jemals aus der Chicagoer Schule hervorgegangen ist und wir werden uns in Kürze im Rahmen eines kurzen Portraits von Thomas' Leben und Werk noch näher mit diesem befassen. Ich möchte an dieser Stelle aber auch die neben der Immigration bestehenden Forschungsbereiche erwähnen, die zum anhaltenden Ruhm dieser soziologischen Schule beitrugen. Tomasi erinnert zum Beispiel daran, dass Franklin E. Frazier 1920 mit der Veröffentlichung von *The Negro Family in Chicago* eine Untersuchungsreihe über afroamerikanische Familien einleitete. *The Hobo: the Sociology of the Homeless* von Nels Anderson hingegen geht auf das Jahr 1923 zurück und untersucht das Schicksal der Obdachlosen, die Opfer des ungeregelten Arbeitsmarkts waren. Im Jahr 1927 erschien dann *The Gang. A study of 1313 Gangs in Chicago* von Frederick M. Trasher, ein Text, den Sullivan wiederholt auch in »Research in Schizophrenia« zitiert. Über diesen Text schreibt Tomasi:

> »Er bringt die Existenz der Gangs mit der schlechten Verwaltung, den organisatorischen Mängeln in Bezug auf Jugendliche und der Korruption der Funktionäre in Zusammenhang; sie werden praktisch mit einem System des ›gegenseitigen Beistands‹ für die orientierungslosen Jugendlichen verglichen. Diese Analyse, wie auch andere, widerspricht der vorherrschenden Meinung, derzufolge die Gangs das Ergebnis perverser Neigungen gewisser Gruppen, zum Beispiel der Italiener oder Polen, sind.« (1997, S. 58)

Nebenbei gesagt, können wir uns an dieser Stelle vorstellen – und einen weiteren Beleg für die enge Beziehung, die Sullivan zur Chicagoer Schule hatte, finden – was für eine Erleichterung eine derartige Interpretation für ihn dargestellt haben mag, bringt man sie mit den von Perry rekonstruierten Geschehnissen in Verbindung, die zum Abbruch seiner Studien an der Cornell University in Ithaca führten. Ein weiteres Forschungsgebiet, in dem die Chicagoer Soziologen wegweisende Beiträge leisteten, die noch heute Gültigkeit haben, ist die Soziologie der Geisteskrankheiten, das heißt die Ökologie ihrer Verbreitung in Chicago; um dieses Thema dreht sich auch *Mental Disorders in Urban Areas*, das Faris und Dunham 1939 veröffentlichten – laut Jervis stellt diese Veröffentlichung »den eigentlichen Anfang der Untersuchungen (und Polemiken) zur Epidemiologie der Psychosen in der westlichen Welt« dar (1965, S. XLIII).[2]

An diesem Punkt angelangt, wollen wir uns mit Thomas und Park beschäftigen. Da Thomas ein persönlicher Freund Sullivans war und sowohl er als auch Park an beiden Colloquia on Personality Investigation teilnahmen, sollten hier ein paar Worte nicht nur über ihre wissenschaftliche Arbeit, sondern auch über ihr Leben und den intellektuellen Hintergrund gesagt werden, vor dem ihr Werk gesehen werden muss.[3] Thomas wurde 1863 in einer abgelegenen Region Virginias geboren, wo er – ebenso wie Sullivan – seine Jugend fern der modernen Zivilisation verbrachte. 1880 schrieb er sich an der Universität von Tennesee ein und spezialisierte sich in den Fächern Literatur und klassische Literatur.

Erst 1888/89, nachdem er an seiner Universität die verschiedensten Fächer gelehrt hatte, erhielt er die Möglichkeit, seinen Traum zu verwirklichen und nach Deutschland zu gehen, wo er ein Jahr in Berlin und in Göttingen verbrachte – »ein für seine zukünftige intellektuelle Orientierung entscheidendes Jahr« (Coser 1977, S. 531), denn er lernte die Schriften der Ethno-Psychologen Lazarus und Steinhal und die Völkerpsychologie Wundts kennen. Nachdem er in seine Heimat zurückgekehrt war, lehrte er drei Jahre lang englische Literatur in Oberlin, als »ihn die Nachricht erreichte, dass an der Universität von Chicago das erste soziologische Institut Amerikas gegründet worden war. Er gab das auf, was eine sichere Karriere in Oberlin schien, um sich in Chicago für Soziologie einzuschreiben« (*ibidem*, S. 532).

Nachdem er ein paar Jahre lang eine Vielzahl an Kursen besucht hatte, wurde Thomas 1894 eingeladen, seinen ersten Soziologiekurs zu halten, um dann im Jahr 1900 Dozent und 1910 ordentlicher Professor zu werden.

> »Während sich die Lehrtätigkeit Albion Smalls auf theoretische Probleme und historische Daten und die Charles Hendersons auf soziale Probleme und deren Behebung konzentrierte, richtete sich das Interesse Thomas' vor allem auf ethnografische und komparative Studien – hat Coser geschrieben. Zu jener Zeit umfasste dieser Fachbereich in Chicago sowohl Soziologie als auch Anthropologie und Thomas hielt Kurse in einem Fach, das man heute als Kulturanthropologie bezeichnen würde. Da er eben dieser Orientierung folgte … kehrte er nach Europa zurück, um verschiedene kulturelle Gegebenheiten kennen zulernen … 1908 bot Helen Culver, die Erbin des Gründers des Hull House, Tomas 50000 Pfund, um das Problem der Immigration zu untersuchen. Die folgenden zehn Jahre leitete Thomas den ›Helen Culver Fund for Race Psychology‹, wodurch er die Studien finanzieren konnte, die schließlich zur Veröffentlichung von *The Polish Peasant* führten.« (*ibidem*)

Da wir seinen eigenständigen wissenschaftlichen Werdegang dargestellt haben, der in einigen Dingen an den Sullivans erinnert, wollen wir uns nun dem Buch zuwenden, das ihn berühmt machte, und das er in fast zehnjähriger Arbeit gemeinsam mit dem Wissenschaftler Florian Znaniecki (1882–1958) vorbereitete. Coser beschreibt, wie Thomas zufällig auf die Methode der Lebensgeschichten kam, die eine der Besonderheiten dieses Werkes darstellt:

»Eines regnerischen Morgens, als Thomas durch die Gasse hinter seinem Haus ging, musste er zur Seite gehen, um nicht von einem Müllbeutel getroffen zu werden, den jemand aus einem Fenster warf. Da der Beutel, der zu seinen Füssen gelandet war, aufgegangen war, kam ein langer Brief zum Vorschein. Er nahm ihn mit nach Hause und entdeckte, dass er auf polnisch von einem Mädchen geschrieben worden war, das einen berufsvorbereitenden Kurs in einem Krankenhaus besuchte. Er war an den Vater gerichtet und handelte vor allem von Familienangelegenheiten und -streitereien. Auf einmal wurde Thomas klar, dass solche Briefe wichtiges Informationsmaterial darstellen konnten. Dieser Zufall brachte Thomas darauf, die Lebensgeschichten-Methode auszuarbeiten, für die er von jenem Moment an berühmt wurde.« (*ibidem*, S. 533)

So kam es, dass Thomas, nachdem er erst einmal diese Forschungslinie entwickelt hatte, eine solche Menge an Material sammelte – 754 Briefe, Dokumente aus dem Archiv einer polnischen Zeitung und Daten, die ihm die polnische Kirchengemeinde Chicagos zur Verfügung stellte – dass es einen großen Teil der 2244 Seiten des *Polish Peasant* einnimmt. Die Entscheidung für eine solche Methode verlangt große Sorgfalt bei der Sammlung der Daten – die wiederum aus einer Vielzahl von Quellen stammten –, wie Sullivan in dem Artikel »Peculiarity of Thought in Schizophrenia« gezeigt hat. Nun wollen wir uns die theoretische Vielschichtigkeit dessen ansehen, was Coser als »beeindruckende Errungenschaft«, bezeichnet, »die erste wichtige Umsetzung eines soziologischen Forschungsprojekts in Amerika« (1977, S. 511), worin Thomas' Pionierleistung besteht.

»Das theoretische Schema, welches dem Buch *The Polish Peasant* zugrunde liegt«, schreibt Coser, »kann als ein Versuch interpretiert werden, sowohl die rein individualistische und subjektivistische Lesart der soziologischen Daten als auch die verallgemeinernde, ›objektivistische‹ Interpretation des Lebens und der sozialen Veränderungen zu überwinden, die den handelnden, fühlenden und denkenden Individuen keinerlei konzeptuelles Gewicht zugesteht ... Mit ihrem Versuch, den objektiven ebenso wie den subjektiven Faktoren, angemessene Bedeutung zu verleihen, erarbeiteten sie ein konzeptuelles Schema, demzufolge nur die Interaktion zwischen individueller Einstellung und objektiven kulturellen Werten das menschliche Verhalten auf adäquate Weise erklären konnte.« (*ibidem*, S. 512)

Das heißt, dass laut Coser für Thomas und Znaniecki

»der Einfluss externer oder objektiver Faktoren auf das menschliche Verhalten nur dann Bedeutung hat, wenn sie zu subjektiven Erfahrungen werden ... Also

> ist es nicht die soziale Desorganisation der armen Viertel der Metropolen, die das abweichende Verhalten der Personen hervorruft, die erst kurz zuvor eingewandert sind. Hingegen führt die subjektive Erfahrung der Schwächung von normativer Bindung zu abweichenden Reaktionen bei einzelnen Einwohnern der Armenviertel.« (*ibidem*, S. 513)

Einen zentralen Platz in Thomas' Sozialpsychologie nahm folglich das Konzept von der »Definition der Situation« ein, das heißt, die Möglichkeit zweier Individuen, völlig verschieden auf den gleichen Reiz zu reagieren. Coser führt den anhaltenden Einfluss Thomas' auch auf die heutige Soziologie gerade auf seine Sozialpsychologie zurück, die um ein Konzept herum errichtet ist, bei dem der soziale Akteur und seine subjektive Welt im Vordergrund stehen (*ibidem*, S. 559). Und so stellt Thomas' berühmte Feststellung »Wenn man gewisse Situationen als real definiert, sind sie real in ihren Folgen« einen Aphorismus dar, der am besten seine theoretische Arbeit als Ganzes auf den Punkt bringt.[4]

Thomas stellte also den sozialen Akteur und seine subjektive Welt in den Mittelpunkt seiner Arbeit und stützte sich bei seinen Untersuchungen vor allem auf dokumentarische Quellen; mit seinem Schüler Robert Park wurden dann das Prinzip der teilhabenden Beobachtung und die Gesprächstechnik definitiv ausgearbeitet. Während Thomas ein Akademiker mit ethnografischem und anthropologischem Hintergrund war, war Park ursprünglich Journalist und hatte jahrelang intensiv über die sozialen Probleme Amerikas zur Zeit der Jahrhundertwende recherchiert und wurde von Thomas dazu bewogen, Soziologe und Akademiker zu werden. Das führte dazu, dass er, trotz seines ursprünglich praktischen und methodologischen Interesses, schließlich im Bereich der Systematik – bei der Klassifizierung und Analyse der sozialen Daten also – einen besonderen Beitrag leistete. Tomasi unterstreicht in seinen Ausführungen über Park abschließend, dass für ihn einerseits »die wahre Grundlage des Wissens die direkte Erfahrung und nicht das Studium zweitrangiger Dokumente« war, und dass er andererseits in der Lage war, »die wissenschaftliche Rechtfertigung einer Art von Forschung, die seine Vorgänger als nicht wissenschaftlich klassifiziert hatten« zu liefern (1997, S. 180). Vergessen wir auch nicht die Tatsache, dass Park und Burgess, den Autoren des im Jahre 1920 erschienenen Klassikers *Introduction to the Study of Sociology*, der Verdienst gebührt, (mit Bulmers Worten) »die Architekten des Erfolgs der Chicagoer Schule« gewesen zu sein (1984, S. 111).

Park wurde 1864 in einer wohlhabenden Familie in Pennsylvania geboren und hatte das Glück, John Dewey als Lehrer an der Universität von Ann Arbor (Michigan) zu haben. Er schloss dort 1887 sein Studium ab und entschied, dass der Journalismus mehr als jede andere Aktivität seinem Bedürfnis nach sozialem Engagement entgegenkam; er übte diesen Beruf zehn Jahre lang aus. 1898 befand er, dass er einen präzisen theoretischen Rahmen brauchte und studierte in Harvard bei Hugo Münsterberg (1836–1916) Psychologie und bei James und Royce Philosophie. Harvard genügte ihm nicht, also ging er nach Deutschland und besuchte in Berlin die Vorlesungen Simmels, der ihn stark beeinflusste; bei dem Neokantianer Windebland schrieb er seine Doktorarbeit über »Masse und Publikum«. An jenem Punkt seines ungewöhnlichen und faszinierenden Lebensweges ermüdete ihn die akademische Welt; er lernte den schwarzen Führer Booker T. Washington kennen, mit dem er neun Jahre lang zusammenarbeitete, bis er Thomas traf, der ihm im Alter von 50 Jahren die Tore der Universität von Chicago öffnete – in der er, wie wir gesehen haben, zu einer zentralen Figur wurde.

Wie Coser hervorhebt, war die Begegnung mit Simmel – das heißt mit dessen interaktionistischer Orientierung – entscheidend für seinen soziologischen Werdegang. Coser schreibt dazu:

> »Wenn Park die Gesellschaft als kollektives Verhalten betrachtet, das mittels sozialer Kontrolle organisiert wird, übersetzt er Simmels Unterscheidung zwischen dem spontanen Fließen des sozialen Lebens und der Kontrolle, die vorgefertigte Formen der Interaktion ausüben, um die verschiedenen, wichtigen Bedürfnisse der Menschen in Verhaltensmodelle zu kanalisieren, in eine amerikanische Terminologie.« (1977, S. 374)

Nicht zufällig lautete eine seiner grundlegenden Annahmen: »All the problems of social life are thus problems of the individual; and all problems of the individual are at the same time problems of the group« (zitiert in Tomasi 1997, S. 162). Da uns diese Formulierung zu der Affinität, die zwischen Sullivans Orientierung und jener der Schule von Chicago besteht, zurückführt und wir uns mit einem zusammenfassenden Portrait Parks begnügen müssen, wollen wir uns nun dem Werk Meads und Sapirs zuwenden.[5]

Bevor wir uns aber mit Mead beschäftigen, möchte ich noch erwähnen, dass nach dem erzwungenen Rücktritt Thomas', als Folge böser Machenschaften wegen seines politischen Radikalismus, Park wegen seiner herausragenden didaktischen Fähigkeiten die Aufgabe zuteil wurde, dem empirisch-theoretischen Corpus der Schule von Chicago eine definitive Gestalt zu verleihen und darüber hinaus eine ganze Reihe Studenten auszubilden, die über Jahre die soziologische Szene Amerikas dominierten. Unter ihnen war auch Charles Johnson, der mit Sullivan zusammenarbeitete, und so berühmte Soziologen wie Herbert Blumer, Leonard Cottrell, Robert Faris, Louis Wirth und Franklin

Frazier – die, wie Coser bemerkt (1977, S. 372) allesamt Präsidenten der American Sociological Society wurden.

6.1.1 George Herbert Mead und der symbolische Interaktionismus

Sullivan selbst hat erklärt, dass er der Sozialpsychologie Meads (1863–1931) etwas schuldet und spricht von ihr im zweiten Kapitel von *Die interpersonale Theorie der Psychiatrie*, nachdem er hervorgehoben hat, wie viel die interpersonale Theorie nicht nur Freud, sondern auch Adolf Meyer zu verdanken hat. Sullivan schreibt dazu:

> »Zu der Zeit, als die Psychobiologie zu einem äußerst wichtigen Glied in der Hierarchie des Wissens wurde (im meinen Augen ein enormer Fortschritt für die Psychologie), wurde ein anderer Wissenszweig aus der Taufe gehoben – die Sozialpsychologie; und sie ist der zweite Beitrag, der in die interpersonale Methode eingeht. Angeregt durch einige äußerst originelle Gedanken von Charles H. Cooley, entwickelte George Herbert Mead von der University of Chicago ein Schema der Sozialpsychologie, das die Entwicklung des Selbst beinhaltete – nicht allzu weit entfernt von dem, was ich als Selbst-System bezeichne – und zwar die Entwicklung des Selbst auf der Basis reflektierter Bewertungen seitens anderer, sowie des Erlernens von Rollen, die man übernimmt, um zu leben oder, um eine Bemerkung Georg Groddecks zu zitieren, ›die uns leben‹.« (1980, S. 38f)

Hierauf lässt Sullivan eine Zusammenfassung von Meads Ideen zur Entstehung des Selbst folgen, die T. V. Smith für die *Encyclopedia of the Social Sciences* verfasst hat und aus der folgender Ausschnitt hier vorgestellt werden sollte:

> »Die Fähigkeit des Menschen, die Stücke anderer zu spielen (seiner Meinung nach als Imitation unzureichend beschrieben), ist die Grundvoraussetzung für die Genese des Selbst. Indem wir die Stücke anderer spielen, reagieren wir auch auf unser eigenes Spielen. Wenn der Organismus dahin gelangt, auf seine eigenen Rollenannahmen so zu reagieren, wie er auf andere reagiert, ist er zum Selbst geworden.« (*ibidem*, S. 39)

Dies ist eines der grundlegenden Konzepte in Meads posthum erschienenem Werk *Geist, Identität und Gesellschaft*, das nach wie vor ein Klassiker der Soziologie ist. Um uns mit diesem Buch auf angemessene Weise zu beschäftigen, sollten wir nicht nur auf die Entwicklung von Mead, sondern auch näher auf das Werk Charles Horton Cooleys (1864–1929) eingehen.

Eine gute Zusammenfassung seiner Arbeit, die ich gefunden habe, enthält das Handbuch von Randall Collins *Three Sociological Traditions*. Nach Meinung Collins stellt Cooleys 1902 erschienenes Buch *Human Nature and the Social Order* »den ersten bedeutenden Schritt der Mikrosoziologie in Amerika dar« (1985, S. 192). Der Autor geht der Fähigkeit von Kindern nach, sich Spielkameraden auszudenken und definiert das Denken als »ein imaginäres Gespräch, das in der Stille des eigenen Inneren stattfindet« (*ibidem*). Er gelangt schließlich zu »einer Art phänomenologischem Empirismus«, demzufolge »ein Individuum den Vorstellungen, die es von anderen hat, begegnet und nicht den Personen selbst« (*ibidem*). Von hier aus ist es für Cooley nur noch ein kleiner Schritt bis zu der Feststellung, dass, wenn es Ziel der Soziologie ist, die realen Gegebenheiten der Gesellschaft zu untersuchen, diese »nichts anderes sind als die Vorstellungen, die die einen von den anderen haben« (*ibidem*). Auch wenn man Cooleys Vorstellung von der Gesellschaft als reichlich naiv ansehen mag, kann man ihn sicher nicht als Träumer abtun, stellt Collins fest. Anders ausgedrückt: »Wenn auch seine Theorie als Modell der Sozialstrukturen fast wertlos ist, so hat er doch eine mikrosoziologische Theorie auf den Weg geschickt, die sich auf den geistigen Prozess der Interpretation konzentriert« (*ibidem*, S. 193).

Coser hingegen stellt uns Cooley als einen Fortsetzer des Werkes Henry James vor, wenn er schreibt, »das Ich und die Gesellschaft werden zusammen geboren« oder »das Ich ist nicht zuerst individuell und dann sozial; es entwickelt sich dialektisch über die Kommunikation« (1977, S. 305). Darauf greift auch sein Konzept von der »Primärgruppe« zurück, in der »die Erfahrung des ›wir‹« stattfindet – ein Konzept, welches an jenes denken lässt, das in der interpersonalen Theorie als das »Wunder der Präadoleszenz« bezeichnet wird, denken lässt. Coser bewertet Cooleys Beitrag zur Soziologie folgendermaßen:

> »Unabhängig von Weber, aber ungefähr zur selben Zeit, vertrat er die Ansicht, dass die Erforschung der menschlichen Taten sich auf die Bedeutung beziehen muss, die die menschlichen Akteure der Situation beimessen, in der sie sich befinden, und dass folglich die Erforschung über die einfache Beschreibung des Verhaltens hinausgehen muss.« (*ibidem*, S. 311)

Und weiter: Trotz seiner »übertrieben ›geistigen‹ und ›introspektiven‹ Einstellung, muss er als einer der Begründer der soziologischen Methode betrachtet werden« (*ibidem*).

Und wer war George Herbert Mead? Er wurde 1863 in Massachusetts geboren, ab dem Alter von sieben Jahren lebte er an der Oberlin, einer Universität des mittleren Westens, an die sein Vater berufen worden war, um Theologie zu lehren und die, laut Coser, aus dessen mehrfach zitiertem Buch ich auch das folgende Portrait übernehme, von einem »kleinlichen religiösen Dogmatismus« durchsetzt war (1983, S. 342). Als der Vater 1881 starb, musste Mead arbeiten, um sein Studium finanzieren zu können, das er 1883 in Oberlin abschloss; die nächsten drei Jahre arbeitete er abwechselnd als Lehrer und als Sachverständiger beim Bau der Eisenbahnlinie, die Minnesota mit Kanada verband. 1887 ging er dann nach Harvard – nach einer Zeit, die geprägt war von Unsicherheit und dem Nachdenken über seine Lebensentscheidungen, ähnlich der, die viele der bis jetzt behandelten Pioniere, durchlebten – wo er vor allem mit Royce und mit James arbeitete, von dem er »zur pragmatischen Philosophie bekehrt wurde«, wie Coser schrieb (*ibidem*, S. 343).

Von Harvard aus ging Mead – so wie Park einige Jahre später – nach Deutschland, wo er zuerst in Leipzig, zusammen mit Stanley Hall, Schüler Wundts wurde, dann ging er nach Berlin und kam dort wahrscheinlich, wie Coser vermutet, in Kontakt mit Simmel. Dann kehrte er nach Amerika zurück, heiratete Helen Castle und ging mit ihr nach Ann Arbor als Philosophieassistent; dort unterrichtete er u. a. gemeinsam mit John Dewey, der ihn 1893 zu sich an die Universität von Chicago rief, an der Mead bis zu seinem Tod 1931 lehrte.

Mead war nicht nur ein sehr fähiger Lehrer, er nahm auch aktiv an einer ganzen Reihe sozialer Reformbewegungen teil, angefangen beim berühmten *Hull House* Jane Addams.

> »Meads Kurs in Sozialpsychologie zog viele Studenten an, auch aus anderen Fachbereichen, vor allem aber aus der Psychologie und der Soziologie«, schreibt Coser. »Herbert Blumer hat gesagt, dass er es immer sehr interessant fand, dass die Reaktionen auf Meads Vorlesungen unweigerlich zweigeteilt waren. Einige Studenten, darunter Blumer selbst, wurden stark von Mead beeinflusst und stellten fest, dass er ihre gesamte Sichtweise veränderte. Andere, die sicherlich nicht weniger intelligent als jene waren, verstanden nie, worum sich der Kurs drehte. Die erste Gruppe war allerdings aus ausreichend Leuten zusammengesetzt, damit sich der Ruhm Meads verbreiten konnte und ihm eine gleichbleibende Anzahl an Studenten gewiss war, unter ihnen T. V. Smith und C. Morris in Philosophie und Ellsworth Faris und Herbert Blumer in Soziologie.« (*ibidem*, S. 345)

Dieser Aspekt lässt uns an den wegweisenden und dadurch schwer einzuordnenden Charakter einer Lehre denken, wie sie auch Sullivan verbreitete. Dazu kommen zwei weitere Aspekte, die ihnen gemeinsam sind: die Schwierigkeit, ihre Ideen zu Papier zu bringen und dann die Tatsache, dass ein Großteil ihres Ruhms auf dem posthumen Werk beruht – in Meads Fall *Geist, Identität und Gesellschaft* –, das ihre besten Schüler herausgaben. Coser meint dazu:

> »Mead starb mit der Überzeugung, dass er der Nachwelt, sollte er ihr aus irgendeinem Grund bekannt sein, als Verfasser einiger technischer Artikel im Gedächtnis geblieben wäre. Es scheint, als habe er nicht im geringsten geahnt, dass die Bedeutung seines Werkes von Jahrzehnt zu Jahrzehnt wachsen würde, so dass er mit Recht zu den wenigen amerikanischen Denkern gerechnet werden kann, die dazu beigetragen haben, die moderne Sozialwissenschaft zu gestalten.« (*ibidem*, S. 347)

Wir wollen uns also jetzt seinem Werk und seiner fortdauernden Aktualität zuwenden.

Die Sozialpsychologie Meads wird, ebenso wie die interpersonale Theorie Sullivans, von einem evolutionären Standpunkt beeinflusst. Darüber hinaus wird die Entwicklung des Selbst, die während der Kindheit stattfindet, wie bei Sullivan in den Zusammenhang mit den Interaktionen mit anderen gebracht. Des weiteren konzipiert Mead, im Einvernehmen mit Sullivan, oder besser in der Nachfolge James', eine Vielzahl von »Ichs«, das heißt so viele »Ichs«, wie die Anzahl der menschlichen Beziehungen, in deren Kreis wir uns bewegen, und in die wir verwickelt sind. Diese drei Punkte werden in den unten zitierten Worten Blumers effizient zusammengefasst; auf sie greifen Ruth A. Wallace und Alison Wolf im Handbuch *Contemporary Sociological Theory* hinsichtlich des Konzepts von der »Auto-Interaktion« zurück:

> »Für Mead ist das ›Selbst‹ sehr viel mehr als eine ›Verinnerlichung der Komponenten von Sozialstruktur und Kultur‹. Es ist, genauer gesagt, ein *sozialer Prozess*, ein Prozess der Auto-Interaktion, bei der der soziale Akteur sich selbst die Fragen mitteilt, mit denen er in den Situationen konfrontiert, in denen er handelt, wird und dann seine Aktion entsprechend seiner Interpretation dieser Angelegenheiten organisiert. Der handelnde Mensch führt diese soziale Interaktion mit sich selbst aus, so Mead, indem er die Rolle des anderen einnimmt und sich selbst entsprechend dieser Rolle Anweisungen gibt und auf diese antwortet. Diese Konzeption der Auto-Interaktion, bei der der Handelnde sich

selbst auf die Dinge hinweist, stellt die Basis des sozialpsychologischen Schemas Meads dar.« (1980, S. 242)[6]

Eine weitere Gemeinsamkeit von Mead und Sullivan lässt sich hier erschließen, nämlich ihre entschieden kritische Haltung gegenüber Watsons Behaviorismus. Hinzu kommt der Versuch, den wir schon im ersten Teil behandelt haben, einen konzeptuellen Rahmen zu schaffen, der gleichzeitig dem, was man in der Psychoanalyse die »innere Welt« nennt, und dem effektiven, also dem zu beobachtenden und feststellbaren Verhalten des Individuums Rechnung trägt.[7]

Mead verbindet am Ende des zweiten Teils seines Buches die Begriffe »Geist«, »Identität« und »Gesellschaft« folgendermaßen:

»Geist entwickelt sich im gesellschaftlichen Prozess nur dann, wenn dieser Prozess als Ganzes in die Erfahrung jedes der von ihm erfassten Individuen eintritt oder in ihr präsent ist. Ist das der Fall, so erhält der Einzelne Bewusstsein und Geist, er wird sich seiner Beziehung zu diesem Prozess als Ganzem und zu den anderen, mit ihm gemeinsam daran teilnehmenden Individuen bewusst. Er wird sich dieses Prozesses bewusst als eines Prozesses, der durch die Reaktionen und das Zusammenspiel der Individuen – ihn selbst eingeschlossen – modifiziert wird. Das evolutionäre Auftreten des Geistes oder der Intelligenz findet dann statt, wenn der ganze gesellschaftliche Erfahrungs- und Verhaltensprozess in die Erfahrung jedes der von ihm betroffenen Individuen hereingebracht wird, und wenn die Anpassung des Einzelnen an den Prozess durch das Bewusstsein eben dieses Prozesses modifiziert und verfeinert wird. Durch Reflexivität – den Rückbezug der Erfahrung des Einzelnen auf sich selbst – wird der ganze gesellschaftliche Prozess in die Erfahrung der betroffenen Individuen hereingebracht. Durch diese Mittel, die es dem Einzelnen erlauben, die Haltung des anderen gegenüber sich selbst einzunehmen, kann der Einzelne sich bewusst an diesen Prozess anpassen und die Resultate dieses Prozesses in jeder gesellschaftlichen Handlung im Rahmen seiner Anpassung an sie modifizieren. Reflexivität ist also für die Entwicklung von Geist die entscheidende Voraussetzung innerhalb des gesellschaftlichen Prozesses.« (1968, S. 175)

In diesen Worten finden wir auch Spuren eines konzeptuellen Gefüges, das gleichzeitig multifokal und integrativ ist, und das wir auch als Besonderheit der Orientierung Sullivans erkennen konnten.

Folgendes Urteil Cosers zeigt eine weitere enge Verbindung zwischen Meads und Sullivans Orientierung auf:

»Ganz allgemein hat Meads Arbeit für eine definitive Auslöschung – zumindest innerhalb der Soziologie – dessen gesorgt, was Simmel als ›Fehler des Trennens‹ bezeichnet hat, und das die Handelnden betrachtet, ohne sie in Beziehung zu den Interaktionen, in die sie auf die verschiedensten Arten verwickelt sind, zu stellen. Für Mead kann in der sozialen Welt niemals eine Monade ohne Fenster existieren; es kann niemals ein ›Ich‹ ohne ›Du‹ geben, um uns der Terminologie Martin Bubers zu bedienen. Ein Ego ist unvorstellbar ohne ein *alter* und das ›Selbst‹ kann man am besten als lebhaften Knotenpunkt der sozialen Interaktion bestimmen. Diese Anschauung der menschlichen Aktion ist seitdem zu einem grundlegenden Charakterzug aller Überlegung, die sich als soziologisch bezeichnen will, geworden. Obgleich Mead sie nicht allein geschaffen hat, war er eine der wichtigsten Vordenker.« (1971, S. 340)

Es sei hier an die Definition Sullivans des interpersonalen Bereiches seiner psychiatrischen Ausrichtung erinnert, an dem der Psychiater teilnimmt, obwohl er ihn auch beobachtet:

»Das in der Psychiatrie als Wissenschaft zusammengefasste Wissen ist nicht von irgendwelchen Besonderheiten jener Daten abgeleitet, mit denen der Psychiater sich befasst. Es entstammt nicht irgendwelchen Daten besonderer Art, sondern Aktionen oder Operationen, an denen der Psychiater partizipiert. Die Aktionen oder Operationen, aus denen die psychiatrischen Informationen abgeleitet werden, sind Ereignisse in interpersonalen Feldern, die den Psychiater miteinbeziehen.« (1980, S. 35f)[8]

6.1.2 Der Anthropologe Edward Sapir

Im gleichen Kapitel von *Die interpersonale Theorie der Psychiatrie*, aus dem obiges Zitat stammt, wird auch Edward Sapir (1884–1939) und sein Konzept von Sprache herangezogen. Sullivan sagt, er stimme mit Sapir darin überein, dass die Sprache »vermutlich den wichtigsten kulturellen Bereich darstellt« (1980, S. 48). An anderer Stelle sagt Sapir zu diesem Thema:

»Sprache ist ein Führer für die ›soziale Realität‹. Obwohl Sprache im allgemeinen nicht als Gegenstand besonderen Interesses für den Sozialwissenschaftler angesehen wird, konditioniert sie entscheidend unser Denken hinsichtlich der sozialen Probleme und Prozesse. Die Menschen leben nicht nur in der objektiven Welt und auch nicht nur in der Welt der sozialen Aktivität, wie allgemein angenommen wird, sondern sind jener besonderen Sprache ausgeliefert, die zum Ausdrucksinstrument in ihrer Gesellschaft wurde. Es ist völlig illusorisch, dass man sich wesentlich der Realität anpasst, ohne sich der Sprache zu bedienen und dass die Sprache nur ein zufälliges Mittel ist, um spezielle Probleme der Kommunikation und der Reflexion zu lösen. Die ›reale Welt‹ wird nämlich zu einem großen Teil unbewusst durch die sprachlichen Gewohnheiten der Gruppe hergestellt.« (zitiert in Tullio-Altan 1990, S. 136)

Da wir auf die zentrale Rolle, die die Sprache in der interpersonalen Theorie spielt, im nächsten Kapitel näher eingehen werden, wollen wir uns hier darauf beschränken, ein Portrait Sapirs zu zeichnen und seine Zusammenarbeit mit Sullivan darzustellen; dieses Thema werden wir auch wieder aufnehmen, wenn wir auf die beiden Colloquia on Personality Investigation und die Zeitschrift *Psychiatry* zu sprechen kommen. Mit anderen Worten: über die Beziehung beider zueinander können wir eine weitere Dimension von Sullivans interdisziplinärer Ausrichtung erfassen.[9]

Regna Darnell liefert uns in ihrem Vorwort zu der erwähnten Biografie von 1990 einen wichtigen Schlüssel zum Verständnis der Affinität, die zwischen den beiden Männern bestand:

»Sapir hat kein Buch geschrieben, in dem alle Forschungsbereiche, die ihn interessierten, vereint wurden, auch wenn sein einziges für ein breites Publikum geschriebenes Buch *Language* (1921) immernoch eine sehr effiziente, wenn auch täuschend einfache, Einführung in das Studium von Sprache darstellt. Seine intellektuellen Erben neigen in der Tat dazu, beträchtlich engstirniger zu sein als er, was den Radius ihres Interesses angeht. Und das so sehr, dass Sapir oft als eine Art projektiver Test in Bezug auf die anthropologischen Interessen seiner Kollegen funktioniert hat. Manchmal scheint es, als gäbe es so viele Sapirs, wie es Linguisten und Anthropologen gibt, die behaupten, in den von ihm geschaffenen Bereichen zu arbeiten. Einige kennen den Experten für die Indianersprachen Amerikas, andere den Theoretiker, der den Begriff des Phonems in den Vereinigten Staaten einführte und die Basis für einen prozessualen Ansatz in der Grammatik schuf und wieder andere den Anthropologen, der die Rolle der individuellen Persönlichkeit in der Kultur beleuchtete und die Verdinglichung, der dieses Konzept entgegen geht, kritisierte. Nur wenige Personen erinnern sich daran, dass Sapir Gedichte schrieb und Musik komponierte. Jedes dieser Interessen würde genügen, das Werk eines weniger genialen Menschen zu erfüllen. Aber Sapir bewegte sich von einem zum anderen, ohne Zeichen von Orientierungslosigkeit.« (1990, S. XI)

Sapir wurde am 26. Januar 1884 in Pommern geboren und emigrierte 1889 mit seinen Eltern, die orthodoxe Juden waren, in die Vereinigten Staaten.[10] Dank seiner herausragenden und frühreifen Intelligenz gelang es ihm, Armut und Antisemitismus zu überwinden und an der Columbia University zu studieren, wo er 1904 seinen B.A. und 1909 den Ph. D. in Germanistik machte. Entscheidende Bedeutung hatte seine Begegnung mit Franz Boas (1858–1942), dem Vater der amerikanischen Anthropologie, der seit 1889 dieses Fach an der Columbia University lehrte und in Sapir den Linguisten fand, den er für die Formulierung seines anthropologischen Standpunktes brauchte.[11] Darnell schreibt dazu:

»Der oralen Tradition der Anthropologie zufolge (siehe auch Swadesh 1939, S. 132), konvertierte Sapir von der Germanistik zur Anthropologie, als Boas eine ganze Reihe Ausnahmen hinsichtlich seiner einfachen Verallgemeinerungen über das Wesen der Sprache vorbrachte. Lowie (1965, S. 6) bemerkte sogar, dass ›Boas das für Sapir tat, was Hume für Kant getan hatte: er erweckte ihn aus seinem dogmatischen Schlaf.‹ Diese unbestätigte Begegnung, auf die es keinen besonderen Hinweis gibt, wird normalerweise in der Zeit angesiedelt, als Sapir seinen M. A. (Magister Artium) in Germanistik machte, also 1905 (…). Es ist unmöglich, festzustellen, mit welcher Entschlossenheit Boas versuchte, Sapir von der Germanistik abzubringen und für die Linguistik zu gewinnen, allerdings blieb die Fähigkeit Sapirs, Talent und eine untadelige akademische Ausbildung miteinander zu verbinden, einzigartig im Kreis der amerikanischen Anthropologie, bis seine eigenen Schüler zwei Jahrzehnte später ihre Ausbildung beendeten.« (1990, S. 9 und S. 10f)

Ab 1905 führte Sapir unter den Fittichen Boas' mehrere Feldforschungen durch, um die Kenntnisse der nordamerikanischen Indianersprachen zu vertiefen; 1910 übernahm er dann, mit 26 Jahren, die Leitung der anthropologischen Abteilung des Kanadischen Nationalmuseums in Ottawa und behielt sie die nächsten 15 Jahre. Er kam erst 1925 nach Chicago und lernte im darauf folgenden Jahr – wie wir gesehen haben – Sullivan kennen, »den besten Freund, den Sapir in seiner letzten Lebensphase hatte« – wie Darnell schrieb. Deswegen war es kein Zufall, dass ihre Zusammenarbeit auch weiterging, als Sapir an die Yale University (New Haven, Connecticut) berufen wurde, wo er 1931 mit 55 Jahren starb. Eine zentrale Rolle spielte bei seinen Aktivitäten in Chicago und auch in Yale die interdisziplinäre Ausrichtung, die auch die Colloquia von 1928 und 1929 bestimmte, an denen Sullivan aktiv teilnahm. Nach Meinung Darnells »übte der Kontakt mit Sapir einen starken Einfluss auf das Denken Sullivans aus, was sich auch dort niederschlug, wo es nicht ausdrücklich gesagt wird« (*ibidem*, S. 414).[12] Wir wollen versuchen zu verstehen, in welchem Maß Sapirs Arbeit von der Freundschaft mit Sullivan beeinflusst wurde, bevor wir zu den Colloquia und *Psychiatry* kommen.

Zu diesem Zweck werde ich zwei seiner bekanntesten Beiträge aus der Anthologie *Culture, Language and Personality* untersuchen: »Culture, genuine and spurious« von 1924, woraus die Affinität im Denken Sapirs und Sullivans hervorgeht und »Cultural Anthropology und Psychiatry« von 1933, in dem deutlich die Früchte ihrer Zusammenarbeit erkennbar werden. In »Culture, genuine and spurious« finden wir zum Beispiel folgenden Passus:

> »Das individuelle Ich nährt sich bei seinem kulturellen Streben von den in seiner Gesellschaft angesammelten Kulturgütern, nicht so sehr um des passiven Vergnügens wegen, sie sich anzueignen, sondern viel mehr wegen der Anregung, die sie der erblühenden Persönlichkeit bieten und der Ausrichtung in der Welt der kulturellen Werte, die sich daraus ergibt. Die Ausrichtung, und sei sie noch so konventionell, ist notwendig, schon allein um dem Ich einen Modus vivendi in der Gesellschaft im allgemeinen zu verleihen. Das Individuum muss einen guten Teil des kulturellen Substrats seiner Gesellschaft und der allgemeinen Gefühle seines Volkes assimilieren, um zu vermeiden, dass die Äußerungen seines Selbst in soziale Sterilität degenerieren. Ein spiritueller Eremit könnte wirklich kultiviert, aber kaum sozial kultiviert sein.« (1934; in: D. G. Mandelbaum Hg., 1949, S. 324).

In diesem Passus klingt Sapirs Unterscheidung zwischen echter und unechter Kultur an und der Kerngedanke, den Sullivan später seiner interpersonalen Theorie zu Grunde legt, derzufolge Kultur eine entscheidende Rolle bei der Entwicklung der Persönlichkeit spielt.[13]

Es ist folglich nicht erstaunlich, wenn wir in dem Beitrag von 1933 folgenden Satz finden, der unweigerlich an Sullivans Sicht denken lässt:

> »Der wahre Sitz der Kultur befindet sich in den wechselseitigen Aktionen der einzelnen Individuen und aus subjektiver Sicht im Guthaben an Bedeutungen, das jedes dieser Individuen für sich selbst abstrahieren kann, indem es sie unbewusst aus seiner Beteiligung an den oben genannten gegenseitigen Aktionen ableitet.« (1933; *ibidem*, S. 515)

Diese Worte spiegeln natürlich auch die allgemeine Denkrichtung der Schule von Chicago wieder. Der Zusammenarbeit Sullivans und Sapirs mit den Soziologen von Chicago und einer Vielzahl weiterer amerikanischer Sozialwissenschaftler, die damals Pionierarbeit auf dem Gebiet der interdisziplinären Sozialforschung leisteten, wollen wir uns im nächsten Abschnitt widmen.[14]

6.2 Die Colloquia on Personality Investigation und das Problem der psychiatrischen Ausbildung

Diese beiden, 1928 und 1929 in New York abgehaltenen, interdisziplinären Seminare sollten die Zusammenarbeit der Wissenschaftler intensivieren, die an einer Definition der Bedeutung arbeiteten, welche die Persönlichkeit der sozialen Akteure für die Ökonomie einer Vielzahl von kollektiven Verhaltensweisen und Probleme hat. Eine nähere Betrachtung der Colloquia wird es uns erlauben, die in den beiden vorhergehenden Abschnitten behandelten Überlegungen auf den Punkt zu bringen. Auf diesen Seminaren wurde auch die Notwendigkeit, die Ausbildung zu verändern, offensichtlich: die Ausbildung derjenigen, die zukünftig auf diesem neuen Forschungsgebiet arbeiten würden und, was uns – also Sullivan – betrifft, die Ausbildung von Psychiatern. Ich werde auf einige der auf diesen Seminaren vorgestellten Forschungsprojekte und den Ideenaustausch, der sie inspirierte, näher eingehen, um dann speziell zu untersuchen, wie Sullivans Antwort auf das Problem der Ausbildung ausfällt.[15]

Am 1. Dezember 1928 eröffnete William Alanson White in seiner Eigenschaft als Leiter das erste Kolloquium und gab dann Thomas das Wort, der seinen einleitenden Bericht über einige Forschungsprojekte vortrug, die gemeinsam von Psychiatern und Sozialwissenschaftlern geführt werden sollten. In seiner Einführung sprach White von der großen Verbreitung und den beträchtlichen Kosten in der Behandlung von Geisteskrankheiten, was er als ein soziales Problem auffasste, das die größte Aufmerksamkeit und Zusammenarbeit vieler Wissenschaftler brauche. Thomas referierte zum Thema der *life experiences* des Individuums und ihrer Bewertung in den unterschiedlichsten Facetten.

In diesem Zusammenhang zitiert er eine ganze Reihe von Forschungsprojekten, z. B. das von Freeman und seinen Mitarbeitern in Chicago mit 600 Adoptivkindern, aus denen der Einfluss der Umwelt auf die Entwicklung der Intelligenz hervorgeht. Dann berichtet er über die von ihm *situational approach* genannte Methode, die damals in Chicago bei dem Problem der Kriminalität angewendet wurde und deren Resultat eine Art Kartografie der Kriminalitätsverteilung über die Stadtteile Chicagos war. Die am meisten versprechende Forschungsmethode aber stellte seiner Meinung nach die der *Child Research Institutes* dar, wie dem in Minneapolis und dem an der Columbia University, wie sie eben heute in der Bindungsforschung üblich sind. Man beobachtete damals Kinder in einer Spielsituation, um ihre Fähigkeit zu eigenständiger Initiative zu erforschen, das heißt Gruppenarbeit und wechselseitige Zusammenarbeit.

Thomas stellt auch eine Untersuchung dar, die eine weitere Möglichkeit der interdisziplinären Zusammenarbeit bietet, und die heutzutage verbreitet ist, und zwar die Häufigkeit und Art von Geisteskrankheiten in den verschiedenen ethnischen und nationalen Gruppen zu erfassen. Im Bereich der *situational approach* werden auch Korrelationsstudien zur Beziehung von Kriminalität und Geisteskrankheiten durchgeführt und die Ergebnisse mit denen von Kontrollgruppen verglichen.

Nachdem dann Sapir über die Bedeutung von monografischen Untersuchungen einer Vielzahl von Verhaltensweisen gesprochen hat, erteilt White dann William Healy das Wort, der einen Vortrag über »Personality Studies« hält. Darin beschäftigt sich Healy mit der Notwendigkeit, befriedigendere und nützlichere Definitionen der verschiedenen Arten von Persönlichkeitsstörungen zu entwickeln. Der nächste Redner, Kimball Young, stimmte diesem Standpunkt zu und betonte, dass die Untersuchung des Verhaltens mit der der inneren Welt einhergehen müsse und führte als Beispiel seine Untersuchung des Zusammenhanges zwischen Verhalten und Religionszugehörigkeit an. Park fasst die Arbeit dieser Sitzung wie folgt zusammen:

> »Heute konnten wir einen guten Einblick in die Tatsache gewinnen, dass es Personen gibt, welche die Dinge von ihrer eigenen Sicht aus betrachten, wobei sie auf verschiedene Sprachen zurückgreifen, von denen jede zu einem anderen Themenkreis gehört und andere Aspekte reflektiert. Es wäre folglich sehr nützlich, wenn jemand in der Lage wäre, diese Sichtweisen in die der anderen zu übersetzen. Ich weiß nicht, ob Professor Thomas genau das in dem Buch getan hat, das er in Kürze publiziert. Als er heute morgen hier sprach, stellte er sich als Soziologe vor, bediente sich aber gleichzeitig einer Sprache, die in meinen Ohren – nämlich denen eines Soziologen – sehr merkwürdig klang.« (*Proceedings First Colloquium*, S. 22)

Die Vorträge des Nachmittags entsprachen völlig den Beobachtungen Parks; folgende Wissenschaftler ergriffen das Wort: Lawrence K. Frank sprach über Psychiatrie und Sozialwissenschaften; Clifford Shaw und Ernest Burgess über die Untersuchungen anti-sozialen Verhaltens in Illinois; der bekannte Kriminologe Sheldon Glueck berichtete über die Kooperation von Psychiatern, Sozialarbeitern und Psychologen; der Arzt George Draper stellte die Beziehung zwischen Medizin und dem Problem der Persönlichkeitsforschung dar; L. Thurstone und M. May sprachen über einen Maßstab für Persönlichkeitstypen; der bekannte Soziologe Allport gab einen Überblick über die aktuellen Persönlichkeitsstudien und schließlich berichtete der

Ökonom Dickinson über die Bedeutung der Persönlichkeitsforschung für ökonomische Untersuchungen.

Während der dritten und letzten Sitzung am 2. Dezember 1928 wurde dann der Versuch unternommen, Berührungspunkte zu finden, eine gemeinsame Sprache ganz im Sinne Parks für die Untersuchungen und Sichtweisen, die im Laufe des Seminars vorgetragen worden waren. Dies ist dann auch das Ziel, das Elton Mayo mit seinem Vortrag »Correlation of the Different Types of Research« verfolgt. Allerdings ist es Sullivan, der diese Sitzung eröffnet, indem er als Erster das Problem der Ausbildung mit folgenden scharfen Worten in Angriff nimmt:

> »Meiner Ansicht nach ist es ganz klar, dass die alte Art und Weise, Psychiater auszubilden, völlig gescheitert ist. 99 Prozent der Psychiater, die aus unseren medizinischen Fakultäten kommen, haben, obwohl sie diesen Titel tragen dürfen – und ich hoffe, dass die Kollegen mir kein Disziplinarverfahren anhängen wegen dem, was ich jetzt sagen werde – keine Möglichkeit, für die nötige Veränderung der sozialen Ordnung, die wir brauchen, irgendwie nützlich zu werden.« (*ibidem,* S. 61)

Da wir auf das Problem der Ausbildung noch näher eingehen werden, wollen wir nun sehen, inwiefern uns die Ausführungen Mayos nützlich sind, die wir als eine Antwort auf folgende Erklärung Sullivans betrachten können:

> »Wir wissen, dass es nicht möglich ist, Psychiater mit sozialer Kompetenz nur auf der Basis dessen, was wir bis jetzt im exklusiven Kreis unseres Berufes gelernt haben, auszubilden und dass wir folglich in unsere Ausbildung einen guten Teil dessen, was Sie – die Sozialwissenschaftler – bei Ihrer Arbeit gelernt haben, miteinbeziehen müssen. Darüber bestehen keine Zweifel. Aber uns ist absolut unklar, wie wir uns das aneignen sollen, was Sie gelernt haben.« (*ibidem*)

Mayos synthetisierende Ausführung kann man wie folgt zusammenfassen: er stellt die Arbeitspsychologie, in der er ein Pionier war, als eines der Gebiete vor, in denen Sprache und Sicht von Soziologie und Psychiatrie bestens integriert werden können. In einer Wortmeldung gibt er diesen Überblick über den aktuellen Stand der Forschung auf diesem Gebiet:

> »Gibt es eine Ausdrucksweise für die Ergebnisse unserer wissenschaftlichen Forschungen, die dergestalt ist, dass auch andere sich ihrer bedienen können? Gibt es irgendeinen gemeinsamen Nenner bei der Arbeit, die wir gerade durchführen, mit dem wir alle unsere Daten darstellen können? Wenn es uns gelingt,

zu vereinbaren, an gemeinsamen Problemen zu arbeiten, indem wir sie auf verschiedenen Ebenen behandeln und verschiedene Techniken anwenden, dann wäre es wünschenswert, wie ich gestern anregte, dass wir alle unsere Daten in gemeinsamen Termini darstellen. Diese Termini müssten nicht immer zwangsläufig quantitativer Natur sein, aber wir müssten es auf jeden Fall so machen, dass die qualitativen Daten auf nützliche Weise neben die quantitativen gesetzt werden können.« (*ibidem*, S. 73)

Damit wollen wir uns der zweiten Konferenz zuwenden, die 1929 stattfand, um zu sehen, welche Fortschritte die interdisziplinäre Diskussion gemacht hatte und das Problem der Ausbildung wieder zur Hand zu nehmen. Eine der Neuigkeiten dieses zweiten Colloquiums war die aktive Rolle, die Harold Lasswell – der dann mit Sullivan bis zu seinem Tod zusammenarbeitete – spielte.[16] Lasswell und Sullivan sind diesmal die Diskussionsleiter und die Debatte nimmt ihren Ausgangspunkt bei den einleitenden Erklärungen zum Wesen und zu der Erfahrung der interdisziplinären Arbeit, die von den Teilnehmern geleistet wird.

Der Soziologe Ernest Burgess aus Chicago stellt bei dieser Gelegenheit – der ersten der vier Sitzungen – Folgendes fest:

»Wenn die Persönlichkeit, in Bezug auf das Gruppenleben gesehen, vor allem durch den Begriff gegeben ist, den die Einzelperson von ihrer Rolle und ihrem Status innerhalb der Gruppe hat, so wie sie von den sozialen Interaktionen beeinflusst und verändert werden, werden die Untersuchungen zur Persönlichkeit, wie wir sie auf soziologischer Ebene entwickeln können, sich auf das Sammeln von Material konzentrieren und darüber, wie der Mensch von sozialen Situationen konditioniert wird. Die wichtigsten Dokumente werden dann also die sein, welche die Rolle der Person in der Gruppe preisgeben, die Auffassung von seiner Rolle und die Haltung, welche die anderen ihm gegenüber haben. Persönliche Gespräche und Lebensgeschichten werden folglich die wichtigsten Werkzeuge für die Erforschung der Persönlichkeit sein. Persönlichkeit bedeutet Integration der Eigenschaften, die die Fähigkeit des Individuums bedingen, sich in der Welt zu bewegen; also stellt die Lebensgeschichte das wichtigste Dokument für die Untersuchung der Persönlichkeit dar. Und das, weil sich in der Lebensgeschichte der soziale Konditionierungsprozess offenbart, durch den die Persönlichkeit entsteht.« (*ibidem*, S. 11)

Wie wir schon Gelegenheit hatten festzustellen, war Sullivans Vorgehensweise bei seiner Arbeit mit schizophrenen Patienten ähnlich, wie *Schizophrenia as a Human Process* ausführlich belegt. Die an den Seminaren teilnehmenden Wissenschaftler versuchten, die bestehenden Übereinstimmungen zu vertiefen, um neue Ziele für die Forschung in Angriff zu nehmen. Und tatsächlich stellte auch der Vortrag des bekannten Psychologen Arnold Gesell aus Yale neue Ziele vor, wobei er eine wegbereitende Forschungsarbeit im Bereich der Gruppenpsychologie durchführte. Gesell berichtet, dass sich sein Interesse auf die Untersuchung des kindlichen Verhaltens ab der Geburt richtete, das heißt auf die Bestimmung »der Eigenheiten und Konstanten der anfänglichen psychischen Entwicklung« (*ibidem*, S. 18) – auf ein Thema also, das auch im Zentrum von Sullivans interpersonaler Theorie stand. Gesell führt folgendes aus:

> »Ein kleines Kind hat viele Möglichkeiten seine Verhaltensweisen an den Nachmittagen, die es bei uns verbringt, zu zeigen. Wir interessieren uns für die Reaktionen des Kindes auf die dieses umgebende Situation; seine ganz individuellen Eigenschaften; die Art, wie es von einem Test zum anderen übergeht; die Art, wie es seine Aufmerksamkeit auf Personen und Dinge verteilt; die Art, wie es auf der Ebene von Stimme, emotionalem Ausdruck, Lachen, Lächeln, dem Wunsch nach Kontakt, Enttäuschung, Weinen, Disziplin und sozialer Wahrnehmung reagiert. Die Daten über die Persönlichkeit gehen aus einer Analyse der Reaktionen des Kindes auf bestimmte Situationen und der Interpretation seiner Reaktionen insgesamt hervor. Sein Verhalten wird dann den Reaktionen auf ähnliche Umstände gegenübergestellt, die es vier, acht und 16 Wochen später hat.« (*ibidem*, S. 18f)

Hier kann man ebenfalls feststellen, dass Sullivans interpersonale Theorie einen ähnlichen methodologischen Ansatz hat – sodass auch Gesell zu denen gehören könnte, die seinen Werdegang beeinflusst haben.

Gegen Ende des Morgens berichtet Lasswell über seine Aktivitäten im Bereich der Persönlichkeitsforschung:

> »Das Local Community Research Committee der Universität von Chicago hat eine Arbeitsgruppe im Bereich der Persönlichkeitsforschung, deren Ziel es ist, die geeignetsten Wege zur Erkundung dieses Forschungsgebiets zu untersuchen. Eine ganze Reihe von Experten sind in diesem Moment in unserer Gruppe aktiv: ein Soziologe, ein Anthropologe, ein Politikwissenschaftler, ein Arzt und ein Physiologe, und ein Sozialwissenschaftler mit analytischer Ausbildung. Eines der laufenden Projekte betrifft das Sammeln von Daten über Persönlichkeit aus verschiedenen Blickwinkeln. Und hier die Art von Daten, die wir sammeln: bibliografische Daten, ein autobiografischer Bericht, der vor dem analytischen Gespräch verfasst wird, eine stenografische Mitschrift des gesamten analytischen

Gesprächs, die mechanische Aufnahme der Körperbewegungen während des Gesprächs, die Notizen des Analytikers, die Notizen des untersuchten Individuums, seine Handschrift, die Resultate der psychometrischen Tests und der objektiven körperlichen Untersuchung, die aus dem Hinzuziehen anderer Experten und spezieller Experimente hervorgegangenen Daten und schließlich die Daten über den aktuellen Lebensverlauf des untersuchten Individuums. Es ist von höchster Wichtigkeit, sich so viele Daten wie möglich über Politagitatoren, Verwaltungsangestellte und Intellektuelle, sowie andere sozial identifizierbare Typen, zu besorgen.« (*ibidem*, S. 28)

An diesen Punkt kann man feststellen, dass die besprochenen Projekte einen Fortschritt darstellten, ein Fortschritt, der eine konzentriertere und konstruktivere Diskussion ermöglichte – auch über die Ausbildung, wie wir noch sehen werden.

Schauen wir uns nun an, wie die Arbeiten in der zweiten Sitzung vorankamen, die am 29. November 1929, einem Freitagnachmittag, stattfand. In ihrem Mittelpunkt stand ein Beitrag Sullivans, dem Perry den Titel »Schizophrenic Individuals as a Source of Data for Comparative Investigation of Personality« gegeben hat, den wir schon untersucht haben und dessen Diskussion in *Schizophrenia as a Human Process* aufgenommen wurde. Wie ich schon im letzten Kapitel andeutete, drehte sich die Diskussion, die auf Sullivans Vortrag folgte, um die Dynamik kleiner Gruppen, die auf der einen Seite Forschungsgegenstand der Soziologen waren – zum Beispiel die Gangs – und auf der anderen, nach Sullivans Erfahrung, neue therapeutische Möglichkeiten boten, wie wir anhand seiner Arbeit am Sheppard gesehen haben. Um diese Verbindung zu verdeutlichen und zu erklären, möchte ich nun folgende Fragestellung zitieren, die Sullivan an Sapir richtete:

»Doktor Sapir, Sie sprechen von dieser bei bestimmten Indianern existierenden Formation: Gruppen von zwei oder drei Personen, die einander so eng verbunden sind, dass die Kohäsion der Gruppe wichtiger wird als das Überleben des Einzelnen. Mir erscheint das sehr wichtig für das Verständnis vieler der Phänomene, mit denen ich mich beschäftige. Es ist nicht allein meine Meinung, sondern geht auch aus einigen Untersuchungen von Dr. Shaw hervor, dass die Zahl der in solcher Weise eng verbundenen Gruppen klein ist. Nun fragte ich mich, ob es nicht nützlich wäre, Ihre Meinung darüber zu hören, was diese Gruppen entstehen lässt und was sie zusammenhält – ich meine, welche Kräfte. Auf welche Weise müssen wir von der inneren Dynamik der Gruppen sprechen, in denen das Überleben eines Einzelnen nichts zählt? Was verbindet sie? Wie bilden sie sich? Und was hat man getan, um dies zu untersuchen?« (Sullivan 1962, S. 228)

Wenn Sullivan von »Gruppen, in denen das Überleben des Einzelnen nichts zählt«, spricht, denkt er insbesondere auch an die Familien schizophrener Patienten. Er ist einer der Ersten, der diesen Umstand in ein Konzept fasst. Von dieser Warte aus ist Schizophrenie jene Form des psychischen Todes, den ein Mitglied der Familie erleidet und/oder zu der er verdammt wird, um die innere Homöostase der Familie zu erhalten, das heißt, ihr Überleben zu sichern. Anders ausgedrückt, das Entstehen von Schizophrenie hat zweifellos mit den Dynamismen der familiären und sozialen Gruppe zu tun, in welcher der Patient lebt – und es war Sullivan, der diese grundlegende Tatsache ans Licht brachte. Mit diesem Thema beschäftigt sich auch der darauf folgende Beitrag Sullivans:

> »Sie haben ein Thema berührt, das mir identisch ... mit einer der Situationen scheint, die bei der Therapie der Schizophrenie offensichtlich werden. Gerade im Bereich der Zuneigung zwischen Männern findet sich die Art von Frustration, unter denen der Großteil meiner Patienten gelitten zu haben scheint. Es ist ihnen nicht gelungen, diese kleine Gruppe aufzubauen, die sie – aus Gründen, die uns jemand vielleicht erklären kann – meinten, aufbauen zu müssen. Wie geht der Anthropologe vor, um diese Situation in der, sagen wir mal, amerikanischen Kultur zu untersuchen? Könnte man sich eine Versuchsanordnung zu diesem Thema vorstellen?« (*ibidem*, S. 229)

Die Antwort, die Sapir auf diese präzise formulierte Frage gibt, enthält den Schlüssel zu ihrer Zusammenarbeit, aber auch zu dem Problem, das Sullivan schon immer beschäftigt hatte, auf persönlicher und professioneller Ebene:

> »Vielleicht könnte gerade der Psychiater einen wichtigen Beitrag zu den Untersuchungen des Anthropologen leisten. Es scheint, als gäbe es bestimmte Arten von menschlichen Verbindungen, die bestimmte Zeichen persönlicher Intimität brauchen, und bestimmte Arten von Gesellschaft, die diese Zeichen freier zugestehen als andere. Es gibt etwas, das die moderne amerikanische Kultur auszeichnet, und zwar die relative Schwierigkeit, sehr gefühlvolle Freundschaften zwischen Männern zu knüpfen, aber auch zwischen Frauen. Das Gewicht liegt eher auf dem Zerbrechen von dieser Art Intimität, wenn sie zu intensiv wird. Wo hingegen die Gesellschaft, durch eine völlige Trennung der Rollen von Männern und Frauen, diese Art von Ausdruck fördert, wird einigen Individuen zumindest ein Ausweg geboten, der sie vielleicht vor der Katastrophe Schizophrenie rettet. Das ist absolut möglich.« (*ibidem*, S. 229f)

Es ist kein Zufall, wenn Sullivan in seiner Erwiderung folgende Neukonzeptualisierung seiner Arbeit am Sheppard bietet:

> »So wird der Parallelismus klarer, denn es ist genau das, was wir in der psychiatrischen Klinik machen. Wir schaffen eine völlige Trennung zwischen männlicher und weiblicher Rolle und versuchen, Gruppierungen von sensiblen und intelligenten Angestellten und sensiblen und psychotischen Patienten des gleichen Geschlechts zu bilden. Dies scheint ungewöhnlich gut zu funktionieren, um den Stress und die Anspannung des Lebens zu vermindern und damit die Notwendigkeit einer psychotischen Verhaltensweise.« (*ibidem*, S. 230)

Auch die interdisziplinäre Debatte, die im Laufe der nächsten Sitzung, am Morgen des 30. November 1929, stattfand, bewegte sich auf dem hohen Niveau des Dialogs von Sullivan und Sapir. Wir wollen nun aber zum Problem der Ausbildung zurückkehren, welches das Thema der vierten Sitzung am Nachmittag des 30. Novembers war. Dieses Mal führte Lasswell in das Thema ein, mit dem kurzen Vortrag »A Proposal Looking to the Adequate Training of Research Personnel«, in dem sich folgende einleitende Überlegung findet:

> »In diesem Moment ist es aufgrund der äußerst starren Organisation unserer Universitäten nicht möglich, auch nur auf annähernd adäquate Weise Kollegen für die Erforschung der menschlichen Persönlichkeit auszubilden. (…) Es ist für die Kollegen, die ihr Leben damit verbringen möchten, zu untersuchen, zum Beispiel welche Faktoren verschiedene Typologien von politischen Aktivisten und von (Verwaltungsbeamten) produzieren, die für dieses Ziel nötige interdisziplinäre Ausbildung zu erhalten. Mir erscheint es also angebracht, dass es unserem Komitee gelingt, ein Ausbildungsprogramm vorzulegen, das die Interessierten in die Lage versetzt, im Gebiet der Persönlichkeitsforschung zu arbeiten.« (*ibidem*, S. 132)

Der Leser wird sich denken können, dass es sich hier um ein alles andere als banales Problem handelt, das auch heute noch weit von einer Lösung entfernt ist – was erneut auf die dauerhafte Bedeutung der im Rahmen der beiden Colloquia geführten Debatten verweist. Lasswell stellt eine ihm bekannte typische Situation dar, um die absolute Unmöglichkeit innerhalb des zur damaligen Zeit gegebenen universitären Rahmens interdisziplinärer Arbeit zu leisten, aufzuzeigen. Dann fordert er seine Kollegen auf, Alternativvorschläge zu machen.[17]

Bevor wir nun zu Sullivans Reaktion kommen, die man als Ursprung einer ganzen Reihe von Initiativen, die er in den folgenden Jahren in Angriff nahm, einschließlich der Gründung von *Psychiatry*, betrachten sollte, wollen wir sehen, wie einer der Protagonisten der Colloquia, der Soziologe Thomas, reagierte:

> »Wenn ich im Namen der Soziologen spreche, wäre es sicher eine großartige Erfahrung, wenn wir in eure Krankenhäuser kommen und mit euren Patienten den gleichen Kontakt haben könnten, wie eure Ärzte. Wäre es möglich, dass ein junger Soziologe, der gerade sein Praktikum bei Dr. Burgess und Dr. Sapir macht in ein psychiatrisches Krankenhaus kommen könnte oder etwas ähnliches, in Zusammenarbeit mit Dr. Sullivan oder anderen, die in der Lage sind, die ganze Bedeutung dessen, was wir hier versuchen zu tun, zu erfassen?« (Sullivan 1962, S. 216)

Mit anderen Worten, genau diese Anregung musste, wie Perry schrieb, »die Fantasie Sullivans beflügeln« (*ibidem*) und führte nach dem Krieg dazu, dass der Psychiater Stanton und der Soziologe Schwartz jene Untersuchungen des Alltagslebens und der Arbeitsorganisation im Chestnut Lodge Sanitarium durchführten, die dann in *The Mental Hospital* dokumentiert wurden – dem Klassiker der institutionellen Psychosoziologie.[18]

Und Sullivans Reaktion? Sie kam in einer ganzen Reihe von Wortmeldungen zum Ausdruck, die ich teilweise zusammenfasse und teilweise wörtlich wiedergebe. Nachdem er festgestellt hatte, dass man erst seit kurzem begonnen habe, bei der medizinischen Ausbildung die psychologische Seite des menschlichen Lebens etwas zu berücksichtigen, bezieht er sich kritisch auf den größten Teil der Ärzte, die sich für eine Ausbildung an ihn wandten, und zwar hinsichtlich der während ihres Medizinstudiums erworbenen Geisteshaltung. Und hier ist seine diesbezügliche Intervention:

> »Es wenden sich nicht wenige Ärzte an mich, die auf der Suche nach dem Verständnis des psychischen Lebens sind. Sie kommen als gut ausgebildete Ärzte zu mir und bringen folglich die erworbene Unfähigkeit mit, irgendetwas von dem, was ich ihnen sage, zu verstehen«, klagte Sullivan. »Ich glaube, nicht einmal, wenn sie bei mir blieben, bis der Erzengel Gabriel in sein Horn stieße, würde es ihnen gelingen zu verstehen, wovon ich spreche, oder es persönlich schätzen. Mit anderen Worten, sie haben ihre Ausbildung schon absolviert, sie haben schon einen Studienabschluss in Medizin, und unterhalten ein ganzes Denksystem, das bestimmten Missverständnissen die Physik und Chemie der

Lebewesen betreffend entspringt und sehr schwierig zu demontieren ist.« (*Proceedings Second Colloquium*, S. 138)

Seinen Vorschlag zur Begründung einer alternativen medizinischen Ausbildung mit Spezialisierung in Psychiatrie (eine Facharztausbildung, wie sie heute zum Beispiel die zukünftigen Zahnärzte machen, die mit dem *Doctor in Mental Medicine* enden würde), formulierte er folgendermaßen:

»Dr. Plant und Dr. Gesell, kann ich Sie etwas fragen? Glauben Sie nicht, so wie ich es glaube, dass wir Institutionen bräuchten, die Allgemeinmedizin, allgemeine Chirurgie und bestimmte andere Fächer dieser Art (und natürlich die jeweilige Basis, also Anatomie, Physiologie, Endokrinologie und anderes) lehren, gleichzeitig jedoch spezialisiertere Fächer wie Gynäkologie, chirurgische Technik, Hals-Nasen-Ohren-Heilkunde und ähnliches beiseite lassen, um in den zwei Jahren, die man so spart, einen adäquaten Unterricht in Sozialwissenschaften und alle Aspekte, die dazugehören anzubieten, also Institutionen, die einen solchen Studienplan organisieren könnten, der zu einem Abschluss in, sagen wir, ›Mentalmedizin‹ führt? Sehen Sie vielleicht Nachteile an einem derartigen Aufbau des Studiums, es sei denn die eventuelle Schwierigkeit, die Interessenten auszuwählen? Erscheint dies nicht als vernünftige Lösung des Problems, mit dem wir uns konfrontiert sehen?« (*ibidem*, S. 140)

Nun, wie der Leser wohl wissen wird, ist auch dies ein Problem – das Sullivan als Pionier anging – das immernoch auf eine Lösung wartet.[19]

In Wirklichkeit – und damit wollen wir uns von den beiden Colloquia ab- und uns den weiteren Schriften Sullivans zu diesem Thema zuwenden – interessierte er sich schon seit einigen Jahren für dieses Problem, was in den beiden 1928 im *American Journal of Psychiatry*[20] erschienen *editorials* deutlich wird. Im ersten, »Medical Education – An Editorial Comment« beklagt er eingangs die Schwachsinnigkeit des Studienganges in vielen medizinischen Fakultäten, der »für die Anwendung bei Kreaturen ohne Psyche« (Nr. 17, S. 838) konzipiert sei, um seine Kritik dann in die Aufforderung, zur Tat zu schreiten, einmünden zu lassen: »Wir als Psychiater und vor allem als Medizindozenten … versuchen, unsere Bemühungen fortzusetzen, um ›den Menschen als Person‹ vor dem Aussterben in der Medizin zu bewahren« (*ibidem*).

Das zweite Editorial hingegen – »Psychiatric Research – An Editorial Comment« – muss im Zusammenhang mit Schriften wie »The Common Field of Research and Clinical Psychiatry« und »Research and Schizophrenia« u. a. gesehen werden. Sullivan bemerkt, dass die große ökonomische Belastung durch schwere Geisteskrankheiten noch immer völlig unterbewertet wird und dass, »die psychiatrische Grundlagenforschung fast völlig vernachlässigt wird« (Nr. 19, S. 1076). Dann schlägt er vor, innerhalb der American Psychiatric Association eine »fähige und weit blickende beratende Kommission für die Forschung im psychiatrischen Bereich« (*ibidem*) zu bilden. Was diese beiden kurzen Beiträge betrifft, ist deren Erscheinungsort, das *American Journal of Psychiatry*, noch bedeutender als ihr Inhalt, und er ist gleichzeitig auch für ihre Prägnanz verantwortlich.

In einem anderen Artikel, »The Training of the Psychiatrist. IV: Training of the General Medical Student in Psychiatry«, der 1931 in der ersten Ausgabe des *American Journal of Orthopsychiatry* erschien, formulierte Sullivan mit all seiner Kraft die unvoreingenommenste und schärfste Kritik an der psychiatrischen Standardausbildung, die ich jemals gelesen habe. Den zentralen Passus dieses provokanten Beitrages zitiere ich nun in seiner Gesamtlänge:

> »Krempeln wir uns, koste es was es wolle, die Ärmel hoch – sofern wir welche haben – um die geisteskranken Patienten zu retten, um die Werkzeuge der geistigen Hygiene zu verbreiten und der Ärzteschaft ihre Fähigkeit zurückzugeben, auf der Ebene der Bedürfnisse ihrer Patienten zu arbeiten. Lasst uns aber auch versuchen … unsere Energien in die Erstellung und Definition eines *effizienten Korpus an Informationen* zu stecken, der dann das Basismaterial für die Ausbildung aller Studenten darstellen wird. Wie der Rufer in der Wüste vertrete ich, dass ich heutzutage kein Dutzend Personen finden würde, die ich ohne Zögern als Dozenten oder Direktoren psychiatrischer Abteilungen empfehlen würde. Ich kenne in der Tat viele Psychiater, die viel mehr als ich über viele Aspekte der Psychiatrie wissen. Viele von ihnen haben mich aber entmutigt, was eine Empfehlung angeht, *da sie mir höchstpersönlich Fakten dargelegt haben, von denen ich weiß, dass es keine Fakten sind.* Mit anderen Worten, sie wissen zu viel oder sind zu schlau und auf diese Weise verbreiten sie Fehler, Aberglauben oder Religionen. Dieser Feststellung füge ich folgende hinzu: *Bis heute verfügen wir über keine geeignete Technik, um die Deformationen der Persönlichkeit zu beheben über eine mehr oder weniger intensive psychoanalytische Beziehung hinaus*, die ihrerseits selbst in den ›Lehranalysen‹ oft nicht die erhofften Ergebnisse bringt.« (Nr. 33, S. 378)

An diesem Punkt unserer Darstellung wollen wir sehen, wie es Sullivan gelang, in zwei Beiträgen aus den 30er Jahren nicht nur kritisch und berechtigterweise auch polemisch, sondern auch konstruktiv weitere Gedanken und Vorschläge zu diesem so wichtigen Thema zu formulieren. Schon dem Titel des ersten dieser Beiträge, »Psychiatric Training as a Prerequisite to Psychoanalytic Practice« (das 13. Kapitel von *Schizophrenia as a Human*

Process), den er im Frühling 1934 auf dem 90. Jahrestreffen der American Psychiatric Association vorstellte, können wir den Inhalt entnehmen. Seine Strategie bestand nicht darin, davon zu sprechen, was die Psychoanalyse der Psychiatrie zu bieten hat, wie es die anderen Teilnehmer des im Rahmen des Treffens abgehaltenen Symposiums über die Beziehungen zwischen den beiden Disziplinen getan haben (darüber berichtet Perry; Sullivan 1962, S. 308), sondern darüber, inwieweit die Psychiatrie für die Ausbildung der Analytiker unentbehrlich ist.

Indes haben wir es hier auch mit einem der Beiträge Sullivans zu tun, aus denen seine Identität als Psychoanalytiker besonders klar hervorgeht, als freudianischer Psychoanalytiker, der sich dafür einsetzt, dass der Aktionsradius der Psychoanalyse erweitert wird und die Psychosen und schweren Störungen der Persönlichkeit miteingeschlossen werden. Das heißt, er setzt sich mit Pioniergeist dafür ein, den Weg vorzugeben, den die postfreudianische Psychoanalyse als Gesamtes eingeschlagen hat. Mit Bescheidenheit und Klarheit legt er über seinen eigenen Werdegang als Psychoanalytiker Rechenschaft ab und betont besonders die lange und beschwerliche Arbeit mit dem Phänomen der Übertragung.[21]

Gleichzeitig enthält dieser Beitrag auch Abschnitte über analytische Techniken von höchster Aktualität, denen Merton Gill ohne zu zögern zugestimmt hätte:

> »Letzten Endes geht die Bedeutung, die dem Material der freien Assoziationen verliehen wird – das heißt, die Formulierungen, die der Analytiker dem Patienten anbieten kann – vollständig auf die interpersonale Beziehung zurück, an der der Analytiker teilhat und die dem Patienten erlaubt, sich mit ihm zu integrieren.« (*ibidem*, S. 314)[22]

Den Ausführungen über die Rolle der psychiatrischen Aktivität und darüber, wie man sie am besten für die Entwicklung und Erweiterung der Persönlichkeit des Therapeuten nutzt, ist ein langer Abschnitt über die wichtige Rolle vorangestellt, die der Kontakt und die therapeutische Arbeit mit schizophrenen Patienten spielt, dem wir folgende Passage entnehmen:

> »Schizophrene sind Personen, bei denen man nie einen ernsthaften Fehler machen darf. Diese Patienten haben nämlich schon lange Zeit, bevor sie sich in Behandlung begaben, gelernt, dass es auf der ganzen weiten Welt niemanden gibt, von dem sie erwarten können, dass er sie schätzt oder liebt. Diese negative Überzeugung wurde mit der Zeit immer definitiver und oft warten sie

geduldig darauf, dass auch der Arzt zeigt, ihres Vertrauens nicht würdig zu sein. So führt der Fehler, den der Arzt begeht, also dazu, dass dieser unverzüglich all den anderen zugeordnet wird, die den Patienten nicht zu schätzen und zu lieben wussten; und von diesem Moment an ist es nicht mehr möglich, die Nähe, die man zu ihm aufgebaut hatte, zu pflegen, und nur selten kann man den Schaden wieder gut machen. Aus diesem Grund lehrt die psychoanalytische Arbeit mit schizophrenen Patienten eine große Bescheidenheit bei der Formulierung von Interpretationen und große Vorsicht bei der Entscheidung, was wirklich Bedeutung für das Leben einer anderen Person haben kann; sie lehrt auch, diese subtile Einfachheit, wenn mir diese ... Bemerkung gestattet ist, die unentbehrlich ist für die Beziehungen mit einem sehr großen Teil unserer Mitmenschen – all diese schüchternen und zurückhaltenden Personen, deren Anzahl vielleicht mit jeder Generation größer wird –, deren Potential, unter günstigen Umständen ihr Bestes zu geben, ihnen das Recht gibt, in der richtigen Weise behandelt zu werden.« (*ibidem*, S. 313f)

Nun wollen wir uns dem zuwenden, was Sullivan »die Inhalte einer adäquaten Erfahrung im psychiatrischen Krankenhaus« nennt (*ibidem*, S. 317) und die er folgendermaßen formuliert:

»Die Ziele der Arbeit in einem psychiatrischen Krankenhaus als Vorbereitung auf die psychoanalytische Praxis kann man in diesem Satz zusammenfassen: Es ist eine Erfahrung, die die Fähigkeit zur bewussten Aufmerksamkeit enorm erhöht. Dieser Effekt stellt sich aber nicht von selbst ein, nur weil man inmitten von Geisteskranken lebt. Ich bin davon überzeugt, dass es absolut notwendig ist, methodisch zu arbeiten, um eine intensive Supervision des zukünftigen Psychoanalytikers ab dem Tag seiner Ankunft im Krankenhaus durchzuführen. Ebenso notwendig ist aber auch sehr viel Supervisionsarbeit, um eine Harmonie zu schaffen zwischen dem, was der junge Arzt über seine Arbeit denkt und dem, was die Patienten und ihre Angehörigen, die Kontakt zu ihm haben, darüber denken. Aus diesen beiden Datenreihen, die mithilfe einer Person, welche die Abläufe der Persönlichkeit gut kennt, erstellt werden, kann nach und nach eine immer größere Objektivität des jungen Arztes hervorgehen, eine langsame Ausdehnung seines Bewusstseinsfeldes und folglich eine geringere Anzahl unbewusster Fehler, bedauerlicher Missverständnisse und ähnliches. Zweitens wird es immer intensive Kritik und dauernde klinische Demonstrationen brauchen. ... Im psychiatrischen Krankenhaus kann die Supervision der Ärzte gar nicht früh genug anfangen. Fehlt sie, wird nur ein wirklich außergewöhnlicher Mensch von der Zeit und der Mühe, profitieren, die er aufbringt.« (*ibidem*, S. 317f)[23]

Aus obigem Zitat und der zugehörigen Fußnote wird ersichtlich, wie aktuell die klaren Vorstellungen Sullivans von einer besseren Strukturierung des Lernprozesses, also der psychiatrischen Ausbildung, immernoch sind. Ich selbst kann aufgrund meiner didaktischen Erfahrung in der Psychiatrie bestätigen – ohne Widerspruch zu fürchten – dass es uns, auch heute noch, nicht oft gelingt, den jungen Ärzten/innen in Ausbildung einen solch kohärenten und effizienten Ausbildungsweg zu bieten – einen Weg, auf dem die eigene interpersonale und professionelle Kompetenz wächst und sich entwickelt, was zur Standardausbildung von Psychiatern gehören sollte, jenseits der eventuellen »psychoanalytischen Berufung« des einzelnen Arztes.[24]

An diesem Punkt nun wollen wir uns mit einem der differenziertesten Beiträge Sullivans zum Problem der Ausbildung beschäftigen, dem 1939 in *Psychiatry* erschienen Artikel »The Support of Psychiatric Research and Teaching« (Nr. 56). Nachdem er die Psychiatrie als »die wichtigste Disziplin, was die Bemühungen, das menschliche Schicksal zu verbessern, betrifft« definiert (Nr. 56, S. 273), setzt sich Sullivan kritisch mit den Schwierigkeiten, die mit den Fortschritten der psychiatrischen Kenntnisse verbunden sind, auseinander, wobei er besonders auf die enge Verbindung zwischen ihrer problematischen Fortentwicklung und der Persönlichkeitsstruktur des einzelnen Psychiaters eingeht. Dadurch gelangt er zu solch bedeutenden Feststellungen wie den folgenden:

> »Niemand hat bisher die Zeit und Energie gefunden, eine enzyklopädische Geschichte der psychiatrischen Ideen zu verfassen und folglich wird bei der Ausbildung eines jeden Psychiaters wertvolle Zeit mit der Wiederholung von alten Fehlern und der Untersuchung von seit langer Zeit gelösten Pseudoproblemen verschwendet. Ignoranz ist natürlich auch eine Folge des defekten Kommunikationsinstruments ... Mit anderen Worten, während sich einige psychiatrische Behauptungen der egozentrischen Sprache des Kindes annähern, mangelt es anderen an kommunikativer Wirkung, da sie Binsenweisheiten ähneln, zu offensichtlich scheinen, um etwas Neues mit sich zu führen ... Der entscheidende Faktor der Beibehaltung von Ignoranz seitens der Psychiater ist allerdings persönlicher Natur ... Die Taten einer psychotischen Person dürften für keinen von uns wesentliche Neuigkeiten enthalten ... Der Mangel an Empathie des Psychiaters beruht auf der Unzugänglichkeit einiger wichtiger Bereiche seiner eigenen Erfahrung, also auf einem Mangel an *insight*. Die spezifischen Beschränkungen seines eigenen Bewusstwerdens bedingen die Zugehörigkeit zu einem bestimmtem Interpretationssystem. Bloßer Mangel an Erfahrung ist selten ausschlaggebend ... Kurz, die vom einzelnen Psychiater bevorzugte ätiologische Doktrinin ist oft eine notwendige Komponente seiner eigenen Persönlichkeitsstruktur.« (*ibidem*, S. 274)[25]

Hier gibt Sullivan wieder, was sich bereits in den Colloquia von 1928 und 1929 an Erkenntnissen über die Persönlichkeitsstruktur des Psychiaters abgezeichnet hat. Im selben Artikel von 1939 beschäftigt er sich erst mit den äußeren Bedingungen: damals kamen in amerikanischen psychiatrischen Anstalten durchschnittlich 293 (!) Patienten auf einen Arzt (Nr. 56, S. 278). Für diese Missstände wollte Sullivan die Öffentlichkeit sensibilisieren und gründete auch zu diesem Zweck die Zeitschrift *Psychiatry*.

An dieser Stelle möchte ich den Leser daran erinnern, dass 1936 die Washington School of Psychiatry gegründet wurde, die die Bemühungen um eine theoretische Ausarbeitung mit einer praktischen Umsetzung krönte. Da ich im dritten Kapitel dargelegt habe, wie sich das didaktische Vorgehen, welches auf der interdisziplinären Orientierung Sullivans beruhte, dort gestaltete, will ich das Thema dieses Abschnittes mit einem Zitat abschließen, das ich »The Study of Psychiatry. Three Orienting Lectures« (Nr. 104) entnehme. Dieser Beitrag von 1947 entstand im Rahmen der drei Vorträge, die Sullivan im September des gleichen Jahres anlässlich des zehnten der schulischen Aktivitäten organisierte; die aus ihm entnommene Passage zeigt, welch hohes Niveau das Zusammenspiel von der Suche nach einer alternativen Psychiaterausbildung und der Formulierung seiner interpersonalen Theorie erreicht hatte:

> »Ich möchte, dass Ihnen klar wird, dass das praktische Ziel des Studiums der Psychiatrie unserer Meinung nach das Lernen folgender Dinge ist: 1. Was wirklich in den interpersonalen Situationen, in denen Sie sich befinden, geschieht; 2. Wie viel und was genau bei Ihrer Tätigkeit, in Hinblick auf die Erreichung eines zufriedenstellenden Ergebnisses und des Schutzes aller Personen, die unter unnötigen Ängsten leiden, inadäquat und unangemessen ist; 3. Aus welchem Grund diese inadäquaten und unangemessenen interpersonalen Integrationsformen immernoch Ihre Art zu leben charakterisieren; und 4. In welchen Bereichen Sie wenig Lebenserfahrung besitzen und Sie folglich Schwierigkeiten haben, die im interpersonalen Bereich ablaufenden Prozesse zu integrieren und zu beeinflussen.« (Nr. 104; S. 367)

6.3 Die Zeitschrift *Psychiatry*

Im dritten Kapitel habe ich bereits von *Psychiatry* gesprochen und den zentralen Teil des Editorials zitiert, den Sullivan geschrieben hatte, um die Zeitschrift den Lesern vorzustellen, und außerdem einige Artikel erwähnt, die in der ersten Ausgabe vom Februar 1938 veröffentlicht wurden. Vollzieht man die Entwicklung der Zeitschrift in den ersten fünf Jahren von

Ausgabe zu Ausgabe nach, wird ersichtlich, wie bahnbrechend interdisziplinär sie unter Sullivans Leitung Themen angriff, die bis heute auf das Interesse von Wissenschaftlern und auch eines breiteren Publikums stoßen.

Ich lasse die Beiträge beiseite, die Perry in der Anthologie *The Fusion of Psychiatry and Social Science* zusammengefasst hat, da sie Gegenstand des folgenden Abschnittes sind. Später werde ich dann noch auf die wichtigsten in *Psychiatry* zwischen 1943 und 1948 erschienen Artikel Sullivans eingehen. Eine detaillierte Untersuchung von *Psychiatry* ist die beste Methode, sich mit der neuen psychiatrischen Kultur, die Sullivan anregen wollte, vertraut zu machen.

Was wäre also über die erste Ausgabe zu sagen? Durch die tragischen Zufälle, die das Leben so oft mit sich bringt, beginnt die Zeitschrift mit dem von Ross McClure Chapman verfassten Nachruf auf White – auf den ich schon in dem Abschnitt über White zurückgegriffen habe, um seinen Charakter und seine Persönlichkeit zu beschreiben. Darauf folgt Sapirs schon erwähnter Artikel »Why Cultural Anthropology Needs the Psychiatrist« zum Thema interdisziplinärer Arbeit, die durch mehr als zehn Jahre gemeinsamer Arbeit mit Sullivan inspiriert wurde.[26] Auch der nächste Artikel, »Unrecognized Antagonism Complicating Business Enterprise« von Ernest Hadley ist interdisziplinär und wegbereitend, insofern er Psychoanalyse und Arbeitswelt aufeinander bezieht – ein Gebiet, das systematisch erst in den 1960er Jahren von der Psychoanalyse aufgegriffen wurde.[27] Hadley, mit dem wir uns schon im dritten Kapitel beschäftigt haben, ist mit Sullivan und Thomas Harvey Gill Mitglied des Redaktionskomitees der Zeitschrift, wobei Sullivan ihr eigentlicher Schöpfer und die treibende Kraft ist.

Kommen wir nun zum nächsten Artikel, der Bedeutung für unser Thema hat: »What Psychiatrists and Political Scientists Can Learn From One Another« von Lasswell. In ihm geht es darum, dass der Sozialwissenschaftler auf der einen Seite den symbolischen und damit psychologischen Aspekt des menschlichen Verhaltens nicht mehr vernachlässigen kann und deswegen die Zusammenarbeit mit dem Psychiater braucht, und auf der anderen Seite braucht auch der Psychiater den Sozialwissenschaftler, da die Beziehung zwischen Geisteskrankheit und sozialem Umfeld immer offensichtlicher wird. Eines der Themen, mit denen sich Lasswell in diesem Artikel eingehend beschäftigt, ist übrigens Propaganda, also die Manipulation der öffentlichen Meinung, deren grundlegende Bedeutung zu jener Zeit schon klar erkannt wurde und die der Sozialwissenschaftler nicht untersuchen kann, ohne etwas von Psychiatrie, das heißt dem Unbewussten der Menschen, zu verstehen.[28]

Der längste und ausführlichste Artikel dieser Ausgabe ist allerdings der von Albert Millard Dunham, einem Schüler Whiteheads, mit dem Titel »The

Concept of Tension in Philosophy«. Sullivan wird sich Dunhams Sichtweise bedienen, um das Konzept von »Erfahrung« in seiner interpersonalen Theorie auszuarbeiten, deren philosophische Komplexität über den Rahmen dieser Arbeit hinausgeht. [29] Was den philosophischen Hintergrund Sullivans angeht, sei darauf hingewiesen, dass er sich bei der Formulierung des Begriffs »Dynamismus« (1980, S. 127) auf die ganzheitliche und integrative Sicht Alfred Norton Whiteheads (1861–1947) stützt. Whitehead verließ 1924 die Londoner Universität, um den Philosophielehrstuhl in Harvard zu übernehmen, an dem vor ihm James, Royce und Sanatyana lehrten (Usai 1974, S. 7).

Kehren wir nun zur ersten Ausgabe von *Psychiatry* zurück: Auf Dunhams Beitrag folgt der schon erwähnte Artikel »The Data of Psychiatry« (s. u.), dann drei redaktionelle Anmerkungen (die nicht von Sullivan gezeichnet wurden, aber klar seinen Stil erkennen lassen) zur W. A. White Psychiatric Foundation, der Washington School of Psychiatry und der Zeitschrift selbst. Die Anmerkung zur W. A. White Psychiatric Foundation ist ein Manifest für die Notwendigkeit, sich für eine interdisziplinäre Forschung über Wesen und Prävention von Schizophrenie einzusetzen. Bezüglich der Washington School of Psychiatry erfährt der Leser, wer mit dieser zusammenarbeitete und welch enge Beziehung sie zur Washington-Baltimore Psychoanalytic Society hat.[30] Und schließlich findet sich unter der Rubrik »Rezensionen« eine Besprechung Sullivans von *Man Against Himself*, einem Buch, in dem Karl Menninger versucht, Freuds Begriff vom Todestrieb klinisch zu belegen – womit der Rezensent ganz und gar nicht einverstanden ist.

Auch das zweite Heft von *Psychiatry*, Mai 1938, ist reich an Anregungen; sie stützt sich vor allem auf Beiträge von Sozialwissenschaftlern, unter denen Ruth Benedicts Artikel »Continuties and Discontinuities in Cultural Conditioning« hervorsticht.[31] In ihm geht es um eine vergleichende anthropologische Analyse der unterstützenden oder hemmenden Auswirkung, welche die Erziehung des Kindes auf die spätere Annahme der Erwachsenenrolle hat; Benedict formuliert hier folgende interessante Hypothese: Wenn in unserer westlichen Gesellschaft der Übergang von der kindlichen Unterwerfung zum Erwerb von Verantwortungsgefühl im Erwachsenenalter weniger brüsk wäre, könnten wir einen großen Teil des in der Adoleszenz auftretenden *Sturm und Drang* vermeiden. Der folgende Artikel Lasswells, »A Provisional Classification of Symbol Data« ist sehr technisch, während der kurze Beitrag Morris Edward Oplers – »Personality and Culture: a Methodological Suggestion for the Study of their Interrelations« – sich besser liest; die vierte Schrift dieser Ausgabe, J. F. Browns »Freud vs. Marx: Real and Pseudo Problems Distinguished«, sollte wegen der Scharfsicht erwähnt werden, mit der ihr Verfasser Parallele und komplementäre Gedankengänge zwischen Freud und Marx aufzeichnet.

Von den fünf klinischen Beiträgen in der zweiten Hälfte dieser Ausgabe seien drei hier erwähnt: »The Genesis of Psychological Sex Differences« von Lucile Dooley, »Notes on the Psychoanalytic Significance of the Choice of Analyst« von Clara Thompson und »Vicissitudes of Sublimation« von Joseph Chassel, in dem der Verfasser eines der erfolgreichsten und gleichzeitig umstrittensten Konzepte Freuds untersucht.

Und das dritte Heft? Der interessanteste Artikel in dieser Ausgabe ist »Interaction Processes in the State Mental Hospital«, in dem der Soziologe Howard Rowland zum ersten Mal versucht, das Alltagsleben in einem psychiatrischen Krankenhaus abzuhandeln, womit er sich in Richtung des aus den beiden Colloquia hervorgegangenen Forschungsprojekts bewegt. Nachdem er den Lesern seine methodologischen Koordinaten erklärt, und zwar die konsequente Anwendung des Verfahrens der teilnehmenden Beobachtung, thematisiert er folgende drei Gesichtspunkte: das psychiatrische Krankenhaus als Miniaturausgabe der Gesellschaft; die Typologie der interpersonalen Interaktion; das Krankenhaus als Schauplatz kollektiver Phänomene, die von den Patienten inszeniert werden – unter denen vor allem die Tendenz zum Konformismus, also sich der Gruppe anzupassen und sich in ihr zu verstecken, hervorsticht. Eine detaillierte Erörterung dieser Pionierarbeit würde über den Rahmen dieses Buches hinausgehen, aber ich möchte zumindest auf die beiden Resümees des Autors hinweisen:[32] einerseits auf die Frage, inwiefern eine Untersuchung der sozialen Interaktionen in einem psychiatrischen Krankenhaus Licht auf die normalen sozialen Interaktionen werfen kann, und andererseits die Notwendigkeit, diese Art Untersuchung auf die mit Goffmann zu Ruhm gelangten »totalen Institutionen« (1938, S. 337) auszudehnen.

Von den klinischen Beiträgen sollten zwei erwähnt werden (mehr wegen ihrem Verfasser als des Themas wegen): »Some Features Common to Psychotherapy of Psychotic Patients and Children« von Martin Grotjahn und »The Cult and Mythology of the Magna Mater from the Standpoint of Psychoanalysis« von Edith Weigert-Vowinkel. Beide Autoren sind ausgezeichnete freudianische Analytiker aus dem deutschsprachigen Raum, die, wie wir am Beispiel Grotjahns schon gesehen haben, nicht mit den üblichen europäischen Vorurteilen auf die amerikanische Gesellschaft reagierten und mit Sullivan und seiner Gruppe zusammenarbeiteten, davon Weigert sogar sehr eng.

Damit wären wir beim vierten Heft vom November 1938 angekommen, in dem auch der klinische Beitrag »A Dynamic Interpretation of Psychotherapy Oriented toward Research« von Saul Rosenzweig erschien, der sowohl wegen des Autors als auch des Themas von Interesse ist. Wir haben es hier mit dem gleichen Rosenzweig zu tun, der 1992 *Freud, Jung and Hall the King-Maker* veröffentlichte.[33] Aus einer kurzen Darstellung seines Beitrages geht der Pioniergeist seiner Forschungsrichtung hervor, die ihn, wie wir gesehen haben, auch dazu brachte, an Freud zu schreiben, um ihm eine empirische Überprüfung der grundlegenden Begriffe der Psychoanalyse nahe zulegen. Rosenberg schreibt in seinem oben genannten Beitrag:

> »In dieser Arbeit wurde die Aufmerksamkeit auf die Tatsache gelenkt, dass die verschiedenen psychotherapeutischen Methoden eine gewisse Anzahl impliziter Faktoren gemein haben, die wahrscheinlich wichtiger sind als ihre umstrittenen Unterschiede. Es wurde also der Versuch unternommen, zu zeigen, dass diese gemeinsamen Faktoren bezwecken, entweder die angenommenen Haltungen und Gewohnheiten oder die Motivationsdynamik zu verändern, da die einen oder anderen mehr oder weniger im Vordergrund stehen. Eine ausführlichere Diskussion wurde folglich dem wahrscheinlich bedeutendsten der dynamischen Faktoren der Behandlung gewidmet, und zwar der Frustrationstoleranz. Im Laufe der besagten Diskussion stellte sich heraus, dass die Konzepte der Immunologie sich auf einem parallelen Gleis zu den Begebenheiten der Psychotherapie bewegen. Während der gesamten Arbeit stellte sich immer wieder heraus, dass man dringend eine angemessene Untersuchung dieses Themas braucht – der Arbeitsweisen der verschiedenen Formen von Psychotherapie.« (1938, S. 526)

Wie wir im Laufe dieser Abhandlung noch feststellen werden, waren die ersten Jahre von *Psychiatry* reich an ähnlichen Pionierarbeiten!

Und damit wären wir beim ersten Heft des Jahres 1939 angekommen. Für unser Thema ist es vor allem bedeutsam, dass in ihm eine Schrift des sowjetischen Psychologen Vygotskij (1896–1934) und dessen Portrait aus der Feder Alexander Lurias veröffentlicht wurden, was Interesse für sein Werk belegt, das wahrscheinlich dadurch gegeben war, dass Vygotskij, wie Sullivan, der Sprache bei der kindlichen Entwicklung eine zentrale Rolle zuwies.[34] Diese Ausgabe von *Psychiatry* ist aber auch wegen drei der fünf rezensierten Bücher von Interesse: *Thalassa* von Ferenczi, rezensiert von Thompson; *Mental Disorders in Urban Areas* von Faris, rezensiert von Dunham und *After Freedom* der Anthropologin Hortense Powdermaker, das Sullivan persönlich bespricht. Was die beiden ersten betrifft, soll es hier ausreichen, sie zu erwähnen;[35] mit Powdermakers Buch wollen wir uns aber etwas näher beschäftigen. Powdermaker war eine Schülerin Sapirs, der Sullivan bei ihrer Untersuchung geholfen hatte. Diese Untersuchung – die erste einer ganzen Reihe, an der Sullivan mitarbeitete – wurde im Tiefen Süden der Vereinigten Staaten durchgeführt, in einer Gemeinschaft, in der die Autorin ein Jahr als teilnehmende Beobachterin verbracht hatte, und behandelt das Rassenproblem unter dem Gesichtspunkt der alltäglichen Interaktion zwischen Schwarzen und Weißen mehr als 60 Jahre nach der Befreiung der Sklaven. Mit anderen Worten: eine Arbeit, die auf einer Linie mit der von Sullivan und Sapir proklamierten anthropologischen und psychiatrischen Erforschung der modernen amerikanischen Gesellschaft liegt.[36]

Das zweite Heft von 1939 eröffnet der Nachruf auf Sapir, der am 4. Februar in New Haven gestorben war; es enthält auch den Leitartikel »The Support of Psychiatric Research and Teaching«, von dem ich schon berichtet habe. Zwei weitere Beiträge sind für unser Thema von Belang: »Psychoanalysis and the General Hospital« von Flanders Dunbar und »The Social Philosophy of ›*Will Therapy*‹« von Erich Fromm. Dunbar, die 1935 *Emotions and Bodily Changes* veröffentlicht hatte, spielte wie Franz Alexander (sie in New York, er in Chicago) eine bahnbrechende Rolle bei der Erschließung eines neuen medizinischen Gebietes, nämlich der psychosomatischen Medizin, die eine sowohl analytisch – auch Dunbar war Psychoanalytikerin – wie auch empirisch-experimentell orientierte Disziplin sein sollte. In diesem Artikel wird zum ersten Mal davon gesprochen, dass ein analytisch orientierter Psychiater, sowohl im diagnostischen wie im therapeutischen Bereich, eine wichtige Rolle in der internistischen Abteilung eines allgemeinen Krankenhauses spielen kann. Und wiederum haben wir es hier mit Ideen zu tun, die auch heute nur noch zögerlich in die Praxis umgesetzt werden.

Erich Fromms Artikel enthält harte Kritik an Otto Ranks (1884–1939) Buch *Will Therapy* (1936), das Fromm aufgrund seiner Betonung des Willens im Gegensatz zur Suche nach Wahrheit als antipsychoanalytisch kritisiert. In diesem Fall zeigt sich Fromm als Verteidiger der freudianischen Orthodoxie. Dies u. a. sollte uns dazu veranlassen, die oft künstliche Unterscheidung in freudianisch und neofreudianisch mit Vorsicht zu betrachten. Mit James Liebermans Biografie Ranks (1997) wurde erst eine sachlichere Beurteilung seines Werkes möglich, wobei auch die von Fromm so scharf kritisierten Aspekte eine neue Bewertung erfuhren.

Wir kommen zur dritten Nummer des Jahres 1939. Neben einem weiteren Artikel Rowlands, »Friendship in the State Mental Hospital. A Sociological Approach« finden wir auch eine Arbeit, die noch heute verdienstvoll ist: »Racial Differences in the Neuroses and Psychoses« des Psychoanalytikers und Anthropologen Gèza Roheim (1891–1953).[37] Es handelt sich hierbei um eine der ersten gültigen Untersuchungen der Hypothese, Neurosen und Psychosen seien bei sog. primitiven Völkern seltener als in der sog. zivilisierten Welt.

Das letzte Heft von 1939 eröffnet ein kurzer von T. H. Gill verfasster Nachruf auf Freud, der am 23. September 1939 in London gestorben war. Außerdem finden wir zwei interessante Artikel: den schon erwähnten »Selfishness and Self-Love« von Fromm und »Person, Personality, Group, Culture« von Lasswell. In Fromms Artikel geht es um eine der ersten – aber immernoch gültigen – ausführlichen Kritiken an Freuds Narzissmusbegriff, darüber hinaus findet sich erstmals die Perspektive herausgearbeitet, die Teile seines späteren Werkes bestimmt. Seine abschließende Worte:

> »Das Individuum, das aufgehört hat, sich selbst zu lieben, ist bereit, zu sterben oder zu töten. Das Problem unserer Kultur, wenn wir vermeiden wollen, dass sie sich in Richtung Faschismus wendet, ist nicht so sehr übertriebener Egoismus, sondern Mangel an Eigenliebe. Unser Ziel sollte sein, die Bedingungen zu schaffen, die es dem Individuum erlauben, seine Freiheit nicht nur in formellem Sinn zu verwirklichen, sondern viel mehr im Sinne der Möglichkeit, seiner ganzen Persönlichkeit, mit deren intellektuellen, emotionalen und sinnlichen Qualitäten, Ausdruck zu verleihen. Diese Freiheit besteht nicht in der Herrschaft eines Teils der Persönlichkeit über einen anderen – des Bewusstseins über die Natur, des Überich über das Es – sondern in der Integration der gesamten Persönlichkeit und im effektiven Ausdruck seines ganzen Potenzials.« (1939, S. 523)

Lasswells Beitrag hingegen ist methodologischer Natur und zeigt gewisse Analogien zu Sullivans methodologischer Ausarbeitung der interpersonalen Theorie. Er enthält viele Hinweise auf die Autoren, Soziologen und Anthropologen, die zu jener Zeit ähnliche Aufgaben in Angriff nahmen. Am Ende dieses Heftes findet sich ein Beitrag, der nicht gezeichnet ist, den Crowley aber Sullivan zuschreibt. Sein Titel ist »Responsibility« (Nr. 58) und er besagt, dass die Amerikaner den wenige Monate zuvor von Hitler begonnenen Krieg als Bedrohung ihrer eigenen demokratischen Regierung ansehen und sich ihrer Verantwortung stellen sollten. Dieser Artikel zeigt, dass der Zweite Weltkrieg und das Problem des Friedens in der Welt von diesem Moment an zu einer der Hauptsorgen Sullivans wurden.

Im ersten Heft von 1940 wurde *Conceptions of Modern Psychiatry* das erste Mal veröffentlicht, das auf den von Sullivan 1939 in Washington zum Gedenken Whites gehaltenen Vorträgen beruht (oder auch, wie wir gesehen haben, die ersten White Memorial Lectures). Der für uns interessanteste Beitrag des zweiten Heftes ist allerdings »Psychoanalytic Therapy in a Mental Hospital« von Joseph Chassel, einem psychoanalytisch ausgebildeten Arzt, der sieben Jahre am Sheppard Hospital gearbeitet hatte und sich auf die dort von Sullivan geleistete Arbeit beruft. Er regt eine Neudefinition sowohl der Psychoanalyse (im Lichte der Art von analytischer Arbeit, die er mit seinen Patienten durchgeführt hat), als auch der Merkmale eines analytisch orientierten Krankenhauses an, die ich für immernoch aktuell halte. Er versteht unter Psychoanalyse

> »die erklärte Bemühung, die sich über eine angemessene Zahl von Stunden erstreckt, eine konstruktive interpersonale Beziehung aufzubauen; gleichzeitig sollte die Aufmerksamkeit auch den Schwierigkeiten und Verzerrungen, die beim Aufbau dieser Beziehung auftreten, gelten und die Interpretation – der Träume, freien Assoziationen und auch Seufzer, Tritte oder Zärtlichkeiten – als wichtigste Methode zur Beseitigung dieser Hindernisse eingesetzt werden.« (1940, S. 182)

Was hingegen das Krankenhaus als Ort, an dem diese Arbeit stattfinden kann, angeht, kritisiert Chassel Simmels Konzeption vom Krankenhaus als Vermittler des Kontakts mit der äußeren Welt und spricht sich dafür aus, dass dieses vor allem eine Rolle als Ort der gütigen – mütterlichen – Aufnahme spielen sollte[38].

Mit der nächsten Nummer vom August 1940 treten wir definitiv in das Kriegsklima ein, das heißt in eine Situation, in der Sullivan beginnt, sich immer öfter und eingehender mit diesem Thema zu befassen. In diesem Heft finden wir zum Beispiel eine lange von ihm verfasste Schrift mit dem Titel »Memorandum from the William Alanson White Psychiatric Foundation on the Utilization of Psychiatry in the Promotion of National Security« (Nr. 64), aus der klar hervorgeht, dass Sullivan Whites Erbe aufgreifen will, das heißt, die Psychiatrie so ausdrücklich wie möglich in den Dienst der Gesellschaft zu stellen. Am Anfang dieses Artikels schreibt Sullivan:

> »Die Psychiatrie kann zum Schutz der nationalen Sicherheit beitragen, weil sie die Disziplin ist, die sich mit dem Studium der Persönlichkeit und der interpersonalen Beziehungen beschäftigt. Ursprünglich als Zweig der Medizin entstanden, der sich mit den Menschen beschäftigt, die unter geistigen Störungen leiden, und in jüngerer Zeit auch im Bereich der Prävention, sowohl auf individueller wie auf familiärer Ebene, angewendet, ist es der Wissenschaft und Kunst der Psychiatrie seit einiger Zeit gelungen, ihren Aktionsradius auszudehnen, sodass sie beginnen kann, auch in der Erziehung, der Industrie und der Regierungsarbeit eingesetzt zu werden. Es ist nämlich so, dass sämtliche Phänomene der menschlichen Interaktion, sowohl von Angesicht zu Angesicht als auch in komplexeren Situationen, mit praktisch universellen Motivations-Konfigurationen zu tun haben, wie sehr sie auch durch die kulturelle Dimension, in der die betreffenden Personen erzogen worden sind, konditioniert werden. Innerhalb

einer homogenen kulturellen Dimension stellt sich das so dar, dass etwas, was oberflächlich betrachtet als großer Unterschied zwischen dem Verhalten einer gesunden Person und einer geistig gestörten erscheint, sich in Wirklichkeit als ein Problem des Akzents und der Dauer bestimmter Motivations-Konfigurationen herausstellt.« (Nr. 64, S. 483)

Diese theoretische Prämisse dient ihm als Basis, um im Verlauf seiner Abhandlung verschiedene Anwendungsmöglichkeiten der Psychiatrie im Dienste der nationalen Sicherheit zu erwägen. Diese Möglichkeiten behandelt er dann im Einzelnen in zahlreichen Beiträgen, die er im Laufe des Krieges verfasst hat, und die vom Einsatz der Psychiatrie bei der Auswahl der Rekruten bis hin zur Unterstützung der kollektiven Moral – während des Kriegseinsatzes – reichen. Des weiteren regt Sullivan an, die Washington School of Psychiatry zu einem Ausbildungs- und Fortbildungszentrum für unterschiedliche, auch im Krieg einsetzbare Berufe, zu machen,[39] was dann auch verwirklicht wurde.

Schon in der folgenden Ausgabe vom November 1940 erscheinen dann drei weitere Beiträge Sullivans zum Kriegseinsatz. Wir finden dort auch als erste Reaktion auf seine W. A. Memorial Lectures den Artikel »Notes on the Theory of Interpersonal Relations« des neuseeländischen Wissenschaftlers Ernest Beaglehole, der schließt wie folgt:

»Nachdem ich den Rat Sullivans befolgt habe und seine Vorlesungen wieder und wieder gelesen habe, kann ich nur meine Bewunderung für seine Eingebungen bezüglich der menschlichen Psychologie und den Wechselbeziehungen zu den Sozialwissenschaften ausdrücken, die in ihnen enthalten sind. In seinen Händen gelingt es der Psychiatrie zu vermeiden, auf reine Neurologie reduziert zu werden oder sich in metaphysischen Spekulationen zu verlieren. Seine Bedeutung für die Sozialwissenschaften reicht weit darüber hinaus: Wir haben es hier mit einer umfassenden Theorie zu tun, die das Individuum und die Gruppe miteinbezieht und in der Lage zu sein scheint, vielen unserer Konzepte neue Grundlagen zu geben. Und abgesehen von allem anderen, ist es genau das, was die Sozialwissenschaften im Moment brauchen … .« (1940, S. 525f)

Damit komme ich zu den drei *editorials* Sullivans. Für eine Illustration der Linie, die Sullivan bei der Entwicklung seiner Überlegungen zu dem Beitrag verfolgte, den die Psychiatrie beim Kriegseinsatz der Vereinigten Staaten leisten konnte, ist es ausreichend, deren wichtigste Passagen zu zitieren. Der erste Beitrag Sullivans, mit dem Titel »Endocrinoneuropsychiatry« (Nr. 65), schließt folgendermaßen:

»Psychiater sind Mediziner und müssen es weiterhin sein. Die medizinische Ausbildung bewahrt sie vor schlimmen Bewertungsfehlern im Grenzbereich von organischer Pathologie und Persönlichkeitsstörungen. Unter allen Medizinern sind es jedoch die Psychiater, die am meisten mit den Problemen zu tun haben, die sich an der Grenze von individueller Dimension und sozialer Dimension befinden. Ihre Arbeit verlangt die Annahme eines zweifachen Blickwinkels, dem des Mediziners und dem des Sozialwissenschaftlers. Sie sind in der Tat Sozialpsychologen, deren Ideen unter anderem darauf beruhen, auf die biologischen Wissenschaften der Physiologie und der Pathologie zurückzugehen. Es trifft zu, dass viele Psychiater ›stumme und unrühmliche‹ Sozialwissenschaftler sind, sich also sehr viel wohler mit den ›neurologisierenden Tautologien‹ als mit der Sprache der zwischenmenschlichen Beziehungen fühlen. Einige derjenigen, die bei der Psychiatrie Hilfe gesucht haben, dürften von diesem kommunikativen Handicap entmutigt worden sein. Es ist wirklich schade, dass in der momentanen Notsituation die Psychiatrie sich noch immer mit einem so vielförmigen Disziplinarstatus konfrontiert sieht. Der Notfall von 1914/1918 stand einer erst jungen Psychiatrie gegenüber, der es allerdings gelang, sich nützlich zu machen und Gewinn aus dieser Erfahrung zu ziehen. Ich bin der Meinung, dass der erneute Ruf zu den Waffen sie schnell von ihren traditionellen Widersprüchen und der scholastischen Exzentrik befreien wird. Die unbestreitbar ausbildende Erfahrung, die die psychiatrische Praxis darstellt, wird es folglich vielen Kollegen ermöglichen, eine sichere Kompetenz in Hinblick auf eine Vielzahl von Problemen zu erlangen, die mit der nationalen Mobilmachung und dem Weltkrieg verbunden sind; eine Kompetenz, die sich erneut Geltung verschaffen kann, wenn unsere Demokratie wieder in Frieden leben kann.« (Nr. 65, S. 563)

Was hingegen den zweiten Leitartikel angeht, dessen Titel »Southern Psychiatric Association. Report of its Committee on Psychiatry and National Defense« (Nr. 66) ist, möchte ich die abschließenden Überlegungen zitieren:

»Bei der Förderung der nationalen Sicherheit stehen wir einer ganzen Reihe von neuen Anforderungen und Notwendigkeiten gegenüber. Wenn wir die Rekruten untersuchen, müssen wir unsere Abhängigkeit von gut dokumentierten Krankengeschichten und eingehenden Untersuchungen der Persönlichkeit aufgeben. Wenn wir die Effizienz der Arbeiter verbessern, müssen wir die intensive Therapie sein lassen und gemäßigt beim Aussondern von Personen aufgrund mangelnder Kompetenz sein. In einem im Krieg befindlichen Land ist Platz für alle«, stellt Sullivan nachdrücklich fest. »Es ist besser, wenn es gelingt Personen mit geistigen Defiziten einzusetzen – wenn auch nicht ganz effizient

– als sie in den Instituten zu haben, oder sie frei herumlaufen zu lassen, wo sie der Gemeinschaft zur Last fallen. Wenn die Moral der Nation geschützt und gefördert werden soll, müssen wir uns kritischen Situationen stellen, mit Maßnahmen, die sich denen der Gruppentherapie annähern ... In dem Maße, in dem Psychiater mit geeigneten Maßnahmen an die Probleme unseres Landes herangehen, steigen auch die Möglichkeiten der Schaffung eines geeigneten nationalen psychiatrischen Netzes schnell.« (Nr. 66, S. 624)

Der dritte dieser Beiträge, »The William Alanson White Psychiatric Foundation Bulletin: a Minimum Psychiatric Inspection of Registrants« (Nr. 67), beschreibt die Vorgehensweise und die zum Einsatz kommenden diagnostischen Kategorien bei der Untersuchung der Rekruten. Von besonderem Interesse in diesem dichten Artikel ist der Raum, den Sullivan jenen präpsychotischen Zuständen widmet, die bei der objektiven physischen Untersuchung evident werden können, das heißt, dass die betroffenen Individuen eine besondere Reaktion gegenüber der Vorgehensweise bei dieser Untersuchung zeigen.

Da wir inzwischen gesehen haben, welche Besonderheiten *Psychiatry* aufwies, können wir es uns erlauben, die beiden folgenden Jahrgänge, 1941 und 1942, im Ganzen zu betrachten.

Im Laufe des Jahres 1941 erscheinen unter anderem zwei kurze Beiträge des Analytikers Richard Sterba, der aus Wien stammte und der Familie Freud nahe stand; er wanderte aus Solidarität mit den jüdischen Kollegen nach Amerika aus.[40] Im ersten dieser Beiträge, »The Abuse of Interpretation«, beschäftigt sich Sterba mit einem Thema, das Sullivan am Herzen lag, dem Missbrauch des Mittels der Interpretation, auf das der unerfahrene Analytiker zurückgreift. Im zweiten, der den Titel »The Relaxation of the Analyst« trägt, stoßen wir auf die Bewertung dessen, was der Wiener Analytiker als den wichtigsten Beitrag Ferenczis zur Psychoanalyse bezeichnet: »Die völlige Angstfreiheit des Analytikers gegenüber seinem Patienten, vor allem in Bezug auf die Äußerungen seines Unbewussten« (1941, S. 340).

1941 erscheint auch ein zweiter Beitrag Beagleholes mit dem Titel »Interpersonal Theory and Social Psychology«, in dem der Autor vertieft, welchen Beitrag die interpersonale Theorie Sullivans zur Sozialpsychologie leisten kann, die grundsätzlich als die Disziplin verstanden wird, die sich mit Gruppendynamik beschäftigt. Seiner Ansicht nach kann die neue Sozialpsychologie, die auf dem von Sullivan formulierten Standpunkt beruht, »eine Art ›Basiswissenschaft‹ werden(so hatte es auch Sapir 1932 ausgedrückt; M. C.), die in der Lage ist, die interpersonalen Probleme aufzunehmen, mit denen sowohl der Anthropologe als auch der Soziologe zu tun haben« (1941, S. 76f).

Wie auch aus *Psychiatry* hervorgeht, investierte Sullivan in diesem Jahr einen großen Teil seiner Energie in die Perfektionierung eines gültigen und effizienten Systems für die psychiatrische Auswahl der Rekruten des amerikanischen Heers; 1941 erschienen ein Leitartikel und zwei lange Artikel zu diesem Thema in der Zeitschrift.

Und 1942? In dem Artikel »The Contributions of Topological and Vector Psychology to Psychiatry« präsentiert Jerome Frank, ein Schüler des deutschen Psychologen Kurt Lewin, einen Überblick über die neuen Ideen Lewins, die dieser in dem 1936 erschienenen Buch *Principles of Topological Psychology* vorgestellt hatte. Lewin vertritt dabei einen ähnlichen Standpunkt wie Sullivan für die Psychologie, vor allem insofern, als er versucht, die in den interpersonalen Feldern[41] wirkenden Kräfte durch Vektoren darzustellen. Im gleichen Heft vom Februar 1942 finden wir auch zwei Editorials Sullivans. Das erste beschäftigt sich mit der Bedeutung der Rolle, die die Vereinigten Staaten im Krieg spielen und das zweite mit der Auswahl der Rekruten, das heißt mit den Fortschritten, die seine Arbeit in diesem Bereich gemacht hat.

Dieses Heft schließen acht Rezensionen ab (von T. H. Gill, R. Benedict, A. T. Boisen, L. B. Hill, P. Mullahy, A. Montagu, L. Wirth und E. E. Hadley), die sich mit *Escape from Freedom* (*Die Furcht vor der Freiheit*) von Erich Fromm beschäftigen.[42]

Sehr interessant ist weiterhin der Artikel »Dissent in the Early History of Psychoanalysis«, in dem Edith Weigert zeigt, dass auch ein freudianischer Analytiker von einer Vertiefung der Ideen Adlers und Jungs profitieren kann, denen die Autorin eine informative Darstellung widmet, um dann zu folgenden Schlussfolgerungen zu gelangen:

> »Warum bloß sollten Psychiater zwischen den einzelnen psychotherapeutischen Schulen Mauern errichten, wenn sie hingegen aus einer gemeinsamen Diskussion Profit ziehen könnten? Schließlich nahm Freud einen so originellen Psychotherapeuten wie Groddeck in die Psychoanalytische Vereinigung auf. Bei dieser Gelegenheit stellte er fest, dass Groddecks Anerkennung und Anwendung der dynamischen Faktoren der Übertragung und des Widerstandes eine ausreichende Grundlage zur Zusammenarbeit darstellten. Konzepte wie Orthodoxie und Apostasie gehören zu religiösen Bewegungen und nicht in einen Bereich der wissenschaftlichen Forschung. Verdeckte religiöse Neigungen wirken sich nicht nur auf die Übertragungsbeziehung aus, sondern auch auf die anerkennende oder oppositionelle Reaktion auf die Psychoanalyse im allgemeinen. Der Psychiater ist nicht vom Kampf freigestellt, eine kreative Befreiung von allen religiösen Bindungen auch in seiner Arbeit zu erreichen.« (1942, S. 359)

Das dritte Heft von 1942 schließt ein weiterer Artikel Sullivans über die verschiedenen Einsatzgebiete der Psychiatrie beim Kriegseinsatz ab.

An diesem Punkt wollen wir nur noch die wichtigsten Beiträge Sullivans untersuchen, die in den nächsten sechs Jahren zwischen 1943 und 1948 in *Psychiatry* erschienen.

Im ersten Heft von 1943 finden wir zum Beispiel ein Editorial von ihm zur Ernennung Ross McClure Chapmans zum Präsidenten der W. A. White Psychiatric Foundation, in dem diese Wahl nicht nur wegen der sehr guten Kenntnis unterstützt wird, die Chapman von den Ideen Whites hat, sondern auch, weil dieser sehr viel zum Fortschritt der Forschung und Lehre in der Psychiatrie beigetragen hat (Nr. 83, S. 99).

Sehr komplex ist der Artikel »How Sweet are the Uses of Adversity« (Nr. 85), in dem Sullivan die Fortschritte der Psychiatrie seit White und die Herausforderungen, die auf sie zukommen, darstellt. Er schließt mit einer prägnanten Erörterung seines Standpunktes:

> »Die grundlegende Position der modernen Psychiatrie, die sie von anderen konzeptuellen Anschauungen (seien es psychiatrische oder nicht) unterscheidet, kann man in der Feststellung zusammenfassen, dass nicht der Mensch als individueller Organismus, sondern die Person, die unaufhörlich in Kontakt mit anderen und/oder seinen inneren Bildern von ihnen steht, ihr Studienobjekt ist. Die für sie charakteristischen Fakten und Daten finden im Bereich der interpersonalen Beziehungen statt und müssen auch dort gesucht werden. Die Persönlichkeit ist eine hypothetische Konstruktion, die die Dinge aufzeigt und die Tatsachen lesbar macht, die uns von den interpersonalen Beziehungen zur Verfügung gestellt werden; dieser Konfiguration kommen wir in unserer Eigenschaft als teilnehmende Beobachter auf den Grund.« (Nr. 85, S. 239)[43]

Aus dem kurzen Editorial »Annual Meeting of the Foundation« vom November 1943 erfahren wir von Hadleys Austritt aus der White-Foundation und vom Erfolg, den die Washington School of Psychiatry nach den durch den Krieg gemachten Erfahrungen bei der Ausbildung endlich erlangen konnte. Im Mai 1944 erscheint ein weiteres bedeutendes Editorial, »Psychiatric State of the Nation« (Nr. 91), über die dramatische, von Vorurteilen und Ausgrenzung gekennzeichnete Situation, der die farbige Bevölkerung immernoch ausgesetzt war.[44]

Im Januar 1945 stoßen wir auf einen Beitrag Sullivans mit dem Titel »The Soldier's Return« (Nr. 94), der von der psychologischen Betreuung handelt, die die Kriegsheimkehrer wahrscheinlich brauchen würden, um zu ihrem Alltagsleben zurückzufinden. In der nächsten Ausgabe von *Psychiatry* finden wir hingegen einen Leitartikel Sullivans zur Schaffung eines National Mental Health Council, das dazu dienen sollte, alle mit der Kriegssituation verbundenen Probleme anzugehen. Über die Expansion der Washington School of Psychiatry, dank ihrer Möglichkeit einen guten Teil des durch den Krieg entstandenen Ausbildungsbedarfs zu decken, wird hingegen in einem Beitrag zum dritten Heft von 1945 berichtet.[45]

Wenden wir uns nun dem Jahr 1946 zu. Im Februarheft finden wir einen prägnanten Leitartikel Sullivans mit dem Titel »The Cultural Revolution to End War« (Nr. 96), in dem er in Übereinstimmung mit dem kanadischen Psychiater Chisholm die Meinung vertritt, dass nur eine beträchtliche kulturelle Entwicklung der Gesellschaft die Bedingungen schaffen könnte, durch die ein Rückgriff auf Krieg nicht mehr nötig sein würde. Sullivan sagt abschließend:

> »Der erste Schritt in diese Richtung muss darin bestehen, die archaischen Ideen freizulegen, welche aus jeder existierenden Kultur das ungeeignetste Terrain machen, damit das Tier Mensch zum menschlichen Wesen werden kann. Zu dieser Maßnahme kommt eine radikale Erziehungsarbeit mit den Eltern – egal ob diese intelligent oder dumm, reich oder arm sind – um ihnen klarzumachen, dass Kinder nicht wie Grünpflanzen durch Sonnenenergie oder irgendeinen anderen Automatismus wachsen, sondern dadurch, dass sie die Ideen und das Beispiel, derer, die sie umgeben, aufnehmen.« (Nr. 96, S. 87)

Wir stoßen hier also auf einige der Ideen, aus denen seine *psychiatry of peoples* entstehen sollte – mit der wir uns im letzten Absatz beschäftigen werden.

Im Jahre 1947 sticht vor allem das Editorial Sullivans hervor, das er anlässlich des zehnjährigen Bestehens der Zeitschrift verfasst hat (Nr. 105). In ihm legt er ausführlich den Unterscheid zwischen der freudianischen Orientierung und seiner interpersonalen Theorie der Psychiatrie dar, die er als Feldtheorie und als von der ausschließlichen Aufmerksamkeit für das Individuum befreit definiert, welche die freudianische Linie kennzeichnet, (Nr. 105, S. 434). Er stellt klar, dass aus beiden Ansätzen »theoretische und technische Bedingungen für die Untersuchung und Realisierung einer günstigen Veränderung hervorgehen, die bedeutende Unterschiede aufweisen« (*ibidem*).

Aber da ist noch mehr. Dass die Zeitschrift in den ersten zehn Jahren ihres Bestehens ein bevorzugter Ort für die Darstellung der interpersonalen Theorie war, belegt die Tatsache, dass die Hälfte der publizierten Artikel in diese Richtung gingen. Dies ist so deutlich, dass der ursprüngliche Untertitel *Journal of the Biology and the Pathology of Interpersonal Relations* in *Journal for the Operational Statement of Interpersonal Relations* umbenannt wurde.[46] Der Erfolg von *Psychiatry* bestärkte Sullivan in seinem größten Ehrgeiz: Die Verwirklichung einer interdisziplinären Kultur, die für das wahre Verständnis des Menschen und des menschlichen Lebens notwendig ist.

Es ist also kein Zufall, dass Sullivan bei dem interdisziplinären Seminar, das im Jahre 1948 unter der Schirmherrschaft der UNO in der Tschechoslowakei stattfand, folgendermaßen seine Gedanken weiterentwickelte (siehe seine Publikation Nr. 111). Er präsentiert dabei einen Abriss der verschiedenen Entwicklungsphasen (vom Neugeborenen bis zum Adoleszenten), die seine interpersonale Theorie im Gegensatz zur freudianischen Theorie vorsieht, und zeigt dabei auf, wie in diesen Phasen, vor allem in der Präadoleszenz, bedeutende Veränderungen der Persönlichkeitsstruktur stattfinden können. Vor den Experten, die sich versammelt hatten, um über die Notwendigkeit zu diskutieren, der Jugend unseres Planeten eine neue Erziehung zukommen zu lassen, hatte er die Gelegenheit, folgendes mitzuteilen: »Die Phase der Präadoleszenz … bietet außergewöhnliche Möglichkeiten der Therapie, *unter der Bedingung, dass die Gesellschaft und das Erziehungssystem in der Lage sind, den Bedürfnissen des Präadoleszenten entgegenzukommen*« (Nr 111, S. 374; Kursiv im Original).

Damit wollen wir uns der Anthologie *The Fusion of Psychiatry and Social Science* zuwenden, um unsere Kenntnisse des interdisziplinären Charakters des von Sullivan entwickelten Standpunkts zu vervollständigen.

6.4 Die Anthologie *The Fusion of Psychiatry and Social Science*

Die Besonderheiten der Anthologie *The Fusion of Psychiatry and Social Science* haben wir bereits im Zusammenhang mit dem posthumen Werk Sullivans behandelt. Bevor wir auf die einzelnen Kapitel näher eingehen, sei auf die Einführung Perrys zu diesem ursprünglich 1964 erschienenen Buch verwiesen. Perrys Ausführungen bewegen sich auf einem Gebiet, das wir inzwischen gut kennen – das heißt, auf der einen Seite behandelt sie die Chicagoer Schule und auf der anderen die Zusammenarbeit zwischen Sullivan, Sapir und Lasswell in den 30er Jahren. Das gleiche gilt für die beiden Kolloquien, auf die Perry auch an dieser Stelle eingeht, die ein entscheidendes Moment des Projekts einer Begegnung darstellen, nämlich einer Fusion von Psychiatrie und Sozialwissenschaften. Dies ist also auch der Grundtenor der einzelnen Beiträge, die zwischen 1934 und 1950 erschienen sind und in diese Anthologie aufgenommen wurden.

Wegen seinen stimmigen und eloquenten Formulierungen ist schon der erste Beitrag mit dem Titel »Psychiatry« (Nr. 34) von einem gewissen Interesse; er gibt die Definition wieder, die Sullivan für die *Encyclopedia of the Social Sciences* von seinem Arbeitsgebiet verfasst hatte. Hier finden wir zum Beispiel eine treffende Formulierung der tieferen Gründe für die Notwendigkeit, Psychiatrie und Sozialwissenschaften zu verbinden, die vor allem darin bestehen, dass »der theoretische Hintergrund der Psychiatrie alles einschließt, was über Menschen und deren Interaktionen bekannt ist« (1964, S. 9). Er plädiert dafür, dass sich der Psychiater, ohne sein berufliches Einsatzgebiet zu vernachlässigen, für gesellschaftliche Veränderungen engagiert:

> »Der Psychiater, dessen wichtigste Tätigkeit darin besteht, dem mit der Krankheit verbundenen sinnlosen Verlust von menschlichem Potential entgegenzutreten, kann also gar nicht anders, als zur Schaffung einer neuen sozialen Ordnung beizutragen, in der diese Probleme nicht mehr existieren.« (*ibidem*, S. 12)

Dieser Beitrag, in welchem Sullivan auch über die Geschichte der Psychiatrie in ihrer Gesamtheit spricht, gibt demnach die programmatische Ausrichtung von *Psychiatry* vier Jahre vor ihrem Erscheinen vor. Hierzu gehört auch die hierin enthaltene Definition von Psychiatrie: »Die Psychiatrie, die lange Zeit auf die Beobachtung und die zumindest teilweise Beeinflussung des Krankheitsverlaufs beschränkt war, hat sich in jüngster Zeit in Richtung der wissenschaftlichen Untersuchung der Eigenheiten der menschlichen Persönlichkeit und der interpersonalen Beziehungen entwickelt« (*ibidem*, S. 7).

Von besonderem Interesse ist der nächste Beitrag: »A Note on the Implications of Psychiatry, the Study of Interpersonal Relations, for Investigations in the Social Sciences« (Nr. 42), der 1937 im *American Journal of Sociology* im Rahmen eines Symposiums über Psychiatrie veröffentlicht wurde, bei dem Sullivan sich das erste Mal schriftlich an den Berufsstand der Soziologen wandte. Sullivan definiert hier sein Konzept der teilnehmenden Beobachtung als wichtigstes Instrument, das die von ihm entwickelte psychiatrische Orientierung den Sozialwissenschaftlern anbieten kann. Wir finden in diesem Artikel auch eindringliche Aussagen wie diese: »Die Geschicklichkeit des Beobachters besteht nicht darin, dass er eine imaginäre Distanz von der Situation erreicht, sondern darin, dass er von ernsthaften Hemmungen durch sein Bewusstsein frei ist und über die Fähigkeit verfügt, die Ereignisse, die ihn miteinbeziehen, wahrzunehmen« (*ibidem*, S. 50). Zum freudianischen Konzept der Übertragung meint Sullivan, dass die Bürde ungelöster Situationen, die jeder von uns mit sich trägt, unsere Fähigkeit zur Beobachtung und zum Zusammenleben mit anderen beeinflusst. Die nötige Freiheit von mit der Übertragung verbundenen Beeinträchtigungen kann nur durch eine spezielle Ausbildung erreicht werden, beruhend auf der Psychoanalyse und der von Sullivan begründeten dynamischen Psychiatrie.

Es verwundert also nicht, wenn die eloquenteste Aussage in diesem Artikel die folgende ist: »Am dringendsten benötigen wir Beobachter, die immer geübter darin werden, die subjektiven Merkmale ihrer Untersuchungsmethode zu erkennen« (*ibidem*, S. 27).

Und damit kommen wir zu »The Data of Psychiatry« (Nr. 44) – dessen ersten Absatz wir schon kennen, da wir ihn in seiner ganzen Länge am Ende des dritten Kapitels zitiert haben – dem Beitrag Sullivans also, der ursprünglich unter dem Titel »Psychiatry: Introduction to the Study of Interpersonal Relations« (unter dem Dr. Crowley ihn in seine Bibliografie aufgenommen hat) in der ersten Ausgabe von *Psychiatry* erschienen war. Auch in diesem Fall wollen wir nicht nur einen kurzen Überblick geben, sondern einige der wichtigsten Formulierungen zitieren, die mit der Entwicklung seiner Ideen verbunden sind, wie zum Beispiel Folgende:

> »Die Psychiatrie beschäftigt sich mit der Art und Weise, wie jeder von uns von einem Selbst, das er achtet und liebt, einem Selbst, das er vor Konfrontationen und Kritiken schützt, besessen wird, das jeder von uns mittels der Anerkennung, die er erfährt, auszudehnen versucht, ohne dass all dies in einer klaren Beziehung zu seinen objektiv beobachtbaren Verhaltensweisen steht, die gewöhnlich zahlreiche Widersprüche und Unschlüssigkeiten enthalten.« (*ibidem*, S. 35)

Und genau damit beschäftigt sich Sullivan in diesem Artikel, das heißt mit der detaillierten Beschreibung der Interaktion zweier Personen, einem Ehepaar, sowohl was ihre Erwartungen als auch ihre objektiven Verhaltensweisen angeht, um dann zu übergreifenden Schlussfolgerungen, z. B. für das psychiatrische Interview, zu kommen. Das psychiatrische Interview kann eine hervorragende Datenquelle darstellen, da die interviewte Person mehr Informationen gibt, als ihr eigentlich bewusst ist; andererseits können wir eine Person nie vollständig kennen, sondern nur versuchen, einen bedeutsamen Austausch zu erreichen und annähernd die Persönlichkeit in ihren empirisch zu erfahrenden Aspekten zu erfassen (*ibidem*, S. 53 und 55). Dies sind die grundlegenden Fakten der Psychiatrie, um den neuen Titel wieder aufzunehmen, den Perry diesem Beitrag gegeben hat.

In »Intuition, Reason and Faith« (Nr. 51) – dies ist der Titel eines von Sullivan 1939 in *Psychiatry* veröffentlichten Editorials – haben wir es hingegen wieder mit dem Beitrag zu tun, den die Psychiatrie zur Entstehung einer neuen Humanwissenschaft mit interdisziplinärem Charakter leisten kann. Dieses Anliegen, das auch schon das Anliegen Whites war, inspirierte den Großteil der beiden Colloquien. Abschließend stellt Sullivan Folgendes fest:

> »Wenn diese Theorie dann ausgearbeitet sein wird, wird sie die Synthese aller brauchbaren Daten sein, die aus der Biologie der höheren Organismen, der Sozialpsychologie der Kindheit, der kulturellen Anthropologie und der Linguistik, der Epistemologie und der wissenschaftlichen Methodologie, der Ökologie, der Sozialgeografie, der Ökonomie, der Statistik und der Politik- und Verwaltungswissenschaften stammen. Sie wird versuchen, diese Daten neu zu organisieren und neue Orientierungen in diesen Untersuchungsgebieten zu bieten, ohne auf eines von ihnen reduzierbar zu sein. Sie wird die allgemeine Wissenschaft des menschlichen Lebens sein und aus ihr werden wir einen neuen Korpus von speziellen Techniken für die Verbesserung der Lebensqualität herausholen … Wenn wir erst die Vielzahl von höheren Einsichten entwickelt haben, die es uns erlauben werden ein neues Licht auf die elementaren Tatsachen des menschlichen Lebens zu werfen, wird es uns gelingen können, in der uns umgebenden Realität eine ganze Reihe von Zusammenhängen und Gesetzen zu entdecken, von denen wir jetzt noch keinerlei Begriff haben.« (*ibidem*, S. 65)

Diese Worte bestätigen erneut den utopischen Charakter von Sullivans Ideen. Bemerkenswert ist auch, dass er sich mit diesem Beitrag von Meyers Orientierung distanziert. So multifokal Meyer auch war, betrachtete er als Untersuchungseinheit doch das einzelne Individuum – und nicht die interpersonale Gegebenheit.[47]

Im darauf folgenden Beitrag, »A Note on Formulating the Relationship of the Individual and the Group« (Nr. 54), stellt Sullivan sogar fest, dass der Begriff *individuell* nicht im Geringsten wissenschaftlich exakt ist; dieser Beitrag wurde 1939 im *American Journal of Sociology* veröffentlicht, als Teil eines Symposiums mit dem Titel »The Individual and the Group«, das von Louis Wirth koordiniert wurde und an dem Autoren wie Znaniecki, Lewin, Allport und der Anthropologe Malinowski beteiligt waren. Sullivan kommt zu folgendem Schluss:

> »Es ist klar, das die Untersuchung der interpersonalen Beziehungen eine größere Gültigkeit hat, als die Untersuchung des Individuums und für die Erforschung der Gruppe besondere Bedeutung hat. Die Abgrenzung dieses Feldes wird aber durch sprachliche und gedankliche Konventionen und andere kulturelle Aspekte erschwert. Die neue Orientierung, die mit diesem Ansatz verwirklicht werden

kann, wird zweifellos sowohl auf theoretischer Ebene wie auch auf der Ebene der sozialen Praxis sehr nützlich sein. In ihr sind auch wichtige Implikationen bezüglich der Erziehung enthalten.« (*ibidem*, S. 73)

Mit den nun folgenden drei Beiträgen begeben wir uns dann vom theoretischen Bereich erstmals in ein Feld, wo dieser neue konzeptuelle Rahmen zur Anwendung kommt: das der antisemitischen Vorurteile und der Beziehungen zwischen den ethnischen Gruppen. Ein Leitartikel in *Psychiatry* von 1939 hat den Titel »Antisemitism« (Nr. 50); in diesem wird das Thema von einer Vielzahl von Blickwinkeln aus betrachtet, einschließlich des autobiografischen. Sullivan geht hier auf seine Kindheitssituation im Chenango County zurück, wo er Mitglied der einzigen katholischen, irisch-stämmigen Familie in einer protestantischen Gemeinde war. Vom soziologischen Standpunkt aus betrachtet, ist es eine Tatsache, dass der Großteil der westlichen Gesellschaften antisemitisch ist, folglich stehen wir nicht nur einer Bedrohung der Demokratie gegenüber, sondern auch einem relevanten psychiatrischen Problem. Wie uns die Psychoanalyse lehrt, handelt es sich um das Bedürfnis, das jeder von uns hat, die eigenen negativen Anteile nach außen zu verlagern und auf andere zu projizieren. Selbst der Psychiater christlicher Tradition, warnt Sullivan und meint damit, muss sich seinem Antisemitismus stellen, seinem pathologischen Charakter (*ibidem*, S. 83).

Der nächste Beitrag, »Memorandum on a Psychiatric Reconnaissance« (Nr. 60) ist der Anhang, den Sullivan für das schon erwähnte Buch *Growing Up in the Black Belt* des Soziologen Johnson geschrieben hat, eine wegweisende Untersuchung der Situation der afroamerikanischen Bevölkerung der Südstaaten, die er beratend begleitete. Wenn ein farbiger Mann oder eine farbige Frau mit Mr. oder Mrs. angesprochen werden, erzählt Sullivan uns in seiner Rolle als teilnehmender Beobachter, sind sie verwirrt und es ist unmöglich, sich ihnen anzunähern, da sie so sehr daran gewöhnt sind, nicht als Personen behandelt zu werden. Anhand einer Reihe von klinisch-soziologischen Beispielen gelangt Sullivan zu folgendem Schluss: »Die farbige Bevölkerung des Tiefen Südens entkommt nur selten den Konditionierungen, die die Persönlichkeit ernsthaft verzerren, so dass beachtlich viele von ihnen sich dem Konzept unterwerfen, das die Weißen von ihnen haben« (*ibidem*, S. 94). Mit anderen Worten: Der Tiefe Süden eignet sich besonders gut für eine Untersuchung, auf welche Weise die sozialen und kulturellen Bedingungen die Persönlichkeit formen und Sullivan ist der Ansicht, dass »die Psychiatrie, im Sinne des Studiums der interpersonalen Beziehungen, in der Untersuchung der farbigen Bevölkerung der Vereinigten Staaten ein gleichzeitig anregendes und sehr lohnendes Untersuchungsfeld finden kann« (*ibidem*, S. 95).

In einem anderen Umfeld, und zwar in dem von Afroamerikanern bewohnten Stadtteilen von Washington D. C., führte der Soziologe Franklin Frazier seine Feldforschung durch, die 1940 in *Negro Youth at the Crossways: their Personality Development in the Middle States* veröffentlicht wurde; auch hier arbeitete Sullivan als Berater mit. In dieser Funktion interviewte er etwa 20 farbige junge Menschen im Alter zwischen 16 und 25 Jahren, um dann seine Aufmerksamkeit auf einen von ihnen zu konzentrieren, der fähig war, wie Sullivan schreibt, »mich als Person zu erkennen, im Sinne, dass er mich vom Stereotyp ›weißer Mann‹, der das Objekt unterschiedsloser Feindseligkeit war, unterscheiden konnte« (*ibidem*, S. 102), so dass er einen zuverlässigeren Vermittler von Informationen als die anderen darstellte. Unter dem Titel »Discussions of the Case of Warren Wall« erschien der Beitrag Sullivans, der auf den Interviews mit diesem jungen Mann aufbaut, und zwar im Anhang von Fraziers Buch. Die Schlussfolgerungen, die er hier zieht, ähneln denen, zu denen er in der vorhergehenden Studie gelangt war, mit dem Unterschied, dass sie prägnanter und dramatischer sind:

> »Die Tragödie der farbigen Bevölkerung Amerikas scheint im Wesentlichen von der kulturell bedingten Haltung der Weißen abzuhängen, aufgrund derer die Schwarzen so konditioniert werden, dass sie sich auf eine Art verhalten, welche die Weißen dazu bringt, ihre Haltung beizubehalten. Wir haben es folglich mit einem Teufelskreis zu tun, dessen Unterbrechung äußerst schwierig ist.« (*ibidem*, S. 106)

So kommt es, dass Sullivan folgendes »Rezept« formuliert:

> »Es ist offensichtlich, dass wir, wenn es uns wirklich am Herzen liegt, uns einem Gefühl der authentischen nationalen Solidarität annähern, unseren zahlreichen farbigen Mitbürgern gegenüber eine humanistische Haltung finden und einnehmen müssen, anstatt einer paternalistischen, manipulatorischen oder indifferenten Einstellung. Als Psychiater möchte ich mich im Besonderem gegen ihren Missbrauch als Sündenböcke für unsere inakzeptablen Impulse aussprechen; die Tatsache, dass sie eine dunkle Haut haben und es ihnen schwer fällt, sich an unsere puritanische Kultur anzupassen, rechtfertigt nicht, unsere private Schuld auf sie zu projizieren. Sie verdienen Respekt und müssen als das akzeptiert werden, was sie sind; nur dann kann der Schandfleck des Rassenproblems aus unserem Land gelöscht werden.« (*ibidem*, S. 107)

Die folgenden vier Beiträge hingegen sind der Solidarität, die für den Kriegseinsatz erforderlich war, und den wachsenden Kriegsanstrengungen gewidmet; sie liegen auf einer Linie mit denen, die wir schon in Bezug auf *Psychiatry* untersucht haben. In »Propaganda and Censorship« (Nr. 68) beschäftigt sich Sullivan mit den psychologischen Voraussetzungen, auf die zu achten ist, wenn man die Bevölkerung von den Fortschritten im Kriegseinsatz informiert. In »Psychiatry and the National Defense« (Nr. 70), finden wir eine Zusammenfassung des potenziellen Beitrags, den die Psychiatrie im Kriegsfall leisten kann, wie wir schon in der Abhandlung über *Psychiatry* gesehen haben. Das gleiche gilt für »Leadership, Mobilization and Postwar Change« und, was den Beitrag der Psychiatrie zur Hebung der nationalen Moral angeht, für »Psychiatry and Morale« (Nr. 88). Die Relevanz von Sullivans Arbeit in diesem Bereich ist in der historisch bedeutsamsten Anwendung des von ihm erarbeiteten neuen konzeptuellen Rahmens, im Lichte der Begegnung und der Zusammenarbeit von Psychiatrie und Sozialwissenschaften, zu sehen.

Der Beitrag »The Illusion of Personal Individuality« (Nr. 118), der dreizehnte dieser Anthologie, spiegelt die Evolution von Sullivans Ideen und stellt einen der letzten Schritte bei der Ausarbeitung seiner interpersonalen Theorie dar. Er ist das Ergebnis der Mitschnitte eines von ihm im Mai 1944 an der New York Academy of Medicine gehaltenen Vortrages und wurde das erste Mal 1950 in *Psychiatry* veröffentlicht; es geht dabei um die Integration des pragmatischen Ansatzes des Physikers Bridgman in die interpersonale Theorie, im Sinne einer Verringerung des wissenschaftlichen Status' des Individuums als grundlegende Studieneinheit zugunsten der interpersonalen Situation.[48] Gegen Ende dieses vielschichtigen Vortrages (Perry hat versucht, die schriftliche Übertragung so nahe wie möglich an Sullivans komplizierter Ausdrucksweise zu lassen) kommt Sullivan zu folgendem Schluss:

> »In diesem Studiengebiet kann kein bedeutender Fortschritt erzielt werden, bis wir nicht begreifen, dass unser Beobachtungsgebiet darin bestehen muss, was die Menschen miteinander machen und was sie sich dabei mitteilen. Wenn wir das erst einmal getan haben, wird keine Einheit wie das einzelne, unveränderliche Individuum mehr gerechtfertigt sein. Meiner Ansicht hat jedes menschliche Wesen so viele Persönlichkeiten wie interpersonale Beziehungen …« (*ibidem*, S. 221)

Vier Jahre später, also im Februar 1948, erscheint ein anderer häufig zitierter Beitrag Sullivans, der ebenfalls in diese Anthologie aufgenommen wurde: »The Meaning of Anxiety in Psychiatry and Life« (Nr. 108). In ihm setzt er sich mit einem der zentralen Konzepte seines Gedankengebäudes auseinander, der Angst – wie er sagt – als »stärkster trennender Kraft in der

Psychiatrie und im Leben«. Es geht um die interpersonale Natur der Angst. Mit Sullivans Worten:

> »Ganz kleine Kinder zeigen ähnliche Verhaltensmuster, wenn sie ›bedrohlichen‹ Situationen ausgesetzt sind und wenn sie mit der Person zusammen sind, die sich um sie kümmert, und diese ängstlich, wütend oder auf eine andere Art unruhig ist ... Diese *interpersonale Induktion* der Angst, ebenso wie der ausschließlich interpersonale Ursprung jeder ihrer Äußerungen, stellen die besondere Charakteristik der Angst und der Gesamtheit der komplexeren Spannungen dar, zu denen sie beiträgt.« (*ibidem*, S. 238)

Dann schreitet Sullivan zu einer äußerst detaillierten Demonstration seiner These, indem er die verbindenden und trennenden Kräfte analysiert, die in einer hypothetischen interpersonalen Beziehung zum Tragen kommen, und auch die genetische Seite der Angst untersucht, das heißt, die Reaktivierung der Konfiguration »böse Mutter« durch eine Angst auslösende interpersonale Beziehung. Das Verständnis dieser Prozesse – schließt Sullivan – ist natürlich von zentraler Bedeutung für die *preventive psychiatry*, deren Grundlage seine interpersonale Theorie darstellen soll.

Auch der nächste Beitrag, den Perry in *The Fusion of Psychiatry and Social Science* aufgenommen hat, »Beliefs versus a Rational Psychiatry«, kann als eine Art geistiges Testament Sullivans betrachtet werden. Es handelt sich um den Text des zweiten von drei Vorträgen, die er anlässlich der Feier zum Beginn des akademischen Jahres 1948/49 an der Washington School of Psychiatry hielt. Er legt hier erneut dar, welche Implikationen sein pragmatisch angelegter interpersonaler Ansatz mit sich führt und macht folgende zentrale Aussage:

> »Heutzutage existiert in den Vereinigten Staaten und anderswo das, was einige exzentrische religiöse Kulte nennen und andere, in einigen Fällen, psychiatrische Schulen, in denen höchst irrationale Voraussetzungen, wie ich meine, in Form von Techniken artikuliert werden, die nur dann funktionieren, wenn die Gemeinschaften isoliert sind. Das spezifische und besondere Ziel, das sich die Psychiatrische Schule von Washington gesetzt hat, ist ein völlig anderes; und zwar ein Forschungssystem und ein System für die Veränderungen der interpersonalen Beziehungen zu bieten, das so ausgerichtet ist, dass seine Resultate so formuliert werden können, dass eine intelligente Person sie versteht, auch wenn sie aus einer anderen Kultur stammt. Mit anderen Worten, das angestrebte Unterscheidungsmerkmal der Psychiatrie, die wir hier lehren, ist, dass sie kommunizierbar sein soll ... also versuchen soll, rational zu sein, fähig zu

> Formulierungen, die auch von Personen mit einem anderen Hintergrund als dem unseren verstanden werden können ...« (*ibidem*, S. 259)

Etwas weiter vorn spricht er dann auch über deren Inhalte:

> »Eine rationale Psychiatrie basiert auf der Theorie, dass nicht die tausend Dinge, mit denen sich die Menschen beschäftigen, Störungen in ihnen verursachen, sondern die Verletzungen, die ihnen in der Vergangenheit widerfahren sind, sie dorthin bringen; es sind genau diese Verletzungen – die durch Angst, auch geringen Ausmaßes, die in gewissen Situationen auftritt, sichtbar werden – mit denen wir uns bei unserer Arbeit befassen.« (*ibidem*, S. 264)

Damit bleiben nur noch zwei Beiträge, die Perry in diese Anthologie aufgenommen hat, und zwar: »Remobilization for Enduring Peace and Social Progress« und »Tensions Interpersonal and International: a Psychiatrist's View«. Sie bilden die Grundlage, auf der Perry den vierten und letzten Teil von *Die interpersonale Theorie der Psychiatrie* zusammengestellt hat: »Ansätze einer Völkerpsychologie«. Da diese Seiten eine gute Übersicht über die im Laufe dieses Kapitels angeschnittenen Themen darstellen, werde ich sie in einem eigenen nun folgenden Absatz behandeln.

6.5 »Ansätze einer Völkerpsychologie« oder Sullivans Beitrag zu einer präventiven Psychiatrie

Wie wir im nächsten Kapitel sehen werden, spielt das Konzept von »Erfahrung« eine zentrale Rolle in der interpersonalen Theorie der Psychiatrie. Und das nicht nur in Bezug auf ihre Unterteilung in proto-taxische, parataxische und syn-taxische Erfahrung, also (nach Freud) in einem topischen Sinne, sondern auch weil Sullivan diesem Konzept viel Raum und eine wichtige Rolle beim Wachstum der Persönlichkeit zugesteht. In seinem konzeptuellen System hat die Psychotherapie unter anderem das Ziel, dem Patienten dabei zu helfen, die selektive Unaufmerksamkeit zu überwinden, die ihn darin hindert von neuen Lebenserfahrungen zu profitieren. Mit anderen Worten, die Psychotherapie bewirkt eine Veränderung des »Selbst-Systems«, wodurch wir fähig werden, unsere gewohnheitsmäßigen Sicherheitsoperationen aufzugeben oder zu vermindern, und folglich, durch die Möglichkeit, neue Erfahrungen zu machen, die Reichweite und die Tiefe unserer Persönlichkeit dadurch zu vergrößern. Es ist leicht verständlich, dass sich Sullivans Ansatz auch in Bezug auf die Prävention anwenden lässt, und zwar nicht nur hinsichtlich interpersonaler Beziehungen, sondern auch auf gesellschaftlicher Ebene. In diese Richtung bewegt sich jedenfalls das letzte Kapitel von *Die interpersonale Theorie der Psychiatrie*. Natürlich hätte er nicht an eine solche Art der Anwendung seiner Theorie denken können, also in Richtung der Gesellschaft als Ganzem, wenn er nicht die Vertrautheit mit den Sozialwissenschaften gehabt hätte. Einige der wichtigsten Passagen von »Ansätzen einer Völkerpsychologie« möchte ich zitieren.

Über den Zusammenhang von Prädisposition und Angst und familiärer Erziehung schreibt er:

> »Ich vermag mir keine interpersonale Aktion vorzustellen, vor der Angst zu haben man nicht lernen könnte, so dass man sich ängstlich fühlt, sobald man eine solche Aktion voraussieht, und deren tatsächliches Eintreten dann mit einer Minderung der Selbstachtung einhergeht. Derartige Spannungen erstrecken sich auf den gesamten Bereich der *Erziehung zum Leben* durch wichtige Bezugspersonen, und sie sind jeweils davon abhängig, wie viel oder wie wenig man aus diesen edukativen Erfahrungen gewinnen hat können.« (1980, S. 411; Kursiv im Original)

Natürlich – und damit nähern wir uns dem Kern der interpersonalen Theorie, die Gegenstand des nächsten Kapitels sein wird – ist »edukatives Training vor Eintreten bestimmter biologischer Ereignisse, das heißt vor der Reifung angemessener Fähigkeiten des menschlichen Tiers, (…) nicht möglich« (*ibidem*). Mit anderen Worten: »Wenn, und nur wenn die Reifung von Fähigkeiten eingetreten ist, kann Erfahrung wertvoller Art auftreten« (*ibidem*). Und hier haben wir es mit einer weiteren Besonderheit der interpersonalen Theorie zu tun: dem bedeutenden und notwendigen Zusammenhang zwischen der neuro-biologischen und der erfahrungsgebundenen Seite – also der Erziehung zum Leben – der Reifung.

Und wenn diese »wichtigen Erfahrungen« nicht gemacht werden?

> »*Wenn sie nicht eintritt*«, fährt Sullivan fort, »wenn Erfahrung auf der jeweils spezifischen Entwicklungsebene eindeutig ungeeignet ist, Kompetenz zum Leben mit anderen zu vermitteln, dann sind die Möglichkeiten für künftige angemessene und zulängliche interpersonale Beziehungen definitiv und *spezifisch* reduziert.« (*ibidem*, S. 411f; Kursiv im Original)

Andererseits – und hier kommt der Optimismus Sullivans zum Vorschein, das heißt, die Rolle, die er der *vis santrix naturae* zuordnet – ist es möglich, wenn uns das Leben auf konstruktive Art entgegenkommt, in einer späteren Entwicklungsphase einen Erfahrungsdefekt einer früheren Phase auszugleichen:

»Es ist aber ebenfalls möglich, und das geschieht nicht einmal selten, dass recht schwere Entwicklungsschäden aus der Kindheit durch glückliche Umstände in der Jugend mehr oder weniger korrigiert werden, sodass sich deren Spuren nur unter besonderen Bedingungen beobachten lassen, zum Beispiel bei ›intensiven Emotionen‹ …« (*ibidem,* S. 412)

Die Psychotherapie findet ihren logischen und natürlichen Platz in eben diesem theoretischen Rahmen, insofern sich ihre korrektive und präventive Aktion in den Lebensverlauf des Patienten einpasst. Sullivan drückt dies so aus:

»Im Verlauf einer intensiven psychotherapeutischen Behandlung lässt sich in vielen Fällen ein verkürztes, mehr oder weniger stellvertretendes Aufholen von Erfahrungsdefiziten in der Entwicklung beobachten, und das scheint ein erfolgreicher Weg zur Verankerung günstiger Veränderungen in den interpersonalen Beziehungen des Patienten zu sein. Unbehobene Unglücksfälle in derPräadoleszenz führen mitunter zu einer lebenslangen Benachteiligung im Umgang mit wichtigen Fremden des gleichen Geschlechts. *Wenn dieses Muster mangelnden Wohlbefindens* durch teilnehmende Beobachtung ›mit‹ dem Patienten deutlich gemacht wurde, wird letzterer oft vorübergehend eine verspätete Präadoleszenz entwickeln.« (*ibidem*, Kursiv im Original)

Auf dieser Basis wird auch die folgende Definition Sullivans und zwar des von ihm entwickelten psychotherapeutischen Ansatzes völlig verständlich:

»Jede konstruktive Bemühung des Psychiaters ist eine Strategie interpersonaler Feldoperationen, die: 1. die Bereiche disjunktiver Kräfte auszuloten sucht, welche die effiziente Kollaboration des Patienten und anderer blockieren; 2. das Bewusstsein des Patienten zu erweitern suchen, sodass diese unnötige Blockierung ein Ende finden kann.« (*ibidem*, S. 417)

Von hier aus ist, für Sullivan, der Schritt in Richtung einer »Völkerpsychiatrie« sehr kurz.

»Für eine Völkerpsychiatrie«, schreibt Sullivan gleich nach obigem Zitat, »müssen wir genau der gleichen Strategie folgen, die auch auf signifikante Gruppierungen von Menschen – wie Familien, Kommunen, politische Gruppen,

> regionale Organisationen, Weltblöcke – angewandt wird, und die Interventionen disjunktiver Kräfte ausloten, die die Integration der Gruppe mit anderen Gruppen im Streben nach Gemeinwohl blockieren; und wir müssen die Kultur oder Subkultur jeder einzelnen Gruppe sowie die Methoden herausfinden, mithilfe derer sie dem jungen Menschen eingeprägt werden und die die Behinderungen für ein konstruktives Wachstum weiterhin aufrechterhalten.« (*ibidem*)

Tatsächlich stellt gerade die Zusammenarbeit eines der zentralen Konzepte der interpersonalen Theorie dar, im Sinne der Möglichkeit von Synergien zwischen einzelnen Menschen und Gruppen, deren Wahrscheinlichkeit sich verringert, wenn trennende Kräfte zum Einsatz kommen, die sich in Form von Angst oder anderen die Zusammenarbeit störenden und behindernden Gefühlen manifestieren.

Ich denke, dass es sich zweifellos lohnt, auf Sullivans Völkerpsychiatrie hinzuweisen, auch wenn man bedenkt, dass er, aufgrund seines frühen Todes, keine Gelegenheit mehr hatte, auf sie zurückzukommen, sei es um ein weiteres Mal seinen Idealismus und die große Faszination der interpersonalen Theorie hervorzuheben. Diese wird nun Gegenstand des nächsten Kapitels sein.

Anmerkungen

1 Nebenbei gesagt, ist es das Hauptziel Tomasis, letztgenannte Tatsache zu belegen, womit er sich gegen diejenigen stellt, die den theoretischen Beitrag der Schule von Chicago relativieren und banalisieren wollen. »Als Pioniere bei der Entwicklung einer auf empirischen Daten beruhenden soziologischen Theoriebildung waren sie einzigartig«, schreibt Tomasi abschließend (1997, S. 190). Und weiter:

> »Die Chicagoer Schule war folglich nicht ›a-theoretisch‹ und beschränkte sich auch nicht nur auf urbane Soziologie, aber vielleicht wurde sie deswegen nicht angemessen gewürdigt, weil sie, folgt man der Interpretation Abbotts, ›zwischen der klassischen und der zeitgenössischen Periode steht; sie ist nicht alt genug, um klassisch und nicht jung genug, um zeitgenössisch zu sein‹.« (ibidem)

2 Hier zwei weitere Monografien über die Chicagoer Schule, die nützlich für das Verständnis ihrer Geschichte und Bedeutung sind: *The Chicago School. A Liberal Critique of Capitalism*, 1988 von Dennis Smith publiziert und *The Chicago Pragmatists and American Progressivism* von Andrew Feffer (1993). Aus beiden geht hervor, dass der Erfolg der Chicagoer Schule zu einem großen Teil von ihrer gleichzeitig zentralen und exzentrischen Position gegenüber der amerikanischen liberalen und pragmatischen Tradition abhing.

3 Die folgende Abhandlung greift größtenteils auf die hervorragenden Darstellungen zurück, die Lewis Coser in seinem Buch *Masters of Sociological Thought* bietet, einem Klassiker der Soziologiegeschichte,

4 Bulmer schreibt in seinem schon erwähnten Buch:

> »*The Polish Peasant* hat als empirische Forschungsarbeit eine dreifache Bedeutung. Dadurch, dass sie auf persönliche Dokumente zurückgriff, zeichnete sie sich durch eine neue empirische Forschungsmethode aus und regte Richtungen an, in die sich die empirische Soziologie eigenständig entwickeln konnte ... Indem sie Theorie und theoretische Daten miteinander verband, schuf sie eine Basis, um zu Verallgemeinerungen zu gelangen, die Fortschritte sowohl in der Soziologie als auch in der Sozialpsychologie erlaubten. Und drittens, trug sie dadurch, dass sie den Immigranten zu ihrem Untersuchungsgegenstand machte, dazu bei, die Soziologie als autonome akademische Disziplin zu stärken. Dieses Fach konnte sich in Amerika unter anderem in eigenen Fachbereichen etablieren, weil sich keine andere Sozialwissenschaft mit den von der Immigration hervorgerufenen Problemen beschäftigte.« (1984, S. 46)

5 Was Park angeht, bietet Tomasi eine weitere zusammenfassende Definition seines Werkes: »Park entwickelte den Begriff von der Soziologie als der Wissenschaft menschlichen Kollektivverhaltens in Zusammenhang mit zwei weiteren wichtigen Elementen seiner Soziologie: ›der Kombination von deutschem Idealismus und amerikanischem Pragmatismus‹ und ›der Verbindung des letzteren mit dem kommunikativen Aspekt‹« (1997, S. 162f).

6 Noch prägnanter ist die Definition von Meads konzeptuellem Rahmen, die Collins vorschlägt:

> »Man kann sagen (mit einer Metapher, die von mir stammt, nicht von Mead), das Selbst sei eine Art Schachbrett, auf der das ›me‹ (in Wirklichkeit viele ›me‹) die Bauern sind, das ›I‹ der Spieler ist und ›the generalized other‹ die Lampe, die den Tisch erleuchtet, damit die Züge verständlich sind.« (1985, S. 19)

7 Eine ausführliche Kritik an Watsons Ansatz findet sich im zweiten Teil von *Geist Identität und Gesellschaft*, der sich mit der zentralen Rolle beschäftigt, die der Geist für das menschliche Verhalten spielt; wir können dort zum Beispiel folgendes lesen:

> »Die behavioristische Psychologie hat versucht, sich von den mehr oder weniger metaphysischen Komplikationen zu befreien, die in einer Interpretation der psychischen Realität enthalten waren, die der sinnlich wahrnehmbaren Welt, dem Geist und dem Bewusstsein gegenübergestellt wurde und diese wiederum dem Körper und der Materie gegenüberstellte. Aber dieser Versuch hat in eine Sackgasse geführt.« (1968, S. 124)

8 So wie ich im vorliegenden Buch die verschiedenen Einflüsse und Beiträge dokumentieren will, die in Sullivans Werk zusammenkommen und das intellektuelle Umfeld, in dem es entstand, versucht auch Coser die vielfältigen Auffassungen zu bestimmen, welche Mead in sein Werk integrierte:

> »Für Meads intellektuellen Werdegang waren vier große Tendenzen ausschlaggebend: Die kongregationalistische Tradition Neuenglands, mit der Bedeutung, die sie der unabhängigen intellektuellen Suche und den moralischen Verpflichtungen gegenüber der Gemeinschaft zumaß; die Tradition der Siedler und der hohe Stellenwert des ›Tuns‹, die so sehr mit der pragmatischen Philosophie übereinstimmte, die ihren Ursprung in Harvard hatte; Darwins Evolutionstheorie und das Interesse für die Veränderung sowie das Beharren auf der Tatsache, dass nichts dauerhaft ist, außer dem Prozess selbst; und schließlich die philosophische Tradition des deutschen Idealismus, von Kant bis Schelling, mit der Bedeutung, die sie gleichzeitig dem Prozess und seiner Verwandlung beimaß, und ihr grundlegendes Interesse für das freie und verantwortliche Individuum, das absolute ›Selbst‹, das transzendente ›Ich‹ als Erschaffer der Welt.« (1977, S. 348).

9 Paolo Veronese spricht in seinem Vorwort zur italienischen Ausgabe (1969) von *Language. An Introduction*, aus dem auch die besondere Beziehung von Linguistik und Anthropologie hervorgeht, ausführlich über die Bedeutung dieses Buches.

10 Ich entnehme diese biografischen Angaben dem Vorwort, das G. C. Lepschy für die italienische Ausgabe der Essaysammlung *Culture, Language and Personality* verfasst hat, 1972 bei Einaudi erschienen, und ergänze sie mit einem von Darnell skizzierten Portrait Sapirs.

11 Altan fasst im oben genannten anthropologischen Handbuch Boas' Beitrag wie folgt zusammen:

> »Wenn man sich vor Augen hält, dass in Boas' Denken und seinem wissenschaftlichen Werk folgende Elemente koexistierten: 1. der rigorose Einsatz seines Forschungsansatzes hinsichtlich der menschlichen Phänomene, mittels des Modells eines Kulturraumes im Sinne eines Ganzen von integrierten Merkmalen, das auch in seiner historischen Dimension gesehen wird; 2. sein Interesse für die Interaktionsprozesse zwischen dem persönlichen und individuellen Element des Menschen und der Gesellschaft, in der er lebt; 3. die in seiner Aufforderung erhaltene Kritik am Ethnozentrismus, uns der Sklaverei durch kulturelle Konditionierung zu entziehen, wenn wir andere Völker kennen lernen wollen; 4. sein Interesse für linguistische Phänomene; und 5. wenn man sich dann noch seine lange Lehrtätigkeit – von 1889 bis 1936 – vor Augen hält, dann versteht man, warum bei Boas eine der besten und bedeutendsten anthropologischen Schulen dieses Jahrhunderts ihren Anfang nahm.« (1990, S. 61)

Im Übrigen stellt Altan in dem Kapitel dar, das er den »Forschungen über ›Kultur und Persönlichkeit‹« widmet (in dem er die Arbeiten R. Benedicts, A. Kardiners, R. Lintons und E. Fromms behandelt), wie sich die Psychiatrie Sullivans über diese Art von Einstellung entwickelt hat, die ursprünglich von Boas inspiriert wurde.

12 Die Tiefe ihrer Freundschaft drückt sich auch in den folgenden Worten aus, die ich dem kurzen und prägnanten Nachruf Sullivans in *Psychiatry* entnehme:

> »Edward Sapirs Linguistik bestand im Studium der Wortsymbole in Aktion. Die Kultur, die ihn als Anthropologen interessierte war dynamisch, das heißt sie wurde geschaffen durch die Entwicklung und Verwandlung der Gefüge, die in den Menschen, die zusammen leben, Form annahmen. Sapir war ein Sozialpsychologe und ein Psychiater. Seine analytischen Gaben wurden von einer selten anzutreffenden Fähigkeit zur kreativen Synthese und einer weit gefächerten akademischen Ausbildung begleitet, dazu kamen viel Energie, ausgeprägte Sensibilität, ungewöhnliche Geduld und vortreffliches Feingefühl. Er war einer der raffiniertesten Menschen, die ich je kennen gelernt habe, ein Dichter, Musiker, ein Geist, der unseren ganzen Respekt verdient, eine ungeheuer faszinierende Person und leider ein weitgehend unverstandenes Genie, in einer Welt, die noch nicht in der Lage ist, den Wert wirklich wertvoller Menschen zu erfassen.« (vgl. Nr. 55 der »Zitierten Werke H. S. Sullivans«, am Ende dieses Bandes)

13 Übrigens berichtet Darnell, dass diese Schrift – die schon 1918 geschrieben, aber erst 1924 im *American Journal of Sociology* in ihrer definitiven Form veröffentlicht wurde – eine der ersten war, in der sich Sapir als Anthropologe mit der westlichen Gesellschaft zu beschäftigen begann und dadurch ein größeres Echo bei den Soziologen als bei den Anthropologen fand. Nach Ansicht Darnells steht dieser Artikel am Anfang der Entwicklung jener anthropologischen Perspektive, die Sapir auf die moderne Gesellschaft anwandte und mit der er sich die folgenden 20 Jahre beschäftigen sollte (1990, S. 169).

14 Einen weiteren zentralen Passus besagten Artikels stellt der folgende dar, aus dem Sapir schließt – ganz im Sinne Sullivans – dass »das von der Gesellschaft isolierte Individuum eine psychologische Fiktion ist« (1933; D.G. Mandelbaum Hg., 1949, S. 519), das heißt

> »Eine Persönlichkeit wird geformt von den subtilen Interaktionen jener Gedankensysteme, die charakteristisch für die Kultur als Ganzes sind und jener Gedankensysteme, die offiziell vom Individuum über besondere Arten der Teilnahme und über die körperlichen und psychologischen Bedürfnisse des individuellen Organismus anerkannt werden, der nichts von dem ihm in seiner originalen Form gebotenen kulturellen Material annehmen kann, ohne es mehr oder weniger vollständig umzuorganisieren, um es

den eigenen Bedürfnissen anzupassen. Je mehr wir diese Interaktionen aus der Nähe untersuchen, desto schwieriger wird es, die Gesellschaft als kulturelle und psychologische Einheit vom Individuum zu unterscheiden, das als Mitglied dieser Gesellschaft gedacht ist, an deren Kultur es sich anpassen soll. Man kann kein realistisches Problem der Sozialpsychologie formulieren, wenn man vom konventionellen Kontrast zwischen Individuum und Gesellschaft ausgeht.« (ibidem, S. 518–519)

15 Mit diesem Problem habe ich mich in mehreren Veröffentlichungen beschäftigt, auf die ich schon hingewiesen habe, und die der Leser in der Bibliografie finden kann.

16 Bei dem 1902 geborenen Lasswell handelt es sich um einen der führenden amerikanischen Politikwissenschaftler, der 1930 den Klassiker *Psychopathology and Politics* veröffentlichte, einen Text, der sich auf einem den Colloquia vergleichbaren interdisziplinären Niveau bewegte. Was eine detaillierte Präsentation seines Werkes angeht, kann ich den Leser auf Mario Stoppinos Einführung in die italienische Ausgabe mit dem Titel *Potere, politica e personalità* verweisen, in der er abschließend schreibt:

> »Vor 40 Jahren ging Lasswell jene methodologischen Probleme an, die heute im Zentrum der Debatte um die Sozialwissenschaften stehen, und schlug eine rigorose und hellsichtige Lösung vor, die sowohl den optimistischen Szientismus als auch den prophetischen Dogmatismus vermied, um die soziale Verantwortlichkeit der Wissenschaft mit Nachdruck zu vertreten.« (1975, S. LXIV)

Wie Darnell hervorhebt, war Lasswell einer der ersten amerikanischen Sozialwissenschaftler, der in engen Kontakt mit der Psychoanalyse trat, die er auch persönlich erfahren hatte, als er 1928/29 eine Analyse bei Theodor Reik in Berlin machte (1990, S. 296). Schließlich kann ich den Leser auch auf das Kapitel »Political Science and Psychopathology: Harold D. Lasswell« aus Martin Birnbachs Buch *Neofreudian Social Philosophy* verweisen, in dem der Verfasser folgendes schreibt:

> »Jedes Buch, das sich mit der Anwendung der Psychoanalyse auf die Sozialtheorie beschäftigt, muss bei Harold D. Lasswell anfangen. Kein anderer Politikwissenschaftler hat sich so hartnäckig bemüht, seine Disziplin mittels der Dimensionen des menschlichen Verhaltens zu erhalten, die aus den angrenzenden Disziplinen hervorgingen, zu erhellen. Die Darlegung der aus seiner Arbeit hervorgehenden Tatsache, dass die Politik weit entfernt davon ist, sich über rationale Mittel, die für rationale Ziele eingesetzt werden, zu definieren, hat ihm den Ruf eines Menschenfeindes eingebracht, ein Titel, den man Macchiavelli zu dessen Zeit verliehen hatte.« (1961, S. 15)

Birnbach fährt folgendermaßen fort:

»Er war vielleicht der Erste, der systematisch die Rolle der emotionalen Instabilität für das politische Verhalten untersuchte. Indem er die expliziten Werte der Politik mit ihren unbewussten Motiven verglich, war er einer der Ersten, die der Frage nachgingen, inwieweit politische Aktionen dadurch Erfolg haben, dass sie an unser Unbewusstes appellieren. Lasswell übertrug den Gebrauch des Begriffs der charakterlichen Pathologie von der Klinik auf die politische Welt und formulierte völlig neue Hypothesen über Gruppendynamik.« (ibidem)

17 Und hier ist eine typische Situation, die Lasswell seinen Kollegen vorstellt:

»Ein junger Historiker mit Interesse für die Sozialwissenschaften war daran interessiert, sich mit einem berühmten Politiker zu befassen. Dieser litt unter einem bestimmten körperlichen Leiden und diese Tatsache hatte auch der Wissenschaftler erfahren. Er wusste aber nicht, oder besser gesagt, seine Ausbildung hatte ihn nicht dazu befähigt, zu wissen, dass es inzwischen auf medizinischem Gebiet eine ansehnliche Menge an Wissen über dieses Leiden gibt, besonders auch hinsichtlich seiner psychologischen Aspekte. Es stimmt, dass man sich noch nicht einig ist, welche Auswirkungen dieses Leiden auf den Gemütszustand hat, aber es erscheint mir wirklich absurd, dass jemand, im Umfeld einer Universität, eine Biografie schreibt, ohne die Möglichkeit gehabt zu haben, in Besitz der modernsten Erkenntnisse darüber zu gelangen, wie somatische Faktoren das Leben eines Menschen beeinflussen.« (Proceedings Second Colloquium, S. 132)

Wie sich der Leser vorstellen kann, ist auch dies eine spezifische Situation, die wir immernoch als typisch – das heißt ungelöst -bezeichnen können!

18 Ähnliches gilt natürlich auch für spätere Untersuchungen, wie die des Soziologen Erwin Goffman, die er für den Klassiker *Asyle. Über die soziale Situation psychiatrischer Patienten und anderer Insassen* durchführte, der auf Feldforschungen am St. Elisabeths Hospital beruht – das berühmte, seinerzeit von White geführte Krankenhaus.

19 Sowohl Merton Gill als auch Robert Holt, mit denen ich im Jahre 1991 (im Rahmen eines von der Zeitschrift *Psicoterapia e scienze umane* organisierten Seminars, das in Bologna stattfand, und bei dem auch Johannes Cremerius und Helmut Thomä waren) dieses Problem besprochen hatte, wiesen mich auf die Tatsache hin, dass der bekannte Analytiker Robert Wallerstein in San Francisco eine mit Sullivans Vorschlägen übereinstimmende Ausbildung geschaffen hatte, die ein neues psychiatrisches Berufsbild schaffen sollte. Dieses Experiment wurde dann in dem Buch *The Doctorate in Mental Health* dokumentiert, stellte sich aber unglücklicherweise als Misserfolg heraus – was man gründlich untersuchen sollte.

20 Übrigens wurden die Colloquia nicht fortgesetzt, weil die Mittel fehlten, wohl aber mehr, wegen des zu hohen Niveaus der Debatten, die dort geführt wurden! Erst

nach dem Krieg, am 7. und 8. November 1947 fand in New York ein ähnliches Seminar über das Thema *Culture and Personality* statt, an dem auch Sullivan teilnahm. Er hielt einen Vortrag mit dem Titel »Multidisciplined Coordination of Interpersonal Data« – in dem die Debatten der Colloquia evoziert werden – der in den Berichten dieses Kongresses veröffentlicht wurde, die 1949 von Viking Fund herausgegeben wurden. An diesem Kongress nahmen auch Gelehrte wie Abraham Kardiner und Ralph Linton teil, die schon vor dem Krieg in eine ähnliche Richtung wie Sullivan gearbeitet hatten, auf deren Werk wir aber hier nicht weiter eingehen können.

21 In dieser Hinsicht ist auch folgender Passus sehr aufschlussreich:

> »Was mich betrifft, kann ich Ihnen nur eine auf meinen persönlichen Erfahrungen beruhende Feststellung bieten ... Wie ich schon sagte, dachte ich in den Jahren nach dem Krieg, die Psychoanalyse zu kennen. Aber einige Aufsehen erregende Misserfolge mit schizophrenen Frauen überzeugten mich davon, dass ich unter einer Art Skotom litt, oder besser gesagt, unter einem ganzen Feld von Skotomen. Mit anderen Worten, ich war dabei, Dinge zu tun, von denen ich keine Ahnung hatte, in Situationen, die ich nicht zufrieden stellend verstand. Mehr als ein Jahrzehnt danach und mit intensiver Forschungserfahrung, machte ich ca. weitere 300 Stunden persönlicher Psychoanalyse; und vieles, was mir in früheren Jahren passiert war, bekam einen anderen Sinn.« (Sullivan 1962, S. 314)

22 Auf diesen Abschnitt folgen Bemerkungen, die ich wegen ihrer Intelligenz und ihres Weitblicks zitieren möchte:

> »Keine der menschlichen Aktivitäten nähert sich der Komplexität und Subtilität der psychoanalytischen Situation an. Es gibt niemanden, der alles über diese Art von Beziehung wissen kann, so wie sie heute existiert, und es ist unerlässlich, dass derzeit jemand die psychoanalytischen Situationen, die sich in der Zukunft ergeben werden, beschreibt. Die Kultur entwickelt sich und die menschliche Persönlichkeit ist eine expandierende Serie. Auf die gleiche Weise müssen sich die therapeutischen Techniken entwickeln.« (ibidem, S. 314f).

23 Im Rahmen dieser Abhandlung wird Sullivan sogar noch präziser:

> »Ich persönlich möchte dazu anregen, dass man den jungen Arzt auffordert, systematisch seine Meinung und seine Beobachtungen aufzuschreiben. Wenn jemand sprachgewandt und aufgeweckt ist, kann es passieren, dass das, was er laut sagt, sehr gut gewisse völlig falsche Ideen überdeckt, die er schon lange hegt. Aber sobald er seine Gedanken zu Papier bringt, kommen Unzulänglichkeiten und Fehler in seinem Denken prompt ans Licht. Eine intensive Kritik der klinischen Anamnesen, der Notizen über Gespräche und der Berichte über das Verhalten der Patienten, zusammen mit klinischen

Demonstrationen der Vorgehensweise und dessen, was für die Beziehung des zuständigen Psychiaters mit seinem Patienten Bedeutung haben kann, wird dafür sorgen, dass der Krankenhausarzt sehr viel weniger Zeit braucht, um sich eine Vorstellung vom Wesen der psychiatrischen Therapie zu machen.« (ibidem, S. 317f)

24 Wer sich näher mit dem Verhältnis von Psychoanalyse zur Psychiatrie befassen möchte, vor allem hinsichtlich der Rolle, die die Psychoanalyse im Rahmen des psychiatrischen Trainings spielt und der Entwicklung dieses Verhältnisses und der heutigen Situation, wird sicher von der Lektüre von *The Role of Psychoanalysis in Psychiatric Education: Past, Present and Future*, das 1987 von S. H. Weissman und R. J. Thurnblad herausgegeben wurde, profitieren.

25 Übrigens hat sich Sullivan einige Jahre zuvor mit einem ebenso vernachlässigten Thema beschäftigt, und zwar der Beziehung zwischen der Persönlichkeitsstruktur des Psychiaters und der Wahl seiner Patienten – innerhalb des vorhergehenden Beitrages, in dem es um die Bedeutung der psychiatrischen Ausbildung im Rahmen des analytischen Trainings geht. Dazu findet er folgende aufschlussreiche Worte:

»Und schließlich: Das psychiatrische Krankenhaus bietet dem jungen Arzt die Möglichkeit, etwas zu lernen, was äußerst wichtig für das Wohl seiner zukünftigen Patienten ist. Im Krankenhaus lernt er nämlich, was für ihn eine neurotische Wahl der Patienten, und was dagegen eine gesunde Wahl ist. Alle jungen Ärzte zeigen Interesse für bestimmte Arten von Patienten, für andere aber nicht, und ein kompetenter Psychopathologe, der über ausreichendes Datenmaterial verfügt, kann Ihnen immer sagen, warum. Im Allgemeinen ist es jedenfalls so, dass dort, wo es wenig Selbstbewusstsein gibt, die Wahl der Patienten, mit denen man arbeiten will, unglaublich falsch sein kann und unvermeidlich zum Scheitern führt, egal wie groß das Engagement ist und welche Anstrengungen unternommen werden. Aber die Krankenhauserfahrung, verbunden mit einer persönlichen Analyse, klärt diese neurotischen Impulse, sich für genau die Personen zu interessieren, mit denen man, aufgrund eines gemeinsamen Problems, unmöglich arbeiten könnte.« (Sullivan 1962, S. 317)

Nebenbei bemerkt, gab es erst in jüngster Zeit Veröffentlichungen zu diesem Thema und zwar vor allem in psychoanalytischen Kreisen, aber weniger in psychiatrischen, besonders von dem Moment an, vor nicht allzu vielen Jahren, als man endlich anfing zu bedenken, dass der Analytiker kein geschlechtsneutrales Wesen ist, sondern männlich oder weiblich, und dass diese Gegebenheit Folgen für die Behandlung hat!

26 Sie wird in folgender Passage zusammengefasst:

»Ich habe also versucht, in diesem Artikel eine Einladung an die Psychiatrie auszusprechen, damit sie uns bei der Untersuchung bestimmter

Probleme, die bei der Analyse des menschlichen Verhaltens auftreten, hilft – schrieb Sapir. Trotz gegenteiliger Behauptungen, können wir die Dynamik von Kultur, Gesellschaft und Geschichte nicht wirklich verstehen, ohne früher oder später die realen Beziehungen in Betracht zu ziehen, die die Menschen miteinander verbinden. Wir können eine Analyse vom psychiatrischen Standpunkt aus immer weiter aufschieben, aber wir können sie theoretisch nicht ausschließen. Mit dem in der modernen Zeit wachsenden Interesse für das Studium der Persönlichkeit und der wachsenden Überzeugung hinsichtlich der enormen Flexibilität der menschlichen Anpassung an andere Menschen, wird es schwierig zu glauben, dass die eigene intellektuelle Neugier in Bezug auf die von den zwischenmenschlichen Beziehungen aufgeworfenen Probleme wirklich durch schematische Behauptungen über die Gesellschaft und ihre kulturellen Schemata zufriedengestellt werden könnte. Die Veränderungen und Unsicherheiten, die die alten Anthropologen ignorierten, scheinen genau jene Aspekte zu sein, auf die sich die jüngeren Gesellschaftsforscher konzentrieren müssen. In der Tat kann die Bedeutung einer Regel nur über die Analyse der individuellen Abweichungen im Verhalten festgelegt werden. Und nur über ein genaues und empathisches Studium des individuellen Verhaltens, das unter den realen sozialen Bedingungen durchgeführt wird, in denen dieses zum Vorschein kommt, wird es schließlich möglich sein, etwas annähernd Wahres über die Gesellschaft selbst und über Kultur auszusagen – etwas, das über die Abstraktionen, an die wir gewöhnt sind, hinausgeht.« (1939, S. 11f)

27 Erst 1970 erschien zum Beispiel ein Text wie *Work, Creativity and Social Justice* von Elliott Jacques. Übrigens belegt die Tatsache, dass auch die italienische Zeitschrift *Psicoterapia e scienze umane* in einer ihrer ersten Ausgaben einen wegweisenden Beitrag zum selben Thema enthielt, und zwar »La cogestione dell'ansia« (Die gemeinsame Handhabung der Angst) von Luigi Pagliarini, ihre Verbindung zu *Psychiatry*.

28 Folgendes stellt Lasswell dazu fest:

»In dem Moment, in dem wir irgendeinen ernstgemeinten Versuch unternehmen, den Bedingungen auf den Grund zu kommen, welche die Manipulation der Symbole bedingen, können wir auf die Hilfe von Psychiatern nicht verzichten. Letztendlich schuf der klinische Psychologe Terminologie und Untersuchungsmethode, die notwendig sind, um dieses Thema anzugehen. Er ist außerdem besonders befähigt, den Zusammenhang zwischen Stress und Gebrauch der Symbole zu erfassen, und wer sich mit der Erforschung von Propaganda beschäftigt, gibt der Kontrolle kollektiver Verhaltensweisen in Krisenzeiten einen großen Stellenwert.« (1938, S. 36)

29 »Was immer sonst über Erfahrung gesagt worden sein mag, sie läuft letztlich immer auf Erfahrung von *Spannungen* und Erfahrung von *Energietransformationen* hinaus« (1980, S. 59), schreibt Sullivan in der Tat in *Die interpersonale Theorie der Psychiatrie* und verweist den Leser an dieser Stelle auch auf die »philosophische Rechtfertigung des Konzepts von Spannung« (*ibidem*), die Dunham in besagtem Artikel darlegt. Aus dem gleichen Grund zitiert Sullivan hier auch Kurt Lewin und erklärt: »er war meiner Meinung nach der Erste, der den Begriff Spannung systematisch untersuchte, um das menschliche Verhalten zu erklären« (*ibidem*).

30 Im zweiten Teil der redaktionellen Anmerkung erläutert Sullivan mithilfe der Spektralphotometrie und dazugehöriger Diagramme, warum man die Farbe gelb für das Layout auswählte – das jahrzehntelang beibehalten wurde und *Psychiatry* unverwechselbar machte.

31 Mit Benedict (1887–1948) haben wir uns schon in Bezug auf die Tatsache beschäftigt, dass sie Sullivans Schicksal teilte, im Chenango County aufgewachsen zu sein. Nun wollen wir uns einen Moment mit der Anthropologin beschäftigen. Sullivan zitiert eine ganze Seite von *Urformen der Kultur* (*Patterns of Culture*) im zweiten Kapitel von *Die interpersonale Theorie* (S. 48f), außerdem schrieb er auch den Nachruf auf sie in *Psychiatry*. Sie war, wie Sapir und Margaret Mead, Boas' Schülerin und trug mit *Urformen der Kultur* (1934; deutsche Übersetzung 1955) mit dazu bei, auch beim breiten Publikum die Basis für die Haltung des »kulturellen Relativismus« zu legen; sie tat dies, indem sie die »Weltanschauung« einiger nordamerikanischer und pazifischer Gesellschaften im Sinne eines wirklichen »Nationalcharakters« beschrieb. Tullio-Altan – dessen Handbuch ich diese Informationen entnehme – erwähnt auch ein zweites Werk Benedicts, das zu ihrem Ruhm beigetragen hat: *Chrysantheme und Schwert*, eine im Laufe des Krieges im Auftrag der Regierung durchgeführte Untersuchung über den Nationalcharakter der Japaner. Was hingegen Benedicts Charakter, ihr Leben und ihre enge Beziehung zu Margaret Mead angeht, kann ich den Leser auf Jane Howards Biografie Meads verweisen (1984).

32 Rowland stellt bezüglich der von ihm beobachteten Dynamik der Kommunikation folgendes fest:

> »Alle täglichen Ereignisse werden wieder und wieder diskutiert. Überall treten Intrige, Geheimnis, Ambivalenz, Hass, Loyalität und wunderliche Ereignisse zu Tage – und all das innerhalb eines einzigen Kommunikationsablaufs. Dieser Ablauf wird zuweilen vom Verstand der psychotischen Patienten in eine Unmenge von Formen verzerrt. Andere Male sind die Psychotiker scharfsichtiger als jene Geister, die als normal gelten.« (1939, S. 327)

33 Nachdem er 1929 seinen B.A. und 1932 den Ph. D. in Harvard gemacht hatte, arbeitete Rosenzweig als Psychologe am Worcester State Hospital – wie wir aus der kurzen biografischen Anmerkung zu diesem Artikel erfahren.

34 Wenn wir dann die Anthologie von Schriften Vygotskijs zur Hand nehmen, die Luciano Mecacci herausgegeben hat – der schrieb, dass der Name des großen

russischen Psychologen »im Westen praktisch unbekannt war, bis die amerikanische Übersetzung von (*Denken und Sprache*) erschien« (1983, S. 7) – wird ein weiteres Mal die Voraussicht der Redaktion von *Psychiatry* bestätigt. Ein weiterer Berührungspunkt mit Sullivan wird in der Feststellung deutlich, derzufolge für Vygotskij »die grundlegende Eigenschaft des Menschen (…) seine Fähigkeit darstellt, die affektiven, kognitiven und kulturellen Inhalte ständig zu verändern, je nachdem in welchem sozialen und kulturellen Kontext er lebt, aufwächst und handelt« (*ibidem*, S. 26)

35 Dies gilt als Beleg dafür, dass die Zeitschrift der Forschungsrichtung des ungarischen Analytikers und der Chicagoer Schule große Aufmerksamkeit zukommen ließ.

36 Auch folgende Aussage, die sich in der intellektuellen Biografie *Stranger and Friend. The Way of an Anthropologist* findet, geht in diese Richtung:

> »Die Feldforschung sollte im September 1932 beginnen und so verbrachte ich den Sommer jenes Jahres als Gast der Familie Sapir in New Hampshire. Ich verbrachte den größten Teil meiner Zeit mit dem Lesen der Geschichte des Südens, des Mississippi und der Sklaverei; ich versuchte, mein Forschungsprojekt zu formulieren und diskutierte dann und wann mit Sapir darüber … Denkwürdig war das Wochenende, als uns Harry Stack Sullivan, der bekannte Psychoanalytiker, besuchen kam und die beiden Männer ihre Ideen (die sie gerade entwickelten) über die Beziehung zwischen Kultur und Persönlichkeit diskutierten. Die Gedanken des einen erhellten und wirkten wie ein Katalysator auf die des anderen. Mein Eindruck war, dass der besondere und reiche Fluss der Konversation, der sich zwischen den beiden entwickelte, nicht nur ihre bemerkenswerten intellektuellen Gaben und die Affinität ihrer Interessen spiegelte, sondern auch ihre Persönlichkeit – beide schienen in sich die Seele des Wissenschaftlers und des Dichters zu vereinen.« (1966, S. 134)

37 Der in Budapest geborene Roheim, der in Deutschland studiert und bei Ferenczi eine Analyse gemacht hatte, war der erste Psychoanalytiker, der Feldforschungen in einer sog. primitiven Gemeinschaft durchführte. Wie Fine berichtet (dem ich dieses Kurzportrait entnehme; 1979, S. 106), konnte er dank der Mittel, die er von Prinzessin Marie Bonaparte erhalten hatte, 1928 in die USA gehen und dort die Feldforschung durchführen, auf die sich auch besagter Beitrag bezieht.

38 Wir haben es hier mit Themen zu tun, die in Italien erst seit den 60er Jahren Diskussionsgegenstand sind; man sollte auch bedenken, dass bis jetzt Ernst Simmels Stimme nicht bis nach Italien gedrungen ist – er war der erste Psychoanalytiker, der ein analytisch orientiertes Krankenhaus schuf, im Berlin der Weimarer Republik. Diese Erfahrung wird ausführlich in der Anthologie seiner Schriften behandelt, die 1993 in Deutschland erschienen ist.

39 Von den 3500 amerikanischen Ärzten mit dem Fachgebiet Psychiatrie – erklärt Sullivan am Ende dieser Schrift – ist nur eine kleine Minderheit adäquat auf die Erfordernisse vorbereitet, die der Kriegseintritt mit sich bringt.

40 Was Sterbas Leben, seine analytische Karriere in Europa und den USA sowie sein Zusammentreffen mit der »neuen Welt« betrifft, kann ich den Leser auf die faszinierende Autobiografie *Erinnerungen eines Wiener Psychoanalytikers* verweisen.

41 Tatsächlich zitiert Sullivan Lewins Arbeit in *Die interpersonale Theorie der Psychiatrie* und gesteht ihm den Verdienst zu, »bei seinem Versuch, menschliches Verhalten zu erklären ... die erste systematische Abhandlung über das Spannungskonzept« verfasst zu haben« (1980, S. 58).

42 Hierbei handelt es sich um eines der bekanntesten Werke Fromms, in dessen Zentrum eine auf zwei Ebenen durchgeführte sachliche Analyse der Leichtigkeit steht, mit welcher der Mensch sich zum Sklaven einer Vielzahl von Bedürfnissen und Idolen macht und dadurch die Möglichkeit verabsäumt, frei zu sein.

43 In der gleichen Ausgabe vom Mai 1943, in der dieser Leitartikel erschien, finden sich auch zwei Artikel, die inzwischen Klassiker sind: »›Penis' Envy‹ in Women« von Clara Thompson und »The Transference Phenomenon in Psychoanalytic Therapy« von Janet Rioch.

44 In dieser Ausgabe findet sich auch – als Beleg der anhaltenden Beziehungen zur Chicagoer Schule – ein Nachruf auf den Soziologen Robert Park, verfasst von seinem Schüler Charles Johnson, der auch ein Freund Sullivans war, und in dem Park unter anderem der Verdienst angerechnet wird, in den Untersuchungen der Rassenprobleme einen qualitativen Sprung nach vorne gemacht zu haben.

45 Unter den wegweisenden Beiträgen anderer Autoren, die im Laufe des Jahres 1944 in *Psychiatry* erschienen sind, sollte zumindest Nathan Ackermans Artikel »Dynamic Patterns in Group Psychotherapy« erwähnt werden, das heißt eine der ersten Arbeiten über die Gruppenpsychotherapie, verfasst von einem Psychoanalytiker, der später einer der Pioniere der Familientherapie werden sollte.

46 Im August 1945 erschien auch der Artikel »Transference as a Therapeutic Instrument« von Clara Thompson, in dem die Verfasserin sich mit dem unterschiedlichen Gebrauch der Übertragung in der Psychoanalyse und der Psychotherapie beschäftigt.

47 Aus dem Leitartikel erfahren wir auch, dass die Redaktion – zumindest in den letzten beiden Jahren – für jeden veröffentlichten Artikel vier Beiträge in Augenschein genommen hatte.

48 Angesicht der Bedeutung dieses Themas, möchte ich wiedergeben, was Sullivan dazu zu sagen hat:

> »Die Psychobiologie Meyers ist der bedeutendste Versuch in jüngerer Zeit ein neues Niveau festzulegen, um die Probleme anzugehen, ein neues Niveau der Wirklichkeit und des Wissens und neue konzeptuelle Mittel ... Seine primäre Analyseeinheit bleibt jedoch der individuelle Organismus ... Die Persönlichkeit kommt aber nur in den interpersonalen Situationen zum Vorschein.« (ibidem, S. 64)

49 In einem Buch mit dem Titel *The Logic of Modern Physics* hat der Physiker und Epistemologe Bridgman einen Ansatz entwickelt, der operationistisch genannt wird, und sich um die Notwendigkeit zentriert, jedes Konzept auf der Basis der Operationen, die es notwendig macht, zu definieren. Sullivan erwähnt es in *Die interpersonale Theorie der Psychiatrie*, wo er folgende Definition seines Ansatzes gibt: »Bridgman sagt: ›Ein Begriff ist definiert, wenn die Bedingungen genannt sind, unter denen ich den Begriff benutzen kann, und wenn ich aus der Art, wie mein Nachbar diesen Begriff gebraucht, schließen kann, daß die gleichen Bedingungen gegeben sind‹« (1980, S. 36). Sullivan erklärt, dass er sich an diese Theorie angelehnt hat, als er seine interpersonale Theorie formulierte und drückt das folgendermaßen aus:

> »Psychiatrie als Wissenschaft sollte fraglos aus einem großen Gerüst aus Aussagen bestehen, die auf diese Weise überprüfbar wären (im Sinne Bridgmans; M. C.). Die Wirklichkeit jedoch kommt diesem Ideal bislang auch nicht im entferntesten nahe. Viele Aussagen, die ich im Verlauf dieser Diskussion machen werde, lassen allerhand zu wünschen übrig, wenn man sie vom Standpunkt der präzisen Formulierung Bridgmans betrachtet. Wenn man sich aber nicht nur mit Ausnahmen, Missverständnissen und dergleichen beschäftigt, sondern die tatsächliche Basis dieser Aussagen untersucht, so wird man feststellen, dass sie – wenngleich viele nicht den Anforderungen gemäß Bridgmans Definition entsprechen – vergleichsweise einfacher Operationen und Schlussfolgerungen bedürfen, um dem sehr nahe zu kommen. (…) Das gilt zum Beispiel insbesondere für alle Aussagen über verdeckte Operationen; es muss gleichermaßen für bestimmte Aussagen über die sehr frühen Stadien der Persönlichkeitsentwicklung gelten.« (ibidem, S. 37)

Es ist klar, dass dies als Vorbemerkung für das nächste Kapitel nützlich sein wird.

7. Von Sullivans interpersonaler Theorie der Psychiatrie zu seiner Auffassung von Klinik und Therapie

»Sullivans Beitrag zur Psychoanalyse gehört zu jenen zwei großen Kategorien, die sich bei der Entwicklung seiner Ideen gegenseitig durchdringen: eine tiefgreifende Kritik an der Sprache und Methodologie der geläufigen Psychiatrie und Psychoanalyse, die auf dem Prinzip des *operationalism* (der vom Physiker Bridgman übernommen wurde) beruht; und die Schaffung einer Reihe von neuen theoretischen Prinzipien, einer neuen interpretativen Struktur für das Verständnis der menschlichen Erfahrung und der Schwierigkeiten, die das Leben mit sich bringt. Einige der Interpreten Sullivans haben die Bedeutung dieser Dimension, der Theorie, heruntergespielt, indem sie den Einwand vorbrachten, dass er lediglich eine Methodologie bietet, eine pragmatische Sichtweise, die auf Daten und einer gewissen Anzahl losgelöster Beobachtungen beruht. Kurz und gut, sie betrachten seine Arbeit eher als einen ›Standpunkt‹, denn als eine ›alternative‹ Theorie (Modell 1968). Andere, wohlgesonnenere Leser, spielen zwar die Theorie als solche herunter, heben dafür aber die Methodologie hervor und verkünden, dass Sullivan eine Methode zur Betrachtung der klinischen Daten geschaffen hat, die völlig frei von theoretischen Voraussetzungen und philosophischen Mutmaßungen ist. Wir glauben dagegen, dass Sullivan *wirklich eine Theorie bietet*, und dass seine Theorie auf dem Gebiet der Entwicklung psychoanalytischer Ideen mindestens genau so wichtig war wie seine Methodologie. Er hat nicht nur eine Kritik der traditionellen Methodologie und *eine neue und andere Art* die Daten zu sehen, sondern auch eine deutlich und zutiefst andere *Vision* der menschlichen Erfahrung entwickelt. Das, was Sullivan sieht, ist anders, anders organisiert und anders interpretiert.« (Greenberg und Mitchell 1983, S. 87; Kursiv im Original)

Greenberg und Mitchell haben in ihrem Klassiker *Object Relations in Psychoanalytic Theory* den besten Interpretationsschlüssel zu Sullivans interpersonaler Theorie geliefert. Damit beschäftigen wir uns in diesem Kapitel. Wo immer es möglich ist, werde ich darüber hinaus versuchen, sowohl die Affinität seiner Konzepte zu denen anderer Autoren, als auch ihre anhaltende Aktualität hervorzuheben, das heißt ihre Relevanz für die heutige psychoanalytische Diskussion.

Ich beginne mit »Einführende(n) Begriffe(n) und Konzepte(n)«, dem Titel, unter dem die ersten drei Kapitel von Sullivans *Die interpersonale Theorie der Psychiatrie* untergebracht sind. In den folgenden Abschnitten beleuchten wir dann die verschiedenen Entwicklungsstadien, denen die interpersonale Theorie folgt.

Der letzte Abschnitt hingegen wird Raum bieten, uns auch mithilfe von *Clinical Studies* der Klinik und der Therapie anzunähern, die direkt aus der interpersonalen Theorie hervorgehen.

7.1 Einführende Begriffe und Konzepte

Wie wir wissen, ist die interpersonale Theorie der Psychiatrie in erster Linie eine Entwicklungstheorie, folglich beschäftigt sich Sullivan im ersten Kapitel seines Buches mit der »Bedeutung der entwicklungsgeschichtlichen Betrachtungsweise«. Gleich zu Beginn vertritt Sullivan, in Anlehnung an White, die Notwendigkeit, über die »Psychiatrie der psychischen Störungen« hinauszugehen und eine Psychiatrie zu schaffen, die »auch für das Leben ganz allgemein von einigem Nutzen« ist (1980, S. 26).

> »Die Frage, wie ich diese spezielle Theorie der Psychiatrie vermitteln könne, hat mich jahrelang beschäftigt und verfolgt, und letztlich bin ich zu der Entscheidung gelangt, daß die einzige Methode die entwicklungsgeschichtliche Betrachtungsweise ist. Mit anderen Worten, wenn wir mit nahezu mikroskopischer Akribie chronologisch verfolgen, wie die Menschen jeweils zu dem wurden, was sie als Erwachsene sind, dann können wir vielleicht so manches lernen, was im Hinblick auf das Leben und die Lebensschwierigkeiten äußerst wahrscheinlich ist.« (*ibidem*)

Von seinem Standpunkt aus ist dies der beste Weg, um jene »rein wissenschaftliche Methode« zu verwirklichen, die zu seinen grundlegenden Bestrebungen, zu den am tiefsten empfundenen Ansprüchen gehörte, und die er als Möglichkeit, »etwas Präzises, etwas Formulier- und Definierbares mit einer variablen Wahrscheinlichkeitsspanne« (*ibidem*, S. 28) entwickeln zu können, definierte. Eine Folge dieses Anspruches ist es, so weit als möglich psychiatrische Neologismen zu vermeiden und – wie es auch schon Freud versuchte – auf einfache Wörter zurückzugreifen und ihre Bedeutung nach und nach zu klären.[1]

Nachdem er den allgemeinen Bezugsrahmen formuliert hat, wendet sich Sullivan dem Begriff »Angst« zu, der »von grundlegender Wichtigkeit für das Verständnis dessen, das ich hier darzulegen versuche«, ist (*ibidem*, S. 30). Es geht hier, wie wir schon bei der Beschäftigung mit dem Beitrag »The Meaning of Anxiety in Psychiatry and in Life« gesehen haben, um die Angst als Gemütszustand, der nur in einem interpersonalen Zusammenhang zu verstehen ist und folglich eine besonders aufmerksame Beobachtung erfordert. »Es läßt sich nachweisen, daß der junge Mensch in den ersten Lebensmonaten … Leistungsstörungen erkennen läßt, wenn die Mutter unter einer ›emotionalen Störung‹ leidet …« (*ibidem*, S. 31). Etwas weiter unten fährt Sullivan fort: »Ein klassisches Beispiel sind Störungen bei der Nahrungsaufnahme; im Grunde aber sind alle Tätigkeiten des Säuglings gegenüber Unterbrechungen oder Hindernissen gleichermaßen anfällig, und zwar in direkter chronologischer oder anderswie spezifischer Beziehung zu der emotionalen Störung oder Bezugsperson« (*ibidem*). Wenn wir uns bewusst werden, dass die von einer unemphatischen Mutter im Säugling ausgelöste Angst wahrscheinlich der direkte Vorläufer des Gemütszustandes ist, der als Erschütterung oder Schrecken in den ersten Phasen schizophrener Störungen auftritt, dann können wir die Angstvulnerabilität zu einer unserer Leitkonzepte machen. Im Übrigen ist Angst eine zentrale Erfahrung in unser aller Leben.

> »Ich glaube, ich kann mit ziemlicher Sicherheit sagen, daß jeder, wirklich jeder Mensch einen Großteil seiner Energie und einen erheblichen Teil seiner Bemühungen im Umgang mit anderen darauf verwendet, mehr Angst, als er bereits hat, zu vermeiden und, wenn möglich, seine Angst loszuwerden.« (*ibidem*, S. 33)

Da Angst auf psychogenetischer Ebene – im Bereich der Ätiopathogenese geistiger Störungen – wie auf phänomenologischer Ebene – im Alltagsleben – eine zentrale Rolle spielt, muss man eher direkt bei ihr als bei den Symptomen ansetzen. »Aber wenn man die grundlegenden Anfälligkeiten für Angst in interpersonalen Beziehungen herauszufinden sucht«, stellt Sullivan abschließend fest, »anstatt sich mit Symptomen zu beschäftigen, die durch Angst hervorgerufen werden oder Angst vermeiden sollen, dann wird das wahrscheinlich eine sehr viel praktikablere Psychotherapie ermöglichen« (*ibidem*, S. 34).

Nachdem er im ersten Kapitel die Bedeutung der Begriffe »Entwicklung« und »Angst« auseinander gesetzt hat, beginnt er das zweite Kapitel, das den Titel »Definitionen« trägt, mit einer Erläuterung des Begriffs »interpersonale Theorie«. Wir haben wiederholt Passagen dieses Kapitels zitiert und seine grundlegenden Konzepte schon kennen gelernt, angefangen bei der Definition von Psychiatrie als »expandierende Wissenschaft (...), die sich mit jenen Ereignissen oder Prozessen befasst, an denen der Psychiater partizipiert und gleichzeitig beobachtender Psychiater ist« (*ibidem*, S. 35). Wie bereits bekannt, stellt Sullivan an dieser Stelle mit größter Klarheit fest, dass die

Psychiatrie »nicht (...) irgendwelchen Daten besonderer Art, sondern Aktionen oder Operationen, an denen der Psychiater partizipiert« entstammt (*ibidem*). Das bedeutet: »Die Ereignisse, die Informationen für die Entwicklung der Psychiatrie und psychiatrischer Theorien liefern, sind Ereignisse, an denen der Psychiater partizipiert; es sind nicht Ereignisse, auf die er von Elfenbeintürmen aus herabschaut« (*ibidem*, S. 36).[2]

In diesem Kapitel zählt Sullivan auch die Autoren und die Theorien auf, denen er sich am meisten verpflichtet fühlt, angefangen bei Bridgmans *operationalism*, dann Freud, Meyer und Mead, um schließlich noch den Anthropologen Malinowski zu nennen.

> »So wie die Psychobiologie den einzelnen Menschen zu erforschen sucht, und so wie die Kulturanthropologie, die zu den Sozialwissenschaften einen gewaltigen Beitrag beigesteuert hat, das soziale Erbe zu erforschen sucht, das sich in dem gemeinschaftlichem Verhalten von Menschen zeigt, so versucht die Psychiatrie – und ähnlich die Sozialpsychologie – die biologisch und kulturell bedingten, aber *sui generis* interpersonalen Prozesse zu erforschen, die in interpersonalen Situationen auftreten, in denen der beobachtende Psychiater seine Arbeit verrichtet.« (*ibidem*, S. 42)

Im zweiten Abschnitt, »Der Mensch, das Tier, und menschliche Erfahrung«, zitiert er Sapir und Benedict in Bezug auf die Bedeutung von Sprache und Kultur als Besonderheiten des Menschen – und der Entwicklung des einzelnen menschlichen Wesens. Nachdem er sich eingehend mit den Unterschieden zwischen dem Menschen auf biologischer und kultureller Ebene, beschäftigt hat, erklärt er, dass nicht diese Unterschiede Gegenstand seiner Theorie sind, sondern »menschliche Gemeinsamkeiten« (*ibidem*, S. 49). An dieser Stelle finden wir auch dessen Definition von »Erfahrung«: »Erfahrung ist alles, was erlebt und erlitten wird. Erfahrung ist die innere Komponente der Ereignisse, an denen ein lebender Organismus als solcher teilhat – das heißt als strukturiertes Ganzes« (*ibidem*, S, 50). Wenig später stoßen wir dann auf die drei Formen von Erfahrung: Prototaxis, Parataxis und Syntaxis, deren Unterscheidung sich an »der Gesamtheit wichtiger Zustände des Organismus bezüglich der Verarbeitung von Ereignissen ausrichtet«(*ibidem*, S. 51). Die erste Erfahrungsform ist typisch für den Säugling, die zweite für das Kleinkind, die dritte bildet sich nach und nach im Schulalter aus.

Den ersten Teil von *Die interpersonale Theorie der Psychiatrie* schließt das dritte Kapitel, »Postulate«, ab, in dem wir das »Prinzip der kommunalen Existenz« finden, das Sullivan schon in *Personal Psychopathology* behandelt hatte. Ihm zufolge leben »alle Organismen in einer kontinuierlichen kommunalen Existenz mit ihrer lebensnotwendigen Umgebung« (*ibidem*, S. 54), woraus er ableitet, dass die »lebensnotwendige Umgebung« des Menschen aus Kultur und interpersonalen Beziehungen besteht, ohne die er nicht überleben kann. Ebenso wichtig ist das so genannte »Ein-Genus-Postulat«, aus dem folgt, dass »jeder Mensch ... in sehr viel stärkerem Maße einfach Mensch als irgend etwas anderes« ist (*ibidem*, S. 55f), im Zentrum der interpersonalen Theorie steht also das Studium »der Arten und Typen von etwas, was ich als durchgehend menschlich ansehe« (*ibidem*, S. 56). An dieser Stelle möchte ich Sullivans Definition der Entwicklungsphasen – diese gliedern seine Theorie – zitieren:

> »Das *Säuglingsalter* reicht von wenigen Minuten nach der Geburt bis zum ersten Auftreten artikulierten Sprechens, mag es auch noch so unkommunikativ oder sinnlos sein. Die *Kindheit* reicht vom Auftreten der Fähigkeit, der Sprache zuzuordnende artikulierte Töne von sich zu geben, bis zum Auftreten des Bedürfnisses nach Spielkameraden – das heißt nach Gefährten, nach kooperativen Wesen, deren Status in jeder Hinsicht in etwa dem eigenen Status entspricht. Dieses Stadium geht dann über in das *jugendliche Entwicklungsstadium*, das sich im Wesentlichen über die Grundschuljahre erstreckt und bis zum reifungsbedingten Auftreten des Bedürfnisses nach einer engen Beziehung zu einem anderen Menschen vergleichbaren Status' geht. Das wiederum leitet das Stadium der *Präadoleszenz* ein, eine ungemein bedeutsame, wenngleich zeitlich kurze Phase, die normalerweise mit dem Auftreten genitaler Sexualität und mit der Pubertät endet, psychologisch oder psychiatrisch gesehen aber mit der Verlagerung des Interesses von einem Menschen gleichen Geschlechts auf einen Menschen anderen Geschlechts. Dieses Phänomen kennzeichnet den Anfang der *Adoleszenz*, die in unserer Kultur (doch das ist von Kulturkreis zu Kulturkreis verschieden) so lange andauert, bis man Verhaltensmuster zur Befriedigung der eigenen Lust, der eigenen genitalen Triebe entwickelt hat. Und das leitet dann die *späte Adoleszenz* ein, die ihrerseits als Phase der Persönlichkeitsentwicklung andauert, bis alle partiell entwickelten Aspekte der Persönlichkeit in der richtigen Relation sich zusammenfügen. Und im *Erwachsenenalter* schließlich ist man in der Lage, eine Beziehung herzustellen, in der einem der andere Mensch ebenso wichtig ist wie man selbst. Diese intensive, hochentwickelte Intimität mit einem anderen ist kaum die allerwichtigste Aufgabe im Leben, sie ist wahrscheinlich aber die wichtigste Quelle für Befriedigung im Leben; und von diesem Zeitpunkt fährt man fort, sich in Tiefe oder Breite des Interesses, oder auch in beidem, in Tiefe und Breite, weiterzuentwickeln, bis schließlich regressive Veränderungen im Organismus zum hohen Alter führen.« (*ibidem*, S. 56f; Kursiv im Original)

In dieser Passage finden wir eine Art Zusammenfassung der interpersonalen Theorie im gesamten; man sollte auch die Art und Weise hervorheben, in der das psycho-biologische und das interpersonale oder erfahrungsabhängige Element zutiefst miteinander verbunden sind und das Auftreten und Ausleben jeder dieser Phasen bedingen. In diesem Abschnitt ist die interpersonale Theorie in ihrer gesamten Komplexität zusammengefasst. Es sei hervorgehoben, dass hier psychoanalytische und interpersonale Elemente aufs Engste aufeinander bezogen werden.[3]

Im übrigen Kapitel ist Sullivans Darlegung dann – mehr als an anderen Stellen dieses Buches – ein *work in progress*, was zur Folge hat, dass man die Entwicklung seiner Darstellung im Einzelnen verfolgen muss, seine Art zu schreiben aber auch von besonderem Interesse – und besonderer Schwierigkeit – ist. Er kommt auf eine ganze Reihe von Begriffen zurück, die er schon im vorhergehenden Kapitel behandelt hat, und artikuliert sie mit größerer Präzision, angefangen bei »Erfahrung«. Dies geschieht, indem das biologische Leben vom psychischen differenziert wird, im Sinne von zwei sich gegenüberstehenden Parametern, Euphorie und Spannung, die durch »Energietransformationen« miteinander verbunden sind, die wiederum in offene und verdeckte unterschieden werden. Die Spannungen unterteilt Sullivan in »allgemeine Bedürfnisse« und »begrenzte Bedürfnisse« einerseits und Angst andererseits. Die allgemeinen Bedürfnisse wiederum sind in biologische und interpersonale aufteilbar. Im Fall des Neugeborenen werden beide Arten von Bedürfnis durch die Mutter vermittelt. Folglich stellt das Paar Mutter/Säugling den Ausgangspunkt für die interpersonale Theorie dar!

Noch im ersten Teil des Buches stellt Sullivan die Theoreme vor, welche die Interaktion zwischen Mutter und Kind bestimmen: »das Theorem der Zärtlichkeit« und »das Theorem der Angst« – bei dessen Darstellung er die Ausführungen über Angst des vorangehenden Kapitels erneut vertiefen kann. Hier die Definition des »Theorems der Zärtlichkeit«: »*Die beobachtbare Aktivität des Säuglings, die aus Bedürfnisspannung erwächst, erzeugt Spannung in der mütterlichen Bezugsperson, die ihrerseits erfahren wird als Zärtlichkeit und als Impuls für Aktivitäten, die auf die Bedürfnisbefriedigung des Säuglings abzielen*« (*ibidem*, S. 63; Kursiv im Original); und: »… ihrerseits ruft (sie) in der mütterlichen Bezugsperson eine Spannung hervor, die sich als *Zärtlichkeit* beschreiben läßt …« (*ibidem*; Kursiv im Original).

Das zweite Theorem lautet: »*Spannung infolge von Angst in der mütterlichen Bezugsperson induziert im Säugling Angst*« (*ibidem*, S. 65; Kursiv im Original). Im Übrigen führt Sullivan in diesem Zusammenhang – zur Erklärung des zweiten Theorems – auch den Begriff »Empathie« ein, also sehr viel früher als Kohut, der die Empathie zu einem der zentralen Begriffe seiner

Selbstpsychologie machte. An diesem Punkt versteht man noch besser, warum die Erfahrung von Angst den Höhepunkt von Sullivans Entwicklungspsychologie darstellt.[4]

7.2 Der Säugling, die Mutter und die Organisation der Erfahrung

In den Kapiteln vier, »Säuglingsalter: erste Anfänge«, bis zehn, »Die ersten Anfänge des Selbstsystems«, zeigt Sullivan, wie der Säugling, ausgehend von dem privilegierten interpersonalen Kontext des Paares Mutter/Kind, allmählich die Erfahrung seines Selbst organisiert, die seiner Identität als Erwachsener zu Grunde liegen wird. Seine Ausführungen zu diesem Thema verlaufen aber auf eine so extreme Weise, über aufeinander folgende Annäherungen, in welche Exkurse verschiedenster Art eingeschoben sind, dass es von Vorteil ist, bei einer einleitenden Übersicht zu beginnen.[5]

Bevor ich aber einen Überblick über diese sieben Kapitel gebe, und um eine Vorstellung von Sullivans Vorgehensweise in diesem Buch und seinen Leitgedanken zu vermitteln, möchte ich erst folgenden Exkurs, der sich im siebten Kapitel findet, in seiner ganzen Länge zitieren. Sullivan erklärt hier, warum die Rekonstruktion der Entwicklung in Bezug auf die für sie charakteristischen Angstzustände ihm so am Herzen liegt. Dann stellt er über den Teufelskreis, der sich zwischen der Angst der Mutter und der des Kindes bildet, folgendes fest:

> »Die Implikationen eines derartigen Circulus vitiosus sind Grund für das Interesse des Psychiaters an den dynamischen Aspekten der Familienkonstellation, in der ein Patient seine früheste Kindheit verbracht hat. Früher, zu der Zeit als ich noch ein junger Psychiater war, bekam ich bei den Besprechungen in der Klinik von meinen älteren Kollegen oft Fallgeschichten von Patienten zu hören, die bis hin zu den Urgroßeltern zurückgingen. Diese Berichte enthielten genaue Angaben darüber, welche der Vorfahren bereits in einer Nervenheilanstalt gewesen waren, und welche im Gefängnis gesessen hatten, wer welche Ausbildung, welchen Beruf gehabt hatte und so weiter. Und all diese Daten führten dann schön übersichtlich zu einer Frau, die einen Mann heiratete, und die dann diesen Patienten in die Welt setzte. Es wurde detailliert Auskunft darüber gegeben, ob dieses Neugeborene mit einer schwierigen oder leichten Geburt in die Welt kam, ob es beim Stillen Schwierigkeiten machte oder nicht (das Interesse daran war in meiner Anfangszeit als junger Psychiater noch nicht vorhanden, entwickelte sich dann aber sehr rasch), wann und unter welchen Umständen es Laufen und Sprechen lernte, aufhörte, einzunässen, und so weiter. Und diese akribisch zusammengetragene stattliche

> Ansammlung von Gerüchten und Daten endete dann letztlich damit, daß dieser Mensch als Patient bei uns in der Klinik gelandet war. In den folgenden Jahren konzentrierte sich unser Interesse dann mehr und mehr darauf, für diesen Patienten etwas zu tun, damit dieser die Nervenheilanstalt verlassen und wieder Mitglied der Gesellschaft werden könne – zu seiner Freude oder zu seinem Leidwesen, je nachdem. Und dann stellten wir nach und nach fest, daß wir auf die Erforschung eines Großteils dieser unergründlich komplexen Vorgeschichte – über die vermutlich allenfalls der Patient einige nützliche Ansichten haben mochte – verzichten konnten, denn wir sahen, daß all diese Gerüchte und Daten herzlich wenig enthielten, was uns helfen könnte, herauszufinden, warum dieser Patient so sonderbar entstellte Ansichten über eine ganze Reihe seiner Mitmenschen hatte. Schließlich gelangten wir zu der Vermutung, diese Schwierigkeiten des Patienten müßten sehr viel mit Angst zu tun haben. Unser Problem bestand nun darin herauszufinden, wie die Eigenheiten der Angst zu erklären sind! Und unsere Erfahrungen im Umgang mit den Schwierigkeiten, denen wir bei unseren Bemühungen um die Heilung oder Behandlung begegneten (eine wesentlich befriedigendere Angelegenheit als das reine Chronologisieren der Familiengeschichte des Patienten), haben uns dann letztlich dahin geführt, die Entwicklung des Anti-Angstsystems in der menschlichen Persönlichkeit zu erforschen. Mein Vorhaben hier ist es darzulegen, wo und wie Angst ihren Anfang nimmt – welche Faktoren bei den ersten Anfängen der Angst in der natürlichen Geschichte eines beliebigen Menschen eine Rolle spielen. Sie reichen sehr, sehr weit zurück, und aus eben diesem Grund ist es wichtig, die Familienkonstellation zu kennen, in der der Säugling seine ersten Lebensmonate verbracht hat.« (*ibidem*, S. 140f)

Auf welche Weise erklärt nun Sullivan, wie der Säugling, ausgehend von der Interaktion mit der Mutter, schrittweise seine Lebenserfahrung organisiert und damit letztlich seine Persönlichkeit? Wenn man schematisch vorgehen will, kann man den roten Faden seiner Ausführungen folgendermaßen vereinfacht beschreiben: In der interpersonalen Situation des Stillens ist es so, dass der Säugling es mit verschiedenen Typen von mütterlicher Brust zu tun hat, die Sullivan als gute und befriedigende Brust, als gute, aber unbefriedigende Brust, als ineffiziente Brust – die keine Milch mehr gibt – und, schließlich, als böse Brust definiert, die einer ängstlichen Mutter gehört. Auf dieser Basis beginnt die anfängliche Differenzierung von Erfahrung, die den Säugling allmählich dazu bringt, sich auf der einen Seite die Vorstellungen von einer guten und einer bösen Mutter zu schaffen und auf der anderen von dem, was Sullivan als gutes Ich, böses Ich und Nicht-Ich bezeichnet. Die Vorstellungen von der guten und der bösen Mutter bilden sich vor allem in dem Maße im Säugling, in dem die interpersonale Situation »Brustwarze zwischen den Lippen« – die der Prototyp aller interpersonalen Situationen ist – eine positive Interaktion mit der Mutter herstellt, mit darauf folgender Befriedigung des Säuglings, oder, im Gegenteil, diese Situation aufgrund der Angst der Mutter, der »Desintegration«, wie Sullivan sich ausdrückt, entgegengeht. Was hingegen die Vorstellungen betrifft, die der Säugling von sich selbst hat, spielen Angst und Anerkennung von Seiten der Mutter bei der Interaktion mit dieser eine entscheidende Rolle. Hier liegt sogar der Ursprung des so genannten »Selbst-Systems«, dessen Aufgabe es ist, das Individuum vor Angst zu schützen.[6]

An diesem Punkt können wir untersuchen, wie Sullivan sein Thema Kapitel für Kapitel entwickelt. Im vierten Kapitel beschäftigt er sich zum Beispiel damit, wie der Säugling sich der Furcht und der Angst stellt, um dann zu folgender Schlussfolgerung zu gelangen: » ... dieses Weinen, sofern es angemessenes zärtliches Verhalten in der Mutter auslöst, (ist) eine angemessene und zulängliche Aktion, um furchtauslösende Gefahren zu beseitigen oder um ihnen zu entkommen (*ibidem*, S. 77)«. Beim Weinen, das von der Mutter nicht emphatisch beantwortet wird, schlägt die Angst in Apathie und schläfrige Gleichgültigkeit um. Bei dieser Gelegenheit spricht unser Autor auch vom Schlaf, den er neben dem Bedürfnis nach Befriedigung (der dem physisch-chemischen Universum zugehörigen Bedürfnisse) und nach interpersonaler Sicherheit (also der Angstfreiheit) als dritte Grundspannung des psychischen Lebens sieht.

Das nächste Kapitel, »Das Konzept des Dynamismus – Teil 1«, ist zweifellos das intensivste dieser Reihe, denn in ihm geht Sullivan auf die Rolle der Angst bei der beginnenden Differenzierung von Erfahrung ein. Ein wichtiger Aspekt, den Sullivan schon in diesem Kapitel zur Hand nimmt, ist der kognitive – er fand in meinem obigen Abriss keinen Platz, sollte aber herausgehoben werden. Es geht um das Erlernen der Fähigkeit zur Voraussicht, was durch die Vielzahl der Erfahrungen möglich wird, denen der Säugling ausgesetzt ist. Hier also – auch als weitere Demonstration seiner Vorgehensweise auf diesem schwierigen Gebiet – seine Ausführungen zu diesem Thema:

> »Ich hoffe, inzwischen ist deutlich geworden, daß häufiger Erfolg bereits sehr früh im Leben einen äußerst starken Einfluß auf die Gestaltung der Vorhersage hat. Es wird Sie hoffentlich nicht irritieren, wenn ich, locker gesprochen, einfach sage, daß es keineswegs erstaunlich ist, daß ein Säugling die negativen Beispiele nicht speichert; die negativen Beispiele sind allein deswegen schon mit sehr viel geringerer Wahrscheinlichkeit von Bedeutung, weil Apathie gleichsam einen verblassenden Effekt ausübt; und die Aussichten auf Erfolg sind ziemlich groß, wenn das Schreien nach dem Erwachen wieder einsetzt. Die relativ

häufigen und in der Regel stetigen Erfolge drücken somit der magischen Kraft des Schreiens ihren Stempel auf; und die gelegentlichen Mißerfolge, zum Beispiel aufgrund der Abwesenheit der Mutter, vermögen diese wachsende Überzeugung dessen, was wir sehr viel später als Beziehung von Ursache und Wirkung bezeichnen, nicht zu beeinträchtigen; für den Säugling könnte das etwa soviel heißen wie: ›Wenn ich irgendwelche Beschwerden habe, dann schreie ich, und das bewirkt etwas, was mit der Abhilfe dieser Beschwerden verbunden ist‹.« (*ibidem*, S. 95–6).

Über die Perfektionierung der Fähigkeit zur Vorhersage, die der Säugling nach und nach erreicht, geschieht auch der Übergang von der prototaxischen zur parataxischen Dimension. Es geht hier also um die schrittweise erworbene Fähigkeit zur »*Identifizierung von Unterschieden* dessen ... was wir als wahrgenommene Objekte bezeichnen« (*ibidem*, S. 106; Kursiv im Original), die den vorbereitenden Schritt für ihr Erkennen darstellt. Natürlich hängt dieser Fortschritt nicht nur von der Beziehung zur Mutter, sondern auch von der gleichzeitig stattfindenden neurobiologischen Entwicklung des Säuglings ab.

Im nächsten Kapitel, »Säuglingsalter: Das Konzept des Dynamismus – Teil 2«, formuliert Sullivan dann das Konzept des Dynamismus: »... *das relativ überdauernde Muster von Energietransformationen, die den Organismus als lebenden Organismus wiederkehrend charakterisieren* (*ibidem*, S. 129; Kursiv im Original). Uns interessiert natürlich am meisten, wie ein so allgemeines Konzept im Rahmen der interpersonalen Theorie zur Anwendung gelangt; Sullivan geht folgendermaßen vor:

»Die Dynamismen, die in der Psychiatrie von besonderem Interesse sind, lassen sich in zwei Kategorien einordnen: einerseits in solche, die primär auf die verschiedenartigen wiederkehrenden Spannungen bezogen sind, die sich als Integrationstendenzen, Disjunktionstendenzen und Isolationstendenzen äußern; und andererseits in solche, die primär auf Energietransformationen bezogen sind, die jeweils für bestimmte Interaktionsbereiche charakteristisch sind. Dynamismen der ersten Art werde ich in unseren anschließenden Betrachtungen durch Beispiele veranschaulichen wie *Furcht;* das Anti-Angst-System, das wir als *Selbst-System* bezeichnen werden – das System, das mit der Aufrechterhaltung gefühlter interpersonaler Sicherheit befaßt ist; und *Lust* – mein Terminus für bestimmte, die Genitalien betreffende Spannungen, ein Terminus mit reichlich historischem Hintergrund. Dynamismen der zweiten Kategorie werden zum Beispiel durch den *oralen Dynamismus* veranschaulicht werden. Insgesamt lässt sich sagen, daß jegliches beobachtbares Verhalten begleitende Aktivität von Dynamismen beider Kategorien hervorruft; das gilt ebenfalls für die phasische Bewußtseinsveränderung im Schlaf.« (*ibidem*, S. 134f; Kursiv im Original)

Das Konzept der Dynamismen ist schwierig zu verstehen, wenn man es nicht in Sullivans Weltbild einordnet, das Greenberg und Mitchell folgendermaßen erläutern:

»Die Tatsache, dass Sullivan das Studium der Persönlichkeit innerhalb des interpersonalen Kontextes ansiedelt, setzt eine umfassendere metaphysische Vision voraus, die von Whitehead inspiriert wird und auf dem Prinzip basiert, dass das Leben ein Prozess, ein Fließen ist, eine ständige, niemals statische Reihe von Energietransformationen. Nach Sullivan ›ist Energie die letzte Wahrheit des Universums‹.« (1953, S. 102) Sullivan ist ein Gegner der strukturellen Metapher und Sprachen der psychoanalytischen Theoriebildung und der Bildung von Konzepten, die wohl intrapsychische Begriffe wie Über-Ich, Introjekte und so weiter wiedergeben. Es gibt keine ›Strukturen‹, argumentierte er, sondern nur Paradigmen der Energietransformation – ›*die Struktur ist Energie*‹. (1983, S. 90f; Kursiv im Original)

Sullivan war zwar einer der ersten Kritiker von Freuds Triebbegriff, räumte der Energie aber gleichzeitig einen primären Stellenwert ein. Daraus entsteht ein innerer Widerspruch in seinem Denksystem, dreht sich dieses doch ganz um das Primat der interpersonalen Gegebenheit – mit dem sich einige Autoren nach Sullivan beschäftigt haben, wie zum Beispiel Edgar Levenson.

Im siebten Kapitel, mit dem Titel »Säuglingsalter: interpersonale Situationen«, versucht Sullivan, eine Verbindung zwischen dem energetischen und dem interpersonalen Paradigma herzustellen. Hier finden wir folgende Definition von »Persönlichkeit«: »… *Persönlichkeit (ist) das relativ überdauernde Muster wiederkehrender interpersonaler Situationen, die ein menschliches Leben charakterisieren*« (1980, S. 136f; Kursiv im Original). Vor dem Hintergrund des von Greenberg und Mitchell erläuterten Energie-Modells zeichnet sich die Persönlichkeit des Einzelnen also, bezogen auf die Energietransformationen, die das menschliche Leben charakterisieren, als Produkt der wichtigsten interpersonalen Geschehnisse ab. An diesem Punkt nun wendet sich Sullivan der Organisation der Personifizierungen zu, angefangen bei der »guten Mutter«, und stellt fest:

»Wie ich bereits sagte, ist die infantile Personifizierung der guten Mutter das vom Säugling auf primitive Weise erfaßte Muster ihrer Partizipation an wiederkehrenden Still-Situationen, die in Befriedigung münden. Vorhersage bezieht sich, wie schon gesagt, auf Dinge, die bereits geschehen sind, und Vorhersage hinsichtlich der guten Mutter bezieht sich auf Dinge, die gut gelaufen sind. Folglich symbolisiert die infantile Personifizierung der guten Mutter die bevorstehende Befriedigung der verschiedenen Bedürfnisse, oder, um das gleiche etwas anders auszudrücken, sie symbolisiert die Integration, Aufrechterhaltung und Auflösung jener Situationen, die für eine angemessene und zulängliche, bedürfnisbefriedigende Aktion des Säuglings erforderlich sind.« (*ibidem*, S. 138)[7]

Wie komplex die Organisation der Personifizierungen ist, lässt sich auch an der Tatsache erkennen, dass, wie man annehmen darf, in die Personifizierung der guten – und der bösen – Mutter auch die Erfahrungen hineinspielen, die der Säugling mit Personen macht, die der Mutter bei der Säuglingspflege zur Seite stehen. Am Ende des Kapitels steht ein Absatz, der sich damit beschäftigt, wie die physiologischen Bedürfnisse des Urinierens und des Defäkierens, ähnlich der Erfahrung des Stillens, in einem interpersonalen Feld stattfinden, das von Angst konditioniert wird – oder von Empathie, die die Mutter zeigt, wenn sie den Säugling bei der Erledigung dieser Funktionen begleitet.

Nachdem er alle mit der interpersonalen Erfahrung des Stillens verbundene Implikationen geklärt hat, legt Sullivan im nächsten Kapitel, »Die infantile Differenzierung des eigenen Körpers«, dar, wie beim Übergang von der Situation »Brustwarze zwischen den Lippen« zur Situation »Daumen zwischen den Lippen« im Säugling die Differenzierung des eigenen Körpers beginnt. Hierzu schreibt er:

»Zunächst einmal ein kurzer Überblick über die ersten Anfänge dieser Erfahrung: Etwa gegen Mitte des Säuglingsalters erkunden die Hände alle erreichbaren Dinge des kindlichen Lebensraums und begegnen dabei einer Vielzahl von Objekten, die sich in zwei große Gruppen einteilen lassen, nämlich in Selbst-Sinneswahrnehmung und Nicht-Selbst-Sinneswahrnehmung. Der Daumen ist das klassische Beispiel für das, was ich als Selbst-Sinneswahrnehmung bezeichne. Er wird nicht durch die Hand, sondern durch den Mund entdeckt, oder genauer gesagt, durch die Hand-Mund-Kooperation. Der Mund fühlt den Daumen, und der Daumen fühlt den Mund; das ist Selbst-Sinneswahrnehmung. Und das ist, wie gesagt, der Ausgangspunkt für eine ganz enorme Entwicklung.« (*ibidem*, S. 167f)

Eine zentrale Rolle spielt in seinen Erörterungen auch der nächste Abschnitt – »Einfluß der Angst auf das Kennenlernen des eigenen Körpers«, in dem er erneut auf die »primäre genitale Phobie« und das »Nicht-Ich« zurückkommt. Hier seine eloquenten Schlussworte, die zeigen, wie effizient seine vielschichtige Perspektive ist:

> »Die Entwicklung des Erfahrungsmusters, das sich als das äußerst bedeutsames Symbol ›mein Körper‹ herausbildet, erfährt somit eine ganze Reihe von Ergänzungen und Einschränkungen durch die Mutter, die die Verkörperung von Kultur, Vorurteilen, geistigen Störungen und dergleichen mehr sein kann; ich glaube darum mit Sicherheit sagen zu können, daß niemand mit einer einfach herangereiften Haltung gegenüber seinem Körper Mensch werden kann – oder anders ausgedrückt, einfach mit dem Maß an Informationen, das sich während des Reifungsprozesses durch den Gebrauch menschlicher Fähigkeiten erwerben lässt.« (*ibidem*, S. 172)

Im nächsten Kapitel, »Lernen: Erfahrungsbildung«, beschäftigt sich Sullivan insbesondere mit Lernen durch Angst, wofür er folgendes Beispiel anführt:

> »Sehr früh im menschlichen Leben beginnt man zu diskriminieren, wann Euphorie abnimmt – das heißt, wann man ängstlicher wird; und das ist im Grunde die Diskrimination eines Gradienten. Der Alles-oder-Nichts-Charakter von Angst und Euphorie geht bereits sehr früh im Leben verloren – wenn es ihn überhaupt je gegeben hat, was ich übrigens bezweifle –, und ein erheblicher Teil menschlichen Verhaltens in einer beliebigen Gesellschaft wird einfach auf der Basis dieses von Angst zu Euphorie führenden Gradienten gelernt. So mag zum Beispiel die Befriedigung, den Analbereich mit dem Finger zu reiben, unter bestimmten Umständen – nämlich in Gegenwart der Mutter, dem sozialen Zensor – mit so rapide ansteigender Angst einhergehen, daß bereits sehr früh im Leben ein entsprechendes Lernen stattfinden kann. Der Säugling lernt dadurch erstens, daß das zu unterlassen ist, wenn die Mutter in der Nähe ist, und das ist mehr oder weniger Lernen durch reine Angst; und zweitens, daß ein Herumspielen in dieser Gegend erstaunlicherweise mit sehr viel weniger rapide ansteigender Angst einhergeht, wenn das Bettuch dazwischen liegt – auch wenn der Säugling ein Bettuch als solches noch nicht erkennt. Und so kann es dazu kommen, daß direkte Manipulation des Anus auf Perioden der Somnolenz beschränkt wird; oder, wenn der Impuls sehr stark ist, daß irgendeine vermittelnde Handlung mit einbezogen wird.« (*ibidem*, S. 180)

Im letzten Abschnitt dieses Kapitels werden dann noch zwei weitere wichtige Lernprozesse vorgestellt: derjenige, der durch Belohnung und Strafe hergestellt wird und der von Versuch und Irrtum.

Im zehnten Kapitel, »Die ersten Anfänge des Selbstsystems«, gelangt Sullivan, ausgehend von »Gutes-Ich« zur Einführung des »Selbstsystems«, das er auf folgende Weise vorstellt:

> »Aus dem fundamentalen Verlangen, ›Gutes-Ich‹ zu sein, und aus der zunehmenden Fähigkeit, ein geringfügiges Ansteigen der Angst oder, anders gesagt, ein geringfügiges Absinken der Euphorie als Warnsignal zu erfassen, und zwar in Situationen, die zunehmend wichtiger werdende, andere Personen miteinbeziehen, entstehen allmählich die ersten Anfänge eines eminent wichtigen, gewissermaßen sekundären Dynamismus, der ein reines Produkt interpersonaler Erfahrung ist, erwachsen aus Angst, der im Streben nach Befriedigung genereller und zonaler Bedürfnisse begegnet wird. Diesen sekundären Dynamismus nenne ich das *Selbst-System*. Als Dynamismus ist es insofern sekundär, als es keinerlei besondere Interaktionszonen, keinerlei besondere physiologischen Mechanismen hat; es benutzt vielmehr buchstäblich alle Interaktionszonen und alle physiologischen Mechanismen, die vom interpersonalen Standpunkt aus integrativ und wichtig sind. Seine Verästelungen erstrecken sich in der Regel in allen interpersonalen Beziehungen auf sämtliche Bereiche, in denen auch nur die geringste Chance besteht, auf Angst zu stoßen.« (*ibidem*, S. 191f)

Die wichtigste Funktion des Selbst-Systems ist es, das Individuum vor Angst zu schützen. Da es aber auch dazu verhilft, alles aus dem Bewusstsein zu verbannen, was Angst hervorrufen könnte, stellt das Selbst-System auch »das entscheidende Hindernis« dar, das »vorteilhaften Persönlichkeitsveränderungen im Weg steht« (*ibidem*, S. 197). Mit letztgenanntem Aspekt werden wir uns noch eingehender beschäftigen – nicht nur in diesem Kapitel, sondern auch im folgenden.

Nun sind wir beim elften Kapitel angelangt, »Der Übergang vom Säuglingsalter zur Kindheit: Spracherwerb als Lernprozess«. In diesem illustriert Sullivan die grundlegenden Konzepte bezüglich des Überganges von der ersten zur zweiten Entwicklungsphase seiner interpersonalen Theorie. Der erste Abschnitt beschäftigt sich mit »Konsequenz und Vernünftigkeit elterlicher Erziehungsbemühungen«, im Lichte der multifokalen Perspektive Sullivans. Es geht hier um die Verbindung, die man zwischen dem Mangel an *Vernünftigkeit* – Sullivan selbst setzt dieses Wort in Kursiv – der elterlichen Erziehungsbemühungen und der psychopathologisch interpretierten weiteren Entwicklung des Kindes herstellen könnte. Er nennt das Beispiel von Eltern, die »sich in alle möglichen sonderbaren, wenn nicht gar subpsychotischen Bemühungen (verstricken), um den eigenwilligen Säugling zu lenken, zu führen, zu brechen, gefügig zu machen und so weiter« (*ibidem*, S. 200), um dann den Fall zu zitieren, in dem »das Kind von einer Person, der Mutter, abhängt, die bedauert, daß das Baby wächst und es auf die verschiedensten Arten überzeugen möchte, klein zu bleiben« (*ibidem*). Als drittes nennt er die »mangelnde Vernünftigkeit in erzieherischen Bemühungen«, die darin besteht, zu glauben, »der Säugling müsse bereits sehr früh, vielleicht bereits mit fünfzehn Monaten, sauber und trocken sein« (*ibidem*). Hier wird also ganz klar bestätigt, welche pathomorphe Rolle die Erwartungen der Eltern spielen, die zu den Personifizierungen beitragen, die sie bezüglich des Kindes haben.

Nun wendet sich Sullivan, beginnend im zweiten Abschnitt, der Sprache zu, das heißt dem Phänomen, das in seiner Theorie die natürliche Trennung zwischen Säuglingsalter und Kindheit darstellt. Auf methodologischer Ebene bringt das den Vorteil mit sich, dass man von den *verdeckten Prozessen* des Säuglingsalters zu den *offenen Prozessen* der Kindheit übergeht, die auf direkte Weise zu beobachten und zu verifizieren sind. Das Lernen der Gesten und der Sprache erfolgt »durch Annäherung an das menschliche Modell via Versuch-und-Irrtum« (*ibidem*, S. 205). Vergessen wir auch nicht eine weitere bewundernswürdige Eingebung Sullivans, und zwar die des Spracherwerbs durch *Gleichgültigkeit* (Kursiv bei Sullivan):

> »Ein ungemein wichtiger Aspekt der kindlichen Sprachentwicklung besteht darin, daß viele seiner vokalen Erfindungen belohnt werden, während gleichzeitig viele andere bei der Mutter keinerlei Reaktion auslösen – und je beschäftigter und je fantasieloser die Mutter ist, um so größer wird natürlich der Anteil der vokalen Erfindungen sein, denen keine Reaktion zuteil wird. Letztere geben allemal eine wenig zonale Befriedigung, die der Säugling daraus bezieht, daß er sie selber hört, und so fallen sie nach und nach weg, da sie zu nichts führen – sie bringen keine besonderen Gegenleistungen ein. Deshalb bleibt vom zwölften bis achtzehnten Monat die häufige Wiederholung jener stimmlichen Bemühungen aus, die in Gegenwart der Mutter nicht zufällig den richtigen Bereich treffen. Mit wachsenden interpersonalen Beziehungen wird dieser Aspekt der Sozialisation – nämlich Lernen unter dem Einfluß von Gleichgültigkeit, bei dem weder Belohnung durch Zärtlichkeit noch Angst, sondern einfach gar nichts erfolgt – sehr mächtig.« (*ibidem*, S. 208)

Das kleine Kind wird also auch auf diese Weise, nach und nach, der Sprache mächtig, und tritt dann in die Situation ein, die Sullivan syntaxisch nennt, in der »eine Übereinstimmung zwischen der lexikalischen Bedeutung von Wörtern und dem infantilen Erfassen oder Strukturieren von Erfahrungen und Aktivitäten durch Substantiva und Verben besteht« (*ibidem*, S. 210). Mit anderen Worten: So wird aus dem Kleinkind ein Kind.

7.3 Kindheit und Schulalter

Der Erwerb der Sprache bringt als erste wichtige Konsequenz die »Fusion der Personifizierungen« mit sich, womit Sullivan im ersten Abschnitt des zwölften Kapitels, »Kindheit«, den Vorgang bezeichnet, bei dem die gute und die böse Mutter aus dem Bewusstsein verschwinden und sich im Unbewussten festsetzen. Von diesem Blickwinkel aus betrachtet scheint es, als trage der Spracherwerb an sich zu dieser besonderen Einteilung des psychischen Lebens in bewusst und unbewusst bei. Es ist also kein Zufall, dass Sullivans Definition vom Unbewussten aus dem Universum der Sprache schöpft; unbewusst ist für unseren Autor nämlich all das, was noch darauf wartet, in Sprache umgesetzt zu werden.

Im nächsten Absatz spricht er vom »Fluchttheorem«, das er so definiert: »Das Selbst-System hat seiner Natur nach – seinen kommunalen Umweltfaktoren, seiner Struktur und funktionalen Aktivität nach – die Tendenz, Einflüssen durch Erfahrung, die mit seiner gegenwärtigen Strukturierung und funktionalen Aktivität nicht übereinstimmen, zu entfliehen« (*ibidem*, S. 217). Auf diesem Theorem beruhen nicht nur die eigentliche Organisation der interpersonalen Theorie Sullivans, sondern auch sein psychotherapeutischer Ansatz. Mit anderen Worten, »das Selbst-System ist voll und ganz von den interpersonalen Aspekten der lebensnotwendigen Umwelt des Menschen abgeleitet ... und es bildet sich dergestalt, daß bestehende oder vorhergesehene Angst vermieden oder minimiert wird« (*ibidem*). Auch das Konzept von der »selektiven Unaufmerksamkeit«, der Schwierigkeit neue Aspekte einer Erfahrung zu erfassen, und zwar solche, die Angst erregen könnten, geht aus dem Fluchttheorem hervor. Ziel der Psychotherapie ist folglich, das Selbst-System zu erweitern und dadurch die selektive Unaufmerksamkeit zu vermindern. Sullivan sagt im gleichen Absatz zu diesem Thema:

> »Das Selbst-System kann meines Wissens in jedem Persönlichkeitssystem durch Erfahrung verändert werden; aber die Erfahrung, oder besser gesagt, der Rahmen, in dem eine solche Veränderung erwartet werden kann, muß sehr gründlich ausgearbeitet und von einer gewissen Dauer sein. Der Widerstand des Selbst-Systems gegenüber Veränderung infolge von Erfahrung ist einer der Hauptgründe dafür, daß wir es bei der Therapie für günstig halten, von komplex strukturierten, länger dauernden Operationen auszugehen, durch die wir allmählich eine Reihe von Situationen aufbauen, die eine Expansion des Selbst-Systems erfordern – das heißt, Erfahrung aufzunehmen, die zuvor aufgrund selektiver Unaufmerksamkeit oder aus anderen Gründen keinen nennenswerten Effekt auf

> die Angstanfälligkeit des Patienten gehabt hat, vor allem nicht in interpersonalen Situationen.« (*ibidem*, S. 219)

Auf diesen theoretischen Rahmen stützt sich die operative Definition des Begriffes Sublimierung: »Sublimierung ist das *unwissentliche* Ersetzen eines Verhaltensmusters, dem Angst entgegensteht oder das mit dem Selbst-System kollidiert, durch ein sozial annehmbares Aktivitätsmuster, das einen Teil jenes motivationalen Systems befriedigt, durch das die Schwierigkeiten ursprünglich entstanden waren« (*ibidem*, S. 221; Kursiv im Original). Diese Lösung beruht auf der Tatsache, was auch die heutige kognitive Psychologie bestätigt, dass all das, was wir tun, bis zur Ausführung des letzten Schrittes, außerhalb des Bewusstseins stattfindet (*ibidem*). Die Sublimierung geschieht von selbst, ohne dass die betroffene Person dessen gewahr wird. Über die Rolle, die dieser Vorgang bei der Erziehung des Kindes spielt, sagt Sullivan folgendes:

> »So kommt es, daß ein sehr wichtiger Teil der Erziehung zum Leben in einer im Wesentlichen irrationalen Kultur auf dieser Art der Weiterentwicklung von Verhalten und verdeckten Prozessen basiert, die außerhalb der Bewußtheit auftreten und deren Muster dadurch gekennzeichnet sind, daß eine unmittelbare, direkte und vollständige Bedürfnisbefriedigung zugunsten einiger partiell befriedigender, sozial gebilligter Muster aufgegeben wird, zum Beispiel indem Restbedürfnisse im Schlaf oder anderswie entladen werden.« (*ibidem*, S. 223)

Eine entscheidende Rolle spielt bei den Entwicklungsvorgängen, die das menschliche Leben ab der Kindheit kennzeichnen, auch die Neubewertung des Theorems der Zärtlichkeit, das Sullivan »Theorem der reziproken Emotion« nennt und folgendermaßen definiert: *»Die Integration in einer interpersonalen Situation ist ein reziproker Prozess, in dem 1. komplementäre Bedürfnisse aufgelöst oder intensiviert werden; 2. reziproke Aktivitätsmuster entwickelt oder desintegriert werden; 3. vorhergesagte Befriedigung oder Entsagen ähnlicher Bedürfnisse erleichtert wird«* (*ibidem*, S. 226). Mithilfe eines solchen Bezugsrahmens wird es möglich, Bedürfnisse und Erwartungen, mit denen ein Individuum interpersonale Situationen angeht – einschließlich der therapeutischen – zu konzeptualisieren.

Sullivan bedient sich des Theorems der reziproken Emotion auch, um im nächsten Kapitel – »Feindseligkeit und Isolierungstendenzen« – »Erwartetes Verhalten und die Notwendigkeit, zu verbergen und zu täuschen« zu untersuchen, also die Situationen, in denen der reziproke Charakter der Interaktion nachlässt, und dadurch allmählich eine Situation von psychopathologischer

Relevanz eintritt. Es geht um Situationen, in denen die Vorschriften einen so großen Raum im Verhalten der Eltern einnehmen, dass dieses bei den Kindern blinden Gehorsam, systematische Rebellion oder, als dritte Möglichkeit, »die Fähigkeit (...), das, was in ihnen vorgeht, was sie hinter dem Rücken anderer wirklich gemacht haben, zu verbergen und so die Autoritätspersonen hinters Licht zu führen« (*ibidem*; S. 235), hervorruft. Und aus dieser Art Situation entstehen auch als mögliche Vorstufe künftiger psychopathologischer Entwicklungen das, was Sullivan »Verbalismen« und die Psychoanalyse »Rationalisierungen« nennt. Es handelt sich hier um die Darbietung »einer plausibel klingenden Reihe von Wörtern ... ungeachtet ihrer tatsächlichen beträchtlichen Irrelevanz, die die Macht hat, uns vor Angst und Strafe zu schützen« (*ibidem*, S. 236). Den nächsten Schritt dieser Entwicklung in Richtung einer Perversion der kindlichen Persönlichkeit stellt eine Aktivität dar, die Sullivan »so tun als ob« nennt und in »Dramatisierung« und »Präokkupation« unterteilt. Auch hier haben wir es mit Verhaltensweisen zu tun, die Angst abweisen oder vermindern sollen, aber, wenn sie andauern und zum festen Verhaltensrepertoire werden, für das Kind schlimme Folgen haben. Die »Dramatisierung«, bei der das Kind das Verhalten der Eltern übernimmt, ist ein Konzept, das in die gleiche Richtung geht wie das »falsche Selbst« der zeitgenössischen Psychoanalyse, das heißt, es handelt sich um eine Veränderung der kindlichen Persönlichkeit aufgrund der Notwendigkeit, sich dem Willen der Eltern zu beugen. Dramatisierungen – stellt Sullivan fest – »neigen (...) dazu, zu (...) Sub-Personifizierungen« zu werden (*ibidem*, S. 237).

Weiter schreibt Sullivan zu diesem Thema:

> »Zur Beschreibung dieser Art von Abweichung von der idealen Persönlichkeitsentwicklung habe ich vor langer Zeit ein Schema von *Ich-Du-Mustern* erstellt; darunter verstehe ich oft höchst unangemessene Verhaltensweisen oder Rollen, die man in interpersonalen Beziehungen mit anderen spielt. Und sie alle, oder die meisten von ihnen, scheinen der wirklichen Sache, nämlich der Personifizierung des Selbst, so nahe wie nur irgend denkbar zu sein. Gleichwohl ergeben sie im Hinblick darauf, daß sie verschiedene Aspekte überdauernder Züge repräsentieren, nicht mehr Sinn, als wolle man Sanskrit übersetzen, ehe man die Sprache versteht. Diese Dramatisierungen stehen in enger Verbindung zum Menschwerdenlernen, und doch können sie schon zu einem so frühen Zeitpunkt damit beginnen, ein äußerst auffallendes irrationales Element in die Personifizierung des Selbst einzuführen.« (*ibidem*, S. 237f; Kursiv im Original)

Geht nämlich die Entwicklung des Kindes – und damit fügt Sullivan seiner evolutionären Psychologie und Psychopathologie einen weiteren Baustein hinzu – nicht in Richtung Gehorsam oder Rebellion oder falsches Selbst, bleibt ihm nur noch der Weg der »Feindseligkeit«, das heißt der Perversion. Und hier ist die Rekonstruktion, die der Autor uns bietet, so treffend und überzeugend, dass ich sie in ihrer ganzen Länge zitiere:

»Aus einer Vielzahl von Gründen machen viele Kinder die Erfahrung, daß ihnen, wenn sie Zärtlichkeit brauchen, wenn sie etwas tun, was ihnen früher zärtliche Kooperation eingebracht hat, nicht nur Zärtlichkeit versagt bleibt, sondern daß sie dann in einer Art und Weise behandelt werden, die mit Angst und in manchen Fällen sogar mit Schmerz einhergeht. Ein Kind kann also, wenn es sein Zärtlichkeitsbedürfnis gegenüber den allgewaltigen Personen seiner Umgebung zum Ausdruck bringt, zu der Feststellung gelangen, daß es dadurch oft in eine sehr unvorteilhafte Situation gerät, daß ihm Angst gemacht wird, daß es ausgelacht wird und so weiter, und das heißt eben, daß es verletzt wird. Unter derartigen Umständen verändert sich die Entwicklungsrichtung dahingehend, daß wahrgenommenes Zärtlichkeitsbedürfnis mit der Vorhersage von Angst und Schmerz einhergeht. Das Kind lernt einfach, daß es ungemein unvorteilhaft ist, gegenüber den Autoritätspersonen seiner Umwelt in irgendeiner Weise das Bedürfnis nach zärtlicher Kooperation zum Ausdruck zu bringen, und so bringt es statt dessen etwas anderes zum Ausdruck, nämlich die feindselige Grundhaltung, eine Haltung, die auf der Vorstellung basiert, man lebe inmitten von Feinden – genau darauf läuft es im Endeffekt nämlich hinaus. Und auf dieser Basis entwickeln sich dann jene merkwürdigen Phänomene, die im späteren Leben zu Tage treten werden, wenn der Jugendliche es praktisch jedem anderen Menschen unmöglich macht, ihm gegenüber Zärtlichkeit zu empfinden oder ihn freundlich zu behandeln; durch das Zurschaustellen seiner feindseligen Grundhaltung zwingt er sie gerade dazu. Dabei ist es nur das Ergebnis seiner frühen Entdeckung, derzufolge ein Zurschaustellen seines Zärtlichkeitsbedürfnisses Angst und Schmerz zur Folge hat. Die anderen Erscheinungsformen der Feindseligkeit, die sich als Grundhaltung dem Leben gegenüber manifestiert und ein tiefgreifendes Problem in interpersonalen Beziehungen darstellt, sind ebenfalls nur weitere Ausarbeitungen dieser frühen Fehlentwicklung oder Entstellung.« (*ibidem*, S. 242f)

Am Ende dieses Kapitels fasst Sullivan dann das oben Gesagte zusammen: »... diese Verzerrung, diese Feindseligkeit, der man im Leben begegnet, läuft etwa auf folgendes hinaus: Es war einmal eine Zeit, da war alles schön und herrlich, das aber war, bevor ich etwas mit Menschen zu tun haben mußte« (*ibidem*, S. 245).

Folglich beginnt Sullivan das nächste Kapitel, »Von der Kindheit zur Jugend«, mit einem Abschnitt, »Entwicklungshemmung und deren Bedeutung«, in dem er deutlich sagt: »Entwicklungshemmung besagt keineswegs, daß die Dinge statisch geworden sind« (*ibidem*, S. 246), aber »die Freiheit und das Tempo konstruktiver Veränderung (sind) sehr reduziert« (*ibidem*, S. 247). Man sollte nicht nur auf den Optimismus dieses Konzeptes hinweisen, der im Übrigen von der neuesten Forschung hervorgehoben wird, sondern auch auf den Pioniergeist, mit dem der nächste Abschnitt, »Geschlechterrolle als Faktor der Personifizierung des Selbst«, geschrieben wurde. Er behandelt die Einflüsse – die erst in viel späterer Zeit näher untersucht wurden – denen der Junge und das Mädchen durch den Elternteil des gleichen Geschlechts ausgesetzt sind und die zu dem führen, was man heute »Geschlechtsidentität« nennt.

Bezeichnend für die genetische Psychologie Sullivans ist auch der Inhalt des nächsten Absatzes, »Erlernen kultureller Vorschriften für offenes Verhalten«, wo wir zum Beispiel Folgendes lesen können:

> »Es gibt aber einen weiteren starken Einfluß bei der Vermittlung einiger kultureller Vorschriften, der sehr viel schneller Änderungen in den Personifizierungen des Kindes hervorbringt, als es lediglich durch Spiel, Reifung und so weiter der Fall wäre. Dabei handelt es sich um den weitverbreiteten Brauch, dem Kind Geschichten vorzulesen oder zu erzählen. Diese Geschichten lassen sich, grob gesprochen, in zwei Kategorien einteilen: Entweder sind es sozial gutgeheißene Moralgeschichten, die in der Kultur verwurzelt sind, weil sie komplexe ethische Ideale in einer dem Kind verständlichen Form wiedergeben. Oder es sind von der Autoritätsperson selbst erdachte Geschichten, die von den sozial gutgeheißenen Moralgeschichten erheblich abweichen können und in sehr starkem Ausmaß Ausdruck der elterlichen Persönlichkeit sind. Das Kind wird aller Voraussicht nach von langen Fortsetzungsgeschichten, in denen sich die Eltern Mühe machen, den imaginären Protagonisten Abend für Abend durch neue Abenteuer zu führen, ungemein beeindruckt sein. Eine gründliche Untersuchung dieser beiden Arten von Geschichten ist meines Wissens nie vorgenommen worden. Aber den Einfluß, den sie auf das Kind in der frühen Kindheit, wenn nicht sogar während der gesamten Kindheit ausüben, zeigt sich oft in Persönlichkeitsstudien, die erst viele Jahre oder Jahrzehnte später gemacht werden.« (*ibidem*, S. 248f)

Hierbei handelt es sich um einen Aspekt der kindlichen Entwicklung, zu dem der Autor schließlich Folgendes hinzufügt:

> »Das ist ein besonderer Aspekt einer eher wichtigen, im Kind sich herausbildenden Diskrimination zwischen einerseits dem, was ausgedrückt, demonstriert,

> gezeigt oder gesagt werden kann, und andererseits dem, was zwar stattfindet, aber so behandelt werden muß, als gäbe es das nicht – und das läuft letztlich hinaus auf das Unterscheidungsvermögen zwischen dem, was offenes Verhalten sein darf, und dem, was in der Gegenwart von Autoritätspersonen verdeckt bleiben muß.« (*ibidem*, S. 249)

Nach Sullivans Meinung liegt hier der Ursprung von Tabus, also derjenigen Dinge, von denen das Kind lernt, sich fernzuhalten.

So ist es nur folgerichtig, dass das 14. Kapitel mit dem Abschnitt »Die zunehmende Notwendigkeit für die Unterscheidung zwischen Realität und Fantasie« schließt, in dem die Prämissen für den Beginn des Schulalters dargelegt werden. Hier stoßen wir das erste Mal auf den Begriff »konsensuelle Validierung«, ohne die keinerlei formalisiertes Lernen möglich ist:

> »Gegen Ende der Kindheit hat der Sozialisierungsdruck fast unweigerlich einen großen Preis auf die sorgfältige Auslese dessen ausgesetzt, was von der Autoritätsperson mit einiger Sicherheit gebilligt wird. Das ist die erste, sehr anschauliche Manifestation der Rolle der konsensuellen Validierung im Leben, was so viel heißt wie, daß mit einem anderen Menschen ein Konsensus hergestellt werden kann. Konsensuell validierte Symbole liegen nahezu allen Operationen im syntaktischen Modus zugrunde; was syntaktische Operationen von allen anderen Dingen, die sich im Geiste abspielen, unterscheidet, ist die Tatsache, daß sie unter angemessenen Bedingungen im Umgang mit anderen recht präzise funktionieren. Und der einzige Grund dafür, daß sie im tatsächlichen Kontakt mit anderen Menschen recht präzise funktionieren, ist der, daß ein gewisses Maß an Exploration, Analyse und Informationsverschaffen stattgefunden hat.« (*ibidem*, S. 254)

Genau diese Art von Interaktion sollte nach Sullivans Meinung auch in einer therapeutischen Situation gegeben sein.

Und damit wären wir beim 15. Kapitel, »Das jugendliche Entwicklungsstadium«, angelangt, in dem Sullivan dieses als »erstes Entwicklungsstadium« definiert, »in dem die Grenzen und Eigenheiten des familiären Erziehungseinflusses ein Gegengewicht finden können« (*ibidem*, S. 257). Wie wir wissen, trifft genau das auf Sullivan selbst zu, der in der Schule eine Alternative, die viele Entwicklungsmöglichkeiten bot, zu der engen und erstickenden Welt seiner Familie fand. Im Mittelpunkt seiner Erörterung steht folglich die soziale Anpassung, die »soziale Akkomodation – ein einfach erstaunlich erweitertes Fassungsvermögen für all die kleinen Unterschiede, die es im Leben gibt« (*ibidem*, S. 260), die im Schulalter dann stattfindet.

> »Der Anteil der Erziehung zum Leben, der in das jugendliche Entwicklungsstadium fällt, ist ungeheuer bedeutend«, stellt Sullivan fest. »Der Jugendliche sieht, wie andere Jugendliche sich verhalten – womit sie davonkommen oder wofür sie getadelt werden –, er stellt Unterschiede zwischen Menschen fest, die er sich früher nie hätte vorstellen können, denn früher gab es für ihn einfach nichts, worauf er Vorstellungen hätte begründen können, die anderen Dingen als seiner eigenen Erfahrung entsprachen.« (*ibidem*)

Auf diese Weise erwirbt man im Schulalter auch die Möglichkeit, die eigenen Eltern endlich als Personen mit Licht- und Schattenseiten zu sehen und nicht mehr als die makellosesten Menschen auf der Welt.

Der dritte Abschnitt dieses Kapitels ist »Konkurrenz und Kompromiss« gewidmet, die zu den bedeutendsten Phänomenen der schulischen Erziehung gehören, aber auch potenziell deformierend sein können, wenn die Entwicklung des Individuums sich zu sehr um eines dieser beiden mentalen Positionen dreht: »Kompromiss kann unter bestimmten Bedingungen ebenfalls zu einer Untugend werden, so daß wir Menschen begegnen, die das jugendliche Entwicklungsstadium verlassen und bereitwillig bei nahezu allem nachgeben, solange sie ihren Frieden und ihre Ruhe haben, wie sie es vermutlich ausdrücken würden« (*ibidem*, S. 263), stellt Sullivan fest, nachdem er vom gegenteiligen Syndrom, dem »chronisch Jugendlichen« gesprochen hat, der sein Leben auf der Konkurrenz zu anderen aufbaut. Noch wichtiger ist die Tatsache – und auch hier geht der Autor von seiner eigenen Lebenserfahrung aus –, dass es in diesem Entwicklungsstadium zu »einer Unterteilung in Gruppen innerhalb der jugendlichen Gesellschaft selbst – das heißt unter den Mitschülern« kommt, »die in erheblichem Maße die Mißstände der größeren Gesellschaft, in der sie angesiedelt ist, widerspiegelt« (*ibidem*, S. 266). Dies führt unweigerlich dazu, daß einige Jugendliche Opfer von »Ablehnung« werden, mit daraus folgenden großen Problemen für ihre Selbstachtung. Es ist eine Tatsache, dass die im Schulalter auftauchenden Modelle für die vermeintlichen Persönlichkeiten der anderen »in vielen Fällen auf reine Stereotypien hinauslaufen« (*ibidem*, S. 268). Einige der wichtigsten Stereotypien betreffen die Personen des anderen Geschlechts! Also kann das Schulalter auch unter diesem Gesichtspunkt Ausgangspunkt für die Entwicklung von Deformationen sein, die uns dann das ganze Leben begleiten. Emblematisch ist in diesem Zusammenhang das »Lernen aufgrund von Herabsetzung anderer«, dem Sullivan den vorletzten Abschnitt dieses Kapitels widmet.

> »Dieses permanente Herabsetzen anderer ist wie der Staub auf der Straße – er legt sich überall nieder«, schreibt Sullivan. »Das ist im jugendlichen

> Entwicklungsstadium vielleicht noch nicht ganz so verhängnisvoll wie anschließend; im großen und ganzen ist es jedoch jederzeit verhängnisvoll. Wenn Sie Ihre Selbstachtung aufrechterhalten, indem Sie das Ansehen anderer herabsetzen, sind Sie aus vielerlei Gründen äußerst schlecht dran. (...) Das beste aller Schweine zu sein, wenn es schön wäre, ein Mensch, eine Persönlichkeit zu sein, ist kein sonderlich vielversprechender Weg, irgendetwas anderes zuwege zu bringen als Sicherheitsoperationen. Wenn Sicherheit auf diese Weise erlangt wird, so greift das an die tiefsten Wurzeln dessen, was den Menschen im Wesentlichen ausmacht – nämlich an die wirklich lebenswichtige Rolle interpersonaler Beziehungen.« (*ibidem*, S. 274f)

So birgt also das Schulalter nicht nur wesentliche Wachstumspotentiale in sich, sondern kann auch Quelle von Deformationen sein, die nicht leicht zu beheben sind.

Die Abhandlung über das Schulalter findet ihren krönenden Abschluss in der Darstellung dessen, was Sullivan »Lebensorientierung« nennt, die seiner Auffassung nach von demjenigen erreicht wird, der das Glück hat, die ihm in diesem Entwicklungsstadium gebotenen Möglichkeiten konstruktiv nutzen zu können. Der Autor stellt fest:

> »Man vermag sich im Leben in dem Maß zu orientieren, in dem es einen gelingt, gewisse Daten zu formulieren, oder zumindest leicht dazu gebracht werden kann, sie zu formulieren oder Einsicht in sie zu gewinnen, und zwar handelt es sich dabei um Daten folgender Art:
> 1. die Integrationstendenzen (Bedürfnisse), die die eigenen interpersonalen Beziehungen normalerweise charakterisieren;
> 2. die geeigneten Umstände, die zu deren Befriedigung und zu relativ angstfreier Erfüllung führen;
> 3. die mehr oder weniger fernen Ziele, die zu erreichen oder anzustreben alle sich bietenden Möglichkeiten und Chancen wahrgenommen werden, um das eigene Ansehen zu befriedigen oder aufzuwerten.« (ibidem, S. 276)

Auch wenn es übertrieben optimistisch erscheinen mag, das Erreichen eines solchen psychischen Zustandes gegen Ende des Schulalters anzusetzen, trägt dieses Konzept doch zu einer weiteren Erläuterung seiner interpersonalen Theorie bei. Zum Beispiel was das Konzept von geistiger Gesundheit angeht, die er als den Zustand desjenigen definiert, der sich der Dynamik bewusst ist, die er in seinen interpersonalen Beziehungen in Gang setzt.

»In dem Ausmaß, wie dem Jugendlichen die Möglichkeit einer guten Lebensorientierung versagt wurde«, schließt Sullivan, »wird er von nun an einen Wesenszug zeigen, der ein beklagenswertes Ärgernis ist: er wird auf Anerkennung und Beachtung seitens anderer so versessen sein, dass man fast glauben könnte, er lebe nur, um gemocht zu werden oder um andere zu unterhalten. Und ich fürchte, es gibt durchaus Fälle, für die das tatsächlich zutrifft.« (*ibidem*)

7.4 Präadoleszenz und Adoleszenz

Man kann leicht verstehen, dass die Präadoleszenz eines der faszinierendsten und gelungensten Kapitel der interpersonalen Theorie darstellt, wenn man bedenkt, auf welche Weise Sullivan an diese Abhandlung herangeht, in deren Mittelpunkt als Leitmotiv die Idee vom »Bedürfnis nach interpersonaler Intimität« steht.

»Ebenso wie das jugendliche Entwicklungsstadium durch eine sehr bedeutende Veränderung gekennzeichnet wurde – nämlich durch die Entwicklung des Bedürfnisses nach Gleichaltrigen, nach Spielgefährten, die einem mehr oder weniger gleich sind –, so ist auch der Anfang der Präadolesenz in meinem Entwicklungsschema gleichermaßen bedeutsam gekennzeichnet durch das Auftreten einer neuen Art des Interesses an einem anderen Menschen. Diese Veränderungen sind das Ergebnis von Reifung und Entwicklung oder von Erfahrung. Dieses neue Interesse in der Präadoleszenz ist nicht so allgemein, wie es in der Kindheit der Gebrauch der Sprache gegenüber anderen oder wie es das Bedürfnis nach mehr oder weniger gleichaltrigen Spielgefährten im jugendlichen Entwicklungsstadium war. Es ist vielmehr eine spezifische neue Art des Interesses an einem *besonderen* Mitglied des gleichen Geschlechts, der zum Busenfreund oder zum Intimus wird. Diese Veränderung verkörpert die ersten Anfänge wirklicher *Liebe*. Man nimmt zu diesem anderen Menschen eine gänzlich neue Art der Beziehung auf: Er enthält in allen Wertbereichen die gleiche Bedeutung wie man selbst, und das ist etwas grundlegend Neues.« (*ibidem*, S. 278; Kursivierungen im Original)

Der autobiografische Hintergrund, mit dem Sullivan an dieses Entwicklungsstadium herangeht, ist durch seine Freundschaft mit Clarence Bellinger gegeben. Er bemühte sich, im Laufe seiner Karriere nachzuweisen, welch wesentliche Rolle die Präadoleszenz bei der Prägung des weiteren Lebensverlaufes spielt, bis er dann zu der Feststellung gelangte, dass die fehlende Erfahrung mit einer für die Präadoleszenz typischen Beziehung eine wichtige Rolle bei schizophrenen Entwicklungen spielt. Tatsache ist, dass dieses Bedürfnis nach Vertrautheit mit einer Person sich in dieser Lebensphase zum ersten Mal äußert, mit dem Erlernen von »Kollaboration« verbunden ist, einem mentalen Zustand, der bei jemanden, der jener Art von psychopathologischer Entwicklung entgegengeht, besonders mangelhaft ist.

Es ist also kein Zufall, wenn wir im nächsten Abschnitt, der den Titel »Psychotherapeutische Möglichkeiten in der Präadoleszenz« trägt, lesen:

> »Weil man im Entwicklungsstadium der Präadoleszenz so nahe aneinanderrückt und weil man neuerdings fähig ist, sich selbst durch die Augen des anderen zu sehen, ist dieses Entwicklungsstadium ganz besonders wichtig für die Korrektur autistischer, fantastischer Vorstellungen über sich selbst und andere. Auch auf die Gefahr hin, Superlative zu bringen, die bisweilen recht ermüdend sein können, möchte ich betonen, dass die Entwicklung in dieser Phase der Persönlichkeitsentwicklung insofern von geradezu unglaublicher Wichtigkeit ist, als hier eine ganze Reihe ziemlich schwerwiegend behinderter Menschen vor sonst unvermeidlichen ernsten mentalen Störungen gerettet werden können.« (*ibidem*, S. 281)

An diesem Punkt seiner Ausführungen stellt Sullivan sogar ganz klar fest, dass eine mangelhafte Sozialisation in der Präadoleszenz den gemeinsamen Nenner der Probleme einer ganzen Reihe von ihm betreuten Patienten darstellt. In diesem Zusammenhang zeigt er sich darüber hinaus erneut kritisch gegenüber der reduktionistischen Sichtweise der Psychoanalyse, die die grundlegenden Koordinaten für die zukünftige Entwicklung des Individuums ausschließlich in der Kindheit ansiedelt.

Der folgende Fall dokumentiert eindrücklich Sullivans Standpunkt:

> »Da gibt es zum Beispiel die Egozentriker, die Kindheit und jugendliches Entwicklungsstadium hinter sich gebracht haben und noch immer buchstäblich unbegrenzte Erwartungen aufrechterhalten, was Zuwendung, Aufmerksamkeit und Dienstleistungen der eigenen Person gegenüber betrifft. Einige dieser Menschen kennen Sie als diejenigen, die ewig schmollen, maulen oder sofort in Wut geraten, sobald ihnen irgend etwas nicht paßt. Ist die Familie eines solchen Jugendlichen so einflußreich, daß sich die erwachsenen Mitglieder der Schulgemeinschaft nicht trauen, diesem Jugendlichen derartige unliebsame ›Angewohnheiten auszutreiben‹, dann ist seine allerletzte Chance zum positiven Wandel eben dieses Bedürfnis, mit einem engen Freund in der Präadoleszenz zurechtzukommen. Als Jugendliche wurden diese Egozentriker von anderen Jugendlichen mehr oder weniger durchgehend als Spielverderber eingestuft. Sie waren unbeliebt und wurden meist gemieden, auch wenn aufgrund des Familieneinflusses eine

gewisse Notwendigkeit bestehen mochte, mit ihnen zurechtzukommen. Es ist sehr gut möglich, daß ein solcher Mensch in der Präadoleszenz eine Zweierfreundschaft mit einem anderen Jugendlichen aufbaut, der eben von Gleichaltrigen mehr oder weniger abgelehnt wird und der in der jugendlichen Gesellschaft einer ›out‹ – Gruppe angehörte. Das mag zunächst den Anschein erwecken, als könne dabei nichts Gutes herauskommen; und in einigen Fällen kommt dabei, wie wir später noch genauer sehen werden, tatsächlich nichts sonderlich Gutes heraus. Doch eine solche Freundschaft ist in jedem Falle immernoch besser als das, was sich vorher abgespielt hat. Und nicht selten passiert es, daß Heranwachsende dieser Art im Anschluß an die vergleichsweise kurze Phase der Präadoleszenz sehr viel weniger dazu neigen, unbegrenzte Dienstleistungen von anderen zu erwarten, und keine Spielverderber mehr sind, sondern mitmachen und keine besondere Behandlung mehr verlangen. Zwei entwicklungsgeschädigte Jugendliche, die sich aufgrund ihres ungünstigen Status zusammentun, können sich mithin unter dem Einfluß dieses wachsenden Bedürfnisses nach Intimität gegenseitig sehr viel Gutes tun.« (*ibidem*, S. 284f)

Es ist also das Bedürfnis nach Intimität, das die Präadoleszenz zu einer selbständigen Entwicklungsphase macht; man sollte aber auch folgende Tatsache nicht übersehen: »Einsamkeit erlangt ihre volle Bedeutung in der Präadoleszenz und bleibt für das restliche Leben relativ unverändert weiterbestehen« (*ibidem*, S. 296). Und so bindet Sullivan diesen Standpunkt in die interpersonale Theorie ein:

»Während wir von Anfang an eine erstaunliche Fähigkeit zeigen, Dinge zu meiden, die schmerzlich und verletzend sein können, und schon sehr früh im Leben eine unglaubliche Sensitivität für unsere wichtigen Bezugspersonen haben, nimmt unser fundamentales Bedürfnis für das Miteinander mit anderen Menschen erst mit Erreichen der Präadoleszenz ein solches Ausmaß an, dass nicht einmal Furcht und Angst uns daran zu hindern vermögen, dass wir aus Unrast in Situationen hineinstolpern, die unsere Einsamkeit zumindest in einem gewissen Maße mildern. Und dieser Drang manifestiert sich mit all seiner Kraft, wie gesagt, nicht vor Erreichen der Präadoleszenz.« (*ibidem*)

Wie wir gleich sehen werden, ist dies eines der Probleme, die im Mittelpunkt der von Sullivan »frühe Adoleszenz« genannten Entwicklungsphase stehen und die er im 18. Kapitel behandelt.

Dieses Entwicklungsstadium »erstreckt sich zeitlich vom Auftauchen wirklich genitalen Interesses, das als Lust gefühlt wird, bis zum Beginn der Errichtung sexueller Verhaltensmuster, der die letzte Phase der Adoleszenz einleitet« (*ibidem*, S. 297). Im Zentrum dieses Kapitels stehen die Konflikte, die mit dem sexuellen Verlangen zusammenhängen, das Sullivan als »den mächtigsten Dynamismus in interpersonellen Beziehungen« (*ibidem*, S. 300) versteht, auf der Ebene der Bewahrung des persönlichen Sicherheitsstrebens auf der einen, und der Umsetzung des Bedürfnisses nach Intimität auf der anderen Seite. Emblematisch für die erste Art von Konflikt ist natürlich die »primäre genitale Phobie«, das heißt, Sexualität wird als Bedrohung der persönlichen Sicherheit erlebt – bis sie ganz aus dem Leben verdrängt wird. Was hingegen die Schwierigkeit betrifft, sexuelles Verlangen und Bedürfnis nach Intimität zu integrieren, zögert der Autor nicht, auf die destruktiven familiären Dynamiken einzugehen, die verhindern, dass letztgenanntes Bedürfnis auf das andere Geschlecht übertragen wird.

> »Eines der stärksten Mittel, die in diesem Zusammenhang eingesetzt werden, ist Spötteln und Lächerlichmachen«, sagt Sullivan ganz klar; »so mancher junge Mensch wird in der Adoleszenz von seinen Eltern durch Spötteleien in schwerste Angst getrieben, nur weil sie einfach nicht wollen, daß er erwachsen wird und sich für Dinge wie Sex interessiert, durch die er nach ihrer Meinung krank, und wer weiß, was noch alles werden kann, und die letztlich darauf hinauslaufen könnten, daß er heiratet und das Elternhaus verläßt. Spott und Lächerlichmachen sind mit die schlimmsten Instrumente, zu denen Eltern und andere Erwachsene im Umgang mit einem Menschen, der sich in der frühen Adoleszenz befindet, greifen können.« (*ibidem*, S. 302)

Emblematisch für den eigentlichen Konflikt zwischen sexuellem Verlangen und dem Wunsch nach Intimität mit einer Person ist auch die Unterscheidung »zwischen einerseits Menschen, auf die man lustvolle Motivationen richten kann, und andererseits Menschen, die man zur Linderung der Einsamkeit sucht, das heißt für kollaborierende Intimität, für Freundschaft. Das klassische Beispiel dafür ist die Unterscheidung zwischen der Prostituierten und dem anständigen Mädchen« (*ibidem*, S. 303). An diesem Punkt spricht Sullivan auch das Problem der Masturbation an, die eine Fluchtmöglichkeit aus dieser Konfliktsituation bietet, aber »als *einzige* Lösung für die durch Lust herbeigeführten verschiedenartigen Kollisionen schlechter ist als fast alles andere, was nicht eindeutig feindselig ist« (*ibidem*, S. 305; Kursiv im Original). Sullivan baut in diesem Kapitel um die vom sexuellen Dynamismus ausgelösten Konflikte eine breit angelegte klinische Phänomenologie auf, ohne jedoch den Vorrang der interpersonalen Gegebenheit aus den Augen zu verlieren, das heißt die dem sexuellen Problem zu Grunde liegende Persönlichkeitsstörung.

An diesem Punkt wollen wir nicht weiter auf die Ausführungen des Autors in diesem Kapitel eingehen, sondern uns darauf beschränken, seine abschließenden Betrachtungen zu zitieren, aus denen ein weiteres Mal die Originalität seiner Ideen hervorsticht:

»Zu dem Zeitpunkt, da ein Mensch die frühe Adoleszenz erreicht, hat er entweder all die lähmenden Behinderungen für die Persönlichkeitsentwicklung, denen er begegnet ist, im großen und ganzen überwunden, oder seine Entwicklung wird in der Adoleszenz sehr erheblich gestört sein. Und da Lust aus der Persönlichkeit ebensowenig ausgeklammert werden kann wie beispielsweise Hunger, sind Daten über Persönlichkeitsstörungen, wie sie sich im Sexualverhalten eines Menschen zeigen, für den Psychiater unweigerlich äußerst aufschlußreich; dabei verstehe ich Sexualverhalten im weitgefaßten Sinne, einschließlich Reverieprozessen und Anzeichen dissoziierter Prozesse (...) Die Annahme, man könne eine Persönlichkeitsstörung heilen, indem man am Sexualleben herumfummelt, ist jedoch ein Fehler, auch wenn es sich dabei um eine Lehrmeinung handelt, die Psychiatern sehr entgegenkommt, die chronisch Jugendliche sind. Sie kann ihnen ein schönes Zubrot für ihre pornografischen Interessen geben; für einen ernsthaften Psychiater jedoch ist das vermutlich der schwierigste aller möglichen Wege, um seine Arbeit zu bewältigen. Patienten, die Schwierigkeiten in ihrem Sexualleben als Grund dafür angeben, daß sie psychiatrischer Hilfe bedürfen, manifestieren ihre Lebensprobleme meiner Meinung nach am besten gerade dadurch, daß sie eben jene Schwierigkeiten im Sexualleben als ihr besonderes Problem auswählen. Anders gesagt, Menschen gehen nicht zum Psychiater, um sich in ihren sexuellen Schwierigkeiten helfen zu lassen, sie können sie allenfalls gelegentlich als ihr Problem darstellen; und derartige Probleme zeigen, wenn sie richtig verstanden werden, woran ihr Zusammenleben mit anderen Menschen krankt. Menschen, deren hauptsächliche interpersonale Aktivität ihr Sexualleben ist, sind eine Ausnahme, und nur ein solcher Mensch könnte einem Psychiater ein sexuelles Problem als sein größtes Lebensproblem präsentieren. Seien Sie also gewarnt, meine lieben Kollegen! Wenn Sie Psychiatrie betreiben wollen, die wirklich etwas bewirkt, dann sehen Sie zu, ob Sie bei denen, die bei Ihnen Hilfe suchen, neben dem sexuellen Problem nicht noch etwas anderes finden können. Meistens ist es alles andere als ein Trick, wenn man hinter sexuellen Schwierigkeiten etwas sehr viel Ernsteres findet; und die sexuellen Schwierigkeiten selbst lassen sich oft lösen, wenn die anderen Probleme angegangen werden. Sie werden vielleicht bemerkt haben«, schließt Sullivan ironisch, »daß hier ein gewisser Unterschied zwischen meiner Auffassung und einigen älteren Auffassungen besteht« (*ibidem*, S. 331f)

Wie der Leser bemerken wird, ist es also nicht so, dass die Sexualität in der interpersonalen Theorie eine weniger zentrale Rolle spielt als in Freuds Theorie – sie wird aber in Sullivans Werk völlig neu konzeptualisiert.[8]

Die späte Adoleszenz, der Sullivan das nächste Kapitel widmet, wird als jenes Entwicklungsstadium definiert, in dem der Mensch *»ein voll und ganz menschliches oder reifes Repertoire interpersonaler Beziehungen«* schafft (*ibidem*, S. 333; Kursiv im Original). Eine zentrale Rolle spielt in der Abhandlung über das letzte Entwicklungsstadium der interpersonalen Theorie das Konzept von »menschlicher Reife«, dessen Darstellung am Ende dieses Kapitels steht.

> »Und nun ein paar Worte zur menschlichen Reife – ein Gegenstand, den ich immer sehr beiläufig behandle, zum Teil wohl deshalb, weil das kein Problem ist, das die Psychiatrie betrifft, wenngleich es sich psychiatrisch erklären ließe. Tatsache ist einfach, daß wir Psychiater, die wir interpersonale Beziehungen untersuchen und erforschen, große Schwierigkeiten haben, das Phänomen Reife völlig zu verstehen, weil uns gerade die Menschen mit der größten Reife bei unseren Untersuchungen am wenigsten zugänglich sind, und der Fortschritt, den unsere Patienten in Richtung Reife machen, entführt sie unweigerlich unserem Beobachtungskreis, noch ehe sie dort wirklich angelangt sind. Somit verfügt der Psychiater als Psychiater in dieser Hinsicht über wenig konkretes Datenmaterial. Er kann allenfalls die eine oder andere Vermutung anstellen. Ich zum Beispiel vermute, daß jede der hier erörterten wesentlichen Leistungen in den jeweiligen Entwicklungsstadien bei der reifen Persönlichkeit auffällig zu Tage treten wird.
>
> Bei der letzten dieser großen Entwicklungen handelt es sich um die Entfaltung des Intimitätsbedürfnisses – das Bedürfnis nach Zusammenarbeit mit mindestens einem, vorzugsweise mit mehreren anderen Menschen; und diese Zusammenarbeit setzt sehr ausgeprägte Züge einer starken Feinfühligkeit für die Bedürfnisse des anderen voraus, für dessen interpersonale Sicherheit oder Abwesenheit von Angst. Wir können also aus dem, was wir wissen, getrost ableiten, daß der reife Mensch, sofern nicht irgendetwas Außergewöhnliches dazwischentritt, ein sehr mitfühlendes Verständnis für die Grenzen, Interessen, Möglichkeiten und Ängste anderer Menschen haben wird, denen er begegnet und mit denen er zu tun hat.
>
> Eine weitere Folge, die sich guten Gewissens ableiten läßt, besteht darin, daß das Leben des reifen Menschen, ohne je monoton und langweilig zu werden, immer an Wert, an Bedeutung zunehmen wird, sei es aufgrund permanenter Interessenerweiterung oder aufgrund kontinuierlicher Vertiefung der Interessen, oder weil beides zutrifft.

Es gibt beim besten Willen keinen Grund, auch nur einen Augenblick lang anzunehmen, Reife sei deshalb nicht erstrebenswert, weil man sich dann zu Tode langweilen könnte – das trifft keinesfalls zu, ganz im Gegenteil. Sicher ist, daß kein Mensch, ob reif oder entsetzlich krank, gegen jegliche Möglichkeit von Angst oder Furcht oder gegen irgendeines der Bedürfnisse gefeit ist, die das Leben kennzeichnen. Aber je größer der Grad der Reife, die man erlangt, um so weniger wird Angst störend in das Leben eingreifen und um so weniger wird man infolgedessen sich selbst und anderen Menschen zur Last fallen. Und wenn man Reife erlangt hat, wird einem mit Sicherheit nichts langweilig werden, was auch nur im geringsten der Komplexität des Lebens in unserer heutigen Welt nahekommt.« (*ibidem*, S. 347f)

Auch hier geht es um die zentrale Rolle, die die Angst spielt, diesen Begriff, der nicht nur der interpersonalen Theorie, sondern Sullivans gesamtem Werk zu Grunde liegt. An diesem Punkt wollen wir uns der Verbindung zuwenden, die zwischen der interpersonalen Theorie, der Klinik und der Therapie besteht.

7.5 Von der interpersonalen Theorie zu Sullivans Auffassung von Klinik und Therapie

Wie wir in den vorangegangenen Kapiteln gesehen haben, stellt die interpersonale Theorie der Psychiatrie für Sullivan das natürliche Ziel der von ihm in den 20er Jahren auf dem Gebiet der Therapie der Schizophrenie durchgeführten Pionierarbeit dar. Im Laufe der 40er Jahre versuchte er dann, von der interpersonalen Theorie ausgehend, eine entsprechende Psychopathologie sowie einen therapeutischen Ansatz zu schaffen, der auf einer Linie mit ihr lag. Das Buch *Clinical Studies* widmet sich diesen beiden Aspekten seiner Arbeit und wird im Mittelpunkt dieses Abschnittes stehen. Im nächsten Kapitel werden wir dann, ausgehend von *Das psychotherapeutische Gespräch,* mit dessen Hilfe wir die von ihm praktizierte interpersonale therapeutische Technik untersuchen, definitiv die Bedeutung seiner Arbeit für die heutige Psychotherapie und Psychoanalyse herausarbeiten.

Clinical Studies besteht aus zwei Teilen, »Dynamisms of Living and their Misuse in Mental Disorder« und »Therapeutic Approaches to Patterns of Difficulty – The Clinical Entities«. Es geht also um etwas, das wir als allgemeine Psychopathologie und als spezielle Psychopathologie bezeichnen könnten, die von Sullivans interpersonalem Ansatz geprägt sind. Im ersten Teil beschäftigt sich der Autor, von der interpersonalen

Theorie ausgehend, insbesondere mit der Funktion des Selbst-Systems, das heißt mit den Sicherheitsoperationen, die dazu dienen, Angst entgegenzutreten oder sie abzuwenden; im Mittelpunkt des zweiten Teils stehen klinische Syndrome wie Hysterie oder zwangsneurotische Störungen, ihre Konfiguration auf interpersonaler Ebene und schließlich die entsprechenden therapeutischen Strategien.

7.5.1 Für eine interpersonale Psychopathologie

Im ersten Kapitel von *Clinical Studies*, »The Interpersonal Theory of Mental Disorders«, stellt Sullivan die Grundlagen seiner interpersonalen Psychopathologie dar, deren Basis die von uns dargestellte interpersonale Theorie ist. Sein Ausgangspunkt ist das Konzept vom Selbst-System oder, besser gesagt, es sind die so genannten »Dynamismen der Schwierigkeiten«, Sicherheitsoperationen, die einsetzen, um Angst zu vermeiden oder auf ein Minimum zu reduzieren. Bevor er sie zusammenfassend, ihrer hierarchischen Ordnung folgend, aufzählt, formuliert Sullivan das ihn leitende Prinzip klar aus: »Das grundlegende Konzept, das man bedenken sollte, wenn man es mit geistigen Störungen zu tun hat, ist meiner Meinung nach die außergewöhnliche Abhängigkeit einer bestimmten Persönlichkeit von einem besonderen Dynamismus« (1956; S. 6). Der Unterschied zwischen einer »gesunden« und einer kranken Person ist rein quantitativer Art und hängt damit zusammen, dass sich das Leben des Kranken in ständiger Wiederholung um einen der Dynamismen dreht, die bei einem gesunden Menschen nur in beschränktem Maße zum Einsatz kommen.

> »Der Schizophrene zum Beispiel«, führt Sullivan gleich im Anschluss an das obige Zitat aus, »ist oft eine Person, die in der Vergangenheit beharrlich jenen Dynamismus manifestierte, den wir als Dissoziation bezeichnen – als Mittel, um den Konflikt zwischen gewissen starken Bedürfnissen und den vom Ich der Befriedigung dieser Bedürfnisse auferlegten Beschränkungen zu lösen. Und so«, fährt Sullivan fort und weist auf die enge Verwandtschaft zwischen diesem Resultat und den Wechselfällen des Lebens bei einer scheinbar normalen Person hin, »laufen die Menschen, die etwas so starkes wie das sexuelle Verlangen abspalten, ernsthaft Gefahr, einen schizophrenen Zusammenbruch zu erleiden.« (*ibidem*).

So umstritten ein derartiger Standpunkt heutzutage ist, stellt er sich doch in Sullivans Gesamtkonzept als außerordentlich einleuchtend und nützlich heraus – nicht nur auf heuristischer, sondern auch auf therapeutischer Ebene, wie wir in Kürze sehen werden.

> »Wir werden die Dynamismen mehr oder weniger in der Reihenfolge ihres Auftretens während der Persönlichkeitsentwicklung betrachten«, schreibt Sullivan an diesem Punkt seiner Abhandlung und bietet damit auch eine Zusammenfassung der Themen, die er in diesem Buch behandelt. »Wir werden als erstes von Sublimierung sprechen, die zu einem sehr frühen Zeitpunkt auftritt; dann untersuchen wir den zwangsneurotischen Dynamismus, der mit dem Erlernen der Sprache entsteht. Beide Dynamismen stehen in Beziehung mit dem Schutz des Selbst-Systems vor einem Eindringen jener Arten von Referenzprozessen in das Bewusstsein – Gedanken oder Fantasien –, die eng mit Prozessen schizophrener Art der Kindheit und des Schulalters zu tun haben; deswegen werden wir ab und zu innehalten, um ihre Beziehungen zu diesen primitiveren Referenzprozessen zu betrachten. In der Adoleszenz wird anfangs jener Dynamismus wichtig, der aus den vielfältigen Prozessen von Bewusstseinskontrolle besteht, die ich auswählende Unaufmerksamkeit nenne. Dann wenden wir uns anderen Dynamismen zu, die alle Teil jener menschlichen Mechanismen sind, die das Selbst-System vor weniger schweren, aber dennoch spürbaren Angstgefühlen und der wesentlich bedrohlicheren Gefahr des Zusammenbruchs des Selbst-Systems schützen sollen. Und als letzten Schritt dieser Übersicht über die Dynamismen der Schwierigkeiten werden wir dissoziative Prozesse und ihre Beziehung zu schwereren Persönlichkeitsstörungen untersuchen. Danach werden wir in der Lage sein, uns den therapeutischen Implikationen und Möglichkeiten in Bezug auf die wichtigsten Schwierigkeiten zuwenden: den so genannten klinischen Syndromen.« (*ibidem*)

Wenn wir uns jetzt mit den verschiedenen Sicherheitsoperationen und der Rolle beschäftigen, die sie bei der Strukturierung der klinischen Syndrome spielen, wird dies unser allgemeiner Bezugsrahmen sein.

Im zweiten Kapitel von *Clinical Studies*, »Sublimation, Obsessionalism and the early Referential Processes«, stellt der Dynamismus der Sublimierung den Ausgangspunkt für die Erörterung Sullivans dar, da dieser nicht nur »einen sehr wichtigen Platz in den ersten Phasen der Erziehung oder der Sozialisation« einnimmt, sondern es auch ermöglicht, »leichte Fehlanpassungen beizubehalten, anstatt schwerere psychische Störungen zu erleiden« (*ibidem*, S. 14). Sullivan unterstreicht vor allem auch den unbewussten Charakter dieses Dynamismus und mit welcher Effizienz er es dem Individuum erlaubt, eine ganze Reihe unbefriedigender Situationen zu überwinden, ohne sich zu verlieren oder den Kopf zerbrechen zu müssen und den latent in ihnen vorhandenen Konflikt anzugehen. Bevor er nun die Rolle der Sublimierung für das psychische Leben weiter definiert, stellt Sullivan den schizophrenen und den zwangsneurotischen Dynamismus vor. Für das Manifestwerden einer Schizophrenie nimmt er das Nachlassen der für das psychische Leben dieser Patienten charakteristischen Dissoziation an. »Den Schizophrenen, so scheint es mir«, sagt Sullivan, »zeichnet vor allem die Tatsache aus, dass sein Selbst-System die Kontrolle über das Bewusstsein verloren hat, und folglich die primitiven Prozesse nicht aus diesem ausschließen kann, um nur neuere und höchst raffinierte Gedanken zuzulassen« (*ibidem*, S. 24). Sullivan behandelt auch kurz den zwangsneurotischen Dynamismus im Sinne seiner Entwicklungspsychologie, bei dem »die zwangsneurotische Person, auf der Suche nach Sicherheit, bei einigen ihrer kognitiven Operationen auf die Phase der autistischen Sprache regrediert« (*ibidem*, S. 29). Es geht hier also auch um die enge Verbindung zwischen zwangsneurotischen und schizophrenen Zuständen.

Und so erläutert Sullivan die normale Rolle der drei angesprochenen Dynamismen, ihre Funktion im Alltagsleben, bevor er auf ihre wechselseitige Beziehung auf psychopathologischer Ebene zu sprechen kommt. Über den zwangsneurotischen Dynamismus erfahren wir, dass er die Funktion hat, »uns beschäftigt zu halten (*to keep us busy*), während andere, nützlichere Referenzprozesse in eine andere Richtung stattfinden; wenn dann diese potenziell nützlicheren Prozesse ziemlich weit weg sind, verschwindet der Ersatzprozess wieder« (*ibidem*, S. 32). Und über den schizophrenen Dynamismus: »Wir alle benutzen ihn; bloß ertragen wir den Schock, dies klar zu wissen, nicht auf die gleiche Weise« (*ibidem*, S. 33). Damit kommen wir zur Beziehung zwischen Sublimierung und Schizophrenie, über die wir Folgendes erfahren:

> »Wenn eine Person versucht, den größten Teil der Befriedigungen des genitalen Dynamismus zu sublimieren, wird der Mechanismus der Sublimierung sehr wahrscheinlich bald Schaden nehmen. Der Sublimierungsprozess reicht für Dinge dieser Größenordnung nicht aus. Sehr wahrscheinlich wird er durch Erregung Schaden nehmen. Die Sublimierungsaktivitäten werden immer intensiver ausgeübt, zur Hyperaktivität kommt immer offensichtlichere Angst, so dass ein Psychiater einen Erregungszustand diagnostizieren wird. Und Erregungszustände werden oft von schizophrenen Elementen begleitet und enden in einer schizophrenen Störung.« (*ibidem*, S. 34)

Dieser präzisen klinischen Darstellung lässt Sullivan diesen interessanten Kommentar folgen:

»Wenn man also von Sublimierung spricht, abstrahiert man in Wirklichkeit einen charakteristischen Prozess von einem Kontinuum, in dem an einem bestimmten Punkt die Sublimierung eine offen schizophrene Form annehmen kann. In diesem wie in vielen anderen komplexen Feldern entnimmt man, der Einfachheit halber, gewissen Punkten eines Kontinuums Abstraktionen, die man als reelle Syndrome konzipiert, während hingegen die menschlichen Äußerungen dieser Abstraktionen sehr viele Varianten, Überschneidungen und so weiter zeigen. Tatsächlich stellen diese Abstraktionen nur ein bequemes Mittel dar, um die extreme Individualität und Komplexität fast aller Gegebenheiten des Lebens einzuschränken.« (*ibidem*)

An diesem Punkt wendet sich Sullivan der Beziehung zwischen zwangsneurotischen und schizophrenen Zuständen zu und bezieht sich dabei auf eine Gruppe von Patienten, die er betreute, für deren Krankheitsbild das Auftreten schizophrener Episoden, vor dem Hintergrund überwiegend zwangsneurotischer Abläufe, in Krisensituationen typisch war. Hier der Kommentar, beziehungsweise die allgemeine Erklärung, die uns Sullivan zu diesem Thema bietet:

»Wenn ich die einzelnen Dynamismen beschreibe, kann ich es natürlich nicht vermeiden, einen nach dem anderen abzuhandeln, was den Eindruck erwecken könnte, dass sie wie Meilensteine entlang eines logischen Fortschreitens aufgereiht wären. Aber die Dynamismen sind gut, solange sie funktionieren. Wenn ein Dynamismus nicht funktioniert, wird er durch etwas anderes ersetzt; man wird zu Recht sagen, dass der vorhergehende wegen eines Ansteigens des Drucks gescheitert ist. Es ist wahr, dass die Sache, die ihn ersetzt, den Eindruck erwecken wird, dass ersterer dazu diente, den zweiten hinauszuzögern, aber dies ist eine scheinbare Logik. Die Antwort liegt in Wirklichkeit in der Größenordnung des Drucks, dem eine Person ausgesetzt ist.« (*ibidem*, S. 36)

Nachdem wir das Konzept der »Dynamismen der Schwierigkeiten« im Lichte ihres Ablaufs in normaler und psychopathologischer Hinsicht geklärt haben, können wir uns jetzt der so genannten »selektiven Unaufmerksamkeit« zuwenden, die in Sullivans Begriffssystem eine besonders wichtige Rolle spielt.[9]

Wie geht nun unser Autor an dieses Konzept heran? Auch in diesem Fall lohnt es sich, um dem Leser Sullivans Gedanken nahe zu bringen, Sullivans eigene Worte wiederzugeben, anstatt seine Ausführungen zu paraphrasieren.

»Wenn man an all die Möglichkeiten des Lernens denkt, die in den verschiedenen Entwicklungsphasen der Persönlichkeit enthalten sind, fragt man sich, wie es möglich ist, durch so viele und so verschiedene bildende Erfahrungen – die, schaut man auf den Stand der Dinge, intelligenten Kreaturen doch etwas sagen müssen – zu gehen, ohne irgendeine Konsequenz daraus zu ziehen«, stellt Sullivan zu Beginn des dritten Kapitels fest. »(...) Ich denke, die Erklärung ist in einer allgemeinen menschlichen Eigenheit – der selektiven Unaufmerksamkeit –, die es uns erlaubt weitgehend gleich zu bleiben, ungeachtet auch tiefgehender Erfahrungen, indem wir einfach unsere Aufmerksamkeit auf etwas anderes richten: mit anderen Worten, indem wir unsere *Bewusstheit* der Ereignisse, die uns streifen, *kontrollieren.*« (*ibidem*, S. 38; Kursiv im Original)

Dieses Konzept steht nicht nur im Mittelpunkt von Sullivans Psychopathologie, sondern auch seines gesamten therapeutischen Ansatzes.

Darauf basiert sein technisches Konzept der *detailed inquiry* (detaillierte Befragung), womit er die »selektive Unaufmerksamkeit« der Patienten untersucht. Das bedeutet: Es ist unmöglich, dass dem Patienten all das in den Sinn kommt, was Wahrnehmung und Aufnahme in Bezug auf dessen selektive Unaufmerksamkeit verhindert haben. In dieser Hinsicht ist die aktive Rolle des Therapeuten wesentlich, um diejenigen Aspekte der Erfahrung in das Erleben des Patienten zu integrieren, die er selektiv außer Acht lässt.[10]

Um dieses Problem weiter zu klären, geht Sullivan – auch mithilfe eines klinischen Beispiels – folgendermaßen vor:

»Ich hatte einmal einen Patienten, der mir das eleganteste Beispiel von selektiver Unaufmerksamkeit geliefert hat, das ich mir jemals erhofft hätte. Es handelte sich um einen niveauvollen jungen Mann, Chemiker, ziemlich verheißungsvoll, Sohn eines bekannten Musikers und einer Dame der guten Gesellschaft. Ich glaube, ich habe ihn zwei – oder dreihundertmal, zum Auftakt der Sitzung, die gleiche merkwürdige Episode erzählen hören, die ihm jedes Mal unmittelbar vor der Sitzung widerfahren war. Er kam mit dem Zug zu meiner Praxis, da er in einiger Entfernung arbeitete. Jedes Mal wenn er im Zug saß, um zu meiner Praxis zu kommen, stellte dieser junge Mann mit Erstaunen fest, dass er ausgeprägte sadistische Fantasien über andere Passagiere hatte. Und jedes Mal brauchte er zwei oder drei Minuten der Sitzung, um mir diese, für ihn erstaunliche Erfahrung zu berichten. Nachdem ich mir das vielleicht zweihundertmal angehört hatte, setzten sich eines Tages, aus dem ein oder anderen Grund, die Elemente dieses Problems in meinem Kopf zusammen und ich unterbrach ihn, bevor er enden konnte. Er hatte mir erzählt, dass er sich vorgestellt hatte, einen Mann zu küssen und ihm dann ein Stück Ohr abzubeißen, und ich sagte zu ihm:

>›Und Sie waren also überrascht!‹ Er sagte: ›Ja, was meinen Sie damit?‹ Und ich sagte: ›Nichts, ich habe nur Ihre Erzählung beendet.‹ Und er sagte: ›Ja, aber warum haben Sie das gemacht? Ich *war* überrascht. Aber Sie, warum haben Sie das gesagt? Was wissen Sie darüber?‹ Und ich: ›Nur dass Sie mir die gleiche Sache zwei- oder dreihundertmal erzählt haben, und nur Details waren anders.‹ In jenem Moment war ihm nicht klar, dass sein Staunen, das sich tragischerweise jedes Mal erneut eingestellt hatte, eine Erfahrung im Zug betraf, die tragischerweise immer die gleiche war. Er erinnerte sich nicht mehr an den Vorfall vom Tag zuvor, ebenso wenig wie an den zwei Tage zuvor und immer so weiter.« (*ibidem*, S. 44f)

Hier nun die allgemeinen Erläuterungen Sullivans, die Bedeutung der selektiven Unaufmerksamkeit und ihre Implikationen für die Durchführung der Therapie betreffend, in denen er eloquent darlegt, worauf ich oben hingewiesen habe:

>»Die selektive Unaufmerksamkeit ist folglich sehr beeindruckend, wenn man feststellt, dass sie absolut nicht so gut wirken könnte, und immer im richtigen Moment, wenn es nicht etwas gäbe, das immerfort wacht, damit man niemals das bemerkt, was man aus irgendeinem obskuren Grund nicht bemerken wird. Auswählende Unaufmerksamkeit ist das klassische Mittel, durch das wir uns selbst daran hindern, von jenen Erfahrungen zu profitieren, die den Bereich irgendeines besonderen unserer Fehler berühren. Die Erfahrungen, von denen wir profitieren könnten, machen wir nicht – das heißt, wir machen diese Erfahrungen schon, aber wir erkennen ihre Bedeutung nicht; tatsächlich entgehen sie uns sogar zum größten Teil. Das ist, meiner Ansicht nach, eine der besonderen Schwierigkeiten der Psychotherapie: Diese Art, mit der die Patienten seelenruhig auch die einleuchtendsten Implikationen einiger ihrer Handlungen oder ihrer Reaktionen auf Handlungen anderer – oder besser, auf das, was sie als Handlungen anderer erzählen – ignorieren. Aber noch schlimmer ist es, wenn ihnen diese Dinge völlig entgehen; sie erinnern sich einfach nicht mehr daran, auch wenn sie auf unerfreuliche Weise in sie geprägt sind.« (*ibidem*, S. 50f)

Sullivan gelangte dahin, die Vorgehensweise der detaillierten Befragung zu konzipieren, wodurch er auf einige der in Freuds Konzept von der Übertragung enthaltenen Möglichkeiten verzichtete und einen alternativen Weg einschlug.[11]

Da in Wirklichkeit auch bei Sullivan Entwicklungspsychologie, Psychopathologie, Klinik und Therapie keine undurchlässigen Kategorien sind, sondern sich berühren, gegenseitig ergänzen und erhellen, bietet uns der

Autor im gleichen Kapitel folgende technische Implikation des Konzeptes der selektiven Unaufmerksamkeit – in dem für ihn typischen lockeren und ironischen Tonfall, der dem Leser nicht vorenthalten werden sollte:

> »Vielleicht hatte ich noch nie die Gelegenheit zu sagen, wie lächerlich ich mich in einer meiner wichtigsten professionellen Rollen fühle, nämlich in jener, in der ich versuche, jemandem als eine Art chronischer Berater für die Therapie eines Patienten zu dienen. Ich fühle mich gelinde gesagt lächerlich, weil ich in Wirklichkeit dem Patienten oder Arzt so wenig zu bieten habe«, fügt Sullivan mit unzweifelhafter Bescheidenheit hinzu. »Dieses Wenige besteht aber aus einer ganzen Reihe von einfachen Tatsachen, denen unser komplexes Erziehungssystem nicht genügend Bedeutung beigemessen hat, was ein weiteres Beispiel von auswählender Unaufmerksamkeit sein könnte. Eine dieser einfachen Tatsachen besteht darin, dem Patienten in bestimmten Situationen zu sagen: ›Aber dieser Bericht ist nicht vollständig.‹ Der Patient hat aufgehört zu sprechen, bevor er zum Schluss gekommen ist; oder er hat etwas wichtiges ausgelassen, als er zum Schluss seines Berichtes kam.« (*ibidem*, S. 53)

So vereinfachend und banal diese Vorgehensweise auch scheinen mag, stellt sie sich in der Tat als sehr nützlich für die Ausbildung der jungen Psychiater heraus, von der Sullivan im nächsten Absatz spricht: Es geht hier um den »frischgebackenen Psychiater«, der »eine recht plausible Anamnese eines Patienten verfasst, die jedoch hinsichtlich der zeitlichen Abfolge ziemlich konfus und folglich für das Verständnis vieler Episoden unbrauchbar ist« (*ibidem*).[12] Wir finden also auch hier viele der Anregungen, derer die Schriften Sullivans so reich sind, wodurch sein Werk auch heute noch für alle, die in der Psychiatrie arbeiten, aktuell ist.

Im vierten Kapitel, »Hypochondria, Algolagnia and the Paranoid Development«, erläutert Sullivan die psychopathologische Verbindung, die zwischen diesen Krankheitsbildern besteht. Noch interessanter ist allerdings das darauf folgende Kapitel, »The Dynamisms of ›Emotion‹«, in dem er sich auf bahnbrechende Weise eines von der psychoanalytischen Theorie lange Zeit vernachlässigten Kapitels annimmt, nämlich dem der Affekte.[13] Hier finden wir die Definition und Fokussierung der psychopathologischen Bedeutung folgender Emotionen, die Sullivan den Dynamismen der Schwierigkeiten zuordnet: Angst, Wut, Zorn und Hass; Schmerz und Schuld; Stolz und Eitelkeit.

Was Furcht betrifft, ist das größte Problem für denjenigen, der sich mit psychiatrischen Patienten beschäftigt, sie von Angst zu unterscheiden: Wenn, theoretisch, die Angst hervorrufende Gefahr innerlich ist und die, welche

Furcht hervorruft, äußerlich, macht es die menschliche Neigung, ein inneres Bedrohungsgefühl nach außen zu projizieren, oft schwierig, die passende therapeutische Antwort zu finden – die jeweils spezifisch auf eine der beiden Emotionen eingeht.

> »All das mag übertrieben minutiös erscheinen«, behauptet Sullivan über diese Unterscheidung, »aber ich kann Ihnen versichern, dass es sehr oft, wenn man einen vom Schrecken ergriffenen psychotischen Patienten beruhigen will, unumgänglich ist, genau zu unterscheiden, was wirklich bedrohlich erscheinen könnte und was reine Projektion des Patienten ist. Bis Sie diese Unterscheidung nicht vornehmen, hat nichts, was Sie sagen, irgendeine Bedeutung für den Patienten. Der Sinn dieser Unterscheidung ist folgender: Sobald man in einer Situation, die Furcht hervorruft, Orientierung gewinnt, geht ihr Vermögen, den Angst-Dynamismus hervorzurufen, zurück oder verschwindet ganz ... Wenn man aber versucht, das gleiche System auf Angst anzuwenden ... häuft man nur sinnloses Gerede an und zerstört am Schluss das bisschen Kontakt, das man mit dem Patienten aufgebaut hatte.« (*ibidem*, S. 94f)[14]

Diese Definition von Furcht beruht also auf Sullivans großer Erfahrung als Psychiater. Was die Wut angeht, profitiert seine Entwicklungspsychologie von folgender Ergänzung: Schon das kleine Kind entdeckt, dass es sich mit Wut einen Teil Angst ersparen kann.

> »Wenn eine Person verärgert oder wütend ist und man versuchen will, die Situation auf einfache Weise zu verstehen, sollte man sich fragen, was man getan haben könnte, das seine Sicherheit in Gefahr brachte, so dass die Wut ein Mittel ist, die Angst abzuwenden, die sonst aufgekommen wäre.« (*ibidem*, S. 96)

Komplizierter als die Wut ist der Zorn, der definiert wird als »symbolische Entladung eines hohen Grades an Wut, wenn das direkte Ziel der Wut – die Zerstörung oder Abwendung der Gefahr – nicht verwirklicht werden kann« (*ibidem*, S. 98) und dessen Bedeutung aus seiner Beziehung zum Hass herrührt. Zorn geht in Hass über, wenn »beiden Beteiligten nur noch die Beschädigung des Prestiges des Gegners am Herzen liegt« (*ibidem*, S. 100). Natürlich handelt es sich hierbei um eine Art von interpersonaler Integration, die zur Aufhebung jeglicher Intimität führt, die sich zwischen den beiden beteiligten Personen aufbauen könnte und die, Sullivan zufolge, von »trügerischen Idealen« begleitet wird, der Tendenz, all das auf die anderen zu projizieren, was uns an uns selbst nicht gefällt. Sullivan schreibt darüber:

»Man wird überaus sensibel und extrem kritisch den anderen gegenüber hinsichtlich der Art von Verhalten, das man ständig fürchtet, an den Tag zu legen. Dies ist das einfachste Mittel, das ich Personen in einer relativ fortgeschrittenen Lebensphase habe anwenden sehen, um irgendeinen wichtigen Teil des Selbst-Systems zu kontrollieren.« (*ibidem*, S. 102)

»Ein sehr wertvolles Mittel, sich zu schützen« (*ibidem*, S. 105), ist hingegen Schmerz, der seinerseits von der Liebesfähigkeit abhängt, die, wie wir gesehen haben, in der Präadoleszenz beginnt, sich herauszubilden und dessen Schutzwirkung in Hinsicht auf die Illusionen, denen uns das soziale Leben aussetzt, zum Einsatz kommt. »Krankhafter Schmerz« hingegen ist das Gegenteil, eine Situation, in der der Schmerz zu einem Lebensstil wird.

Wenn, was Freud »Verarbeitung der Trauer« nannte, nicht stattfindet, tritt eine depressive Erkrankung auf. Sullivan unterscheidet folglich, ebenso wie Freud, ganz klar zwischen einem natürlichen und gesunden, und einem pathologischen und krankmachenden Schmerz. Eine ähnliche Unterscheidung nimmt er auch hinsichtlich des Schuldgefühls vor. Das Schuldgefühl ist authentisch, wenn es in »einem Abfallen der Euphorie [besteht], das wir empfinden, wenn wir unsere tiefsten Überzeugungen über das, was wir machen können und dürfen, verraten haben« (*ibidem*, S. 114). Unecht hingegen ist das Schuldgefühl, das als Rationalisierung von Angst auftritt. Diese Unterscheidung findet ihren Sinn natürlich in den unterschiedlichen therapeutischen Strategien, die der jeweilige Zustand erfordert.

»Unglücklich ist der Psychiater, der es mit einer Person zu tun hat, die von Schuld spricht, ohne sich in dieser Lage zu befinden«, schreibt Sullivan dazu. »Diese Person empfindet keine Angst und wird auch nicht verstehen, wovon Sie sprechen, wenn Sie diese erwähnen; nach und nach ist sie zu der Überzeugung gelangt, dass ›sie sich ein bisschen schuldig fühlt‹, aus irgendeinem Grund. ... In therapeutischer Hinsicht ist es aber natürlich äußerst wichtig ... sich darüber klar zu werden, dass dieses Schuldgefühl, das eine Rationalisierung von Furcht ist, eine Sicherheitsoperation darstellt ... um einer Situation zu entfliehen, die Unsicherheit hervorruft. ... Man muss also diese Rationalisierung desintegrieren – denn genau dies ist in solchen Fällen das angebliche Schuldgefühl – nur so gelingt eine Annäherung an die wahre Ursache der darunter liegenden Furcht. Handelt es sich aber tatsächlich um Schuld, wenn eine Person aus ziemlich klaren, erklärbaren und menschlichen Gründen erschüttert ist, dass sie eine ihrer Lebensregeln missachtet hat, ist das therapeutische Problem sehr viel einfacher. Man geht dieses Problem auf eine andere

Weise an, nämlich indem man die Umstände, unter denen dies geschehen ist, rekonstruiert … .« (*ibidem*, S. 114f)

Sullivan stellt auch einen Zusammenhang zwischen Stolz, Eitelkeit und Anmaßung und dem, was man heute als narzisstische Dimension bezeichnet, in Bezug auf das auch von ihm als zentral angesehene Problem der Aufrechterhaltung der Selbstachtung, her. Mit wesentlich schwereren psychischen Pathologien sind hingegen die Seelenzustände verbunden, die im Mittelpunkt des nächsten Kapitels stehen, das den eloquenten Titel »Envy and Jealousy as Precipitating Factors in the Major Mental Disorders« trägt.[15] Neid und Eifersucht werden in Bezug auf den paranoiden Dynamismus behandelt, da sie Symptome eines sehr schweren Defizits des Ich sind, das die betreffende Person dazu bringt, sich von ihnen zu befreien, indem es auf mehr oder minder ausgeprägte Projektionsmechanismen zurückgreift.

»Es ist offensichtlich«, stellt der Autor fest, »dass in der Person, die ein deutliches Maß an Neid an den Tag legt die Organisation des Selbst-Systems nicht sehr gut funktioniert. Eine Person, der es gelingt eine ausreichende Sicherheit zu erreichen, wird sich nicht sonderlich von der Entdeckung beunruhigen lassen, dass eine andere Person mehr Prestige, Fähigkeiten oder etwas in der Art, besitzt. Aber in der neidischen Person ist das Ich ein Teil der Persönlichkeit, der nicht zufriedenstellend funktioniert: Sie hätte gern mehr als sie hat.« (*ibidem*, S. 129)

Wenn wir nun den dynamischen Blickwinkel verlassen und uns dem entwicklungsgeschichtlichen zuwenden, erfahren wir Folgendes:

»Nun, im Fall einer neidischen Person gibt es zwei Möglichkeiten: Entweder hat die Haltung der Eltern direkt gezeigt, dass sie nichts wert ist oder, im Gegenteil, ihre Haltung strebte zu hochgesteckte Ziele an, die er nicht erreichen konnte. Das Ergebnis ist, dass die neidische Person schließlich Wert auf alles legt, was Prestige verleiht oder Anerkennung hervorruft: Sie spürt das Bedürfnis nach diesen Dingen, um das zu ergänzen, was sie der Welt schon zeigen kann, um den anderen gleichwertig zu sein.« (*ibidem*, S. 130)

So kommt es, dass in einer solchen Situation »die Suche nach den Befriedigungen durch interpersonale Intimität sehr wahrscheinlich von den Anstrengungen, die gemacht werden, vergiftet und kompliziert werden, um der Unsicherheit beizukommen« (*ibidem*; 130f), das heißt vom Auftreten mehr oder minder paranoider Projektionsmechanismen, als die der Neid wegen des Sicherheitsgefühls Gestalt annimmt, der Angstfreiheit also, die der andere vermutlich besitzt. In dieser Situation hat auch der Dynamismus des Ehrgeizes seinen Ursprung, der die Betroffenen dazu bringt, immer höhere Statussymbole anzustreben oder, anders ausgedrückt, ihr Leben um eine Dynamik herum zu organisieren, die Sullivan als pathognomonisch für die adoleszente Persönlichkeitsstruktur betrachtet.

Zur Eifersucht hingegen sagt Sullivan Folgendes:

> »In der gleichen Weise, in der man den Begriff ›Schuld‹ manchmal für etwas gebraucht, was ich als wirkliches Schuldgefühl bezeichne und manchmal für die Rationalisierung von etwas ganz anderem, existiert Verwirrung bezüglich des Begriffs Eifersucht. Manchmal bedeutet sie Neid; manchmal handelt es sich um wirkliche Eifersucht. Letztgenannte ist eine sehr schmerzhafte emotive Erfahrung: vielleicht die unangenehmste von allen, unter denen der Mensch leidet, ausgenommen der Angst.« (*ibidem*, S. 138)

Dies ist eine allgemeine Darstellung des Problems Eifersucht; hinsichtlich ihrer Entstehung auf der interpersonalen Ebene stellt Sullivan fest:

> »Wenn aufgrund der von der Sicherheit auferlegten Bedürfnisse – die ihrerseits unglückliche frühere Erfahrungen bedeuten – eine Person nicht zu völliger Intimität mit einer anderen fähig ist, kann man sagen, dass diese Person unfähig zu vollständiger Befriedigung mit irgendeiner anderen Person ist. ... Eifersucht tritt in den Fällen auf, in denen eine Person, die sich in einer unvollständigen, teilweise fehlgeschlagenen Intimität mit einer anderen befindet, bezüglich anderer Personen bemerkt, oder zu bemerken glaubt, dass diese beiden anderen Personen eine größere Fähigkeit zur Befriedigung untereinander als dieser gegenüber bezeigen. Hier gewinnt der Dynamismus der Eifersucht die Oberhand und beginnt sein Zerstörungswerk, und der Geisteszustand der betroffenen Person ist ein Abgrund des Unglücklichseins. In dieser so schmerzhaften Situation können leicht supplementäre Prozesse auftreten, die sich in verschiedener Hinsicht in der Nähe des paranoiden Zustands befinden.« (*ibidem*, S. 138f)

Wir wollen uns nun, um die Ausführungen über die Definition der Dynamismen der Schwierigkeiten zu vervollständigen, letztgenanntem zuwenden: dem paranoiden Zustand.[16]

An diesem Punkt angelangt, kann man sich leicht vorstellen, wie der paranoide Dynamismus im »Bewusstsein irgendeiner Art von Unterlegenheit« besteht und folglich im »Bedürfnis, den anderen die Schuld zuzuschieben« (*ibidem*, S. 145). Wenn diese Art von Verschiebung in ausgeprägter und systematischer Form auftritt, hat man es mit einem vollständigen paranoiden

Zustand zu tun, in dem »die ständige Sorge, von einer feindlichen Umwelt angegriffen zu werden, das Aufrechterhalten eines neuen und höheren Maßes an Sicherheit« erlaubt (*ibidem*, S. 162). Sullivan stellt darüber hinaus im Sinne seiner Bewertung der affektiven Aspekte aller krankhaften Zustände fest:

> »All dies wirkt nicht nur als Ersatzprozess – um das Bewusstsein vor der Wirklichkeit zu schützen, könnte man sagen –, sondern hat auch einen anderen Sinn: Nun, wenn es zutrifft, dass viele Paranoiker dazu neigen, psychotische Rationalisierungen hinsichtlich der eigenen Bedeutung vorzunehmen, ist es doch schon etwas, immerzu Gegenstand der feindseligen Aufmerksamkeit so vieler Leute zu sein.« (*ibidem*; 162f)

So kommt zu einem sehr fragilen Zustand, der aber immerhin noch eine gewisse geistige Gesundheit darstellt, die Krankheit als Lösung, weil sie dem Leben des Patienten Stabilität verleiht, dadurch dass sie Angst reduziert, wenn auch um den Preis einer verminderten Befriedigung.[17]

Da wir im Lichte der Beziehung zwischen Dynamismus und paranoidem Zustand den von Sullivan artikulierten Zusammenhang von Psychopathologie und Klinik erfassen konnten, wollen wir uns nun dem nächsten Abschnitt zuwenden. Hier soll ein Überblick über den von Sullivan im zweiten Teil von *Clinical Studies* zurückgelegten Weg gegeben werden, der den Titel »Therapeutic Approaches to Patterns of Difficulty – The Clinical Entities« trägt.

7.5.2 Von der Klinik zur Therapie

In diesem Abschnitt möchte ich dem Leser nicht nur die Kapitel zehn, elf und zwölf von *Clinical Studies*, sondern auch eine Zusammenfassung der aufklärenden Schrift vorstellen, die Jane Pearce, eine Schülerin Sullivans, über die Beziehung verfasst hat, die zwischen der interpersonalen Theorie und der therapeutischen Vorgehensweise mit dem Patienten besteht und mehr oder minder in Sullivans Werk enthalten ist.[18] Auf dieser Basis können wir uns dann im nächsten Kapitel systematisch mit den technischen Aspekten seines Ansatzes beschäftigen, die er in *Das psychotherapeutische Gespräch* dargelegt hat. Während Sullivan im zehnten Kapitel, »Clinical Entities as a Frame of Reference in Therapy« erneut die wesentliche Bedeutung einer individuellen dynamischen Diagnose des Patienten hervorhebt und die Diagnose nach klinischen Syndromen der klassischen Psychiatrie beiseite lässt, behandelt er in den beiden folgenden Kapiteln Hysterie und zwangsneurotische Störungen. Er erklärt hier ihre dynamische interpersonale Entstehung, um eine angemessene therapeutische Vorgehensweise einschlagen zu können.

> »Ich habe an so vielen Kongressen – und zwar Kongressen höchsten Niveaus – teilgenommen«, stellt Sullivan einführend zu den im Mittelpunkt des zehnten Kapitels stehenden Ausführungen fest, »und kann sagen, dass sie oft eine demoralisierende Wirkung auf mich hatten, wegen der Gewohnheit eine so genannte formale Diagnose zu formulieren, anstatt der, die ich ›pragmatisch‹ nenne« (*ibidem*, S. 193).

Seine »pragmatische Diagnose« stellt also den Kern seiner Ausführungen dar, mit denen wir uns in Kürze beschäftigen werden; es lohnt sich wegen ihrer Aktualität allerdings auch, seine kritischen Überlegungen zur diagnostischen Orientierung des Großteils seiner Kollegen wiederzugeben. Sullivan fährt folgendermaßen fort:

> »Meistens wurde immens viel, sehr interessantes und für alle nützliches Material präsentiert, dem folgte aber dann etwas, was mir manchmal wie das alles andere als wissenschaftliche Anbringen von Etiketten erschien. Einige Male ist es mir zu meiner Zufriedenheit gelungen, zu zeigen, dass einige Psychiater, die den Patienten Etiketten aufkleben, nicht zu sagen wissen, was sie mit diesen meinen; diese Psychiater sind deswegen aber nicht unzufrieden. Wenn man insistiert, fangen sie an, etwas zu rezitieren, was zum Beispiel den *Outlines* Whites ähnelt, um zu beschreiben, welcher Sache der vom Etikett beschriebene Zustand ähnelt. Die Psychiater sind, mit anderen Worten, in der Lage, lange Definitionen von Schizophrenie oder der manisch-depressiven Psychose etc. zu rezitieren und oft gelingt es ihnen, die jeweiligen Etiketten mit ausreichender Wahrscheinlichkeit an den Patienten anzubringen, so dass die Zukunft das Etikett selbst rechtfertigt; wenn man aber die vom Patienten gelieferten Daten betrachtet, stellt man fest, dass der Gebrauch des Etiketts durch nichts gerechtfertigt war. Das erscheint mir sehr merkwürdig.« (*ibidem*, S. 193f)

Hier hören wir also wieder die Stimme des autodidaktischen Psychiaters, dem wir im Laufe des vorliegenden Buches schon öfter begegnet sind – und der mit viel Engagement versuchte, seine Kollegen davon zu überzeugen, mehr dem Patienten als den Lehrbüchern zu vertrauen!

Was konnte Sullivan in Hinblick auf die Entwicklung einer für die Diagnose brauchbareren Vorgehensweise von den Patienten lernen? Lassen wir ihn selbst antworten:

> »Eine sinnvollere Vorgehensweise besteht, meiner Ansicht nach, in der Anwendung von zwei Referenzsystemen. Das erste besteht darin, jeden einzelnen Fall hinsichtlich der grundsätzlichen Schwierigkeiten, die der Patient im Leben hat,

zu beobachten, das heißt in Bezug auf seine negativen Eigenschaften, die dem Maß an Fähigkeit, mit komplexen Situationen zurechtzukommen, also seinen positiven Eigenschaften, gegenüber gestellt wird.« (*ibidem*, S. 195)

Diese Erläuterung eines Prinzips – das er Meyer und White entlehnt hat – verbindet er mit der Notwendigkeit, den vorherrschenden Dynamismus der Schwierigkeit des Patienten festzustellen und präzisiert, dass – bei gleicher Sachlage – die Prognose besser ausfällt, je jünger der Patient ist. Dann formuliert er das zweite Bezugsschema, das er für eine Diagnose hinzuzieht:

»Das zweite Bezugsschema besteht darin, mittels der Informationen, die man vom Patienten erhalten kann, festzustellen, welche Basis für die therapeutischen Maßnahmen existieren, welche positiven Gelegenheiten sich für die Therapie anbieten, und zu bewerten, welche Möglichkeiten der Patient hat, nach einer positiven Veränderung ein zufriedenstellendes Leben zu führen.« (*ibidem*, S. 196)

Dann beschreibt Sullivan eloquent als Beispiel eine Situation mit geringen therapeutischen Aussichten:

»Nehmen wir einmal an, der Patient sei hoffnungslos an Verwandte gebunden, die kein Interesse daran haben, ihn als Person leben zu lassen.
(…) Niemand von uns ist zu einer Veränderung bereit, wenn es keine Hoffnung gibt, die eigenen Lebensbedingungen zu verbessern: Das heißt, die Heilung *an sich* bedeutet leichter Befriedigung und Sicherheit zu erlangen. Und wenn der Patient und der Arzt feststellen, dass es unendlich schwierig sein wird, den Patienten von den Bindungen, die ihn behindern, zu befreien, um ihm die Realisierung eines Lebens, das mehr Bedeutung für ihn hat, zu ermöglichen, dann ist vorauszusehen, dass es sehr schwierig sein wird, die Behandlung aufzunehmen.« (*ibidem*, S. 196f; Kursiv im Original)

Sullivan kommt dann hinsichtlich seiner diagnostischen Ausrichtung zu dieser Schlussfolgerung:

»Diese Bezugssysteme stellen also in Wirklichkeit eine Untersuchung des wahrscheinlichen Ausgangs dar, unter dem Gesichtspunkt der Mittel und Gelegenheiten, die dem Therapeuten zur Verfügung stehen und unter dem Gesichtspunkt des wahrscheinlichen Impulses in Richtung brauchbarer Resultate, auf der Grundlage der zurückliegenden Erfahrung des Patienten.« (*ibidem*; 197)

So stellte Sullivan folgende Faktoren in den Mittelpunkt seiner therapeutischen Ausrichtung: die Lebensbedingungen vor der Krankheit und die Motivation des Patienten auf der einen Seite und auf der anderen die dem Therapeuten zur Verfügung stehenden Mittel – mit einem großen Maß an Unabhängigkeit von der eigentlichen nosologischen Diagnose. Was hingegen das klinische Profil des Patienten anging, war er der Meinung, dass der therapeutische Umgang je nach dem in jenem Moment vorherrschenden Dynamismus der Schwierigkeit variieren sollte, oder »dass der Psychiater sich nicht auf der Grundlage eines diagnostischen Etiketts, sondern von den Eigenheiten der interpersonalen Beziehungen jenes Moments ausgehend von einer Art Vorgehensweise zur anderen bewegen muss« (*ibidem*, S. 198).[19]

Sehr interessant kann für den Psychiater auch eine weitere Implikation von Sullivans diagnostischem Ansatz sein, den er im nächsten Absatz des zehnten Kapitels von *Clinical Studies* zur Sprache bringt: Wenn es zutrifft, dass das klinische Profil, welches die Patienten vorweisen, wenn sie zu uns kommen, von einem vorherrschenden Dynamismus der Schwierigkeit bestimmt wird, stellt sich ein anderes Konzept der klassischen Psychiatrie und zwar das des »mixed state« als völlig nutzlos heraus. Im nächsten Absatz, »Clinical Entities in Terms of Therapy«, stellt er seine Ausführungen über seinen diagnostischen Ansatz in einen psychoanalytischen Zusammenhang, das heißt, er legt dar, dass die Art von parataxischer Verzerrung, welche die Patienten gegenüber dem Therapeuten entwickeln, den in ihrer Art, das Leben anzugehen, vorherrschenden Dynamismus der Schwierigkeit widerspiegelt.[20] Dies ist auch der konzeptionelle Blickwinkel, unter dem Sullivan in den folgenden zwei Absätzen die klinischen Syndrome Hysterie und zwangsneurotische Störungen illustriert und der seine Vorgehensweise bei der Verbindung von interpersonaler Theorie, Klinik und Therapie bestimmt. Mit anderen Worten, eben aufgrund seiner gleichzeitig originellen und praktischen Vorgehensweise erregen die von Sullivan beschriebenen Patienten/innen so leicht unsere Aufmerksamkeit.

Am Anfang des nächsten Kapitels malt Sullivan ein lebhaftes Bild des hysterischen Patienten:

> »Man könnte den Hysteriker, zumindest theoretisch, als Person definieren, die ein hervorragendes System gefunden hat, respektabel zu sein, ohne entsprechend leben zu müssen. Jedoch kann eine solche Beschreibung des Hysterikers zu vielen Missverständnissen führen, weil der Hysteriker dieses System natürlich nie gesucht hat. Oder es ist zumindest unmöglich, zu beweisen, dass er es gesucht hat. Aber, im Unterschied zum völlig unbewussten Vorgang der Sublimierung, und im Unterschied zu enormen, beeindruckenden Dissoziationen,

> die sich als automatische Aktionen und ähnliches zeigen, kann der Hysteriker unter Hypnose oft dazu gebracht werden, sich an genau jenen Einfall zu erinnern, der die Entdeckung darstellte, um relativ ungestraft ›abzuspalten‹ – jedenfalls ohne irgendetwas, was diesem komplexen Mechanismus ähnelt, mit dem man es bei der wirklichen Dissoziation zu tun hat … Folglich ist die Hysterie sehr viel einfacher als die Dissoziation in ihrer ausgebildeten Form; aber, insofern sie eine schematische Form der Dissoziation darstellt, ist sie höchst interessant«, schließt Sullivan, indem er vom hysterischen Patienten zum klinischen Syndrom Hysterie übergeht.« (*ibidem*, S. 203f)

Nachdem er einen Fall von hysterischer Dissoziation sehr detailliert beschreibt (der Leser findet es auf den Seiten 204–206 von *Clinical Studies*), wendet sich Sullivan erst der Persönlichkeitsstruktur des hysterischen Patienten zu und dann dem interpersonalen Umfeld, in dem er aufgewachsen ist. Ausgehend von der Tatsache, dass »die Verbindung, die zwischen Schmerz oder Freude und den anderen Personen besteht, nie klar war« oder »der geringen Bedeutung, die die anderen für ihn haben«, sagt Sullivan Folgendes über dessen Ursprungsfamilie:

> »Aber in der Geschichte des Patienten findet man meistens, außer einer solchen Atmosphäre, auch ein Elternteil oder eine sehr bedeutende Figur, die in sich selbst versunken ist und das Kind als eine Art Spielzeug auffasst – als Dekoration der eigenen Persönlichkeit – und nicht als eine sich entwickelnde Persönlichkeit. Dieser Mangel an Respekt und ausreichender Bestätigung bedeutet für das Kind auch, dass die Persönlichkeit des betreffenden Elternteils relativ egozentrisch ist und die Tendenz haben dürfte, von der ich schon gesprochen habe, und zwar, die Wirklichkeit als kläglich anzusehen und sie zu beschönigen. In genau diesem Bereich wird das Kind sehr bald durch Vorbild und Gewohnheit lernen, dass nichts gut genug ist. Und die Erfahrung in der Familie wird ihn lehren, die Dinge ganz nach dem Vorbild des Elternteils zu verbessern. So ist die Hysterie, mehr als alle anderen Deformationen des Lebens, ganz in der Nähe einer einfachen Ansteckung einzuordnen.« (*ibidem*, S. 211f)

Im nächsten Abschnitt, »Characteristic Interpersonal Relations of the Prevailingly Hysteric«, erreicht dann die ausgeprägte Fähigkeit Sullivans, klinische Phänomenologie und interpersonale Ätiopathogenese miteinander zu verbinden, eine solche Lebhaftigkeit, dass sich das psychodynamische Profil des hysterischen Patienten jedem, der diese Seiten liest, unwiderruflich einprägen wird:

»Welches sind die Charakteristiken der interpersonalen Phänomene, deren Vorhandensein den ernsthaften Verdacht rechtfertigt, es mit Hysterie zu tun zu haben? Die bei einer vorherrschend hysterischen Person zu beobachtenden interpersonalen Beziehungen zeichnet eine übertriebene emotive Färbung aus. ... Die Laune ist veränderlich wie Sommerregen und es gibt keinen engen Zusammenhang zwischen der Laune, die zu einer bestimmten Zeit vorherrscht, und den persönlichen Ereignissen, die man als die wichtigsten jenes Zeitpunkts bezeichnen könnte. ... Ich glaube, keine andere Gruppe von Personen kann so unvermittelte und überraschende Veränderungen der emotiven Haltung den anderen gegenüber an den Tag legen, wie man sie bei sehr hysterischen Personen feststellt. ... Beim Hysteriker sieht man ganz klar, dass das Motivationssystem nicht ganz reif ist. Mir scheint, dass der Prozentsatz an Hysterikern, deren Persönlichkeit sich nicht bis zum Ende der Präadoleszenz entwickelt hat, beträchtlich ist. Deswegen erreichen die Beziehungen der Hysteriker mit anderen nie Liebe, so wie ich sie definiere, und manchmal nicht einmal Intimität, auch dies im von mir definierten Sinne. Sehr oft hat man es mit einem ausgeprägten Vorherrschen der kompetitiven Motivation zu tun, die im Schulalter überwiegt, und meistens zeigt sich die Kompetition gegenüber Personen des gleichen Geschlechts.« (*ibidem*, S. 213)[21]

Wie wird Hysterie schließlich behandelt? Sullivan erklärt, dass er versucht, diesen Patienten dabei zu helfen, aus ihrem Egozentrismus, ihrer narzisstischen Zuflucht, herauszukommen, indem er ihre Wahrnehmung der Wirklichkeit schärft, das heißt, ihre Fähigkeit, die interpersonale Dimension in ihrer ganzen Komplexität zu erfassen, damit sie am Ende fähig sind, tiefere und wichtigere Beziehungen zu anderen einzugehen. Der Autor weiß, wie schwer diese Arbeit ist. Er bietet sogar folgende, bedeutsame Überlegung zu den von ihm erfahrenen Problemen der Gegenübertragung:

»Ich denke, das wichtigste therapeutische Problem bei der Behandlung eines Hysterikers besteht darin, dass der Therapeut extrem leicht Fehler bei seiner Beurteilung machen kann. So lang die Kommentare des Psychiaters Material betreffen, das keine Relevanz für den Patienten hat, ist alles ganz wunderbar, der Patient arbeitet willig mit, abgesehen von einem gewissen Mangel an Wärme, alles läuft bestens. Und genau das«, stellt Sullivan fest, »bringt mich an den Rand eines infantilen Wutanfalls, denn ich muss *alles* bis ins kleinste Detail diskutieren und mir scheint, die Sache ist die Mühe nicht wert. Aber ich höre von anderen, dass ihnen genau das Gleiche passiert. Wenn man ihm zum Beispiel eine Interpretation anbietet, bevor ausreichend Daten für eine gute Interpretation vorliegen, geht der Patient gleich los und zerrt den Arzt mit zu einem sehr aufregenden Lauf, der aber leider unproduktiv ist. Dann verblasst diese Sache; am Ende des Laufs scheint gar nichts zu sein. Derweil ist man aber durch diese Flucht über die Tangente sehr weit gelaufen und es braucht sehr viel Zeit, um zurückzukommen.« (*ibidem*, S. 225f; Kursiv im Original)

Über die besondere List dieser Patienten erfahren wir hingegen Folgendes:

»Selbst die Einfachheit der Sprache und der Erfahrungen des Hysterikers täuschen, denn tatsächlich hat alles genau die Bedeutung, die man sich erwarten würde, nur dass, natürlich, ein großer Teil des Materials rein verbal ist, also nichts bedeutet. Viele dieser Dinge wurden einfach aus der Erfahrung anderer Personen übernommen, aus Geschichten, die sie gehört haben, und so weiter (…) So weiß man nur, dass man vielleicht die Erfahrung jemand anderes analysiert …« (*ibidem*; S. 226)

Aus diesem Grund, und da Träume nicht so leicht manipuliert werden können, gelangt Sullivan zu der Feststellung, dass Hysterie »in der gesamten Psychiatrie die einzige Angelegenheit« darstellt, bei der es »wirklich von Vorteil ist, in beträchtlichem Maße auf Träume zurückzugreifen« (*ibidem*).[22]

Noch reicher, was die Identifikation des entwicklungsgeschichtlichen Hintergrundes des Patienten angeht, ist das folgende Kapitel: »Obsessionalism«. Hier schreibt Sullivan:

»In vielen dieser Familien war das einzige, was vielleicht keinerlei Bedeutung für den Entschluss zur Heirat hatte, Liebe … Und auch wenn einer der Ehepartner ursprünglich nicht die Gewohnheit hatte, sich auf überlieferte moralische Prinzipien zu berufen, um jeglichen Akt des Egoismus und der Anmaßung zu rechtfertigen, wird er dieses schöne System vom anderen Ehepartner schon gelernt haben, bevor der kleine Hans auf die Welt kommt. Dem Kleinen wird auf diese Weise etwas verwehrt, was einen großen erzieherischen Wert hat, und zwar zu lernen, dass es Dinge gibt, die für Mama völlig in Ordnung sind, aber nicht für den Vater. Er lernt hingegen, dass es sehr viele Dinge gibt, die für keinen richtig in Ordnung sind, aber immernoch besser sind als nichts; er ist sozusagen von Geburt an von diesen Dingen umgeben, es ist klar, dass sie Teil des Universums sind, er muss sie auf jeden Fall lernen. So kommt er nicht in den Genuss des heilsamen erzieherischen Effekts des Scheiterns einer magischen verbalen Operation, die in seinem Gedächtnis die Bedeutung des Zuhörers bei verbalen Operationen einprägen würde … Im Besonderen ist er jetzt der Gefahr ausgesetzt, bei jedem ernsten interpersonalen Problem, das sich ihm während seiner Entwicklung stellen kann, zu scheitern, wegen dieser Gewohnheit, sich sozusagen auf eine magische verbale Aktivität zu konzentrieren, die nur zur Hälfte befriedigend ist: Diese Sache, die ihn in Wirklichkeit nicht vor Angst bewahrt und auch seine Euphorie nicht erhöht, jedoch schlimme Furcht eindämmt und Strafe fern hält.« (*ibidem*, S. 231)

Nachdem er das familiäre Klima beschrieben hat, in dem das Kind lernt, verstärkt auf magische verbale Formeln zurückzugreifen, was typisch für die zwangsneurotische Pathologie ist, vervollständigt Sullivan folgendermaßen das klinische Profil:

»Ihre Sicherheit mit den anderen wird – man könnte sagen per definitionem, aufgrund ihrer ursprünglichen Familiensituation – fast nie perfekt sein. Sie sind nie sehr sicher und es gibt fast nichts, was ihnen die Vorstellung vermitteln könnte, dass dies möglich ist. Anders ausgedrückt, ihnen ist jeder moderate Grad von Angst zutiefst vertraut.« (*ibidem*, S. 236)

Dies ist also die Art und Weise, wie der Zwangsneurotiker – nach Sullivans Vorstellung – sich des Wortes nicht zur Kommunikation bedient, sondern als Waffe zur Abwehr von Furcht und des chronischen Unsicherheitsgefühls, die ihn heimsuchen und seine Beziehungen charakterisieren.[23] Was die Beziehungen zu anderen Menschen des zwangsneurotischen Patienten angeht, kommt Sullivan zur der prägnanten Definition: »*Der Zwangsneurotiker hat niemals die Befriedigung eines bedeutenden Erfolgs in seinen interpersonalen Beziehungen erfahren*« (*ibidem*, S. 238; Kursiv im Original).

Hierzu ein einleuchtendes Beispiel, wie der zwangsneurotische Patient auf eine Bedrohung seiner persönlichen Sicherheit mit einer Verschärfung seiner Störung reagiert, was zu einer Verschlechterung der Qualität seines Beziehungslebens führt:

»Zum Beispiel: Eine Person, die für den Zwangsneurotiker sehr wichtig ist, in dem Sinne, dass dies für ihn eine Quelle der Befriedigung darstellt (zum Beispiel, weil sie ein perfekter Sexpartner ist), kann anfangen, Fehler bei diesem zu entdecken, nicht im Bereich der Sexualität, aber in anderen Bereichen, die vielleicht weniger gefühlsbeladen, aber zeitaufwendiger sind. Diese Tatsache bringt eine Drohung mit sich: Sie ist an sich eine Quelle der Unsicherheit. Jede intelligente Person würde denken: ›Wenn ich nicht irgendetwas mache, riskiere ich diesen perfekten Partner zu verlieren‹. Aber dies ist nicht die Art, in welcher der Zwangsneurotiker mit seiner Unsicherheit umgeht. Er wird hingegen immer zwangsneurotischer; und das während der Partner – nehmen wir an, es sei die Ehefrau – sich zu fragen beginnt, ob es sich lohnt für 20 Minuten Freude in 24

Stunden, viele Stunden am Tag an einer Art Fliegenfänger zu kleben. Es ist so, dass der Obsessive die Tendenz hat, alles in Frage zu stellen – eine Tendenz, die sich ganz klar gegen sein eigenes Ich richtet –, seine Tendenz aber nur als eine Art perversen Trotzes von Seiten seiner Frau wahrnehmen kann. Und anstatt zu Analyse und Synthese zu führen, die einen praktischen Nutzen hätten, produziert diese Sache nur frustrierende, da magische Aktivitäten.« (*ibidem*, S. 239)

Von dieser klinischen Darstellung ausgehend wendet sich Sullivan der Behandlung des obsessiven Patienten zu, der sich »in der Therapie tatsächlich so verhält, als ob die Aussicht auf eine klare Formulierung seiner persönlichen Probleme ihn in Panik versetzen würde« (*ibidem*, S. 240).

So muss der Therapeut »stets mit der Tatsache kämpfen, dass man nie etwas Positives zu Ende bringen kann: Und man kann es immer weniger, je mehr man sich der richtigen Interpretation einer im Leben des Patienten fortdauernden Schwierigkeit annähert« (*ibidem*, S. 243). Mit anderen Worten, auch im Fall des Zwangsneurotikers, wie in dem des Hysterikers, steht im Zentrum des therapeutischen Ansatzes Sullivans die Beziehungsdynamik, die der Patient gegenüber dem Therapeuten in Gang setzt; dies bedeutet beim Zwangsneurotiker ein klebriges Netz, mit dem er versucht, den Therapeuten zu fangen, ihn seiner Beziehungswelt einzuverleiben, wodurch er ihn völlig unfähig macht, seine Arbeit zu verrichten. Aufgabe des Therapeuten ist folglich, ein emotionales Klima zu schaffen, das es dem Patienten erlaubt, sich sicher genug zu fühlen, um die Furcht vor einer klaren Formulierung seiner Probleme zu tolerieren und den Ausweg im Zeichen der »Beziehungskompetenz« zu finden, der für ein befriedigendes Leben notwendig ist, und den er durch seine Art der Verteidigung nicht sehen kann. So wird der zwangsneurotische Zweifel – ein typisches Symptom dieser Patienten – zu einer wahren Beziehungsstrategie, die der Therapeut versuchen muss, aufzuheben. Das heißt:

»Nun, ich glaube nicht, dass man sehr viel über das, was dem Zwangsneurotiker widerfährt, lernen kann, wenn man seine Zweifel als einen zwangsneurotischen Prozess an sich betrachtet. Ich glaube hingegen, dass man, über die Zweifel hinaus, sehen sollte, was der Patient macht, um dann den Zweifeln ein paar kräftige Schläge zu versetzen … das heißt, wenn klar ist, dass die Zweifel nicht zur Situation, oder zu mir als wichtige Person gehören. Danach beginnt anstelle der Zweifel und Unentschiedenheit die andere Angelegenheit aufzutauchen – das Bedürfnis, klar zu sein, sozusagen, das Bedürfnis nach Exaktheit, dies ist, denke ich, die beste Darlegung, die der Patient selbst von der Sache formulieren könnte; und dann sind wir, der Patient und ich, damit beschäftigt, das klassische zwangsneurotische Problem zu lösen. Durch Erfahrungen dieser Art«, erklärt Sullivan weiter, »bin ich zu der Meinung gelangt, dass der Zweifel nur deswegen zu einem wichtigen Teil des Bildes wird, weil er die Umwelt dazu zwingt, zu arbeiten. Er beschäftigt ganz einfach die anderen und hält sie davon ab, den Zwangsneurotiker brutal anzugreifen. Es ist auch möglich – aber das ist nur eine sehr ungewisse Formulierung – «, fügt der Autor, nicht ohne Ironie, hinzu, »dass dem Zweifel, manchmal, der weitere Verdienst zukommt, dafür zu sorgen, dass diejenigen, die dem Zwangsneurotiker helfen wollen seine Zweifel aufzulösen, als die Dummen dastehen und damit seine Sicherheit erhöhen.« (*ibidem*, S. 251f)[24]

Praktisch kommt die Dialektik von Angst und Selbstachtung, die, wie wir wissen, zu den tragenden Konzepten der interpersonalen Theorie gehört, gerade beim Zwangsneurotiker besonders klar zum Vorschein, so dass sie auch die therapeutische Vorgehensweise bei diesen Patienten wesentlich bestimmt.

»Bei der Behandlung des zwangsneurotischen Patienten ist die erste Regel natürlich folgende: *Niemals zu viel Druck in einer Zone ausüben, in der der Patient ihn nicht aushalten kann*«, stellt Sullivan ganz klar fest. »Sogleich stellt sich die Frage: welche Zone ist das? Die Antwort ist in der allgemeinen Regel zu suchen, dass zwangsneurotische Prozesse ein Mittel sind, um einen unbequemen Zustand, der aber an Sicherheit grenzt, zu erreichen. Folglich darf man die Selbstachtung eines Zwangsneurotikers nie *direkt* treffen (...). Mit anderen Worten, der Psychiater wird nicht all sein Geschick auf den Versuch verwenden, den Patienten von seinen Fehlern zu überzeugen und sie ihm aufzuzeigen, bevor er in der Lage ist, sie selbst zu sehen. Man kann ihre Introspektion nicht sehr beschleunigen, was aber nicht bedeutet, dass der Patient nicht versucht, dort hinzugelangen. Es gibt keine Ausnahme von der Regel, dass die Patienten, sobald man ihnen etwas Hoffnung aufscheinen lässt, sich vor allem um eine Besserung bemühen.« (*ibidem*, S. 264f; Kursiv im Original)

Dieser Darstellung seiner Prinzipien lässt Sullivan eine so exakte und intelligente Beschreibung der Vorgehensweise – das heißt, des Prozesses – dieser, sehr viel Engagement erfordernden Art von Therapie folgen, dass sie die Zustimmung jedes modernen erfahrenen Psychoanalytikers finden wird:

»Der Psychiater muss also lernen, zu warten, bis die Interpretation dieser bestimmten Situation im Leben des Patienten fast unmittelbar ersichtlich ist und gleichzeitig muss er sehr aufmerksam alles beobachten, was in der Zwischenzeit passiert. Wenn er etwas macht, was den Patienten verärgert, wird der Psychiater natürlich ganz einfach heruntergemacht, gewöhnlich auf sehr unangenehme Weise. Wenn der Psychiater den Patienten aber nicht behindert oder ihn nicht an irgendeinem empfindlichen Punkt trifft, wird der gleiche Inhalt wieder und wieder durchgearbeitet; und jedes Mal ist er ein bisschen klarer als das Mal zuvor. Es scheint, als heilen sich auf diese Weise zwangsneurotische Persönlichkeiten selbst.« (*ibidem*, S. 265f)

Einige Seiten weiter erfahren wir dann auch, im Sinne der interpersonalen Theorie, wovon diese Patienten in Wirklichkeit geheilt werden, das heißt, wir erfahren, welch brutale Behandlung sie in ihrer Familie erfuhren und von der Notwendigkeit, es ihnen endlich zu ermöglichen, den diesbezüglichen, höchst akuten Schmerz, anzugehen – mit dem Ziel, ihr Schild, ihre klebrige Obsessivität, endgültig ablegen zu können.

»Aus den Erzählungen des Zwangsneurotikers gehen nach und nach Episoden von Brutalität hervor«, enthüllt uns der Autor gegen Ende des Kapitels, »die der Patient durch eine wichtige Person erlitt, normalerweise ein Elternteil. Wenn diese Erzählungen von Brutalität irgendeine feine Verschleierung der Brutalität durch denjenigen, der sie ausübte, enthalten, glaube ich, kann man die Erzählung immer als wahrheitsnah auffassen. Also, diese Patienten waren viele Male der Grausamkeit eines Elternteiles ausgeliefert, welcher die Brutalität der Situation aber stets unter einer kleinen Maske versteckte. In den Anfangszeiten, als ich mit Zwangsneurotikern arbeitete, erschien es mir wenig wahrscheinlich, dass all die Brutalitäten, von denen ich hörte, wirklich an den Patienten verübt worden waren, aber dann, nachdem ich die gleiche Art von Geschichte so oft gehört hatte, begann ich klar zu sehen. Diese Patienten wissen genau, dass ihre Eltern nicht glücklich waren und dass zumindest einer der beiden ihnen gegenüber von einer wilden Grausamkeit war. Aber es gab immer eine Zweideutigkeit, denn alles ereignete sich unter einem Anschein von Normalität, Zärtlichkeit und Fröhlichkeit. Dem Kind gelang es nie zu verstehen, ob die Mama, zum Beispiel, wirklich so böse zu ihm war, oder ob sie in Wirklichkeit zärtlich und lieb war, es aber seine kindliche Perversität war, die sie als grausam erscheinen ließ. Die Therapie besteht hier darin, zu verstehen, dass diese ganze Zärtlichkeit und Fröhlichkeit nur Schein waren; die therapeutische Ermittlung hilft dabei, die Maske vom Motiv zu unterscheiden. Dieses Verstehen wird oft von einem bitteren Schmerz begleitet, der ganz unterschiedlich sein kann. Im allgemeinen betrifft der Schmerz die vielen verlorenen Gelegenheiten zum Glücklichsein, die aufgrund der Unsicherheit des Patienten über die wahre Bedeutung der grausamen Taten des Elternteils verloren gingen. Das ist wahrer Schmerz. Das ist die endgültige Emanzipation«, fügt der Autor mit klarem freudianischen Akzent hinzu, »von einem verlorenen Liebesobjekt, das von Kindheit an, eine der Giftquellen war.« (*ibidem*, S. 267f)

So kann der zwangsneurotische Patient schließlich, indem er sich dem Schmerz stellt, der mit seinen ursprünglichen Lebensbedingungen verbunden ist, die Maske abnehmen, die ihn daran hinderte, befriedigende Beziehungen einzugehen.

Hier finden wir also, allerdings im Rahmen der von Sullivan entwickelten interpersonalen Theorie, das Echo des von Freud – dem frühen Freud – zurückgelegten Weges auf dem Gebiet der Hysterie; und auch heute noch haben nicht viele Psychoanalytiker das Glück, die Analyse eines zwangsneurotischen Patienten zu Ende zu bringen. Erst im nächsten Kapitel wollen wir dann eine endgültige Klärung der verwickelten und komplexen Beziehung des Autors zur Psychoanalyse vornehmen – die er im Laufe seiner Karriere schrittweise hinter sich ließ. An diesem Punkt bleibt uns dann nur noch, den oben erwähnten Beitrag von Pearce über die Beziehung zwischen interpersonaler Theorie und Therapie zur Hand zu nehmen.[25]

Sowohl das Leben, als auch die Therapie – stellt Pearce fest – sind Wachstumsprozesse. In beiden Fällen geht es also um einen Lernprozess, was den Bereich der Erfahrungen angeht. Ein solcher Prozess kann nur im Rahmen einer interpersonalen Beziehung stattfinden. Das heißt innerhalb einer vom nötigen Respekt und von Wärme gegenüber der anderen Person geprägten Beziehung, die auch das ausdrückliche Teilhaben an den Schritten, die wir tun, ermöglicht. »Jede neue Erfahrung hat notwendigerweise einen irrealen Charakter«, stellt die Autorin ganz klar fest, »bis sie nicht von einer anderen Person geteilt wird«. Diese Beziehungsfähigkeit wird nach und nach aufgebaut, durch Interaktion von neuro-biologischer Reifung und Beziehungsrahmen in den verschiedenen Entwicklungsphasen, die unser Wachstum bestimmen. Entlang dieser Strecke geschieht es, dass einige Erfahrungen nicht die nötige Integration erfahren, das heißt, sie werden dissoziiert. Dies geschieht durch die Angst, die sie in uns hervorrufen, durch die Bedrohung also, die sie für das Selbstkonzept, das wir durch die familiäre Umgebung entwickelt haben, darstellen. So kommt es, dass zur Vermeidung von Angst eine ganze Reihe von Sicherheitsoperationen in Aktion treten, wie zum Beispiel die selektive Unaufmerksamkeit. Durch sie vermeiden wir, uns jener Erfahrungen, die unser Selbst-System verändern könnten, bewusst zu werden, das heißt Lebensweisen zu lernen, die nicht Teil unserer Erziehung waren. Oder besser gesagt, Lebensweisen und Arten von Beziehungen, die nicht konsensuell validiert wurden, was bedeutet, dass sie nicht von unserem familiären System gebilligt wurden. Diese Erfahrungen, die das Selbst-System aus unserem Bewusstsein ausschließt, sind allerdings Teil der so genannten »Gesamtpersönlichkeit«.

»Es ist die Gesamtpersönlichkeit«, stellt Pearce an diesem Punkt ihrer Darstellung fest, »die uns im Wachstumsprozess weiterträgt«; und zwar so sehr, dass das Selbst-System aktiv wird und einer zeitweiligen Desorganisation entgegengeht, das heißt, an einen Punkt gelangt, der durch Exzentrizität und Isolation in Bezug auf unsere Referenzgruppe gekennzeichnet ist. Dadurch kommt Angst auf, ohne die weiteres Lernen nicht möglich wäre. Und genau hier kommt die Therapie ins Spiel, die von ihr gebotene Möglichkeit einer Sicherheit, die es uns ermöglicht, die neue Erfahrung ins Selbst-System zu integrieren. Therapie bedeutet also eine Art neuer Erfahrung, die weiteres Lernen ermöglicht. Oder – um näher an Pearce zu bleiben – die Therapie besteht darin, im Patienten die Wachstumsfunktion zu integrieren, das heißt, ihm dabei zu helfen, alleine zu wachsen, mit anderen Worten: aus Erfahrung zu lernen – sobald die Hindernisse auf der Ebene des Selbst-Systems, die sich einer solchen expansiven Dynamik entgegenstellen, ausgeräumt wurden. Unter diesem Gesichtspunkt besteht die Therapie auch darin, das Wirken der Kräfte, die in jedem von uns in Richtung Wachstum drängen und eine Antithese zu denjenigen darstellen, die uns an unserem gewohnten Lebensstil festhalten lassen, zu katalysieren. In den Fällen, in denen der überwiegende Rückgriff auf bestimmte Sicherheitsoperationen zu wirklichen Krankheitssyndromen geführt hat, so dass die Beziehungskompetenz stark beeinträchtigt wurde, kann die Therapie uns dabei helfen, die einer solchen Dynamik zu Grunde liegende Angst aufzulösen. Sie ermöglicht es, normalere und befriedigendere Beziehungen aufbauen zu können, so wie sie hätten sein können, wenn unser Wachstumsprozess nicht durch Probleme und Hindernisse, die seinen optimalen Verlauf gestört haben, verändert worden wäre. Optimal ist das Ergebnis dieses Prozesses, wenn er uns dahin führt, mit auf ein Minimum reduzierter Angst und der größtmöglichen Befriedigung zu leben, d. h., in Lebensbedingungen, in denen wir minimale Energie aufbringen müssen, um unsere Sicherheit aufrechtzuerhalten und wir ein Maximum an Energie einsetzen können, um die vielfachen Befriedigungen zu erreichen, die das Leben uns bietet.

Anmerkungen

1 Diesen ersten Teil seiner Ausführungen schließt Sullivan mit den Worten:

> »Wenn es mir gelingen sollte, meine Vorstellungen zu vermitteln – und in dem Maße, in dem es mir tatsächlich gelingen wird – werde ich hoffentlich anderen Psychiatern helfen können, ihre beruflichen und anderen Angelegenheiten mit Menschen stärker in allgemeinen Begriffen zu formulieren; und derartige allgemeine Begriffe werden es meiner Meinung nach ermöglichen, in der

Forschung vermehrt zu Aussagen mit sehr hohem Wahrscheinlichkeitsgehalt zu gelangen.« (ibidem, S. 29)

2 »Von den Aktionen oder Operationen, an denen der Psychiater ... partizipiert, sind nur solche wissenschaftlich von Bedeutung, die mit ... begrifflichen Schematisierungen oder vernünftigen Definitionen einhergehen« (*ibidem*, S. 36).

3 Im psychoanalytischen Bereich ist eine Theorie, die viele Affinitäten zu Sullivans Theorie aufweist, wesentlich bekannter, und zwar die von Erik Erikson im Laufe seiner Arbeit entwickelte Theorie von der psychosozialen Entwicklung, die der interessierte Leser in seinem Werk *Der vollständige Lebenszyklus* (1988) finden kann. Da wäre aber noch mehr: Erikson erwähnt den Namen Sullivans nie, wahrscheinlich, weil sein Werk lange Zeit vom psychoanalytischen Mainstream geächtet wurde – obwohl er die interpersonale Theorie sehr wohl kannte, wie mir ein Kollege, der ihn persönlich kennen gelernt hatte, anvertraute.

4 Auch in Übereinstimmung mit dem Standpunkt, den Greenberg und Mitchell in dem langen Zitat, mit dem ich dieses Kapitel eröffne, ausdrücken, bin ich der Meinung, dass man Sullivan am besten aus der Nähe bei der Entwicklung seiner Ideen zusieht, anstatt eine Zusammenfassung zu versuchen, die dem Leser die Möglichkeit rauben würde, die Vorgehensweise des *work in progress*, die für ihn so typisch ist, zu erfassen.

5 Natürlich geht es hier auch darum, dass sich Sullivan auf einem schwierigen Terrain bewegte, bedenkt man, dass ihm damals weder die Mittel noch der Umfang an experimentellen Untersuchungen zur Verfügung standen, auf die zum Beispiel ein Buch wie *Die Lebenserfahrung des Säuglings* von Daniel Stern zurückgreifen kann. Stern bedient sich genau des konzeptuellen Hintergrundes, den Sullivan seinerzeit für seine interpersonale Theorie ausgearbeitet hatte, und geht, ebenso wie dieser, vom Paar Mutter/Kind aus. Er versäumt es im Übrigen nicht, darauf hinzuweisen, dass er Sullivan viel zu verdanken hat und zitiert ihn wiederholt. So schreibt er zum Beispiel:

> »Die britische Objektbeziehungs-Psychologie und, parallel dazu, H. S. Sullivan in Amerika waren die einzigen klinischen Theoretiker, die glaubten, dass die soziale Bezogenheit des Menschen von Geburt an vorhanden ist, dass sie um ihrer selbst willen existiert und nicht auf physiologischen Bedürfniszuständen beruht; sie waren ferner der Ansicht, dass man den Charakter dieser Bezogenheit exakt definieren könne (Balint 1937; Klein 1952; Sullivan 1953; Fairbairn 1954; Guntrip 1971).« (1992, S. 70)

6 Greenberg und Mitchell stellen in ihrem mehrfach zitierten Buch diese Begriffe wie folgt vor:

> »Die erste Organisation von Erfahrung des Säuglings beruht auf der Unterscheidung zwischen Angstzuständen (böse Mutter) und Nicht-Angstzuständen (gute Mutter). Mit dem Heranreifen seiner kognitiven Fähigkeiten beginnt das Kind, seine Verhaltensweisen zu antizipieren und mit dem

Gefühlszustand der Mutter zu verbinden. Einige Bereiche von Erfahrung und Verhalten treffen auf die Anerkennung durch die Mutter und rufen mehr Zärtlichkeit und weniger Angst hervor. Sullivan nennt diese Bereiche der Persönlichkeit ›Gutes-Ich‹. Andere wiederum verstärken die Angst der Mutter und lassen so, über die empathische Verbindung, auch die Angst des Kindes zunehmen: Das sind die Bereiche, die das ›Schlechte-Ich‹ bilden. Einige Bereiche der Persönlichkeit rufen sehr heftige Angst in der Mutter hervor und bewirken damit auch im Kind intensive Angst. Diese Erfahrung ist erschreckend für das Kind und ruft eine Amnesie hinsichtlich der Ereignisse hervor, die einem Zustand der heftigen Angst den Weg bereiten. Diese Erfahrungen bleiben völlig unbekannt und werden nicht integriert. Sullivan nennt diese Bereiche der Persönlichkeit ›Nicht-Ich‹. Alle bezeichnenden Erfahrungen des Kindes unterliegen dem Einfluss der affektiven Antwort, die sie in der Mutter und, über die empathische Verbindung, im Kind selbst hervorrufen. Schließlich ist das Stadium des Eintretens der Antwort seitens der Mutter nicht mehr nötig; die Erfahrungen im Inneren des Guten-Ich werden von einem Gefühl der Sicherheit, der Ruhe, begleitet; die im Schlechten-Ich begleitet jedoch das Aufkommen von Angst; die Erfahrungen des Nicht-Ich liegen ›versteckt in einer Wolke‹ aus intensivster Angst.« (1983, S. 97f)

7 Natürlich entgeht Sullivan die Tatsache nicht, dass die Übereinstimmung zwischen Personifizierung – für das in der Theorie der Objektbeziehungen der Ausdruck »inneres Objekt« steht – und wirklicher Erfahrung weit davon entfernt ist, einfach und linear zu sein. Tatsächlich schreibt er gleich nach diesem Zitat:

> »Nun ist diese Personifizierung freilich nicht die ›wirkliche‹ Mutter – ein als Entität verstandenes, besonderes Lebewesen, sie ist vielmehr eine herausgearbeitete Strukturierung infantiler Erfahrung. Die mütterliche Personifizierung des Säuglings ist nicht der Säugling selbst, sondern eine wachsende Strukturierung mütterlicher Erfahrung, die eine Vielzahl von Faktoren beinhaltet, die sich nur entfernt auf ihren unmittelbaren Umgang mit diesem besonderen ›wirklichen‹ Säugling direkt beziehen.« (ibidem, S. 138)

8 Das Gleiche gilt für Mitchells Werk; was dessen Neudefinition der zentralen Rolle der Sexualität in relationaler Lesart angeht, verweise ich den Leser auf den zweiten Teil des zitierten Buches von 1988, in dem die relationale Orientierung, deren führender Kopf er war, in ihrer Gesamtheit dargestellt wird.

9 Sehr eloquent und von großem praktischen Nutzen ist auch folgende Definition des Unterschieds zwischen akutem und latentem schizophrenen Zustand, die Sullivan auf der Basis seiner Theorie der Dynamismen bietet und die sich am Ende dieses Kapitels befindet:

> »Ich denke, dass viele von Ihnen, wenn nicht sogar alle, verehrte Kollegen Psychiater, Patienten hatten, die Sie aus dem Krankenhaus entlassen haben,

obwohl sie schizophren waren, weil sie sozial geheilt waren, und denen es dann jahrelang gut ging. Diese Patienten hatten gelernt, dass es nicht die Feindseligkeit oder Perversität ihrer Umwelt war, die dazu führte, dass die Umwelt sie als verrückt betrachtete. So gelang es ihnen, den Anschein von Normalität aufzubauen – sie hörten auf, das primitive Material, das die Essenz der Schizophrenie ist, zu kommunizieren – wodurch sich die Umwelt nicht mehr um sie sorgte und alles wunderbar lief. Sie haben noch immer Zugang zu jenen Gedankenebenen, die wir schizophren nennen; aber sie sind nicht mehr psychotisch, in dem Sinne, dass ihre Aktionen und Kommunikationsversuche nicht mehr die gleichen verheerenden Auswirkungen auf ihre persönliche Umwelt haben wie einst. Das ist nur ein Beispiel dafür, dass es möglich ist, die gleichen Dynamismen in einer Situation zu beobachten, in der sie nicht unter die Kompetenz eines Psychiaters fallen. Dies sollten wir bedenken, anstatt zu urteilen, wie es normalerweise in den Lehrbüchern geschieht: ›Das ist eine geistige Störung, die charakterisiert ist von diesem und jenem‹.« (ibidem, S. 37f)

10 Natürlich war sich Sullivan darüber klar, dass das Bewusstsein nur funktionieren kann, ohne sich unnütz zu belasten, wenn es alles Bedeutungslose, das die Erfahrung uns bietet, von seiner Aufmerksamkeit ausschließt. Was ihn beschäftigte – und er dann schließlich ins Zentrum seines Denksystems stellte – war vor allem der Widerstand, den das Selbst-System über die selektive Unaufmerksamkeit Veränderungen entgegenbringt. Mit anderen Worten – und dies steht im Zentrum eines jeden therapeutischen Prozesses – das Selbst-System, das hinsichtlich unseres Selbstbilds immer zu Stabilität tendiert, hält uns von der Aufnahme aller Neuigkeiten ab, einschließlich der Erfahrungen, von denen wir profitieren könnten.

11 Meiner Meinung nach erklärt sich diese Entscheidung Sullivans nicht nur durch seinen kulturellen Hintergrund, also den Pragmatismus, der seine Ideen beeinflusste, sondern auch aufgrund der Tatsache, dass die freudianischen Analytiker jener Zeit die Übertragung nicht so gut handhabten wie heute – im Laufe von Analysen, die mehrere Jahre dauern, im Gegensatz zu den sehr kurzen von damals. Allerdings hatte auch Freud das gleiche psychologische und klinische Phänomen, für das Sullivan den Begriff selektive Unaufmerksamkeit verwendete, genau untersucht, besonders in der Schrift »Erinnern, Wiederholen und Durcharbeiten« von 1914. Mit anderen Worten, der Patient erinnert sich zwar nicht an das emotionale Klima seiner Kindheit, wiederholt es aber bei der Sitzung, und es ist Aufgabe des Analytikers – indem er an der Übertragung arbeitet (also an dem, was der Patient ihm, ganz im Sinne des Wortes, überträgt oder mitteilt, indem er es ausführt)–, ihm dabei zu helfen, es in Worte zu fassen, oder – um mit Sullivan zu sprechen – die selektive Unaufmerksamkeit zu überwinden, die seine verbalen Mitteilungen bedingt. Unter diesem Gesichtspunkt gilt dann auch folgendes allgemeines Prinzip: Beide großen Kliniker, sowohl Sullivan als auch Freud, befassen sich mit den gleichen grundsätzlichen Phänomenen, die sie aber auf unterschiedliche Weise konzeptualisieren.

12 Auf ähnliche Weise hatte sich Sullivan auch gegenüber Dr. Kvarnes geäußert, während des ersten Treffens der Supervisionsgruppe, von der wir im fünften Kapitel gesprochen haben.

13 Mit dem Ausdruck »Algolagnie« versuchte Sullivan einen krankhaften Zustand zu umreißen, der in die Nähe der Hypochondrie gerückt wurde und einzig in seinem Denksystem ein autonomes Konzept darstellt; an dieser Stelle sagt er darüber:

> »In dem Sinne, den ich diesem Begriff gebe, behandelt die Algolagnie nicht so sehr den Körper, als die Welt als leidend. Die Algolagniker sind wahrscheinlich diejenigen, denen es mehr als allen anderen gelingt, dem Leben jede Freude zu nehmen. Es sind Personen, die daran leiden, zu leben: Sie sind immer froh, wenn sie erzählen können, dass alles falsch läuft und es ist sehr schwer, sie dazu zu bringen, irgendein besonderes Interesse zu zeigen, außer dafür, dass alles ganz schlecht läuft und die Zukunftsaussichten schrecklich düster sind. Ihr einziger Gedanke ist das Leiden, das ihnen das Leben zugefügt hat.« (ibidem, S. 84f)

Also ist es klar, dass Sullivan, bei seinem Versuch, dynamische Brücken zwischen den verschiedenen klinischen Mustern zu schlagen, zu folgender Feststellung gelangt: »Der so genannte paranoide Zustand setzt Algolagnie als Ausgangspunkt voraus; er steht auf jeden Fall in enger Verbindung mit der Hypochondrie, und sei es nur, weil er, klinisch gesehen, mit hypochondrischen Zuständen alternieren kann« (*ibidem*, S. 86). Anders ausgedrückt sind Hypochondrie und Algolagnie Varianten des paranoiden Zustands, die zu einer sogar noch geringeren Lebensqualität als die des Paranoikers führen, so auffällig in klinischer Hinsicht dieser auch sein mag. Stumm, und doch schwerer, ist also das Leiden der Patienten, die unter den beiden erstgenannten Krankheitsbildern leiden, und genau aus diesem Grund gelangen sie selten unter psychiatrische Beobachtung.

14 Erst nachdem er in den 20er Jahren *Hemmung, Symptom und Angst* geschrieben hatte, das heißt, bei der Ichpsychologie angelangt war, definierte Freud Angst als von einer inneren Gefahr hervorgerufen und gab damit endgültig seine ursprüngliche Definition auf – die er im Rahmen der Libidotheorie formuliert hatte – derzufolge sie von übermäßig angehäufter Libido hervorgerufen wird. Dies ist einer der Gründe, warum eine genaue Definition der Gefühle erst mit der postfreudianischen Psychoanalyse aufkam.

15 »Stolz erscheint immer um irgendeine Unsicherheit zu verbergen, die in der Vergangenheit weder vermieden noch auf andere Weise gelöst werden konnte« (*ibidem*, S. 117), stellt der Autor zu Beginn des Abschnittes fest, in dem er sich mit diesem Begriff beschäftigt. Einige Seiten weiter zieht er, hinsichtlich des dynamischen Profils dieses Gefühlszustandes, folgende Gesamtbilanz:

> »Aus dem bisher Gesagten dürfte klar hervorgehen, welche die beiden negativen Aspekte des Stolzes sind. Der erste ist folgender: Dort, wo die Sicherheit von einem unangemessenen Gebrauch des Dynamismus des Stolzes

abhängt, ist es unvermeidlich, dass sehr viel selektive Unaufmerksamkeit zum Einsatz kommt, und die betreffende Person wird nur eine geringe Kenntnis jenes besonderen Aspekts der Wirklichkeit haben, unter dem der Stolz zum Vorschein kommt. Der zweite ist, dass eine Person empfindlich auf Frontalangriffe reagiert.« (ibidem, S. 121)

16 In einer weiteren knappen Abhandlung über den Dynamismus der Eifersucht beschäftigt sich Sullivan auch mit der Hypothese, diese habe etwas mit Homosexualität zu tun – und widerlegt sie. Auch hier bleibt er seiner Perspektive treu, die viele Jahre später von Kohut klargelegt und aufgewertet werden sollte, und wendet sich von der Dimension der Libido ab und der des Narzissmus zu. Nachdem er feststellt, dass Homosexualität »keinesfalls eine allgemeine Erklärung für Eifersucht sein kann« (*ibidem*, S. 140), reflektiert er über die Fähigkeit zu interpersonaler Intimität und stellt erneut fest, dass auch in diesem Fall mangelnde Selbstachtung eine entscheidende Rolle spielt:

> »Die Situation, in der Eifersucht entsteht, ist eine Situation, in der das Individuum fühlt ... dass es, auch wenn es anders scheint, in Wirklichkeit kein Recht hat, mit den Personen, in deren Gesellschaft es sich befindet, zusammenzusein. Es verdient sie nicht. Sie sind besser, sie haben mehr menschliches Potential als er. In einem interpersonalen Feld, in dem Eifersucht auftritt, ist immer ein gewisses Gefühl von mangelndem Wert vorhanden ....« (ibidem, S. 141)

17 Was die Beziehung des paranoiden Dynamismus zur interpersonalen Theorie angeht, stellt Sullivan klar, dass dieser Dynamismus entwicklungsgeschichtlich in die Präadoleszenz einzuordnen ist und unter diesem Gesichtspunkt als unüberwindliche Schwierigkeit, vertrauliche Beziehungen einzugehen – ob mit Mann, Frau oder Tier – definiert werden kann (*ibidem*, S. 153). Auf dieser Basis missbilligt er, auf noch entschiedenere Weise als hinsichtlich der Eifersucht, die Hypothese, dass Paranoia etwas mit latenter Homosexualität zu tun haben könnte – wie Freud in Bezug auf den Fall des Gerichtspräsidenten Schreber vermutet hatte. Sullivan nennt einen solchen Ansatz sogar »einen schrecklichen therapeutischen Fehler« (*ibidem*, S. 163).

18 Ich habe – dem im Frühjahr 2003 leider verstorbenen – Dr. Emmanuel Ghent aus New York (einem der Vorläufer der von Mitchell formulierten »relationalen Wende«) für die Freundlichkeit zu danken, mit der er mich auf diesen Vortrag hinwies, den Pearce 1957 am White Institute hielt, und der nie veröffentlicht wurde – und ihn mir zukommen ließ.

19 Wenn ich immer wieder auf diesen Aspekt von Sullivans Denken zurückkomme und ausführliche Zitate in diese Abhandlung aufnehme, dann liegt das daran, dass dieser Standpunkt heute zwar vielen Kollegen gemeinsam ist, in Wirklichkeit aber noch nicht so verbreitet ist, wie er es verdiente. Auch Sullivan fügt am Ende der Ausführungen über »Diagnose und Prognose geistiger

Erkrankungen« hinzu: »Wesentlich ist auch eine genügende geistige Offenheit, um die Dynamismen zu beobachten, die den dominierenden Dynamismus begleiten; sie zahlt sich aus, denn der Psychiater spart Zeit« (*ibidem*, S. 198). Mit anderen Worten: Diese Implikation seiner Erläuterungen wird noch heute oft missachtet!

20 Darüber behauptet Sullivan:

> »Wenn meine Theorien über Persönlichkeit Gültigkeit haben, wird jeder Patient dem Analytiker gegenüber eine Reihe von parataxischen Verzerrungen zeigen, die man vollständig vor dem Hintergrund seiner vergangenen Erfahrungen betrachten und verstehen muss, vor allem seiner krankhaften Erfahrungen. Diese parataxischen Verzerrungen geben unverdaute vergangene Erfahrungen wieder, Dinge, die nicht in ein eindeutiges Motivationssystem integriert werden konnten. … Ich neige allerdings zu der Ansicht, dass die wichtigsten Probleme, zumindest die wichtigsten Probleme des Moments, die als Verzerrungen der Beziehung zum Therapeuten auftreten, zwar auf ganz überraschende Weise in den Details variieren, hinsichtlich der Dynamismen, die sie ausgelöst haben, aber nicht sehr unterschiedlich sein können.« (ibidem, S. 200f)

21 »Die Ehe ist für Hysteriker normalerweise eine negative Erfahrung«, stellt der Autor gleich darauf, im nächsten Absatz, fest. »Aber sie können sowohl ihre guten wie ihre schlechten Seiten hervorheben, je nachdem, in welchem Moment sie von ihr sprechen. Dies ist unter anderem ein Anzeichen der Leichtigkeit, mit der ihr krankhafter Zustand ihre Probleme lösen kann.« (ibidem, S. 214)

Was hingegen das Sexualleben des Hysterikers betrifft, ist dieses durch eine solch »ausgeprägte Unreife« charakterisiert, dass man dort »sehr grobe Äußerungen ödipaler Überreste« (*ibidem*, S. 215) feststellen kann. Mit anderen Worten: »Es ist nicht sehr schwierig … das Konzept vom Ödipuskomplex zu bewahren, wenn man mit Material dieser Art arbeitet« (*ibidem*).

22 Im Kapitel des *Handbook of Interpersonal Psychoanalysis* (dem psychoanalytischen Handbuch, das 1995 von Marylou Lionells und drei anderen Kollegen vom White Institute herausgegeben wurde), das der Hysterie gewidmet ist, betont Lionells, dass das zentrale Problem der Behandlung von Hysterie darin bestehe, eine adäquate, das heißt optimale, therapeutische Beziehung aufzubauen; sie versäumt es dann auch nicht, die Vorteile hervorzuheben, welche die interpersonale Technik dank ihrer größeren Elastizität gegenüber der freudianischen und postfreudianischen Psychoanalyse in dieser Hinsicht bietet (1995; S. 508f).

23 Auf dieser Basis, also im Sinne des daraus hervorgehenden Maßes an Gefährdung von Beziehungen, unterscheidet Sullivan zwischen Persönlichkeitsstörung und manifester zwangsneurotischer Pathologie:

> »Ich würde es so ausdrücken: Man kann vielleicht denjenigen als vorherrschend zwangsneurotisch beschreiben, der einem normal intelligenten Beobachter nicht als merkwürdige oder bizarre Person auffällt; der aber, den Personen gegenüber, mit denen er chronisch integriert ist, eine klar obsessive Klebrigkeit an den Tag legt. Ein Zwangsneurotiker ist hingegen derjenige, welcher diese Klebrigkeit jedem gegenüber, der irgendeine, auch unbedeutende Art von Kontakt mit ihm herzustellen sucht, zeigt.« (ibidem, 236f)

24 Hier eine besonders treffende und intelligente Beschreibung der Beziehungsdynamik, mit der Sullivan es bei einem zwangsneurotischen Patienten zu tun hatte, und wie sich daraus ein Fortschritt für die Therapie ergeben konnte:

> »Etwas ganz anderes ist es, wenn es Ihnen gelingt, bei der Arbeit mit einem Zwangsneurotiker auf eine wahrscheinliche Hypothese zuzusteuern. Sobald Sie anfangen, etwas in der Art zu sagen, wird der Zwangsneurotiker von der Couch aufspringen und sie Ihnen an den Kopf schleudern. Er ist praktisch zu allem fähig, um Sie davon abzuhalten, zu sprechen. Es ist, als empfange er, jedes Mal, wenn der Psychiater endlich etwas wichtiges sagen will, das keine Fluchtwege offen lässt, unvermittelt eine Warnung. Also wird er alles tun, um zu verhindern, dass diese Sache gesagt wird und wenn er es schließlich doch anhören muss, bedeutet dies alles andere als Erleichterung. Er empfindet gewöhnlich Wut, aber es gibt aber auch einen deutlichen Nutzen. Wenn er sich schon daran gewöhnt hat, sich mit dem Psychiater sicher zu fühlen, wird er über Wochen sagen: ›Oh – schon wieder diese verdammte Sache, die ich durch Sie verstanden habe‹; aber die Wut hat sich vermindert, und dafür wächst die Bewunderung, dass Sie ihm geholfen haben.« (ibidem, S. 253)

Wir werden in Kürze untersuchen, auf welche Weise die Wut nicht nur mit der Sorge zu tun hat, dass der Zustand von Angst akut wird, sondern auch mit der Furcht davor, schließlich in Kontakt mit dem akuten Schmerz zu treten, der mit den Kindheitserlebnissen verbunden ist, und dem der Patient systematisch versucht auszuweichen.

25 Was die Nähe Sullivans zum frühen Freud betrifft, auf die oben angespielt wurde, geht es hier um einen begrifflichen Rahmen, den Freud bis zur Aufgabe seiner Verführungstheorie artikulierte, also um die erste der drei Phasen, in die Greenberg und Mitchell seine Arbeit unterschieden haben; sie sprechen darüber wie folgt:

> »In der ersten Phase, die von seiner Übernahme der kathartischen Methode von Breuer im Jahr 1880 bis 1905 dauerte, arbeitete er auf eine Weise mit Konzepten von Affekten und Verteidigung, die mit einigen der Nuancen des strukturellen Modells von Beziehungen übereinstimmt und manchmal überraschend den Ansichten der heutigen Zeit ähnelt ...« (1983, S. 25)

8. Von der »gemeinsamen psychotherapeutischen Sprache« H. S. Sullivans zur relationalen Psychoanalyse S. A. Mitchells (1946–2000)

Da eines der Themen, die uns im Laufe dieses Buches immer wieder beschäftigt haben, das Verhältnis Sullivans zur Psychoanalyse und zur Psychotherapie ist, wird *Das psychotherapeutische Gespräch*, das siebente und letzte seiner Bücher, die wir untersuchen, unseren Ausgangspunkt darstellen, um eine definitive Antwort auf diese verwickelte und komplexe Problemstellung zu finden. Zunächst ist zu sagen, dass die große Verbreitung, die *Das psychotherapeutische Gespräch* bei einer ganzen Reihe von Kollegen – Psychiatern, Psychotherapeuten und Psychoanalytikern – gefunden hat, zweifellos damit zusammenhängt, dass wir in ihm etwas finden, das ich als eine wahre »gemeinsame psychotherapeutische Sprache« zu bezeichnen vorschlage. Das Buch enthält nämlich das Wesentliche der klinischen Erfahrungen Sullivans, und zwar einen ernsthaften und differenzierten Versuch, eine eigenständige psychotherapeutische Dimension ins Leben zu rufen. Eine solche Dimension sollte sowohl von der Psychiatrie als auch von der Psychoanalyse unabhängig, ihnen aber gleichzeitig verpflichtet sein. Wie wir noch sehen werden, wenn wir dem Leser die signifikantesten Seiten dieses Textes vorstellen, war dies aber nicht die einzige in ihm enthaltene Dimension.

Die erste der vielfältigen Lesarten ist zum Beispiel durch eine Reihe von Ideen gegeben, die dieser Text bezüglich der Gestaltung von Sullivans spezifischer therapeutischer Technik enthält. Diesen spezifischen Gesichtspunkt werden wir im zweiten Abschnitt dieses Kapitels untersuchen, in dem wir uns mit der Fachliteratur nach Sullivan befassen werden. Ich denke an Beiträge von Autoren wie Mary Julian White, Jane Pearce und Saul Newton, A. H. Chapman und Leston Havens, die versuchen, sein psychotherapeutisches Erbe zu systematisieren.

Das psychotherapeutische Gespräch, das heißt die systematische Formulierung des interpersonalen Ansatzes in seiner klinischen Anwendung, war aber auch ein bedeutender Anhaltspunkt für einige der wichtigsten Bereiche der zeitgenössischen Psychotherapie. Ich beziehe mich hier – wie wir im dritten Abschnitt dieses Kapitels sehen werden – auf die Gruppen- und

Familientherapie und die kognitive Therapie. Nicht zu vergessen die psychoanalytische Psychotherapie, man denke zum Beispiel an einen Text wie Lester Luborskys *Principles of Psychoanalytic Psychotherapy*.

Natürlich bietet dieses Kapitel auch eine ideale Gelegenheit, um genauer auf die Bedeutung von Sullivans Werk für die zeitgenössische Psychoanalyse einzugehen – was wir im vierten Unterkapitel tun werden. Auch bezüglich dieses Themas enthält *Das psychotherapeutische Gespräch* einige weitere wichtige Anregungen.

Ein weiteres Thema stellt die interpersonale Psychoanalyse dar. Sie wird im Zentrum des fünften Abschnittes stehen. Hier geht es darum, welchen Einfluss Sullivans Erbe auf die psychoanalytische Ausrichtung des White-Instituts nahm, was 1995 im *Handbook of Interpersonal Psychoanalysis* eine systematische Darstellung erfuhr.

Gleichzeitig, ausgehend von *Relational Concepts in Psychoanalysis. An Integration* (1988), beruft sich auch die von Stephen Mitchell entwickelte relationale Psychoanalyse auf Sullivan, das heißt auf seinen wegweisenden Versuch, eine postfreudianische Psychoanalyse ins Leben zu rufen. Mit diesem Thema, das sich u. a. als Leitgedanke durch *Das psychotherapeutische Gespräch* zieht, werden wir uns dann im sechsten und letzten Abschnitt dieses Kapitels beschäftigen.

8.1 *Das psychotherapeutische Gespräch* oder von der »gemeinsamen psychotherapeutischen Sprache«

Der folgende Abschnitt gilt einer Darstellung von *Das psychotherapeutische Gespräch,* wobei eingehend die »gemeinsame psychotherapeutische Sprache« als zentral entwickelter Gedanke verfolgt wird.

Wir stoßen gleich zu Beginn des ersten Kapitels »Grundbegriffe des psychotherapeutischen Gesprächs« auf eine sehr genaue und nützliche Definition des Gesprächs:

> »… als Situation der primär *stimmlichen* Kommunikation einer *Zweiergruppe* … die mehr oder minder *freiwillig* entstanden ist und sich stufenweise auf der Basis *Fachmann – Ratsuchender* entfaltet, um *charakteristische Verhaltensmuster im Leben* des Analysanden, Patienten oder Ratsuchenden zu klären, welche dieser als besonders belastend oder wertvoll empfindet und von deren Klärung er sich einen *Gewinn* verspricht.« (1976, S. 2; Kursiv im Original)

Das gesamte Kapitel dreht sich um eine detaillierte Darlegung dieser Definition, deren wichtigste Punkte wie folgt zusammengefasst werden können.

Mehr noch als auf seine Worte müssen wir auf die Stimme des Patienten, ihren Tonfall und ihre Veränderungen achten, wenn das Gespräch in einem angemessenen Zeitraum zu Ergebnissen führen soll. Da das Gespräch nur dann von Nutzen ist, wenn der Patient sich öffnen und wichtige Dinge von sich mitteilen kann, ist es besser, wenn Patient und Therapeut in einem 90° Winkel zu einander sitzen als direkt einander gegenüber. Wir müssen ihm aufmerksam zuhören, da »die Mehrzahl der Hinweise auf das wirklich Gemeinte uns über die Ohren erreicht« (*ibidem*, S. 4), und Veränderungen im Tonfall die besten Hinweise auf den Verlauf des Kommunikationsprozesses und des Zustandes von Angst bieten, das heißt die Sicherheitsoperationen des Patienten.

»Ein Großteil der Erfahrungen, die man sich im psychotherapeutischen Gespräch langsam aneignet«, legt Sullivan dar, »macht sich dadurch bemerkbar, daß man ein mildes Interesse für den Punkt an den Tag legt, an dem sich die Tonqualität ändert« (*ibidem*, S. 4f). So können wir uns schon ausgehend von diesem ersten Wesenszug des Gesprächs eine Vorstellung über seinen gesamten Verlauf machen, das heißt, die Stimme – und nicht die Worte – als »Spiegel der Seele« des Patienten auffassen. Eine weitere Implikation dieser Art des Zuhörens und der Beteiligung besteht in der Notwendigkeit, auch banale Fragen zu stellen, um die Bedeutung der Worte zu klären, derer sich der Patient bedient, denn sie kann völlig von jener abweichen, die wir ihnen verleihen. So besteht die Fähigkeit des Interviewers auch darin, still zuzuhören und sich zu fragen: »Ist dieser Satz, diese Mitteilung eindeutig? Weiß man mit Sicherheit, was gemeint ist?« (*ibidem*, S. 6). Diesem Verständnis des Gesprächs liegt das uns inzwischen vertraute Konzept von der konsensuellen Validierung zu Grunde, das heißt, die Tatsache, dass eine effiziente Kommunikation nur dann stattfindet, wenn wir uns auf eine gemeinsame Bedeutung einigen können, nachdem wir untersucht haben, welche Bedeutung jeder einzelne von uns den Worten gibt.

Der nächste Parameter in der Definition des Gespräches ist die »Zweiergruppe«:

> »Während es praktisch unmöglich ist, die meisten wichtigen Bereiche der Persönlichkeit in Anwesenheit eines Dritten zu erforschen, ist es doch so, daß die Zahl der mehr oder weniger imaginären Personen, die in diese Zweiergruppe verwickelt werden, obwohl nur zwei Leute tatsächlich im Raum sind, manchmal wirklich haarsträubend ist.« (*ibidem*)

Es geht hier um die Rolle der parataxischen Verzerrung, d. h. der Übertragung. Von Sullivans Standpunkt aus betrachtet geht es also um die Personen, die der Patient mit ins Behandlungszimmer bringt, deren Erinnerung und Bedeutung im Kontakt mit dem Therapeuten lebendig werden.

Kommen wir nun zum dritten Punkt, »die freiwillige Beziehungsaufnahme der Beteiligten«, ihre Motivation zum Gespräch, ihre Erwartungen und ihr Verhalten. Viele Leute erwarten, »daß der Psychiater entweder ein großes Genie oder ein vollkommener Idiot ist« (*ibidem*, S. 7). Auf der Seite des Therapeuten kann jede starke eigene Emotion ein unglücklicher und überflüssiger Störfaktor werden (siehe *ibidem*). Sullivan lehnt sowohl übermäßige Neugier als auch Gleichgültigkeit gegenüber dem Patienten ab und kommt zu folgenden allgemeinen Betrachtungen:

> »Wie ich gleich weiter ausführen werde, stellt die Psychiatrie kein Vergnügen dar. Wer sich in der Psychiatrie vergnügen will, zahlt einen sehr hohen Preis für seinen wirklichkeitsfremden Optimismus. Wenn man sich den Kopfschmerzen nicht gewachsen fühlt, die einem die Psychiatrie bereitet, hat man den falschen Beruf gewählt. Die Psychiatrie ist Arbeit – Arbeit, wie ich sie sonst nicht kenne. Sie erfordert normalerweise zwar keine sehr große körperliche Anstrengung, aber sie erfordert doch ein hohes Maß an Aufmerksamkeit für ein sich manchmal sehr schnell veränderndes Feld von Zeichen, die schon an sich und in ihren Relationen außerordentlich komplex sind. … Begeisterung für die Psychiatrie ist also absurd. Aber auf der anderen Seite ist für den Psychiater Gleichgültigkeit gegenüber seiner Arbeit verhängnisvoll. Die verläßlichere Einstellung für den Psychiater, der ein therapeutisches Gespräch durchführt, ist wahrscheinlich die, daß er sich einfach völlig im klaren darüber ist, daß er seinen Lebensunterhalt verdient, und daß er dafür arbeiten muß.« (*ibidem*, S. 8)

Hier greift Sullivan das Problem der Gegenübertragung auf, das in der damaligen Psychoanalyse noch zu wenig Beachtung fand und nicht ausreichend konzeptualisiert war. Das gleiche gilt für den nächsten Punkt, den er anspricht, »das Verhältnis Fachmann – Ratsuchender«; er stellt hierzu fest, dass die Fähigkeiten des Psychiaters im Bereich der interpersonalen Beziehungen liegen, was ausschließe, dass der Psychiater aus seiner Arbeit mit dem Patienten Befriedigung oder persönliches Prestige beziehe.[1]

Im nächsten Punkt geht Sullivan der Frage nach, wie »[d]ie charakteristischen Verhaltensmuster im Leben des Analysanden« im psychiatrischen Gespräch erschlossen werden können. Durch die Art, wie der Patient seine Beziehungen lebt, und die Weise, wie er die Beziehung zum Psychiater herstellt, lautet die Antwort. Zu dieser Antwort gelangt Sullivan, indem er uns darlegt, wie man den Patienten schrittweise dahin führen kann, festzustellen, dass seine Symptome und Probleme eine eigene Geschichte und spezifische Eigenschaften aufweisen. Dies ist auch die erste Botschaft, die das Gespräch dem Patienten vermitteln soll, d. h., »die Hoffnungen des Patienten auf Gewinn« – den letzten Punkt der Definition. Sullivan legt diesen noch genauer dar:

> »Diese Behauptung mag nicht besonders eindrucksvoll klingen. Ich habe aber an langwierigen Gesprächen teilgenommen, die für den Patienten sehr unangenehm waren, die aber ein für ihn nützliches und für mich befriedigendes Ende genommen haben, und zwar nur deshalb, weil er verstanden hatte, daß irgendetwas für ihn herausspringen würde. ... Soweit der Patient durch seine Beteiligung an der Gesprächssituation zu der Überzeugung gelangt, daß der Psychiater nicht nur erfährt, *wie* seine Schwierigkeiten aussehen, sondern auch *wer* er selbst ist und *mit wem* er Schwierigkeiten hat, ist die unausgesprochene Hoffnung auf einen Gewinn im Begriff, sich zu verwirklichen.« (*ibidem*, S. 13)

Also ist Voraussetzung für das Funktionieren des Gesprächs nicht nur, dass es jemanden gibt, der dieses zu führen weiß, sondern auch, dass sich ein geeignetes Klima der Zusammenarbeit einstellt. Die Geschicklichkeit des Fachmannes zeigt sich gerade darin, dass er fähig ist, ein solches Klima zu schaffen.

> »Der Therapeut muß sicher sein, daß der Patient etwas davon hat, daß seine Hoffnung, persönlich weiterzukommen (wie er es vielleicht nennt), eine bessere Stelle zu bekommen oder das zu erreichen, was ihn motiviert hat, nämlich sich auf das Gespräch einzulassen und nicht enttäuscht wird. Solange dieses persönliche Ziel Unterstützung erfährt, verbessert sich die kommunikative Situation, und der Therapeut gelangt schließlich zu Daten, die als Grundlage für eine Formulierung dienen können, die sowohl für ihn als Fachmann als auch für den davon betroffenen Analysanden von Wert ist.« (*ibidem*, S. 14)

Das erste Kapitel abschließend befasst sich Sullivan mit der »teilnehmenden Beobachtung« und der »parataxischen Verzerrung«. Die Abhandlung dieser Begriffe stellt die Grundlage dar, auf der seine Kollegen am White Institute im Laufe der Jahre die interpersonale Psychoanalyse aufgebaut haben. Die Teilnahme (*participation*) des Analytikers ist als Konzept und Terminus erst seit einigen Jahren auch gewissen Bereichen der freudianischen Psychoanalyse geläufig geworden.[2] Zur *participation* des Analytikers stellt Sullivan fest: »Deshalb ist der Therapeut unweigerlich und unausweichlich in alles verwickelt, was im Gespräch passiert. Und wenn ihm seine Beteiligung am Gespräch unbewußt oder unbekannt ist, weiß er nicht, was vor sich geht« (*ibidem*, S. 17).

Was nun die Teilnahme selbst betrifft, die die Besonderheit seines Ansatzes ausmacht, erfahren wir über ihre technische Umsetzung, dass der Psychiater »unermüdlich« sein soll, »wenn es darum geht, Fragen zu stellen ... weil er sich vergewissern möchte, daß er auch wirklich versteht, was man ihm sagt«. Er rechtfertigt diese Haltung, die im völligen Gegensatz zu Freuds Paradigma von Abstinenz und Neutralität steht, auch durch die therapeutische Wirkung des Gesprächs:

> »Es gibt wenig, was den Analysanden mehr beglückt und ihn der Erfüllung seines Wunsches näherbringt, von den Gesprächen zu profitieren, als eben diese sorgfältige Bemühung des Therapeuten, genau herauszuarbeiten, was gemeint ist. Fast jedes Mal, wenn man fragt: ›Meinen Sie das und das?‹ bekommt der Analysand ein bißchen mehr Klarheit darüber, was er selbst tatsächlich meint. Und welche Erleichterung bedeutet es für ihn zu entdecken, daß das wirklich von ihm Gemeinte etwas ganz anderes ist als das, was er zunächst sagte, und daß er endlich irgendeine konventionelle Selbsttäuschung aufdeckt, der er sich jahrelang hingegeben hatte.« (*ibidem*, S. 18f)

Einen weiteren Kommentar zu dem klinischen Beispiel, das Sullivan an dieser Stelle anführt,[3] stellt folgende Aussage dar:

> »Wenn also der Therapeut den Analysanden dazu bringt, etwas klarer zu sehen, was er denkt, mitteilen oder verbergen will, indem er versucht, dahinterzukommen, was der Analysand sagen will, bekommt dieser in gewissem Maß sein Leben besser in den Griff. Und niemand, der von Grund auf versteht, was ihm widerfährt, hat große Schwierigkeiten.« (*ibidem*, S. 21)

Wir haben es hier also mit etwas zu tun, das wir die kognitive Komponente der therapeutischen Wirkung des Gesprächs nennen könnten, bzw. mit der therapeutischen Wirkung der interpersonalen Psychoanalyse. Dies stellt auch die Grundlage der »detaillierten Befragung« dar, mit der sich Sullivan in diesem Band ausführlich beschäftigt.

Kommen wir nun zur parataxischen Verzerrung, einem Konzept, das aus dem Konzept der Parataxis hervorgeht, über das wir im Kapitel über die interpersonale Theorie gesprochen haben. Sullivan schreibt zu diesem Thema:

> »Die große Komplexität des psychotherapeutischen Gesprächs ist darauf zurückzuführen, daß der Analysand eine oder auch mehrere Personen auf den Therapeuten überträgt, die sich in auffälliger Weise und in äußerst wichtigen Punkten von ihm unterscheiden. Der Analysand richtet sein Verhalten auf diese fiktive

> Person aus, die die Wirklichkeit des Therapeuten vorläufig zurückdrängt, und wenn er die Bemerkungen und das Verhalten des Therapeuten interpretiert, geht er auch von dieser fiktiven Person aus. ... Parataxische Verzerrung stellt auch eine Verhaltensweise dar, in der die Persönlichkeit ihre schwerwiegendsten Probleme vor einem anderen Menschen zeigt.« (*ibidem*, S. 23f)

Hier wird Sullivans Eigenständigkeit ersichtlich, mit der er das Freudsche Konzept der Übertragung aufgreift, entwickelt und allen zugänglich macht, die im psychiatrischen Bereich tätig sind, seien sie nun Psychoanalytiker oder nicht.

Was sind die wesentlichen Konzepte des zweiten Kapitels, »Die Gestaltung der Gesprächssituation«? Ein Problem, das der Autor im ersten Abschnitt – »Die kulturelle Rolle des Therapeuten als Fachmann« – behandelt, scheint von großer Relevanz zu sein: Was überzeugt jemanden, angesichts der vielen Patienten, deren Erwartung enttäuscht wurde, im Psychiater einen Fachmann zu finden, der dieses Namens auch würdig ist, schließlich von der tatsächlichen Fähigkeit des Fachmanns, diesen als Patienten zu behandeln? Sullivan lässt uns in sein Behandlungszimmer ein, um seine Antwort zu formulieren, wo wir folgender Szene beiwohnen können:

> »Wenn eine bestimmte Frage Themen berühren soll, die den Analysanden mit Angstgefühlen oder Unsicherheit erfüllen, macht der Psychiater also vorher eine kleine Bewegung, die darauf hinweist, daß er sich über die unangenehmen Gefühle völlig im Klaren ist, die diese Frage begleiten, und daß es auf der anderen Seite notwendig ist, diese Informationen zu erfahren. Mit anderen Worten, der Psychiater lässt dem Analysanden eine kleine Warnung zukommen, sich auf etwas gefaßt zu machen. Ab und zu erkennt er vielleicht, daß der Patient über etwas besorgt ist, was für den Psychiater das Natürlichste in der Welt zu sein scheint. In diesem Augenblick sagt er vielleicht: ›Haben Sie denn das Gefühl, daß das ungewöhnlich ist?‹ Der Analysand antwortet vielleicht: ›Naja, ich glaube schon‹. Und der Psychiater entgegnet: ›Aber, mein Lieber, ich habe noch nie jemand ehrlich sprechen hören, der das nicht erwähnt hätte.‹« (*ibidem*, S. 27f)

Und hier der Kommentar Sullivans, der gleich auf dieses Zitat folgt, in dem er eine Antwort auf die oben gestellte Frage gibt:

> »Achtung vor der Persönlichkeit des anderen und klare Erkenntnis des Gefühls der Unsicherheit beim anderen stellen das erste Element des fachmännischen Könnens im Bereich der zwischenmenschlichen Beziehungen dar, das jeder Ratsuchende bei einem Gesprächsleiter suchen wird, der mit einer therapeutischen

> oder quasi-therapeutischen Aufgabe beschäftigt ist. Und wenn der Ratsuchende dieses Element nicht findet, wird der Familienarzt noch so viel Überredungskunst aufwenden können, die Situation wird ihm nicht verlockend erscheinen, und die Ergebnisse des Gesprächs werden nicht sehr aufschlußreich sein.« (*ibidem*, S. 28)

Also beruht die therapeutische Wirkung des Gesprächs auf der Art der Beziehung, die wir mit dem Patienten aufbauen. Das bedeutet auch, dass derjenige, der das Gespräch führt, einer klar definierten Linie bei der Untersuchung folgt, dem Patienten überflüssige Details erspart und darüber hinaus vermeidet, unangebrachte persönliche Neugier zu befriedigen. »Beim therapeutischen Gespräch hat man keine Zeit zu verlieren«, stellt Sullivan entschieden fest (*ibidem*, S. 31). Das bedeutet: »Die Patienten sind wirklich sehr froh, wenn sie erfahren, daß der Arzt eine Sache beendet, sobald er alles bekommen hat, was er wissen will, und daß er dann seine Neugier abstellen und sie auf etwas anderes richten kann, was wirklich wichtig ist« (*ibidem*, S. 31). Auf diese Weise gelangen nach Sullivans Auffassung der kognitive und der affektive Aspekt der therapeutischen Wirkung unserer Arbeit zu der Synthese, die wir benötigen.[4]

Die Ausführungen des Autors darüber, wie der Gesprächsleiter eine Beziehung zum Patienten aufbaut, die um so besser ist, je kohärenter er seine Rolle als Fachmann erfüllt, beziehen auch den Gebrauch einer so einfachen und effizienten Sprache wie möglich ein, die unter anderem frei von »psychoanalytischen Floskeln« ist.

> »Viele Gemeinplätze, die aus der Kultur überliefert sind und viele analytische Floskeln werden mit äußerster Leichtigkeit verteilt, aber ich nehme es mit jedem auf, der behauptet er könne bestimmen, was die meisten davon aussagen.«, stellt Sullivan fest. »Zum Beispiel reden die Leute von einer ›Mutterbindung‹, und wenn ein Therapeut das im Lauf eines psychotherapeutischen Gesprächs tut, verdient er meiner Meinung nach geradezu ein paar hinter die Ohren.«, fügt der Autor hinzu. (*ibidem*)

Mit anderen Worten: Seine neue *lingua franca* (bzw. was ich als die »gemeinsame psychotherapeutische Sprache« bezeichnet habe, die sein Buch implizit enthält), muss frei sein von gewissen Verirrungen der anfänglichen Psychoanalyse – Situationen, die wahrscheinlich von freudianischen Analytikern der damaligen Zeit, die noch Anfänger waren, mit den Patienten geschaffen wurden. Seinen folgenden Erörterungen können wir aber auch entnehmen, dass die Art von Teilnahme, die Sullivan vorschwebte und von der zeitgenössischen interpersonalen Psychoanalyse auch auf die Person des Analytikers ausgeweitet wurde, sich seiner Ansicht nach auf die Art Teilnahme eines Fachmanns als solchem beschränken sollte:

> »Von Anfang bis Ende ist der Psychiater nach besten Kräften bestrebt, seine Einbeziehung als Mensch ... zu vermeiden und er hält sich an die Aufgabe ein *Fachmann* zu sein; das heißt, er bleibt jemand, der sowohl theoretisch als auch in Wirklichkeit nur deshalb seine Patienten betreut, weil er – der Psychiater – den Vorteil einer bestimmten Ausbildung und Erfahrung genossen hat, die ihn in die Lage versetzen, ihnen zu helfen.« (*ibidem*, S. 32)

Erst an diesem Punkt wendet sich Sullivan tatsächlich seiner Vorgehensweise bei der Gestaltung des Gesprächs und dessen Unterteilung in vier Phasen zu, die er ab dem vierten Kapitel darlegt: der formale Behandlungsbeginn, die Anamnese, die detaillierte Befragung und die Beendigung (*ibidem*, S. 35f). Zuvor erwähnt er aber noch die »außerordentlich großen Schwierigkeiten, auf die der Psychiater bei seiner Arbeit als Fachmann stößt«, die auch auf »Unzulänglichkeiten seiner technischen Informationen« beruhen können (*ibidem*, S. 34). Dann fährt er fort:

> »Bei der gegenwärtigen Entwicklungsstufe psychiatrischer Erkenntnisse ist das unvermeidlich, denn wir verstehen noch nicht genug von den Prozessen, die zwischenmenschlichen Beziehungen zugrunde liegen, um allen Problemen gerecht zu werden, die im Laufe unserer Bemühungen als Psychiater auftreten. Hinzu kommt, daß man in jedem Fall eine gewisse Anzahl von Schwierigkeiten findet, die daher rühren, daß der Psychiater einige zwischenmenschliche Faktoren nicht kennt – was es ihm schwer oder unmöglich macht, sich an gewissen Phasen der Arzt-Patient-Beziehung in fachmännischer Weise zu beteiligen. Nun, diese Schwierigkeiten kehren vielleicht bei jeder oder fast jeder seiner Arzt-Patient-Beziehung wieder, wobei man vermuten kann, daß der Psychiater die zwischenmenschlichen Faktoren in erster Linie deshalb nicht kennt, weil er sich selbst nicht richtig im Griff hat. Oder die Schwierigkeiten sind bei seinen verschiedenen Arzt-Patient-Beziehungen unterschiedlich, wobei die Schwierigkeiten in erster Linie auf besondere Charakterzüge einzelner Patienten zurückzuführen sind, die der Psychiater aufgrund seines besonderen Erfahrungshintergrundes und seiner besonderen Ausbildung nicht feststellen und beobachten kann.« (*ibidem*, S. 34f)

Nun, diese Ausführungen Sullivans treffen grundsätzlich auch heute noch zu, was erneut seine anhaltende Aktualität belegt; darüber hinaus sind die oben genannten Gründe auch jene, die er anführt, um den weiteren Inhalt von *Das psychotherapeutische Gespräch* zu rechtfertigen. Er stellt Organisation und Schematisierung der Phasen des Gespräches dar, um den Kollegen ein Mittel zur Verfügung zu stellen, das es ihnen nicht nur ermöglicht, Zeit zu gewinnen, sondern auch ihr Geschick zu beweisen (*ibidem*, S. 35).[5]

Im dritten Kapitel, »Einige allgemeine technische Überlegungen zur Durchführung von therapeutischen Gesprächen«, wird Sullivans Stil noch persönlicher, das heißt, er gibt noch mehr Informationen über seine eigene Arbeitsweise. Beredt erläutert der Autor seine umfangreiche Gesprächsphänomenologie und die Bedeutung, die dem Ziel des Gespräches zukommt im ersten Abschnitt, »Arten des psychotherapeutischen Gesprächs«. Offenbar gingen an Sullivan viele Anfragen für Gespräche, aus unterschiedlichen gesellschaftlichen Bereichen und unterschiedlich motiviert, und er konstatiert allgemein großes Interesse, unbewusste Motive und Implikationen hinter evidenten Schwierigkeiten zu eruieren.

> »Mit anderen Worten, man fängt vielerorts an, sich darüber klarzuwerden, daß ein Großteil der scheinbaren Schwierigkeiten in der Leistungsfähigkeit mit verborgenen Problemen außerhalb des Arbeitsplatzes zusammenhängt – zu Hause, in der Gemeinschaft, in der Kirche und anderswo – und daß es von großem Nutzen sein kann, jemanden um sich zu haben, der Ratschläge nicht zu großzügig erteilt, der aber ziemlich geschickt herausfinden kann, weshalb sich der Betreffende in Wirklichkeit Sorgen macht, so daß er sagen kann: ›Also gut, ist dies oder das nicht wahrscheinlich, und können Sie sich nicht auf das eine oder andere gefaßt machen?‹ Etwas scheinbar so Einfaches hat eine äußerst nützliche Wirkung auf diese scheinbaren Schwierigkeiten in den Beziehungen zwischen Arbeitgebern und Arbeitnehmern, zwischen Offizieren und einfachen Soldaten und bei verschiedenen anderen Arten kunstvoll aufgebauter zwischenmenschlicher Zusammenarbeit« (*ibidem*, S. 40f)

Sullivan stellte seine ausgeprägte Fähigkeit zuzuhören als *know-how* für die unterschiedlichsten Anwendungsmöglichkeiten zur Verfügung. Man könnte sagen, dass Sullivan eine gemeinsame psychotherapeutische Sprache für alle im Bereich der helfenden Berufe arbeitenden Menschen begründet.

Er baut diesen Ansatz sehr detailreich aus. So geht es ihm im nächsten Abschnitt mit dem Titel »Der Gebrauch von überleitenden Redewendungen beim psychotherapeutischen Gespräch« darum, wie der Experte im Sinne der Zielgerichtetheit seiner Untersuchung das Thema wechseln kann, ohne zugleich das nötige Klima spontaner Kommunikation zu stören, das er mit seinem Klienten aufbauen muss, und ihm gleichzeitig das Gefühl zu vermitteln, die Gesamtentwicklung des Gesprächs zu überschauen. Er beschreibt drei Arten, das Thema zu wechseln:

> »*Den reibungslosen Übergang* verwendet man, um zu einem neuen Thema sanft überzugehen; *der betonte Übergang* spart Zeit und klärt die Situation; und *der unvermittelte Übergang* wird gewöhnlich gebraucht, um gefährliche Ängstlichkeit zu vermeiden oder um Ängstlichkeit hervorzurufen, wenn man anders nicht vorankommen kann.« (*ibidem*, S. 44)

Wenn man verfolgt, wie Sullivan vom ersten dieser Wechsel spricht, wird ein weiteres Prinzip seiner – von mir so benannten – »gemeinsamen psychotherapeutischen Sprache« erkennbar:

> »Mit anderen Worten, er geht ganz reibungslos von einem Thema zum anderen über, so daß der andere das Gefühl bekommt, daß hier wirklich eine sehr klare Forschungsaufgabe in gemeinsamer Arbeit angegangen wird. Nun, es ist unwahrscheinlich, daß das einem Therapeuten gelingt, wenn ihm nicht bewußt ist, daß er das Thema wechseln will. Und wenn ihm solche Sachen nicht bewußt sind, wird er seinen Analysanden vielleicht verlieren.« (*ibidem*, S. 43)

Das Prinzip ist Folgendes: Man kann bei einer Psychotherapie sehr viele Dinge tun, vorausgesetzt – und das ist die Grundregel – dass man sich immer dessen bewusst ist, was man tut!

Weil dieses Prinzip schwer in die Tat umzusetzen ist, spricht sich der Autor – auch, weil er selbst vor allem mit schizophrenen Patienten diese Erfahrung gemacht hat – dagegen aus, sich während eines Gesprächs Notizen zu machen.

> »Der Psychotherapeut soll drei Dinge tun: er soll sich überlegen, was der Analysand, mit dem, was er sagt, meinen könnte; er soll sich überlegen, wie er das, was er dem Analysanden mitteilen möchte, am besten ausdrücken könnte; und gleichzeitig soll er die allgemeine Tendenz der Begebenheiten beobachten, die mitgeteilt oder besprochen werden. Darüber hinaus Notizen zu machen, die mehr als einen Erinnerungswert haben werden oder nur annähernd eine wortwörtliche Wiedergabe dessen, was gesagt wird, darstellen, geht meines Erachtens über die Fähigkeiten der meisten Menschen hinaus.« schreibt Sullivan folglich im nächsten Absatz, »Das Notieren von Stichpunkten während des Gesprächs.« (*ibidem*, S. 46)

Das Bewusstsein von der außergewöhnlichen Komplexität der Gesprächssituation, das der Autor in diesem Text vermittelt, stellt eines der wesentlichen

Merkmale der von ihm artikulierten »gemeinsamen psychotherapeutischen Sprache« dar. Im Übrigen entwickelte Sullivan seinen interpersonalen Standpunkt, der als Schnittpunkt von innerer Welt und äußerer Realität zu verstehen ist, gerade weil er diesen komplexen Zusammenhängen auf den Grund gehen wollte.[6]

Dies erörtert Sullivan im nächsten Abschnitt, »Die zwischenmenschliche Integration von Therapeut und Analysand«. Er spricht davon, dass das Gespräch als »eine Leistung zweier Menschen« zu betrachten ist, »bei der sich das Verhalten sowie die Worte des Patienten nach seinen Vermutungen über den Psychiater richten, so gut das angesichts der Fähigkeiten des Patienten und der ihm zur Verfügung stehenden Informationen geht« (*ibidem*, S. 53). Er betont den prozesshaften Charakter des Gesprächs, das seiner eigenen Dynamik folgen muss. »Statt zu wissen, was man sucht, will man also die Möglichkeiten der unmittelbaren Zukunft für die Beziehung, an der man teilnimmt, aufmerksam verfolgen« (*ibidem*, S. 52). Deswegen, erklärt der Autor, könne er nicht sagen: »Hier sind siebzehn Tabellen von Ereignissen, die therapeutische Gespräche charakterisieren können; lernen Sie jetzt diese ganzen Tabellen auswendig, und dann werden Sie immer genau wissen, was Sie erwarten müssen« (*ibidem*, S. 52f).[7]

Im nächsten Kapitel, »Die frühen Phasen des therapeutischen Gesprächs«, kommt Sullivan auf seine eigene Art der Gesprächsführung zu sprechen, beziehungsweise auf das seiner Erfahrung entnommene Schema, das er seinen Kollegen hier vorstellt. So erfahren wir über den »formellen Behandlungsbeginn« zum Beispiel: »Die Art, wie der Analysand empfangen wird, kann die Erzielung des gewünschten Ergebnisses sehr beschleunigen oder sie praktisch unerreichbar machen« (*ibidem*, S. 54). Was seinen persönlichen Stil angeht, stellt er fest: »Während ich nicht bestrebt bin, den Patienten überschwänglich zu begrüßen, versuche ich doch, so zu tun, als würde ich ihn erwarten« (*ibidem*, S. 55). »Als Nächstes sage ich dem Patienten, was ich bisher über den Grund seines Besuchs erfahren habe« (*ibidem*), fährt er fort, und hebt damit ein sehr wichtiges und oft unbeachtetes Prinzip hervor, dessen Ziel es ist, dass der Patient sich wohl fühlt und dadurch die Spontaneität der Kommunikation erleichtert wird.[8] Das, was wir darauf über das »Richtig handeln« – wie Sullivan sich ausdrückt – des Psychiaters zu Beginn und im Verlauf des Gesprächs erfahren, zeigt erneut, dass sich dieser Text auf zwei Ebenen bewegt, auf einer Ebene der Einfachheit und einer Ebene großer Komplexität. So sieht es Sullivan als Notwendigkeit an, sich während des Gesprächs Rechenschaft darüber zu geben, wie das, was man gerade tut, sich auf den Rahmen des Gesprächs auswirkt (siehe S. 63).

In diesem Sinne ist es so, dass »... sich die Erfahrungen des Therapeuten zu *einer Fähigkeit* zusammensetzen, *nichts zu tun, was außerhalb seines Bewußtseins liegt* ...« (*ibidem*).

> »Der Therapeut macht auch die Erfahrung, daß vom ersten Augenblick an, in dem er und der Fremde einander begegnen und einander sehen, Kommunikation stattfindet, und zwar nicht nur Kommunikation durch Sprache, sondern auch Kommunikation durch Gestik im weiteren Sinne, als Austausch durch ausdrucksvolle Bewegungen über die Sprache hinaus. (*ibidem*, S. 66)

Es geht hier also darum, dass der Psychiater mit den Reaktionen, die sein Aussehen und sein Verhalten hervorrufen können, vertraut sein muss, und, darüber hinaus, dass er versucht, das zu erreichen, was man heute als maximale Übereinstimmung zwischen verbalem und nonverbalem Verhalten bezeichnen könnte.[9]

Erst wenn dieser erste Schritt getan ist, wenn sich also eine gute interpersonale Integration der beiden Gesprächsteilnehmer eingestellt hat, kann die zweite Phase beginnen, die der »Anamnese«, in der der Psychiater »... einen groben sozialen Umriss des Patienten« (*ibidem*, S. 67) erhalten kann. An diesem Punkt lässt sich der Autor über die von ihm in diesem Rahmen gesammelten Informationen aus (über die Ursprungsfamilie des Patienten, seinen Bildungsstand und seinen Beruf und schließlich über sein Privatleben) und bemerkt zusätzlich, dass sich der Art, in welcher der Analysand sich gibt, eine ganze Reihe von Hinweisen entnehmen lassen, die man in der darauf folgenden Phase weiter untersuchen kann. Noch wichtiger ist die Tatsache, dass es dem Psychiater in dieser zweiten Phase seiner Arbeit möglich sein muss, eine Vorstellung davon zu entwickeln, wie er die Beziehung als Ganzes anlegt, das heißt, eine Vorstellung von der Schwere und der Prognose des Falles sowie über die eventuelle Möglichkeit einer Behandlung.

Im Rahmen unserer Betrachtungen ist es allerdings von noch größerem Interesse, dass Sullivan, anlässlich seiner Abhandlung über die Anamnese, auf den Gebrauch zu sprechen kommt, den er von der Technik der freien Assoziation macht, also von der so genannten Grundregel der Psychoanalyse. Auf welche Weise wandte er sie an? Er gibt, wie es für ihn typisch war, dem pragmatischen Moment den Vorrang, d. h. der Erfahrung des Patienten vor der theoretischen Seite – der Illustration der Vorgehensweise oder der Aufstellung einer Regel – was häufig in der Psychoanalyse geschah.

> »Diesen sehr wertvollen Aspekt der Persönlichkeit lasse ich also dadurch zur Geltung kommen, daß ich den Patienten veranlasse, den relativ freien Fluß

seiner Gedanken zu berichten, bevor ich durchblicken lasse, daß dies eine sehr wichtige therapeutische Methode darstellt. ... Der Psychiater sollte also versuchen, dafür zu sorgen, daß etwas *geschieht*, damit er sich nachher auf etwas Handfestes berufen kann, statt dem Patienten zu sagen, er solle jede Kleinigkeit erzählen, die ihm einfällt.« (*ibidem*, S. 78)

Da der Aspekt der Erfahrung die wichtigste Dimension der Psychoanalyse darstellen sollte, kann meiner Ansicht nach Sullivan auch heute noch auf diesem Gebiet vielen Psychoanalytikern eine Menge beibringen.[10]

Folgen wir seinen Anleitungen, könnten wir sagen, dass die Psychoanalyse darin bestehen sollte, mittels einer gewissen Haltung des Zuhörens und der Teilnahme, ein Beziehungsklima zu schaffen, in dem der Patient mehr oder minder spontan die Erfahrung der freien Assoziation macht und auf sie zurückgreift, ohne dass der Analytiker sie ihm zuvor erklären muss. Schon unsere Art des Zuhörens an sich, die wir erlernen können, müsste es möglich machen, den Diskurshorizont, also den Bereich der Sprache des Patienten und seine Möglichkeit, Emotionen zu empfinden, beträchtlich zu erweitern. Natürlich bedeutet dies auch, dass wir schon in den ersten vorbereitenden Sitzungen diese Art von Raum schaffen, der dann fortlaufend weitere Ausdehnung und Vertiefung erfährt.[11]

Im nächsten Abschnitt, »Zusammenfassung der Anamnese«, können wir erneut erkennen, auf welch vielfältige Dimensionen *Das psychotherapeutische Gespräch* zurückgreift, wenn Sullivan folgende Feststellung trifft:

»In einem anderthalbstündigen Einzelgespräch habe ich oft nach einer Stunde und fünfzehn Minuten von einer zehnminütigen Zusammenfassung Gebrauch gemacht, um dem Patienten darzulegen, wo ich in dem, was ich gehört hatte, die Akzente setzen würde. Der Patient wird sich vielleicht in den letzten fünf Minuten darüber auslassen, was ich in der Zusammenfassung vergessen habe, aber ziemlich häufig beendet er das Gespräch, indem er zu erkennen gibt, daß er meinem Vorschlag folgen wird, was die nächsten Schritte betrifft – womit er ja auch zu erkennen gibt, daß ihm meine Zusammenfassung genützt hat. Obwohl der Therapeut in dieser kurzen Zusammenfassung viele Lücken lässt, sollte er imstande sein, dem Analysanden eine klare Vorstellung davon zu geben, was er als wichtiges Problem betrachtet.« (*ibidem*, S. 81f)

Damit sind wir beim fünften Kapitel angelangt, »Die detaillierte Befragung: der theoretische Rahmen«, in dessen Mittelpunkt wiederum der Begriff der Angst und des Selbst-Systems stehen.

»Der Begriff der Angst spielt in diesem ganzen methodischen Ansatz eine zentrale Rolle. Man könnte sagen, daß Angst der allgemeine Begriff ist, der den Versuch des Patienten, einen positiven Eindruck zu machen, erklärt (über dieses Thema hat Sullivan im ersten Teil des Kapitels gesprochen; M. C.). Was noch wichtiger ist, dieser Begriff ist es, der dem Therapeuten die umfassendste Erkenntnis über die Ansätze des Patienten ermöglicht, die ihn in die Irre führen, ob sich diese Ansätze nun in den Äußerungen des Informanten finden oder in deren Auslegung durch den Therapeuten. Die Anwendung von unvermittelten oder betonten Übergängen im therapeutischen Gespräch läßt sich mithilfe dieses gleichen Begriffs verstehen, denn die Übergänge ermöglichen es dem Therapeuten, Denkrichtungen der Kommunikation zu ändern oder die Entwicklung von Angst beim Patienten aufzuhalten oder zu fördern. Und dieser Begriff der Angst läßt sich mithilfe von Gefühlen verstehen, die jedem von uns sehr vertraut sind und die uns kontinuierlich begleitet haben, solange wir zurückdenken können.« (*ibidem*, S. 92)

Im psychiatrischen Gespräch erfahren wir über das Selbst-System und die Sicherheitsoperationen, die es erzeugt, um den Patienten vor einer Bedrohung seiner Selbstachtung zu schützen: »... das eine, worauf sich der Psychiater beim psychotherapeutischen Gespräch immer verlassen kann, ist, daß das Selbstsystem des Patienten wirklich äußerst aktiv sein wird« (*ibidem*, S. 96); und so ist ein wesentliches Problem des Gesprächs: »Wie bekommt man nun trotz der Angst des Analysanden die notwendigen Daten?« (*ibidem*, S. 97). Sullivans Antwort zielt nicht allein auf das Geschick des Therapeuten ab, sondern bezieht insbesondere das mit ein, was er den »Trieb des Patienten zur geistigen Gesundheit« nennt.

»Es gibt viele subtile Anhaltspunkte für die Ansicht, daß jeder Mensch, der nicht unaufhörlich durch viele Katastrophen entmutigt worden ist, ziemlich schnell Vorgänge erkennen läßt, die dazu angetan sind, seine Leistungsfähigkeit als Mensch, seine Zufriedenheit und seinen Erfolg im Leben zu erhöhen – und diese Tendenz nenne ich etwas frei *den Trieb zur geistigen Gesundheit.*« (*ibidem*)[12]

Wenn es dem Therapeuten gelingt, die Angst des Patienten zu umkreisen und er ihm ermöglicht, auf eine Weise von sich zu sprechen, wie er es noch nie getan hat, wird dies Veränderungen im Verhalten des Patienten zeitigen. Besser: nicht nur im Verhalten des Patienten, sondern auch in dem des Therapeuten, wodurch u. U. ein »Wasserfalleffekt« ausgelöst wird, in Richtung einer tiefer gehenden Veränderung beim Patienten. Das meint Sullivan auch, wenn er im sechsten Kapitel vom »Gespräch als Prozess« spricht. Schon zu

Anfang dieses Kapitels stellt er in seiner gewohnt prägnanten Weise den Bezugsrahmen dieses Prozesses als eine bilaterale Beziehung zwischen Patient und Therapeut dar, was seit einigen Jahren im Zentrum der psychoanalytischen Debatte steht (oder, besser gesagt, der einiger psychoanalytischer Kreise). Sullivan schreibt:

> »Seine Fähigkeiten entwickelt er [der Therapeut] teilweise dadurch, daß er mehr oder weniger automatisch beobachtet, wie die Gefühle des Analysanden der Einstellung des Therapeuten gegenüber *wahrscheinlich* sind. ... Es ist also wichtig zu erkennen, daß es zwei Gruppen von Prozessen gibt, die auf den Therapeuten gerichtet sind: auf der einen Seite gibt es die *direkte Einstellung* des Analysanden zum Therapeuten und auf der anderen Seite den Teil des Verhaltens des Analysanden, der mit der *vermeintlichen Einstellung* des Therapeuten aufs engste zusammenhängt.« (*ibidem*, S. 104f)

Die Reziprozität der Patient/Therapeut-Beziehung wird von Merton Gill (1983) zentral in seinem Beitrag »The Interpersonal Paradigm and the Degree of the Therapist's Involvement« behandelt. Bekanntlich tendierte die so genannte klassische Psychoanalyse dazu, die Beziehung des Patienten zum Analytiker vollständig in das Konzept der Übertragung einzubinden und der realen Dimension ihrer Beziehung nur wenig Raum zu gewähren. Ebenso wenig setzte sie sich mit dem Beitrag der Haltung des Analytikers zu der Art von Übertragung auseinander, die der Patient entwickelte, d. h. mit der Tatsache, dass die Übertragung nicht nur eine subjektive, fantasmatische Komponente, sondern auch eine reale Basis in der Beziehung zum Analytiker hat.[13]

Im ersten Abschnitt spricht Sullivan dann von »groben Eindrücken von der Gesprächssituation« und stellt fest, dass sie »... den Ausgangspunkt zur Beobachtung von Veränderungen darstellen« (*ibidem*, S. 107), um dann hinzuzufügen: »Der Therapeut ist sich natürlich im klaren, daß, während er vom Analysanden diese groben Eindrücke sammelt, *der Analysand von ihm grobe Eindrücke sammelt*« (*ibidem;* Kursiv hinzugefügt). Er fährt fort: »Es ist also für den Therapeuten ziemlich gewinnbringend, auf die Zeichen in den Bemerkungen und in dem Verhalten des Analysanden zu achten, die dem Therapeuten Aufschluß darüber geben, wie ihn der Analysand sieht« (*ibidem*). Wie wir noch sehen werden, wenn wir uns mit dem oben erwähnten Artikel von Gill beschäftigen, formuliert dieser dort (nachdem er Sullivans Arbeit ausführlich behandelt hat) als zweites Prinzip: »Dem Analytiker sollte stets gegenwärtig sein, dass auch Assoziationen, die nicht explizit die Beziehung betreffen, versteckte Anspielungen auf sie sein können« (1983, S. 224).

...Hab ich Sie gekränkt...?

Diese Gedanken führt er im zweiten Abschnitt, »Beobachtung von Veränderungen in der therapeutischen Gesprächssituation« weiter aus:

> »Abgesehen davon, daß er Veränderung feststellt und eine Vorstellung davon hat, worin diese Veränderung besteht – was sich verbessert, was verschlechtert oder was gar keine Veränderung gezeigt hat –, versucht der Therapeut, mehr oder weniger automatisch Anhaltspunkte dafür zu sammeln, welche Aspekte seines eigenen Verhaltens zu der Veränderung beigetragen haben.« (Sullivan 1976, S. 109)

Dies gilt um so mehr, wenn wir uns in einer »Situation der sich verschlechternden Kommunikation« (so lautet der Titel des fünften Abschnittes) befinden, in welcher der Interviewer in der Lage sein sollte, sich genau an seine bisherige Verhaltensweise zu erinnern, damit er sich seines eventuellen Fehlers bewusst werden kann. Diesen Fehler stellt der Autor allgemein als eine Kränkung des Patienten dar, was in eine Situation übermäßiger Angst einmünden würde. Andere Möglichkeiten zeigt er auf, wenn er schreibt:

> »Wenn sich die Situation also im geheimen verschlechtert, sollte der Therapeut nachforschen, ob er eine Abneigung gegen diesen Patienten entwickelt hat, als dieser hereinkam; ob der Patient den Therapeuten in irgendeiner Weise gekränkt oder ob der Therapeut bedauerlicherweise ein übermäßiges Interesse an einigen Aspekten der Daten gezeigt hat, und zwar in einer Weise, die der intelligente Patient dahingehend interpretieren konnte, daß der Therapeut sehr wenig Interesse an ihm hatte … .« (*ibidem*, S. 115f)[14]

Sullivan veranschaulicht seine Darlegungen anhand klinischer Beispiele, um dann auf die Grundregel der von mir benannten »gemeinsamen psychotherapeutischen Sprache« zurückzukommen: Der Therapeut sollte sein Verhalten von einer Art »überlegter Spontaneität« leiten lassen. Hier seine Worte:

> »Lassen Sie mich jetzt eine Regel darlegen, die sich der Therapeut möglichst tief einprägen sollte: Während des ganzen Gesprächsprozesses, auch in den Endphasen, ist es wichtig, daß der Therapeut seine Beobachtungen im geheimen verifiziert; er darf nicht nur automatisch, vielleicht unwissentlich, auf die zum Ausdruck gebrachten Einstellungen des Patienten ›reagieren‹, weder durch seinen Tonfall, noch durch Gesten, noch durch Worte. Wir alle neigen leicht dazu, automatisch zu reagieren … Während das Auftreten der Spontaneität in den Reaktionen des Therapeuten … wünschenswert ist, sollten diese Reaktionen nie in der Weise automatisch sein, wie sie es im Umgang mit seiner Frau oder seinem Kind oder dem Busfahrer sein könnten … .« (*ibidem*, S. 117)

Tatsächlich ist es, wie jeder weiß, der diesen Beruf ausübt, nicht einfach dieser Regel zu folgen; dem Patienten, und sei er noch so krank, entgeht kaum die Qualität unserer Reaktionen. Sind diese Reaktionen unbedacht, besteht das Risiko, dass die Beziehung einem Prozess der Desintegration entgegengeht, wie das Theorem der wechselseitigen Gefühle vorsieht, das Sullivan im darauf folgenden Kapitel behandelt.

Grundlage des folgenden Kapitels »Die Entwicklungsgeschichte als Bezugsrahmen bei der detaillierten Befragung« ist die interpersonale Theorie; in ihm wird zu Beginn eine Übersicht über die verschiedenen Entwicklungsphasen, die wir im vorhergehenden Kapitel untersucht haben, vorgestellt, auf der Grundlage des Prinzips, daß der Therapeut zumindest eine ungefähre Vorstellung davon haben sollte, wie ein Patient so fähig und menschlich werden kann, wie er ist (siehe S. 128). An dieser Stelle wird uns die Bedeutung der *detailed inquiry* mithilfe eines »Vorschlags für ein Schema zur Erarbeitung von Daten« (der Titel des ersten Abschnittes dieses Kapitels) verdeutlicht. Es gelte hier als Beispiel das Problem der »Reinlichkeitserziehung«.

> »Mir ist nichts bekannt, was auf außerordentlich frühe beziehungsweise sehr späte Sauberkeit besonders hinweist. Ich weiß aber, daß sich Störungen in den Reinlichkeitsgewohnheiten in persönlicher Sauberkeit und in gewissen anderen Dingen indirekt widerspiegeln können, wobei man eine wichtige statistische Übereinstimmung festgestellt hat. Zu diesen Dingen zählen die Aufmerksamkeit, die man dem Staub schenkt, der sich vielleicht auf Stühlen, auf die man sich gerade setzen will, angesammelt hat; die Bemühung, Kleidung von jedem zufälligen Kontakt mit Schmutz fernzuhalten; die Sorgfalt, mit der man auf die Bügelfalten in den Hosen achtet usw. Solche Dinge sind Hinweise darauf, daß es sich für den Therapeuten lohnen würde, sich bald, aber ohne Überstürzung danach zu erkundigen, wie früh der Analysand sauber wurde. In meinen Nachforschungen betone ich gewöhnlich die *achtenswerten Züge der Abnormität*, denn ich denke, daß sich niemand besonders schämen oder beleidigt fühlen muß, wenn mir etwas an seiner Kleidung auffällt, was besonders akkurat oder sorgfältig ist. Ich möchte den Analysanden nicht durch eine zu direkte Bemerkung über seine Sorgfalt verschrecken, die er vielleicht als besonders individuell oder ›eigentümlich‹ betrachten könnte. Eltern, die saubere Kinder erzogen haben, sind gewöhnlich so stolz darauf, daß das Kind später davon hört; und deshalb höre ich auch davon.« (*ibidem*, S. 135f)

Im achten Kapitel – »Muster leichter und schwerer geistiger Störungen und diagnostische Hinweise« – bewegt sich Sullivan auf der Linie von *Clinical*

Studies, das wir schon kennen. Im neunten Kapitel beschäftigt er sich mit dem Ende des Gesprächs, für das er folgende Schritte vorsieht:

»1. der Therapeut gibt dem Analysanden gegenüber eine *abschließende Stellungnahme* ab, die alles zusammenfasst, was er im Verlauf des Gesprächs in Erfahrung gebracht hat.
2. der Therapeut gibt dem Analysanden ein *Handlungsrezept*, das der Analysand nun in die Praxis umsetzen soll.
3. der Therapeut gibt eine *abschließende Beurteilung* der wahrscheinlichen Auswirkungen auf den weiteren Lebensweg des Analysanden ab, die man mit einigem Grund von der Stellungnahme und vom Handlungskonzept erwarten kann.
4. Therapeut und Analysand *nehmen formell* voneinander *Abschied*.« (*ibidem*, S. 192)

Zwar haben wir es hier mit einer Art Anleitung zu tun, doch kommt auch hier wieder Sullivans dynamischer Standpunkt[15] zur Geltung. Das letzte Kapitel, »Kommunikationsprobleme beim psychotherapeutischen Gespräch«, entwickelt Sullivans »gemeinsame psychotherapeutische Sprache« weiter. Wir erfahren, dass die Arbeit, die der Therapeut im Laufe des Gesprächs leisten muss, während er seine Aufmerksamkeit stets auf den Verlauf der Angst des Patienten richtet, auf ein spezielles Leitkonzept zurückgreifen kann: das der Distanz, das wir auch »optimale Distanz« nennen könnten.

> »Es wird also für den Therapeuten fast zum obersten Gebot, im Umgang mit paranoiden Menschen distanziert zu sein. Tatsächlich kann er oft ziemlich bedrohlich sein. Ich bin sicher, daß ich von einigen paranoiden Menschen deshalb viele Informationen erhalten habe, weil sie das Gefühl hatten, ich sei ein durch und durch unangenehmer Mensch. Ich stellte unangenehme Fragen auf eine unangenehme Art – und erhielt einige Antworten. Wenn ich auf eine freundliche Art unangenehme Fragen gestellt hätte, hätten sich diese Leute wahrscheinlich allen möglichen Vermutungen darüber hingegeben, worauf ich hinauswollte und welche Vorwürfe ich gegen sie hätte. Aber wenn ich mich ihrem unfreundlichen Tonfall anpaßte, erwuchs daraus keinerlei Gefahr, dass sie mich als einen Freund erleben mussten und ängstliche und mißtrauische Mutmaßungen anstellen mussten.« (*ibidem*, S. 211f)

Wenn wir dieses Prinzip auch auf alle anderen Patienten anwenden, mit denen wir arbeiten, gelangen wir zu dem, was wir als das Grundprinzip einer »gemeinsamen psychotherapeutischen Sprache« betrachten können – die wir versucht haben, in diesem ersten Unterkapitel darzustellen. Das Ziel des Gespräches ist folglich nicht die Diagnose wie in der Psychiatrie oder die Auswahl der Patienten, die geeignet sind, von diesem zu profitieren wie in der klassischen Psychoanalyse, sondern einfach, mit jedem von ihnen die optimale Distanz zu finden, eine Distanz, die es erlaubt, mit dem einzelnen Patienten eine gute Beziehung aufzubauen und dann die gemeinsame Arbeit zu beginnen, nämlich die Psychotherapie.[16]

Die allgemeine Wirkung der Therapie soll nach Sullivan darin bestehen, dem Patienten dabei zu helfen, die inneren Hindernisse zu beseitigen, das heißt, die Fehler zu vermeiden, die sich der bestmöglichen Nutzung seines Potenzials entgegenstellen. Die Geschicklichkeit des Therapeuten und der Drang des Patienten zur geistigen Gesundheit sind die Grundkoordinaten eines Prozesses, der aus Verhinderungen und Hemmungen herausführen soll.

> »Worauf ich hinaus will, ist folgendes: Wenn ein Mensch mit einem Problem zum Therapeuten kommt, geht man davon aus, daß er *davon abgehalten wurde, seine Fähigkeiten voll auszunützen*. Das Problem, das sich dem Therapeuten bei der Behandlung stellt, ist herauszufinden, wo die *Hemmnisse* liegen, die der Ausnützung dieser Fähigkeiten im Wege stehen. Ich glaube, daß dies eine ganz tiefgründige und allgemein zutreffende Wahrheit ist.« (*ibidem*, S. 216; Kursiv hinzugefügt)[17]

Hier wird auch das Konzept vom »Drang zur geistigen Gesundheit« neu formuliert:

> »Die einfache Tatsache ist, daß der Mensch so außerordentlich anpassungsfähig ist, daß er, wenn man ihm eine Chance gibt, die Situation einigermaßen adäquat zu analysieren, höchstwahrscheinlich in eine Reihe von Experimenten hineinstolpert, die allmählich einer erfolgreicheren Lebensführung näherkommen.« (*ibidem*, S. 218)

Sullivan schließt *Das psychotherapeutische Gespräch* folgendermaßen:

> »Manchmal fragt ein Patient: ›Doktor, wie kann ich meine Lebensaufgaben besser angehen?‹. Und manchmal fragt der Therapeut: ›Was soll ich tun, um bei alledem zu helfen?‹. Die Antwort auf beide Fragen ist folgende: Arbeiten Sie darauf hin, die Faktoren aufzudecken, die die wiederkehrenden Fehler des Analysanden betreffen und die dazu führen, daß er unwirksam und unangemessen handelt. Mehr zu tun ist nicht notwendig.« (*ibidem*)

Hiermit wollen wir unsere Abhandlung zu Sullivans *Das psychotherapeutische Gespräch* beenden. Bevor wir zum nächsten Unterkapitel kommen, wollen wir kurz auf die zusammenfassende Darstellung seines therapeutischen Ansatzes, die in einem seiner letzten Beiträge – »The Theory of Anxiety and the Nature of Psychotherapy« – enthalten ist, eingehen. Auch hier finden wir einige Anregungen bezüglich der gemeinsamen psychotherapeutischen Sprache – die wir versucht haben zu rekonstruieren.[18] »In erster Linie kann der Therapeut Informationen über einige der Dinge, die in der Therapie geschehen, liefern. In dieser Rolle ist der Psychiater ein Erzieher«, präzisiert Sullivan, »das heißt ein Vermittler der Kultur, in welcher der Patient lebt« (1949, S. 4). Dann stellt er klar, dass »die erzieherische Rolle des Therapeuten im allgemeinen nicht sehr weitreichend ist« (*ibidem*), weist aber auch darauf hin: »In einer Situation, in der dem *durchschnittlichen* Patienten *keine* Information gegeben wird, neige ich dazu zu denken, dass nur sehr beschränkt eine Therapie stattfinden kann« (*ibidem;* Kursiv im Original). Es ist also nicht verwunderlich, dass »die zweitwichtigste Sache, die der Therapeut machen kann, darin besteht, falsche Informationen zu korrigieren (...), die auf der Ebene der Persönlichkeit gewirkt haben, im Sinne, dass sie eine Erweiterung der Information behindert haben« (*ibidem*). Natürlich kann ein solches Vorgehen nicht einfach darin bestehen, »der Person korrekte Daten zu liefern«, sondern sollte »untersuchen, welche Rolle all das, was intakt und korrekt ist, in der Persönlichkeit spielt« (*ibidem*). Sullivan fährt folgendermaßen fort: »Der Therapeut hat die Aufgabe, die Beurteilungssysteme zu verändern, die nicht praktisch sind, indem er sich vor allem auf die Rationalisierungen bezieht, die der Patient hinsichtlich seines Verhaltens vornimmt« (*ibidem*).

An diesem Punkt seiner Erörterung kommt der Autor auch auf die »optimale Distanz« – wie ich es nenne – zu sprechen: »Viertens kann der Therapeut vorgehen, indem er das, was wir *persönliche Distanz* nennen können, reduziert oder erweitert« (*ibidem*; S. 5). Hier geht es um »dynamische Systeme, die sehr stark sind, und sich nur langsam verändern können; wenn er (der Therapeut; M. C.) schneller eingreift, als tolerabel ist, wird es eine katastrophale Veränderung geben« (*ibidem*, S. 5). Mit anderen Worten: Wenn wir nicht für jeden Patienten die richtige Distanz finden, geht die Therapie nicht weiter, wird blockiert. Wenn es uns aber gelingt, werden wir sehr bald auf »parataxische oder Übertragungsphänomene« stoßen, die es notwendig machen,

> »... das effektive Potential seines Patienten umzuorganisieren. Dies ist ein besonders wichtiger Teil der Therapien von Funktionsstörungen. Hier geht es um eine Korrektur parataxischer oder Übertragungsphänomene, das heißt der Verzerrungen, die während der Persönlichkeitsentwicklung auftauchen, aus der Vergangenheit kommen und sehr dahingehend wirken, dass das Verständnis

> und die Wahrnehmung der Person hinsichtlich der von ihr gelebten Situationen verzerrt werden.« (*ibidem*)

Auch hier kommen wir nicht umhin, festzustellen, dass Sullivan in seine »gemeinsame psychotherapeutische Sprache« auch den wesentlichen Kern von Freuds Erbe einführt. Dies geht im Übrigen auch aus dem sechsten und letzten in diesem Beitrag dargestellten Teil seines Ansatzes hervor:

> »Eine weitere Funktion des Therapeuten kann darin bestehen, dass er die dissoziierten oder unterdrückten Erfahrungssysteme wieder integriert. Diese Arbeit geschieht über die Befreiung des persönlichen Bewusstseins von Hemmungen ... Der Therapeut wird aktiv, um diesen Dingen Einhalt zu gebieten, so dass sich das Bewusstsein des Patienten über die Situation, in der er lebt, einer korrekten Information annähert.« (*ibidem*)[19]

8.2 Sullivans Technik

Über das, was ich »gemeinsame therapeutische Sprache« genannt habe hinaus, enthält Sullivans therapeutischer Ansatz eine ganze Reihe von Elementen, die nach seinem Tod unter verschiedenen Gesichtspunkten vertieft wurden. Wir wollen in diesem Abschnitt versuchen, die persönliche Arbeitsweise Sullivans in dem von ihm ausgearbeiteten theoretischen Rahmen darzustellen. Dabei werde ich mich auf die von Mary Julian White, Jane Pearce, Saul Newton, A. H. Chapman und Lester Havens – zu verschiedenen Zeiten, an verschiedenen Orten und mit unterschiedlichen Zielen – vorgenommene Neubewertung seiner Arbeit beziehen. Wie wir im nächsten Unterkapitel sehen werden, hat wiederum die interpersonale Psychoanalyse bei der Neuauslegung von Sullivans Erbe und der Bewertung seines therapeutischen Ansatzes eine eigene Richtung eingeschlagen. Wie Freud wurde auch Sullivan mithilfe einer Vielzahl von Interpretationsschlüsseln ausgelegt, was auf die große Fruchtbarkeit seines konzeptuellen Erbes und die Komplexität der Visionen rückschließen lässt, denen wir gegenüberstehen.

Wir wollen mit Mary Julian White beginnen. Es geht hier um ihre Schrift »Sullivan and Treatment«,[20] die 1952 als Beitrag zu Patrick Mullahys *The Contributions of Harry Stack Sullivan* veröffentlicht wurde und sich mit Sullivans persönlicher Arbeitsweise beschäftigt. Grundlage bilden nicht nur die Vorlesungen, die Grundlage für *Das psychotherapeutische Gespräch* lieferten, sondern vor allem die Supervisionserfahrung, welche die Autorin und eine ganze Reihe Kollegen, die sie zu Beginn ihrer Schrift zitiert,[21] mit Sullivan gemacht hatten. White weist anfangs vor allem auf Sullivans *fine disregard* hin, seine »subtile Missachtung« gegenüber »den Regeln der klassischen Psychoanalyse« also (1952, S. 117), die es ihm erlaubte, die Psychopathologie als Feld von zwei oder mehr Personen zu betrachten. Die Autorin führt auch seinen »pragmatischen Ansatz« an, »sein unermüdliches Engagement, alles über die bis dahin als für die Psychoanalyse weniger zugänglich betrachteten Patienten zu erfahren, also Schizophrene und Zwangsneurotiker« (*ibidem*, S. 118). Dieser Feststellung fügt White aber hinzu, dass Sullivan »nicht erwartete, dass sein praktischer Ansatz für die Behandlung von schizophrenen oder zwangsneurotischen Patienten auf verschiedene Arten von Patienten angewendet würde« (*ibidem*, S. 119). Dann beschäftigt sie sich mit der therapeutischen Anwendung seiner Angsttheorie und betont, dass der Therapeut »unvermeidlich in alles hineingezogen wird, was im Gespräch passiert« (*ibidem*, S. 124). Wie wir noch sehen werden, hat sich die interpersonale Psychoanalyse gerade in Bezug auf diesen konzeptuellen Kernpunkt, und zwar das Maß der Beteiligung des Therapeuten, in eine andere als der von Sullivan vorgeschlagenen Richtung bewegt. »Er war ein aktiver Analytiker«, erklärt White hinsichtlich dieses Aspekts, »aber nicht auf verbaler Ebene. Er bot nur wenige Worte oder Interpretation ... Der direkte Eingriff stand bei ihm nicht im Vordergrund und hätte nur Rebellion herausgefordert« (*ibidem*, S. 128).

> »Sullivan verzichtete auf die Methode der freien Assoziation, nachdem er sie einige Jahre lang angewendet hatte«, erfahren wir von White. »Er betonte aber weiterhin die Bedeutung der vorbeifliegenden, der nebensächlichen Gedanken. Er fand, dass freie Assoziation bei Schizophrenen nicht anwendbar sei und es gelang ihm, festzustellen, dass obsessive Neurotiker sie benutzten, um zu vermeiden, mit angstbeladenem Material zu tun zu haben ... Soweit wie möglich wollte er, dass die Kommunikation auf eine Weise stattfand, die konsensuell validiert werden konnte.« (*ibidem*, S. 129)

Über die Art, in der er – mit jeder Art von Patient – seine Sitzungen abhielt, erfahren wir Folgendes:

> »Im allgemeinen kontrollierte er die therapeutische Situation über Bewegungen, Fragen und minimale Interpretationen. Er ließ es nicht zu, dass eine Person auf unbestimmte Weise herumirrte und sich schließlich erniedrigt fühlte. Er wusste genau, dass seine Interpretationen falsch sein konnten und hoffte, dass der Patient sie korrigierte. Bei der Interpretationsarbeit gab er den Sicherheitsoperationen der Patienten den Vorrang, vor allem denen, die bei der Interaktion mit dem Psychiater vor Angst schützen sollten. Sullivan entwickelte außerdem zwei

oder mehr alternative Interpretationen gleichzeitig und befreite damit den Patienten davon, dem Therapeuten eine Freude zu machen, indem er ihm zustimmte.« (*ibidem*, S. 130)

Gerade eben aufgrund der zentralen Rolle, welche die Analyse der Abwehr und der Widerstände des Patienten in Sullivans Arbeit spielt, siedelte Thompson in ihrem Beitrag »Sullivan and Psychoanalysis« – den wir im vierten Unterkapitel untersuchen werden – seinen therapeutischen Ansatz innerhalb der Psychoanalyse an, und zwar parallel zu der von Wilhelm Reich (1897–1957) entwickelten »Charakteranalyse«.[22]

Auf folgende Art kann Sullivan, ausgehend von einer außerhalb der Übertragung liegenden Situation (einer *extra-transference situation*), in die direkte Übertragungsdynamik des Patienten einsteigen und die parataxische Verzerrung (wie Sullivan die Übertragung nennt) auflösen:

»Wenn nach und nach die Lebensweise hervortrat, die eine existenzielle Krise auslösen konnte, empfahl er, die Arbeit an der Peripherie zu beginnen, bei den harmloseren Personen. Wenn dann das Grundmuster der Situation entwickelt worden war, führte er den Patienten zu der ›Ich-Du‹-Beziehung und zu einer Darstellung der parataxischen Verzerrungen. Normalerweise legte er eine Verzerrung auf folgende Weise bloß: Der Patient konnte zum Beispiel recht lebhaft auf ›den Tag, an dem Sie mich ›sehr mager‹ nannten‹ hingewiesen haben. Dr. Sullivan versteifte sich also sichtlich und sagte recht streng: ›Wie bitte?‹. An diesem Punkt wiederholte der Patient die ursprüngliche Behauptung, erfand etwas dazu und klang noch betrübter. Also sagte Dr. Sullivan: ›Ich erinnere mich sehr gut an das, was ich gesagt habe, und zwar, dass Sie unter der Meinung Ihrer Mutter, Sie seien mager, gelitten zu haben scheinen‹. Damit ließ er das Thema fallen. Seine Patienten machten eine akute Erfahrung dieser Vorkommnisse und lernten sehr schnell zu verstehen, was geschehen war. Sullivan sagte gewöhnlich, dass es Hoffnung auf einen positiven Ausgang der Therapie gebe, sobald der Patient eine parataxische Verzerrung erkannt und akzeptiert hatte.« (*ibidem*, S. 130–1)

Damit wollen wir uns einem weiteren Aspekt von Whites Bericht zuwenden, der für unser Thema von Belang ist, da er in der von Havens durchgeführten Arbeit über Sullivans Technik bewertet, erweitert und theoretisch belegt wird. White schreibt:

»Den positiven Aspekten einer Situation wurde sehr viel Aufmerksamkeit geschenkt. Nachdem er einen Patienten sehr lange kritisch über seine Frau hatte reden hören, bestand er darauf auch zu hören, was ihm an ihr gefiel. Er wollte die zutreffendste Perspektive herstellen und war bereit, weiter Fragen zu formulieren, bis der Patient in der Lage war, zu sehen, dass ein guter Teil dieser Missachtung nicht von der Ehefrau verantwortet wurde. Ebenso verweilte er, was die Lebensgeschichte des Patienten anging, lange Zeit in den Bereichen, in denen es mehr Erfolg gegeben hatte. Den Patienten war es nicht erlaubt, über ihre Gaben hinwegzugehen.« (*ibidem*, S. 132)

Nach Havens' (s. u.) Ansicht hatte eine solche Verhaltensweise ihre theoretische Grundlage in etwas, das er als Sullivans dialektischen Ansatz den Tatsachen gegenüber bewertet und weit über das scheinbare Bedürfnis, den Patienten zu beruhigen, hinausging. Havens legt die Techniken mit großer Klarheit dar, derer sich Sullivan bediente, um seinen Ansatz zu verwirklichen. Diese Techniken hatten das Ziel, im Patienten gegensätzliche Gedankenströme auszulösen, um diese dann miteinander integrieren zu können. »*Where conflict was, there will be normal ambivalence*« (1976, S. 109), schreibt Havens zu diesem Thema, womit er Freuds berühmte Formel »*Wo Es war, soll Ich werden*« anklingen lässt.

Neun Jahre nach Whites Beitrag erschien 1963 Jane Pearces und Saul Newtons Buch *The Conditions of Human Growth*. Die Autoren sind Analytiker mit medizinischem Hintergrund, die, nachdem sie mit Sullivan und Fromm-Reichmann zusammengearbeitet und im Laufe der 50er Jahre eine intensive Lehrtätigkeit am White Institute ausgeübt hatten, ein autonomes Institut gründeten, das »Sullivan Institute for Research in Psychoanalysis«. Ein Vorzug ihres Buches ist die präzise und organische Weise, mit der sie interpersonale Theorie und therapeutischen Ansatz verbinden. Mit letztgenanntem wollen wir uns jetzt beschäftigen. Eine zentrale Rolle spielt in dieser Hinsicht die Überwindung der *central paranoia*, wie es die Autoren ausdrücken, das heißt der Blockade des persönlichen Wachstums als Folge der Projektion unserer Schwierigkeiten und Probleme nach außen. Pearce und Newton bemühen sich darum, Sullivans therapeutischen Ansatz neu zu bewerten und auf organischere Weise darzustellen und sprechen von der Therapie als *radical reorganization* – einem Konzept, dem das letzte Kapitel ihres Buches gewidmet ist. Zu Beginn dieses Kapitels stellen sie Folgendes fest:

»Die Therapie kann als kooperatives Forschungsprojekt definiert werden, bei dem alle Ressourcen der beiden beteiligten Personen zum Einsatz kommen, und das Ziel hat, eine Verbesserung der Möglichkeiten zur Befriedigung und Erweiterung des Erfahrungsradius einer der beiden zu erreichen und nur dann Erfolg haben kann, wenn die Fähigkeiten und Erfahrungen beider beteiligten Personen erweitert werden. Dieses Projekt verläuft über eine Erläuterung der

> Vergangenheit des Patienten und der allgemeinen Organisation seines Lebens, die im Sinne der Dynamik ihres psychologischen Determinismus verstanden und diskutiert werden.« (1963, S. 438)

Eine zentrale Rolle spielt die innovative Idee (die im Laufe der acht Kapitel, die der Therapie gewidmet sind, immer wieder formuliert wird), dass der beste Maßstab für die positive Entwicklung der Therapie das Maß an Veränderung und Wachstum ist, die als ihre Folge im Therapeuten stattfinden. Allerdings machen diese Autoren nicht den konstruktiven Versuch – den Thomson und Blake-Cohen unternommen haben – Sullivans Werk mit der übrigen Psychoanalyse zu verbinden, das heißt die Linie, die von den Kollegen des White Institute (von dem sich Pearce und Newton, wie gesagt, unabhängig machten) am Leben erhalten wurde und die zur Veröffentlichung eines so außerordentlich integrativen Buches wie Greenbergs und Mitchells *Object Relations in Psychoanalytic Theory* (1983) führte. Der wechselseitige Charakter der analytischen Begegnung, als *coparticipatory process* aufgefasst, charakterisiert immer mehr die gegenwärtige interpersonale Psychoanalyse.

Im letzten Kapitel bestimmen die Autoren ihren therapeutischen Ansatz angesichts der interpersonalen Theorie neu: Sie befreien den Patienten von den Hindernissen, die ihn davon abhalten, sich in die Richtung eines befriedigenden und kreativen Lebens zu entwickeln:

> »Wesentliches Ziel der Therapie ist folglich, den Patienten in die Lage zu versetzen, selbstständig weiterzuwachsen. Wachstum ist der Prozess, durch den eine ganze Reihe von Funktionen in die Persönlichkeit integriert werden. Die Analyse ist der Prozess, durch den die Funktion des Wachstums in den Patienten integriert wird. Dies bringt sowohl eine Unterbrechung der beim Patienten wirksamen Dynamik, die Wachstum verhindert, als auch Validierung und Entwicklung des normalen Wachstumsprozesses mit sich. Die Therapie hat folglich das Ziel, die Wirkung der Wachstumskräfte zu katalysieren und die Wirkung jener Faktoren einzudämmen, die sich schädlich auf die Persönlichkeit auswirken.« (*ibidem*, S. 440f)

Natürlich gewähren die Autoren Sullivans Konzept vom *self-system* viel Raum, jenem Dynamismus also, der sich der Erweiterung und Entwicklung der Persönlichkeit entgegenstellt. Die Autoren stellen in ihrer Neuauslegung das Konzept vom Konflikt zwischen Selbst-System und der übrigen Persönlichkeit sogar noch expliziter dar als Sullivan selbst. Im vorletzten Kapitel, das der therapeutischen Strategie gewidmet ist, schreiben sie:

> »Kommunikation geschieht, als wäre sie in Wirklichkeit das Produkt von zwei Persönlichkeiten, dem Selbst-System und der übrigen Persönlichkeit, und da es nur eine Telefonleitung gibt, muss schließlich jede Mitteilung, jeder Gedanke, jede Feststellung, Geste, Tat oder sogar Wahrnehmung ein Kompromiss der Bedürfnisse jedes einzelnen dieser Systeme darstellen ... Anders ausgedrückt spiegelt jede Handlung sowohl die Äußerung als auch die Verdrängung des Konflikts zwischen den Anforderungen des Wachstums und den Ansprüchen des Status Quo.« (*ibidem*, S. 426)

Aber hier haben wir es mit einer Abwandlung der auf Freud zurückgehenden Idee von der Doppelbedeutung des Symptoms zu tun, sodass die Autoren Freud mehr schulden, als sie scheinen zugeben zu wollen. Nun, es handelt sich auf jeden Fall um zwei Therapeuten, deren Sensibilität jener Sullivans ähnelt. Sie zeigen überzeugend, dass Sullivans therapeutische Linie dem Patienten helfen kann, die Hoffnung auf Wiederaufnahme und Weiterführung des persönlichen Wachstums wiederzufinden und zu bewahren.[23]

Ein noch anderes Licht wirft der Psychiater A. H. Chapman im zweiten der drei Bände, die er »dem wichtigsten in Amerika geborenen Psychiater« (1978, S. VII) widmet, auf die Technik Sullivans, wie ich schon am Ende des vierten Kapitels erläutert habe. Mit anderen Worten: Wenn der größte Teil der Therapeuten in irgendeiner Weise eine Therapieform Sullivans einsetzt, sollten wir ihnen helfen, es besser zu machen! Chapman war von Sullivan fasziniert und versuchte eine Systematik seiner Technik herauszuarbeiten:

> »Bei seiner Darstellung von Psychotherapie verliert sich Sullivan nicht in leeren Verallgemeinerungen. Er beschäftigt sich von Anfang an mit den Details dessen, was der Therapeut sagt und macht. Er stellt seinen Gebrauch von Kommentaren und Fragen anhand präziser Beispiele dar, die dazu dienen das Bewusstsein des Patienten über sich selbst und sein Leben zu erhöhen. Er beschäftigt sich damit, wie man die vielen Hindernisse überwinden und nutzen kann, die den Patienten davon abhalten, sich über die problematischsten Aspekte seiner Beziehungen zu den anderen klar zu werden. Er unterstreicht außerdem, dass es wichtig ist, keine Zeit zu verlieren und dass jede Sitzung eine nützliche Erfahrung für den Patienten sein sollte. Da Sprache und Kommunikation die wichtigsten Mittel des Therapeuten sind, untersucht Sullivan sie sehr sorgfältig. In seinen ausführlichen Erläuterungen der Psychotherapie beschäftigt er sich mit so unterschiedlichen Themen wie dem Umgang mit einer Verschlechterung des Kommunikationsprozesses, der Untersuchung der Zukunft des Patienten als psychotherapeutisches Arbeitsgebiet, den verschiedenen Möglichkeiten Angst

zu vermindern und den therapeutischen Dialog lebendig und bedeutsam zu erhalten, den Veränderungen, die eine Kurzpsychotherapie benötigt und vielen anderen Themen. Darüber hinaus beschreibt er detailliert die Durchführung einer Sitzung, von den ersten Worten, mit denen der Therapeut den Patienten begrüßt bis zu seinem Abschlusskommentar an ihrem Ende.« (*ibidem*, S. VII–VIII)

Dies ist in den Augen Chapmans der pragmatische Ansatz der Psychotherapie, den seine Kollegen brauchen und den er dann in den folgenden zehn Kapiteln formuliert. Sullivans Ansatz wird hier allerdings ganz klar auf eine Technik, auf ein *know-how* reduziert, in Übereinstimmung mit einer geistigen Haltung, die heute auch in der »alten Welt« verbreitet ist aber Sullivan seiner Komplexität beraubt, also seines interdisziplinären und vielseitigen Charakters.

So didaktisch wertvoll zum Beispiel ein Kapitel wie das fünfte – »The Formulation and Testing of Hypothesis: Consensual Validation« – auch sein mag, wird es doch von einer exzessiv pragmatischen Orientierung bestimmt, die uns die Komplexität und Differenziertheit von Sullivans Theorie vergessen lässt.

»Da die konsensuelle Validierung die systematische Überprüfung aller Hypothesen darüber verlangt, was tatsächlich im Leben des Patienten geschehen ist, verhindert sie, dass der Therapeut an seinen theoretischen Vorurteilen in Hinsicht darauf festhält, was er denkt, dass in ihm falsch sein *müsste. Theorien müssen stets den klinischen Daten Vorrang geben*. Die interpersonale Psychiatrie ist deswegen für jene Therapeuten unbequem, die intellektuell und emotiv viel in die verschiedenen psychiatrischen Systeme investiert haben und ist dagegen für all diejenigen interessant, die dieses Problem nicht haben.« (*ibidem*, S. 93f; Kursiv im Original)

Natürlich fehlt auch jeder Hinweis auf die Psychoanalyse, was dem Leser den Eindruck vermitteln könnte, dass Sullivan seinen therapeutischen Ansatz ganz allein, völlig eigenständig, entwickelt hätte. Mit anderen Worten: die Vorgehensweise Chapmans in seiner Monografie über Sullivans Technik steht im völligen Gegensatz zu dem von mir in diesem Buch gewählten Weg.[24]

Von ganz anderer Art ist *Participant Observation*, das 1976 erschienene Buch, in dem der Bostoner Psychiater und Psychoanalytiker Leston Havens den therapeutischen Ansatz Sullivans höchst originell und kreativ untersucht und in das zeitgenössische psychotherapeutische Panorama einordnet. Er versucht, seine innere Logik zu rekonstruieren sowie seine Strategien klar zu umreißen – worauf ich schon am Ende des vierten Kapitels hingewiesen habe.

Havens Absicht ist es, die teilhabende Beobachtung zu »einer systematischen Technik zu machen, die den Respekt verdient, den wir heute nur dem beschreibend-objektiven Ansatz und der Psychoanalyse zollen« (1976, S. 6), und sie in ihrer Eigenschaft als *object relations theory in action* zu erfassen.[25] Wir wollen uns nun aus der Nähe ansehen, wie der Autor seine Ausführungen entwickelt.

Nicht zufällig ist die von M. J. White festgestellte »subtile Missachtung« Sullivans auch der Ausgangspunkt Havens, das heißt Thema des ersten Kapitels: Er stellt sie mithilfe des detaillierten Kommentars einiger seiner klinischen Beispiele dar. So erfahren wir zum Beispiel, dass bei Sullivans Technik »Wörter auf die gleiche Weise eingesetzt werden, wie die Noten in der Musik« (*ibidem*, S. 16) und dass es sich um eine *ear-to-ear-method* handelt (*ibidem*). Havens geht bei den folgenden Betrachtungen von dem berühmten klinischen Beispiel aus, bei dem der Patient erklärt, er sei homosexuell und den Sullivan dazu bringt, viele bedeutsame Dinge zu sagen, indem er der von den Worten »Was um alles in der Welt bringt Sie auf diesen Gedanken?« (White 1952, S. 145) vorgegebenen Linie folgt.[26]

> »Sullivan hat mit diesem Vorgehen etwas sehr nützliches vollbracht ... Es ist ihm gelungen, den Patienten dazu zu bringen Fantasien, Gefühle und Tatsachen zu äußern, die mit der gefürchteten Homosexualität zu tun haben und auf andere Weise nur äußerst schwierig auszudrücken gewesen wären (...) ›Ich versuche ihn zu verunsichern, so dass er seine Position verteidigen kann‹. Es kann sein, dass wir anfänglich nicht in der Lage sind, eben diese Position, die der Patient verteidigt, zu verstehen. Wenn der Arzt dem Patienten wie ein Detektiv gegenüber tritt, der nach einer Pathologie sucht, dann ist der Patient gezwungen sich zu verteidigen, zu beweisen, dass er keine Probleme hat. Sullivans Patient dagegen verteidigt die Position seiner Krankheit! Und zwar deswegen, weil Sullivan nicht versucht hat, ihm zu beweisen, dass er krank ist, sondern die Ansicht vertrat, dass es ihm gut gehe. ›Was um alles in der Welt bringt Sie auf diesen Gedanken?‹ *Der Arzt ist neben den Patienten getreten.* Sullivan setzte sich oft neben den Patienten, nicht nur um besser zu verstehen, sondern auch um ihm buchstäblich zur Seite zu stehen; hier haben wir es mit einem weiteren Aspekt seiner subtilen Missachtung zu tun.« (Havens 1976, S. 19; Kursiv hinzugefügt)

Wie wir sehen, beginnt Havens beim Konzept, das ich »optimale Distanz« genannt habe, und versucht, es noch genauer zu formulieren, wobei er noch über die Darstellung hinausgeht, die Sullivan selbst gelungen war. Übrigens beschreitet auch Stephen Mitchell diesen Weg, wenn er sich mit der teilhabenden Beobachtung auseinander setzt (s. u.).

Im zweiten Kapitel haben wir es dann mit »The Other People in the Room« zu tun, also mit der *counterprojective technique*, mit der Sullivan parataxische Verzerrungen im gleichen Moment löste, in denen der Patient sie produzierte und ihn mit einer Person aus seiner Vergangenheit verschmolz, was zur Folge hatte, dass er mit seinen Fantasien die gemeinsame Suche nach einer Definition der faktischen Realität, auf die seine Probleme zurückgingen, verlangsamte. Havens schreibt dazu:

> »Sullivan saß neben seinen Patienten und wandte seine Aufmerksamkeit gemeinsam mit ihnen den interpersonalen Fantasien zu, die allmählich aus der Beziehung hervorkamen die sich zwischen ihnen entwickelte. Er nahm nicht die Rolle der ›weißen Leinwand‹ an, auf die der Patient seine Übertragungsfantasien projizieren konnte. Er sorgte dafür, dass sich diese (Leinwand) vor ihren Augen befand und so nach und nach, wenn ›die anderen Personen im Raum‹ auftauchten, erforscht werden konnte. Die praktische Implikation eines solchen kontraprojektiven Vorgehens ist: ›Ich bin Jack und nicht Jim; Jim befindet sich nur zwischen Ihnen und mir, außerhalb von uns‹« (*ibidem*, S. 32)

Sullivan und mit ihm ein Teil der interpersonalen Psychoanalyse entfernt sich in dieser Hinsicht also von Freud (der seinerseits, zur Zeit von »Studien über Hysterie«, die Übertragung als Widerstand gegen die Behandlung auffasste), indem er feststellt, dass 1. Übertragung sich nicht nur entwickelt, sondern von Anfang an vorhanden ist und 2. Übertragung nicht so sehr interpretiert, als gelebt werden muss (*ibidem*, S. 25).

Im nächsten Kapitel, »Managing Conflict«, erfahren wir dann, wie Sullivan über die dialektische Vorgehensweise, auf die wir weiter oben schon hingewiesen haben, zur tatsächlichen Wahrheit gelangte, die eines der wesentlichen Ziele seines Ansatzes war. Zu dieser Vorgehensweise gehören Strategien wie unsere innere Welt aufzumachen, den Konflikt offen zu halten und den Gedankenstrom umzukehren, das heißt, sich an den Ausgangspunkt konfliktbeladener Gedankenströme zu setzen – Strategien, durch die der Patient der Wahrheit näher kommen sollte, *to what has really happened*. Wir wollen auch die von Havens *gentle shaking* genannte Strategie nicht vergessen, bei der man den Patienten sanft schüttelt. Er illustriert sie – wie im Übrigen auch die anderen oben genannten Strategien – mit einem Beispiel, das Sullivan im letzten Kapitel von *Clinical Studies* zitiert, und zwar dem einer unter Depression leidenden Hausfrau, die einen Studienabschluss in Wirtschaft hatte. Havens stellt anlässlich des folgenden Abschnittes der besagten Behandlung fest, dass Sullivan versuchte, das Fantasiesystem seiner Patienten sanft zu schütteln (und damit ihren Widerständen entgegen zu treten), um ihnen dabei zu helfen, der Wahrheit näher zukommen (*ibidem*, S. 46). Mit Sullivans Worten, die ich aus *Clinical Studies in Psychiatry* entnehme:

> »Deswegen würde ich sie erst mal dazu zwingen, banale Dinge zu analysieren, nicht weil sie mich besonders interessieren, sondern, weil es für mich wichtig ist, dass ihre Psyche beginnt, aus dem magischen Kreis der Isolation, in der sie so lange gelebt hat, herauszukommen. Sonst würden wir nur schöne Gedanken produzieren. Ihr Interesse muss erweckt werden, ein beginnender Verdacht: ›Nun, all das war nicht nötig und unvermeidlich‹, bevor ich von ihr erwarten kann, das Spiel der interpersonalen Bewegungen wirklich zu beobachten, das sie wahrscheinlich konditioniert hat, wie es bei uns allen geschieht.« (1956, S. 373)

Es überrascht also nicht, dass Havens im sechsten Kapitel, in dem er Sullivans Ansatz mit der Psychoanalyse vergleicht, seine metapsychologische Orientierung wie folgt darstellt:

> »Mit anderen Worten ist das Ich der interpersonalen Theorie nicht der rationale Vollstrecker, der den Beziehungen zwischen Es, Über-Ich und der Welt klarsichtig vorsteht. Das Ich ist so von sozialen Erfahrungen durchdrungen, dass niemand von einem autonomen Ich sprechen kann, im Sinne einer Autonomie von sozialen Beziehungen. Das Ich hat Rollen erlernt und setzt sich, zumindest zum Teil, aus Introjekten, Merkmalen und ganzen Konfigurationen anderer Personen zusammen, die sich immer wieder zwischen den Patienten und die Wirklichkeit schieben. Auf diese Weise wird die Übertragung zur Parataxis und diese Art von Verzerrung ist seit dem Beginn der Behandlung anwesend und allgegenwärtig.« (Havens 1976, S. 99)

Während die Psychoanalyse auf die Fantasie der Patienten zielte, visierte Sullivan die Tatsachen an, d. h. die interpersonale Realität. Havens meint jedoch, wenn die analytische Methode »eine maximale Entwicklung von Fantasien und Übertragung« ermöglicht und die interpersonale Methode »sich in die entgegengesetzte Richtung bewegt«, »ein Kliniker, der die Fantasien von den Tatsachen unterscheiden will, eigentlich auf beide zurückgreifen muss« (*ibidem*, S. 104).

Dies ist einer der Hauptgründe, die Havens dazu bewegten, sich mit Sullivan zu beschäftigen. Allerdings versäumt er auch nicht, den im Grunde behavioristischen und damit anti-psychoanalytischen Charakter seines Ansatzes hervorzuheben, denn eine Untersuchung seines therapeutischen Ansatzes zeigt, dass für Sullivan *behavior change* Vorrang vor *insight*, die Erfahrungsseite also Vorrang gegenüber der intellektuellen Seite hatte. Dies steht in Einklang mit der großen Erfahrung, die er mit schizophrenen Patienten gesammelt hatte, bei deren Therapie das vorrangige Ziel ist, sie in die Lage zu versetzen, die Angst zu überwinden, die sie daran hindert, wirklich zu kommunizieren. Der Therapeut soll eine Situation schaffen, in welcher der *behavior change* dem *insight* vorangeht: Der Patient lernt, Worte nicht zur Verteidigung, sondern zur Kommunikation zu gebrauchen, und das lange bevor er sein Verhalten versteht.

Am Ende des siebenten und letzten Kapitels macht sich Havens an eine Neudefinition von Sullivans Ansatz im behavioristischen Sinne:

> »Meiner Ansicht nach kann die therapeutische Grundlage der teilhabenden Beobachtung behavioristisch formalisiert werden. Der Patient und der Therapeut setzen sich mit den Reizen auseinander, die der Angst zugrunde liegen und die nach und nach auf den Therapeuten projiziert und von ihm nach außen getragen – das heißt auf die Leinwand, die sie beide vor Augen haben projiziert – werden. Die von diesen Reizen ausgelöste Angst und die daraus folgenden Verteidigungsoperationen werden graduell ausgelöscht, da sie nicht verstärkt werden. Eine adäquate Handhabung der Angst sorgt jeglicher Verstärkung vor. In diesem Verschiebungs- und Reduktionsprozess findet also ein neues Lernen statt.« (*ibidem*, S. 131)[27]

Man kann also in Bezug auf eines der Leitthemen des vorliegenden Buches sagen, dass Havens' Untersuchung der Technik Sullivans eine Erkundung der Komplementarität des intrapsychischen (von der inneren Realität ausgehenden) und des interpersonalen Ansatzes (der von der sozialen Realität ausgeht) darstellt, die die aktuelle Debatte über Psychotherapie charakterisiert.[28] Dabei sollte jedoch die Tatsache nicht übersehen werden, dass Sullivans theoretischer Rahmen von sich aus den Schlüssel zu dieser Komplementarität bieten kann.

Um nun ein vollständiges Bild der Komplexität und des Reichtums der Beiträge zu vermitteln, die sich mit einer Neuauslegung von Sullivans Technik beschäftigen, wollen wir – bevor wir zum nächsten Absatz kommen – kurz die von Gill und von Mitchell zu diesem Thema geäußerten Ansichten betrachten. Was Gill betrifft, beziehe ich mich hier erneut auf den schon erwähnten Artikel von 1983, »The Interpersonal Paradigm and the Degree of the Therapist's Involvement«, eine genaue Untersuchung der Technik Sullivans und des konzeptuellen Rahmens, auf den diese zurückgreift.

Im Abschnitt »Sullivans Position bezüglich der teilhabenden Beobachtung des Analytikers« erfahren wir, dass »das Theorem der teilhabenden Beobachtung nur besagt, dass der Therapeut *irgendwie* miteinbezogen sein muss«

(1983, S. 210–1; auf Englisch: »the theorem of participant observation asserts only that there must be *some* involvement«) und dass die Unvermeidlichkeit dieser Einbeziehung auf das Ein-Genus-Postulat zurückzuführen ist (*ibidem*, S. 211). Sullivan charakterisiert den prozesshaften Charakter des Gespräches wie folgt: »Es wäre viel genauer zu sagen, dass sich die Erfahrungen des Therapeuten zu *einer Fähigkeit* zusammensetzen, *nichts zu tun, was außerhalb seines Bewusstseins liegt* und die Entwicklung der Gesprächssituation stark beeinträchtigen oder deren Verlauf in unnötig verworrene Bahnen lenken würde« (1976, S. 63). Gill setzt den Akzent dieser Textstelle darauf, dass »die Betonung eher darauf liegt, sich dessen bewusst zu sein, was man tut, als darauf, was man tun soll« (Gill 1983, S. 211; auf Englisch: »The emphasis falls on being aware of what one is doing rather than on what to do«).[29]

Nun, gedenkt man der 1981 von Jay Greenberg vorgeschlagenen Unterscheidung zwischen *description* (Beschreibung) und *prescription* (Verschreibung), »ist Sullivans Position bezüglich der Teilnahme des Analytikers widersprüchlich« (*ibidem*, S. 212), denn sie wird auf der Ebene der Beschreibung zugelassen, aber auf der Ebene der Verschreibung nicht begründet; und dies, weil »er eine intensivere Teilnahme als pathologische Gegenübertragung angesehen hätte« (*ibidem*). Was die heutige interpersonale Psychoanalyse betrifft, mit ihrer besonderen Betonung der mehr oder weniger gänzlichen Teilnahme des Analytikers, liegen, nach Ansicht Gills, die Dinge natürlich anders.

Im Abschnitt »Die Anteilnahme (*participation*) des Analytikers und die Technik« beschäftigt sich Gill mit der Tatsache, dass Sullivan »sehr wenig dafür tat, die in der analytischen Situation existierende Beziehung explizit zu machen und es vorzog, sie auf implizite Weise zu behandeln« (*ibidem*, S. 220), also die von Havens rekonstruierte kontra-projektive Technik einsetzte (*ibidem*). Nach Meinung Gills »liegt Ironie im Unterschied zwischen Sullivan und Freud. Sullivan machte das interpersonale Paradigma sichtbar, was Freud nicht tat, aber Sullivan tat sehr viel weniger als Freud dazu, die Übertragung in der analytischen Beziehung zu verdeutlichen« (*ibidem*, S. 221–2). Aber auch was diesen Aspekt angeht, stellt Gill an diesem Punkt seiner Abhandlung fest, bewegt sich die heutige interpersonale Psychoanalyse in eine völlig andere Richtung: »die Analyse der Übertragung spielt eine wichtige Rolle in der an Sullivan anknüpfenden Technik« (*ibidem*).

Wie wir im letzten Unterkapitel sehen werden, war Mitchell einer der an Sullivan anknüpfenden Autoren, der Sullivans Standpunkt aus nächster Nähe verfolgte und *mutatis mutandis* insgesamt weiterentwickelte. Sein Werk ist von einer Sullivan ähnlichen epistemologischen und klinischen Sensibilität beseelt. An dieser Stelle wollen wir uns auf seine Neuauslegung der Technik Sullivans beschränken. In seinem Buch *Influence and Autonomy in Psychoanalysis* (1997) meint Mitchell, dass sich Sullivan »niemals als Psychoanalytiker begriff« (1997, S. 81) und sich auf epistemologischer Ebene »auf halbem Wege in Richtung Heisenberg« befand (*ibidem*, S. 77), was Folgendes bedeutet: »Er glaubte, dass der Analytiker durch einen Prozess der Selbstreflexion in der Lage sei, seine Teilnahme auszuklammern und die Realität objektiv und direkt wahrzunehmen« (*ibidem*). Anders ausgedrückt, »war er sich nicht klar darüber, dass Teilnahme und Beobachtung untrennbar sind« (*ibidem*, S. 78), was ihm erlaubte, »den komplexen Problemen, die mit dem Einfluss, den die Teilnahme des Analytikers auf den Prozess ausübt, verbunden sind, auszuweichen« (*ibidem*, S. 81) und anzunehmen, »der Therapeut könne die Wirkung seiner Teilnahme kontrollieren« (*ibidem*).

Nun, ein großer Teil der an Sullivan anknüpfenden Psychoanalyse hat sich im Sinne der perspektivischen Vision, mit der wir uns noch beschäftigen werden, bewegt – die sowohl Sullivan als auch Freud eigentlich fern lag. Zum Abschluss des in diesem Unterkapitel zurückgelegten Weges soll folgender Kommentar aus Mitchells Abhandlung zitiert werden: »Sullivans Technik wurde von einer ganzen Reihe von Interpreten und Wissenschaftlern auf ganz unterschiedliche Arten dargestellt« (*ibidem*, S. 79). Genau dieser Komplexität wollte ich in diesem Abschnitt Rechnung tragen.

8.3 Sullivan und die zeitgenössische Psychotherapie

Nun ist der Moment gekommen, Sullivans Beitrag zur Psychotherapie in seiner Gesamtheit zu betrachten.[30] In dem Maße, in dem Sullivans Ideen eine ganze Reihe von psychotherapeutischen Ansätzen beeinflusst haben – und zwar nicht nur im Sinne davon, was ich als die »gemeinsame psychotherapeutische Sprache« bezeichnet habe, kann man ihm zweifellos, mehr als jedem anderen mir bekannten Autor, den Verdienst zusprechen, das in der gegenwärtigen Psychotherapie vorhandene Bedürfnis nach Dialog und Integration angeregt zu haben. Seine Ideen haben in der Tat eine solche Verbreitung gefunden, auch wenn deren Quellen nicht immer angegeben wurden, sodass es unmöglich ist, dieses Thema hier erschöpfend zu behandeln. Ich werde mich deshalb darauf beschränken, die wesentlichen Entwicklungslinien nachzuzeichnen.

Betrachten wir beispielsweise didaktische Texte zur psychoanalytischen Psychotherapie wie Hilde Bruchs *Grundzüge der Psychotherapie* (1974 die amerikanische Originalausgabe und 1977 die deutsche Übersetzung) und Lester Luborskys *Principles of Psychoanalytic Psychotherapy* von 1984. Beide

Bücher waren zu ihrer Zeit Klassiker, und beide setzten – das erstgenannte explizit, das zweitgenannte implizit – bei dem psychotherapeutischen Ansatz an, den Sullivan in *Das psychotherapeutische Gespräch* formuliert hat. Hilde Bruch, eine deutsche Emigrantin und Freundin Fromm-Reichmanns, vor allem aufgrund ihrer Pionierarbeit auf dem Gebiet der Essstörungen international bekannt, stellt im zweiten Kapitel ihres Buches Sullivans konzeptuelles Erbe wie folgt dar:

> »Das psychiatrische Denken Amerikas hat sich die Gedanken Sullivans so weitgehend einverleibt, dass durchaus jemand fragen könnte: ›Was ist denn besonderes an Sullivan? Er hat Gedanken geäußert, nach denen wir alle handeln und von denen wir alle wissen.‹ Auf Sullivan lässt sich vieles zurückführen, was heutzutage als originell und neu veröffentlicht wird, als radikale Abwendung von dem traditionellen ›intrapsychischen‹ Modell der Psychoanalyse. Ob wir von Milieutherapie oder von Sozialpsychiatrie in allen ihren Zweigen sprechen, ob wir gründliche Familienuntersuchungen durchführen oder unter modernem psychoanalytischem Denken eine ›Theorie der Objektbeziehungen‹ verstehen oder ob wir Interesse an Linguistik und der Bedeutung von Kommunikation bekunden – diese und viele andere Entwicklungen in der Psychiatrie und Psychotherapie lassen sich ohne weiteres zu den Lehren Sullivans zurückverfolgen.« (1977, S. 58)

Was nun das Thema betrifft, das uns an dieser Stelle besonders interessiert, das heißt die von der Autorin vertretene psychotherapeutische Linie, kommt in den Worten, mit denen sie die *Grundzüge der Psychotherapie* abschließt, Sullivans Einstellung folgendermaßen zum Ausdruck:

> »Vielleicht noch wichtiger als der Erfahrungsaustausch mit anderen und das Lernen aus Büchern und Konferenzen ist die fortwährend in jedem von uns sich vollziehende Selbstbewertung. Ich möchte dem Therapiestudenten folgenden Rat geben: Lassen Sie sich nach den Behandlungssitzungen Zeit, um über das nachzudenken, was sich in ihnen abgespielt hat, und üben Sie sich im Erinnern von Ereignisabfolgen ... Ständige Rekonstruktion und Neubewertung der Vorgänge zwischen Ihnen und Ihrem Patienten sind Schritte, die notwendig sind, wenn man ein sachkundiger, geschickter Therapeut werden will ... .« (*ibidem*, S. 215–6)

Auch wenn Luborskys *Principles of Psychoanalytic Psychotherapy. A Manual for Supportive-expressive Treatment* auf seiner Arbeit an der Menninger-Foundation in Topeka (1947–1959) beruht und in die freudianische Tradition einzuordnen ist, ist in ihm doch in vieler Hinsicht Sullivans Ansatz zu erkennen, den der Autor aber nicht nennt. Ein Beispiel hierfür ist der dem Buch *Das psychotherapeutische Gespräch* zu Grunde liegende Wunsch, Psychotherapie als klaren, organischen und dadurch vermittelbaren Korpus von Ideen zu definieren. Nicht zu vergessen Sullivans Bestreben, sie zum Gegenstand empirischer Forschung zu machen, was Luborsky mit seinem CCRT (Core Conflictual Relational Theme) in die Tat umsetzte.[31] Im Übrigen geht aus Luborskys gesamten Buch eine ähnliche interaktive Sensibilität hervor, mit der er Psychotherapie lehrt, was zum Beispiel der folgende Abschnitt verdeutlichen kann:

> »Von Anfang an und während der gesamten Behandlung ist es von entscheidender Wichtigkeit, eine gute Arbeitsbeziehung herzustellen. Normalerweise fängt die Beziehung schon dann gut an, wenn der Therapeut sich darum bemüht, die Ziele des Patienten zu erkennen und ihm zu vermitteln, wie die Behandlung ablaufen wird. Der Patient wird gewöhnlich versuchen zu beurteilen, ob der Therapeut vertrauenswürdig ist, ob er helfen kann und ob er das tun will.« (1984, S. 56)

Damit wollen wir uns einem Buch zuwenden, das die Debatte über Psychoanalyse und psychoanalytische Psychotherapie untersucht und eine neue Definition ihrer Beziehung finden will, und zwar *Interpretation and Interaction. Psychoanalysis and Psychotherapy*, das Jerome Oremland 1991 veröffentlicht hat. Der Autor geht in ihm von der ursprünglich von Sullivan formulierten Annahme aus, dass die analytische Situation von sozialer Natur ist. Wenn also die Interaktion den wesentlichen Kern der analytischen Situation ausmacht, dann stellt die (mehr oder weniger systematische) Interpretation dieser Interaktion die Unterscheidung von Psychoanalyse und psychoanalytischer Psychotherapie dar – mithilfe dieses Konzepts stellt der Autor die Verbindung zwischen ihnen her und differenziert sie folglich von anderen Formen der Psychotherapie.[32]

Das von Sullivan formulierte Konzept vom sozialen Charakter der analytischen Situation stellt auch einen der Ausgangspunkte für die empirisch belegte Neuformulierung der psychoanalytischen Theorie der Therapie dar, die von der Forschungsgruppe Mount Zion Psychotherapy Research Group des San Francisco Psychoanalytical Institute um Joseph Weiss und Harold Sampson – Autoren von *The Psychoanalytic Process. Theory, Clinical Observation and Empirical Research* (1986)[33] – vorgenommen wurde. Morris Eagle fasste in seinem 1988 auf Deutsch erschienenen Buch *Neuere Entwicklungen in der Psychoanalyse. Eine kritische Würdigung* die Theorie und den therapeutischen Ansatz dieser Forschungsgruppe, das heißt die *control-mastery theory*, die er als »eines der wenigen Beispiele eines gut geplanten, exakt durchgeführten Forschungsvorhabens im Bereich psychoanalytischer Psychotherapie« (1988, S. 124) bezeichnete, wie folgt zusammen:

> »Statt anzunehmen, dass der Patient in erster Linie von dem Verlangen motiviert ist, unbewusste infantile Wünsche zu befriedigen, geht die Mt. Zion Gruppe von der radikal unterschiedlichen Vorstellung aus, dass die Patienten in der Therapie mit dem bewussten und unbewussten Verlangen kommen, frühe Konflikte, Traumen und Ängste zu *meistern*, und mit unbewussten *Plänen*, wie dies erreicht werden könne. Zu diesem Zweck versucht der Patient, *sichere Voraussetzungen* zu finden oder herzustellen, um seinen Plan verwirklichen zu können. Unter sicheren Voraussetzungen kann man den Kampf um die Erreichung der persönlichen Ziele wiederaufnehmen, die unter der Einwirkung von Trauma, Konflikt und Angst in einem früheren Lebensabschnitt beiseite gestellt wurden. Dementsprechend veranstalten Patienten – weitgehend unbewusst – *Tests,* die der Therapeut entweder besteht oder nicht. Fällt er durch, folgen darauf eher gesteigerte Angst, es werden Abwehren mobilisiert, und abgewehrte unbewusste Inhalte tauchen in geringerer Zahl auf. Besteht er hingegen die Prüfung, verringert sich die Angst, Gefühle vertiefen sich, und es besteht eine größere Wahrscheinlichkeit, dass abgewehrte Inhalte verstärkt auftauchen.« (*ibidem*, S. 125–6)

Auch hier wird der Bezug zu Sullivans Orientierung, auch wenn sie offensichtlich ist, nicht erwähnt. Natürlich beziehe ich mich nicht nur auf die interaktive Seite, sondern auch auf jene der Wirkungsweise der Psychoanalyse; in dieser Hinsicht geben auch Weiss und Sampson der Veränderung – dem, was die Autoren *mastery*, also »Beherrschung« nennen (in einem scheinbar behavioristischen Sinne) – gegenüber der Einsicht den Vorzug. Darüber hinaus ist eine intensive Kontrolle der Angst des Patienten nötig, die Verwirklichung jenes Zustandes von Sicherheit also, der für Sullivan selbst so wichtig war. Zu guter Letzt gesteht die *control-master theory*, da ihre Wirkung auf die Überwindung einer Reihe von *pathogenic beliefs* zielt, der kognitiven Dimension eine ähnlich wichtige Rolle zu, wie es auch Sullivan tat.[34]

Wenn wir uns jetzt wieder den »Handbüchern der Psychotherapie« zuwenden, verdient natürlich *Interpersonal Psychotherapy of Depression*, 1984 von Gerald Klerman und Mitarbeitern publiziert, eine besondere Erwähnung.[35] Der Rückgriff auf den interpersonalen Ansatz durch die Gruppe um Klerman mag zwar eine Einschränkung des Bereichs der Übertragung und der intrapsychischen Dimension mit sich bringen und eine »offensichtliche Verflachung und Verarmung der von Sullivans Modell gebotenen Perspektiven« darstellen, wie Pier Giorgio Battaggia in seiner Rezension der italienischen Ausgabe (1989) geschrieben hat, zeugt aber andererseits von einer großen Vitalität und Flexibilität. Insofern als das Konzept pharmakotherapeutische und soziale Maßnahmen zu integrieren vermag, ist es der reinen kognitiven Therapie überlegen. Die Autoren schreiben über die Verbindung zu der multifokalen Perspektive, die Sullivan entwickelt hat:

> »Die Bedeutung, die den interpersonalen und sozialen Faktoren bei der Untersuchung und der Behandlung depressiver Störungen gegeben wird, hat ihren Ursprung in den Forschungen der Gründer des interpersonalen Ansatzes; eine interpersonal ausgerichtete Vorgehensweise bei der Behandlung von Depression, mit – im Vergleich zu den rein intrapsychischen oder biologischen – klar umrissenen Maßnahmen, beginnt bei Sullivan und Frieda Fromm-Reichmann in den 30er und 40er Jahren. Die erste bedeutende Anwendung dieser Ideen speziell bei Depression verdanken wir Mabel Blake Cohen und ihren Mitarbeitern an der Washington School of Psychiatry, die eine große klinische Studie über die Beeinträchtigung der interpersonalen Beziehungen in den Kindheitserfahrungen von zwölf manisch-depressiven Patienten durchgeführt haben (Cohen, Baker und andere 1954). Die ersten familiären Erfahrungen dieser Patienten spiegelten sich in der Struktur ihrer Persönlichkeit als Erwachsene und waren in bemerkenswerter Weise mit bestimmten interpersonalen Problemen verbunden, vor allem in Bezug auf Abhängigkeit, die sich auch innerhalb der psychotherapeutischen Beziehung manifestieren.« (1984, S. 48)[36]

Zwei weitere wichtige psychotherapeutische Handbücher, *Kurzpsychotherapie* von Hans Strupp und Jeffrey Binder und *Interpersonal Diagnosis and Treatment of Personality Disorders* von Lorna Smith Benjamin zeugen von der großen Vitalität des Standpunktes Sullivans und davon, dass dieser dem Bedürfnis nach Artikulation und empirischer Bestätigung, das die heutige Psychotherapie hat, sehr entgegenkommt. Strupp und Binder stellen hinsichtlich der Beziehung zwischen der von ihnen in diesem Buch entwickelten Kurzpsychotherapie (time-limited dynamic psychotherapy) und Sullivans Standpunkt Folgendes fest:

> »Wir wollen weder eine neue Theorie der Persönlichkeitsentwicklung aufstellen, noch den Versuch einer systematischen Integration bestehender Theorien unternehmen. Vielmehr haben wir interpersonelle Konzeptionen als Rahmen für die hier vorgeschlagene Form der Psychotherapie deshalb gewählt, weil sie uns relevant und nützlich zu sein scheinen« (1991, S. 54).

Übrigens hatte Strupp als Psychologe, wie Migone in seiner 1996 erschienenen Rezension der italienischen Ausgabe anmerkt, keinen Zugang zur analytischen Ausbildung der American Psychoanalytic Association und absolvierte seine Ausbildung in den 50er Jahren an der Washington School of Psychiatry (1996, S. 138), bevor er Pionier der empirischen Forschung im Bereich der Psychotherapie wurde. So sprechen die Autoren nicht nur die »Patientenprobleme als Funktion gestörter zwischenmenschlicher Beziehungen« (so lautet der Titel des zweiten Kapitels) an, sondern formulieren auch eine Technik der Kurztherapie, die nicht die eigentliche Kurztherapie umsetzt, sondern aus dem ursprünglich von Sullivan geschaffenen einheitlichen Ansatz schöpft, so wie ihn auch Merton Gill in jüngster Zeit wieder aufgegriffen hat. Strupp und Binder schreiben am Ende des ersten Kapitels, »Überblick und Hintergrund«, Folgendes über die *time-limited dynamic psychotherapy* (TLDP):

> »Wir betrachten die Psychodynamische Kurztherapie als einen individualtherapeutischen Ansatz, der mehrere – auf verschiedene psychodynamische Perspektiven zurückgehende – klinische Konzepte in sich vereinigt und bestrebt ist, begrenzte Ziele in 25 bis 30 Sitzungen zu erreichen. Diese Therapie ist für Patienten gedacht, deren Schwierigkeiten mit dem Leben sich durch Ängste, Depressionen und zwischenmenschliche Beziehungskonflikte manifestieren (Unfähigkeit zu wirklicher Nähe, Hemmungen, Verschlossenheit). Darüber hinaus glauben wir, dass sie besonders für solche Patienten geeignet ist, deren Konflikte sich in der therapeutischen Beziehung auf eine Weise äußern, durch die die Herstellung und Aufrechterhaltung einer Arbeitsbeziehung deutlich erschwert wird. Unseres Erachtens rühren aktuelle zwischenmenschliche Schwierigkeiten in der Regel von chronischen Fehlanpassungen her. Dementsprechend konzentriert sich die Psychodynamische Kurztherapie nicht in erster Linie auf manifeste Symptome – auch wenn natürlich erwartet wird, dass sich der Patient nachher besser fühlt –, sondern zielt auf eine dauerhafte Veränderung der Charakterstruktur des Patienten.« (*ibidem,* S. 52)

Die Rede ist also von einem Labor, das dem ähnelt, welches Sullivan in *Das psychotherapeutische Gespräch* rekonstruiert hat.

Was wäre nun über Lorna Smith Benjamins Handbuch zu sagen? Strupp, der den *critical acclaim* auf der Umschlagrückseite geschrieben hat, spricht von der »Structural Analysis of Social Behavior« (SASB), die Benjamin, an Sullivans Standpunkt anknüpfend, in ihrem Buch darstellt, als »bedeutendes Unterfangen, das seinesgleichen sucht, was wissenschaftliche Schärfe, klinische Genauigkeit und Vollständigkeit angeht«, so dass Smith Benjamins

Handbuch »eine sehr nützliche Alternative zu DSM-III-R und dem kommenden DSM-IV« darstellt, ganz zu schweigen von ihrer »ganz klaren Bedeutung für die Psychoanalyse«. Tatsächlich bestätigt die Autorin im Einführungskapitel, dass es ihr Wunsch war, zu formulieren, wie man idealerweise an Persönlichkeitsstörungen herangeht, die eine einfachere Identifikation als die von den letzten Ausgaben des *Diagnostic and Statistic Manual* gebotene ermöglichte. Der Rückgriff auf Sullivans Standpunkt half ihr, dieses Problem zu lösen![37]

An diesem Punkt wollen wir uns kurz mit der Gruppen- und Familientherapie und der kognitiven Therapie beschäftigen. Was den ersten dieser drei Ansätze betrifft, finden wir schon in dem 1952 von Muhally herausgegebenen Buch *The Contributions of Harry Stack Sullivan* verschiedene Hinweise auf die grundlegende Rolle, die Sullivan in diesem Bereich gespielt hat, und zwar nicht nur für Cottrell und Foote, denen zufolge »seine Schriften die beste uns zur Verfügung stehende theoretische Grundlage für die Gruppentherapie darstellen« (1952, S. 193). Otto Klineberg lobt im gleichen Band Sullivans Arbeit am Sheppard Hospital in den 20er Jahren als wesentliche Voraussetzung für die folgenden Entwicklungen in diesem Bereich und stellt fest: »Sollten wir eine ausführliche Geschichte der Gruppenpsychotherapie schreiben, müssten wir seine Untersuchung, auf welche Weise eine neue Umgebung, in der schizophrene Patienten gemeinsam leben und behandelt werden, bedeutende therapeutische Wirkung haben kann, darin aufnehmen« (1952, S. 220). Diese Meinung wird auch von einem bekannten zeitgenössischen Gruppentherapeuten, Irvin Yalom, geteilt, der in seinem Klassiker *Die Theorie und Praxis der Gruppentherapie* (amerikanische Originalausgabe 1970) schreibt:

> »Alle modernen Richtungen der dynamischen Psychotherapie haben eine interpersonale Grundlage und beruhen auf Harry Stack Sullivans systematischer interpersonaler Theorie der Psychiatrie. Im Innersten sind wir zwar alle Sullivan-Anhänger, aber die neue Therapeutengeneration liest selten Sullivan. Zum einen ist seine Sprache oft undurchsichtig; außerdem war seine Arbeit so grundlegend und überall so einflussreich, dass seine Beiträge uns oft allzu vertraut oder selbstverständlich vorkommen ... Sullivans Formulierungen sind äußerst hilfreich für das Verständnis des Gruppentherapie-Prozesses ... Sullivan behauptet, die Persönlichkeit sei fast zur Gänze ein Produkt der Interaktion mit anderen wichtigen Menschen.« (1974, S. 34)

»Sullivans Auffassung vom Gesamtprozess und von den Gesamtzielen der Therapie stimmt eindeutig mit Prozess und Zielen der interaktionellen Gruppentherapie überein« (*ibidem*, S. 36), sagt er an anderer Stelle.[38]

Eine der vielen Anwendungsmöglichkeiten der interpersonalen Orientierung auf die Gruppentherapie, die Yalom erwähnt, betrifft die Auswahl der Patienten zu Beginn der Therapie:

> »Man sollte detailliert nach den interpersonalen und Gruppenbeziehungen des Patienten fragen, nach seinen Freunden in der Kindheit, nach länger bestehenden engen Freundschaften und nach der Art der Beziehung zu beiden Geschlechtern. Viele der Interview-Techniken von Harry Stack Sullivan sind bei dieser Aufgabe sehr nützlich. Es ist beim Gespräch über Freundschaften beispielsweise aufschlussreich, sich nach den Namen der besten Freunde zu erkundigen und zu fragen, was aus ihnen geworden ist. Man sollte sich auch ausführlich über die Beteiligung an formellen und informellen Gruppen, über Cliquen aus der Kindheit und aus dem Erwachsenenleben, über Studentenverbindungen, Club-Mitgliedschaften, über Banden, Teams, Wahlämter, informelle Rollen und prestigeträchtige Stellungen berichten lassen. Die Brauchbarkeit dieser Art der Befragung für die Vorhersage muss sich erst erweisen, aber meiner Ansicht nach scheint sie weit relevanter für späteres Gruppenverhalten als ein auf intrapsychische Vorgänge ausgerichtetes Interview.« (*ibidem*, S. 251–2)[39]

Nicht weniger wichtig als für die Gruppentherapie war der Einfluss Sullivans auf die Richtung bzw. Bewegung der Familientherapie. Im schon erwähnten *Handbook of Interpersonal Psychoanalysis* ist diesem Thema sogar ein ganzes, fesselndes Kapitel gewidmet: »The Relationship between Interpersonal Psychoanalysis and Family Therapy«, das der Familientherapeut und interpersonale Psychoanalytiker Richard Gartner verfasst hat; die nun folgende Darlegung greift auf diesen Text zurück.[40] Zu Beginn zeigt der Autor, dass Einigkeit darüber herrscht, dass die interpersonale Orientierung den theoretischen Rahmen bot, von dem ausgehend die Bewegung der Familientherapie in den 50er Jahren entstand, um sich dann sogleich mit ihrer wechselseitigen Interaktion, die er anhand von vier spezifischen Themen behandelt, zu beschäftigen.[41] Im ersten Abschnitt, »The Influence of Interpersonal Psychoanalysis on the Pioneers of Family Therapy«, erfahren wir, dass sowohl für Don Jackson als auch für Salvador Minuchin der Ausgangspunkt in Richtung der Familientherapie eine regelrechte interpersonale Ausbildung an der Washington School of Psychiatry war und dass Nathan Ackerman, Jay Haley, Ivan Boszormenyi-Nagy und Virgina Satir ausdrücklich Sullivans Verdienst um die Entstehung ihrer Arbeitsperspektive anerkennen.[42]

Im zweiten Abschnitt, »Interpersonal and Family Therapy Approaches to Schizophrenia« wird erläutert, auf welche Weise die theoretischen Modelle der Ätiopathogenese der Schizophrenie, die von verschiedenen Pionieren des systemischen Modells entwickelt wurden, ebenfalls auf die wegbereitende Arbeit Sullivans und Fromm-Reichmanns in diesem Bereich zurückgreifen. Es geht hier um die »Doppelbindung« der Schule von Palo Alto, um »Pseudo-Mutualität und Pseudo-Feindseligkeit« von Lyman Wynne, um das »familiäre Schisma« von Theodore Lidz und seinen Mitarbeitern und die »Mystifizierung« von Ronald Laing, auf die Gartner näher eingeht.[43]

Gartner ist der Ansicht, dass Laings Auffassung, die schizophrene Erkrankung eines Familienmitgliedes befriedige das Bedürfnis der Familie, die Realität zu verleugnen, »die konsequenteste Anwendung von Frieda Fromm-Reichmanns Konzept von der ›schizophrenogenen‹ Mutter darstellt« (1995, S. 804).

Als drittes Thema wendet sich Gartner Überschneidungen und gegenseitigen Befürchtungen von interpersonellen Analytikern und Familientherapeuten bezüglich der Bedeutung von Lebenszyklen, Familie, sozialem Umfeld und ethnisch gemischten Familien zu. Hier wird Lidz' psychogenetischer Standpunkt gewürdigt, wie er ihn im Einklang mit Sullivans interpersonaler Theorie in seinem Buch *The Person. His Development throughout the Life Cycle* darlegt. Auch Jay Haley machte sich Lidz' Standpunkt in seinem Buch *Uncommon Therapy* zunutze, in dem die therapeutischen Strategien Milton Ericksons hinsichtlich ihrer Anwendung auf den Lebenszyklus geschildert werden. Von der interpersonalen Seite zitiert Gartner Edgar Levenson, da er oft auf den systemischen Standpunkt zurückgreift, nicht nur bei seiner Berater-Tätigkeit mit den *college drop-outs* in den 60er Jahren, sondern auch in einem Text wie *The Ambiguity of Change*. Viertes und letztes Thema sind »Die Beiträge zur Familientherapie der heutigen interpersonalen Analytiker«, in dessen Rahmen die Arbeit der Kollegen vom White Institute wie Joseph Barnett und Darlene Ehrenberg behandelt wird, und zwar der von ihnen dem systemischen Standpunkt zugestandene Raum im Rahmen der von ihnen durchgeführten individuellen Psychoanalyse.[44]

Bevor nun Gartner zu seinen abschließenden Bemerkungen zu diesem Thema kommt, gibt er einen kurzen Überblick über die Tätigkeit und die Beiträge der »Interpersonalists Who became Family Therapists« (wie Tess Forrest und Leonard Siegel) und der »Family Therapists Who became Interpersonal Psychoanalysts« (wie Mary-Joan Gerson, er selbst und viele weitere Kollegen der jüngsten Generation).[45] Hier die Schlussbemerkung Gartners:

> »Auf technischer Ebene sind die beiden Ansätze natürlich sehr verschieden, wie auch Gerson bemerkt hat (1988). Beide, der interpersonale Analytiker wie der Familientherapeut, konzentrieren ihre Arbeit jedoch auf die direkte Erfahrung

> des Patienten. Beide haben eine pragmatische Vorstellung von der Behandlung. Beide halten das familiäre und soziale Umfeld der Probleme des Patienten für wichtig. Beide denken stets an die interpersonale und relationale Dimension und ihre Auswirkungen auf die Probleme, deretwegen der Patient eine Therapie beginnt. Frei nach Sullivan könnten wir dazu sagen, dass beide Ansätze mehr interpersonal als irgendetwas anderes sind.« (1995, S. 814)

Nun wenden wir uns dem letzten Thema dieses Abschnittes zu und zwar der Beziehung zwischen Sullivans Standpunkt und der modernen kognitiven Psychotherapie. Auch wenn dieses Thema einer eigenen Monografie würdig wäre, zwingen mich meine begrenzten Kenntnisse doch zur Kürze, das heißt dazu, dem Leser folgenden Weg in drei Abschnitten vorzuschlagen: eine genauere Erklärung des Vorrangs des kognitiven Standpunkts im Bereich der interpersonalen Psychoanalyse, die Donnel Stern sehr differenziert in seinem Beitrag zum Kapitel »Cognition and Language« des *Handbook of Interpersonal Psychoanalysis* vornimmt; der Rückgriff auf Sullivans Standpunkt, um den Paul Wachtels Buch *Psychoanalysis and Behavior Therapy. Toward an Integration* (1977) kreist, ein Klassiker, aus dem das »Psychotherapy Integration Movement« hervorging; und schließlich eine Schrift jüngeren Datums, in dem die integrative Orientierung zum Ausdruck kommt: *Interpersonal Process in Cognitive Therapy* von Jeremy Safran und Zindel Segal (1990).

Was Sterns Text angeht, werde ich auf die Zusammenfassung der von ihm behandelten Themen zurückgreifen, die er in neun Punkten am Ende des Kapitels gibt (1995, S. 131f). Der erste Punkt, den er in diesem Kapitel anspricht, dreht sich um die Feststellung, dass die kognitiven Prozesse, im Unterschied zur freudianischen Psychoanalyse, größtenteils eine Folge der interpersonalen Beziehungen sind. Der zweite Punkt beschäftigt sich mit der Tatsache, dass die interpersonale Psychoanalyse eine kognitive Theorie ist, in der Kultur und Kognition (als Organisation unserer Erfahrung mit der Welt und mit uns selbst) jene grundlegenden Rollen einnehmen, die von der freudianischen Psychoanalyse der Triebtheorie zugeordnet wurden. Was im Besonderen die Kultur angeht – womit wir beim dritten Punkt angelangt wären – teilt sich die interpersonale Orientierung in diejenige, welche ihr, wie Sullivan, eine grundlegende Rolle im Entwicklungsprozess zuweisen und jene, die, wie Fromm, ihre hemmende Wirkung auf die Entwicklung der Person als Individuum hervorheben, sie also als Trägerin konformistischen Drucks auffassen.

Damit kommen wir zum vierten Thema, das Stern im Kapitel »Cognition and Language« des *Handbook of Interpersonal Psychoanalysis* darlegt: Da er der interpersonalen Theorie der Kommunikation und der Gegenseitigkeit, das heißt der konsensuellen Validierung, große Bedeutung beimisst, spielt bei der Rekonstruktion kognitiver Prozesse durch Sullivan und seine Schüler die Sprache eine entscheidende Rolle. Laut Sullivan ist die Sprache sogar die einzige Form, in der die Bedeutung, die wir den Dingen geben, allgemein zugänglich ist. Fünftens stößt Sullivans Konzept von der konsensuellen Validierung bei vielen interpersonalen Autoren nicht auf Zustimmung, weil es den rationalen Aspekt von Kommunikation zu sehr betont, auf Kosten jener Aspekte der Kommunikation, die dieses Kriterium nicht erfüllen.

Sechstens ist der Großteil der heutigen interpersonalen Autoren im Gegensatz zu Sullivan der Ansicht, dass Fantasien und symbolische Kommunikation nicht nur defensive Verzerrungen sind, sondern auch direkter, wenn auch unvollständiger Ausdruck unserer inneren Welt. Damit komme ich zum siebenten Thema von Sterns Kapitel: Der Begriff vom »kognitiven Unbewussten«, der erst 1986 von Daniel Burston explizit in die Literatur eingeführt wurde, aber implizit schon während der ganzen langen Entwicklung der interpersonalen Theorie vorhanden war. Er bietet sich als Bezugsrahmen für eine ganze Reihe von Beobachtungen und Konzepten der interpersonalen Autoren hinsichtlich unbewusster Phänomene. Dazu gehören Sullivans Konzepte von der selektiven Unaufmerksamkeit und der Dissoziation, das Konzept der *secondary autocentricity* von Ernest Schachtel und das der Mystifizierung von Laing und Levenson.

Was den vorletzten Punkt betrifft, geht es um die Tatsache, dass den meisten interpersonalen Autoren das kognitive Unbewusste sehr viel weniger strukturiert erscheint als das dynamische Unbewusste, das sie ebenfalls berücksichtigen. Womit wir beim neunten und letzten Punkt angelangt wären: Für den heutigen interpersonalen Psychoanalytiker sind Übertragung und Gegenübertragung nicht Ausdruck verdrängter Triebe, sondern Ergebnis unbewusster kognitiver Prozesse. So sind es diese unbewussten kognitiven Impulse, die die therapeutische Beziehung dahingehend beeinflussen, dass bestimmte Erfahrungen außer Sicht bleiben, und damit von den beiden Beteiligten nicht reflektiert werden können. Die aus der Bewusstsein ausgeschlossene Erfahrung bildet dann das kognitive Unbewusste.[46]

Dieser von Donnel Stern entwickelte Gedankengang wird uns im fünften Abschnitt dieses Kapitels, in dem wir uns mit der interpersonalen Psychoanalyse beschäftigen werden, erneut nützlich sein. Wir wollen nun untersuchen, wie das Buch Wachtels, von dem die »Society for the Exploration of Psychotherapy Integration« (SEPI) ihren Ausgangspunkt nahm, den Gegensatz zwischen dynamischer und behavioristischer Orientierung aufhob, wodurch es möglich wurde, dass dreizehn Jahre später ein Buch wie Safrans und Segals *Interpersonal Process in Cognitive Therapy* erscheinen konnte. Wie wir schon ab dem ersten Kapitel des vorliegenden Buches gesehen haben, war die Möglichkeit einer solchen Integration nicht nur in Sullivans Werk, sondern auch in der Orientierung der gesamten amerikanischen Psychotherapie, einschließlich der Psychoanalyse, schon implizit vorhanden. Die genaue Untersuchung von Sullivans Technik im fünften Kapitel, das den Titel »Some Therapeutic Implications of the Interpersonal View« trägt, bildet dann auch den Ausgangspunkt der »integrativen Wende« auf konzeptueller Ebene.[47]

Es geht hier um die doppelte – analytische und behavioristische – Orientierung seines therapeutischen Ansatzes, den auch Havens in *Participant Observation* behandelt hat. Wachtel hebt hervor, welch vorrangige Rolle Sullivan nicht nur der Einsicht, sondern auch der aufmerksamen Untersuchung der Vergangenheit des Patienten einräumte und beschreibt folgende Elemente seiner Arbeitsweise.

> »An verschiedenen Stellen von *Das psychotherapeutische Gespräch* (1954) betont Sullivan in der Tat die Bedeutung der ›Anleitung zur Tat‹«, schreibt Wachtel, »als wesentliches Element der Konsolidierung des vom Therapeuten und Patienten in der Erkundung erreichten Fortschritts ... Genau diese Charakteristik von Sullivans Denken«, schließt der Autor auf der nächsten Seite, »scheint zu einer aktiven und anleitenden therapeutischen Orientierung zu passen, und in weiterem Sinne zu der Möglichkeit, die psychodynamische Untersuchung mit behavioristischen Maßnahmen zu verbinden.« (1977, S. 68 und 69)

Wachtel schlägt als Berührungspunkt der analytischen und der behavioristischen Anschauung die zyklische Theorie der Psychodynamik vor; auf dieses Thema werden wir jedoch nicht näher eingehen. Uns genügt es, belegt zu haben, dass Sullivans Standpunkt auch dem integrativen Ansatz, der die heutige Psychotherapie inspiriert, zu Grunde liegt.[48]

Was wäre an diesem Punkt über *Interpersonal Process in Cognitive Therapy* zu sagen? Safran und Segal sprechen von ihrem eigentlichen Ziel als »konform mit der immer mehr verbreiteten Tendenz zur Integration im psychotherapeutischen Gebiet« (1990, S. 12), und von ihrem Thema als »Erweiterung der Sphäre der kognitiven behavioristischen Therapie durch Aufnahme von Elementen aus der interpersonalen Psychotherapie und anderen theoretischen Traditionen« (*ibidem*); und sie gehen von Sullivan aus, wenn sie die Notwendigkeit begründen, dass die Therapie »einen steten Prozess der Selbsterkundung durch den Therapeuten« miteinschließt (*ibidem*, S. 13). Die Autoren erklären: »Frei nach Sullivan spielt der Therapeut eine komplexe Rolle bei allem, was in der Therapie geschieht und nur wenn er systematisch den eigenen Beitrag zur Interaktion klärt, kann er den Patienten ganz verstehen« (*ibidem*).

Im Laufe ihres Buches kommen die Autoren immer wieder auf die verschiedenen Elemente von Sullivans Beitrag zu ihrem Ansatz zurück, einschließlich der Entwicklungstheorie. Eine genaue Untersuchung der Bedeutung ihres Buches innerhalb des kognitiv-behavioristischen Ansatzes im Ganzen ginge über meine Kompetenzen hinaus, es soll also genügen, auf dieses Werk hingewiesen zu haben.[49]

8.4 Sullivan und die zeitgenössische Psychoanalyse

Mit der Veröffentlichung von *Object Relations in Psychoanalytic Theory* gelang es Greenberg und Mitchell 1983, die von Clara Thompson in den 50er Jahren begonnenen Bemühungen, Sullivans Werk wieder in die zeitgenössische psychoanalytische Debatte aufzunehmen, erfolgreich zu vollenden. Die Autoren, die von der Annahme ausgehen, dass »die Erklärung der enormen klinischen Bedeutung der Objektbeziehungen das zentrale konzeptuelle Problem in der Geschichte der psychoanalytischen Ideen darstellte« (1983, S. 4), setzen Sullivan zusammen mit W.R.D. Fairbairn an die Spitze dessen, was sie als »strukturelles Beziehungsmodell« bezeichnen: ein Modell, das eine Alternative zu Freuds Triebmodell darstellt und die Entwicklung der gesamten zeitgenössischen Psychoanalyse auf vielfältige Weise beeinflusst hat.

Bevor wir uns nun eingehender mit diesem anspruchsvollen konzeptuellen Vorgehen beschäftigen, wollen wir erneut Thompsons Beitrag »Sullivan and Psychoanalysis« zur Hand nehmen, um damit eines der Themen auf den Punkt zu bringen, auf die ich in diesem Buch immer wieder zurückgekommen bin. In diesem Unterkapitel sollen darüber hinaus auch die von Ernest Ticho, Edgar Levenson und Alan Grey zu diesem Thema geäußerten Ansichten dargestellt werden, bevor wir dann auf Greenberg und Mitchell zurückkommen. Im Zuge von *Object Relations in Psychoanalytic Theory* kommen wir auch kurz auf die Beziehung von Sullivans Standpunkt zu den Objektbeziehungstheorien und der Selbstpsychologie zu sprechen. Um das Thema dieses Abschnittes abzuschließen, soll die Rolle untersucht werden, die das Konzept der teilhabenden Beobachtung bei der Durchsetzung des »sozialen oder interpersonalen Paradigmas« der analytischen Beziehung – um es mit Irwin Hoffmann auszudrücken (1983) – spielte.

Anhand folgender Betrachtungen Clara Thompsons, die am Schluss des erwähnten Beitrages stehen, wird deutlich, dass die Arbeit Greenbergs und Mitchells mit ihrem Standpunkt übereinstimmt:

> »Was sollte man nun demjenigen antworten, der behauptet, Sullivan habe, nur mit anderen Worten, das gleiche wie Freud gesagt? Sullivan verdankt Freud sicherlich sehr viel und man könnte sagen, dass er sich auf seine Schultern stützt. Es ist klar, dass viele Konzepte beider eigentlich Ausdruck ähnlicher Überlegungen waren und, schlicht gesagt, wechselseitig in die Sprache des anderen übersetzt werden können. Aber das bringt uns vom Weg ab«, warnt die Autorin, »denn auf diese Weise übersieht man, dass diese beiden Wissenschaftler grundlegend verschiedene Orientierungen hatten und genau diese Verschiedenheit hat Sullivan die Möglichkeit gegeben, einige neue Ideen in die Psychoanalyse einzuführen. Freud, der eine eher mechanische Vorstellung vom Menschen hatte, den er als eine im Universum isolierte Entität betrachtete, die sich vor allem als Folge der sexuellen Entwicklung entfaltete, wurde gerade durch diese Theorie daran gehindert, viele der von ihm selbst gemachten Beobachtungen über die Abhängigkeit des Menschen von der Anerkennung durch Seinesgleichen in seine Anschauungen zu integrieren. Sullivan hatte die hinderliche Libidotheorie beiseite gelegt und war dadurch offener, die Folgen der einflussreichen sozialen Kräfte auf die Persönlichkeit zu beobachten. Darüber hinaus beschäftigt sich Sullivan weniger mit nicht verifizierbarer Theoriebildung als Freud. Kurz gesagt, bin ich der Ansicht«, schließt Thompson, »dass Sullivan, obwohl seine Ideen eine Weiterentwicklung psychoanalytischer Ideen sind und er zweifellos Freud sehr viel verdankt, doch einen neuen Weg eröffnet, der die Erforschung der menschlichen Persönlichkeit erleichtern wird.« (1952, S. 115)

Da es in diesem Rahmen nicht möglich ist, weiter auf diesen grundlegenden Beitrag von Clara Thompson einzugehen, möchte ich mich auf einige Anmerkungen spezifischer und allgemeiner Natur beschränken. Folgen wir den Worten Thompsons und nehmen zum Beispiel eine unbekanntere Schrift Freuds wie »Zur Psychologie des Gymnasiasten« von 1914 zur Hand, erkennen wir seine Fähigkeit, die interpersonalen Aspekte des menschlichen Tuns zu erfassen, jedoch hinderte ihn der theoretische Rahmen der Triebtheorie daran, diese Beobachtungen angemessen zu bewerten. Freud spricht von der Beziehung des Gymnasiasten zu seinen Lehrern und erklärt deren Rolle als »Vaterersatz« (*G. W.* von Sigmund Freud, Band 10, S. 207), um dann folgendermaßen fortzufahren:

> »Darum kamen sie uns, auch wenn sie noch sehr jung waren, so gereift, so unerreichbar erwachsen vor. Wir übertrugen auf sie den Respekt und die Erwartungen von dem allwissenden Vater unserer Kinderjahre und dann begannen wir, sie zu behandeln wie unsere Väter zu Hause. Wir brachten ihnen Ambivalenz entgegen, die wir in der Familie erworben hatten, und mithilfe dieser Einstellung

> rangen wir mit ihnen, wie wir mit unseren leiblichen Vätern zu ringen gewohnt waren. Ohne Rücksicht auf die Kinderstube und das Familienhaus wäre unser Benehmen gegen unsere Lehrer nicht zu verstehen, aber auch nicht zu entschuldigen.« (*ibidem*)

Eine solche Passage, die man wohl eher Sullivan als Freud zuschreiben würde, illustriert das Problem der Differenz zwischen klinischer Phänomenologie und theoretischem Bezugsmodell und der daraus folgenden Notwendigkeit einer systematischen Vergleichsarbeit der theoretischen Modelle.[50]

Auf einer allgemeineren Ebene stellt natürlich die wichtige – und problematische – Rolle, die Thompson heute als Vermittlerin und Verbindung zwischen einem Pionier der Bewegung der Objektbeziehungen wie Ferenczi und der interpersonalen Tradition Amerikas zuerkannt wird, ein weiteres besonderes Kapitel dar. In der 1993 von Lewis Aron und Adrienne Harris herausgegebenen Anthologie *The Legacy of Sandor Ferenczi* finden sich zwei (in unserem Zusammenhang) interessante Beiträge von Sue Shapiro und Benjamin Wolstein. In »Clara Thompson: Ferenczi's Messenger with half a Message« stellt Shapiro dar, wie Thompson, die von 1943 bis zu ihrem Tod im Jahre 1958 Direktorin des White Institute war, die Lehren Ferenczis ihrem eigenen Arbeitsstil eineverleibte, ohne sein konzeptuelles Erbe wirklich deutlich zu machen – und dies nicht nur aufgrund der durch die psychoanalytische Politik jener Epoche gegebenen schwierigen Bedingungen. Der Weitergabe von Ferenczis Botschaft in ihrer Gesamtheit stand einmal ihre ungelöste Übertragung ihm gegenüber im Weg und die Schwierigkeit, sich mit der interpersonalen Konstellation zu beschäftigen, die dem psychischen Trauma zu Grunde lag, das von dem familiären Klima herrührte, in dem sie selbst aufgewachsen war.

So kann man leicht nachvollziehen, mit welch großer Überraschung Wolstein, der seine Lehranalyse in den 50er Jahren bei Thompson gemacht hatte, nach der Publikation von Sandor Ferenczis *Klinisches Tagebuch. Ohne Sympathie keine Heilung* entdeckte, dass Ferenczi seine Ideen nicht unerheblich beeinflusst hatte, was die von Wolstein im Jahre 1959 veröffentlichte Monografie über die Gegenübertragung zeigt. Mit anderen Worten, Thompson hatte Ferenczis experimentelle therapeutische Arbeit, die Wolsteins Arbeitsweise beeinflussen sollte, zwar nach Amerika gebracht, aber ohne diese Verbindung ausreichend zu verdeutlichen. Laut Wolstein geht es dabei um einen Ansatz, welcher der Klinik gegenüber der Theorie den Vorzug gibt und der Ferenczi und Sullivan gemein war im Kontrast zu der nach Einschätzung dieses Autors stark metapsychologischen Orientierung Freuds. Auf diese Weise hat Ferenczi also »der interpersonalen Bewegung

Amerikas spezifische Wurzeln im Mainstream der Geschichte der Psychoanalyse verliehen« (1993, S. 177).[51]

Wie sieht hingegen das Urteil über Sullivans Beitrag zur zeitgenössischen Psychoanalyse – und die Grenzen seines konzeptuellen Rahmens – vonseiten Ernest Tichos aus, das heißt eines amerikanischen Analytikers europäischer Herkunft, dem es keine Schwierigkeiten bereitet, die Bedeutung von Sullivans therapeutischem Ansatz für die Behandlung Schwerkranker und die Verdienste der interpersonalen Theorie anzuerkennen, obwohl Ticho innerhalb der freudianischen Psychoanalyse anzusiedeln ist? Hier die kritischen Schlussfolgerungen seines Beitrages »Harry Stack Sullivan and Object Relations«, in dem er von ihm als *»first creative American-born contributor to psychoanalysis«* (1978, S. 142) spricht und weiters seinen theoretischen Rahmen mit dem Freuds, Melanie Kleins, Winnicotts und Jacobsons vergleicht:

> »Auf der anderen Seite«, stellt Ticho fest, nachdem er die oben erwähnten Verdienste Sullivans anerkannt hat, »beschränken die fehlende Anerkennung der Triebe und das fehlende Verständnis der durch die Objektbeziehungen bewirkten strukturellen Entwicklung seine Theorie. An manchen Stellen beschreibt Sullivan das Individuum als so abhängig von seiner Umwelt, dass man sich fragen muss, wie eine Person jemals autonom sein kann. Winnicott spricht zum Beispiel von einem primären Ich, das nicht reaktiv ist und aus dem eine autonome Persönlichkeit hervorgeht. Bei seinem Versuch, das Ich empirisch zu beschreiben, sah Sullivan es nur als Funktion der Beziehungen zur Umwelt. So wichtig die interpersonalen Beziehungen auch sind – und Sullivan verdient all unsere Anerkennung dafür, dass er diesen Aspekt hervorhob – bringt ihn das doch dazu, dass er die große Bedeutung der inneren Welt vernachlässigt. Das steht auch in Zusammenhang mit der ambivalenten Art, in der er den Terminus ›Unbewusstes‹ vermied.« (1978, S. 149)

Greenberg und Mitchell antworten auf diesen Einwand, dass die Art, in der Sullivan das Unbewusste »einrichtet, vielleicht rustikaler und einfacher als die des Durchschnitts ist« (1983, S. 104) und führen sie auf seine epistemologische Ausrichtung zurück. Abschließend bemerken sie, dass »die Worte, die er wählt, um Überreste von Beziehungen und Erinnerungen an die Vergangenheit – Personifizierungen, Diagrammfragmente – zu benennen, in seinem System die gleiche Funktion wie die ›inneren Objekte‹ des größten Teils der Autoren der Britischen Schule haben« (*ibidem*, S. 105). Nach Ansicht des interpersonal orientierten Psychoanalytikers Levenson liegt der Unterschied zwischen den beiden Begriffssystemen in der ihnen zu Grunde liegenden Philosophie, die entweder europäisch oder amerikanisch ist. Und so

> »befindet sich die Linie, die Interpersonalisten und Freudianer ganz klar trennt« auf der Ebene »*der Suche nach der Wahrheit hinter dem Äußeren,* gegenüber *der Suche nach der Wahrheit innerhalb des Äußeren.* Wenn für den Freudianer die Schlüsselfrage ist ›*What does it truly mean*?‹ ist sie für den Interpersonalisten ›*What's going on around here*?‹« (1985, S. 423).

Innerhalb einer solchen philosophischen Sicht ist auch einzuordnen wer, wie der überzeugte Interpersonalist Alan Grey, Sullivans System als ein notwendiges Korrektiv von Freuds System ansieht, also einen Standpunkt vertritt, der sich innerhalb der interpersonalen Tradition befindet, und den ich jetzt darstellen möchte, um den facettenreichen Kontext, in den der komparative Ansatz Greenbergs und Mitchells einzuordnen ist, zu erhellen. Grey geht von der Idee aus, dass Freuds System »durch sein Beharren auf die innere fantastische Dimension und die Vernachlässigung der sozialen Zusammenhänge, die sie bedingen, beeinträchtigt wurde« (1988, S. 548); dann stellt er das System Sullivans detailliert dar, um schließlich zu beschreiben, warum es seiner Ansicht nach überlegen ist:

> »Ein einziges Begriffssystem vorzuschlagen, und zwar das von Sullivan, verstößt gegen die heutige psychoanalytische Ökumene, sollte aber ernsthaft in Betracht gezogen werden. Es handelt sich hierbei um ein Begriffssystem, das die wertvollen Erkenntnisse der klassischen Psychoanalyse bewahrt, aber die groben Fehler korrigiert, die solch wirren Ideen wie die Unbehandelbarkeit narzisstischer Patienten und die Vermeidbarkeit der Gegenübertragung zugrunde liegen. Das Korrektiv ist durch eine Feldtheorie gegeben, die auf die ›materielle Wirklichkeit‹ eingestellt ist und deren Anwendbarkeit empirisch überprüft werden kann. Dieses Begriffssystem ermutigt darüber hinaus zu einer Integration der psychodynamischen Konzepte mit aus den Sozialwissenschaften stammenden Daten. Es hat sich schon bewährt, indem es uns erlaubt, nützliche Hypothesen im Bereich der psychologischen und der sozialen Forschung zusammenzubringen und die neuen Wesenszüge der heutigen klinischen Praxis vorwegzunehmen.« (*ibidem*, S. 572f)[52]

Greenberg und Mitchell sprechen zu Beginn des vierten Kapitels ihres Buches folgendermaßen von der »interpersonalen Psychoanalyse« (ein Fachbegriff, der bis zur Erscheinung der italienischen Ausgabe ihren Buches im Jahre 1986 in Italien wenig bekannt war):

> »Die interpersonale Tradition wurde als ›kulturalistisch‹ klassifiziert und, vor allem von ihren Kritikern, als im Grunde ›soziologisch‹ definiert, da sie das Individuum als passives Vehikel kultureller Werte, als leere Tafel, auf der die sozialen Normen geschrieben werden, sieht (Sugarman 1977; Guntrip 1961). Dieser Vorwurf ist unter den Verteidigern des strukturellen Triebmodells verbreitet, die von einer räumlichen Metapher ausgehen, bei der die Psyche mit der von den Trieben, die von unten Druck machen, herrührenden Energie erfüllt ist. (...) Jegliche Theorie, welche die Triebe als grundlegende Motivation beiseite lässt oder durch etwas anderes ersetzt und noch dazu die Bedeutung der zwischenmenschlichen Beziehungen hervorhebt, ist von diesem Standpunkt aus per definitionem oberflächlich«, beklagen Greenberg und Mitchell, »weil sie sich für die ›oberflächlichen‹ Bereiche der Persönlichkeit interessiert und die ›Tiefe‹ aus den Augen verliert. Die interpersonale Tradition wurde beschuldigt, den menschlichen Gefühlen, den tiefsten Motivationen und Konflikten des Individuums nicht Rechung zu tragen und den Menschen als ein reines Kulturprodukt zu sehen. Dies ist ein schlimmer Fehler. Sullivan, Fromm und Horney beschreiben alle drei das menschliche Leben als geprägt von tiefen, intensiven Gefühlen. Der *Inhalt* dieser Gefühle und dieser Konflikte wird allerdings nicht als eine Folge des Triebdrucks und seiner Kontrolle betrachtet, sondern als bedingt von dynamischen Konfigurationen, die sich verschieben und zusammenstoßen, da sie aus realen und imaginären Beziehungen zwischen dem Ich und den anderen bestehen.« (1983, S. 80)

Die Autoren setzen in ihrem gesamten Buch die interpersonale Psychoanalyse mit den wichtigsten Ansätzen der zeitgenössischen Psychoanalyse in Verbindung und gliedern sie auf diese Weise wieder in den psychoanalytischen Mainstream ein. Im letzten Kapitel weisen sie dann allerdings auf die ausgeprägten philosophischen Unterschiede des Triebmodells und des Beziehungsmodells hin, das heißt auf den Konflikt zwischen einer Vision des Menschen als individuellem Wesen (siehe z. B. Locke und Hume) und sozialem Wesen (siehe z. B. Aristoteles, Rousseau, Hegel und Marx). Ein Konflikt also, der so grundlegend ist, dass, nach Meinung der Autoren, kaum jemals eines der beiden Modelle vorherrschen wird:

> »Das Paradoxon der Doppelnatur des Menschen – ausgeprägt individuell und gleichzeitig sozial zu sein – ist zu tiefgehend und zu sehr mit unserer Zivilisation verbunden, als dass man sich für die eine oder für die andere Richtung entscheiden könnte. Es sieht eher so aus als ob beide, das Triebmodell und das Beziehungsmodell, am Leben bleiben, immer wieder überholt und verändert werden und der fruchtbare Austausch zwischen diesen beiden Auffassungen des

menschlichen Lebens einen kreativen Dialog hervorbringt. Wir hoffen (behaupteten vor mehr als 20 Jahren die zwei Autoren; M.C.), dass unsere Arbeit dazu beiträgt, dass dieser Dialog Bedeutung erlangt.« (*ibidem*, S. 407f)[53]

Greenberg und Mitchell stellen zwischen Sullivan auf der einen und Fairbairn und Fromm auf der anderen Seite einen indirekten kreativen Dialog fest. Fairbairn bringt uns in Kontakt mit der Britischen Schule, während Fromm eine der wesentlichen Persönlichkeiten für die Entwicklung der interpersonalen Psychoanalyse war, mit der wir uns im nächsten Absatz beschäftigen werden. Die Autoren stellen Sullivan und Fairbairns Gemeinsamkeiten folgendermaßen dar:

»Auch wenn sie, was Sprache, Stil und klinische Anwendung betrifft, unterschiedlich sind, stimmen Sullivans interpersonale Theorie und Fairbairns Objektbeziehungstheorie in den grundlegenden Voraussetzungen überein; zusammen stellen sie den reinsten Ausdruck des Beziehungsmodells dar. Sowohl für Fairbairn als auch für Sullivan ist die Persönlichkeit das Ergebnis von Überresten des Austausches mit anderen. Die Objekte sind nicht einfach Ziel oder Hemmnisse der Triebe; sie funktionieren nicht einfach in Bezug auf die Entladungsprozesse. Die Beziehungen zu inneren und äußeren Objekten stellen primäre dynamische Prozesse innerhalb des psychischen Lebens dar und sind Teil der eigentlichen Textur des psychischen Gefüges. Die Bemühungen, Beziehungen zu den anderen aufzubauen und zu erhalten, werden zu einer Triebkraft (das Tun des Individuums soll nicht mehr als vom Bedürfnis bestimmt angesehen werden, einen Trieb zu befriedigen, sondern als Versuch, eine bestimmte Art von Beziehung zu einer anderen Person aufzunehmen) sowie zum wesentlichen Bestandteil der ›Substanz‹ des gesamten psychischen Gefüges. Im Beziehungsmodell verschwinden die Triebe, so wie sie Freud definiert hat, vollständig. Ihre Rolle für die Motivation, die Entwicklung, das psychische Gefüge und die Psychopathologie wird von den realen oder imaginären Beziehungen zu anderen Menschen übernommen.« (*ibidem*, S. 178f)[54]

Im Übrigen war es Ernest Jones gewesen, der 1952 in seinem Vorwort zu *Psychoanalytic Studies of the Personality* den neuen von Fairbairn entwickelten Standpunkt unterstützte; er tat dies mit der gleichen geistigen Beweglichkeit und politischen Voraussicht, mit der er Melanie Klein überzeugt hatte, von Berlin nach London zu ziehen:

»Mir steht es nicht zu, das Urteil über den Inhalt dieses Buches vorwegzunehmen, man erlaube mir aber, meiner Überzeugung Ausdruck zu verleihen, dass es unter konzeptuellen Gesichtspunkten sicherlich sehr anregend sein wird«, schreibt Jones. »Wäre es möglich, die neuen Konzeptionen Fairbairns in einem Satz zusammenzufassen, könnten wir sie wie folgt ausdrücken: Anstatt, wie Freud, von der Stimulierung des Nervensystems durch die Erregung verschiedener erogener Zonen und der inneren Spannung durch die Aktivität der Gonaden auszugehen, konzentriert sich Fairbairn auf den Kern der Persönlichkeit, das Ich, und beschreibt dessen Kämpfe und Schwierigkeiten bei den Bemühungen, ein Objekt, das ihm Halt geben kann, zu finden.«[55]

Und was den kreativen Dialog zwischen Sullivan und Fromm angeht? Wenn wir die im vierten Kapitel begonnen Ausführungen wieder aufnehmen, kann man die von Greenberg und Mitchell ausgeführte kritische Synthese ihrer Denkrichtungen wie folgt wiedergeben:

»Sullivan sieht das Leben von einem longitudinalen Standpunkt aus: Das Selbst-System handelt nach Modellen, die es während seiner Kindheit und Jugend erlernt hat und kann nur in Zusammenhang einer Gesamtsicht der Geschichte der zwischenmenschlichen Beziehungen jedes einzelnen Individuums gesehen werden. Fromm hat eine transversale Sicht der Dinge: Das Individuum wendet illusorische Lösungen auf die Existenzbedingungen an, in denen es sich befindet ... Sullivan ist Determinist: Die Person ist das Produkt vergangener interpersonaler Integrationen, die im Gedächtnis bewahrt und kontinuierlich durch Voraussicht wiederhergestellt werden ... Man sieht nur das vor, was man schon erlebt hat, wir können uns nicht aus der Geschichte unserer zwischenmenschlichen Beziehungserfahrungen reißen. Fromm hingegen ist Existentialist: Die Person wählt beständig aus, progressiv oder regressiv, lebt authentisch oder schwelgt in Illusionen ... Die unterschiedlichen Anschauungen des Beziehungsmodells, die Sullivan und Fromm ausgearbeitet haben«, schließen die Autoren, »ergänzen sich gegenseitig; in einem gewissen Sinne korrigiert jede gewisse Mängel der anderen.« (1983, S. 112f)

Die interpersonale Psychoanalyse ist auf dem Gebiet des Dialogs und der Integration entstanden und aus ihnen bezieht sie noch immer ihre Grundzüge und ihre Stärke.[56]

Der Vorrang der klinischen Arbeit und die Ablehnung der freudianischen Metapsychologie (und folglich die aus der amerikanischen Kultur entstandene pragmatische Orientierung) stellen also, zusammen mit dem von ihren Gründern begonnenen kreativen Dialog, die besonderen Merkmale der interpersonalen Psychoanalyse dar, während die integrative Orientierung, die wir auf Clara Thompson zurückgeführt haben, nicht nur *Object Relations in*

Psychoanalytic Theory, sondern auch die Überlegungen anderer Autoren des White Institute beeinflusst hat. Dies trifft zum Beispiel auch auf Jay Kwawers Artikel »Object Relations and Interpersonal Theories« zu, der die Affinität zwischen Sullivans Ideen und denen der Britischen Schule beeinflusst hat. Diese Affinität erscheint schon im Titel, der von »Theorien« und nicht von »Theorie« spricht. Dazu kommt die Tatsache, dass, was die Objektbeziehungstheorien angeht, »sie die Überzeugung vereint, dass die frühen Kindheitserfahrungen Erfahrungen von Angst sind, die sich in der Beziehung zu einem anderen Menschen entwickelt« (1981, S. 5). Der Autor konstatiert, dass »für alle interpersonalen und relationalen Theorien die Neurose eine Modalität ist, die sich entwickelt hat, um einem primitiven oder psychotischen oder dissoziierten oder schizoiden Kern in der allgemeinen Erfahrung entgegenzutreten« (*ibidem*, S. 7). Kwawer untersucht die Affinität zwischen Sullivan auf der einen und Fairnbairn und Winnicott auf der anderen Seite, und stellt dann fest:

> »Winnicotts Betonung der Rolle, die die Analyse in Bezug auf die Erkenntnis dessen, das immer da war, spielt, ähnelt der Einstellung Sullivans und Fairbairns. Letztendlich zielt die Behandlung auf die Klärung der Wirklichkeit. Die Klärung der inneren Welt des Patienten ist kein gesondertes Ziel. Die Behandlung soll letzten Endes zur Wirklichkeit zurückführen, zur syntaktischen Erfahrung im Rahmen der psychoanalytischen Situation. Die Konfrontation mit der Realität widersetzt sich der schizoiden Ablösung, zu der Dissoziation führt.« (*ibidem*, S. 13)

Kwawer ist der Ansicht, dass »der erzieherische Wert der Konfrontation mit der Wirklichkeit« »die gemeinsame Sorge« beider von ihm untersuchten Ausrichtungen darstellt (*ibidem*, S. 19). Hier seine abschließenden Worte:

> »Es geht um die Überzeugung, dass Wachstum und Entwicklung nur in Zusammenhang mit der sie umgebenden Wirklichkeit, in der Beziehung zu einer anderen Person, stattfinden. Es geht um die Überzeugung, dass die Erfahrung die beste Lehrmeisterin ist. Die Dimension des Lernens stellt einen kritischen Aspekt der psychoanalytischen Erfahrung dar. Zu diesem Thema haben Sullivan, Fairbairn und Winnicott die gleiche Meinung.« (*ibidem*)

Wenn wir jetzt von der Britischen Schule zur Selbstpsychologie übergehen, stoßen wir auf das schon zitierte Buch *Objektbeziehungstheorien. Brücken zur Selbstpsychologie*, in dem Bacal und Newman Sullivan – das heißt seiner Rolle als Pionier der zeitgenössischen Psychoanalyse und Vorläufer von

Kohuts Orientierung – ein ganzes Kapitel widmen. Was die erstgenannte Rolle angeht, lesen wir zum Beispiel Folgendes:

»Sullivans bahnbrechende Arbeit auf dem Gebiet interpersonaler Kommunikation und seine Erforschung der unmittelbaren Erfahrungstransaktionen, die sich in der Behandlungssituation entwickeln, sind als integraler Bestandteil in die heute übliche Technik eingegangen. Es ist jedoch wichtig, festzuhalten, daß er mit seiner Betonung der Methoden, die der Patient wählt, um seine Angst zu zeigen oder zu verbergen, und der Operationen, die ihn schützen sollen und im Hier-und-Jetzt der Therapie zum Ausdruck kommen, Einsichten formulierte, die vor fünfzig Jahren neu und innovativ waren. Auch Sullivans Konzepte der frühen Entwicklung fanden in den Interviewstunden Anwendung: er legte besonderes Gewicht auf die Art und Weise, in der die Transaktionen zwischen Patient und Therapeut ihr Übertragungs- und Gegenübertragungserleben fortlaufend beeinflussen. Er zog die Möglichkeit in Betracht, daß die parataxischen Einstellungen sowohl den Charakter der frühen Beziehungen des Patienten offenbaren als auch die aktuelle Beeinflussung durch den Therapeuten im Hier-und-Jetzt erkennbar werden lassen (Sullivan 1956).« (1994, S. 56f)

Und in Bezug auf seine Rolle als Vorläufer von Kohut:

»Die kritische Auseinandersetzung mit Sullivans Werk macht deutlich, daß er einen Großteil dessen vorwegnahm, was später Bestandteil von Kohuts Psychologie des Selbst werden sollte. Seine Entwicklungskonzeption wies die von Anfang an zu beobachtende Beteiligung der Mutter und ihrer Persönlichkeit am Aufbau der inneren Welt des Säuglings so überzeugend nach, daß sein Beitrag die spätere Entwicklungs- und Objektbeziehungstheorie zwangsläufig beeinflußte. ... Trotz dieser Unterschiede aber lokalisieren beide Theorien den Ursprung früher Selbststörungen oder künftiger Pathologie in den emotionalen Verwundbarkeiten und narzißtischen Defiziten der Mutter. Für beide Modelle ist dieses Zwei-Personen-System vom Beginn an die Matrix der psychischen Erfahrung, Motivation und strukturellen Entwicklung (oder Entwicklungshemmung). Beiden Theorien zufolge greift das klassische Modell, dessen Schwergewicht auf dem Bedürfnis des Individuums nach Triebbefriedigung oder Spannungsreduktion als entscheidende Motivation der Objektsuche liegt, zu kurz – wenn es nicht sogar falsch ist. In ähnlicher Weise waren sowohl Sullivan als auch Kohut der Meinung, daß die Kernstörungen zahlreicher ihrer Patienten, selbst jener mit scheinbar neurotischer Charakterpathologie, nicht erst in der ödipalen Phase, sondern noch früher, nämlich in der Entstehungsphase des Selbst, ihren Ursprung nehmen.« (*ibidem*, S. 64f)

Diese Zitate bestätigen erneut die Relevanz von Sullivans Werk für die zeitgenössische Psychoanalyse. Was hingegen eine Darstellung der Besonderheit, Einzigartigkeit und Unwiederholbarkeit des heutigen interpersonalen Ansatzes gegenüber der Selbstpsychologie angeht, verweise ich auf Philip Brombergs Artikel »Interpersonal Psychoanalysis and Self Psychology. A Clinical Comparison«. Der Autor vertritt die Ansicht, dass der interpersonale Ansatz auf einer authentischen Feldtheorie beruht, also zwei Personen betrifft, während Kohuts Theorie dem auf die Einzelperson bezogenen Modell der freudianischen Psychoanalyse verhaftet bleibt.

Dies soll der Ausgangspunkt für den letzten Teil unserer Betrachtungen zur Bedeutung Sullivans für die heutige Psychoanalyse sein. Ich beabsichtige, auf seine Rolle als Vorläufer dessen einzugehen, was Irwin Hoffmann »das soziale oder interpersonale Paradigma« genannt hat und das von einer ganzen Reihe von Autoren der heutigen Psychoanalyse entwickelt wurde. Es handelt sich um *»eine Art informelle ›Schule‹ von Ideen, welche die standardisierten Linien der Schulen Freuds, Kleins und Sullivans überschreitet«* (1983, S. 407), die eine radikale Kritik der Auffassung vereint, »dass die neurotische Übertragungserfahrung des Patienten von der effektiven Natur der Beteiligung des Analytikers getrennt wird, das heißt, dass er die affektive Natur dieser Beteiligung verzerrt« (*ibidem*). Sullivans Konzept der teilhabenden Beobachtung wird also im konstruktivistischen Sinne interpretiert, das heißt die Gegenübertragung als unvermeidlich und der Patient als Teilnehmer am analytischen Prozess angesehen – ein Teilnehmer, der in der Lage ist zu verstehen, dass die Erfahrung des Analytikers zwar ganz anders, aber nicht weniger komplex als seine eigene ist.[57]

8.5 Die interpersonale Psychoanalyse

Welche Elemente vereint nun die interpersonale Psychoanalyse? Diejenigen Elemente also, die sie zusammenhalten und die, auf denen die sie seit den Anfängen begleitende Heterogenität beruht, um es mit den Herausgebern des *Handbook of Interpersonal Psychoanalysis* zu sagen?

> »Obwohl viele der von der interpersonalen Schule gegebenen klinischen Anregungen in den psychoanalytischen Mainstream aufgenommen wurden und obwohl die interpersonale Psychoanalyse hinsichtlich ihrer therapeutischen und theoretischen Ansätze weder gleichförmig noch einheitlich ist, besitzt sie doch einige grundsätzliche Wesenszüge, die sie zu etwas besonderem und einzigartigen machen«, stellen die Autoren des Handbuches gleich nach der im letzten Absatz in einer Fußnote zitierten Bemerkung fest.

> »Es geht um folgende Merkmale: eine relationale Metapsychologie; eine interaktive Konzeption der intrapsychischen und der interpersonalen Dimension; besondere Betonung des interpersonalen und intersubjektiven Felds innerhalb der analytischen Situation; eine pluralistische Sensibilität, die den Vergleich mit verschiedenen Metapsychologien und klinischen Methodologien anregt; eine operative Sicht, die es ermöglicht, dass die theoretischen Konstrukte nahe bei der empirischen Evidenz bleiben; sowie eine pragmatische Philosophie und Orientierung, auf denen die große Flexibilität und Offenheit beruhen, welche die interpersonale Psychoanalyse als klinische Technik auszeichnen. Die interpersonale Psychoanalyse«, fahren Lionells und seine Mitarbeiter fort, »entsteht aus der Zurückweisung des orthodoxen Biologismus und klinischen Dogmas und der Konzepte, welche die psychische Struktur verdinglichen. Sie ist im Wesentlichen pragmatisch, flexibel und konkret, denn sie beschäftigt sich mit den Beziehungen der Menschen untereinander und wie sie diese Erfahrung leben (und strukturieren). Die interpersonale Literatur ist meistens in alltäglicher Sprache geschrieben, nicht in Fachsprache. Mit anderen Worten: Obwohl sich die interpersonale Theorie mehr oder minder mit den gleichen Phänomenen beschäftigt wie die anderen Schulen, tut sie dies nicht mithilfe der verdinglichenden Metaphern, die in der Psychoanalyse so geläufig sind. Die theoretische und klinische Metapher, die im Rahmen der interpersonalen Psychoanalyse am meisten gebraucht wird, ist die des interpersonalen Feldes, das heißt der sich dort überschneidenden bewussten und unbewussten, vergangenen und gegenwärtigen, realen und Fantastischen, äußeren und inneren Erfahrung von zwei oder mehr Menschen. Das interpersonale Feld ist also der unendliche und in ständiger Veränderung befindliche Bereich, in dem alle menschlichen Gefühle und Erfahrungen stattfinden. Erfahrung und Verhalten nehmen so Form an und erlangen Bedeutung, je nachdem welchen Platz sie im Bereich der fortlaufenden Serie von interpersonalen Feldern einnehmen, in denen das Leben von uns allen abläuft, von der Geburt bis zum Tod.« (1995, S. 4)

Nachdem die Autoren diese Definition gegeben haben, weisen sie darauf hin, dass in ihrem Handbuch – das in sieben Teile und 38 Kapitel eingeteilt ist und 914 Seiten umfasst – die interpersonale Psychoanalyse endlich (1995!) so systematisch und umfassend behandelt wird, wie es bis dahin nie geschehen ist, und es dadurch möglich wird, dass sie die Bekanntheit und Anerkennung erlangt, die sie verdient. Es scheint so, dass »die interpersonale Psychoanalyse, trotz ihres weitreichenden untergründigen Einflusses, (besonders auf Sullivans Werk bezogen; M. C.), von den vier in Amerika und Großbritannien dominierenden psychoanalytischen Orientierungen (freudianisch, Selbstpsychologie, Objektbeziehungen, interpersonal) die am wenigsten verstandene und anerkannte zu sein scheint« (*ibidem*, S. 5).

Nach Meinung Lionells und ihrer Mitarbeiter kann das *Handbook of Interpersonal Psychoanalysis* dazu beitragen, diesen Mangel aufzuheben, in dem Maße, in dem »heutzutage, alle Gründe für die Isolierung der interpersonalen Psychoanalyse, seien sie politischer oder intellektueller Natur, entweder dabei sind, ihre Gültigkeit zu verlieren, oder sich ganz erledigt haben« (*ibidem*, S. 6). Da die Debatte über Übertragung und Gegenübertragung auch in den anderen Bereichen der zeitgenössischen Psychoanalyse eine wesentliche Rolle spielt, ist es heute endlich möglich, der fehlenden Anerkennung, die die wegbereitenden Beiträge der interpersonalen Psychoanalyse zu diesem Thema noch in den 40er und 50er Jahren erhielten, endlich Abhilfe zu schaffen. Es geht um Beiträge wie »The Transference Phenomen in Psychoanalytic Therapy« von Janet Rioch und »Countertransference and Anxiety« von Mabel Blake Cohen aus dem Jahr 1943, bzw. 1952. Die Überzeugung der Autoren, dass die interpersonale Psychoanalyse gute Karten in der heutigen psychoanalytischen Debatte hat, spiegelt sich auch in den Worten wieder, die am Ende des Einführungskapitels stehen:

> »Heutzutage wächst bei Analytikern ganz verschiedener theoretischer Orientierungen die Überzeugung, dass die analytische Situation vor allem ein interpersonales Erfahrungsfeld ist und hinsichtlich des wechselseitigen Einflusses untersucht werden muss, den Analytiker und Patient aufeinander ausüben. Wir sind folglich der Ansicht, dass die von den interpersonalen Autoren in dieser Hinsicht entwickelten Ideen, die in den folgenden Kapiteln dargestellt werden, den heutigen Analytikern dabei helfen können, ein neues Verständnis zwischenmenschlicher Natur, der Probleme des menschlichen Lebens zu entwickeln. Die von den Interpersonalisten entwickelten Techniken, um an der Übertragung und Gegenübertragung zu arbeiten, stellen wirksame und flexible therapeutische Mittel dar, die bei der Behandlung aller Arten von Patienten zum Einsatz kommen können. Außerdem bieten die interpersonalen Ideen zur psychologischen Entwicklung, die in der Kindheit, der Jugend und während des ganzen menschlichen Entwicklungszyklus stattfindet, einen Anhaltspunkt, der äußerst nützlich für die klinische Arbeit ist, was eine Annäherung an das psychologische Wachstum und die Veränderung betrifft. Nicht zu vergessen die Tatsache, dass die interpersonalen Konzepte zu den Themen Kognition, Gefühle, der Rolle von Angst und anderen psychologischen Prozessen eine gültige Alternative zu den von der Triebtheorie entwickelten Modellen der Funktion von Persönlichkeit darstellen. Und schließlich bieten die von den Interpersonalisten im Bereich der Psychopathologie entwickelten

und auf die traditionellen nosologischen Syndrome übertragenen Konzepte einen neuen Blickwinkel auf das menschliche Leiden und die in ihm enthaltene Veränderung des Ich.« (*ibidem*, S. 9)[58]

Bevor wir nun die zentralen Kapitel des *Handbook* untersuchen, die sich mit der analytischen Technik der zeitgenössischen interpersonalen Psychoanalyse beschäftigen, sollten wir kurz auf die oben genannten Beiträge von Janet Rioch und Mabel Blake Cohen eingehen. Was Janet Rioch (1905–1974; eine der Mitbegründerinnen des White Institute) angeht, so versucht sie in ihrem Beitrag, die Übertragung in interpersonalem Sinne neu zu definieren, womit sie folglich über Freuds ursprüngliche Definition im Sinne der Libidotheorie hinausgeht.

»Ich bin davon überzeugt, dass die Übertragung eine ganz und gar interpersonale Erfahrung ist« (1943, S. 148), und: »Ich bin der Meinung, dass die Persönlichkeit des Analytikers tendenziell die Art der Übertragungsillusionen bestimmt« (*ibidem*), stellte die Autorin 1943 fest und nahm die von Gill fast 40 Jahre später eingeschlagene Richtung vorweg, indem sie die Art der Beteiligung des Analytikers einer genauen Untersuchung unterzog. Wir haben es hier sogar mit einem der ersten Versuche zu tun, darzustellen, dass der Analytiker sich am Erfahrungshorizont des Patienten als »neues Objekt« anbieten muss, um das Funktionieren der analytischen Behandlung zu ermöglichen; Rioch beschreibt diese Notwendigkeit folgendermaßen:

> »... wenn der Patient ein feindseligen Elternteil hat, dem er Achtung zeigen musste, wird er einige seiner ganz spontanen Gefühle verdrängt haben. In der analytischen Situation wird er dazu neigen, diesen ursprünglichen Bezugsrahmen wiederherzustellen und sich in einer ähnlichen Situation zu fühlen. Wenn auch die Persönlichkeit des Analytikers in Richtung des Bedürfnisses nach Achtung geht, wird dieses Bedürfnis unbewusst dem Patienten aufgenötigt, der deswegen seine Spontaneität von neuem verdrängen wird, wie er es schon vorher getan hatte.« (*ibidem*, S. 153)

Mabel Blake Cohen (1908–1972) zeigt in ihrem Beitrag »Countertransference and Anxiety« eine noch größere Sensibilität für die persönliche Beteiligung des Analytikers; die Autorin schlägt vor, das Auftreten von Angst beim Analytiker als Zeichen für ein Gegenübertragungs-Problem zu verstehen und vertritt folgende Sicht dieses Problems:

> »In dem Maße, in dem der Therapeut sein Bewusstsein über die Natur seiner Beteiligung mit dem Patienten erweitert – sowohl auf der Basis seiner eigenen

> emotionalen Bedürfnisse wie auf der Basis der vom Patienten für ihn gespielten Rollen – kann seine therapeutische Handhabung der Interaktion präziser werden und wahrscheinlich wird er eine größere Anzahl neurotischer Probleme angehen können.« (1952, S. 242)

Auch Edward Tauber (1908–1988), ein weiterer Pionier der interpersonalen Psychoanalyse, ging von dieser Art klinischer Sensibilität aus, als er 1954 den (ebenfalls in die oben genannte Anthologie aufgenommenen) Beitrag »Exploring the Therapeutic Use of Countertransference Data« veröffentlichte, der heute noch höchst aktuell ist. Tauber beschäftigt sich mit dem Problem, ob die heute *self-disclosure* genannte Vorgehensweise – das heißt, dem Patienten Aspekte der Gegenübertragung mitzuteilen – von Nutzen ist oder nicht. So erklärte Tauber seine damals für sehr heterodox gehaltene Vorgehensweise:

> »Meiner Meinung nach nimmt der Analytiker mehr Dinge vom Patienten auf, als er sich bewusst ist; die Unfähigkeit des Analytikers, einen Teil seines unbewussten Verständnisses für den Patienten auf eine bewusste Ebene zu bringen, kann besondere Gründe haben; und sowohl der Analytiker als auch der Patient können entdecken, wenn sie einige Punkte der Fragmente der Gegenübertragung diskutieren, dass das Verständnis des Analytikers für den Patienten über das für den Untersuchungsprozess der Analyse nutzbare hinausgeht.« (1954, S. 331)[59]

Was sind nun die Ziele der interpersonalen Psychoanalyse, das heißt ihr therapeutisches Muster? Mit diesem Thema, also »The Goals of Interpersonal Psychoanalysis«, beschäftigt sich Carola Mann im 24. Kapitel des *Handbook*, das auch das erste der sechs Kapitel ist, die zum fünften Themenbereich gehören, der sich mit dem analytischen Prozess beschäftigt.[60] Mann hebt hervor, dass »für den interpersonalen Analytiker die Ziele der Behandlung und die Erfahrung des analytischen Prozesses, der zwischen Analytiker und Analysand abläuft, eng miteinander verbunden sind« (1995, S. 555) und behandelt dann eine ganze Reihe mit diesem Thema verbundene Anforderungen und Probleme. Zum Beispiel stellt Sullivans Konzept, demzufolge das Ziel der Behandlung darin besteht, dem Patienten dabei zu helfen zu wachsen, also zu lernen autonom zu wachsen, immernoch einen wichtigen gemeinsamen Nenner der interpersonalen Schule dar – die heute diese Prozesse üblicherweise als »Erweiterung des Selbst« bezeichnet. Dass die entsprechende Veränderung, der der Patient entgegen geht, in einer kognitiven Umstrukturierung bestehen muss, das heißt in einer Aufarbeitung der parataxischen Verzerrungen, variiert in der Formulierung von einem interpersonalen Autor zum anderen.

Im Einklang mit der pragmatischen (und pragmatistischen) Ansicht der interpersonalen Schule befindet sich natürlich auch das Konzept, wonach die intellektuelle Einsicht keine Voraussetzung der Veränderung ist – dass die Veränderung der Einsicht sogar vorausgeht und sich auch nicht zu dieser gesellen kann. Vergessen wir auch Wolstein nicht, für den das Ziel der Behandlung darin besteht (man wird an Jungs »Individuation« erinnert), dass der Patient seine *unique individuality* erreicht. Es geht also um ein Ziel, das man auch als *new self-experience* bezeichnen kann, das von der analytischen Situation fordert, jenen Charakter von neuer Erfahrung zu haben, den Janet Rioch, wie wir oben gesehen haben, zu ihrer Zeit dargelegt hat. Es scheint, als habe genau dieser Standpunkt heute eine Mehrheit in der interpersonalen Schule; Mann formuliert es folgendermaßen:

> »So unterschiedliche Meinungen die interpersonalen Analytiker auch darüber haben, wodurch der analytische Prozess effizient wird, sind sie sich doch einig darin, dass er es nicht sein kann, wenn die analytische Erfahrung nicht etwas Neues darstellt. Dieses Neu-Sein muss bestimmte Aspekte der analytischen Beziehung betreffen, das Verständnis der Vergangenheit und der Gegenwart sowie die Bedeutung dieses neuen Verständnisses für das Leben des Patienten und die analytische Beziehung selbst. Dieses Neu-Sein, das der analytischen Erfahrung eigen ist, betrifft sowohl den Analysanden als auch den Analytiker, da es eine ganz besondere Art von Intimität mit sich bringt, die untypisch für eine Kultur ist, in der die Individuen einer ganzen Reihe von Zwängen durch Eltern, Lehrer und Kollegen ausgesetzt sind.« (*ibidem*, S. 562)

Noch klarer und reicher an Informationen ist das nächste Kapitel – »Processes of Therapeutic Action and Change« – von Graham Kavanagh, das sich auf den gleichen konzeptuellen Kern bezieht. Der Autor stellt fest, dass »der besondere Beitrag der interpersonalen Tradition zur Debatte über die therapeutische Wirkung darin besteht, alle Veränderungsprozesse ganz eindeutig innerhalb der analytischen Beziehung anzusiedeln« (1995, S. 569), um dann näher auf die beiden wesentlichen Komponenten einzugehen, den hermeneutisch-kognitiven Aspekt und den der Erfahrung und Beziehung. Für den hermeneutisch-kognitiven Aspekt betonte Sullivan die Bedeutung eines angstfreien kommunikativen Austausches, während der zweite Aspekt aus Fromms Konzept von der Behandlung im Sinne einer Befreiung des blockierten und/oder versteckten Selbst hervorgeht. Kavanagh behandelt ausführlich eine ganzen Reihe interpersonaler Autoren, die das eine oder andere Modell inspiriert haben, wie zum Beispiel Jay Greenberg und Darlene Ehrenberg (Erfahrung-Beziehung) und Edgar Levenson (das hermeneutisch-kognitive).

Greenberg hat sich mit dem Konzept der »analytischen Neutralität« befasst und zwar hinsichtlich der »neuen Erfahrung«, bzw. des »neuen Objekts«: »Wenn der Analytiker nicht als ein neues Objekt gelebt werden kann, wird die Analyse nie beginnen; wenn er nicht als ›altes Objekt‹ erlebt werden kann, wird sie nie enden« (Greenberg 1986, S. 98). Neutral ist also der Analytiker, der fähig ist, zwischen diesen beiden Polen zu schwingen, das heißt, zu beiden die gleiche Distanz einzuhalten – anstatt die gleiche Distanz zu Ich, Es und Über-Ich des Patienten einzuhalten, wie die klassische Formel von Anna Freud lautete.[61]

Damit komme ich zu Darlene Ehrenberg und ihrem Konzept des *intimate edge*, (wie auch der Titel der Anthologie ihrer Schriften von 1992 lautet; Deutsch, 1996: *Jenseits der Wörter. Zur Erweiterung der psychoanalytischen Interaktion*). 1974 definiert sie es im Rahmen ihres Konzeptes von der therapeutischen Wirkung der Analyse folgendermaßen: »der Punkt des größtmöglichen, von beiden Seiten anerkannten Kontaktes in einer therapeutischen Beziehung ohne Fusion, bei der die Individualität und Integrität der beiden Beteiligten nicht verletzt wird« (1974, S. 424). Es ist offensichtlich, dass Ehrenbergs therapeutischer Praxis das (von mir an Sullivan zugewiesene) Konzept der »optimalen Distanz« zu Grunde liegt und sie, um diese einzuhalten, im Gefolge Taubers darauf zurückgreift, dem Patienten die eigene Gegenübertragung mitzuteilen. Kavanagh schreibt über die Arbeit Ehrenbergs:

> »Dieses Verhalten des Analytikers drückt seine Wahrhaftigkeit und Authentizität aus und zeigt die Fähigkeit des Patienten, auf den Analytiker zu wirken, was sicherlich ein gutes Mittel gegen sein Gefühl der Machtlosigkeit ist. Außerdem kann eine solche, wohlüberlegte Öffnung ein Mittel sein, um die Integrität des analytischen Prozesses wiederherzustellen, die vielleicht von einem Gewirr aus Übertragung und Gegenübertragung gefährdet wurde, und kann dem Therapeuten die Möglichkeit bieten, den Patienten mit einer gemeinschaftlichen Erforschung ihres gegenseitigen Einflusses zu konfrontieren. Eine derartige Verwendung der Gegenübertragungs-Gefühle kann, nach Ansicht Ehrenbergs, beim Auftauchen von Gefühlsbindungen ausschlaggebend sein, die eine wirklich tiefgehende und bedeutungsvolle analytische Erfahrung ermöglichen.« (1995, S. 583)

Und Levenson? Er unternimmt eine kritische Neubewertung des Konzeptes der Interpretation, im Licht des Dekonstruktivismus, die Kavanagh folgendermaßen darstellt:

»Die Interpretation dient, von diesem Standpunkt aus betrachtet, nicht mehr dazu, die wahre Bedeutung der Produktion des Patienten zu erforschen oder eine narrative Wahrheit zu entwickeln, die wechselseitig befriedigt, sondern die Geschichte des Patienten zu zergliedern, zu öffnen und zu erweitern, mit dem Mittel der detaillierten Befragung. Das Ergebnis wird keine kohärente Erzählung sein, die das Bedürfnis des Analytikers, den Daten des Patienten Sinn zu verleihen, befriedigt, sondern ›ein besonderes Mosaik dekonstruierter Daten‹ (Levenson 1988, S. 15), das seine Wirkung dadurch erhält, ein solches Chaos von Bedeutungen zu produzieren, dass dadurch neue Bedeutungen entstehen können.« (*ibidem*, S. 588)[62]

Zu guter Letzt wird in der wunderbaren Synthese der interpersonalen Literatur, die der Autor in diesem Kapitel vornimmt, neben dem zitierten Standpunkt Levensons auch der von Donnel Stern seit »Unformulated Experience« (1983) entwickelten hermeneutischen Orientierung Raum gegeben:

»Von Sterns Standpunkt aus gesehen, ist die Psychoanalyse keine Suche nach der versteckten Wahrheit, ›sondern das unverhoffte Auftreten von Konstruktionen – mithilfe von Neugierde und der Akzeptanz der Unsicherheit des Analytikers – die vielleicht niemals zuvor gedacht wurden‹ (Stern 1983, S. 94). Neugier wird, ähnlich Schachtels allozentrischer Haltung der Öffnung zur Welt, zu einem unverzichtbaren Aspekt der analytischen Veränderung.« (1995, S. 598)

Kavanagh schließt das Kapitel mit einem Zitat ab, das er einem Artikel Sterns von 1991 entnimmt; er schickt ihm folgendes Wort voraus:

»Ziel dieses Kapitels war es nicht, präzise Schlussfolgerungen über eine mögliche interpersonale Theorie der therapeutischen Veränderungen zu ziehen, sondern stattdessen dem Leser eine Kostprobe des kreativen Potentials und der großen Bandbreite neuer klinischer und theoretischer Beiträge, welche die Behandlung dieses Themas durch die interpersonale Schule charakterisieren, zu bieten. Es war unvermeidlich, dass einige Themenbereiche und Akzente mehr Profil bekamen als andere, aber keiner wurde von mir als wahrer oder wichtiger behandelt. Wenn ich mir eine umfassende, aber synthetische Definition unseres aktuellen Wissensstandes erlauben darf, hat es niemand besser ausgedrückt als Stern, als er feststellte, dass ›die fruchtbare Durchführung der analytischen Untersuchung, unabhängig von ihrem Inhalt, isomorph in Bezug auf die Erweiterung der Möglichkeiten der therapeutischen Beziehung ist‹ (Stern 1991, S. 71).« (*ibidem*, S. 599)

Nun, da das vorangegangene Kapitel sehr pragmatisch, oder *open ended* (wie die Amerikaner sagen) ist, wollen wir auf den Analytiker italienischer Herkunft, John Fiscalini, zurückgreifen, um uns ein genaueres Bild des aktuellen Panoramas der interpersonalen Technik machen zu können. Fiscalini ist der Verfasser der beiden Kapitel, »Transference and Countertransference as Interpersonal Phenomena. An Introduction« und »The Clinical Analysis of Transference«.

> »Die heutigen Interpersonalisten betrachten Übertragung und Gegenübertragung als Phänomene, die eng miteinander verbunden sind«, schreibt Fiscalini am Ende des ersten der beiden Kapitel, »das heißt als Interaktions-Prozesse, die unvermeidlich innerhalb der gemeinsamen Erfahrung des interpersonalen Feldes mitanalysiert werden. In diesem Sinne stellen sie unzertrennbare Teile eines Kontinuums von Beziehung und Erfahrung dar. Vom interpersonalen Standpunkt aus ist also die getrennte klinische Untersuchung von Übertragung und Gegenübertragung unvermeidlich sowohl künstlich als auch reduzierend. Da es sich um psychische Prozesse handelt, die sich gegenseitig durchdringen – im Sinne von Aspekten eines Interaktions- und eines Erfahrungs-Felds psychischer Kräfte, von denen die eine der Kehrwert der anderen ist – bringt die Untersuchung des einen immer auch die des anderen mit sich.« (1995, S. 613)

Fiscalini ist der Ansicht, dass dieses Konzept der Reziprozität von Übertragung und Gegenübertragung sowie die zentrale Rolle ihrer innerhalb des analytischen Prozesses zu koordinierenden Analyse, die in unterschiedlichem, nicht einheitlichem aber überwiegendem Maße die interpersonale Psychoanalyse auszeichnen, leicht auf Aspekte zurückgeführt werden können, die »implizit, aber nicht entwickelt, in Sullivans Formulierungen vorhanden sind« (*ibidem*, S. 612).

Im nächsten Kapitel, in dem sich seine Ausführungen, aus didaktischen Gründen, vor allem um die Analyse der Übertragung drehen, findet sich dann die folgende Einteilung der zeitgenössischen interpersonalen Analytiker in vier Gruppen, je nachdem wie weit sich ihre Position vom ursprünglichen Standpunkt Sullivans entfernt hat (1995, S. 639). Zur ersten Gruppe gehören die *traditional preservationists* oder *classical interpersonalists*, das heißt, all jene, deren Behandlungsansatz Sullivans Betonung der »detaillierten Befragung« folgt und die das interpersonale Feld hinsichtlich der Art untersuchten, in der die interaktive analytische Dimension den Bericht des Patienten von seinen Lebenserfahrungen – das heißt, der außerhalb der Übertragung gelegenen Dimension – konditioniert.

Dann kommen diejenigen, welche Fiscalini *radical preservationists* nennt; das sind jene, die Sullivans Modell der Teilnahme auf das Hier und Jetzt der analytischen Situation ausgedehnt haben als dem Zentrum ihrer Arbeit, die ihrerseits weitaus größere Aufmerksamkeit dem Spiel zwischen Übertragung und Gegenübertragung innerhalb eines gemeinsamen Transaktion-Feldes schenkt. Die dritte Gruppe hingegen stellen die *radical empiristics* oder *experientalists* dar, also jene, die wie ihre Kollegen aus der zweiten Gruppe die gemeinsam geschaffenen Aspekte von Übertragung und Gegenübertragung in den Mittelpunkt ihrer Arbeit stellen und gleichzeitig ihre interpersonale Theorie erweitert haben, indem sie ihr die Komponente einer größeren Sensibilität für den einzigartigen und unwiederholbaren Charakter des einzelnen Patienten hinzufügten. Zur vierten Gruppe gehören die *eclectic synthesists* oder *relationists*, das sind diejenigen interpersonalen Autoren, die versucht haben, Brücken, sowohl auf theoretischer wie auf klinischer Ebene, zwischen interpersonaler Theorie und Ich-Psychologie und Objektbeziehungstheorie und Selbstpsychologie zu schlagen, was den artifiziellen Charakter ihrer metapsychologischen und technischen Konstruktionen zur Folge hat. Wie der Leser sehen kann, spiegelt sich auch in dieser komplexen Definition die Spannung zwischen einer Übernahme von Sullivans Standpunkt und einer mehr oder weniger kritischen und innovativen Neuinterpretation, die für die heutige interpersonale Psychoanalyse kennzeichnend ist.[63]

Fiscalinis Einteilung ist sicher für alle jene nicht einfach zu verstehen, welche die lebhafte Debatte, die seit Jahren über diese Themen im W. A. White-Institute von New York geführt wird, nicht von innen miterlebt haben. Zum Glück können wir auf die Darstellung der heutigen interpersonalen Psychoanalyse, die uns Mitchell in seinem neuesten Buch – *Influence and Autonomy in Psychoanalysis* – bietet, zurückgreifen. Ich denke an das Kapitel »Interaction in the Interpersonal Tradition«, dem wir schon den Standpunkt Mitchells in Bezug auf Sullivans Technik entnommen haben, das heißt über seine antiquierte Epistemologie, die ihn Teilnahme und Beobachtung unterscheiden ließ. Heute lässt uns der relativistische und konstruktivistische Standpunkt, der die zeitgenössische Epistemologie dominiert, die Möglichkeit einer neutralen Beobachtung ausschließen (Heisenberg docet!) und die interpersonale Psychoanalyse hat Schwierigkeiten, Sullivans Perspektive aufrechtzuerhalten.

> »Die Kritik am Konzept einer von *participation* in Richtung eines perspektivischen Standpunktes befreiten Beobachtung hat den Interpersonalisten in der Tat mehr Probleme gebracht als im allgemeinen erkannt wird«, stellt Mitchell fest. »Eines der größten Probleme stellt die Frage dar, wie man die Erweiterung des Prinzips der *participation* mit dem der Ökologie versöhnen kann.« (1997, S. 83) [64]

Dies ist der problematische Kontext, in den Mitchell die Einteilung Fiscalinis stellt und damit verständlicher macht. Er problematisiert sie auf folgende Weise: »Ein bedeutendes Problem, mit dem sich die interpersonalen Autoren konfrontiert sehen, ist die Tatsache, dass der Widerspruch zwischen *veridicality* und *perspectivism* niemals wirklich so angegangen wurde, wie er es verdient hätte« (*ibidem*, S. 94). Es geht hier also um Psychoanalyse als die vom Analytiker geleitete Suche nach Wahrheit oder Psychoanalyse als eine gemeinsam von Patient und Analytiker unternommene Suche nach einem Sinn. Ein Widerspruch, der nach Meinung Mitchells auch die Arbeit Levensons durchzieht, der »zu glauben scheint, dass es möglich ist, gleichzeitig den notwendigerweise perspektivischen Charakter des gesamten menschlichen Wissens zu akzeptieren und dabei zu glauben, einen direkten Zugang zur Wahrheit zu haben« (*ibidem*, S. 91).[65]

Welche Bilanz zieht nun Mitchell an dieser Stelle hinsichtlich der neuesten Entwicklungen der interpersonalen Psychoanalyse? Am Ende dieses Kapitels schreibt er:

> »Wenn die Interpersonalisten der früheren Generationen die vom Analytiker vorgenommene ›konsensuelle Validierung‹ als um zur Wahrheit zu gelangen notwendige Korrektur der Verzerrungen betrachteten, sehen sie die heutigen Interpersonalisten als eine Version der Wahrheit, die nützlich ist, wenn sie nicht von anderen Daten widerlegt wird, und die so die Möglichkeiten neuer Erfahrungen und des persönlichen Wachstums des Patienten potenzieren kann. In der interpersonalen Tradition ist die Suche nach einem Modus, den wechselseitigen Einfluss von Analytiker und Patient zu konzeptualisieren, ein *work in progress*.« (*ibidem*, S. 99)

Nun wollen wir auf das Werk des heute bekanntesten Interpersonalisten, Edgar Levenson, eingehen.[66] Auch wenn Mitchell mit den oben zitierten Worten die »semiotische Wende«, der Levenson in *The Ambiguity of Change* Ausdruck verleiht, kritisiert, sollte dieser Arbeit Levensons doch der Verdienst zugesprochen werden, dass in ihr der Versuch unternommen wurde, Sullivan folgend, die im Werk Freuds existierende Kluft zwischen Wort und Tat zu überwinden, d. h. die verbale Dimension und die Dimension des Verhaltens in der Behandlung einander gegenüber zu stellen. »Man muss verstehen, dass der Therapeut, wenn er mit dem Patienten spricht, sich ihm gegenüber *verhält*« (1983, S. 62), das heißt:

> »Die Psychoanalyse ist nicht das, was Anna O. so glücklich ›Behandlung mit Worten‹ genannt hat; sie ist vielmehr die Behandlung, die das Verhältnis

> *zwischen* Worten und Verhalten wieder herstellt. *Die Psychoanalyse beschäftigt sich mit dem, was gesagt wird über das, was gemacht wird.*« (*ibidem*, S. 66)

Und zwar, weil »die neurotischen Schwierigkeiten eher von *semiotischer Inkompetenz* als von schlecht integrierten inneren Trieben herrühren« (*ibidem*, S. 32).

Nun, mit *Ambiguity of Change* hat Levenson die im Werk Sullivans enthaltene linguistische Komponente auf den neuesten Stand gebracht, während er mit *The Fallacy of Understanding* aus dem Jahre 1972 das Konzept der Teilnahme auf eine wegweisende Art neu interpretiert hatte. So zitiert auch Gill in dem schon erwähnten Artikel von 1983 des öfteren die grundlegende Botschaft, derzufolge »die Therapie auf dem ›Geschick (des Therapeuten) beruht, sich im System des Patienten zu verfangen, in es einzutauchen, und an ihm teilzunehmen, um dann in der Lage zu sein, den Weg aus ihm heraus zu finden‹ (Levenson 1972, S. 174)« (1983, S. 226) – was auch seine dritte Implikation hinsichtlich der Technik unterstützt, und zwar: »... es ist unvermeidlich, dass der Analytiker mehr oder weniger die vorherigen Erwartungen des Patienten widerspiegeln wird« (*ibidem*). So kann also auch der Beitrag Levensons dahingehend untersucht werden, in welchem Maße seine Interpretation der Arbeit Sullivans sich darauf beschränkt, sie neu auszulegen oder über sie hinausgeht und sie sogar übertrifft. Eine ähnliche Lesart ist eigentlich auch für Mitchells Beitrag gegeben, dem es sicherlich gelungen ist, weit über Sullivan hinauszugehen und gleichzeitig dem eigentlichen Charakter seiner Arbeit treu zu bleiben.

8.6 Die relationale Psychoanalyse: ein Wendepunkt

Meine erste Begegnung mit Mitchell im April 1988 in Florenz (bei dem Institut, wo er zusammen mit Jay Greenberg seine ersten italienischen Seminare hielt, und das seit einigen Jahren nach H. S. Sullivan unbenannt worden ist) stellt nicht nur den Ausgangspunkt für meine Einführung in die italienische Ausgabe (1993) von *Relational Concepts in Psychoanalysis. An Integration* dar; sie war auch eine der wichtigsten Anregungen, das vorliegende Buch zu verfassen.[67] Ich möchte mich hier darauf beschränken, kurz darzulegen, welche Art von Kontinuität meiner Ansicht nach die Arbeit Sullivans und Mitchells verbindet. Ich beziehe mich dabei auf Mitchells Buch *Autonomy and Influence in Psychoanalysis.*[68]

Ich denke, dass nicht nur Mitchells große klinische Sensibilität an jene Sullivans erinnert, das Konzept von der »optimalen Distanz« dominiert auch seinen gesamten klinischen Ansatz, ja stellt sogar dessen Quintessenz dar.

Dieses Konzept bestimmt seine Untersuchung der therapeutischen Wirkung der Psychoanalyse sowie die Gegenüberstellung des interpersonalen und des kleinianischen Modells, die im Mittelpunkt von *Autonomy and Influence in Psychoanalysis* stehen. Hier eines der vielen Beispiele, wie Mitchell von seiner klinischen Arbeit spricht, das ich aus dem Prolog »Interaction and the Problem of Technique« entnehme:

> »Welches sind die Grundeinstellungen, die uns erlauben, gute psychoanalytische Arbeit zu leisten? Im Laufe dieses Buches hat mich die Idee geleitet, dass die analytische Praxis nach *einer speziellen Art von Erfahrung und Denken* verlangt.Sullivans Konzept von der teilhabenden Beobachtung stellt einen guten Ausgangspunkt dar, um die Aktivität des Analytikers zu beschreiben, aber nicht mehr als einen Ausgangspunkt, da man auf viele verschiedene Arten ein teilhabender Beobachter sein kann. Die vom Analytiker verlangte Teilnahme ist eine spezielle Art des Zuhörens, die zum Beispiel schweigendes Antworten mit sich bringt; das Eindringen mit der Fantasie in die – impliziten oder expliziten – interaktiven Angebote des Patienten; das Beobachten, wie der Patient auf unsere eigenen Ideen und Emotionen verändernd wirkt; und schließlich das Zulassen, eine ganze Reihe von Gemütszuständen zu leben, die eine große Menge von vergangenen und gegenwärtigen Gefühlen und Bildern, die mehr oder minder fantastisch oder realistisch sind, in uns zu aktivieren. Die vom Analytiker verlangte Beobachtung ist eine komplexe Form der multifokalen Selbstreflexion, das heißt, der Fokus ist manchmal auf den Patienten, manchmal auf den Analytiker und manchmal auf den Analytiker und den Patienten als Dyade gerichtet.Und die Art des Denkens, die vom Analytiker verlangt wird, stützt sich auf sein Verantwortungsgefühl hinsichtlich der Beibehaltung des analytischen Charakters des Prozesses, einer Situation also, in der das Wohlergehen des Patienten stets oberste Priorität hat, unabhängig davon, wie schwierig es manchmal sein mag, zu wissen, wie man es verwirklichen soll.« (1997, S. XII)

Ähnlich wie Sullivan in *Das psychotherapeutische Gespräch* befasst sich auch Mitchell mit der enormen Komplexität der analytischen Situation.[69]

Auch hinsichtlich der interdisziplinären Ausrichtung und der epistemologischen Sensibilität, die sich durch sein ganzes Werk – sein Denken und seine Schriften – ziehen, ist Mitchell natürlich Sullivan sehr nahe.[70] Hier ein Beispiel, wie sich postmoderne Sensibilität und postfreudianische Wende im ersten Kapitel von *Hope and Dread in Psychoanalysis*, das den Titel »What Does the Patient Need? A Revolution in Theory« trägt, miteinander verbinden:

> »In der postmodernen Revolution des Denkens, die durch alle wichtigen Disziplinen gegangen ist, wird jede Kenntnis, auch die wissenschaftliche, als subjektiv, nicht progressiv, betrachtet; Ergebnis von Konstruktion, nicht von Entdeckung; unvermeidlich in einer bestimmten geschichtlichen und kulturellen Umgebung verwurzelt; kontextuell, nicht universell und absolut. Was hat all dies mit der Psychoanalyse zu tun? Aufgrund der tiefgreifenden Veränderungen der Welt um uns und in uns fassen wir heute den psychoanalytischen Prozess ganz anders auf als Freud und seine Zeitgenossen, auch wenn man ihn oft mit der gleichen Sprache beschreibt. Während Freud die Rationalität als natürliche Brücke zwischen den Personen betrachten konnte, kann sie heute diese Funktion nicht mehr erfüllen. Die von der heutigen Psychoanalyse gegebene Hoffnung wurzelt in der persönlichen Bedeutung, nicht im rationalen Konsens. Die Brücke, die die Verbindung zu den anderen herstellt, besteht nicht aus einer Rationalität, die den Platz der Fantasie und der Vorstellungskraft einnimmt, sondern aus als real und authentisch erlebten Gefühlen, die aus dem Inneren kommen, anstatt von außen auferlegt zu werden, in enger Beziehung zu Fantasie und Vorstellungskraft.« (1993, S. 20–21)[71]

Die vierte gemeinsame Eigenschaft, die Mitchell und Sullivan verbindet, ist meiner Meinung nach das Bedürfnis und der Anspruch, über Freud hinauszugehen, das heißt, eine wirkliche postfreudianische Psychoanalyse ins Leben zu rufen. Damit gemeint ist natürlich der Aufbau der relationalen Psychoanalyse, die Mitchell, nach *Object Relations in Psychoanalytic Theory* in seinem Buch von 1988, *Relational Concepts In Psychoanlysis. An Integration*, ausarbeitete.[72] Die relationale Psychoanalyse stellt, meiner Meinung nach, einen wesentlichen Wendepunkt in der gegenwärtigen psychoanalytischen Landschaft dar, und wird – wie ich hoffe – auch in Deutschland die Würdigung bekommen, die sie verdient.

Anmerkungen

1 Der Autor ist hier so streng, dass er sogar zu der Feststellung gelangt, die psychiatrische Arbeit sei so komplex, dass es nur wenige gute Psychiater gibt, die lange den Anspruch aufrecht erhalten könnten, große Experten auf diesem Gebiet zu sein!

2 Erst im Jahre 1999 veröffentlichte die Zeitschrift *Rivista di Psicoanalisi* (die Zeitschrift der Società Psicoanalitica Italiana) einen Artikel der Florentiner Analytikerin Maria Ponsi mit dem Titel »La partecipazione dell'analista: un tema emergente nella psicoanalisi nordamericana« (Die Teilnahme des Analytikers: ein neues Thema in der nordamerikanischen Psychoanalyse).

3 Eine Vignette auf den Seiten 19 bis 21 des Textes, die ich zur Lektüre empfehle.

4 Unter genau diesem Blickwinkel hat auch Mitchell das Problem der therapeutischen Wirkung der Psychoanalyse erneut untersucht, ausgehend von einer stringenten Kritik am klassischen Konzept, das in der Interpretation des Analytikers das wichtigste Mittel zur Erreichung dieser Wirkung sieht. Weiter unten werden wir sehen, wie Mitchell das Problem angeht, zum Beispiel in dem Beitrag »When Interpretation fails. A New Look at the Therapeutic Action of Psychoanalysis«, das er im April 1996 in Florenz vorgetragen hatte.

5 Um Missverständnissen vorzubeugen, will ich zitieren, wie Sullivan selbst seine Arbeit rechtfertigt:

> »Keiner von uns, den die Unvollständigkeit der Psychiatrie und der eigenen persönlichen Orientierung mit angemessener Demut erfüllt, kann erwarten, daß ihm solche Schwierigkeiten erspart bleiben. Um die Gefahr zu verringern, daß ernsthafte Schwierigkeiten dadurch entstehen, daß wir zwischenmenschliche Prozesse in der Arzt-Patient-Beziehung unbeachtet lassen oder übersehen, ist es ratsam, von einer mehr oder weniger methodischen Vorgehensweise zur Entwicklung dieser Beziehungen zu den Patienten immer wieder Gebrauch zu machen, bis dies praktisch zur Gewohnheit wird. Obwohl ich anderen Psychiatern nicht sagen kann, welche Vorgehensweise genau für sie ideal wäre, so gibt es immerhin einige grobe Anhaltspunkte, die wahrscheinlich fast jedem von Nutzen sein können, der therapeutische Gespräche durchführt. Ich möchte also eine Art Umriß der Methode besprechen oder umreißen, wie man Methoden zur Handhabung psychotherapeutischer Gespräche entwickeln kann. Indem der Psychiater sich unauffällig nach einer solchen methodischen Vorgehensweise richtet, spart er Zeit und beweist sein Geschick.« (ibidem, S. 35)

6 Sullivan war – wie wir in den Ausführungen über *Schizophrenia as a Human Process* gesehen haben – auch ein (vergessener!) Pionier des Einsatzes audiovisueller Hilfsmittel in der psychiatrischen Forschung, was auch folgende Behauptung dokumentiert: »Ein wortgetreues Protokoll eines therapeutischen Gesprächs, das noch nicht mit zahlreichen Anmerkungen versehen worden ist, ist fast unweigerlich außerordentlich irreführend« (*ibidem*, S. 47). Es ist bekannt, dass die zeitgenössische empirische Forschung in der Psychotherapie noch immer mit diesem Problem konfrontiert ist.

7 Auch hier bewegen sich Sullivans Ausführungen auf einem sehr hohen Niveau: Der Therapeut muss im Gespräch nicht nur auf die Introspektion zurückgreifen, um die Art der Teilnahme seines Patienten zu entschlüsseln, sondern vor allem auch auf seine Fähigkeit zu Aufmerksamkeit und Wachsamkeit, und zwar, weil »das Feld der verborgenen Prozesse, die das menschliche Verhalten betreffen, sehr viel weiter [ist] als alles, was jemals durch Introspektion entdeckt worden ist« (*ibidem*, S. 52).

8 Dieses Prinzip ist so bedeutend, dass Sullivan ihm mehrere Seiten widmet, über denen der Gedanke steht, dass es nicht darum geht, ob der Psychiater über gewisse nebensächliche Informationen verfügen sollte, sondern was er mit diesen macht! (*ibidem*, S. 57)

9 Sullivan bietet an dieser Stelle folgende Illustration zum Thema:

> »Zum Beispiel vermitteln viele unerfahrene Therapeuten, ohne daß es überhaupt in ihr Bewußtsein eindringt, ihren Analysanden Gefühle der Abscheu vor gewissen Arten von Daten; und ihre Aufzeichnungen von Gesprächen fallen dadurch auf, daß die Leute, die sie behandeln, in den besonderen Bereichen, die diese Abscheugefühle hervorrufen, nicht gelebt zu haben scheinen. Bis solche Therapeuten erkennen, daß sie dem Analysanden unbewußt eine besondere Art von Daten verbieten oder ihn unbewußt davon abbringen, begegnen sie diesen verabscheuten Bereichen weiterhin nicht.« (ibidem, S. 63)

10 Eine ausführliche Behandlung des Themas der freien Assoziation findet man auch im *Lehrbuch der psychoanalytischen* Therapie von Helmut Thomä und Horst Kächele. Einen pragmatisch-existenziellen Ansatz findet man beim kalifornischen Analyiker Thomas Ogden, der in seinem Buch *Frühe Formen des Erlebens* über seine Arbeit berichtet. Im siebenten Kapitel, das vom ersten Gespräch handelt, erklärt uns Ogden, wie der Analytiker schon ab dem ersten Gespräch »analytischen Raum« schafft, das heißt eine neue Dimension des Zuhörens und des Dialoges, die charakteristisch für unsere Arbeit ist. Ogdens Vorgehensweise ähnelt also derjenigen Sullivans, die mehr als 50 Jahre alt ist.

11 Im Originaltext schreibt Sullivan »*to induct the patient into the reporting of relatively free-floating thoughts*« (H. S. Sullivan, Nr. 124, S. 84), wobei *to induct* mit der Pragmatik der Kommunikation zu tun hat.

12 Sullivan wird sehr deutlich, was die Notwendigkeit betrifft, unsere Aufmerksamkeit stets auf Veränderungen der Angst des Patienten zu richten: »Jeder, der so verfährt, daß er die trennende Kraft der Angst in menschlichen Beziehungen nicht berücksichtigt, wird die therapeutische Gesprächskunst nie erlernen«, stellt er an dieser Stelle fest (*ibidem*, S. 99), und: »Wird auf die Angst keine Rücksicht genommen, so existiert keine wirkliche therapeutische Gesprächssituation« (*ibidem*).

13 Im Original drückt es Sullivan folgendermaßen aus: »*the direct attitude* of the interviewee toward him« und »the part of the interviewee's performance which are faithfully related to the *supposed attitude* of the interviewer« (H. S. Sullivan, Nr. 124, S. 114)

14 Bekanntlich hat die moderne Psychoanalyse lange gebraucht, um sich von der »negativen therapeutischen Reaktion« (des Patienten), wie sie Freud im Rahmen seiner Konzeptualisierung der ausweglosen analytischen Situationen, bezeichnete, zu lösen. Aus diesem Grund wirkt Sullivans wegweisender Ansatz, der

darauf zielt, die »negative Gegenübertragungs-Reaktion« zu verdeutlichen, noch immer so aktuell.

15 In Bezug auf den »formalen Abschied« stellt Sullivan zum Beispiel fest, dass er »wirklich sehr viel Schaden anrichten kann, wenn er ungeschickt durchgeführt wird« (*ibidem*, S. 195) und fügt dann hinzu, dass das Geschick des Psychiaters auch darin besteht, »Schluß zu machen, wenn er fertig ist« (*ibidem*, S. 196f), womit er auch auf die Art anspielt, in welcher der Psychiater selbst das Problem der Trennung und Loslösung angeht.

16 Wie wir noch sehen werden, ist Mitchells therapeutischer Ansatz von dem gleichen Prinzip beseelt. Dieses Prinzip war auch, wie wir im dritten Kapitel festgestellt haben, Sullivan und Ferenczi gemein, das heißt ein Ansatz, der sich auf den Patienten und nicht auf die Technik konzentriert.

17 »Dies trifft in einem Maße zu, daß ich mich in weit über fünfundzwanzig Jahren – abgesehen von meinen vergessenen Fehlern in den ersten paar Jahren – nie veranlaßt sah, jemanden zu ›heilen‹«, stellt Sullivan, nicht ohne Ironie, am Ende dieses Kapitels fest. »Die Patienten haben selbst dafür gesorgt, sobald ich die notwendigen Aufräumungsarbeiten erledigt hatte. Es ist beinahe unheimlich, wie die Dinge allmählich von der Bildfläche verschwinden, wenn ihr Daseinsgrund enthüllt wird.« (ibidem, S. 218)

18 Da es sich um eine wichtige Schrift handelt, habe ich mich selbst um die italienische Übersetzung gekümmert, die 1992 in *Psicoterapia e scienze umane* erschienen ist.

19 In diesem Beitrag aus dem Jahre 1949, dem ersten, der nach seinem Tod erschienen ist, finden sich auch einige interessante Betrachtungen Sullivans über den Unterschied zwischen »lindernder Psychotherapie« (das heißt unterstützender) und »heilender Psychotherapie« – die ich dem Leser ans Herz lege. Außerdem verleiht er hier erneut seiner Überzeugung Ausdruck, dass die Unterschiede zwischen psychisch kranken und so genannten normalen Menschen nur quantitativer und nicht qualitativer Natur sind – das heißt, wie wir gesehen haben, beruhen diese Unterschiede darauf, dass gewisse Dynamismen der Schwierigkeiten, die zu den Erfahrungen aller Menschen gehören, auf pathologische Weise überwiegen.

20 Wegen der Wichtigkeit dieser Schrift, habe ich mich selbst um deren italienische Übersetzung gekümmert.

21 Zu den Quellen, auf die White zurückgreift, gehören auch die von Roger Kvarnes und Gloria Parloff in *A Harry Stack Sullivan Case Seminar* (1976) versammelten Supervisionserfahrungen, mit denen wir uns schon im fünften Kapitel beschäftigt haben.

22 »Sullivans therapeutische Technik hat, auch wenn sie reich an Details ist, die seinen eigenen Beitrag darstellen und Ergebnis seiner Erfahrungen sind, viele Berührungspunkte mit der aktiveren Technik der Charakteranalyse, die Wilhelm Reich ausgearbeitet hat, und die von den heutigen Analytikern auf breiter Ebene eingesetzt wird«, schrieb Thompson 1952. »Da Reichs Buch erst 1940 ins Englische übersetzt wurde und Sullivan nicht fließend deutsch las, wird erneut ersichtlich,

dass einige seiner Entdeckungen, die auf persönlicher Erfahrung beruhten, gleichzeitig und fast genau übereinstimmend mit denen anderer stattfanden. Das bedeutet, dass die Notwendigkeit, dem Patienten seine typischen Verteidigungsmanöver den anderen gegenüber bewusst zu machen, von den Therapeuten immer klarer erkannt wurde. Die Tatsache, dass die Versuche dieses Problem zu lösen, obwohl unabhängig voneinander, so viele Übereinstimmungen aufweisen, scheint die Effizienz der angewandten Methoden zu bestätigen.« (1952, S. 106)

23 Pearce und Newton drücken es auf die ihnen eigene Weise, die von einer bemerkenswerten Fähigkeit zur Empathie und Identifikation mit dem Patienten geprägt ist, folgendermaßen aus:

> »Der Kampf zwischen Hoffnung und Verzweiflung bringt die Patienten zur Analyse. Die Hoffnung steht für die gesamte Persönlichkeit, das heißt, das tiefe Wissen, das wir alle haben, es besser machen zu können und dass das Leben nicht unbedingt so bitter sein muss ... Die Hoffnung ist die Antwort auf die unerwartete und überzeugende Validierung von Leistungen, die neu für das Individuum sind, also jenseits der Grenzen seines Selbst-Systems liegen.« (ibidem, S. 408)

Aus diesem Grund besteht die Hauptaufgabe des Therapeuten darin »dass er die Möglichkeit von Veränderung demonstriert – und nicht fordert –, gerade im Kontext des besonderen Dilemmas, dem der Patient gegenübersteht« (*ibidem*, S. 411)

24 Dass Chapman keine angemessene psychoanalytische Ausbildung hat, ist auch aus der Tatsache ersichtlich, dass er die konsensuelle Validierung außerhalb der Übertragung ansiedelt, das heißt, im Kontext der Vergangenheit des Patienten und seiner aktuellen Beziehungen. Lassen wir ihn aber selbst zu Wort kommen; zu Beginn des angesprochenen Kapitels umreißt er dieses Thema folgendermaßen:

> »Die konsensuelle Validierung stellt die grundlegende Charakteristik von Sullivans Psychotherapie dar. Durch sie gelangen der Therapeut und der Patient zu einer Übereinstimmung einen bestimmten Aspekt der Erfahrung des Patienten betreffend; diese Übereinstimmung wird dann durch die wiederholte Überprüfung vieler Ereignisse im Leben des Patienten bestätigt. Der Therapeut und der Patient können zum Beispiel zu der provisorischen Übereinstimmung kommen, dass der Patient durch sein grobes und taktloses Verhalten jede Beziehung, die sich zu vertiefen droht, zerstört und dass er sich so verhält, weil schmerzhafte Erfahrungen in seiner Kindheit und Jugend bewirken, dass er Angst hat, eine Person, mit der er eine tiefere Beziehung aufbaut, könnte ihn ausbeuten. Diese provisorische Übereinstimmung durchläuft einen Prozess der Validierung, der darin besteht, die vielen mit ihr verbundenen Aspekte der vergangenen und gegenwärtigen Beziehungen des Patienten zu untersuchen.« (ibidem, S. 80)

25 »Die Erforscher der Objektbeziehungen werden viele bewundernswerte Dinge in seiner Arbeit finden. Er (Sullivan; M. C.) und Melanie Klein waren der Vater und die Mutter dieser Konzepte«, schreibt Havens, um diese Definition – also: »Theorie der Objektbeziehungen in Aktion« – zu rechtfertigen.

26 Und hier das klinische Beispiel, das wir M. J. Whites Schrift »Sullivan and Treatment« entnehmen:

> »Jetzt nehmen wir an, der Patient sagt: ›Doktor, ich bin homosexuell‹. Was machen Sie dann? Sie können sich anhören, was er Ihnen sagt. Sie können schließen, dass es nicht das bedeutet, was Sie denken. Sie werden feststellen, dass es für den Patienten äußerst wichtig ist, wenn Sie etwas sagen können, das zeigt, dass Sie diesen Schlag einstecken konnten; dass Sie nicht denken, diese Sache wäre so schrecklich, wie er denkt, Sie könnten denken. Für den Patienten stellt es ein Risiko dar zu denken, er sei homosexuell oder zu wissen, es zu sein, also muss der nächste Zug so automatisch und spontan kommen wie die Worte ›Was um alles in der Welt bringt Sie auf diesen Gedanken?‹. Die statistisch häufigste Antwort wird sein: ›Nun Doktor, Sie wissen genau, dass ich es bin‹. An diesem Punkt darf es kein Zögern oder einen obskuren Rückzug zu irgendwelchen irrelevanten Fragen geben. Man muss jetzt etwas tun, das die Angst vermindert. Wenn also der Patient erneut ansetzt und sagt ›Sie wissen, dass ich homosexuell bin‹, sage ich: ›Ich weiß eigentlich nicht, was Sie damit sagen wollen. Ich hatte nicht daran gedacht. Warum denken Sie, es zu sein? Wissen Sie etwas, das dafür spricht?‹. Und im allgemeinen weiß der Patient etwas. Ich versuche ihn zu verunsichern, so dass er seine Position verteidigen kann. Ich kann nicht voraussehen, was ich von ihm hören werde. Ich könnte erfahren, dass er 4572 unstrittig homosexuelle Begegnungen mit Männern hatte. Meinerseits muss ich aber noch etwas tun, und was? Nehmen wir einmal an, dass ich tatsächlich von einer homosexuellen Erfahrung weiß: Ich würde also so vorgehen, dass ich die Umstände untersuche. Hat er sie gesucht oder wurde sie ihm aufgezwungen, und so weiter – eine Untersuchung, die auf gesundem Menschverstand beruht. Der Patient könnte sagen, dass er sich für die Genitalien der anderen interessiert und wünscht, sie würden sich für die seinen interessieren, dass er merkwürdige Empfindungen im Mund hat, und jedes Mal, wenn sich jemand eine Zigarette anzündet, auf die Toilette rennen muss. An diesem Punkt muss ich eingreifen, denn ich will, dass der letzte Akt funktioniert. Und der letzte Akt findet genau dann statt, wenn ich meine, genug zu haben und die mir gegenübersitzende Person nicht mehr so angespannt zu sein scheint wie im Moment des großen Geständnisses. Dann schaue ich in die Zukunft und sage: ›Ohja, jetzt kann ich verstehen, warum Sie in diesem Moment die Dinge auf diese Weise sehen‹. Und damit habe ich geendet.« (White 1952, S. 144–5)

27 Havens schreibt außerdem:

> »Drei sind die wesentlichen Annahmen dieser Methode. Erstens, dass Projektionen der Motor der Psychopathologie sind; die Projektion spielt also eine vergleichbar wichtige Rolle wie die Verdrängung in der Psychoanalyse. Zweitens, kann eine kontro-projektive Haltung die Beziehung von Projektionen befreien und sie zum Gegenstand einer offenen Diskussion machen; die ›Grundregel‹ der teilhabenden Beobachtung lautet folglich, den kommunikativen Austausch um die Projektionen herum zu konstruieren. Drittens, können die Projektionen im Lauf der Beziehung verschwinden, das heißt, die Patienten können lernen, neue Reaktionen als Antwort auf andere Projektionen oder auf ein von ihnen freies soziales Feld zu entwickeln.« (ibidem, S. 129f)

28 Eine analoge klinische und epistemologische Sensibilität findet sich in zwei weiteren Bänden, die Havens in den folgenden Jahren (1986 und 1989) veröffentlich hat: *Uses of Language in Psychotherapy* und *A Safe Place. Laying the Groundwork of Psychotherapy*. Er setzt in ihnen seine Untersuchungen zu Sullivans Beitrag zur modernen Psychotherapie fort, die er mit *Participant Observation* begonnen hat. Es handelt sich hierbei um sehr interessante und gut lesbare Werke und es würde zweifellos lohnen, sie ins Deutsche zu übersetzen.

29 »Diese Passage zeigt auf subtile Weise auch Sullivans Haltung zu den Problemen, denen selbst ein erfahrener Analytiker begegnen kann, was einer der Gründe ist, warum seine Schriften eine so angenehme Lektüre darstellen«, kommentiert Gill an diesem Punkt und zeigt damit, wie sehr er Sullivan schätzt. »Es ist eine Variante seines Mottos ›Wir alle sind mehr als alles andere ganz einfach menschlich‹. Er sagt nicht: ›würde behindern‹, sondern ›würde sehr behindern‹. Er sagt nicht: ›auf obskure Weise‹, sondern ›auf unnötig obskure Weise‹. Für ihn ist es sicher, dass es Grenzen und dunkle Flecken geben wird.« (Gill 1983, S. 211)

30 Da dies ein sehr wichtiges Thema ist, habe ich es in den Mittelpunkt des Berichts »H. S. Sullivan as a Pioneer of Dialogue and Integration in Psychotherapy« gestellt, den ich auf dem First Congress of the World Council of Psychotherapy, der vom 30. Juni bis zum 4. Juli 1996 in Wien stattfand, vorgetragen habe.

31 Im Verlauf unserer Ausführungen über *Psychiatry* haben wir sehen können, wie viel Raum die Zeitschrift, schon als Sullivan sie leitete, der empirischen psychotherapeutischen Forschung widmete. In jüngerer Zeit stellte lange Zeit Morris Parloff, ein Psychiater mit interpersonalem Hintergrund – und Ehemann von Gloria Parloff, die viele Jahre Redaktionssekretärin von *Psychiatry* war – die Avantgarde der Forschung in diesem Bereich dar. 1988 veröffentlichte *Psicoterapia e scienze umane* seinen Artikel: »Present State of Research of the Outcome of Psychotherapy«.

32 Was eine klare und erschöpfende Darstellung dieses Themas angeht, verweise ich den Leser auf Paolo Migones Artikel »La differenza tra psicoanalisi e psicoterapia:

panorama storico del dibattito e recente posizione di Merton M. Gill« (Der Unterschied zwischen Psychoanalyse und Psychotherapie: historischer Überblick und die gegenwärtige Position von Merton M. Gill), der ursprünglich 1991 in *Psicoterapia e scienze umane* erschienen und 1995 in den Band *Terapia psicoanalitica. Seminari* (Psychoanalytische Theorie. Seminare) aufgenommen wurde.

33 Was die italienische Ausgabe eines großen Teils des ersten Kapitels dieses Werkes und seine Rezension von Paolo Migone angeht, verweise ich den Leser auf das Heft Nr. 2/1993 von *Psicoterapia e scienze umane*

34 Inwieweit die Theorie von Weiss und Sampson – ebenso wie andere zeitgenössische Entwicklungen, wie die Arbeit von Edelman und Bowbly – zur Definition einer neuen analytischen Motivationstheorie beitragen kann, die nach der Krise von Freuds Triebtheorie notwendig wurde, ist Gegenstand eines aktuellen Artikels von Migone und Giovanni Liotti, »Psychoanalysis and Cognitive-evolutionary Psychology: an Attempt at Integration«, der im *International Journal of Psycho-Analysis* (1998) erschienen ist.

35 Was den Begriff »psychotherapeutisches Handbuch« angeht, unter den nicht nur besagter Band, sondern auch *Principles of Psychoanalytic Psychotherapy. A Manual for Supportive-Expressive Treatment* von Luborsky fällt, verweise ich den Leser auf die in Migones Rezension letztgenannten Werkes enthaltene Erläuterung dieses Begriffs. Es geht um die Entwicklung adäquater Instrumente für Forschung, Ausbildung und Behandlung – die diese Handbücher darstellen sollen, um den seit den 70er Jahren in den USA von Regierungsstellen und Versicherungsgesellschaften gestellten Bedingungen für die jeweilige finanzielle Absicherung zu entsprechen.

36 Der interessierte Leser kann den berühmten Beitrag »Die intensive Untersuchung von zwölf Fällen manisch-depressiver Psychose« in *Psychoanalyse und Psychotherapie*, der Anthologie von Schriften Fromm-Reichmanns (die auch Koautorin war), finden. An dieser Stelle sollte aber auch auf das Handbuch *Depression* (die deutsche Ausgabe 1983) von Silvano Arieti und Jules Bemporad hingewiesen werden, ein weiterer grundlegender Text im Bereich der Anwendung der interpersonalen Tradition auf das Studium der depressiven Pathologie.

37 Dies – das heißt die Verminderung der mit dem DSM-System zusammenhängenden differentialdiagnostischen Probleme – gelang ihr »durch die nähere Bestimmung des besonderen interpersonalen Kontexts, in dem die Symptome auftreten, die die zugehörige Persönlichkeitsstörung definieren«, stellt die Autorin fest (1993, S. 8). Sie fährt fort:

> »Zum Beispiel erscheint die Wut des BPD (Borderline-Persönlichkeitsstörung) gewöhnlich dann, wenn das Elternteil oder der Partner als Personen erlebt werden, die ihn vernachlässigen und allein lassen. Der wütende Borderline-Kranke fragt sich, ob ihnen an ihm liegt und sie ihm genug geben. Seine Wut wird von Panikgefühl begleitet und wird beharrlich in Szene gesetzt, um das Elternteil oder den Partner zu zwingen, die Aufmerksamkeit

und Fürsorge, deren der Patient verzweifelt bedarf, zu geben. Im Gegensatz zu dieser Verhaltensweise wird der an HDP (Hystrionische Persönlichkeitsstörung) leidende Patient, der sowohl als Regisseur als auch als Akteur fungiert, Wutanfälle in Szene setzen, um Lob, Bewunderung und Fürsorge zu bekommen. Die Wut des ASP (Antisoziale Persönlichkeitsstörung) unterscheidet sich stark von den beiden oben genannten Fällen. Der unter ASP leidende Patient legt eine kalte und funktionelle Wut an den Tag, handelt mit dem Ziel, Kontrolle oder Distanz zu wahren oder zu demonstrieren und nimmt auf Schäden keine Rücksicht, eben sowenig bereut er sie. Patienten, die unter einer NPD (Narzisstische Persönlichkeitsstörung) leiden, meinen im Gegensatz zu den oben genannten Störungen, die anderen schuldeten ihnen etwas und werden wütend, wenn ihre Bedürfnisse nicht automatisch befriedigt werden – oder die Welt ihnen nicht zu Füßen liegt. Sobald uns klar ist, dass die Wut von unterschiedlichen Kontexten ausgelöst wird und bei den verschiedenen Persönlichkeitsstörungen unterschiedliche Resultate zeigt, haben wir die Verwirrung der Krankheitsbilder überwunden ... Die in diesem Buch vorgeschlagene These besagt, dass die verschiedenen Arten von Wut, die die Patienten an den Tag legen, als logische Folge aus den Unterschieden in der Interaktion zwischen ihrer interpersonalen Geschichte und Faktoren, die vom Temperament des Patienten abhängen, hervorgehen.« (ibidem, S. 8f)

38 In diesem Rahmen, das heißt im ersten der fünfzehn Kapitel seines berühmten Handbuches, verleiht Yalom auch seiner Meinung über das paradoxe Schicksal von Sullivans Werk Ausdruck, die im Einklang mit der Ausrichtung dieses Kapitels und meines Buches insgesamt steht:

»Das berufliche Schicksal Sullivans ähnelte dem vieler anderen Innovatoren. Die konservative Gemeinschaft reagierte anfangs auf seine Ideen, indem sie sie ignorierte, dann wurden sie angegriffen und schließlich assimiliert, so dass ihr innovativer Impuls vergessen wurde. Die Theorie interpersonaler Beziehungen ist heute ein so wesentlicher Bestandteil des psychiatrischen Denkens, dass es überflüssig ist, sie zu unterstreichen. Die empirische Dokumentation des kritischen Charakters der sozialen Bedürfnisse des Menschen ist enorm.« (italienische Ausgabe 1974, S. 37)

Nota bene: in der deutschen Übersetzung von 1974 ist nur der zweite von diesen drei Sätzen zu finden – und drum habe ich mich hier auf die italienische Ausgabe bezogen.

39 Dass auch die von S. H. Foulkes (der 1898 als Siegmund Heinrich Fuchs in Karlsruhe geboren wurde und in den 20er Jahren in Wien eine psychoanalytische Ausbildung absolvierte) in England initiierte gruppenanalytische Orientierung von der an neofreudianischen Anregungen reichen Orientierung des

Psychoanalytischen Instituts von Frankfurt – in dem Foulkes Anfang der 30er Jahre mit Fromm und Fromm-Reichmann arbeitete – beeinflusst wurde, belegt Sabine Rothes Beitrag »Psychoanalyse im Netzwerk der Gruppe. S. H. Foulkes in Frankfurt a. M.«, der 1996 in der zitierten Anthologie *Psychoanalyse in Frankfurt am Main* erschienen ist.

40 Schon 1988 wurde in *Contemporary Psychoanalysis* eine lange Rezension zweier Bücher, die einen Übergang zwischen Familientherapie und individueller Therapie darstellen, veröffentlicht, die den Titel trug: »Sullivan and Family Therapy: an Unconsummated Affair«. In ihr beschäftigte sich Mary-Joan Gerson mit der großen Kompatibilität von Familientherapie und der interpersonalen Ausrichtung, unterstrich gleichzeitig aber auch die ihrer Ansicht nach bestehende Inkompatibilität ihrer therapeutischen Praxis.

41 Die wichtige Rolle der interpersonalen Anschauung bei der Entstehung der Familientherapie belegt auch die Tatsache, dass Lyman Wynnes Artikel »Mutuality and Pseudomutuality Reconsidered: Implications for Therapy and a Theory of Development of Relational Systems« in die mehrfach zitierte Anthologie *La tradizione interpersonale in psichiatria, psicoterapia e psicoanalisi* von uns aufgenommen wurde.

42 Gartner stellt auch fest, dass die interpersonale Anschauung einen starken Einfluss auf die von Murray Bowen entwickelte mehrere Generationen umfassende Perspektive ausübte, auch wenn Bowen dies nicht erwähnt.

43 Auch wenn es heute überholt ist, spielte das Konzept von der »Doppelbindung«, das im berühmten Buch *Pragmatic of Human Communication* von Watzlawick, Beavin und Jackson vorgestellt wurde (deutsche Erstausgabe 1981, unter dem Titel *Menschliche Kommunikation*), eine wichtige Rolle bei der Einführung des systemischen Standpunkts. Das gleiche gilt für die Rolle, die Laings Werk dabei spielte, zum Beispiel mit einem Buch wie *The Politics of Experience*, ganzen Generationen von Kollegen Psychotherapie und Psychiatrie näher zu bringen. Tatsache ist, dass beide Bücher in der von Sullivan begonnenen interpersonalen Tradition verwurzelt sind.

44 Barnett hat in seinem Beitrag »On the Dynamics of Interpersonal Isolation« von 1978 anschaulich erläutert, wie die »Familienideologie« zu einem Zustand der »interpersonalen Isolation« führen kann; Ehrenberg definierte 1975 die *intimate relatedness* als »wirklich kommunikative Interaktion und echte Gegenseitigkeit«, womit sie ihrerseits eine Lanze für die Verbindung des interpersonalen und des systemischen Standpunkts brach.

45 Forrest verdanken wir eine ganze Reihe von interessanten, wegbereitenden Beiträgen, die von der Untersuchung der väterlichen Wurzeln des weiblichen und des männlichen Charakters bis zu einer kombinierten Anwendung der individuellen und der familiären Therapie reichten; sie wurden in den 60er Jahren geschrieben, wie zum Beispiel »The Combined Use of Marital and Individual Therapy in Depression« von 1969. Um den letztgenannten Bereich kümmert

sich in Italien seit einigen Jahren die Zeitschrift *Interazioni*, die von Anna Maria Nicolò, Familientherapeutin und Psychoanalytikerin, ins Leben gerufen wurde.

46 Da das von Stern verfasste Kapitel eines der besten des *Handbook* ist, möchte ich es an dieser Stelle nicht nur entsprechend der logischen – wie ich es oben gemacht habe –, sondern auch der chronologischen Abfolge der behandelten Themen betrachten. Nachdem er das Kapitel als eine Erkundung der von der interpersonalen Psychoanalyse geschaffenen Literatur über Kognition und Sprache vorgestellt hat, bezeichnet Stern die interpersonale Psychoanalyse als eine *cognitive theory of relatedness*. Damit erläutert der Autor »Die Bedeutung von Kognition in der interpersonalen Psychoanalyse« (so lautet der Titel des ersten Abschnittes, in dem auch die gegensätzlichen Positionen Fromms und Sullivans zur Rolle der Kultur dargestellt werden), um im darauf folgenden Abschnitt eine detaillierte historische Übersicht zu diesem Thema zu entwickeln. Hier wird nicht nur Sullivans, sondern auch Schachtels (ein Schüler und Freund Fromms, der in seinem Buch *Metamorphosis* von 1959 grundlegende Konzepte der Psychologie wie Gefühle, Wahrnehmung, Aufmerksamkeit und Erinnerung in Bezug auf die interpersonale Orientierung untersucht hat) und Barnetts Standpunkt dargelegt. Außerdem wird der Vorrang der kognitiven Seite, die charakteristisch für Arietis Werk ist, behandelt und auf welche Weise dieser den *structural turn* Levensons und den *representional turn* Jay Greenbergs beeinflusst hat. Im ausführlichen dritten und letzten Abschnitt werden die verschiedenen kognitiven Phänomene im Einzelnen behandelt, also Sprache, fantastische und symbolische Aktivitäten – einschließlich der »prälogischen Existenz« Taubers und Greens – und schließlich die unbewussten Prozesse, das heißt, das Konzept des »kognitiven Unbewussten« von Burton sowie die Anpassung von Übertragung und Gegenübertragung an dieses.

47 Nicht weniger interessant ist das im Vorwort beschriebene – interpersonale – Umfeld, aus dem dieses Werk Wachtels hervorging. In Yale hatte er persönlichen Kontakt zu Dollard und Miller; in New York bekam er viele Anregungen am Research Center for Mental Health der New York University, das von George Klein und Robert Holt geleitet wurde, und während seiner analytischen Ausbildung innerhalb des Postdoctoral Program der NYU, bei der er sich vor allem mit dem Vergleich und der Assimilierung der verschiedenen theoretischen und klinischen Ansätze der modernen Psychoanalyse beschäftigte. Unter diesem Gesichtspunkt spiegelt *Psychoanalysis and Behavior Therapy* tatsächlich nicht nur den Zeitgeist, denen die »Handbücher«, über die wir auf den vorangegangen Seiten gesprochen haben, entstammen, sondern auch eine ganz bestimmte, offene und progressive kulturelle Umgebung. Es ist kein Zufall, dass Wachtel auch erwähnt, welch wichtige Anregung für die Entstehung seines integrativen Ansatzes ein von Merton Gill – zu jener Zeit und in jener Umgebung – gehaltenes Seminar über die Rolle des wirklichen Verhaltens des Analytikers darstellte (1977, S. XX).

48 Tatsächlich wird Sullivans Standpunkt auch in *Action and Insight*, das Wachtel zehn Jahre später veröffentlichte, viel Raum gewidmet. Im vorletzten Kapitel, »Psychotherapy and the Social System«, schreibt er:

»Die Theorien von Horney, Sullivan und Fromm, zusammen mit denen Eriksons (der gewöhnlich nicht zu ihnen gerechnet wird, aber einige wichtige Charakteristiken mit ihnen gemeinsam hat) bieten eine Basis für eine Anschauung des Verhaltens und der Erfahrung des Menschen, die meiner Ansicht nach sehr viel mehr in der Lage ist, den vorherrschenden sozialen Haltungen und Gewohnheiten entgegenzutreten als der orthodoxe Freudianismus oder die heute gängigen Theorien der Objektbeziehungen.« (1987, S. 360f)

49 Safran und Segal zitieren natürlich auch immer wieder den wichtigen Beitrag, den die italienischen Kollegen Vittorio Guidano und Giovanni Liotti zu ihrem Gebiet geleistet haben; ich denke zum Beispiel an *Cognitive Processes and Emotional Disorders* von 1983, das sich in Richtung der von Wachtel begonnen Integration bewegt. Im Übrigen beweist auch ein Buch wie *La dimensione interpersonale della coscienza* (Die interpersonale Dimension des Bewusstseins), das Liotti 1994 veröffentlichte, welche Bedeutung Sullivans Orientierung gewonnen hat.

50 Eine interessante Variation zum Thema stellt Zvi Lothanes Schrift »Freud and the Interpersonal« dar, in der der Autor feststellt, dass Freud, in der Tat, in seinem Werk hinsichtlich der Dynamik der Entstehung von Symptomen folgende drei theoretische Modelle entwickelte: das Trieb-, das Traum- und das Dyade- oder Beziehungsmodell.

51 Die erfrischende Originalität, mit der Thompson sich dem therapeutischen Prozess widmete, ist auch – außer in der Anthologie *Interpersonal Psychoanalysis* – gut in dem Kapitel »Therapy« ihres 1950 erschienen Textes *Psychoanalysis: Evolution and Development* zu erkennen, das in die erwähnte Anthologie über die interpersonale Tradition von uns aufgenommen wurde. Im Übrigen geht die Bedeutung der Beziehung Thompsons zu Ferenczi auch aus dem vor kurzem erschienenen Beitrag Carlo Bonomis zu einer angeblichen Geisteskrankheit Ferenczis hervor, die Jones als Erklärung für die Heterodoxie seiner Arbeit in den 30er Jahren diente.

52 Grey, ein Interpersonalist der alten Garde und Dozent für Psychologie, stellt allerdings auch die Grenzen und Widersprüche von Sullivans System dar – wie zum Beispiel dessen Zurückgreifen auf eine Motivationstheorie, die Freuds Theorie von der Triebentladung ähnelt –, die er auf Sullivans Unvermögen zurückführt allen Implikationen seiner eigenen Prämissen zu folgen (1988, S. 573). In dieser Hinsicht ist jener Teil des Artikels besonders interessant, in dem der Autor darstellt, wie die heutige Forschung eine ganzen Reihe der Hypothesen Sullivans, nicht nur in Bezug auf die Dyade Säugling/Mutter, sondern auch hinsichtlich der Bedeutung der Präadoleszenz, empirisch bestätigen konnte. Grey ist einer der wenigen Analytiker des White-Instituts, die noch den Wert der kreativen Beziehung zu schätzen wissen, die Sullivan zu den Sozialwissenschaften aufgebaut hatte – die auch er selbst sorgfältig pflegt. Was dies betrifft teilt er sicherlich, wie dies auch Sullivan tat, Freuds Anspruch, aus der Psychoanalyse eine wissenschaftliche

Disziplin – die nicht hermeneutisch sein sollte – zu machen. Grey vertritt dies überzeugend in einem neueren Beitrag, »Ferenczi and the Interpersonal School: a Study of Political Climates in Psychoanalysis«.

53 Übrigens bedingt gerade der praktische Nutzen einer Kombination beider Modelle, wie sie zum Beispiel Gaetano Benedetti vornimmt (Conci 1997d), dass Theoretiker wie Morris Eagle versuchen, eine solche Integration auf eine theoretische Basis zu stellen; damit bewegen sie sich in die entgegengesetzte Richtung wie Greenberg und Mitchell, die in besagtem Buch jegliche »Strategie eines gemischten Modells«, wie die von Kohut und von Sandler, als epistemologisch unlogisch verdammen.

54 Auf diese Weise führt also, in der Darstellung der Autoren, die »Strategie der radikalen Alternative«, die sie der »Strategie des Ausgleichs« gegenüberstellen, zu Sullivan und Fairbairn. Diese beiden Strategien wurden entwickelt – und hierin besteht die eigentliche Substanz dieses Buches: die Art und Weise, wie Greenberg und Mitchell die Evolution der heutigen Psychoanalyse interpretieren – »um den klinischen Primat der Objektbeziehungen mit dem theoretischen Primat der Triebe zu vereinen« (1983, S. 379). Und die Strategie des Ausgleichs? Hier geht es um die von M. Klein geprägte Britische Schule, die, mit Ausnahme Fairbairns und Guntrips, »versucht hat, das ursprüngliche Triebmodell zu erweitern und den ersten Objektbeziehungen zu anderen mehr Gewicht zu verleihen, wobei die grundlegende motivationale Bedeutung der Triebe erhalten bleibt« (*ibidem*, S. 380). Im Bereich der Strategie der Anpassung bleibt diese epistemologische Inkongruenz im Übrigen bestehen, während sie bei der Strategie des gemischten Modells verdeutlicht und gerechtfertigt wird.

55 Anlässlich der italienischen Neuauflage von *Studi psicoanalitici sulla personalità* 1992 haben Giuseppe Parisi und Angela Peduto Fairbairns Werk eine sorgfältige Rezension gewidmet, auf die ich den interessierten Leser verweise. Eagle widmet Fairbairn ein ganzes Kapitel von *Neuere Entwicklungen in der Psychoanalyse*, das er mit folgenden Betrachtungen abschließt, die auch für Sullivan gelten können:

> »Man muss auch nochmals darauf hinweisen, dass seine auf klinischen Grundlagen beruhende Intuition bezüglich unseres angeborenen Hanges zur Objektsuche und der Eigenständigkeit von Objektbeziehungsbedürfnissen durch empirische Forschungsergebnisse bestätigt wurde, die wir seither zur Verfügung haben.« (1988, S. 112)

Was die biografische Seite betrifft, geht aus Donald Sutherlands *Fairbairn's Journey into the Interior* nicht nur der zurückhaltende Charakter dieses Mannes hervor, sondern auch der reiche interdisziplinäre Hintergrund, vor dem – wie bei Sullivan – die Aufnahme der Psychoanalyse erfolgte. In historischer Hinsicht ist zu bestätigen, dass Harry Guntrip als erster Sullivan und Fairbairn nebeneinander stellte, und zwar in seinem 1961 erschienen Buch *Personality Structure and Human Interaction. The Developing Synthesis of Psychoanalytic Theory*.

56 »*Diversity is written into the very history of Interpersonal psychoanalysis*«, schreiben die Herausgeber des *Handbook of Interpersonal Psychoanalysis* im

Einführungskapitel ihres Handbuchs (1995, S. 3), in dem sie diese Unterschiede anhand der verschiedenen Orientierungen von Sullivan, Fromm, Thompson und Fromm-Reichmann darstellen. Abschließend stellen sie fest – nachdem sie auch die Gemeinsamkeiten, die wir im nächsten Absatz untersuchen werden, aufzählen – *»the diversity among Interpersonal theorists and therapists continues to this day«* (*ibidem*, S. 4)

57 Den komplexen Weg, auf dem Merton Gill zu diesem Standpunkt gelangte, beschreibt er selbst sehr eloquent in einem seiner letzten Beiträge, »Aktuelle Tendenzen in der Psychoanalyse«, mit folgenden Worten:

> »Man hatte mich gelehrt, dass die Übertragung eine Verzerrung von Seiten des Analysanden ist, eine Verzerrung dessen, was in der Beziehung passiert, denn er musste die Beziehung wie eine Neuauflage der eigenen Entwicklung leben und nicht wie etwas, das wirklich geschieht. Der Analytiker wusste, was wirklich geschah und seine Aufgabe war es, dieses dem Patienten zu erklären und in dessen Vergangenheit den Grund zu finden, aus dem er diese Verzerrung entwickelt hatte ... Es war meine Erfahrung als Analysand mit verschiedenen Analytikern mit unterschiedlicher Persönlichkeit, die mich anfänglich dazu brachten, das, was man mich über die Rolle des Analytikers gelehrt hatte, zu überprüfen. Bei meiner Arbeit als Analytiker wurde mir dann nach und nach klar, dass die Bedeutung einer Interpretation vom Analysanden oft in erster Linie als eine affektive interpersonale Botschaft verstanden wurde und dann auch als Versuch, eine kognitive Einsicht zu vermitteln. An dieser Stelle gelangte ich zu einer Neubewertung der Übertragung ... Ich gelangte zu dem Schluss, dass Übertragung die Erfahrung des Patienten mit der Beziehung ist, so wie sie von seiner Vergangenheit und dem Einfluss des Analytikers determiniert wird, dessen Einfluss wiederum von seiner eigenen Vergangenheit und der Ausrichtung seiner Arbeit abhängt. Ich glaubte, dass die Beziehung oft eher impliziert angedeutet als explizit dargelegt wird«, fügt Gill an diesem Punkt hinzu und spricht hiermit die Prinzipien an, von denen wir weiter oben gesprochen haben. »Im Einklang mit der analytischen Basistechnik für die Analyse der Übertragung kam ich zu dem Schluss, dass sie explizit gemacht werden müsste, und so begann ich, die Analyse dieser Beziehung im ›Hier und Jetzt‹, wobei ich besonders aufmerksam beobachtete, wie der Analysand die Beiträge des Analytikers aufnahm. Ich regte an, dass der Analytiker diese Analyse am besten durchführte, indem er versuchte, die Gefühle des Patienten hinsichtlich dieser Beziehung deutlich zu machen, ausgehend von den expliziten und impliziten Hinweisen des Patienten auf die Beziehung, um dann zu untersuchen, was in seinem Verhalten und seinen Worten dem Patienten diese Erfahrung plausibel gemacht hat.« (1993, S. 7–9)

Was den theoretischen Rahmen, in dem diese Konversion stattgefunden hat, angeht, kann ich den Leser auf *Die Übertragungsanalyse. Theorie und Technik* verweisen; *Psychoanalye im Übergang: Eine persönliche Betrachtung* hingegen enthält das »konstruktivistische Testament« von Gill – und die letzte Phase seine kreativen Dialogs mit der interpersonalen Orientierung.

58 In ihrer in der New Yorker Zeitschrift *Psychoanalytic Books* erschienenen Rezension des *Handbook* lobt Rebecca Curtis das ihrer Ansicht nach gelungene Unternehmen der Autoren, ein *summary of interpersonal thought* zu bieten, drückt aber ihren Vorbehalt gegenüber seiner rein informativen Natur aus, da hier einfach ein Überblick über die interpersonale Literatur gegeben wird.

Sehr viel expliziter ist in dieser Hinsicht Virgina Demos' Rezension in *Contemporary Psychoanalysis*, die die Meinung vertritt, dass das *Handbook* eine nicht genutzte Gelegenheit darstellt, was eine genauere und kritischere Definition der interpersonalen Psychoanalyse und ihre Integration in die Basiswissenschaften und die anderen Bereiche der Psychoanalyse angeht. Der interpersonalen Psychoanalyse fehlt eine Motivationstheorie und die exzessive Betonung des interpersonalen Moments – zum Nachteil des intrapsychischen, die sie auszeichnet, lässt sie nach Meinung der Autorin hinsichtlich der neuesten empirischen Untersuchungen über die Entwicklung von Säuglingen und Kleinkindern, die beide Momente miteinbeziehen, aus dem Spiel. Genau diesem Mangel versucht Mitchell, meiner Meinung nach, mit seiner »relationalen Wende« beizukommen.

59 An dieser Stelle möchte ich auf Mitchells Beitrag »The Intrapsychic and the Interpersonal: Different Theories, Different Domains, or Historical Artifacts?« hinweisen, den wir in die Anthologie *La tradizione interpersonale* aufgenommen haben, in dem der Autor auf eine sehr differenzierte Weise das Problem der besonderen metapsychologischen Orientierung der interpersonalen Psychoanalyse behandelt. Was einen historischen Überblick über die Entwicklung der interpersonalen Psychoanalyse angeht, kann ich den Leser im Übrigen auf meinen Vortrag »La psicoanalisi interpersonale: da H. S. Sullivan a S. A. Mitchell« (Die interpersonale Psychoanalyse: von H. S. Sullivan zu S. A. Mitchell) verweisen, den ich 1991 im Rahmen der an der Psychiatrischen Klinik der Università Cattolica in Rom durchgeführten Konferenz *Le matrici relazionali del Sé* gehalten habe. Unter diesem Titel sind die Konferenzbeiträge im darauf folgenden Jahr vom Verlag »Pensiero Scientifico« herausgegeben worden.

60 Dieses Buch ist folgendermaßen aufgebaut: Die erste Sektion, »Background«, dreht sich um das Einführungskapitel (dem wir ausführliche Zitate entnommen haben) und dem Kapitel, in dem Dale Ortmeyer den historischen Hintergrund beschreibt; die zweite, »Basic Issues«, verteilt sich auf sieben Kapitel, darunter das von Stern verfasste über Kognition und Sprache, auf das ich im dritten Unterkapitel eingegangen bin; die dritte Sektion, »Development«, ist den verschiedenen Entwicklungsphasen gewidmet, auf denen die interpersonale Theorie Sullivans gründet; die zehn Kapitel der vierten Sektion, die sich mit

»Psychopathology« beschäftigen, umfassen fast 250 Seiten, hier finden sich die im vorhergehenden Kapitel behandelten Kapitel über Zwangszustände und Hysterie; die sechste Sektion, »Aspects of Technique«, besteht aus vier Kapiteln, in ihr wird zum Beispiel die »detaillierte Befragung« behandelt; das Buch endet mit der siebenten Sektion, »Special Topics«, in der sich auch das Kapitel über die Beziehung von interpersonaler Psychoanalyse und Familientherapie findet, auf das ich ausführlich im dritten Abschnitt dieses Kapitels zurückgegriffen habe.

61 Im Übrigen sollte gesagt werden, dass Jay Greenberg, der 1995 der Nachfolger von Arthur Feiner bei der Leitung von *Contemporary Psychoanalysis* wurde, zu den am meisten an einer produktiven Konfrontation mit dem Mainstream interessierten interpersonalen Autoren gehört; dies in einem Maße, dass er eine neue Perspektive vorschlug, die, ausgehend vom Vorrang der Klinik, das Triebmodell und das Beziehungsmodell mischt – und damit den von ihm und Mitchell in *Object Relations in Pychoanalytic Theory* eingenommenen Standpunkt verlässt. Ich beziehe mich hier auf sein 1994 erschienenes Buch *Oedipus and Beyond. A Clinical Theory*, das ich 1994 in der Zeitschrift *Psicoterapia e scienze umane* besprochen habe. Die neue, von ihm angeführte, Linie von *Contemporary Psychoanalysis* bewegt sich, parallel zu *Psychoanalytic Dialogues* von Mitchell, in Richtung des »aufregenden Ideenaustausches zwischen den Institutionen, den wir uns vor zehn Jahren nicht einmal als möglich hätten vorstellen können« (1995, S. 8). Seit 2002 ist Donnel Stern der Herausgeber von *Contemporary Psychoanalysis.*

62 Kavanagh bezieht sich hier auf Levensons Artikel »The Pursuit of the Particular« von 1988, in dem wir auf eine Neuauslegung von Sullivans *detailed inquiry* im Lichte des Dekonstruktivismus stoßen, und den wir noch in Levensons komplexen intellektuellen Werdegang, der von *The Fallacy of Understanding* (1972) über die Essaysammlung *The Ambiguity of Change* (1983) bis zu *The Purloined Self* (1991) reicht, einordnen werden.

63 Mit dem Beitrag Fiscalinis endet meine Abhandlung über das *Handbook*. Allerdings will ich den Leser auf die beiden Kapitel hinweisen, die mir die gelungensten der sechsten Sektion scheinen: »The Detailed Inquiry« von Allan Cooper und »The Nature and Use of Historical Data« von Ruth Imber. In ihnen kommt erneut die angesprochene Spannung zwischen der Übereinstimmung mit Sullivan und seiner Neuinterpretation aus heutiger Sicht zum Ausdruck. Ursprünglich hatte Fiscalini in seinem 1994 erschienenen Artikel »The Uniquely Interpersonal and the Interpersonally Unique: on Interpersonal Psychoanalysis« die oben zitierte Klassifikation beschrieben. Dort ordnete er ihr folgende Namen zu: Witenberg und Cooper der ersten Gruppe, Feiner und Levenson der zweiten, Wolstein und sich selbst der dritten und Greenberg und Mitchell der vierten.

64 Dies sind die beiden Prinzipien, mit deren Hilfe der Autor in diesem Kapitel das Erbe Sullivans zusammenfasst: Das Prinzip *what happened matters* (das ökologische Prinzip) und das Prinzip *what is happening matters* (das Prinzip der Teilnahme) (1997, S. 66).

65 Aus dieser Haltung heraus kritisiert Mitchell auch Ehrenbergs Standpunkt, beziehungsweise das Risiko, das darin enthalten ist, die Gegenübertragung – und deren Mitteilung an den Patienten – in den Mittelpunkt ihrer Arbeit zu stellen, denn auf diese Weise entsteht ein Widerspruch zum konstruktivistischen Standpunkt.

66 1983 veröffentlichte Levenson *The Ambiguity of Change*, seinen Versuch, eine neue Metapsychologie im Lichte der allgemeinen Systemtheorie aufzubauen. 1991 wurde die Anthologie *The Purloined Self. Interpersonal Perspectives in Psychoanalysis* publiziert, die die wichtigsten von Levenson zwischen 1974 und 1990 veröffentlichten Arbeiten enthält.

67 Der Autor baut in diesem Buch die neue relationale Ansicht auf, auf der Grundlage der Konzepte, die er von der interpersonalen Psychoanalyse, der britischen Schule und der Selbst-Psychologie übernommen hat. Ich verweise den Leser auf besagte Einführung in die italienische Ausgabe von *Relational Concepts in Psychoanalysis. An Integration* (*Gli orientamenti relazionali in psicoanalisi. Per un modello integrato*, Bollati Boringhieri, Turin 1993). In meiner 1990 erschienenen Rezension dieses Buches behandle ich detailliert die Art und Weise, in der Mitchell seine neue relationale Orientierung aufbaut und mein Beitrag »La psicoanalisi interpersonale. Da H. S. Sullivan a S. A. Mitchell« von 1992 beschäftigt sich mit der Debatte, die auf die Veröffentlichung von Mitchells Buch folgte.

68 Den Erfolg, den Mitchells Buch in Italien hatte, belegten auch die italienischen Übersetzungen von *Hope and Dread in Psychoanalysis* und *Freud and Beyond. A History of Modern Psychoanalytic Thought*, (letzteres verfasste er mit Margaret Black). Was hingegen die weitere Entwicklung der relationalen Psychoanalyse angeht, denke man an eine Zeitschrift wie *Psychoanayltic Dialogues. A Journal of Relational Perspectives* und auch an das 1992 von Neil Skolnick und Susan Warshaw herausgegebene Buch *Relational Perspectives in Psychoanalysis*, auf dessen von mir verfasste Rezension in *Psicoterapia e scienze umane* ich den Leser verweise. Im Übrigen wurde der von Mitchell im April 1996 in Florenz gehaltene Vortrag über die therapeutische Wirkung der Psychoanalyse, in überarbeiteter und erweiterter Form, als zweites Kapitel in *Autonomy and Influence in Psychoanalysis* aufgenommen. Dieser Text stellt einen weiteren Schritt des Autors in Richtung des psychoanalytischen Mainstreams dar, im Sinne einer vergleichenden Darstellung und Analyse des Interaktions-Konzeptes in der interpersonalen und der kleinianischen Tradition.

69 Mitchell stellte 1988 Folgendes über die Art, die »optimale Distanz« zum narzisstischen Patienten zu finden, fest:

> »Die konstruktivste Form der psychoanalytischen Teilnahme beruht auf der Entdeckung eines Weges zwischen den kontrastierenden Gefahren von Komplizität und Herausforderung, ein Weg, der die Bereitschaft zum Spiel zeigt, das Akzeptieren der ›narzisstischen Integration‹ als spezieller und bevorzugter Beziehungsmodalität, aber auch das Infragestellen, warum

gerade diese die einzige Modalität sein muss. Diese Haltung ähnelt der idealen elterlichen Antwort auf die im vorhergehenden Kapitel beschriebenen Illusionen des Kindes. Die Eltern sind offen für die Illusionen des Kindes über sich selbst, behalten aber eine Leichtigkeit bei, die etwas Angenehmes mitteilt, ohne den Druck der Notwendigkeit. Die Antwort des Analytikers auf die Übertragung des Patienten sollte die gleiche Offenheit für eine spielerische Beteiligung zeigen. Die Fähigkeit, zusammen zu spielen, die eine Beteiligung an den Illusionen des anderen miteinschließt, stellt eine wesentliche Dimension nicht nur der Beziehungen Erwachsener-Kind, sondern auch der Beziehungen zwischen Erwachsenen dar.« (1988, S. 207)

Wenn wir jetzt *Hope and Dread in Psychoanalysis* betrachten, entdecken wir, dass auch die Dialektik zwischen dem Bedürfnis des Patienten, mit sich selbst ins Reine zu kommen, und der vom Analytiker betriebenen Vermittlung sich um das Konzept der optimalen Distanz dreht. Das heißt, dass »die authentische Subjektivität, die der Patient sucht, nicht von der Qualität der ›Teilnahme‹ des Analytikers getrennt werden kann«, wie ich in der Einführung zur italienischen Ausgabe von Mitchells Buch geschrieben habe (Conci 1995a, S. 10).

70 Mitchell, der seinen Studienabschluss in Geschichte in Yale gemacht hatte und sein Doktorat in Psychologie an der New York University absolvierte, zitierte stets den Historiker Berlin und den Psychologen Holt (wer könnte darauf verzichten, seine Essay-Sammlung *Freud reappraised. A Fresh Look at Psychoanalysis* zu lesen?) und ordnete jeden seiner Gedanken über die Psychoanalyse in einen größeren kulturellen Kontext ein. Dies in einem Maße, dass man – in dieser Hinsicht – auch von einem »kulturalistischen Erbe« sprechen könnte. Im Übrigen hat sich zweifellos seine große Vertrautheit mit dem Werk Erich Fromms auf diese Züge seiner Arbeit ausgewirkt.

71 Dieser Charakterzug von Mitchells Arbeit klingt in Battaggias Beitrag über die relationale Wende von 1988 folgendermaßen wieder:

»Das Innovative an Mitchells Beitrag ist also nicht die Vertiefung oder Entwicklung einer neuen Theorie, sondern die Schaffung eines methodologisch kohärenten Modells für die Organisation und Verwendung einer großen Menge an Daten und Beobachtungen, die schon vorhanden sind. Er kann gleichsam wie eine Operation des theoretischen Ingenieurswesens betrachtet werden, der an die von Gedo und Goldberg durchgeführte Relativierung der Modelle (1973) erinnert, ohne jedoch im epigenetischen Prinzip und spezifische Evolutionsphasen verankert zu sein, und ohne auf einen im Wesentlichen eklektischen Ansatz zurückzugreifen. Mitchells Ansatz kann man auch als eine Neuformulierung des Problems der Beziehungen zwischen der Ebene der metapsychologischen Theoretisierung und dem der klinischen Theorie betrachten: Er zeigt, dass er den größtmöglichen Nutzen aus der Kritik und der konzeptuellen Klärung, die von den Kritikern der

Metapsychologie und der evolutionären Theorie der Psychoanalyse (Holt, G. Klein, Gill, Peterfreund, Schaefer, etc.) betrieben wurden, gezogen hat. Zu guter Letzt kommt Mitchell der Verdienst zu, einen Weg zur Entwicklung weiterer theoretischer und klinischer Vertiefungen zu weisen.« (1992, S. 35)

72 In der Zeit (Dezember 2003), in der ich anfing, an der Kontrolle und Ergänzung der deutschen Übersetzung dieses Buches zu arbeiten, ist endlich beim Verlag Psychosozial die erste deutsche Übersetzung eines Buches von Mitchell erschienen, und zwar *Bindung und Beziehung. Auf dem Weg zu einer relationalen Psychoanalyse.* Es handelt sich um die von Martin und Michael Altmeyer übersetzte und von Michael Buchholz eingeleitete deutsche Ausgabe des vorletzten Buches Mitchells: *Relationality. From Attachment to Intersubjectivity* (2000). Ein Jahr später (als ich mit meiner Arbeit der Verbesserung und Verfeinerung der Übersetzung dieses Buches noch nicht fertig war) veröffentlichte derselbe Verlag – unter dem Titel *Kann denn Liebe ewig sein? Psychoanalytische Erkundungen über Liebe, Begehren und Beständigkeit* – auch Mitchells posthum im Jahre 2002 in Amerika erschienenes Buch, *Can Love Last? The Fate of Romance Over Time.* Ich hoffe, dass meine Sullivan-Monografie dazu beitragen wird, dass nicht nur die interpersonale, sondern auch die relationale Psychoanalyse in Deutschland freundlich und ernsthaft aufgenommen werden.

Zitierte Werke von Harry Stack Sullivan[1]

1. (1924) »Schizophrenia: Conservative and Malignant Features«, in *American Journal of Psychiatry*, 81, S. 77–91; neu aufgelegt in *Schizophrenia as a Human Process* (*SHP*)
3. (1925) »The Oral Complex«, in *Psychoanalytic Review*, 12, S. 30–38
4. (1925) »Peculiarity of Thought in Schizophrenia«, in *American Journal of Psychiatry*, 82, S. 21–86; neu aufgelegt in *SHP*
9. (1927) »The Onset of Schizophrenia«, in *American Journal of Psychiatry*, 84, S. 104–134; neu aufgelegt in *SHP*
12. (1927) »The Common Field of Research and Clinical Psychiatry«, in *Psychiatric Quarterly*, 1, S. 276–291; neu aufgelegt in *SHP*
15. (1928) »Affective Experience in Early Schizophrenia«, in *Proceedings Association Research in Nervous and Mental Disease*, 5, S. 141–158
16. (1928) »Tentative Criteria of Malignancy in Schizophrenia«, in *American Journal of Psychiatry*, 84, S. 759–787; neu aufgelegt in *SHP*
17. (1928) »Medical Education – An Editorial Comment«, in *American Journal of Psychiatry*, 84, S. 837–839
19. (1928) »Psychiatric Research – An Editorial Comment«, in *American Journal of Psychiatry*, 84, S. 1075–1077
22. (1929) »Research in Schizophrenia«, in *American Journal of Psychiatry*, 86, S. 553–567; neu aufgelegt in *SHP*

* (1929) Discussion of »Schizophrenia and Psychotherapy«, by A. A. Brill, in *American Journal of Psychiatry*, 86, S. 538–542

26. (1930) »Archaic Sexual Culture and Schizophrenia«, in N. Haire (Hg.), *Proceedings. Third International Conference on Sexual Reform*, Kegan Paul, Trench, Trubner and Co., London, S. 495–501; neu aufgelegt in *SHP*

* (1930) »Schizophrenic Individuals as a Source of Data for Comparative Investigation of Personality«, in *Proceedings. Second Colloquium on Personality Investigation*, John Hopkins Press, Baltimore; neu aufgelegt in *SHP*

30. (1931) »The Relation of Onset to Outcome in Schizophrenia«, in *Schizophrenia (Dementia praecox): an Investigation of the most Recent Advances*, Williams and Wilkins, New York, S., 111–118; neu aufgelegt in *SHP*
31. (1931) »Environmental Factors in Etiology and Course under Treatment of Schizophrenia«, in *Medical Journal and Record*, 133, S. 19–22; neu aufgelegt in *SHP*
32. (1931) »Socio-Psychiatric Research: its Implications for the Schizophrenia

Problem and for the Mental Hygiene«, in *American Journal of Psychiatry*, 87, S. 977–991; neu aufgelegt in *SHP*

33. (1931) »The Training of the Psychiatrist. IV: Training of the General Medical Student in Psychiatry«, in *American Journal of Orthpsychiatry*, 1, S. 371–379
34. (1931) »The Modified Psychoanalytic Treatment of Schizophrenia«, in *American Journal of Psychiatry*, 88, S. 519–540; neu aufgelegt in *SHP*
36. (1933) »Mental Disorders«, in *Encyclopedia of the Social Sciences*, 10, S. 313–319; neu aufgelegt in *SHP*
38. (1934) »Psychiatry«, in *Encyclopedia of the Social Sciences*, 12, S. 578–580; neu aufgelegt in *The Fusion of Psychiatry and Social Sciences (FPSS)*, S. 7–12
39. (1935) »Psychiatric Training as a Prerequisite to Psychoanalytic Practice«, in *American Journal of Psychiatry*, 91, S. 1117–1126; neu aufgelegt in *SHP*
42. (1937) »A Note on the Implications of Psychiatry, the Study of Interpersonal Relations, for Investigations in the Social Sciences«, in *American Journal of Sociology*, 42, S. 848–861; neu aufgelegt in *FPSS, S. 15–29*
44. (1938) »Psychiatry: Introduction to the Study of Interpersonal Relations«, in *Psychiatry*, 1, S. 121–134; unter dem Titel »The Data of Psychiatry« neu aufgelegt in *FPSS*, S. 32–55
45. (1938) »The William Alanson White Psychiatric Foundation – An Editorial«, in *Psychiatry*, 1, S. 135–140
46. (1938) »The Washington School of Psychiatry – An Editorial«, in *Psychiatry*, S. 140–141
47. (1938) »This Journal – An Editorial«, in *Psychiatry*, 1, S. 141–143
50. (1938) »Antisemitism – An Editorial«, in *Psychiatry*, 1, S. 593–598; neu aufgelegt in *FPSS*, S. 76–84
51. (1939) »Intuition, Reason and Faith – An Editorial«, in *Psychiatry*, 2, S. 129–132; neu aufgelegt in *FPSS,* S. 60–65

\# B. R. (1938) »Review of the Book ›Man Against Himself‹ by Karl Menninger«, in *Psychiatry*, 1, S. 149

B. R. (1939) »Review of the Book ›After Freedom‹ by Hortense Powdermaker«, in *Psychiatry*, 2, S. 142

54. (1939) »A Note on Formulating the Relationship of the Individual and the Group«, in *American Journal of Sociology*, 44, S. 932–937; neu aufgelegt in *FPSS,* S. 67–73
56. (1939) »The Support of Psychiatric Research and Teaching – An Editorial«, in *Psychiatry*, 2, S. 273–279
58. (1939) »Responsibility – An Editorial« (with E. E. Hadley and T. H. Gill), in *Psychiatry*, 2, S. 599–602
59. (1940) *Conceptions of Modern Psychiatry*, W. A. White Psychiatric Foundation, Washington D.C. 1940; und: Norton, New York 1953

60. (1940) »Memorandum on a Psychiatric Reconnaissance and a Psychiatric Gloss on a Sociological Study«, in *Studies for the American Council on Education*, Washington D.C.
61. (1940) »Discussion of the Case of Warren Wall. A Psychiatric Gloss on a Sociological Study«, in E. F. Frazier, *Studies on Negro Youth: Negro Youth at the Crossways*, American Council on Education, Washington D.C., S. 228–234; neu aufgelegt in *FPSS*, S. 100–107
64. (1940) »Memorandum on the Utilisation of Psychiatry in the Promotion of Natural Security (from the William Alanson White Foundation)«, in *Psychiatry*, 3, S. 483–492
65. (1940) »Endocrinoneuropsychiatry«, in *Psychiatry*, 3, S. 483–492
66. (1940) »Psychiatry and the National Defense (with a Committee of the Southern Psychiatric Association)«, *Psychiatry*, 3, S. 619–624
67. (1940) »A Minimum Psychiatric Inspection of Registrants: William Alanson White Psychiatric Foundation Bulletin«, in *Psychiatry*, 3, S. 625–627
70. (1941) »Psychiatry and the National Defense«, in *Psychiatry*, 4, S. 201–217
79. (1942) »Completing our Mobilisation – An Editorial«, in *Psychiatry*, 5, S. 263–282
83. (1943) »Ross McClure Chapman – Editorial«, in *Psychiatry*, 6, S. 99–100
85. (1943) »How Sweet are the Uses of Adversity – An Editorial«, in *Psychiatry*, 6, S. 217–240
86. (1943) »Annual Meeting of the Foundation – An Editorial«, in *Psychiatry*, 6, S. 441f
91. (1944) »Psychiatric State of the Nation (an Editorial including a Memorandum by M. F. Ashley Montagu on ›The Races of Mankind‹), in *Psychiatry*, 7, S. 183–189
92. (1944) »The Language of Schizophrenia«, in J. S. Kasanin (Hg.), *Language and Thought in Schizophrenia*, University of California Press, Berkeley, S. 4–16
94. (1945) »The Soldier's Return – An Editorial«, in *Psychiatry*, 8, S. 111–113
95. (1945) »For a National Mental Health Council – An Editorial«, in *Psychiatry*, 8, S. 235–253
96.(1946) »The Cultural Revolution to End War – An Editorial on the Second William Alanson White Memorial Lectures by Major-General G. B. Chisholm«, in *Psychiatry*, 9, S. 81–87
98. (1947) »Therapeutic Investigations in Schizophrenia«, in *Psychiatry*, 10, S. 121–125
B.R. (1947) »Review of the Book ›The Chrysantemum and the Sword‹ by Ruth Benedict«, in *Psychiatry*, 10, S. 214–216
100. (1947) »Notes on Investigation, Therapy and Education in Psychiatry and their Relations to Schizophrenia«, in *Psychiatry*, 10, S. 271–280
101. (1947) »Remobilization on the Enduring peace and Social Progress«, in *Psychiatry*, 10, S. 239–252

104. (1947) »The Study of Psychiatry: three Orienting Lectures«, in *Psychiatry*, 10, S. 355–371
105. (1947) »Ten Years of Psychiatry, a Statement by the Editor«, in *Psychiatry*, 10, S. 433–435
108. (1948) »The Meaning of Anxiety in Psychiatry and in Life«, in *Psychiatry*, 11, S. 1–13; neu aufgelegt in *FPSS*, S. 229–254
111. (1948) »Psychiatry, Education and the UNESCO ›Tensions Projects‹«, in *Psychiatry*, 11, S. 371–375
113. (1948) »Ruth Fulton Benedict, Ph. D., D. Sc., 1887–1948«, in *Psychiatry*, 11, S. 402f
114. (1949) »The Study of Psychiatry: 1948 Orienting Lectures«, in *Psychiatry*, 12, S. 325–337; neu aufgelegt unter dem Titel »Beliefs versus a rational Psychiatry«, in *FPSS*, S. 254–266
115. (1949) »The Theory of Anxiety and the Nature of Psychotherapy«, in *Psychiatry*, 12, S. 3–12
117. (1950) »Multidisciplined coordination of Interpersonal Data«, in S. S. Sargent und M. W. Smith (Hg.), *Culture and Personality*, Viking Fund, New York, S. 175–194
118. (1950) »The Illusion of Personal Individuality«, in *Psychiatry*, 12, S. 317–332; Auszüge neu aufgelegt in *FPSS*, S. 98–126
123. (1953) *The Interpersonal Theory of Psychiatry*, Norton, New York [*Die interpersonale Theorie der Psychiatrie*, Fischer, Frankfurt a. M., 1980]
124. (1954) *The Psychiatric Interview*, Norton, New York [*Das psychotherapeutische Gespräch*, Fischer, Frankfurt a. M., 1976]
125. (1954) *Clinical Studies in Psychiatry*, Norton, New York
126. (1962) *Schizophrenia as a Human Process*, Norton, New York (*SHP*)
127. (1964) *The Fusion of Psychiatry and Social Science* (*FPSS*)
128. (1972) *Personal Psychopathology*, Norton, New York

Anmerkungen

1 Quelle: Crowley, R. M. »Harry Stack Sullivan: the complete Bibliography«, in *Contemporary Psychoanalysis*, 11/1975; 83–99.
Die Zählung in dieser Liste entspricht der Nummerierung in Crowleys Bibliographie.

* Dieser Text ist in der Bibliographie Crowleys nicht enthalten, oder nicht in dieser Form enthalten.

Crowleys hat Sullivans Rezensionen nicht in die Bibliographie aufgenommen, sondern führt sie gesondert auf.

Bibliographie

Ackerman, N. W., »Dynamic Patterns in Group Psychotherapy«, in *Psychiatry*, 7/1944, S. 341–348

Alexander, F., Selesnick, S. T., »Freud – Bleuler correspondence«, in *Archives of General Psychiatry*, 12/1965, S. 1–9

Alexander, F., Selesnick, S. T., *The History of Psychiatry. An Evaluation of Psychiatric Thought and Practice from Prehistoric Time to the Present*, Harper and Row, New York 1966 [*Geschichte der Psychiatrie*, Diana-Verlag, Zürich 1969]

Ancona, L., *Introduzione alla psichiatria. Un volume soggettivo per medici, studenti e »laici«*, Mondadori, Mailand 1984

Anderson, N., *The Hobo. The Sociology of the Homeless Man*, University of Chicago Press, Chicago 1932

Arieti, S., *Interpretation of Schizophrenia*, Basic Books, New York 1974

Arieti, S., »Editorial«, in *Journal of the American Academy of Psychoanalysis*, 1/1973, S. 1–2

Arieti, S., »The Interpersonal and the Intrapsychic in Severe Psychopathology«, in E. G. Witenberg (Hg.), *Interpersonal Explorations in Psychoanalysis. New Directions in Theory and Practise*, Basic Books, New York 1973, S. 120–131

Arieti, S., Bemporad, J., *Severe and Mild Depression. The Psychotherapeutic Approach*, Basic Books, New York 1978 [*Depression*, Klett-Cotta, Stuttgart 1983]

Aron, L., Harris, A.,»Introduction«, in L. Aron, A. Harris (Hg.), *The Legacy of Sandor Ferenczi*, Analytic Press, Hillsdale (N.J.) 1993, S. 1–35

Atkin, S., »The New York Analytic Society and Institute: its Founding and Development«, in J. M. Quen, E. T. Carlson (Hg.), *American Psychoanalysis: Origin and Developments. The Adolf Meyer Seminars*, Brunner/Mazel, New York 1978, S. 73–84

Axelrad, S., »›The Fusion of Psychiatry and Social Science‹ by H. S. Sullivan«, in *Psychoanalytic Quarterly*, 34/1965

Bacal, H., Newman, K. M., *Theories of Object Relations: Bridges to Self Psychology*, Columbia University Press, New York 1990 [*Objektbeziehungstheorien. Brücken zur Selbstpsychologie*, Frommann-Holzboog, Stuttgart 1994]

Bacciagaluppi, M., »The Influence of Ferenczi on Bowlby«, in *Int. Forum of Psychoanalysis*, 3/1994, S. 97–102

Bacciagaluppi, M., »The Relevance of Attachment Research for Psychoanalysis and Analytic Social Psychology«, in *Journal of the American Academy of Psychoanalysis*, 22/1994, S. 465–479

Barnett, J., »On the Dynamics of Interpersonal Isolation«, in *Journal of the American Academy of Psychoanalysis*, 6/1978, S. 59–70

Bateson, G., »Language and Psychotherapy: Frieda Fromm-Reichmann's last Project«, in *Psychiatry*, 21/1958, S. 96–100

Battaggia, P.G., »Recensione di ›Psicoterapia interpersonale della depressione‹ di G. L. Klerman, M. M. Weisssman, B. J. Rounsaville, E. S. Chevron«, in *Psicoterapia e Scienze Umane*, 24(1)/1990, S. 134–136

Battaggia, P. G., »La prospettiva relazionale nella psicoanalisi. Il contributo di Stephen A. Mitchell«, in *Quaderni dell'Associazione di Studi Psicoanalitici*, Juni 1992, S. 27–38

Beaglehole, E., »Notes on the Theory of Interpersonal Relations«, in *Psychiatry*, 3/1940, S. 511–526

Beaglehole, E., »Interpersonal Theory and Social Psychology«, in *Psychiatry*, 4/1941, S. 61–77

Beard, G. M., *A Practical Treatise on Nervous Exhaustion (Neurasthenia). Its Symptoms, Nature, Sequences, Treatment,* Wood, New York 1880

Beers, C., *A Mind that Found itself*, Longman & Green, New York 1908

Bellantuono, C., Borgna, E., Callieri, B., Crepet, P., D'Agostino, E., Trevi, M. *La cura dell'infelicità,* Theoria Editore, Roma 1994

Benedetti, G., »Prefazione all'edizione italiana«, in H. S. Sullivan, *La moderna concezione della psichiatria*, Feltrinelli, Mailand 1961, S. VII–XVII

Benedetti, G., »Psicologia e società«, in *Psicoterapia e Scienze Umane*, Nr. 15–16/1970, S. 8–29

Benedetti, G., »L'identità dello psichiatra di fronte all'evoluzione culturale della psichatria«, in *Annali di Neurologia e Psichatria*, 82/1988, S. 9–28

Bendict, R., *Patterns of Culture*, Houghten Mifflin Company, Boston 1934 [*Urformen der Kultur*, Rowohlt, Hamburg 1955]

Benedict, R., »Continuities and Discontinuities of Cultural Conditioning«, in *Psychiatry*, 1/1938, S. 161–167

Benedict, R., *Chrysanthenum and the Sword*, Houghten Mifflin Company, Boston 1946 [*Chrysantheme und Schwert. Die japanische Kultur*, Suhrkamp, Frankfurt a. M. 2001]

Bever, C. T., »Collaboration and Conflict: Ernest E. Hadley and Harry Stack Sullivan, 1930–1945«, in *Journal of the American Academy of Psychoanalysis*, 21/1993, S. 387–404

Birnbach, M., *Neofreudian Social Philosophy*, Stanford University Press, Stanford (Ca.) 1961

Blake Cohen, M., »Countertransference and Anxiety«, in *Psychiatry*, 15/1952, S. 231–243

Blake Cohen, M., »Introduction«, in H. S. Sullivan, *The Interpersonal Theory of*

Psychiatry, S. XI–XVIII [»Einleitung«, in H.S. Sullivan, *Die interpersonale Theorie der Psychiatrie,* Fischer, Frankfurt a. M. 1980, S.15–22]

Blake Cohen, M., Baker, G., Cohen, R. A., Fromm-Reichmann, F., Weigert, E. V., »An Intensive Study of twelve Cases of Manic-depressive Psychosis«, in *Psychiatry*, 17/1954, S. 103–137

Blanton, S., *Diary of my Analysis with Sigmund Freud*, Hawthorn Books, New York 1971 [*Tagebuch meiner Analyse bei Sigmund Freud,* Ullstein, Frankfurt a. M. 1975]

Bleuler, M., »Schizophrenia. Review of the Work of Prof. Eugen Bleuler«, in *Archives of Neurology and Psychiatry,* 26/1931, S. 611–627

Bleuler, M., »Geschichte des Burghölzlis und der Psychiatrischen Universitätsklinik«, in Regierungsrat des Kantons Zürich (Hg.), *Zürcher Spitalgeschichte*, Zürich 1951, Band 2, S. 377–425

Bleuler, M., »Early Swiss Sources of Adolf Meyer's Concepts«, in *American Journal of Psychiatry*, 119/1962, S. 193–196

Blitsten, D., *The Social Theories of Harry Stack Sullivan*, William-Frederick Press, New Yotk 1953

Blomert, R., »Thora und Therapie – das vergessene Sanatorium«, in *Psychoanalyse im Widerspruch*, 3/1992, S. 39–49

Bonomi, C., »Flight into Sanity: Jones's Allegation of Ferenczi's Mental Deterioration Reconsidered«, in *International Journal of Psycho-Analysis*, 80/1999, S. 507–542

Boodman, S. G., »The Mysteries of Chestnut Lodge«, in *The Washington Post Magazine*, 8. Oktober 1989, S. 18–24

Boring, E., *A History of Experimental Psychology. Second Edition*, Appleton-Century-Crofts, New York 1950

Bowen, M., *Dalla famiglia all'individuo. La differenziazzione del sé nel sistema familiare*, herausgegeben von M. Andolfi und M. de Nichilo, Astrolabio, Rom 1979

Bridgman, P. W., *The Logic of Modern Physics*, Macmillan, New York 1927

Brome, V., *Ernest Jones, Freud's Alter Ego*, Caliban Books, London 1982

Brenner, C., *Psychoanalytic Technique and Psychic Conflict*, International Universities Press, New York 1976 [*Praxis der Psychoanalyse. Psychischer Koflikt und Behandlungstechnik*, Fischer, Frankfurt a. M. 1993]

Brill, A. A., »Psychological Factors in Dementia Precox. An Analysis«, in *Journal of Abnormal Psychology*, 3/1908, S. 219–238

Brill, A. A., »The Psychotherapy of Schizophrenia«, in *American Journal of Psychiatry*, 86/1929, S. 519–542

Brill, A. A., »Discussion of ›Environmental Factors in the Etiology of Schizophrenia‹ by H. S. Sullivan«, in *Journal of Mental and Nervous Disease*, 71/1930, S. 49

Brill, A. A., »Discussion of ›The Modified Psychoanalytic Treatment of Schizophrenia‹

by H. S. Sullivan«, in *American Journal of Psychiatry*, 88/1931, S. 538f. Siehe auch: H. S. Sullivan, *Schizophrenia As a Human Process*, Norton, New York 1962, S. 292–293

Brill, A. A., »The Introduction and Development of Freud's Work in the United States«, in *American Journal of Sociology*, 45/1939, S. 318–325

Brill, A. A., *Freud's Contribution to Psychiatry*, Norton, New York 1944

Bromberg, P. M., »Interpersonal Psychoanalysis and Self Psychology. A Clinical Comparison«, in D. W. Detrick, S. P. Detrick (Hg.), *Self Psychology: Comparisons and Contrasts*, Analytic Press, Hillsdale (N.J.) 1989, S. 275–291

Brown, J. F., »Freud and Marx: Real and Pseudo Problems Distinguished«, in *Psychiatry*, 1/1938, S. 249–255

Bruch, H., *Eating Disorders. Obesity, Anorexia nervosa and the Person Within*, Basic Books, New York 1973 [*Eßstörungen*, Fischer, Frankfurt a. M. 2000]

Bruch, H., *Learning Psychotherapy*, Harvard University Press, Cambridge (Mass.) 1974 [*Grundzüge der Psychotherapie*, Fischer, Frankfurt a. M. 1977]

Bruch, H., *The Golden Cage. The Enigma of Anorexia Nervosa*, Harvard University Press, Cambridge (Mass.) 1978 [*Der goldene Käfig. Das Rätsel der Magersucht*, Fischer, Frankfurt 1998]

Bullard, D. M., »Preface to the second edition«, in H. S. Sullivans, *Conceptions of Modern Psychiatry*, S. VII–VIII

Bullard, D. M., »Foreword«, in H. S. Sullivan, *Clinical Studies in Psychiatry*, S. XI–XIV

Bullard, D. M., »Preface of the Editor«, in F. Fromm-Reichmann, *Psychoanalysis and Psychotherapy,* American Psychiatric Press, Washington D.C. 1959 [»Vorwort des Herausgebers«, in F. Fromm-Reichmann, *Psychoanalyse und Psychotherapie*, Klett-Cotta, Stuttgart 1988]

Bulmer, M., *The Chicago School of Sociology. Institutionalisation, Diversity and the Rise of Sociological Research*, University of Chicago Press, Chicago 1984

Burnham, D. L., »Orthodoxy and Eclectism in Psychoanalysis: the Washington-Baltimore Experience«, in J. M. Quen, E. T. Carlson (Hg.), *American Psychoanalysis: Origins and Development. The Adolf Meyer Seminars*, Brunner/Mazel, New York 1978

Burnham, D. L., »Discussions of Dr. Kvarnes Paper«, in A. R. T. D'Amore (Hg.), *William Alanson White. The Washington Years, 1903–1937*, U. S. Department of Health, Education and Welfare, Washington D. C. 1976, S. 130–134

Burnham, D. L., Gladstone, A. L., Gibson, R. W., *Schizophrenia and the Need-Fear Dilemma*, International Universities Press, New York 1969

Burnham, J. C., *Psychoanalysis and American Medicine, 1884–1918: Medicine, Science and Culture*, International Universities Press, New York 1967

Burnham, J. C., *Jelliffe: America's Psychoanalyst and Physician. And his Correspon-*

dence with S. Freud and C. G. Jung edited by William McGuire, The University of Chicago Press, Chicago 1983

Burrow, T., »Freud's Psychology and its Relation to the Neuroses«, in *American Journal of Medical Science*, 16/1911, S. 873–882

Burrow, T., »Psychoanalysis and Society«, in *Journal of Abnormal Psychology*, 7/1912, S. 340–346

Burrow, T., »The Psychoanalyst and Society«, in *Journal of the American Medical Association*, 62/1914, S. 1876–1878

Burrow, T., »The Group Method of Analysis«, in *The Psychoanalytic Review*, 14/1927, S. 268–280

Burrow, T., *A Search for Man's Sanity. The Selected Letters of Trigant Burrow*, Oxford University Press, New York 1958

Burston, D., »The Cognitive and Dynamic Unconscious«, in *Contemporary Psychoanalysis*, 22/1986, S. 133–157

Burston, D., *The Legacy of Erich Fromm*, Harvard University Press, Cambridge (Mass.) 1991

Chapman, A. H., *Harry Stack Sullivan. His Life and his Work*, Putnam's Sons, New York 1976

Chapman, A. H., *The Treatment Techniques of Harry Stack Sullivan*, Brunner/Mazel, New York 1978

Chapman, A. H., Chapman, M., *Harry Stack Sullivan's Concepts of Personality Development and Psychiatric Illness*, Brunner/Mazel, New York 1980

Chapman McClure, R., »William Alanson White, MD 1870–1937«, in *Psychiatry*, 1/1938, S. 1–5

Chassel, J., »Psychoanalytic Therapy in a Mental Hospital«, in *Psychiatry*, 3/1940, S. 181–188

Chatelaine, K. L., *Harry Stack Sullivan: The Formative Years*, University Press of America, Washington D.C. 1981

Chatelaine K. L., Levine, N., *Good Me, Bad Me, Not Me. Harry Stack Sullivan: an Introduction to his Thought*, Kendall/Hunt Publishing Company, Dubuque (Iowa) 1992

Chiarenza, C., Vance, W. L. (Hg.), *Immaginari a confronto. I rapporti culturali tra Italia e Stati Uniti: la percezione della realtà tra stereotipo e mito*, Marsilio, Venedig 1992

Chrzanowski, G., »On the International Forum«, in *Contemporary Psychoanalysis*, 11/1975, S. 100–103

Chrzanowski, G., *Interpersonal Approach to Psychoanalysis. Contemporary View of H. S. Sullivan*, Gardner Press (N.Y.) 1977

Clark, R. W., *Freud, the Man and the Cause*, Cape, London 1980 [*Sigmund Freud. Leben und Werk*, Fischer, Frankfurt a. M. 1981]

Codignola, E., »Prefazione all'edizione italiana«, in H. S. Sullivan, *Il colloquio psichiatrico*, Feltrinelli, Mailand 1967, S. VII–XI

Cohen, R. A. , »The management of anxiety in a case of paranoid schizophrenia«, in *Psychiatry,* 10/1947, S. 143–57

Cohen, R. A., »Beitrag ›The Treatment of Schizophrenia and Severe Psychopathology: its History and Current Status in the Washington Psychoanalytic Community‹«, XI Symposium zur Psychotherapie der Schizophrenie, Washington D.C., 12.06.1994; unveröffentlichter Beitrag

Collins, R., *Three Sociological Traditions*, Oxford University Press, New York 1985

Conci, M., »H. S. Sullivan e la schizofrenia: un itinerario umano e un paradigma scientifico da rivisitare«, Beitrag zum IX. Internationalen Symposium zur Psychotherapie der Schizophrenie, Turin, 16.09.1988; unveröffentlicht

Conci, M., »Recensione di ›Relational Concepts in Psychoanalysis. An Integration‹ di S. A. Mitchell«, in *Psicoterapia e Scienze Umane*, 24(1)/1990, S. 124–130

Conci, M., »H. S. Sullivan e il training dello psichiatra«, in *Psicoterapia e Scienze Umane*, 25(1)/1991, S. 81–99; 1991a

Conci, M., »Presentazione all'edizione italiana«, in W. Boehlich (Hg.), *S. Freud: ›Querido amigo …‹. Lettere della giovinezza a Eduard Silberstein*, Bollati Boringhieri, Turin 1991, S. VII–XXIV; 1991b

Conci, M., »La psicoanalisi interpersonale: da H. S. Sullivan a S. A. Mitchell«, in S. A. Mitchell, R. Menarini, L. Ancona, C. Pontalti, M. Conci, *Le matrici relazionali del Sé*, Il Pensiero Scientifico, Rom 1992, S. 59–72

Conci, M., »Prefazione all'edizione italiana«, in H. S. Sullivan, *Scritti sulla schizofrenia*, Feltrinelli, Mailand 1993, S. V–IX; 1993a

Conci, M., »Presentazione«, in S. A. Mitchell, *Gli orientamenti relazionali in psicoanalisi. Per un modello integrato*, Bollati Boringhieri, Turin 1993, S. IX–XV; 1993b

Conci, M., »H. S. Sullivan e il training dello psichiatra«, in L. Ancona, F. M. Ferro, M. Di Giannantonio (Hg.), *Formarsi e formare in pschiatria oggi. Atti del I Congresso nazionale della Sifip (Società Italiana per la Formazione in Psichiatria)*, Vita e Pensiero, Mailand 1993, S. 395–401; 1993c

Conci, M., »H. S. Sullivan and the Training of the Psychiatrist«, in *Contemporary Psychoanalysis*, 29/1993, S. 530–540; 1993d

Conci, M., »La rilevanza di H. S. Sullivan per la psichiatria e la psicoanalisi contemporanee«, in *Psychopatholgia*, 11/1993, S. 97–107; 1993e

Conci, M., »Review of the Book ›The Purloined Self. Interpersonal Perspectives in Psychoanalysis‹ by E. A. Levenson«, in *International Forum of Psychoanalysis*, 2/1993, S. 193–196; 1993f

Conci, M., »Recensione di ›Oedipus and Beyond. A Clinical Theory‹ di J. R.

Greenberg«, in *Psicoterapia e Scienze Umane*, 28(1)/1994, S. 130–133; 1994a

Conci, M., »Recensione di ›Rational Perspectives in Psychoanalysis‹, a cura di N. J. Skolnick und S. C. Warshaw«, in *Psicoterapia e Scienze Umane*, 28(3)/1994, S. 143–146; 1994b

Conci, M., »Recensione di ›Hope and Dread in Psychoanalysis‹ di S. A. Mitchell«, in *Psicoterapia e Scienze Umane*, 28(4)/1994, S. 130–133; 1994c

Conci, M., »Intervento al panel ›The Treatment of Schizophrenia and Severe Psychopathology: its History and Current Status in the Washington Psychoanalytic Community‹«, XI. Symposium zur Psychotherapie der Schizophrenie, Washington D.C., 12. 6. 1994, unveröffentlicht; 1994d

Conci, M., »H. S. Sullivan revisited«, XI. Symposium zur Psychotherapie der Schizophrenie, Washington D.C., 14.06.1994, unveröffentlicht; 1994e

Conci, M., »Dall'integrazione alla sintesi: il modello di H. S. Sullivan«, in *Schizophrenia*, 6 (1–4)/1994, S. 35–36; 1994f

Conci, M., »Presentazione«, in S. A. Mitchell, *Sperenza e timore in psicoanalisi*, Bollati Boringhieri, Turin 1995, S. 9–10; 1995a

Conci, M., »H. S. Sullivan und die Spaltungen in der amerikanischen psychoanalytischen Gemeinschaft der 1940er Jahren«, in *Luzifer-Amor*, 16/1995, S. 32–55; 1995b

Conci, M., »H. S. Sullivan as a Pioneer of Dialogue and Integration in Psychotherapy«, Erster Kongress des World Council for Psychotherapy, Wien, 30.06.–04.07.1996; unveröffentlichter Beitrag

Conci, M., »Introduzione alla parte prima: origini e sviluppi«, in M. Conci, S. Dazzi, M. L. Mantovani (Hg.), *La tradizione interpersonale in psichiatria, psicoterapia e psicoanalisi*, Erre Emme, Rom 1997, S. 15–36; 1997a

Conci, M., »Profilo biobibliografico degli autori«, in M. Conci, S. Dazzi, M. L. Mantovani (Hg.), *La tradizione interpersonale in psichiatria, psicoterapia e psicoanalisi*, Erre Emme, Rom 1997, S. 421–448; 1997b

Conci, M., »H. S. Sullivan e le scissioni nella comunità psicoanalitica americana degli anni 1940«, in *Giornale Storico di Psicologia Dinamica*, 42/1997, S. 47–61; 1997c

Conci, M., »Postfazione. L'iter scientifico-professionale di Gaetano Benedetti come chiave di comprensione del suo concetto di schizophrenia e del suo approccio terapeutico ad essa«, in G. Benedetti, *La psicoterapia come sfida esistenziale*, Cortina, Mailand 1997, S. 293–313; 1997d

Conci, M., Pinkus, L., »I primi pionieristici scritti di H. S. Sullivan sulla psicoterapia della schizofrenia«, in *Psicoterapia e Scienze Umane*, 23(2)/1989, S. 69–82

Conci, M., Dazzi, S., Mantovani, M. L., »Introduzione«, in M. Conci, S. Dazzi, M. L. Mantovani (Hg.), *La tradizione interpersonale in psichiatria, psicoterapia e psicoanalisi*, Erre Emme, Rom 1997, S. 7–12

Cooley, C. H., *Human Nature and the Social Order*, 1902

Cooper, A., »The Detailed Inquiry«, in M. Lionells und andere (Hg.), *Handbook of Interpersonal Psychoanalysis*, Analytic Press, Hillsdale (N.J.) 1995, S. 679–694

Corsi Piacentini, T., »La Scuola e l'Associazione: inizi e sviluppi«, in *Quaderni dellAssociazione di Studi Psicoanalitici*, Nr. 1/1990, S. 7–12

Coser. L. A., *Masters of Sociological Thought. Ideas in Historical and Social Context. Second Edition*, Harcourt Brace Jovanovich, New York 1977

Cottrell, L. S., Foote, N. N., »Sullivan's Contribution to Social Psychology«, in P. Mullahy (Hg.), *The Contributions of Harry Stack Sullivan. A Symposium on Interpersonal Theory in Psychiatry and Social Science*, Hermitage House, New York 1952

Cowles, E., »The Advancement of Psychiatry in America«, in *American Journal of Insanity*, 52/1896, S. 364–386

Cremerius, J., »Die Bedeutung der Dissidenten für die Psychoanalyse«, in *Psyche*, 36/1982, S. 481–514

Cremerius, J., Ferenczi: Sprachverwirrung zwischen dem Erwachsenen und dem Kind. »Die Sprache der Zärtlichkeit und der Leidenschaft«. Reflexionen zu Sándor Ferenczis Wiesbadener Vortrag von 1932. Psyche 37/1983, S. 988–1015

Cremerius, J., »Spurensicherung. Die ›Psychoanalytische Bewegung‹ und das Elend der psychoanalytischen Institution«, in *Psyche*, 40/1986, S. 1063–1091

Crowley, R. M., »Sullivan's concept of unique individuality« in *Contemporary Psychoanalysis*, 10/1973, S. 130–133

Crowley, R. M., »Harry Stack Sullivan: the Complete Bibliography«, in *Contemporary Psychoanalysis*, 11/1975; S. 83–99

Crowley, R. M., »Review of the Book by K. L. Chatelaine ›Harry Stack Sullivan – The Formative Years (1892 – 1930)‹«, in *Psychiatry*, 44/1981, S. 379–380

Crowley, R. M., »Frieda Fromm-Reichmann: Recollections of a Student«, in *Psychiatry*, 45/1982, S. 105–107

Curtis, R., »Review of the Book ›Handbook of Interpersonal Psychoanalysis‹ edited by M. Lionells, J. Fiscalini, C. H. Mann and D. B. Stern«, in *Psychoanalytic Books*, 8/1997, S. 303–310

Cutting, J. C., *The Psychology of Schizophrenia*, Churchhill Livingstone 1985

D'Alfonso, E., »Uno sguardo retrospettivo: in vista del IX Simposio internazionale sulla psicoterapia della schizofrenia«, in *Psicoterapia e Scienze Umane*, 22(2)/1988, S. 72–84

D'Amore, A. R. T. (Hg.), *William Alanson White, the Washington Years, 1903–1937. The Contributions to Psychiatry, Psychoanalysis and Mental Health by Dr. White while Superintendent of St. Elisabeths Hospital*, U. S. Department of Health, Education and Welfare, Washington D.C. 1976; 1976a

D'Amore, A. R. T., »Introduction«, in *William Alanson White, the Washington Years, 1903–1937. The Contributions to Psychiatry, Psychoanalysis and Mental Health by*

Dr. White while Superintendent of St. Elisabeths Hospital, U. S. Department of Health, Education and Welfare, Washington D.C. 1976, S. 1–12; 1976b

D'Amore, A. R. T., »William Alanson White, Pioneer Psychoanalyst«, in *William Alanson White, the Washington Years, 1903–1937. The Contributions to Psychiatry, Psychoanalysis and Mental Health by Dr. White while Superintendent of St. Elisabeths Hospital*, U. S. Department of Health, Education and Welfare, Washington D.C. 1976, S. 69–91; 1976c

D'Amore, A. R. T., »The Personal Correspondence of William Alanson White«, in *William Alanson White, the Washington Years, 1903–1937. The Contributions to Psychiatry, Psychoanalysis and Mental Health by Dr. White while Superintendent of St. Elisabeths Hospital*, U. S. Department of Health, Education and Welfare, Washington D.C. 1976, S. 137–143; 1976d

D'Amore, A. R. T., »Historical Reflections on the Organizational Hystory of Psychoanalysis in America«, in J. M. Quen, E. T. Carlson (Hg.), *American Psychoanalysis: Origins and Development. The Adolf Meyer Seminars*, Brunner/Mazel, New York 1976, S. 127–140; 1976e

Darnell, R., *Edward Sapir. Linguist, Anthropologist, Humanist*, University of California Press, Berkeley (Ca.), 1990

David, M., *La psicoanalisi nella cultura italiana. Terza edizione riveduta e ampliata*, Bollati Boringhieri, Turin 1990

Dazzi, N. (Hg.), *James: anthologia di scritti psicologici*, Il Mulino, Bologna 1981

Dazzi, S., »Recensione di ›Scritti sulla schizofrenia‹, di H. S. Sullivan«, in *Psicoterapia e Scienze Umane*, 27(4)/1993, S. 138–140

Decker, H. S., *Freud in Germany. Revolution and Reaction in Science*, International Universities Press, New York 1977

Dejérine, J., Gauckler, E., *Les manifestations fonctionelles des psychonévroses*, Masson, Paris 1911

Demos, V. E., »Review of the Book ›Handbook of Interpersonal Psychoanalysis‹ edited by M. Lionells, J. Fiscalini, C. H. Mann and D. B. Stern«, in *Contemporary Psychoanalysis*, 32/1996, S. 649–663

Deutsch, A., *The Mentally Ill in America. A History of their Care and Treatment from the Colonial Times*, Doubleday, New York 1937

Deutsch, H., *Confrontations with Myself*, Norton, New York 1973 [*Selbstkonfrontation. Die Autobiographie der großen Psychoanalytikerin*, Kindler, München 1981]

Dooley, P. K., »Personality, Piety and Pragmatism: William James«, in *Journal of the History of the Behavioral Sciences*, 23/1987, S. 57–64

Drescher, J., »Atteggiamenti psicoanalitici verso l'omosessualità«, in *Psicoterapia e Scienze Umane*, 30(2)/1996, S. 4–24

Dubois, P., *Les psychonévroses et leur traitement moral*, Masson, Paris 1904

Dunbar, F., *Emotions and Bodily Changes*, Columbia University Press, New York 1935

Dunbar, F., »Psychoanalysis and the General Hospital«, in *Psychiatry*, 2/1939, S. 167–176

Dunham, A. M., »The Concept of Tension in Philosophy«, in *Psychiatry*, 1/1938, S. 79–120

Eagle, M. N., *Recent Development in Psychoanalysis. A Critical Evaluation*, McGraw-Hill Company, New York 1984 [*Neuere Entwicklungen in der Psychoanalyse. Eine kritische Würdigung*, Verlag Internationale Psychoanalyse, München – Wien 1988]

Eagle, M. N., »La natura del cambiamento teorico in psicoanalisi«, in *Psicoterapia e Scienze Umane*, 26(3)/1992, S. 5–33

Eagle, M. N., »Freud's Concept of Narcissism: its Relationship to Self Psychology and Object Relations Theory«, am A. S. P. in Mailand am 28.05.1992 gehaltener Vortrag

Eckburg, A. L., »The Writings of William Alanson White«, in A. R. T. D'Amore, *William Alanson White, the Washington Years, 1903–1937. The Contributions to Psychiatry, Psychoanalysis and Mental Health by Dr. White while Superintendent of St. Elisabeths Hospital*, U. S. Department of Health, Education and Welfare, Washington D.C. 1976, S. 144–152

Eco, U., »Il mito americano di tre generazioni antiamericane«, in C. Chiarenza, W. L. Vance (Hg.), *Immaginari a confronto. I rapporti culturali tra Italia e Stati Uniti: la percezione della realtà tra stereotipo e mito*, Marsilio, Venedig 1992, S. 15–28

Ehrenberg, D., »The Intimate Edge in Therapeutic Relatedness«, in *Contemporary Psychoanalysis*, 10/1974, S. 423–437

Ehrenberg, D., »The Quest for Intimate Relatedness«, in *Contemporary Psychoanalysis*, 11/1975, S. 320–331

Ehrenberg, D., *The Intimate Edge*, Norton, New York 1992 [*Jenseits der Wörter. Zur Erweiterung der psychoanalytischen Interaktion,* Klett-Cotta, Stuttgart 1996]

Ellenberger, H. F., *The Discovery of the Unconscious. The History and Evolution of Dynamic Psychiatry*, Basic Books, New York 1970 [*Die Entdeckung des Unbewußten*, Diogenes, Zürich 1996]

Ellis, H., »Freud and the Changed Attitude toward Sex«, in *American Journal of Sociology*, 45/1939, S. 309–317

Engel, U., »Frieda Fromm-Reichmann and the Heidelberg ›Therapeutikum‹«, Vortrag auf der Konferenz zum Gedenken an Erich Fromm, Heidelberg, März 1990

Epstein, L., Feiner, A. H. (Hg.), *Countertransference: the Therapist's Contribution to Treatment*, Aronson, New York 1979

Erdely, M. H., *Psychoanalysis: Freud's Cognitive Psychology*, Freeman and Company, New York 1985

Erikson, E. H., *The Life Cycle Completed. A Review*, Norton, New York 1982 [*Der vollständige Lebenszyklus*, Suhrkamp, Frankfurt a. M. 1988]

Evans, R., *Dialogue with Erich Fromm*, Harper and Row, New York 1966

Fairbairn, W. R. D., *Psychoanalytic Studies of the Personality*, Tavistock Publications, London 1952 [*Das Selbst und die inneren Objektbeziehungen*, Psychosozial-Verlag, Gießen 2001]

Farber, L. H., *The Ways of the Will. Essays towards a Psychology and Psychopathology of Will*, Basic Books, New York 1966

Faris, R. E. I., Dunham, H. W., *Mental Disorders in Urban Areas*, Chicago 1939

Feffer, A., *The Chicago Pragmatists and American Progressivism*, Cornell University Press, Ithaca (N.Y.) 1993

Feinsilver, D. B. (Hg.), *Towards a Comprehensive Model for Schizophrenic Disorders*, Analytic Press, Hillsdale (N.J.) 1986

Feinstein, H. M., *Becoming William James*, Cornell University Press, Ithaca (N.Y.) 1984

Ferenczi, S., »Freud's Importance for the Mental Hygiene Movement«, in *Mental Hygiene*, 10/1926, S. 673–676

Ferenczi, S., *Ohne Sympathie keine Heilung. Das klinische Tagebuch von 1932*, herausgegeben von Judith Dupont, Fischer, Frankfurt a. M. 1988

Fine, R., *A History of Psychoanalysis*, Columbia University Press, New York 1979

Fine, R., »›Psychiatrist of America. The Life of H. S. Sullivan‹ by Helen Perry«, in *Review of Psychoanalytic Books*, 3/1984, S. 219–234

Fiscalini, J., »The Uniquely Interpersonal and the Interpersonally Unique: on Interpersonal Psychoanalysis«, in *Contemporary Psychoanalysis*, 30/1994, S. 114–134

Fiscalini, J., »Transference and Countertransference as Interpersonal Phenomena. An Introduction«, in M. Lionells und andere (Hg.), *Handbook of Interpersonal Psychoanalysis*, Analytic Press, Hillsdale (N.J.) 1995, Kap. 26, S. 603–616

Fiscalini, J., »The Clinical Analysis of Transference«, in M. Lionells und andere (Hg.), *Handbook of Interpersonal Psychoanalysis*, Analytic Press, Hillsdale (N.J.) 1995, Kap. 27, S. 617–641

Fiscalini, J., Grey, A. L. (Hg.), *Narcissism and the Interpersonal Self*, Columbia University Press, New York 1992

Forbush, B., *The Sheppard and Enoch Pratt Hospital, 1853–1970, a History*, Lippincott Company, Philadelphia 1971

Forrest, T., »The Combined Use of Marital and Individual Therapy in Depression«, in *Contemporary Psychoanalysis*, 6/1969, S. 76–83

Frank, J. D., »The Contributions of Topological and Vector Psychology to Psychiatry«, in *Psychiatry*, 5/1942, S. 15–22

Frazier, E. F., *The Negro Family in Chicago*, University of Chicago Press, Chicago 1932

Freedman, A. M., Kaplan, H. I., Sadock, B. J., *Modern Synopsis of Comprehensive Textbook of Psychiatry II*, The Williams and Wilkins Company, Baltimore 1978

Freud, S., »Über Psychotherapie«, in *Gesammelte Werke (G. W.) von Sigmund Freud*, Imago Publishing Co. Ltd., London 1947, Band V; 1905

Freud, S., »Über Psychoanalyse«, in *G. W.*, Band VIII; 1910

Freud, S., »Zur Geschichte der psychoanalytischen Bewegung«, in *G. W.*, Band X, S. 44–113; 1914

Freud, S., »Erinnern, Wiederholen, und Durcharbeiten«, *G. W.*, Band X, S. 126–136; 1914

Freud, S., »Zur Psychologie des Gymnasiasten«, in *G. W.*, Band X, S. 204–207; 1914

Freud, S., »James J. Putnam«, in *G. W.*, Band XII, S. 315f; 1919

Freud, S., »Preface to J. J. Putnam, ›Adressen an Psycho-Analysis‹« in G. W. Band XIII, S. 437–438, 1921

Freud, S., »Psychoanalyse« und »Libidotheorie«, in *G. W.*, Band XIII, S. 209–239; 1923

Freud, S., »Kurzer Abriß der Psychoanalyse«, in *G. W.*, Band XIII, S. 403–427; 1924

Freud, S., »Selbstdarstellung«, in *G. W.*, Band XIV, S. 31–96; 1925

Freud, S., »Hemmung, Symptom und Angst«, in *G. W.*, Band XIV, S. 111–205; 1925

Freud, S., »Ernest Jones zum 50. Geburtstag«, in *G. W.*, Band XIV, S. 554f; 1923

Freud, S., »Geleitwort zu ›Medical Review of Reviews«, in *G. W.*, Band XIV, S. 570f; 1930

Friedman, L. J., *Menninger. The Family and the Clinic*, University of Kansas Press, Kansas City 1990

Fromm, E., »Die gesellschaftliche Bedingtheit der psychoanalytischen Therapie« in *Zeitschrift für Sozialforschung*, 4/1935, S. 365–397; siehe auch die *Gesamtausgabe*, R. Funk (Hg.), Deutscher Taschenbuch Verlag (dtv), München 1989, Band 1

Fromm, E., »The Social Philosophy of ›Will Therapy‹«, in *Psychiatry*, 2/1939, S. 229–237; in *Gesamtausgabe*, Band 8

Fromm, E., »Selfishness and Self-Love«, in *Psychiatry*, 2/1939, S. 507–523

Fromm, E., *Escape from Freedom*, Farrar and Rinehart, New York 1941 [*Die Furcht vor der Freiheit*]; in *Gesamtausgabe*, Band 1

Fromm, E., *Man for Himself. An Inquiry into the Psychology of Ethics*, Rinehart and Winston, New York 1947 [*Psychoanalyse und Ethik. Bausteine zu einer humanistischen Charakterologie*]; in *Gesamtausgabe*, Band 2

Fromm, E., *Sigmund Freud's Mission. An Analysis of his Personality and Influence*, Harper and Row, New York 1959 [*Sigmund Freud. Seine Persönlichkeit und seine Wirkung*]; in *Gesamtausgabe*, Band 8

Fromm, E., *Arbeiter und Angestellte am Vorabend des Dritten Reiches*, herausgegeben von W. Bonss, Deutsche Verlags-Anstalt, Stuttgart 1982; in *Gesamtausgabe*, Band 3

Fromm-Reichmann, F., »Transference Problems in Schizophrenics«, in *Psychoanalytic Quarterly*, 8/1939, S. 412–426 [»Probleme der Übertragung bei Schizophrenen«, in *Psychoanalyse und Psychotherapie*, Klett-Cotta, Stuttgart 1988, S. 142–53]

Fromm-Reichmann, F., »Psychoanalytic Psychotherapy with Psychotics«, in *Psychiatry*, 6/1943 [»Psychoanalytische Psychotherapie bei Psychotikern«, in *Psychoanalyse und Psychotherapie*, Klett-Cotta, Stuttgart 1988, S. 159–63]

Fromm-Reichmann, F., »Notes on the Development of Treatment of Schizophrenics by Analytic Psychotherapy«, in *Psychiatry* 11/1948 [»Bemerkungen über die Entwicklung der Behandlung von Schizophrenen mit psychoanalytischer Psychotherapie«, in *Psychoanalyse und Psychotherapie*, Klett-Cotta, Stuttgart 1988, S. 190–207]

Fromm-Reichmann, F., *Principles of Intensive Psychotherapy*, University of Chicago Press, Chicago 1950

Fromm-Reichmann, F., »Some Aspects of Psychoanalytic Psychotherapy with Schizophrenics«, in E. B. Brody, F. C. Redlich (Hg.), *Psychotherapy with Schizophrenics*, International Universities Press, New York 1952, S. 89–111

Fromm-Reichmann, F., »Psychoanalytic and General Dynamic Conceptions of Theory and Therapy: Differences and Similarities«, in *Journal of the American Psychoanalytic Association*, 2/1954, S. 711–721

Fromm-Reichmann, F., »Basic Problems in the Psychotherapy of Schizophrenia«, in *Psychiatry*, 21/1958 [»Grundprobleme der Psychotherapie bei Schizophrenen«, in *Psychoanalyse und Psychotherapie*, Klett-Cotta, Stuttgart 1988, S. 247–56]

Fromm-Reichmann, F., *Psychoanalysis and Psychotherapy,* D. M. Bullard (Hg.), American Psychiatric Press, Washington D.C. 1959 [*Psychoanalyse und Psychotherapie*, Klett-Cotta, Stuttgart 1988]

Fromm-Reichmann, F., »Frieda Fromm-Reichmann Discusses the ›Rose Garden Case‹«, in *Psychiatry*, 45/1982, S. 128–136

Fromm-Reichmann, F., »Reminiscences of Europe«, in A.-L. Silver (Hg.), *Psychoanalysis and Psychosis*, International Universities Press, Madison (Conn.) 1989, S. 469–481

Funk, R., *Erich Fromm*, Rowohlt, Reinbek bei Hamburg 1983

Galimberti, U., *Dizionario di psicologia*, Utet, Turin 1992

Galli, P. F., »Prefazione all'edizione italiana«, in H. S. Sullivan, *Teoria interpersonale della psichiatria*, Feltrinelli, Mailand 1962, S. VII–VIII

Galli, P. F., »Psicoterapia e scienza«, in *Psicoterapia e Scienze Umane*, Nr. 2–3/1967, S. 1–5

Galli, P. F. (Hg.), *Psicoterapia e scienze umane. Atti dell'VIII Congresso internazionale di psicoterapia*, Feltrinelli, Mailand 1973

Galli, P. F., »Intervento«, in G. Di Marco (Hg.), *I fattori di cambiamento in terapia. Riviste a confronto*, Métis, Pescara 1990, S. 213–220; 1990a

Galli, P. F., »Programmare la formazione professionale«, in *Mondo operaio*, November 1990, S. 52–54; 1990b

Galli, P. F., »Nota introduttiva alla nona edizione«, in H. S. Sullivan, *Il colloquio psichiatrico*, Feltrinelli, Mailand 1991, S. V–VI

Garofalo, D., *La psicoanalisi interpersonale. Introduzione all'opera di Karen Horney*, Cleup, Padova 1979

Garrabé, J., *Histoire de la schizophrénie*, Segehrs, Paris 1992

Gartner, R. B., »The Relationship between Interpersonal Psychoanalysis and Family Therapy«, in M. Lionells und andere (Hg.), *Handbook of Interpersonal Psychoanalysis*, Analytic Press, Hillsdale (N.J.) 1995, Kap. 36, S. 793–822

Gay, P., *A Life for Our Time*, Norton, New York 1988 [*Freud. Eine Biographie für unsere Zeit*, Fischer, Frankfurt a. M. 1995]

Geymonat, L., *Storia del pensiero filosofico*, Band 3, Garzanti, Mailand 1968

Gerson, M. J., »Sullivan and Family Therapy: an Unconsummated Affair«, in *Contemporary Psychoanalysis*, 24/1988, S. 699–724

Gill, M. N., *Analysis of Transference. Theory and Technique*, International Universities Press, New York 1982 [*Die Übertragungsanalyse. Theorie und Technik*, Fischer, Frankfurt a. M., 1992]

Gill, M. N., »The Interpersonal Paradigm and the Degree of the Therapist's Involvement«, in *Contemporary Psychoanalysis*, 19/1983, S. 200–237

Gill, M. N., »Tendenze attuali in psicoanalisi« (Aktuelle Tendenzen in der Psychoanalyse), am 10.11.1992 am New York Psychoanalytic Institute gehaltener Vortrag, in *Psicoterapia e Scienze Umane*, 29(3)/1995, S. 5–44)

Gill, M. N., *Psychoanalysis in Transition*, Analytic Press, Hillsdale (N.J.) 1994 [*Psychoanalyse im Übergang. Eine persönliche Betrachtung*, Verlag Internationale Psychoanalyse, Stuttgart 1997]

Goffman, E., *Asylums. Essays on the Social Situation of Mental Patients and Other Inmates*, Anchor Books, Doubleday and Co., New York 1961 [*Asyle*, Suhrkamp, Frankfurt a. M. 1973]

Gray, P., »The Assault on Freud«, in *Time International*, Nr. 48/1993

Green, H., *I never Promised You a Rosegarden*, Holt, Rinehart and Winston, New York 1964 [*Ich hab dir nie einen Rosengarten versprochen*, Rowohlt, Reinbek bei Hamburg 2000]

Green, M. R., »The Life and Work of Clara Thompson«, in C. Thompson, *Interpersonal Psychoanalysis*, Basic Books, New York 1964

Greenberg, J. R., »Prescription or Description: Therapeutic Action of Psychoanalysis«, in *Contemporary Psychoanalysis*, 17/1981, S. 239–257

Greenberg, J. R., »Theoretical Models and the Analyst's Neutrality«, in *Contemporary Psychoanalysis*, 22/1986, S. 87–106

Greenberg, J. R., *Oedipus and Beyond. A Clinical Theory*, Harvard University

Press, Cambridge (Mass.) 1991

Greenberg, J. R., »Editorial«, in *Contemporary Psychoanalysis*, 31/1995, S. 5–8

Greenberg, J. R., Mitchell. S. A., *Object Relations in Psychoanalytic Theory*, Harvard University Press, Cambridge (Mass.) 1983

Grey, A., »On Looking into Chapman's Sullivan«, in *Contemporary Psychoanalysis*, 13/1977, S. 533–539

Grey, A., »Sullivans Contribution to Psychoanalysis«, in *Contemporary Psychoanalysis*, 24/1988, S. 548–576

Grey, A., »Ferenczi and the Interpersonal School: a Study of Political Climates in Psychoanalysis«, in *Int. Forum of Psychoanalysis*, 3/1994, S. 103–108

Grosskurth, P., *The Secret Ring. Freud's Inner Circle and the Politics of Psychoanalysis*, Cape, London 1991

Gruppo Milanese per lo sviluppo della psicoterapia (Hg.), *Problemi di psicoterapia*, Centro Studi di Psicoterapia Clinica, Mailand 1962

Grob, G.N., *Mental Illness and American Society*, 1875–1940, Princeton University Press, Princeton (N.J.) 1983

Grotjahn, M., »The Americanisation of Martin Grotjahn«, in J. Kosa (Hg.), *The Home of the Learned Man*, Yale College and University Press, New Haven (Conn.) 1968

Guarnieri, P., *Introduzione a James*, Laterza, Bari 1985

Guarnieri, P., »Carta, penna e psiche. Lettere tra William James e Théodore Flournoy«, in *Il piccolo Hans*, Nr. 65/1990, S. 123–151

Guidano, V. F ., Liotti, G., *Cognitive Processes and Emotional Disorders*, Guilford, New York 1983

Gunst, V. K., »Memoires – Professional and Personal: a Decade with Frieda Fromm-Reichmann«, in *Psychiatry*, 45/1982, S. 107–115

Guntrip, H., *Personality Structure and Human Interaction. The Developing Synthesis of Psychoanalytic Theory,* Hogarth Press, London 1961

Hadley, E. E., »Unrecognised Antagonism Complicating Business Enterprise«, in *Psychiatry*, 1/1938

Hale, N. G. jr., *Freud and the Americans. I: the Beginning of Psychoanalysis in the United States*, Oxford University Press, New York 1971; 1971a

Hale, N. G. jr., *James Jackson Putnam and Psychoanalysis. Letters between Putnam and Sigmund Freud, Ernest Jones, William James, Sandor Ferenczi and Morton Prince, 1877–1917*, Harvard University Press, Cambridge (MA), 1971; 1971b

Hale, N. G. jr., »From Berggasse XIX to Central Park West: the Americanisation of Psychoanalysis«, in *Journal of the History of Behavioral Sciences*, 14/1978, S. 299–315

Hale, N. G. jr., *Freud and the Americans. II: the Rise and Crisis of Psychoanalysis in the United States, 1917–1985*, Oxford University Press, New York 1995

Haley, J., *Uncommon Therapy. The Psychiatric Techniques of Milton Erickson, M. D.*, Norton, New York 1973

Hall, C. S., Lindzey, G., *Theories of Personality*, John Wiley and Sons, New York 1978 [*Theorien der Persönlichkeit I + II*, C. H. Beck, München 1989]

Hamilton, V., »John Bowlby: an Ethological Basis for Psychoanalysis«, in J. Reppen (Hg.), *Beyond Freud*, The Analytic Press, Hillsdale (N.J.) 1985, S. 1–28

Havens, L., *Participant Observation*, Aronson, New York 1976

Havens, L., *Making Contact. Uses of Language in Psychotherapy*, Harvard University Press, Cambridge (MA) 1986

Havens, L., *A Safe Place. Laying the Groundwork of Psychotherapy*, Harvard University Press, Cambridge (MA) 1989

Hirsch, I., »Varying Modes of Analytic Participation«, in *Journal of the American Academy of Psychoanalysis*, 19/1987, S. 389–422

Hirsch, I., »Extending Sullivan's Interpersonalism«, in *Contemporary Psychoanalysis*, 28/1992, S. 732–747

Hirschmüller, A., *Freuds Begegnung mit der Psychiatrie. Von der Hirnmythologie zur Neurosenlehre*, Diskord, Tübingen 1991

Hoch, A., »The Psychogenic Factors in the Development of Psychoses«, in *Psychological Bulletin*, 4/1907, S. 161–169

Hoff, S. G., »Frieda Fromm-Reichmann, the Early Years«, in *Psychiatry*, 45/1982, S. 115–121

Hoffman, I. Z., »The Patient as Interpreter of the Analyst's Experience«, in *Contemporary Psychoanalysis*, 19/1983, S. 389–422

Holt, R. R., *Freud Reappraised. A Fresh Look at Psychoanalytic Theory*, Guilford Press, New York 1989

Holzman, P. S., »Obituary: Karl Menninger (1893–1990)«, in *International Journal of Psycho Analysis*, 75/1994, S. 149–152

Horney, K., *The Neurotic Personality of our Time*, Norton, New York 1937 [*Der neurotische Mensch unserer Zeit*, Psychosozial-Verlag, Giessen 2004]

Horney, K., *New Ways in Psychoanalysis*, Norton, New York 1939 [*Neue Wege in der Psychoanalyse*, Fischer, Frankfurt a. M. 1977]

Horney, K., *Self-Analysis*, Norton, New York 1942 [*Selbstanalyse*, Fischer, Frankfurt a. M. 1995]

Horney, K., *Our Inner Conflicts*, Norton, New York 1945 [*Unsere inneren Konflikte*, Fischer, Frankfurt a. M. 1984]

Horney, K., *Neurosis and Human Growth. The Struggle toward Self-Realization*, Norton, New York 1950 [*Neurose und menschliches Wachstum. Das Ringen um Selbstverwirklichung*, Fischer, Frankfurt a. M.]

Horney, K., *Feminine Psychology*, Norton, New York 1967 [*Die Psychologie der Frau*, Fischer, Frankfurt a. M. 1984]

Horney, K., *Final Lectures*, Norton, New York 1987 [*Analytische Technik: Die letzten Vorlesungen*, Fischer, Frankfurt a. M. 1990]

Horney, K., »Organizational Schisms in American Psychoanalysis«, in J. M. Quen, E. T. Carlson (Hg.), *American Psychoanalysis: Origins and Development. The Adolf Meyer Seminars*, Brunner/Mazel, New York 1978, S. 141–161

Howard, J., *Margaret Mead. A Life*, Fawcett Crest, New York 1984

Imber, R. R., »The Nature and Use of Historical Data«, in M. Lionells und andere (Hg.), *Handbook of Interpersonal Psychoanalysis*, Hillsdale, N. J. 1995, Kap. 31, S. 695–708

Jaques, E., *Work, Creativity and Social Justice,* Heinemann Educational Books, London 1970

Jaffé, A. (Hg.), *Erinnerungen, Träume, Gedanken von Carl Gustav Jung*, Rascher Verlag, Zürich 1962

James, W., *Principles of Psychology*, Holt, New York 1890

Jelliffe, S. E., »Some Notes on ›Transference‹«, in *Journal of Abnormal Psychology*, 8/1913, S. 302–309

Jelliffe, S. E., »Technique of Psychoanalysis«, in *Psychoanalytic Review*, 3/1916, S. 254–271

Jelliffe, S. E., *The Technique of Psychoanalysis*, Journal of Mental and Nervous Disease Punblishing Company, New York 1917

Jelliffe, S. E., »Glimpses of a Freudian Odyssey«, in *Psychoanalytic Quarterly*, 2/1933, S. 318–329

Jelliffe, S. E., »Sigmund Freud as a Neurologist«, in *Journal of Nervous and Mental Disease*, 85/1937, S. 696–711

Jelliffe, S. E., »Sigmund Freud and Psychiatry«, in *American Journal of Sociology*, 45/1939, S. 326–340

Jervis, G., »Introduzione all'edizione italiana«, in A. B. Hollingshead und F. C. Redlich, *Classi sociali e malattie mentali*, Einaudi, Turin 1965

Johnson, C. S., *Growing up in the Black Belt. Negro Youth in the Rural South*, American Council on Education, Washington D.C. 1941

Johnson, C. S., »Dr. Robert E. Park 1864 – 1944«, in *Psychiatry*, 7/1944, S. 107–109

Johnson, C. S., »Harry Stack Sullivan, Social Scientist«, in H. S. Sullivan, *The Fusion of Psychiatry and Social Science*, H. Perry (Hg.), Norton, New York 1964, S. XXXIII–XXXV

Johnson, C. S., »Sullivan's Contribution to Sociology«, in P. Mullahy (Hg.), *The Contributions of Harry Stack Sullivan. A Symposium of Interpersonal Theory in Psychiatry and Social Science*, Hermitage House, New York 1952, S. 207–214

Jones, E., *Papers on Psychoanalysis*, Wood, New York 1913

Jones, E., *Treatment of Neuroses. Psychotherapy from Rest Cure to Psychoanalysis*, Baillière, Tindall and Cox, London 1920

Jones, E., »Psychoanalysis and Psychiatry«, in *Mental Hygiene*, 14/1930, S. 384–398

Jones, E., »Preface«, in W. R. D. Fairbairn, *Psychoanalytic Studies of the Personality*, Tavistock Publications, London 1952

Jones, E., *The Life and Work of Sigmund Freud*, Basic Books, New York 1953–1955–1957 [*Sigmund Freud. Leben und Werk*, Verlag Hans Huber, Bern 1962]

Jones, E., *Free Associations. Memories of a Psychoanalyst*, Basic Books, New York 1959

Jones, M. D., *The Limits of Liberty. American History 1607–1980*, Oxford University Press, Oxford 1983

Jung, C. G., »Experimentelle Untersuchungen über die Assoziationen Gesunder«, in *Gesammelte Werke (G. W.) von C. G. Jung*, Walter-Verlag, Olten, 1971–1990, Band 2; 1904

Jung, C. G., »Über die Psychologie der Dementia Praecox«, in *G. W. von C. G. Jung*, Band 3; 1907

Jung, C. G., »Nachschrift zur Schrift ›Der Inhalt der Psychose‹«, in *G. W. von C. G. Jung*, Band 3, S. 199–216; 1908

Jung, C. G., »Die Bedeutung des Vaters für das Schicksal des Einzelnen«, in *G. W. von C. G. Jung*, Band 4, S. 345–370; 1909

Jung, C. G., »Allgemeine Aspekte der Psychoanalyse«, in *G. W. von C. G. Jung*, Band 4, S. 107–256; 1913–1915

Jung, C. G., Vorreden zu »Collected Papers on Analytical Psychology«, in *G. W. von C. G. Jung*, Band 4, 333–339; 1916

Jung, C. G., »Psychologische Typen«, in *G. W. von C. G. Jung*, Band 6; 1921

Jung, C. G., »Der Gegensatz zwischen Freud und Jung«, in *G. W. von C. G. Jung*, Band 4, S. 383–394; 1929

Jung, C. G., Peterson, F., »Psychophysische Untersuchungen mit dem Galvanometer und dem Pneumographen bei Normalen und Geisteskranken«, in *G. W. von C. G. Jung*, Band 2, S. 512–575; 1907

Jung, C. G., Loy, R., »Psychotherapeutische Zeitfragen (Briefwechsel mit R. Loy)«, in *G. W. von C. G. Jung*, Band 4, S. 287–332; 1914

Kardiner, A., *My Analysis with Freud. Reminiscences*, Norton, New York 1977 [*Meine Analyse bei Freud*, Kindler, München 1982]

Kavanagh, G., »Processes of Therapeutic Action and Change«, in M. Lionells und andere, *Handbook of Interpersonal Psychoanalysis*, Analytic Press, Hillsdale (N.J.) 1995, Kap. 25, S. 569–602

Kempf, E. J., »Psychoanalytic Treatment of Dementia Praecox. Report of a Case«, in *Psychoanalytic Review*, 6/1919, S. 18–19

Kempf, E. J., *The Autonomic Functions and the Personality*, Nervous and Mental Diseases Publishing Company, New York 1918

Kempf, E. J., *Psychopathology*, Mosby, St. Louis 1920

Kerr, J., *A Most dangerous Method. The Story of Jung, Freud and Sabina*, Knopf,

New York 1993 [*Eine höchst gefährliche Methode. Jung, Freud und Sabina Spielrein*, Knaur, 1996]

Kleinerman, M., »William Alanson White as Superintendent«, in A. R. T. D'Amore (Hg.), *William Alanson White, the Washington Years 1903–1937*, U.S. Department of Health, Education and Welfare, Washington D.C. 1976, S. 21–25

Klenbort, I., »Another Look at Sullivan's Concept of Individuality«, in *Contemporary Psychoanalysis*, 14/1978, S. 125–135

Klerman, G. L., Weissman, M. M., Rounsaville, B. J., Chevron, E. S., *Interpersonal Psychotherapy of Depression*, Basic Books, New York 1984

Klineberg, O., »Discussion«, in P. Mullahy (Hg.), *The Contributions of Harry Stack Sullivan. A Symposium on Interpersonal Theory in Psychiatry and Social Science*, Hermitage House, New York 1952, S. 215–222

Koelsch, W. A., *Clark University, 1887–1987: a Narrative History*, Clark University Press, Worcester (MA) 1987

Kohut, H., »Creativeness, Charisma, Group Psychology, Reflections on the Self-Analysis of Freud«, in J. E. Gedo, G. H. Pollock (Hg.), *Freud: the Fusion of Science and Humanism*, International Universities Press, New York 1976, S. 379–425

Kovel, J., »The American Mental Health Industry«, in D. Ingleby (Hg.), *Critical Psychiatry. The Politics of Mental Health*, Pantheon Books, New York 1980, S. 72–101

Kuhn, T. S., *The Structure of Scientific Revolutions. Second Edition,* The University of Chicago Press, Chicago 1970

Kucklick, B., »Harry Stack Sullivan and American Intellectual Life«, in *Contemporary Psychoanalysis*, 16/1980, S. 307–319

Kurzweil, E., *The Freudians. A Comparative Perspective*, Yale University Press, New Haven (Conn.) 1989 [*Freud und die Freudianer*, dtv, München 1995]

Kurzweil, E., »USA«, in P. Kutter (Hg.), *Psychoanalysis International. A Guide to Psychoanalysis throughout the World, Volume two*, Frommann-Holzboog, Stuttgart 1995, S. 186–234

Kvarnes, R. G., »The Founding of the William Alanson White Psychiatric Foundation«, in A. R. T. D'Amore (Hg.), *William Alanson White. The Washington Years, 1903–1937*, U. S. Department of Health, Education and Welfare, Washington D.C. 1976, S. 123–129

Kvarnes, R. G., »›Psychiatrist of America. The Life of Harry Stack Sullivan‹ by Helen Perry«, in *Psychiatry*, 45/1982, S. 275–279

Kvarnes, R. G., Parloff, G. H. (Hg.), *A Harry Stack Sullivan Case Seminar. Treatment of a Young Male Schizophrenic*, Norton, New York 1976

Kwawer, J. S., »Object Relations and Interpersonal Theories«, in *Contemporary Psychoanalysis*, 17/1981, S. 276–289

Laing, R. D., »Book Review of ›Schizophrenia as a Human Process‹ by H. S. Sullivan«, in *International Journal of Psychoanalysis*, 44/1963

Laing, R. D., *The Politics of Experience,* Penguin Books, London 1968
Laing, R. D., *The Divided Self*, Penguin Books, London 1990 [*Das geteilte Selbst*, dtv, München 1987]
Landis, B., Tauber, E. S. (Hg.), *In the Name of Life. Essays in Honor of Erich Fromm*, Holt, Rinehart and Winston, New York 1971
Lasswell, H. D., *Psychopathology and Politics*, University of Chicago Press, Chicago 1930
Lasswell, H. D., »What Psychiatrists and Political Scientists can Learn from Each Other«, in *Psychiatry*, 1/1938, S. 33–39
Lasswell, H. D., »Person, Personality, Group, Culture, in *Psychiatry*, 2/1939, S. 533–561
Lepschy, G. C., »Nota introduttiva bio-bibliografica«, in E. Sapir, *Cultura, linguaggio e personalità*, Einaudi, Turin 1972
Levenson, E. A., *The Fallacy of Understanding*, Basic Books, New York 1972
Levenson, E. A., »A Holographic Model of Psychoanalytic Change«, in *Contemporary Psychoanalysis*, 12/1976, S. 1–20
Levenson, E. A., »Psychoanalysis – Cure or Persuasion?«, in E. G. Witenberg (Hg.), *Interpersonal Psychoanalysis, New Directions*, Gardner Press, New York 1978, S. 47–64
Levenson, E. A., *The Ambiguity of Change*, Basic Books, New York 1983
Levenson, E. A., »Harry Stack Sullivan: the Web and the Spider«, in *Contemporary Psychoanalysis*, 20/1984, S. 174–189
Levenson, E. A., »The Interpersonal (Sullivanian) Model«, in A. Rothstein (Hg.), *Models of the Mind. Their Relationship to Clinical Work*, International Universities Press, Madison (Conn.) 1985, S. 49–67
Levenson, E. A., »The Pursuit of the Particular«, in *Contemporary Psychoanalysis*, 24/1988, S. 1–16
Levenson, E. A., *The Purloined Self. Interpersonal Perspectives in Psychoanalysis*, Contemporary Psychoanalysis Books, New York 1991
Levenson, E. A., Stockhamer, N. Feiner, A., »Family Transactions in the Etiology of Dropping out of College«, in *Contemporary Psychoanalysis*, 3/1969, S. 134–151
Lewin, K., *Principles of Topological Psychology*, McGraw Hill Company, New York 1936
Lieberman, J., *Acts of Will. The Life and Work of Otto Rank*, Free Press, New York 1985 [*Otto Rank. Leben und Werk*, Psychosozial-Verlag, Gießen 1997]
Lidz, T., *The Family and Human Adaption*, International Universities Press, New York 1963 [*Familie und psychosoziale Entwicklung*, Fischer, Frankfurt a. M. 1982]
Lidz, T., »Adolf Meyer and the Development of American Psychiatry«, in *American Journal of Psychiatry*, 123/1966, S. 320–332

Lidz, T., *The Person. His Development throughout the Life Cycle*, Basic Books, New York 1968 [*Das menschliche Leben. Die Entwicklung der Persönlichkeit im Lebenszyklus*, Suhrkamp, Frankfurt a. M. 1982]

Lief, A., *The Commonsense Psychiatry of Dr. Adolf Meyer. Fiftytwo selected Papers*, MacGraw Hill Company, New York 1948

Lincourt, J. M., Olzak, P. V., »C. S. Pearce and H. S. Sullivan on the Human Self«, in *Psychiatry*, 37/1974, S. 78–87

Lionells, M., Fiscalini, J., Mann, C. H., Stern, D. B. (Hg.), *Handbook of Interpersonal Psychoanalysis*, Analytic Press, Hillsdale (N.J.) 1995

Lionells, M., Fiscalini, J., Mann, C. H., Stern, D. B. (Hg.), »Introduction to Interpersonal Psychoanalysis«, in M. Lionells und andere (Hg.), *Handbook of Interpersonal Psychoanalysis*, Analytic Press, Hillsdale (N.J.) 1995, Kap. 1, S. 3–10

Lionells, M., »Hysteria«, in M. Lionells und andere (Hg.), *Handbook of Interpersonal Psychoanalysis*, Analytic Press, Hillsdale (N.J.) 1995, Kap. 21, S. 491–515

Liotti, G., *La dimensione interpersonale della coscienza*, La Nuova Italia Scientifica, Rom 1994

Lothane, Z., »Freud and the Interpersonal«, in *International Forum of Psychoanalysis*, 6/1997, S. 175–184

Luborsky, L., *Principles of Psychoanalytic Psychotherapy. A Manual for Supportive-Expressive Treatment*, Basic Books, New York 1984

Mahony. P., *Freud as a Writer. Expanded Edition*, Yale University Press, New Haven (Conn.) 1987 [*Der Schriftsteller Sigmund Freud*, Suhrkamp, Frankfurt a. M. 1989]

Mahony, P., »Book Review of ›Freud, Jung and Hall the Kingmaker. The Expedition to America (1909)‹ by S. Rosenzweig«, in *International Journal of Psycho-Analysis*, 74/1993, S. 842–846

Mann, C. H., »The Goals of Interpersonal Psychoanalysis«, in M. Lionells und andere (Hg.), *Handbook of Interpersonal Psychoanalysis*, Analytic Press, Hillsdale (N.J.) 1995, Kap. 24, S. 555–567

Marcus, S., »Harry Stack Sullivan: a non-Freudian Biography of a post-Freudian, pre-Freudian and anti-Freudian American Psychiatrist«, in *Freud and the Culture of Psychoanalysis*, Norton, New York 1987, S. 226–244

Marhaba, S., »Lo strutturalismo e il funzionalismo«, in F. Legrenzi (Hg.), *Storia della psicologia*, Il Mulino, Bologna 1980, S. 73–95

Marx, O., »Morton Prince and the Dissociation of a Personality«, in *Journal of the History of Behavioral Sciences*, 6/1970, S. 120–130

Marx, O., »Adolf Meyer and Psychiatric Training an the Phipps Clinic. An Interview with Theodore Lidz«, in *History of Psychiatry*, 4/1993, S. 245–269

May, U., »Psychoanalyse in den U.S.A.«, in D. Eicke (Hg.), *Tiefenpsychologie*, Beltz, Weinheim 1976, S. 482–527

McGlashan, T. H., Keats, C., *Schizophrenia: Treatment, Process and Outcome*, American Psychiatric Press, Washington D.C. 1989

McGuire, W., Sauerländer, W. (Hg.), *Sigmund Freud – Carl Gustav Jung. Briefwechsel,* Fischer, Frankfurt a. M. 1974

Mead, G. H., *Mind, Self and Society: from the Standpoint of a Social Behaviorist*, herausgegeben von C. W, Morris, University of Chicago Press, Chicago 1934 [*Geist, Identität und Gesellschaft aus der Sicht des Sozialbehaviorismus*, herausgegeben von C. W. Morris, Suhrkamp, Frankfurt a. M, 1968]

Meazzini, P. (Hg.), *Watson. Antologia degli scritti*, Il Mulino, Bologna 1976

Mecacci, L. (Hg.), *Vygotskij. Antologia degli scritti*, Il Mulino, Bologna 1983

Meiers, J., »Kurt Goldstein, 1878 – 1965«, in *Contemporary Psychoanalysis*, 26/1990, S. 654–659

Melega, V., Fioritti, A., »Fondamenti di psichiatria. Considerazioni su psicoanalisi e biologia in margine al caso ›Osheroff vs. Chestnut Lodge‹«, in *Psicoterapia e Scienze Umane*, 2(3)/1991, S. 127–136

Menaker, E., *Appointment in Vienna. An American Psychoanalyst Recalls her Student Days in pre-war Austria*, St. Martin's Press, New York 1989 [*Schwierige Loyalitäten. Lehrjahre in Wien 1930 – 1936*, Psychosozial-Verlag, Gießen 1997]

Meyer, A., »A Short Sketch of the Problems of Psychiatry«, in *American Journal of Insanity*, 53/1897; in E. E. Winters (Hg.), *The Collected Papers of Adolf Meyer*, The John Hopkins Press, Baltimore, Band 2, S. 273–282; 1897a

Meyer, A., »Review of Kraepelin's ›Lehrbuch der Psychiatrie‹«, in *American Journal of Insanity*, 53/1897; 1897b

Meyer, A., »An Attempt at Analysis of the Neurotic Constitution«, in *American Journal of Psychology*, 13/1903; in E. E. Winters (Hg.), *The Collected Papers of Adolf Meyer*, The John Hopkins Press, Baltimore, Band 2, S. 322

Meyer, A., »Remarks on Habit Disorganisation«, in E. E. Winters (Hg.), *The Collected Papers of Adolf Meyer*, The John Hopkins Press, Baltimore, Band 2, S. 421–431; 1903

Meyer, A., »Fundamental Conceptions of Dementia Praecox«, in *British Medical Journal*, 2/1906

Meyer, A., »The Dynamic Interpretation of Dementia Praecox«, in *American Journal of Psychology*, 21/1910; 1910a

Meyer, A., »A Discussion of some Fundamental Issues in Freud's Psychoanalysis«, in *State Hospital Bulletin*, 2/1910; in E. E. Winters (Hg.), *The Collected Papers of Adolf Meyer*, The John Hopkins Press, Baltimore, Band 2, S. 604–617; 1910b

Meyer, A., »Opening of the Henry Phipps Psychiatric Clinic«, in *American Journal of Insanity*, 69/1913

Meyer, A., »The Mental Hygiene Movement«, in *Mental Hygiene*, 19/1935

Migone, P., »Recensione di ›Princìpi di psicoterapia psicoanalitica. Manuale per il trattamento supportivo.espressivo‹ di L. Luborsky«, in *Psicoterapia e Scienze Umane*, 24(2)/1990, S. 125–130

Migone, P., »La differenza tra psicoanalisi e psicoterapia: panorama storico del dibattito e recente posizione di Merton M. Gill«, in *Psicoterapia e Scienze Umane*, 25(4)/1991, S. 35–65

Migone, P., »Recensione-saggio su ›The Psychoanalytic Process: Clinical Observation and Empirical Research‹ di Joseph Weiss e Harold Sampson; ›I processi mentali dell'inconscio‹ di Jospeh Weiss; ›Imaginary Crimes. Why we Punish Ourselves and how to Stop it‹ di Lewis Engel e Tom Ferguson«, in *Psicoterapia e Scienze Umane*, 27(2)/1993, S. 123–129

Migone, P., *Terapia psicoanalitica. Seminari*, Angeli, Mailand 1995

Migone, P., »Recensione di ›Psicoterapie dinamiche brevi‹ di H. H. Strupp e J. L. Binder« in *Psicoterapia e Scienze Umane*, 30(4)/1996, S. 137–139

Migone, P., Liotti, G., »Psychoanalysis and Cognitive-evolutionary Psychology: an Attempt at Integration«, in *International Journal of Psycho-Analysis*, 79/1998, S. 1071–1095

Mistura, S., *Psichiatria. Guida bibliografica*, Centro di Documentazione, Pistoia 1976

Mitchell, S. A., *Relational Concepts in Psychoanalysis. An Integration*, Harvard University Press, Cambridge (Mass.) 1988

Mitchell, S. A., »The Intrapsychic and the Interpersonal: Different Theories, Different Domains or Historical Artifacts?«, in *Psychoanalytic Inquiry*, 8/1988, S. 472–496

Mitchell, S. A., »Goldstein: an Appreciation«, in *Contemporary Psychoanalysis*, 26/1990, S. 616–621

Mitchell, S. A., *Hope and Dread in Psychoanalysis*, Basic Books, New York 1993

Mitchell, S. A., »When Interpretation Fails. A New Look at the Therapeutic Action of Psychoanalysis« (unveröffentlichter Vortrag, gehalten am 13.04.1996 in Florenz)

Mitchell, S. A., *Influence and Autonomy in Psychoanalysis*, Analytic Press, Hillsdale (N.J.) 1997

Mitchell, S. A., *Relationality. From Attachment to Intersubjectivity*, The Analytic Press, Hillasdale (N.J.) 2000 [*Bindung und Beziehung. Auf dem Weg zu einer relationalen Psychoanalyse,* Psychozozial-Verlag, Gießen 2003]

Mitchell, S. A., *Can Love Last? The Fate of Romance Over Time,* Norton, New York 2002 [*Kann denn Liebe ewig sein? Psychoanalytische Erkundungen über Liebe, Begehren und Beständigkeit*, Psychosozial-Verlag, Gießen 2004]

Mitchell, S. A., Black, M. J., *Freud and Beyond. A History of Modern Psychoanalytic Thought*, Basic Books, New York 1995

Mitchell, S. W., *Fat and Blood: an Essay on the Treatment of certain Forms of*

Neurosthenia and Hysteria, Lippincott, Philadelphia 1884
Mitchell, S. W., »Address before the Fiftieth Meeting of the American Medico-Psychological Association«, in *Journal of Nervous and Mental Diseases*, 21/1884, S. 4412–4437
Mondella, F., »Sviluppi e contraddizioni nella medicina contemporanea«, in *Sanità, scienza e storia*, 1/1986
Moore, L. C., »The William Alanson White Memorial Library«, in A. R. T. D'Amore (Hg.), *William Alanson White, the Washington Years, 1903–1937*, U. S. Department of Health, Education and Welfare, Washington D.C. 1976, S. 153–168
Mora, G., »Swiss and American Child Psychiatry: a View of their Development and Interrelationship«, in *Acta Pedopsychiatrica*, 1/1963, S. 9–20
Mora, G., »The History of Psychiatry in the United States: Historiographic and Theoretical Considerations«, in *History of Psychiatry*, 3/1992, S. 187–202
Morrone, E. Andolfi, M., »Premessa«, in K. Horney, *Nevrosi e sviluppo della personalità. La lotta per l'auto-realizzazione*, Astrolabio, Rom 1981, S. 7–9
Mullahy, P., »A Theory of Interpersonal Relations and the Evolution of Personality«, in *Psychiatry*, 8/1945
Mullahy, P., »Introduction«, in P. Mullahy (Hg.), *A Study of Interpersonal Relations. New Contributions to Psychiatry*, Hermitage Press, New York 1949, S. XV–XXXI
Mullahy, P. (Hg.), *The Contributions of Harry Stack Sullivan. A Symposium on Interpersonal Theory in Psychiatry and Social Science*, Hermitage House, New York 1952
Mullahy, P., *Psychoanalysis and Interpersonal Psychiatry. The Contributions of Harry Stack Sullivan*, Science House, New York 1970
Mühlleitner, E., *Biographisches Lexikon der Psychoanalyse. Die Mitglieder der Psychologischen Mittwoch-Gesellschaft und der Wiener Psychoanalytischen Vereinigung 1902–1938*, Diskord, Tübingen 1992
Muncie, W., *Psychobiology and Psychiatry*, Mosby, St. Louis 1939
Muncie, W., »The Psychobiologic Orientation«, in S. Arieti (Hg.), *American Handbook of Psychiatry*, Basic Books, New York 1966
Murphy, G., Cattell, E., »Sullivan and Field Theory«, P. Mullahy, (Hg.), *The Contributions of Harry Stack Sullivan. A Symposium on Interpersonal Theory in Psychiatry and Social Science*, Hermitage House, New York 1952, S. 161–180
Nagel, D. B., »Book review of ›Selected Papers‹ by E. J. Kempf«, in *Psychiatric Review*, 7/1978, S. 47–49
Neill, J. B., »Adolf Meyer and American Psychiatry Today«, in *American Journal of Psychiatry*, 137/1980, S. 460–464
Noble, D., »Discussion of Paper by Dr. D'Amore«, in A. R. T. D'Amore (Hg.), *William Alanson White, the Washington Years 1903–1937*, U. S. Department of Health, Education and Welfare, Washington D.C. 1976, S. 95–100

Noble, D., Burnham, D. L., »A History of the Washington Psychoanalytic Institute and Society« in A.-L. Silver (Hg.), *Psychoanalysis and Psychosis*, International Universities Press, Madison (Conn.) 1989, S. 537–573

Novelletto, A., »Italy«, in P. Kutter (Hg.), *Psychoanalysis International*, Frommann-Holzboog, Stuttgart 1992, Band 1, S. 195–212

Nunberg, H., Federn, E. (Hg.), *Minutes of the Vienna Psychoanalytic Society. Volume 1: 1906–1908*, International Universities Press, New York 1962 [*Die Protokolle der Wiener Psychoanalytischen Vereinigung. Band 1: 1906–1908*, Fischer, Frankfurt a. M., 1976]

Oberndorf, C. P., »A Case of Hallucinosis Induced by Repression«, in *Journal of Abnormal Psychology*, 7/1912

Oberndorf, C. P., »Genesis of Feeling of Unreality«, in *International Journal of Psycho-Analysis*, 16/1935, S. 296–306

Oberndorf, C. P., *A History of Psychoanalysis in America*, Harper Torchbooks, New York 1953

Ogden, T. H., *The Primitive Edge of Experience*, Aronson, Northvale (N.J.) 1989 [*Frühe Formen des Erlebens*, Springer, Wien, 1995]

Oremland, J. D., *Interpretation and Interaction. Psychoanalysis or Psychotherapy?*, Analytic Press, Hillsdale (N.J.) 1991

Ortmeyer, D. H., »History of the Founders of Interpersonal Psychoanalysis«, in M. Lionells und andere (Hg.), *Handbook of Interpersonal Psychoanalysis*, Analytic Press, Hillsdale (N.J.) 1995, Kap. 2, S. 11–27

Pao, P.-N., *Schizophrenic Disorders*, International Universities Press, New York 1979

Pagliarani, L., »La cogestione dell'ansia«, in *Psicoterapia e Scienze Umane*, Nr. 12/Oktober-Dezember 1969

Paris, B. J., *Karen Horney. A Psychoanalyst's Search for Self-Understanding*, Yale University Press, New Haven (Conn.) 1994 [*Karen Horney – Leben und Werk*, Psychosozial-Verlag, Gießen]

Parisi, G., Peduto, A., »Recensione di ›Studi psicoanalitici sulla personalità‹ e ›Il piacere e l'oggetto‹ di W. R. D. Fairbairn«, in *Psicoterapia e Scienze Umane*, 26(4)/1992, S. 138–143

Park, R. E., Burgess, E. W., *Introduction to the Study of Sociology*, University of Chicago Press, Chicago 1921

Parloff, M. B., »Present State of Research on the Outcome of Psychotherapy«, in R, Michels, J. O. Cavenar jr. (Hg.), *Psychiatry*, Lippincott, Philadelphia 1985, Band 1, Kap. 11

Paskauskas, R. A., »Freud's Break with Jung: the Crucial Role of Ernest Jones«, in *Free Associations*, 11/1988, S. 7–34

Paskauskas, R. A. (Hg.), *The Complete Correspondence of Sigmund Freud and Ernest Jones 1908–1939*, The Belknap Press of Harvard University Press,

Cambridge (Mass.) 1993

Pearce, J., »Interpersonal Theory and Interpersonal Therapy«, unveröffentlichter Vortrag, der 1957 am W. A. White Institut gehalten wurde

Pearce, J., Newton, S., *The Conditions of Human Growth*, The Citadel Press, New York 1963

Perry Swick, H., »Editor's Preface«, in H. S. Sullivan, *Clinical Studies in Psychiatry*, S. VII–X

Perry Swick, H., »Preface«, in H. S. Sullivan, *Schizophrenia as a Human Process*, S. VII–IX

Perry Swick, H., »Introduction and Commentaries«, in H. S. Sullivan, *Schizophrenia as a Human Process*, S. XI–XXXI

Perry Swick, H., »Preface«, in H. S. Sullivan, *The Fusion of Psychiatry and Social Science*, S. VII–XI

Perry Swick, H., »Introduction«, in H. S. Sullivan, *The Fusion of Psychiatry and Social Science*, S. XIII–XXXII

Perry Swick, H., »Introduction«, in H. S. Sullivan, *Personal Psychopathology*, S. IX–XXIII

Perry Swick, H., *Psychiatrist of America. The Life of Harry Stack Sullivan*, The Belknap Press of Harvard University Press, Cambridge (Mass.) 1982

Perry Swick, H., Gawel Ladd M., »Editor's Preface«, in H. S. Sullivan *Interpersonal Theory of Psychiatry*, S. VII–X

Perry Swick, H., Gawel Ladd, M., »Editor's Preface«, in H. S. Sullivan, *The Psychiatric Interview*, S. VII–VIII

Pines, M., »Dissens im Kontext: Schismen in der psychoanalytischen Bewegung«, in *Spaltungen in der Geschichte der Psychoanalyse,* L. Hermanns (Hg.), Diskord Verlag, Tübingen 1995, S.16–34

Plänkers, T. und andere, *Psychoanalyse in Frankfurt am Main. Zerstörte Anfänge, Wiederannäherung, Entwicklungen*, Diskord, Tübingen 1996

Pogliano, G., *Il compasso della mente. Origini delle scienze dell'uomo negli Stati Uniti*, Angeli, Mailand 1983

Ponsi, M., »La partecipazione dell'analista: un tema emergente della psicoanalisi nordamericana«, in *Rivista di Psicoanalisi*, 45/1999, S. 153–167

Porter, R., *A Social History of Madness*, Tavistock, London 1987

Powdermaker, H., *Stranger and Friend. The Way of an Anthropologist*, Norton, New York 1966

Prince, M., »Association Neurosis: a Study of the Pathology of Hysterical Joint Affections, Neurasthenia and Allied Forms of Neuromimesis«, in *Journal of Nervous Mental Disease*, 18/1991, S. 257–282

Prince, M., *The Dissociation of Personality. A Biographical Study of Abnormal Psychology*, Longmans, London 1906

Prince, M., »The Subconscious Settings of Ideas in Relation to the Pathology of the Psychoneuroses«, in *Journal of the Abnormal Psychology*, 11/1916, S. 1–18

Proceedings. First Colloquium on Personality Investigation, (December 1–2, 1928 – New York City), Lord Baltimore Press, Baltimore 1929

Proceedings. Second Colloquium on Personality Investigation, (November 29–30, 1929 – New York City), Lord Baltimore Press, Baltimore 1930

Putnam, J. J., »Habit Neuroses as True Functional Diseases«, in *Boston Medical and Surgical Journal*, 139/1898, S. 589–592

Putnam, J. J., »Recent Experiences in the Study and Treatment of Hysteria at the Massachusetts General Hospital; with Remarks on Freud's Method of Treatment by ›Psycho-Analysis‹«, in *Journal of Abnormal Psychology*, 1/1906

Putnam, J. J., »A Plea for the Study of Philosophic Methods in Preparation for Psychoanalytic Work«, in *Journal of Abnormal Psychology*, 6/1911, S. 249–264

Putnam, J. J., *Human Motives*, Little Brown, Boston 1915

Putnam, J. J., »Elements of Strengths and Elements of Weakness in Psychoanalytic Doctrines«, in *Psychoanalytic Review*, 6/1919

Putnam, J. J., *Adresses on Psycho-Analysis*, Hogarth Press, London 1921

Quinn, S., *A Mind of her Own. The Life of Karen Horney*, Summit Books, New York 1987

Redaktion der Zeitschrift *History of Psychiatry*, »Obituary: Henry F. Ellenberger (1905–1993)«, in *History of Psychiatry*, 4/1993, S. 447–449

Redaktion der Zeitschrift *Psychiatry*, »Editorial Notes«, in *Psychiatry*, 8/1945, S. 363f

Reicheneder. J., *Zum Konstitutionsprozess der Psychoanalyse*, Frommann-Holzboog, Stuttgart 1990

Rioch, J., »The Transference Phenomenon in Psychoanalytic Therapy«, in *Psychiatry*, 6/1943

Rioch, J., »Letter to the Editor«, in *W. A. White Newsletter*, Spring 1969, S. 147–156

Roazen, P., *Freud and his Followers*, New York University Press, New York 1971

[*Sigmund Freud und sein Kreis. Eine biographische Geschichte der Psychoanalyse*, G. Lübbe Verlag, Bergisch-Gladbach 1976]

Roazen, P., *Encountering Freud. The Politics and Histories of Psychoanalysis,* Transactions Publishers, New Brunswick (N.J.) 1990

Roazen, P., *Meeting Freud's Family*, University of Massachusetts Press, Amherst (Mass.) 1993

Roazen, P., Swerdloff, B., *Heresy. Sandor Rado and the Psychoanalytic Movement*, Aronson, New York 1995

Robbins, M., *Experiences of Schizophrenia. An Integration of the Personal, Scientific and Therapeutic*, Guilford Press, New York 1993

Rosenzweig, S., »Preference in the Repetition of Successful and Unsuccessful Activities as a Function of Age and Personality«, in *Journal of Genetic Psychology*, 42/1933, S. 423–441

Rosenzweig, S., »A Dynamic Interpretation of Psychotherapy toward Research«, in *Psychiatry*, 1/1938, S. 521–526

Rosenzweig, S., *Freud, Jung and Hall the King-Maker. The Expedition to America (1909)*, Hogrefe and Huber, Seattle 1992

Ross, D., *G. Stanley Hall. The Psychologist as a Prophet*, University of Chicago Press, Chicago 1972

Ross, D., »American Psychology and Psychoanalysis: William James and G. Stanley Hall«, in J. M. Quen und E. T. Carlson (Hg.), *American Psychoanalysis: Origins and Development. The A. Meyer Seminars*, Brunner/Mazel, New York 1978, S. 38–51

Rothe, S., »Psychoanalyse im Netzwerk der Gruppe. S. H. Foulkes in Frankfurt a. M.«, in T. Plänkers und andere (Hg.), *Psychoanalyse in Frankfurt am Main. Zerstörte Anfänge, Wiederannäherung, Entwicklungen*, Diskord, Tübigen 1996, S. 161–179

Rowland, H., »Interaction Processes in the State Mental Hospital«, in *Psychiatry*, 1/1938, S. 323–337

Rubins, J. L., *Karen Horney – Gentle Rebel of Psychoanalysis*, The Dial Press, New York 1978 [Karen Horney – Sanfte Rebellin der Psychoanalyse, Fischer, Frankfurt/M. 1988]

Rush, B., *Medical Inquiries and Observations upon the Diseases of the Mind*, Grigg, Philadelphia 1812

Rutter, M., »Meyerian Psychobiology, Personality Development and the Role of Life Experience«, in *American Journal of Psychiatry*, 143/1985, S. 1077–1087

Sabshin, M., »Turning Points in Twentieth-Century American Psychiatry«, in *American Journal of Psychiatry*, 147/1990, S. 1267–1274

Safran, J. D., Segal, Z. V., *Interpersonal Process in Cognitive Therapy*, Basic Books, New York 1990

Salzamn, L., »Harry Stack Sullivan and Obsessional Disorders«, in *Contemorary Psychoanalysis*, 16/1980, S. 271–286

Santucci, A., *Storia del pragmatimo*, Laterza, Bari 1992

Sapir, E., *Language. An Introduction to the Study of Speech*, Harcourt, Brace and World, New York 1921 [*Die Sprache. Einführung in das Wesen der Sprache*, Max Hueber Verlag, 1972]

Sapir, E., »Culture, Genuine and Spurious«, in *American Journal of Sociology*, 29/1924, S. 401–429

Sapir, E., »Cultural Anthropology and Psychiatry«, in *Journal of Abnormal and Social Psychology*, 27/1932, S. 229–242

Sapir, E., »Why Cultural Anthropology Needs the Psychiatrist«, in *Psychiatry*,

1/1938, S. 7–12
Sapir, E., *Culture, Language and Personality*, herausgegeben von D. G. Mandelbaum, University of California Press, San Francisco 1949
Schachtel, E. G., *Metamorphosis. On the Development of Affect, Perception, Attention and Memory*, Basic Books, New York 1959
Schachtel, E. G., »On Attention, Selective Inattention and Experience: an Inquiry into Attention as an Attitude«, in E. G. Witenberg (Hg.), *Interpersonal Explorations in Psychoanalysis. New Directons in Theory and Practice*, Basic Books, New York 1973, S. 40–66
Schilder, P., *Entwurf einer Psychiatrie auf psychoanalytischer Grundlage*, Leipzig 1925
Schulz, C. G., Kilgalen, R. K., *Case Studies in Schizophrenia*, Basic Books, New York 1969
Schwing, G., *Ein Weg zur Seele des Geisteskranken*, Rascher Verlag, Zürich 1940
Searles, H. F., *Collected Papers on Schizophrenia and Related Subjects*, The Hogarth Press and the Institute of Psychoanalysis, London 1965
Searles, H. F., »The Analyst's Participation as Influenced by the Patient's Transference«, in *Contemporary Psychoanalysis*, 13/1977, S. 367–371
Searles, H. F., *Countertransference and Related Subjects. Selected Papers*, International Universities Press, New York 1979
Searles, H. F., *My Work with Borderline Patients*, Aronson, Northvale (N.J.) 1986
Shakow, D., Rappaport, D., *The Influence of Freud on American Psychology*, International Universities Press, New York 1964
Shapiro, S. A., »Clara Thompson: Ferenczi's Message with Half a Message«, in L. Aron, A. Harris (Hg.), *The Legacy of Sandor Ferenczi*, Analytic Press, Hillsdale (N.J.) 1993, S. 159–173
Sidis, B., *The Psychology of Suggestion: a Research into the Subconscious Nature of Man and Society*, Appleton, New York
Sidis, B., *The Foundations of Normal and Abnormal Psychology*, Badger, Boston 1914
Simmel, E., *Psychoanalyse und ihre Anwendungen. Ausgewählte Schriften*, herausgegeben von L. Hermanns und U. Schultz-Venrath, Fischer, Frankfurt a. M. 1993
Sini, C., *Il pragmatismo americano*, Laterza, Bari 1972
Skolnick, N. S., Warshaw, S. C. (Hg.), *Relational Perspectives in Psychoanalysis*, Analytic Press, Hillsdale (N.J.) 1992
Smith, D., *The Chicago School. A Liberal Critique of Capitalism,* Macmillan Education, London 1988
Smith Benjamin, L., *Interpersonal Diagnosis and Treatment of Personality Disorders*, Guilford, New York 1993
Spencer, H., *First Principles*, 1860 [*Grundprinzipien: Evolutionstheorie und ihre Verbindung zu Philosophie, Psychologie und Soziologie*, herausgegeben von Christian Hartmann]

Spiegel, R., »Manic Depressive Syndroms in the Light of Sullivan's Theory«, in *Contemporary Psychoanalysis*, 16/1980, S. 320–334

Stanton, A., Schwartz, M., *The Mental Hospital*, Basic Books, New York 1954

Steiner, R., »Introduction«, in R. A. Paskauskas (Hg.), *The Complete Correspondence of Sigmund Freud and Ernest Jones, 1908–1939*, The Belknap Press of Harvard University Press, Cambridge (Mass.) 1993, S. XXI–L

Sterba, R., »The Fate of the Ego in Psychoanalysis Therapy«, in *International Journal of Psycho-Analysis*, 15/1934, S. 117–126

Sterba, R., »The Abuse of Interpretation«, in *Psychiatry*, 4/1941, S. 9–12

Sterba, R., »The Relaxion of the Analyst«, in *Psychiatry*, 4/1941, S. 339–342

Sterba, R., *Reminiscences of a Viennise Psychoanalyst*, Wayne University Press, Detroit 1982 [*Erinnerungen eines Wiener Psychoanalytikers*, Fischer, Frankfurt a. M. 1985]

Stern, D. B., »Unformulated Experience«, in *Contemporary Psychoanalysis*, 19/1983, S. 71–99

Stern, D. B., »A Philosophy for the Embedded Analyst«, in *Contemporary Psychoanalysis*, 27/1991, S. 51–80

Stern, D. B., »Cognition and Language«, in M. Lionells und andere (Hg.), *Handbook of Interpersonal Psychoanalysis*, Analytic Press, Hillsdale (N.J.) 1995, Kap. 5, S. 79–138

Stern, D. N., *The Interpersonal World of the Infant*, Basic Books, New York 1985 [*Die Lebenserfahrung des Säuglings,* Klett-Cotta, Stuttgart 1992]

Stoppino, M., »Introduzione«, in H. D. Lasswell, *Potere, politica e personalità*, Utet, Turin 1975

Strupp, H. H., Binder, J. L., *Psychotherapy in a New Key*, Basic Books, New York 1984 [*Kurzpsychotherapie*, Klett-Cotta, Stuttgart 1993]

Suckiel, E. K., »Professor Suckiel responds«, in *Journal of the History of the Behavioral Sciences*, 23/1987, S. 64f

Sutherland, J. D., *Fairbairn's Journey into the Interior*, Free Associations Books, London 1989

Szalita, A., »Some Thoughts on Empathy«, in *Psychiatry*, 39/1976, S. 142–152

Tauber, E. S., »Exploring the Therapeutic Use of Countertransference Data«, in *Psychiatry*, 17/1954, S. 331–336

Thomä, H., Kächele, H., *Lehrbuch der psychoanalytischen Therapie. I. Grundlagen*, Springer, Berlin 1985

Thomä, H., »Ist es utopisch, sich zukünftige Psychoanalytiker ohne besondere berufliche Identität vorzustellen?«, in *Forum der Psychoanalyse*, Band 20/2004, S. 133–157

Thomas, W. I., Znaniecki, F., *The Polish Peasant in Europe and America*, Chicago – Boston 1918 und 1920

Thompson, C., »Therapy«, in *Psychoanalysis: Evolution and Development*, Hermitage House, New York 1950, Kap. 11, S. 225–243

Thompson, C., »Sullivan and Psychoanalysis«, in P. Mullahy (Hg.), *The Contributions of Harry Stack Sullivan. A Symposium on Interpersonal Theory in Psychiatry and Social Science*, Hermitage House, New York 1952, S. 101–115

Thompson, C., *Interpersonal Psychoanalysis*, herausgegeben von M. R. Green, Basic Books, New York 1964

Thrasher, F. M., *The Gang*, University of Chicago Press, Chicago 1927

Ticho, E., »Harry Stack Sullivan and Object Relations«, in *Psychiatry*, 41/1978, S. 141–150

Tomasi, L., *La Scuola Sociologica di Chicago. 1. La teoria implicita*, Angeli, Mailand 1997

Tomlison, C., »Sandor Rado and Adolf Meyer: a Nodal Point in American Psychiatry and Psychoanalysis«, in *International Journal of Psycho-Analysis*, 77/1996, S. 963–982

Tullio-Altan, C., *Antropologia. Storia e problemi*, Feltrinelli, Mailand 1983

Turkle, S., *Psychoanalytic Politics. Jacques Lacan and Freud's French Revolution*, Burnett Books, London 1978

Usai, A., »Introduzione«, in A. N. Whitehead, *Il concetto di natura*, Del Bosco Edizioni, Rom 1974 (Originalausgabe 1920)

Valesio, P., »Introduzione all'edizione italiana«, in E. Sapir, *Il linguaggio. Introduzione alla linguistica*, Einaudi, Turin 1969

Veszy-Wagner, L., »Ernest Jones (1879–1958). Freud's Biography«, in F. Alexander, S. Eisenstein, M. Grotjahn (Hg), *Psychoanalytic Pioneers*, Basic Books, New York 1966

Wachtel, P., *Psychoanalytic and Behavior Therapy. Toward an Integration*, Basic Books, New York 1979 [*Psychoanalyse und Verhaltenstherapie. Ein Plädoyer für ihre Integration*, Klett-Cotta, Stuttgart 1981]

Wachtel, P., *Action and Insight*, Guilford, New York 1987

Wakefield, J. C., »Freud and Cognitive Psychology: the Conceptual Interface«, in J. W. Barron, M. N. Eagle, D. L. Wolitzky (Hg.), *Interface of Psychoanalysis and Psychology*, American Psychological Association, Washington D.C. 1992, S. 77–98

Wallace, R. A., Wolf, A., *Contemporary Sociological Theory*, Prentice-Hall, Englewood Cliffs 1980

Wallerstein, R. (Hg.), *The Doctorate in Mental Health. An Experiment in Mental Health Professional Education*, University Press of America, Lanham (Maryland) 1991

Wapner, S., »Psychology at Clark University: Introduction«, in *Journal of the History of the Behavioral Sciences*, 26/1990, S. 107–113

Warner, S. L., »Freud's Antipathy to America«, in *Journal of the American Acade-*

my of Psychoanalysis, 19/1991, S. 141–155

Watzlawick, P., Beavin, J. H., Jackson, D. D., *Pragmatic of Human Communication. A Study of Interactional Patterns, Pathologies and Paradoxes*, Norton, New York 1967 [*Menschliche Kommunikation. Formen, Störungen, Paradoxien*, Klett-Cotta, Stuttgart 1981]

Weigert Vowinckel, E., »Dissent in the Early History of Psychoanalysis«, in *Psychiatry*, 5/1942, S. 349–359

Weiss, H., Lang, H. (Hg.), *Psychoanalyse heute und vor 70 Jahren. Zur Erinnerung an die »1. Deutsche Zusammenkunft für Psychoanalyse« am 11. und 12. Oktober 1924 in Würzburg*, Diskord, Tübingen 1996

Weiss, J., »Introduzione al lavoro del ›San Francisco Psychotherapy Research Group‹« in *Psicoterapia e Scienze Umane*, 27(2)/1993, S. 47–65

Weiss, J., Sampson, H. and the Mount Zion Psychotherapy Research Group, *The Psychoanalytic Process. Theory, Clinical Observation and Empirical Research*, Guilford, New York 1986

Weissman, S. H., Thurnblad, R. J. (Hg.), *The Role of Psychoanalysis in Psychiatric Education: Past, Present and Future*, International Universities Press, Madison (Conn.) 1987

White, M. J., »Sullivan and Treatment«, in P. Mullahy (Hg.), *The Contributions of Harry Stack Sullivan. A Symposium on Interpersonal Theory in Psychiatry and Social Science*, Hermitage House, New York 1952, S. 117–150

White, W. A., *Mental Mechanisms*, Journal of Nervous and Mental Disease Publishing Company, New York 1911

White, W. A., »Presidential Address«, in *The Psychoanalytic Review*, 15/1928, S. 121–131

White, W. A., *Forty Years of Psychiatry*, Journal of Nervous and Mental Disease Publishing Company, New York 1933

White, W. A., *The Autobiography of a Purpose*, Doubleday, Doran and Company, Garden City, (New York) 1938

Will, O. A., »Introduction«, in H. S. Sullivan, *The Psychiatric Interview*, S. IX–XXIII

Will, O. A., »Human Relatedness and the Schizophrenic Reaction«, in *Psychiatry*, 22/1959, S. 205–223

Winters, E. E. (Hg.), *The Collected Papers of Adolf Meyer*, Band 1–4, John Hopkins Press, Baltimore 1950–1952

Witenberg, E. G. (Hg.), *Interpersonal Explorations in Psychoanalysis. New Directions in Theory and Practice*, Basic Books, New York 1973

Witenberg, E. G. (Hg.), *Interpersonal Psychoanalysis. New Directions*, Gardner Press, New York 1978

Witenberg, E. G., »Welcome to Symposium«, in *Contemporary Psychoanalysis*,

16/1980, S. 269–270

Witenberg, E. G., »Interview«, in *The Record*, 26(2)/1994, S. 1, 8–11

Witenberg, E.G., Rioch Mackenzie, J., Mazer, M., »The Interpersonal and Cultural Orientations«, in S. Arieti (Hg.), *American Handbook of Psychiatry*, Basic Books, New York

Woodworth, R. S., *Dynamic Psychology*, 1917

Wolstein, B., *Countertransference*, Grune and Stratton, New York 1959

Wolstein, B., »Ferenczi, Freud and the Origins of American Interpersonal Relations. Historical and Personal Reflections«, in *Contemporary Psychoanalysis*, 25/1989, S. 672–685

Wolstein, B., »Sandor Ferenczi and American Interpersonal Relations. Historical and Personal Reflections«, in L. Aron, A. Harris (Hg.), *The Legacy of Sandor Ferenczi,* Analytic Press, Hillsdale (N.J.) 1993, S. 175–183

Wynne, L. C., »Mutuality and Pseudomutuality Reconsidered: Implications for Therapy and a Theory of Development of Relational System«, in J. L. Sacksteder, D. P. Schwartz, Y. Akabane (Hg.), *Attachment and the Therapeutic Process: Essays in Honor of Otto Allen Will*, International Universities Press, Madison (Conn.) 1987, S. 81–97

Wyss, D., *Die tiefenpsychologischen Schulen von den Anfängen bis zur Gegenwart*, Vandenhoeck und Ruprecht, Göttingen 1977

Yalom, I. D., *The Theory and Practice of Group Psychotherapy,* Basic Books 1970 [*Theorie und Praxis der Gruppenpsychotherapie. Ein Lehrbuch*, Pfeiffer, München 1974]

Zilboorg, G., *A History of Medical Psychology*, Norton, New York 1941

Über den Autor

Marco Conci wurde am 22.05.1955 in Trento (Italien) geboren und konnte als A.F.S.-Stipendiat ein Jahr (1972–1973) in einem Vorort von New York City verbringen und das U.S.-High-School-Diploma erwerben – und damit als *participant observer* das Land, dessen Kultur und Geschichte erleben, welche dieses Buch zum Thema haben.

Er begann sein Medizinstudium in Innsbruck (1974–1975) und setzte dieses in Padua und Florenz fort, wo er schließlich 1981 promovierte. Seine psychiatrische Facharztausbildung schloss er 1986 in Rom ab und dann 1993 die psychoanalytische bei der Mailänder Associazione di Studi Psicoanalitici (A.S.P.). Damit wurde er Schüler von Gaetano Benedetti und Johannes Cremerius (1918–2002), die viel zu der Mitte der 1970er Jahre erfolgten Gründung der A.S.P. beitrugen, die schließlich 1989 in die International Federation of Psychoanalytic Societies (I.F.P.S.) aufgenommen wurde. Nachdem er als Psychiater im Öffentlichen Dienst gearbeitet hatte, ließ er sich 1988 als Psychotherapeut in Trento nieder. Zwischen 1991 und 1997 war er dann Assistenzprofessor an der Psychiatrischen Klinik der Universität Brescia und von 1997 bis 1999 Gastprofessor an der L.M.U. in München (bei Prof. M. Ermann), wo er jetzt als niedergelassener Psychoanalytiker tätig ist.

1991 war er der Herausgeber der italienischen Ausgabe der Briefe S. Freuds an E. Silberstein (Frankfurt 1989) und im selben Jahr wurde eine von ihm über dieses Thema verfasste Arbeit in Stockholm mit dem I.F.P.S.-Kandidatenpreis ausgezeichnet. Seit 1994 arbeitet er als *associate editor* der I.F.P.S.-Zeitschrift *International Forum of Psychoanalysis* (Stockholm) und sitzt seit der Gründung (1997) im Redaktionskomitee von *Psychoanalysis and History* (London). 1997 gab er (mit S. Dazzi und M.L. Mantovani) die Anthologie *La tradizione interpersonale* heraus und übersetzte E. Ackerknechts *Kurze Geschichte der Psychiatrie* ins Italienische.

Er ist Mitglied der A.S.P., der Deutschen Psychoanalytischen Gesellschaft, der Münchner Akademie für Psychoanalyse und Psychotherapie, der American Academy of Psychoanalysis and Dynamic Psychiatry und der International Association for Relational Psychoanalysis and Psychotherapy.

marcoconci@aol.com lautet seine Email-Adresse.